LA CHINE ET L'INDE EN AFRIQUE

Revue Afroscopie n° 7

Sous la direction de

Benoît AWAZI MBAMBI KUNGUA

La Chine et l'Inde en Afrique

Une approche pluridisciplinaire et postcoloniale

L'HARMATTAN

5-7, rue de l'École-Polytechnique ; 75005 Paris

http://www.editions-harmattan.fr/

ISBN : 978-2-343-11088-2
EAN : 9782343110882

Sommaire

Éditorial
La Chine et l'Inde en Afrique
Une approche pluridisciplinaire et postcoloniale, suivi de plusieurs articles en théologie, philosophie et sciences sociales et politiques

Face au processus d'érosion avancée – voire d'évanouissement – des États fantoches et moribonds de la « postcolonie » africaine, quelles sont les interprétations politiques, géostratégiques et économiques de l'omniprésence de l'Inde, et surtout, de la Chine, en Afrique postcoloniale ? La question axiale autour de laquelle vont graviter toutes les contributions de cette livraison d'Afroscopie consiste à s'enquérir sur les reconfigurations politiques, idéologiques et économiques imprimées à la géopolitique mondiale par l'irruption fulgurante de la Chine, de l'Inde et de l'Afrique subsaharienne, comme acteurs majeurs de la mondialisation marchande en train de se dérouler partout sur la planète. Certains analystes[1] de la prospective mondiale voient l'émergence combinée de la Chine, de l'Inde et de l'Afrique comme un vaste ensemble (Chindiafrique) qui provoquera le basculement du monde autour des années 2030-2050. Les atouts démographiques qui font que la moitié de la population mondiale – soit 4,5 milliards d'habitants –, sera domiciliée dans la Chindiafrique et les percées scientifiques, technologiques et commerciales accumulées par ces trois blocs continentaux, constituent des paramètres macroéconomiques qui feront basculer la balance des savoirs et des pouvoirs dans le monde aux environs de 2030.

Bien que les puissances occidentales d'Europe et d'Amérique du Nord soient encore hégémoniques du point de vue du *Knowledge power (Brain power),* de l'industrie militaire et des capacités de projection informatique et numérique ; il importe de bien mettre en évidence le poids démographique, politique et commercial que la Chindiafrique pèsera dans la balance mondiale des savoirs et des pouvoirs à l'horizon de 2030.

La concentration de plus de la moitié de la population mondiale dans la Chindiafrique avec une grande majorité de jeunes induit forcément une large accumulation des ressources intellectuelles et économiques ; tandis que l'accélération du processus du vieillissement dans les puissances occidentales aura nécessairement des incidences lourdes dans leurs capacités de projection hégémonique dans le monde. La démographie constitue certes un atout majeur entre les mains des nouveaux acteurs de la Chindiafrique pourvu que les autorités de ces trois entités politiques offrent une formation philosophique, scientifique et technique solide, capable d'inverser sensiblement les rapports de force actuels qui jouent encore en faveur de la pérennisation de l'hégémonie

[1] Jean-Joseph Boillot & Stanislas Dembinski, *Chindiafrique. La Chine, l'Inde et l'Afrique feront le monde demain*, Odile Jacob, Paris, 2014, 422 pages.

occidentale[2] dans le monde. Il faudra que les pays de cet ensemble émergent réunissent et opérationnalisent des atouts démographiques, économiques, technologiques, énergétiques et politiques pour constituer un contrepoids irréversible à la suprématie planétaire de la Modernité occidentale dans le monde depuis le XVIème siècle jusqu'à ce jour.

L'irruption des puissances émergentes impose de facto une dynamique *oligopolaire* dans la circulation des savoirs et des pouvoirs entre les principaux acteurs de la mondialisation capitaliste. Contrairement à la prophétie erronée de Francis Fukuyama[3] qui voyait dans l'écroulement de l'URSS (1991) la fin de l'histoire au profit de l'hégémonie unilatérale de la civilisation américano-occidentale ; il importe de reconnaître l'irruption mondiale de la Chindiafrique comme l'opérationnalisation d'une gouvernance *oligopolaire* des affaires mondiales, pour la simple raison que les États-Unis et l'Europe occidentale ne sont pas suffisamment forts pour battre une coalition militaire des autres grands acteurs que sont la Chindiafrique et la Russie. Bien qu'il faille tout de même admettre l'exacerbation actuelle des guerres idéologiques qui opposent les puissances militaro-capitalistes du monde occidental et des groupuscules djihadistes qui instrumentalisent la religion du prophète Mahomet pour leurs intérêts économiques et de dictature islamiste, il convient de reconnaître la puissance de *coalescence politique* des sociétés humaines, à la faveur de l'accélération des échanges économiques et technologiques entre les différents pays du globe.

Cette interdépendance économique requise par la globalisation permet de nuancer sensiblement aussi la prophétie catastrophiste de Samuel Huntington[4], le maître à penser de Francis Fukuyama. La thèse de Huntington consiste à prédire des affrontements idéologiques continuels et massifs entre les différentes civilisations qui constituent notre commune « Humanité » à l'orée du XXIème siècle. Les interactions commerciales permettent d'unifier les peuples et les nations à travers les flux des capitaux et des individus.

L'Afrique subsaharienne se présente comme toujours désorganisée, indisciplinée, colonisable et dépourvue de toute pensée stratégique[5] et ambitieuse dans cette nouvelle configuration de la géopolitique mondiale. Nous parions

---

[2] Jean Baechler & Ramine Kamrane (Dirs.), *Aspects de la mondialisation politique*, Cahiers des sciences morales et politiques 14, PUF, Paris, 2003.

[3] Dans son ouvrage, *La fin de l'histoire et le dernier homme*, Flammarion, Paris, 1992. Les tensions explosives actuelles entre la Russie de Vladmir Poutine affichant ouvertement ses ambitions militaires dans la crise syrienne et les États-Unis d'un Barack Obama affaibli par une fin de règne terne constituent un démenti massif et frontal à la prophétie hégémonique de Fukuyama.

[4] Voir son ouvrage : *Le Choc des civilisations*, Odile Jacob, Paris, 1997.

[5] Cette absence d'une pensée stratégique et ambitieuse chez les acteurs africains et les prouesses économiques et politiques des entreprises chinoises en Afrique sont habilement analysées par : Tidiane N'DIAYE, *Le jaune et le noir. Enquête historique*, Gallimard, « Collections Continents noirs », Paris, 2013, 183 pages.

sur la capacité des acteurs africains[6] de se comporter comme des sujets réfléchissants et agissants pour tirer les dividendes de cette irruption de la Chine et de l'Inde[7] partout sur le continent. Nous sommes profondément afro-optimistes, mais l'impéritie évidente des élites politiques postcoloniales et l'apathie des masses affamées, abruties, asservies et résignées entament considérablement notre optimisme initial pour un meilleur avenir des sociétés africaines contemporaines. Si elle persévère dans la nonchalance, l'indiscipline et le fatalisme, l'Afrique se disqualifie d'elle-même, et pour une durée indéterminée, du « banquet » de la mondialisation néolibérale en train de se dérouler devant nos yeux à travers toute la planète. La disparition des institutions et légitimités politiques issues de la colonisation militaire européenne exacerbée par l'omniprésence d'intérêts économiques des puissances étrangères ne fait qu'accélérer le basculement de l'Afrique subsaharienne dans le chaos[8] et des guerres sanglantes à court terme.

Elle se contentera – comme c'est le cas depuis le XVIème siècle – d'un positionnement subalterne, terne et servile dans la constellation des savoirs et des pouvoirs essentiels qui propulsent la mondialisation néolibérale.

Une observation rapide des entreprises chinoises dans les grandes mégalopoles africaines (Dakar, Harare, Maputo, Libreville, Kinshasa, Lubumbashi, Yaoundé, Douala, Luanda, Lusaka, Libreville, Khartoum, Niamey, Lagos, Dar es Salam, Nairobi, Addis-Abeba...) montre la puissance et l'efficacité des stratégies mobilisées par les Chinois pour se tailler la part du lion – ou mieux du dragon – dans la réserve africaine des matières premières, minérales, pétrolières et forestières.

Face au passif colonial et néocolonial des puissances européennes en Afrique, l'Empire du Milieu met en œuvre des redoutables stratégies de con-

---

6 Une analyse politique des relations entre la l'Afrique et la Chine qui parie sur la capacité des acteurs africains à se comporter comme des sujets réfléchissants et agissants selon l'ordre des raisons politiques et économiques est très bien orchestrée par Serge Banyongen dans son excellent ouvrage : *Rôle et Responsabilité des acteurs africains dans les relations sino-africaines. Ethnographie et sociogenèse de réceptivité*, L'Harmattan, Paris, 2013, 398 pages. Lire aussi son article, « De la Chine-Afrique vers Afrique-Chine : nécessité d'une ré-articulation paradigmatique entre le continent et les puissances émergentes », in : Benoît AWAZI MBAMBI KUNGUA (Dir.), *Le Bilan de 50 ans des indépendances politiques africaines et les défis de l'intégration des Africains au Canada. Histoire, Enjeux éthiques et Perspectives d'avenir pour la Renaissance africaine, Afroscopie III/2013* (Revue savante et pluridisciplinaire sur l'Afrique et les communautés noires), publiée par Le Cerclecad-Harmattan, Ottawa-Paris, 2013, pp. 123-142.

7 Akash Kapur, *L'Inde de demain. Les Indiens face à la mondialisation*, Albin Michel, Paris, 2014.

8 Sabine Cessou, « Transition à haut risque en République démocratique du Congo », *Le Monde Diplomatique, Décembre 2016*, pp. 6-7 ; Id., « Omniprésence des intérêts étrangers », *Le Monde Diplomatique, Décembre 2016*, p. 7 ; In Koli Jean Bofane, *Congo Inc. Le testament de Bismarck*, Actes Sud Arles, Paris, 2014 ; Pierre Dardot & Christian Laval, *Ce Cauchemar qui n'en finit pas. Comment le néolibéralisme défait la démocratie*, La Découverte, Paris, 2016.

quête économique et idéologique en s'inspirant habilement de son jeu de Damier de 361 intersections, avec des pions noirs et blancs, et dont l'objectif primordial consiste à conquérir le maximum des territoires. Les percées massives et étonnantes des entreprises chinoises en Afrique nous mettent en face d'une spectaculaire procession triomphale de l'Empire du Milieu partout dans le continent noir, jusqu'aux villages les plus reculés. La discipline de travail, l'endurance et la persévérance dans l'effort des acteurs chinois sont tout simplement impressionnantes face à l'oisiveté, l'indiscipline, la nonchalance et les *habitus attentistes de servilité* et de passivité sédimentés dans les mentalités africaines depuis l'irruption esclavagiste de la Modernité occidentale, la colonisation militaire et les dictatures sanguinaires, kléptocratiques et déshumanisantes de la postcolonie.

Plusieurs auteurs ont parlé du racisme public et ordinaire que les Africains subissent en Chine et les préjugés néfastes qui pèsent sur eux de la part des Chinois qui les traitent dans les rues des « *diables noirs* ». Des commerçants congolais ayant séjourné en Chine pour l'achat des marchandises ont attesté verbalement ce racisme social et grossier envers les Africains jusqu'aux scènes des Chinois qui changent subitement de place en se bouchant le nez dans les transports en commun devant l'irruption d'un Africain et de ses odeurs, affublé du sobriquet de « *diable noir* ».

En plus des ouvrages de Tidiane N'Diaye et de Serge Banyongen, je renvoie à celui de Lieve Joris[9] qui a l'avantage de raconter les anecdotes, les rencontres, les aventures et les leçons personnelles tirées de ces fréquents voyages entre l'Europe, l'Afrique et la Chine. Tous ces ouvrages susmentionnés et bien d'autres, sont amplement recensés en détails à la fin de cette revue.

Loin de nous la tentation de tomber dans une idéalisation paresseuse de la puissance chinoise lorsque nous y projetons résolument les feux de la critique politique[10] et éthique dans l'augmentation drastique des inégalités économiques au sein de la société chinoise, où la grande majorité des paysans

---

[9]Lieve Joris, *Sur les ailes du dragon. Voyages entre l'Afrique et la Chine*, Actes Sud, Paris, 2014, 401 pages.

[10] Pour un aperçu des auteurs qui déconstruisent le mythe du dragon chinois en faisant apparaître la récession économique en cours, les inégalités économiques exponentielles, l'exploitation drastique des *Mingong* et l'autoritarisme des élites communistes au pouvoir, je renvoie à : Emilie Frenkiel, *Parler politique en Chine. Les Intellectuels chinois pour ou contre la démocratie*, Presses Universiraires de France, Paris, 2014 ; Jean Cabestan, *Le système politique chinois*, Presses de Sciences Po, Paris, 2014 ; Geneviève Barré, *Quand les entreprises chinoises se mondialisent : HAIER, HUAWEI et TCL*, CNRS Éditions, Paris, 2016 ; Murat Lama, *LEE KUAN YEW. Singapour et le renouveau de la Chine*, Manitoba-Les Belles Lettres, Paris, 2016 ; Jean-Luc Domenach, *Les Fils de Princes. Une génération au pouvoir en Chine*, Fayard, Paris, 2016 ; Jordan Pouille, *Le Tigre et le Moucheron. Sur les traces des Chinois indociles,* Les Arènes, Paris, 2014 ; Michel Aglietta & Guo Bai, *La Voie chinoise. Capitalisme et Empire*, Odile Jacob, Paris, 2012 ; Han Dongfang & Michaël Sztanke, *Mon combat pour les ouvriers chinois*, Michel Lafon, Paris, 2014 ; Martine Bulard, « Paysans chinois, entre cueillette et internet », *Le Monde Diplomatique*, Novembre 2015, pp. 4-5 ; Jordan Pouille, « Deng Xiaoping, vedette cathodique », *Le Monde Diplomatique*, Décembre 2014, p. 18 ; Han Donfang, « En

pauvres (*Mingong*)[11] sont traités comme des esclaves dans leur propre pays par l'autoritarisme des élites dirigeantes du Parti Communiste Chinois (PCC). La Chine défait toutes les grilles analytiques préconçues de prospective politique et idéologique. Non seulement, elle s'est hissée au rang de la première puissance économique de la planète dont elle est devenue le principal atelier, mais elle a aussi gardé un régime oppressif et répressif d'une extrême sévérité. Il convient aussi de souligner la récession économique qui frappe l'économie chinoise et la montée du chômage chez les *Mingong*, les paysans traités comme des esclaves dans les usines urbaines de la province de Canton, le véritable atelier de la planète.

Tout en restant solidement arrimée à ses valeurs culturelles et philosophiques (Conficius) et à l'autoritarisme des élites politiques – qui, soit dit en passant, sont des héritiers des compagnons de la révolution maoïste de 1949 – et qui n'hésitent pas à exercer une forte personnalisation[12] du pouvoir tendant vers la monopolisation de tous les leviers du commandement ; la Chine fait des prouesses économiques dans sa conquête stratégique des matières premières de l'Afrique et ses transactions commerciales avec l'Europe[13], les États-Unis[14], le Canada[15] et les autres États asiatiques. Les *Mingong* sont considérés par certains analystes comme des esclaves soumis à un passeport lors de leurs migrations dans les villes qui domicilient les principales usines dans la province de Canton. Des intellectuels critiques et iconoclastes n'hésitent pas à dénoncer ces nouvelles formes de coercition idéologique et sociale qui permettent aux élites dirigeantes de jouer simultanément sur plusieurs

---

Chine, colère cherche syndicats », *Le Monde Diplomatique,* Septembre, 2014, p. 11 ; Martine Bulard, « Les Intellectuels critiques en Chine », *Le Monde Diplomatique*, Septembre 2014, p. 25 ; Lire aussi le dossier de la revue *Afrique-Asie* (mensuel, Octobre 2015), consacré à l'irrésistible montée de la Chine, au ralentissement de son économie et aux conséquences sur ses investissements en Afrique. Également un entretien avec Bertrand Badie sur les interventions militaires et l'enjeu des nouvelles relations internationales.

[11] Loup Espargilière & Théau Monnet, « La deuxième génération des « Mingong », *Le Monde Diplomatique*, Novembre 2016, p. 16 ; Michel Aglietta, « Ce que cachent les soubresaurs financiers », *Le Monde Diplomatique*, Octobre 2015, pp. 4-5.

[12] Xi Jinping, *La Gouvernance de la Chine*, Mille Fleurs, Pékin, 552 pages, 14,90 Euros ; Philippe Delalande, *La Chine depuis le Congrès de 2012 - Ambitions et résistances,* L'Harmattan, Paris, 2016 ; Emilie Frenkiel, « Le Président chinois le plus puissant depuis Mao Zedong », *Le Monde Diplomatique*, Octobre, 2015, pp. 4-5.

[13] Martine Bulard, « Appétit chinois, incurie française », *Le Monde Diplomatique*, Octobre 2016, p. 19 ; Camille-Yihua Chen, *Investissement chinois en France. Mythes et Réalités*, Pacifia, Paris, 2014.

[14] Thierry Kellner, *L'Occident de la Chine. Pékin et la nouvelle Asie centrale (1991-2001),* Presses Universitaires de France, 2008 ; Alexander Cooley, *Great Games, Local Rules : The New Great Power Contest in Central Asia*, Oxford University Press, 2012 ; Stuart Harris, *China's Foreign Policy*, Polity Press, Cambridge, 2014 : Christophe Ventura, « Pékin, la vache et le lait », *Le Monde Diplomatique*, Septembre 2014, p. 14.

[15] Diplomat & International Canada, *China is coming. A super-power challenger for the U.S. with expansionist ambitions in the Asia Pacific*, Fall 2016, October-December.

gammes politiques : le libéralisme du capitalisme sauvage et la centralisation bureaucratique et totalitaire du communisme.

Ce qui est inspirant pour les Africains est le volontarisme, l'acharnement au travail et l'efficacité stratégique des acteurs chinois projetés partout en Afrique comme des « troupes aguerries » pour conquérir les matières premières nécessaires en vue d'assouvir la boulimie de l'Empire du Milieu.

Faudrait-il parler d'une nouvelle forme d'*exploitation néocoloniale* de l'Afrique ou plutôt d'une coalition néolibérale entre les élites nègres tribalistes et corrompues de la postcolonie et les deux puissances boulimiques (la Chine et l'Inde) au détriment des populations africaines qui basculent par millions, et de jour en jour, dans la misère, la pauvreté, l'esclavage endogène et les maladies de toutes sortes qui en découlent, aboutissant de plus en plus à des morts massives et précoces ?

L'omniprésence des acteurs chinois dans l'ensemble des secteurs des économies africaines est scrutée par certains analystes[16] comme un processus exponentiel de parachèvement de la mondialisation avec des bouleversements politiques à l'échelle globale et africaine. Les Chinois sont en Afrique en fins stratèges politiques et acteurs économiques conquérants à la faveur de l'effritement continuel des légitimités et institutions issues de la projection coloniale de l'épistémologie politique de l'Europe. Il importe de souligner que la Chine compte 100 millions d'individus dans ses diasporas mondiales et environ 1 million de Chinois projetés à la conquête de l'Afrique. Faut-il encore rappeler le fait obvie selon lequel l'Afrique subsaharienne se présente au banquet de la mondialisation comme un acteur marginal, servile, amnésique, résigné et colonisable à volonté ?

À travers ces questionnements politiques et économiques sur l'omniprésence de la Chine et de l'Inde en Afrique, se profile une entreprise ambitieuse, colossale, radicale et corrosive de la déconstruction de « l'État en Afrique », à rebours de la doxa africaniste de Paris. Contrairement à l'idéologie artificielle, alambiquée, fallacieuse, néocoloniale et erronée de Jean-François Bayart[17] sur la « greffe de l'État importé en Afrique » au cœur même du processus d'historicisation des sociétés africaines « postcoloniales » ; l'argumentaire de cette revue affirme avec assurance l'inexistence totale de l'État en

[16] Serge Michel & Michel Beuret, *La ChinAfrique. Pékin à la conquête du continent noir*, Grasset & Fasquelle, Paris, 2008. (Photographies de Paolo Woods).

[17] Un colloque mondial sur « L'inexistence de l'~~État~~ en Afrique postcoloniale et l'opérationnalisation des alternatives politiques émancipatrices », est organisé par le Cerclecad le samedi 9 décembre 2017 dans la salle du Sénat de l'Université d'Ottawa. La mission primordiale de ce colloque consiste à démolir radicalement l'hégémonie idéologique désastreuse que l'École Bayart a exercée depuis près de 50 ans, dans des universités africaines et occidentales, en imposant ouvertement des mensonges sur la prétendue « greffe de ~~l'État~~ occidental et hégélien en Afrique », alors que les fissures, les guerres et les autres calamités sociales qui ont cours partout en Afrique corroborent massivement l'échec total de cette « prétendue greffe de l'épistémologie politique occidentale » en Afrique postcoloniale.

Afrique et invite la cohorte de chercheurs chevronnés gravitant autour de l'*orbite gnoséologique et politique* du Cerclecad, à chercher une conceptualité politique arrimée *réellement* aux faits sociaux et au mode de phénoménalisation spécifique et globale des *polities* africaines postcoloniales.

La déconstruction radicale de la discursivité africaniste, parisienne et idéologique de l'École Bayart[18] se fait à partir d'une posture sociologique et phénoménologique solide qui montre le déphasage total entre les savoirs factices de l'*Africanisme néocolonial* de Paris et les stratégies populaires des masses africaines réduites en esclavage par les élites nègres et ignares de la débâcle postcoloniale.

C'est cette inadéquation principielle de l'épistémologie obsolète, autoritaire et néocoloniale de Paris et son incapacité génétique à laisser apparaître d'elle-même et par elle-même la phénoménalité sociale, culturelle, religieuse et politique de l'*historicité propre* des sociétés africaines qui nous donnent une prise solide sur le réel africain, à partir de laquelle s'amorce la déconstruction radicale – à la fois épistémique, philosophique, théologique et politique – des savoirs artificiels, françafricains, néocoloniaux, alambiqués et fallacieux de la *statologie* de Paris sédimentée dans la revue *Politique africaine* et dont la systématisation la plus achevée est archivée dans les ouvrages prétendument « savants » de Jean-François Bayart dont la déconstruction foudroyante est résolument mise en branle.

Le fait de continuer à ressasser nonchalamment, stupidement et paresseusement les thèses fallacieuses et idéologiques de l'Africanisme eurocentriste de Paris ne fait qu'aggraver l'*anomie* politique dans laquelle sont plongées les sociétés déliquescentes de la postcolonie africaine. Le colloque du 9 décembre

---

[18] Une lecture attentive et iconoclaste de 4 ouvrages de Bayart (*L'État en Afrique. La politique du ventre*, Nouvelle Édition revue et augmentée, Fayard, Paris, 2006 ; *Le gouvernement du monde. Une critique politique de la globalisation*, Fayard, Paris, 2004 : *Le Politique par le bas en Afrique noire*, Nouvelle édition revue et augmentée, Karthala, Paris, 2008 ; *Les Études Postcoloniales. Un carnaval académique*, Karthala, Paris, 2010) permet de reconstituer avec aisance l'architecture conceptuelle néocoloniale sur laquelle repose son hégémonie idéologique déclinante sur les esprits et les universités africaines. Lire les premiers jalons de mon entreprise déconstructrice dans mes travaux suivants : *De la Postcolonie à la Mondialisation néolibérale. Radioscopie éthique de la crise négro-africaine contemporaine*, L'Harmattan, Paris, 2011, pp. 11- 21 ; 23-95 & Benoît Awazi Mbambi Kungua (Dir.), *Le Bilan de 50 ans des indépendances politiques africaines et les défis de l'intégration des Africains au Canada. Histoire, Enjeux éthiques et Perspectives d'avenir pour la Renaissance africaine, Afroscopie III/2013* (Revue savante et pluridisciplinaire sur l'Afrique et les communautés noires), publiée par Le Cerclecad-Harmattan, Ottawa-Paris, 2013. Lire mes recensions des ouvrages de Bayart et d'Amselle aux pages 213-222. Le travail d'achèvement de cette déconstruction corrosive de l'hégémonie idéologique et néocoloniale de l'École Bayart se poursuit patiemment mais sûrement. Le Cerclecad est très fier et très confiant en l'avenir pour le travail acharné et ouvertement ambitieux qu'il est en train d'accomplir en produisant des idées-forces et des nouvelles catégories cognitives susceptibles de provoquer des révolutions symboliques, préalables théoriques aux transformations sociales progressistes et émancipatrices pour les plus pauvres, les plus exclus, les plus oubliés et même les morts tombés dans le champ de bataille de la nocivité des politiques néolibérales à l'assaut du monde.

2017 questionnera aussi le rejet par l'École africaniste de Paris des *études postcoloniales* qualifiées pompeusement par Jean-François Bayart de « *carnaval académique* ». Mais au nom de quelle autorité scientifique Jean-François Bayart s'érige-t-il en démiurge qui décide de la (non) scientificité de tout un courant de pensée tel que les *Postcolonial Studies* qui s'est imposé dans les universités du monde anglo-saxon, en Inde, en Asie et en Afrique ? Et que vaut une telle affirmation arrogante, erronée et idéologique alors que les fractures sociales[19] ne font que se creuser drastiquement entre les banlieues et les grandes villes de France ? Comment interpréter les fractures et les ruptures coloniales et postcoloniales qui persistent dans la société française travaillée par des forces centrifuges de fragmentation ethnique et raciale à la faveur des fissures qui apparaissent au grand jour sur l'édifice branlant de la construction néolibérale de l'Union européenne ?

Il devient donc impératif de parachever la déconstruction de l'Africanisme eurocentriste de Paris et dégager ainsi un *espace théorique,* où une conceptualité appropriée décrira et interprétera les dynamiques politiques et sociales qui travaillent en profondeur les sociétés africaines postcoloniales avant de proposer ici et maintenant, des stratégies actionnelles et institutionnelles adaptées aux vrais problèmes réels qui se posent aux sociétés bloquées de la postcolonie. La gravité de la situation de stagnation politique et intellectuelle se voit dans les distractions qui accaparent l'espace discursif et politique des sociétés africaines, où toutes les énergies et les agitations sociales – aussi bien en Afrique que dans les diasporas désaxées, serviles, subalternes et alimentaires du monde occidental – sont satellisées par la rhétorique évasive et clientéliste des élections, au lieu de susciter l'émergence des citoyens responsables moyennant l'éducation (*bibliocratie-bibliophagie-bibliothérapie*) des ouvrages savants et libérateurs autour des cercles de réflexion (*Think Tank*) disséminés en Afrique et dans les diasporas.

Le *social* comme *le politique* partout dans le monde sont toujours des *précipités* d'un processus de constitution mentale de la réalité fragmentée à partir des schèmes intellectuels, cognitifs et représentationnels *a priori* qui président à ce procès de façonnement médiatique, phénoménologique et herméneutique du *magma social.* Nous touchons ici au centre de gravité incandescent de cet

---

[19] Pascal Blanchard, Nicolas Bancel et Dominic Thomas (Dir.), *Vers la Guerre des identités ? De la Fracture coloniale à la révolution ultranationale*, La Découverte, Paris, 2016 ; Bancel, N., Bernault, F., Blanchard, P., Boubeker, A., Mbembe, A., Vergès, F., (Dir.), *Ruptures postcoloniales. Les nouveaux visages de la société française*, La Découverte, Paris, 2010 ; Blanchard, P., Bancel, N., Lemaire, S., (Dir.), *La fracture coloniale. La société française au prisme de l'héritage colonial*, La Découverte, Paris, 2005 ; Thomas Deltombe, Manuel Domergue & Jacob Tatsitsa, *La Guerre du Cameroun. L'invention de la Françafrique 1948-1971*, La Découverte, Paris, 2016 (Préface d'Achille Mbembe) ; Achille Mbembe, *Politiques de l'inimitié,* La Découverte, Paris, 2016 ; Christiane Taubira, *Murmures à la jeunesse*, Philippe Rey, Paris, 2016 ; Felwine Sarr, *Afrotopia*, Philippe Rey, Paris, 2016 ; Martin Luther King, *Black Power*, Payot & Rivages, Paris, 2008 (Traduit de l'anglais (États-Unis) par Odile Pidoux.

argumentaire pour la simple raison que des citoyens éduqués à la pensée critique, complexe, systémique, iconoclaste et émancipatrice sont capables de se désengager des mensonges des élites nègres de la postcolonie et de s'assumer eux-mêmes en se constituant en réseaux relationnels et professionnels pour faire face aux nécessités matérielles de la vie quotidienne. Nous épargnerons ainsi des milliers de vies humaines en Afrique, car il y aura de moins en moins de personnes éveillées qui se disputeront des postes clientélistes dans des institutions politiques dysfonctionnelles propulsées uniquement par des stratégies politiciennes, mangeocratiques et ethnotribalistes de l'extraversion face aux puissances impérialistes en déclin intellectuel. Comment des gens raisonnables vont-ils se disputer des postes dans des États qui n'existent pas du tout ?

À travers l'auscultation critique de l'irruption de la Chine et de l'Inde en Afrique postcoloniale, cette livraison d'Afroscopie ratisse très largement et avec une liberté réflexive maximale en faisant de la déconstruction politique des « États fantoches » et des savoirs africanistes obsolètes et fallacieux qui les maintiennent en vie sous perfusion – le *point nodal* à partir duquel les autres analyses critiques, déconstructrices et reconstructrices vont se phénoménaliser dans le champ discursif, médiatique et politique africain. C'est donc la méthodologie prophétique qui sera privilégiée à travers ses trois scansions *complémentaires* et *opérationnelles* que sont la *Déconstruction*, le *Dépassement* et la *Reconstruction*. Cette méthodologie s'incarnera concrètement à travers la séquence épistémique de la *bibliocratie*, de la *bibliophagie* et de la *bibliothérapie* (*anamorphose*, *métamorphose*, *transmutation mentale*).

Fonctionnant selon une épistémologie résolument réticulaire, synergique, pluridisciplinaire et prophétique, nous intégrons volontairement dans chaque thématique de notre revue, des problématiques complémentaires émanant de plusieurs champs épistémiques, tels que : la philosophie, la théologie et les sciences sociales et politiques. Nous restons convaincus au sein de notre réseau scientifique et médiatique mondial du Cerclecad de l'impérieuse nécessité de combiner astucieusement des savoirs pluridisciplinaires en vue d'accroître nos capacités de transmutation des structures cognitives de perception des faits sociaux. C'est parce que nous parions amplement sur la puissance démiurgique, transformatrice et énergétique de toute pensée savante, immanente, prophétique et émancipatrice que nous promouvons chaque année une revue d'envergure capable de fédérer les acteurs sociaux partout dans le monde pour l'opérationnalisation effective des révolutions intellectuelles, symboliques et politiques dans les sociétés africaines contemporaines. La pluridisciplinarité, la transversalité et la réticularité de notre épistémologie philosophique et politique constitue la matrice à l'intérieur de laquelle vont maintenant procéder avec puissance, incandescence et érudition toutes les contributions de cette livraison annuelle de notre revue savante et pluridisciplinaire et qui célèbrent avec fierté, *le dixième anniversaire* de la mission scientifique et prophétique du Cerclecad dans le monde : **Benoît Awazi**

Mbambi Kungua ouvre avec détermination et grande ambition philosophique la série des contributions engageantes qui meublent cette livraison qui marque le dixième anniversaire de la mission scientifique et politique du Cerclecad dans le monde, en mettant clairement en évidence les choix épistémiques, politiques et éthiques qui sont les nôtres et qui se résument en ces termes : « Réticularité, Transversalité et Pluridisciplinarité » (Chap. I) ; **François Kibwenge El-Esu** fait preuve d'ingéniosité théologique et herméneutique en procédant à une déconstruction *eulogique* (benédiction de Dieu) de la funeste idéologie de la malédiction de *Cham* (le présumé ancêtre éponyme des Noirs) par l'attestation de l'amour électif de Dieu (Ésaïe 19, 19-25 & Nombres 12, 35sq.) pour son peuple d'Afrique manifesté par son intervention fracassante en faveur de *Sefora,* la femme noire de Moïse, discriminée par Aaron et Myriam dans le désert du Sinaï. Cette attestation de *la bénédiction archétypique de Dieu* pour les Africains devrait constituer la principale source d'énergie et de discipline dans le travail quotidien pour ne plus succomber dans la nouvelle colonisation chinoise après celle des Européens. La percée de ce brillant article consiste dans son exhortation à la discipline méthodique de travail, au sens de la responsabilité politique et de la noblesse chez les Africains après 4 siècles d'une histoire servile, apathique, défaitiste et tragique (Chap. II) ; **Kentey Pini-Pini Nsasay** remonte jusqu'à l'idéologie de la théocratie pontificale au XIème siècle pour domicilier les racines de l'hégémonie esclavagiste et coloniale des puissances européennes en Afrique depuis le XVIème siècle et c'est à l'intérieur de cette hégémonie impérialiste de l'Occident en Afrique qu'il faut interpréter la colonisation économique de la Chine dans la quasi-totalité des pays africains sans États viables. L'auteur demande aux populations africaines de s'émanciper définitivement des élites nègres à la solde de l'hégémonie occidentale sur laquelle vient se greffer avec beaucoup de stratégie la boulimie de l'Empire du Milieu (Chap. III) ; **Abdoulaye Gueye** parle de l'Afrique en utilisant l'expression paradoxale « d'un mendiant assis sur un banc en or » en vue d'exprimer la distorsion économique flagrante entre ses impressionnantes richesses minières, forestières et pétrolières et l'accumulation exponentielle des pauvretés économiques, des misères sociales, d'absence de soins de santé élémentaires et de l'illettrisme qui coupe la grande majorité des populations africaines des savoirs substantiels qui décident structurellement de la marche d'un monde de plus en plus interdépendant, complexe et interconnecté. En procédant à une recension fine, bien argumentée et prospective de l'ouvrage *The Looting Machine* de Tom Burgis, Abdoulaye Gueye enchâsse l'irruption de la Chine partout en Afrique dans ce qu'il appelle « l'arrangement colonial des relations économiques dans la mondialisation » en faisant reposer la production des richesses sur la dyade militaro-capitaliste violence/enrichissement (Chap. IV) ; **Benoît Awazi Mbambi Kungua** donne sa rétroaction du Forum Social Mondial (FSM 2016) qui a eu lieu à Montréal, du 8 au 14 août 2016, en insistant sur la *nécessité épistémique* et *politique* pour la constellation altermondialiste de procéder à une combinatoire globale des résistances locales à l'hégémonie néolibérale avec la cascade de crises sociales, de guerres économiques et de tensions idéologiques qu'elle provoque partout dans le monde (Chap. V) ; **Joëlle Palmieri** procède à une déconstruction féministe radicale des violences physiques, politiques et symboliques que subissent les femmes sud-africaines de la part d'un régime masculiniste qui arraisonne (institutionnalise) les revendications des femmes prises par une intersectionnalité des dominations (race, âge, sexe, pauvreté, lesbienne, sida, subalternité institutionnelle). La percée de cet article consiste à faire des stratégies de prises de parole par les femmes dominées sur plusieurs plans, des lieux de production et de transmission des savoirs non savants, intimes et invisibles qui permettent paradoxalement l'auto-subjectivation des femmes dans une société patriarcale, et donc, traditionnelle, qui les relègue à la subalternité à vie (Chap. VI) ; **Henri Touaboy** fait une incursion habile, nuancée et astucieuse dans la contention qui traverse *la geste* phénoménologique de Michel Henry en faisant apparaître l'*osmose* entre la phénoménologie et la théologie débouchant sur une nette assomption de la phénoménologie par la théologie chrétienne. À partir de la théologie ecclésiale, confessante et dogmatique, Touboy relève les limites de l'approche purement phénoménologique de la Vie identifiée ici au Dieu du christianisme et argumente en faveur du recours à l'herméneutique requise par les médiations langagières, culturelles et historiques à travers lesquelles la Révélation chrétienne nous atteint aujourd'hui dans notre chair phénoménologique vivante (Chap. VII) ; **Kasereka Kavwahirehi**, par un usage raffiné, habile et progressif de la déconstruction de l'ethnocentrisme normatif occidental (M. Foucault, V.Y Mudimbe et J. Ferguson) arrive à dévoiler avec brio les défis éthiques et épistémologiques de l'usage des concepts négatifs et afro-pessimistes (État failli, désordre, anormalité, retraditionalisation, politique du ventre) dans les travaux de certains africanistes français (P. Chabal, J.-P. Daloz, J.-F. Bayart, R. Luneau). Il convient de mettre en évidence la puissance analytique et critique qui préside à cette entreprise radicale de déconstruction qui dévoile l'impensé ethnocentrique de l'ethnologie coloniale qui procède par la dichotomie naïve entre la science de la normalité occidentale (ordre) et la science des anomalies (désordre, pathologies) des sociétés non occidentales et barbares (Chap. VIII) ; **Kä Mana** présente une réflexion de facture éthique et politique sur la situation dans la région orientale de la République démocratique du Congo (Beni). Pour lui, seule une politique de valorisation de l'inter-culturalité démocratique et de la construction de grandes sphères de collaboration économique au-delà des frontières ouvre un chemin de paix véritable. Une telle politique exige une éthique de la vérité sans méfiance et de la solidarité sans arrière-pensée que l'on devra à tout prix instaurer aujourd'hui, en dehors de tous les conflits entretenus par des visions politiques autocratiques parcellaires dont le fruit est la guerre ou la logique des massacres (Chap. IX) ; **Henri**

Touaboy revient à la charge en proposant une phénoménologie de la transcendance de Dieu au-delà de la *cogitation* (Descartes) et au-delà de l'*imagination* (Pascal). Contrairement à Descartes qui déprécie l'imagination au profit de la certitude de la conception pure de l'*Ego* pensant dans l'horizon géométrique de la *Mathesis Universalis* – Pascal intronise l'imagination comme la faculté qui nous fait éprouver notre néant devant l'infinité de l'Univers qui débouche sur le Mystère du *Dieu invisible* et absent de la *nature créée*. Ce dévoilement de la transcendance infinie de Dieu constitue un garde-fou inexpugnable contre l'idolâtrie, l'athéisme, le panthéisme et l'animisme qui réapparaît en force dans certaines religions traditionnelles et polythéistes africaines (Chap. X) ; **Nestor Salumu Ndalibandu**, en s'appuyant sur la philosophie existentialiste et métaphysique de Gabriel Marcel, fait l'éloge du philosophe comme un acteur social capable d'impulser des transformations politiques majeures dans sa société à travers les *idées-forces* qui magnifient l'irréductibilité de la vie humaine par rapport à toute idéologie scientiste, athée, ethno-tribaliste, obscurantiste et techniciste. Comme les autres philosophes de l'après-guerre (Marcel, Arendt, Jonas), Ndalibandu appelle une réactivation tous azimuts de la pensée critique, iconoclaste, émancipatrice et prospective de la philosophie existentialiste et métaphysique dans les sociétés africaines postcoloniales, aux prises avec des pathologies religieuses et extravagantes de la sorcellerie, de la possession par les mauvais esprits, de la misère sociale, des dynasties ethno-tribales, de l'obscurantisme des élites politiques et religieuses postcoloniales et de l'inculture encouragée par l'illettrisme et le manque grave de bibliothèques dans la vie sociale (Chap. XI) ; **César Mawanzi**, s'inspire de l'analyse philosophique de Hannah Arendt sur le procès du génocidaire nazi Adolf Eichmann à Jérusalem.

En s'inspirant des catégories de la « banalité du mal », de « la responsabilité individuelle » et de « l'imputabilité des actions commises à la conscience pensante de son auteur », Mawanzi élargit avec talent son analyse aux guerres, révoltes et anomies qui prévalent en Afrique postcoloniale, avec le paroxysme du mal atteint lors du génocide au Rwanda en 1994, avec ses répliques récurrentes dans la partie orientale de la République démocratique du Congo et les autres pays de la région des Grands Lacs. La percée de cet article rigoureusement écrit et logiquement agencé consiste à faire voir la nécessité pour chaque individu de cultiver *sa capacité de pensée et de discernement* devant les actes qu'il pose en toute lucidité – sans toutefois rapatrier toutes les responsabilités aux seules autorités d'un régime totalitaire et génocidaire. Il y a dans cette pensée de philosophie politique et éthique rigoureusement orchestrée dans cet article un impératif à « *oser penser par soi-même* » les défis quotidiens de sa société pour être à même de poser des choix judicieux et lucides lors des explosions incontrôlées des folies racistes de masses dans une conjoncture d'exacerbation mondiale des crises structurelles du capitalisme néolibéral en déclin (Chap. XII) ; **Jean Paulin Mengue Me Ndongo**, à partir d'une incursion convaincante et ambitieuse dans les champs épistémiques de l'histoire médicale, de la géographie médicale, de l'anthropologie médicale, de l'ethnopsychiatrie, de la médecine islamique et arabo-musulmane, et de la médecine prophétique, révèle la persistance des pratiques médicales traditionnelles et islamiques chez les Peuls du Nord Cameroun. Il relate aussi la percée, depuis 1975, de la médecine chinoise au Cameroun (acupuncture, massages) avec l'omniprésence des produits pharmaceutiques chinois dans les grandes villes du Cameroun (*Chinese Pharmaceutical Cameroon*). L'auteur a su montrer la nécessité vitale pour les populations et les élites politiques et universitaires du Cameroun de s'investir de façon convaincante dans la réactivation tous azimuts des pratiques thérapeutiques traditionnelles et religieuses comme un chantier décisif dans le processus de libération holistique des sociétés africaines aux prises avec de nouvelles formes de colonisations mentales, idéologiques et médicales des puissances impérialistes appuyées par les Africanistes prétendant en savoir plus sur les peuples africains que les Africains eux-mêmes. Cette incursion perspicace dans les pratiques médicales ancestrales, traditionnelles et religieuses devient la matrice pour une écriture nouvelle et ambitieuse de l'histoire de l'Afrique dans une intentionnalité radicalement émancipatrice (Chap. XIII) ; **Loufoua-Lemay Emile Didier, Litoto Pambou Lucien, Massamba Alphonse** s'exercent à une opération de sociologie politique des comportements d'agressivité chez les handballeurs congolais en tenant compte du genre et de l'enjeu compétitionnel. Les auteurs utilisent une méthode observationnelle et analytique des joueurs lors des phases finales des compétitions du Handball au Congo-Brazzaville. La première conclusion de cette étude analytique, statistique et empirique est la prépondérance des comportements agressifs, hostiles et instrumentaux chez des hommes que chez femmes. La deuxième conclusion établit une nette corrélation entre la gravité de l'agressivité et les enjeux de la compétition dans les phases demi-finales et finales. La troisième conclusion consiste à lire ces actes d'agressivité dans le Handball congolais comme faisant partie intégrante du processus de socialisation secondaire par l'intériorisation des « sous-mondes institutionnels ». La quatrième et dernière conclusion consiste à considérer l'agressivité, non pas comme un mal que la pratique du handball doit éradiquer, mais une condition de réalisation qui doit être éduquée et entretenue (Chap. XIV) ; et finalement, **Nestor Salumu Ndalibandu** fait ressortir les défis philosophiques et politiques du processus de démocratisation des pays d'Afrique subsaharienne en mentionnant le retour en force des régimes tyranniques, dictatoriaux et esclavagistes dans la plupart des pays africains en ce début du XXIème siècle. Nous assistons ainsi à l'augmentation de l'inculture, de l'illettrisme et même de l'analphabétisme, observée dans la majorité du peuple qui détient la souveraineté théorique. La conséquence majeure de cette flambée de l'inculture politique des masses asservies est l'émergence des élites politiques *rustres* qui se cooptent selon des logiques ethno-tribales, maçonniques et sectaires en s'accaparant de la quasi-totalité des richesses des pays, laissant ainsi la grande majorité des populations africaines dans la misère la plus sordide et la plus déshumanisante. L'auteur en appelle à un sursaut de la pensée critique, iconoclaste et émancipatrice qui passe par l'élévation de la culture intellectuelle et politique des populations laissées volontairement dans l'ignorance par des élites sans foi ni loi de la postcolonie. Ce numéro se clôture par plus de deux cents pages de recensions substantielles et minutieuses des ouvrages relevant des sciences sociales et politiques, de la philosophie et de la théologie. Une focalisation particulière est portée sur les ouvrages traitant de la Chine-Afrique, des reconfigurations économiques et politiques imprimées à la géopolitique mondiale par la montée en puissance de la Chine, du féminisme en Afrique et en Occident, des trajectoires migratoires des Africains en Europe et au Canada, des questions théologiques de la foi chrétienne dans les communautés africaines du continent et des diasporas, du racisme systémique aux États-Unis d'Amérique et aussi au Canada, des dynasties tyranniques de la postcolonie, des pratiques thérapeutiques traditionnelles et religieuses, ainsi que des accointances entre la religion et la politique dans les sociétés africaines postcoloniales.

Je termine en indiquant les principaux ouvrages[20] qui m'ont inspiré dans la rédaction de cet éditorial incandescent.

---

[20] Benoît Awazi Mbambi Kungua, *De la Postcolonie à la Mondialisation néolibérale. Radioscopie éthique de la crise négro-africaine contemporaine*, L'Harmattan, Paris, 2011 ; *Déconstruction phénoménologique et théologique de la Modernité occidentale : Michel Henry, Hans Urs von Balthasar et Jean-Luc Marion*, L'Harmattan, Paris, 2015 ; Jean-Claude Djéréké, *Abattre la Françafrique ou périr. Le dilemme de l'Afrique francophone*, L'Harmattan, Paris, 2014 ; Elisabeth de Fontenay, *Le silence des bêtes. La Philosophie à l'épreuve de l'animalité*, Fayard, Paris, 1998 ; Yao Assogba, *La raison démasquée. Sociologie de l'acteur et recherche sociale en Afrique*, Les Presses de l'Université Laval, Québec/ Saint-Nicolas, 2007 ; Id., *Sortir l'Afrique du gouffre de l'histoire. Le défi éthique du développement et de la renaissance de l'Afrique noire*, Les Presses de l'Université Laval, Québec/Saint-Nicolas, 2004 ; Souleymane Bachir Diagne, *L'encre des savants. Réflexions sur la philosophie en Afrique*, Présence Africaine, Paris, 2013, Placide Tempels, *La philosophie bantoue*, Présence Africaine, Paris, 20134, 125 pages, (Préface de Souleymane Bachir Diagne, Traduit du néerlandais par A. Rubbens) ; Sévérine Kodjo-Grandvaux, *Philosophies africaines*, Présence Africaine, Paris, 2013, 303 pages, (Préface de Souleymane Bachir Diagne) ; Monique Atlan & Roger-Pol Droit (Dirs.), *L'Humain. Une enquête philosophique sur ces Révolutions qui changent nos vies*, Flammarion, Paris, 2012 ; Achille Mbembe, *Critique de la raison nègre*, La Découverte, Paris, 2013 ; Pensées rebelles. *Foucault, Derrida et Deleuze*, Sciences Humaines Éditions, Auxerre, 2013 ; Serge Latouche, *Décoloniser l'imaginaire. La Pensée créatice contre l'économie de l'absurde*, Parangon, Paris, 2003 ; Centre Tricontinental, *Pour une Pensée africaine émancipatrice. Points de vue du Sud*, Alternatives Sud, Vol. X, 2003/4, Centre Tricontinental/L'Harmattan, Louvain-la-Neuve/Paris, 2004 ; Dominique Wolton, *L'autre Mondialisation*, Flammarion, Paris, 2003 ; Pierre Bourdieu et Luc Boltanski, *La Production de l'idéologie dominante*, Éditions Raisons d'agir/Demopolis, Paris, 2008 ; Serge Latouche, *L'Autre Afrique. Entre don et marché*, Albin Michel, Paris, 1998 ; Jean-Claude Guillebaud, *Une autre vie est possible. Comment retrouver l'espérance*, L'Iconoclaste, Paris, 2012 ; Alain Touraine, *La fin des sociétés*, Seuil, Paris, 2013 ; David Engels, *Le Déclin. La crise de l'Union européenne et la chute de la République romaine. Analogies historiques*, Éditions du Toucan, Paris, 2013 ; Meredith Terretta, *Nation of Outlaws, State of Violence. Nationalism, Grassfields Tradition, and State Building in Cameroon*, Athens, Ohio University Press, 2014 ; Habermas, *La technique et la science comme «*

Longue vie et beaucoup de succès scientifique et politique au Cerclecad dans sa mission prophétique mondiale d'éveilleur des consciences, des personnalités émancipées, performatives et prêtes à faire face avec hauteur de vue, aristocratie philosophique, capacité divinatoire et prophétique, et no-

---

idéologie », Gallimard, Paris, Paris, 1973 (Traduit de l'allemand et Préfacé par Jean-René Ladmiral) ; Aminata Traoré, *Le Viol de l'imaginaire*, Fayard/Actes Sud, Paris, 2002 ; Pierre Bourdieu, *Sur l'État, Cours au Collège de France 1989-1992*, Raisons d'agir/Seuil, Paris, 2012. (Édition établie par Patrick Champagne, Remi Lenoir, Franck Poupeau et Marie-Christine Rivière) ; Marie-Anne Lescourret (Cor), Dossier : « Bourdieu politique » & « Bourdieu inédit : Mondialisation et Domination », *Cités 51/2012* ; L'œuvre de Pierre Bourdieu. Sociologie, Bilan critique, quel héritage, *Sciences Humaines, Hors Série spécial N015*, février-mars 2012 ; Abdoulaye Gueye, *Les intellectuels africains en France*, L'Harmattan, Paris, 2001 (Préface de Babacar Sall) ; Abel Kouvouama, Abdoulaye Gueye, Anne Piriou, Anne-Catherine Wagner (Dirs.), *Figures croisées d'intellectuels. Trajectoires, modes d'action, productions*, Karthala, Paris, 2007 ; Vivek Chibber, *Postcolonial Theory and the Specter of Capital*, Verso, London & New York, 2013 ; Immanuel Wallerstein, Randall Collins, Michael Mann, Georgi Derluguian & Craig Calhoun, *Le Capitalisme a-t-il un avenir ? 5 scénarios, 5 visions du possible*, La Découverte, Paris, 2014 ; Michel Desmurget, *TV Lobotomie. La vérité scientifique sur les effets de la télévision,* Max Milo, Paris, 2012 ; Daniel Cohen, *Homo Economicus, Prophète égaré des temps nouveaux*, Albin Michel, Paris, 2012 ; Aurelia Klimkiewicz (Dir.), *Multilingual Identities. Translators and Interpreters as Cross-Cultural Migrants,* Antares, Publishing House of Spanish Culture, York University, Toronto, 2013 ; Makhtar Diouf, *L'Afrique dans la Mondialisation*, L'Harmattan, Paris, 2002 (Préface de Samir Amin) ; Elom K. Ezuho, *Le trilemme du développement. Admettre l'échec, comprendre l'impasse et mieux agir*, Persée, Paris, Aix-en-Provence ; Olivier Pétré-Grenouilleau, *La Traite des Noirs*, PUF, 19982, (« Que sais-je, N0 3248 ») ; Hannah Arendt, *La Crise de la Culture. Huit exercices de pensée politique*, Gallimard, Paris, 1972, (Traduit de l'anglais sous la direction de Patrick Lévy) ; Yves Benot, *La Modernité de l'esclavage. Essai sur la servitude au cœur du capitalisme*, La Découverte, Paris, 2003 ; François Houtart & François Polet (Coord.), *L'Autre Davos. Mondialisation des résistances et des luttes*, L'Harmattan, Paris-Montréal, 1999 ; Michael Amaladoss, S.j. (Ed.), *Globalization and its victims as seen by its victims*, Vidyajyoti & Welfare Society/ISPCK, Delhi, 1999 ; Jean Baechler & Ramine Kamrane (Dirs.), *Aspects de la Mondialisation politique,* PUF, Paris, 2003 ; Boubacar Diop, Odile Tobner & François-Xavier Verschave, *Négrophobie*, Les Arènes, Paris, 2005 ; Joseph E. Stiglitz, *La Grande Désillusion*, Fayard, Paris, 2002 (Traduit de l'anglais (américain) par Paul Chemla) ; Peter Kanyandago (Ed.), *Marginalized Africa. An International Perspective*, Paulines Publications Africa, Nairobi (Kenya), 2002 ; Jean-Marie Sindayigaya, *Mondialisation. Le Nouvel Esclavage de l'Afrique*, L'Harmattan, Paris, 2000 ; Mongo Beti, *La France contre l'Afrique. Retour au Cameroun*, La Découverte, Paris, 1993 ; Jean-Marc Éla, *L'Afrique à l'ère du savoir : Science, société et pouvoir*, L'Harmattan, Paris, 2006 (Préface d'Hubert Gérard) ; Pascal Blanchard, Nicolas Bancel et Dominic Thomas (Dir.), *Vers la Guerre des identités ? De la Fracture coloniale à la révolution ultranationale*, La Découverte, Paris, 2016 ; Bancel, N., Bernault, F., Blanchard, P., Boubeker, A., Mbembe, A., Vergès, F., (Dir.), *Ruptures postcoloniales. Les nouveaux visages de la société française*, La Découverte, Paris, 2010 ; Blanchard, P., Bancel, N., Lemaire, S., (Dir.), *La fracture coloniale. La société française au prisme de l'héritage colonial*, La Découverte, Paris, 2005 ; Thomas Deltombe, Manuel Domergue & Jacob Tatsitsa, *La Guerre du Cameroun. L'invention de la Françafrique 1948-1971*, La Découverte, Paris, 2016 (Préface d'Achille Mbembe) ; Achille Mbembe, *Politiques de l'inimitié,* La Découverte, Paris, 2016 ; Christiane Taubira, *Murmures à la jeunesse*, Philippe Rey, Paris, 2016 ; Felwine Sarr, *Afrotopia*, Philippe Rey, Paris, 2016 ; Martin Luther King, *Black Power*, Payot & Rivages, Paris, 2008 (Traduit de l'anglais (États-Unis) par Odile Pidoux.

blesse de caractère aux défis protéiformes que le néolibéralisme sauvage impose à tous les peuples de la planète, à l'orée du XXIème siècle. *Last, but not least*, je tiens à remercier vivement Isabelle Frappier et Robert Cronier qui m'ont aidé à réviser ce texte, et surtout, à assurer *avec maestro* les traductions anglaises des résumés des articles. Leur compétence m'a permis de boucler ce travail dans une ambiance de totale *ataraxie philosophique*.

Professeur Benoît AWAZI MBAMBI KUNGUA
Philosophe, Sociologue et Théologien
Président du CERCLECAD (www.cerclecad.org, Ottawa, Canada)
Courriels : benkung01@yahoo.fr & nabiawazi@gmail.com

Mot du Président pour la dixième rentrée scientifique du CERCLECAD 2016/2017.
Réticularité, Transversalité et Pluridisciplinarité : Jalons pour une philosophie fondamentale du CERCLECAD dans le monde.

Benoît AWAZI MBAMBI KUNGUA[21]

Résumé : Le but primordial de cet article est tout d'abord de rendre grâce à Dieu pour toutes les grâces qu'il nous a accordées dans l'accomplissement énergique de notre mission scientifique et prophétique dans le monde. La philosophie qui inspire nos textes et nos actions est celle d'une épistémologie prophétique qui combine la réticularité, la transversalité et la pluridisciplinarité en vue d'accroître et d'intensifier notre capacité savante et émancipatrice. Nous mobilisons toutes nos énergies spirituelles et intellectuelles pour maximiser toutes les ressources émancipatrices de l'érudition au profit de la libération holistique des plus pauvres, des exclus et des laissés-pour-compte des logiques prédatrices qui sèment le chaos dans le monde entier. Après dix ans de travail acharné dans la région de la capitale nationale du Canada, le Cerclecad entame cette nouvelle décennie de travail intensif avec fierté, sérénité, confiance en l'avenir et sens de la noblesse et de la responsabilité de soi-même devant le monde et l'histoire.

---

[21] Docteur en Philosophie de l'université Paris IV-Sorbonne (avec une thèse en phénoménologie : *Donation, Saturation et Compréhension. Phénoménologie de la donation et phénoménologie herméneutique : Une alternative ?,* L'Harmattan, Paris, 2005, dirigée par le professeur Jean Luc Marion de l'Académie française) et titulaire d'un DEA en Théologie de l'université de Strasbourg, **Benoît AWAZI MBAMBI KUNGUA** focalise ses recherches pluridisciplinaires sur la quête d'un leadership éthique, intellectuel, prophétique et réticulaire, pour l'éclosion effective d'une « ***Autre Afrique*** », celle qui marche, fière, digne et debout, vers l'édification d'un avenir prospère pour ses populations malmenées par la crise économique dite pompeusement « mondiale ». Il est l'actuel président du Centre de Recherches Pluridisciplinaires sur les Communautés d'Afrique noire et des diasporas (Cerclecad, **www.cerclecad.org**) basé à Ottawa, au Canada. Parmi ses ouvrages, signalons : *Panorama de la Théologie négro-africaine contemporaine,* L'Harmattan, Paris, 2002 ; *Donation, Saturation et Compréhension. Phénoménologie de la donation et phénoménologie herméneutique : Une alternative ?,* L'Harmattan, Paris, 2005 ; *Panorama des Théologies négro-africaines anglophones*, L'Harmattan, Paris, 2008 ; *Le Dieu crucifié en Afrique. Esquisse d'une Christologie négro-africaine de la libération holistique*, L'Harmattan, Paris, 2008 ; *De la Postcolonie à la Mondialisation néolibérale. Radioscopie éthique de la crise négro-africaine contemporaine*, L'Harmattan, Paris, 2011. Son dernier ouvrage paru est : *Déconstruction phénoménologique et théologique de la modernité occidentale* : *Michel Henry, Hans Urs von Balthasar et Jean-Luc Marion,* L'Harmattan, Paris, 2015. Son prochain ouvrage a pour titre *: Le Tournant prophétique de la théologie africaine postcoloniale. De la Performativité de la Deutérose*, L'Harmattan, Paris, 2017.

Mots-clefs : Réticularité, transversalité, pluridisciplinarité, érudition, émancipation, textualité, leadership intellectuel, Déconstruction, afroscopie, épistémologie.

Abstract : The main goal of this article is primarily to give thanks for all the favours God has granted us in fulfilling our scientific and prophetic mission in this world. The philosophy that inspires our writing and actions is that of prophetic epistemology that combines reticularity, transversality and pluridisciplinarity to increase our knowledge and liberating capacity. We mobilize all our spiritual and intellectual energies to maximize all emancipatory and scholarly resources for the benefit of the holistic liberation of the poor, the excluded and those left out in the cold, exposed to predatory practices that bring chaos throughout the world. After ten years of hard work in the Canada's Capital region, Cerclecad is starting a new decade of intensive work with pride, serenity, confidence in the future and a sense of nobility and responsibility toward the world and history.

Keywords: Reticularity, transversality, pluridisciplinarity, erudition, scholarship, emancipation, textuality, intellectual leadership, deconstruction, afroscopy, epistemology.

« Moi, je sais les projets que j'ai formés à votre sujet – *oracle du Seigneur* -, projets de *prospérité* et non de malheur : je vais vous donner un *avenir* et une *espérance*. Vous m'invoquerez, vous ferez des pèlerinages, vous m'adresserez vos prières et moi, je vous exaucerai. Vous me rechercherez et vous me trouverez : vous chercherez du fond de vous-mêmes, et je me laisserai trouver par vous – *oracle du Seigneur* –, je vous restaurerai, je vous rassemblerai de toutes les nations et de tous les lieux où je vous ai dispersés – *oracle du Seigneur*, et je vous ramènerai à l'endroit d'où je vous ai déportés. » (Jérémie 29, 11-14). (TOB).

« *La sécurité de tes jours, ce seront les richesses du salut. La sagesse, la connaissance et la crainte du Seigneur : tel sera son trésor* » (Ésaïe 33,6). (TOB).

Juste avant de diffuser ce texte dans l'ensemble de notre réseau scientifique mondial, je tiens à proposer une clef d'interprétation sans être exclusive. Il s'agit des puissantes inspirations que j'ai recueillies dans la lecture attentive de l'article de mon ami, le professeur Gabriel Tchonang[22] de la Faculté de

[22] Gabriel Tchonang est docteur en théologie et chargé de cours à la Faculté de théologie catholique de l'Université de Strasbourg. Il est auteur, entre autres, de (2013), *Quand le Christ se dérobe à la pensée : Chalcédoine, Luther et les théologies non spéculatives,* Paris, L'Harmattan, et (2014), *Du Jésus de l'histoire au Christ de la Gloire*, Paris l'Harmattan. Je signale la recension détaillée que j'ai faite de son ouvrage : *L'essor du pentecôtisme dans le monde. Une conception utilitariste du salut en Jésus-Christ*, L'Harmattan, Paris, 2009, 446 pages, 39,50 Euros, ISBN : 978-2-296-08566-4, dans Benoît AWAZI MBAMBI KUNGUA (Dir.), *Dieu et l'Afrique. Une approche prophétique, émancipatrice et pluridisciplinaire, Afroscopie VI/2016*, (Revue savante et pluridisciplinaire sur l'Afrique et les communautés noires), publiée par Le Cerclecad-Harmattan, Ottawa-Paris, 2016, *659 pages*, ISBN : 978-2-343-08467-1, Prix : 54 Euros, pp. 585-594.

Théologie catholique de l'Université de Strasbourg. En parcourant son article qu'il m'a envoyé, il y a quelques jours, « quelle mystique pour la renaissance africaine ? »[23], j'ai pu trouver une perspective libératrice et prophétique dans ses analyses précieuses sur les conséquences politiques, sociales, économiques et théologiques d'une vie d'alliance vivante avec le Dieu Vivant et Vrai. Je le remercie et l'encourage à continuer de penser une théologie africaine de la vie immanente capable de susciter des Africains comme des sujets[24] debout devant Dieu, car la visée ultime de toute mystique divine consiste à renforcer le processus de subjectivation et d'apparition de chaque croyant devant son Dieu et face à ses obligations quotidiennes dans la société où il évolue. Je finis en disant qu'il est parmi les théologiens qui interprètent avec justesse et finesse ma propre trajectoire théologique. Voici ces propos justes et perspicaces dans un article[25] où il brossait un panorama des théologies africaines postcoloniales. Parlant de ma théologie négro-africaine de la libération holistique, il dit ceci : « *Pour lui, la théologie chrétienne en Afrique ne trouvera sa pertinence que dans la prise en compte des phénomènes thérapeutiques qui jalonnent la pratique quotidienne en Afrique. Il donne par conséquent son assentiment théologique à tous ceux qui se sont assidûment impliqués dans le ministère de guérison et d'exorcisme, dans un sens réel,*

23 *Théologiques* 21/2 (2014), pp. 251-284.

24 Dès le début de son article, il localise avec profondeur la question de la corrélation entre la Renaissance africaine et celle du sujet africain en crise prolongée : « *La renaissance africaine sera concomitante avec la renaissance du sujet africain ou ne sera pas. La mauvaise réappropriation de son histoire ainsi que sa mauvaise et douloureuse posture sur l'échiquier de la planète monde, les atavismes idéologiques qui ont imprimé dans sa conscience l'idée qu'il était le rebut de l'humanité et la boue des places publiques, les fortes turpitudes d'une culture éclectique qui le placent sans cesse dans une logique de dissonance culturelle, font de lui un être humain en crise. Le projet global et le plus ambitieux sera de changer le sujet africain. Le Changer, c'est faire advenir un être nouveau, imprégné d'idéal, sujet libre, assumant son histoire, et détaché des conditionnements d'un grégarisme accablant (avec pour vitrine le tribalisme), et porté vers l'avenir, non seulement proche, mais lointain, à la dimension de l'infini et de l'éternité. Cet Homme nouveau aura en perspective le Bien, le Beau et le Vrai. Il ne s'agit pas seulement de l'« homme éthique », dont ont parlé de nombreux penseurs africains, mais bien de l' « homme spirituel », qui saura harmonieusement articuler le spirituel et le temporel, tant dans sa conscience que dans son agir, et qui en définitive reconnaîtra au spirituel la primauté sur le temporel ou, mieux, verra dans la « noosphère » l'accomplissement de la « biosphère ». Cela nous semble être la condition première, s'il veut échapper aux considérations ventriloques qui, dans les contextes politiques et sociaux dans lesquels il évolue, obstruent considérablement son élan vers le bien commun.* », in : « Quelle mystique pour la renaissance africaine », *art. cit.*, p. 252.

25 G. Tchonang, « Brève histoire de la théologie africaine », *Revue des Sciences Religieuses*, 84 (2), Avril 2010, pp. 185-187. La Revue est publiée par la Faculté de Théologie Catholique de l'Université Marc Bloch, Strasbourg II (France).

comme Meinrad Hebga[26]*, Mgr Emmanuel Milingo*[27]*, ou symbolique, comme Mgr Christophe Munzihirwa*[28]*, ou Mgr Emmanuel Kataliko*[29]*. Ces derniers sont considérés comme de véritables modèles de théologiens et pasteurs de la libération holistique. Les christologies négro-africaines de la libération holistique devraient s'inspirer de la mystique juive de la Merkabah et des intuitions spirituelles développées par les kabbalistes juifs. Il existe selon lui des similitudes frappantes entre la christologie négro-africaine de la libération holistique et la mystique juive de la Merkabah. Les pratiques thérapeutiques des Églises de réveil dans les sociétés négro-africaines sont proches des* « actes thérapeutiques et théurgiques qui sous-tendent la mystique juive de la Merkabah[30] ». *L'analyse et l'interprétation de I R19, 1-21 relative à l'expérience du prophète Elie, centrale dans la mystique juive de la Merkabah, conduit Awazi à conclure qu'*« aucune rencontre avec le monde transcendant de Dieu ne reste sans portée sociopolitique et religieuse sous la forme des guérisons, d'exorcismes, et de subjugation des forces de mort[31] ».

Je commence par cette métaphore qui m'a été suggérée par deux membres actifs et convaincus du Cerclecad à Ottawa : Edmond Kakudji et Hashimu Maliki. Ils sont parmi les rares personnes qui contribuent régulièrement – matériellement et intellectuellement - pour la poursuite de notre mission scientifique. Lors d'une récente conversation, parlant de la situation de l'Afrique dans la géopolitique mondiale, ils m'ont dit ceci : « *Benoît, la situation inextricable de l'Afrique est comparable à un homme qui se retrouve en haut d'un palmier : au-dessus de lui se trouve un grand serpent noir très venimeux et en train de s'avancer vers lui, et en bas du palmier, se trouve deux gros crocodiles déployant la béance de leurs gueules carnassières dans la marre qui encercle le palmier. Que doit faire cet homme répondant au nom d'Inakalé*[32] *?* »

---

[26] Jésuite camerounais aujourd'hui décédé, M. HEBGA s'est profondément impliqué dans le ministère d'exorcisme et de guérison et y a consacré l'essentiel de son œuvre philosophique et théologique.

[27] Évêque émérite de Lusaka en Zambie, excommunié « *latae sententiae* » en 2006, Mgr MILINGO s'est illustré par son ministère phénoménal et spectaculaire de guérison et d'exorcisme.

[28] Évêque de Bukavu, assassiné devant la Cathédrale le 29 octobre 1996 pour avoir dénoncé l'occupation rwandaise.

[29] Mort exilé à Rome par les autorités du RCD-Goma. Ces évêques de la résistance sont pour B. AWAZI « les pasteurs qui s'impliquent personnellement et ouvertement dans la lutte contre les sorciers et les mauvais esprits qui tuent et mangent les brebis qui leur ont été confiées par le Seigneur ». Cf. *Le Dieu Crucifié en Afrique*, pp. 206-208.

[30] *Ibid.*, p. 289.

[31] *Ibid.*, pp. 288-289.

[32] Il y a quelques jours j'ai diffusé dans notre réseau scientifique et médiatique mondial l'herméneutique philosophique stimulante que le Professeur Kä Mana fait de ce puissant ''*mythe-récit*'' qui concentre astucieusement les *impasses des crises africaines* (coloniale, postcoloniale, Mondialisation et Religiosités pathologiques et fusionnelles où on croit – à tort – que les solutions aux crises africaines persistantes viendront magiquement de la part d'un ''*Deus ex*

C'est ce qu'ils ont appelé le *syndrome* de « Inakalé », en Kiswahili et Lingala. Inakalé pourrait se traduire par : « *C'est bloqué complètement, c'est une impasse totale, c'est mal fichu, l'Afrique est mal barrée...* ».

Ce qui est encore plus grave dans la situation chaotique de l'Afrique postcoloniale est l'*arraisonnement* des « élites africaines » par des réseaux maçonniques et françafricains pour des raisons hautement *alimentaires,* et donc *mangeocratiques,* pour ne pas dire *mangeolâtriques*. La pauvreté épistémique des analyses politiques chez les intellectuels du système-monde, est aggravée par les masses qui gobent paresseusement les injonctions des puissances financières et académiques qui perpétuent l'esclavage mental et économique de l'Afrique. Je suis en train de viser ici le monopole intellectuel que les chercheurs de la revue françafricaine par excellence *Politique africaine* ont acquis dans les universités africaines et occidentales, alors que leurs analyses sont essentiellement fallacieuses, néocoloniales et anachroniques. Les Africains – élites et masses – continuent de croire illusoirement en l'existence des *États* en Afrique, alors que même les enfants se rendent bien compte qu'*il n'existe pas d'État* en Afrique et cela leur donne le *fou rire*. Que le sang continue à couler – comme c'est actuellement le cas au Gabon depuis hier mercredi le 31 août 2016 et dans les minutes où je suis en train de rédiger ces mots ce matin jeudi le 1er septembre 2016 – pour l'organisation des élections dans des sociétés *sans États,* et que les étudiants africains continuent de gober goulûment les ouvrages de Jean-François Bayart sur *La greffe de l'État* ou *L'État en Afrique. La politique du ventre* constitue pour moi un fait qui dépasse mon entendement.

Heureusement que l'irruption mondiale de notre revue ambitieuse, savante et pluridisciplinaire, *Afroscopie*, constitue un contrepoint vigoureux, incandescent et iconoclaste par rapport à l'hégémonie déclinante et obsolète de l'idéologie africaniste de Paris, autour de sa revue françafricaine *Politique africaine,* publiée aux Éditions Karthala à Paris. Oui je commence ce texte de combat pour la libération mentale et intellectuelle des jeunes africains en déclarant – et donc en prophétisant avec toute la *fougue élianique*[33] qui y sied –

---

machina'' qui ferait le travail colossal d'auto-libération des Africains à leur place. *Qui rira bien qui rira le dernier*...! Lire Kä Mana, « Lancer le souffle de la renaissance africaine. Le mythe d'Inakalé et les modes de pensée des jeunes en RD Congo. », texte diffusé dans le réseau médiatique et scientifique du Cerclecad le août 2016 par Benoît Awazi Mbambi Kungua, le 18 août 2016.

[33] Ce néologisme vise *la geste* prophétique et théologique du plus grand prophète de l'Ancien Testament, **Élie le Tishbite de Tishbé**, qui m'inspire beaucoup dans ma propre mission prophétique et scientifique dans la présidence mondiale du Cerclecad. Je dois insister sur cette figure atypique et incandescente de toute la révélation biblique, car j'ai consacré des études approfondies sur l'épisode de sa rencontre stupéfiante avec son Unique Patron, Yahvé, à l'Horeb (I Rois 19, 1-21), mais aussi le récit *palpitant* et *sidérant* de son enlèvement magistralement raconté dans II Rois 2, 1-18. Je renvoie donc à ces études successivement dans : *Le Dieu Crucifié en Afrique. Esquisse d'une Christologie négro-africaine de la libération holistique,* L'Harmattan, Paris, 2008, 330 pages, (Collection Églises d'Afrique), pp. 249-287 & *Déconstruction*

la fin de l'hégémonie idéologique des chercheurs autour de la revue françafricaine, *Politique africaine,* dans les institutions universitaires en Afrique et ailleurs dans le monde. Ils n'ont produit que des textes ouvertement néocoloniaux et nous avons produit les nôtres ; et c'est à chaque lecteur ou lectrice de se faire librement son opinion au vu de l'accélération de la disparition des institutions et légitimités coloniales, comme c'est actuellement le cas au Gabon et dans les pays explosifs de la région des Grands lacs qui nous réservent des surprises sanglantes dans les jours qui viennent. Alors, au vu de cette situation catastrophique, macabre et chaotique, que valent les productions *fallacieuses* et *néocoloniales* de l'École africaniste de Paris (Bayart) selon lesquelles il existe des *États greffés* en Afrique par la chevauchée coloniale des puissances militaro-capitalistes depuis la Conférence de Berlin en 1885 ? Faut-il continuer à enseigner des analyses et thèses qui sont complètement déconstruites par la réalité sinistre des déflagrations sociales et politiques en cours dans les sociétés postcoloniales ?

Je dois absolument insister sur la déconstruction radicale de l'hégémonie idéologique de l'École africaniste de Paris avec sa revue *Politique africaine,* parce qu'elle continue de se perpétuer paresseusement dans des universités et autres institutions de recherche financées par les subventions de la Françafrique en Afrique et en Occident. Combien de fois ai-je vu des brillants étudiants africains refusés et éliminés de la soutenance à la fin des études doctorales en sciences politiques en Guadeloupe, en Martinique, à Paris, à Ottawa et à Montréal, pour la simple raison qu'ils ne voulaient pas valider idiotement les thèses fallacieuses et mensongères de la *greffe de l'État* en Afrique, colportées *ad nauseam* par Jean-François Bayart et ses disciples africains bien connus par tout le monde ? Mais nous savons maintenant que la seule façon d'échapper définitivement à la décérébration imposée par l'École africaniste de Paris aux « intellectuels-esclaves » est de ne pas être sous leurs bottes dans des universités africaines qu'ils continuent de piloter de Paris par le truchement de leurs disciples-esclaves et de la revue néocoloniale, *Politique africaine* enchâssés dans des réseaux maçonniques qui pilotent les pouvoirs politiques et économiques en Afrique postcoloniale. Évidemment, je puis écrire avec cette liberté maximale de pensée critique et iconoclaste parce que le Cerclecad est une université autonome qui se focalise dans la production effective des ouvrages et revues savants qui entrent en confrontation directe avec les savoirs déphasés et serviles qui sont totalement démentis par les violences, les génocides, les émeutes, les guerres et les fissures qui se manifestent aujourd'hui partout en Afrique postcoloniale. Alors pourquoi continuer à enseigner des thèses sur « l'État en Afrique, la politique du ventre », alors qu'il n'y en a pas dans les faits sociaux et la phénoménalité locale ? C'est ici que le Cerclecad vient répondre avec brio à une lacune béante dans la production et

---

phénoménologique et théologique de la modernité occidentale : Michel Henry, Jean-Luc Marion et Hans Urs von Balthasar, L'Harmattan, Paris, 2014, 316 pages, pp. 245-259.

l'archivage des ouvrages et revues à prétention *savante* et *émancipatrice*. On ne peut pas combattre un texte avec des paroles vaporeuses, et cela nous l'avons compris pour l'éternité. Évidemment, personne ne peut nous censurer parce que nous ne travaillons pas dans leurs institutions françafricaines, maçonniques et néocoloniales, et nous vivons dans une posture d'immanence prophétique difficilement attaquable par la seule puissance réflexive et spéculative. Bravo aux chercheurs ambitieux et déterminés du Cerclecad d'avoir gagné haut les mains la bataille scientifique mondiale de l'*Afrodiction* et de l'*Afrographie* dans la mégatextualité mondiale. Oui nous demandons qu'on nous juge en lisant attentivement nos textes hautement ambitieux.

Les affirmations théoriques induisent des pouvoirs politiques et on ne peut pas répondre aux *ouvrages mensongers* par des *paroles évanescentes*. C'est donc au niveau de la *raison graphique* que se situe notre combat pour la libération intégrale de l'Afrique et la conquête ardue de sa vraie autonomie intellectuelle et politique, donc holistique. J'affirme qu'une grande partie de l'étiologie du blocage actuel du continent réside dans l'écart entre la *raison graphique* et la *raison orale* et les faibles performances des Africains dans la production et la diffusion des savoirs sur eux-mêmes et par eux-mêmes. Qui s'est déjà posé la question avec toute la liberté critique adéquate pourquoi dans la plupart des pays africains les programmes des universités sont ceux qui ont été laissés par les puissances coloniales, car il n'y avait pas des institutions de type occidental avant leur irruption ? Qui s'est déjà interrogé sur les raisons pour lesquelles les élites politiques et intellectuelles des « indépendances vides » continuent d'enseigner à partir des ouvrages et revues ouvertement produits par la machine de guerre africaniste pour des visées de décérébration et d'asservissement mental des jeunes générations des Africains sur le continent et ailleurs ? Mais à qui la faute si les élites politiques africaines préfèrent investir des millions de dollars dans des maisons de luxe, la nourriture, la boisson et les boîtes de nuit en abandonnant l'espace discursif aux réseaux scientifiques africanistes qui sont mieux organisés dans la production, l'archivage et la circulation des ouvrages et des revues en Afrique ? Mais à qui la faute si partout en Afrique des gens bien placés te disent que la question urgente pour leurs peuples est le manger et le boire et que nous n'avons pas encore atteint le loisir des logomachies et autres spéculations métaphysiques des philosophes qui réfléchissent sur le sexe des anges et les révolutions stellaires ?

La métaphore susmentionnée de ''*Inakalé*'' dévoile une situation apocalyptique, catastrophique et macabre. Or là où croît le danger, là aussi le salut est proche à condition de se mettre volontairement et collectivement au travail. C'est à partir de cet appel à se mobiliser dans la production d'une pensée immanente, prophétique, pluridisciplinaire et émancipatrice que je commence ce mot qui lance notre dixième rentrée scientifique dans la région de la capitale nationale du Canada, où depuis 2007, nous organisons chaque dernier samedi du mois une conférence d'envergure sur des questions africaines et diasporiques. Cependant, nos productions scientifiques se projettent dans le monde entier à travers notre revue savante et pluridisciplinaire sur l'Afrique et les Communautés noires, « *Afroscopie* », publiée chez l'Harmattan à Paris. À ce niveau, nous ne pouvons que rendre grâce à Dieu et à la Vie qu'il nous donne chaque jour dans l'accomplissement collégial de la mission scientifique et prophétique du Centre de Recherches Pluridisciplinaires sur les Communautés d'Afrique noire et des diasporas (CERCLECAD, www.cerclecad.org, Ottawa, Canada).

La situation de blocage (*Inakalé*) dans laquelle sont plongées les sociétés anomiques de la postcolonie et les diasporas végétant en Occident, exige la mise en branle d'une pensée complexe, systémique et incandescente, capable de produire des conditions à la fois théoriques et pratiques de la Renaissance, de la Reconstruction et de la Libération holistique de l'Afrique.

Aucune transformation radicale d'une société ne peut advenir sans le ferment d'une pensée auto-performative, émancipatrice et prospective, capable d'instaurer par ses seules forces immanentes, des ruptures épistémologiques radicales, rendant possible des « révolutions symboliques ». Or l'essence d'une révolution *symbolique*, et donc *prophétique*, consiste dans son intentionnalité auto-performative. Toute *prophétie* a une énergie interne de visualisation (apparition alchimique) des nouvelles façons de vivre, de penser, de juger, de voir et d'agir. Il s'agit de *transmuter* les structures cognitives (de perception et d'interprétation du réel) susceptibles de déboucher sur des mutations radicales des structures sociales. Il s'agit d'entrée de jeu de mettre en évidence les mécanismes idéologiques qui président à la constitution quotidienne du monde par la conscience d'un sujet. Le cas le plus paradigmatique étant la normativité du « Journal télévisé » dans les pays occidentaux et les dictatures africaines ; où on prétend imposer subrepticement une vision du monde (les catégories de perception orthodoxe et d'interprétation légitime, et donc, autorisée de la réalité par les élites au pouvoir) et des problèmes d'après les intérêts de l'oligarchie financière et universitaire mondiale. Je veux d'entrée de jeu induire que tout discours théorique charrie des prétentions de production des pouvoirs et des idéologies qui les légitiment. Notre mission scientifique implique de facto une phase déconstructrice (iconoclaste) des idéologies des classes dominantes qui font accepter aux victimes de la jungle néolibérale leur propre esclavage par la violence symbolique et manipulatoire. La phase reconstructrice ne peut se déployer qu'en aval de cette démolition radicale des idoles conceptuelles et idéologiques qui se sont sédimentées dans nos esprits et nos sociétés par 60 ans de règne sans partage de l'École africaniste de Paris au service de la coopération de la France avec ses colonies de fait en Afrique.

C'est à cette tâche de *production* et de *dissémination* d'une pensée auto-performative, complexe, iconoclaste et émancipatrice que les chercheurs du Cerclecad se sont attelés jour et nuit, à travers la livraison annuelle d'un numéro imposant et colossal de notre revue pluridisciplinaire, « *Afroscopie* ». La principale motion intérieure qui m'habite en rédigeant ce texte est celle d'action de grâces à Dieu qui a suscité beaucoup de générosité, d'abnégation, de combativité et d'espérance en l'avenir au cœur de toutes les personnes sans lesquelles ce centre n'existerait pas aujourd'hui. Le nombre réduit des personnes qui cotisent régulièrement (un maximum de 7 personnes chaque année) et l'absence de toute subvention extérieure fait que le coût financier du fonctionnement du Cerclecad est supporté essentiellement par deux personnes qui veillent à ce que nous ayons chaque année l'argent nécessaire pour publier notre revue « *Afroscopie* » chez l'Harmattan à Paris. C'est le principal poste budgétaire d'un Centre de recherches comme le nôtre. Le niveau élevé de nos productions et la volonté d'une érudition qui soit au service de la libération effective des plus pauvres, des petits, des exclus, voire des morts tombés sur le champ de bataille pour la libération de l'Afrique, a poussé certains individus malveillants à s'éloigner du centre par incompétence avouée ou non. Au sein du cerclecad l'érudition n'a d'autre intentionnalité que le renforcement des capacités d'auto-libération des pauvres, des esclaves modernes, des exclus, voire des morts qui continuent à crier justice devant la Face de l'Éternel notre Dieu. Notre mission déborde donc de part à part les conditions de possibilité de l'apparaître du monde marchandisé et se laisse happer par des principes métaphysiques, thérapeutiques et théologiques ouvertement assumés. Et c'est à partir de cette hauteur métaphysique, théologique et éthique que nous avons entrepris la grande bataille intellectuelle contre les productions scientifiques étriquées, idéologiques, nécolonialistes et positivistes des Africanistes de l'École Bayart. Dès sa fondation, les chercheurs du Cerclecad dont les fondateurs sont des philosophes, des sociologues et des théologiens confirmés ont vu la nécessité de combiner les sciences sociales et politiques, la philosophie et la théologie en vue d'accroître leur capacité d'analyse transversale des problèmes, défis et questions charriés par l'impasse postcoloniale. La mondialisation des problèmes, des conflits et des idéologies nous oblige à articuler les questions locales (Afrique) et les questions surgies des diasporas occidentales dans une dialectique continue de déterritorialisation et de reterritorialisation constante de « L'Afrique » comme représentation, constitution et construction des épistémologies contradictoires et conflictuelles qui l'abordent. C'est de ce conflit inéluctable des herméneutiques qu'atteste la liberté de pensée, d'écriture et d'action politique que les chercheurs du Cerclecad s'octroient abondamment et librement.

Ne pouvant pas citer toutes les personnes qui font vivre ce centre, je tiens à reconnaître tous les actes de générosité, de noblesse et de dignité qui ont rendu possible notre rayonnement scientifique mondial dans les milieux avertis. Dès le lancement officiel du Centre le 15 mars 2008 au Collège dominicain d'Ottawa – bien que la fondation ait eu lieu en janvier 2007 – nous avons bénéficié d'un appui matériel décisif des familles de Monsieur Jean Richard Baka Tshimanga, de maître Clarel Midouin et du pasteur Billy Lipanda vivant tous à Ottawa. Depuis le jour du lancement, Madame Adèle Nyembwe, l'épouse de Monsieur Jean Richard Baka Tshimanga, ainsi que ses petites sœurs (Mydia et Sandra), préparent chaque mois des beignets et du poulet pour le temps de convivialité et de réseautage que nous offrons à chaque conférence. C'est aussi le cas de Madame Salama, l'épouse du pasteur Billy d'Ottawa. Sans la générosité et l'amour de ces mamans africaines nos réunions n'auraient pas la chaleur humaine et la joie de vivre qui les caractérisent. Qu'elles soient publiquement remerciées et que le Seigneur leur rende à la mesure de leur générosité sans mesure. Je dois mentionner ici le soutien exceptionnel et constant du père François Kibwenge, curé à la paroisse de Hawkesbury, de l'archidiocèse d'Ottawa, membre fondateur du Cerclecad et auteur de nombreux ouvrages et articles. Madame Isabelle Frappier et son époux Robert Cronier sont d'une fidélité sans failles dans la participation effective aux activités et à la mission scientifique du Cerclecad. Qu'ils en soient spécialement remerciés en ce moment précis pour leur générosité et leur ouverture d'esprit aux Africains. Madame Judith Houedjissin-Cardin, membre du Cerclecad et auteure en sciences sociales et politiques, mérite ici mon « *merci* » spécial pour sa fidélité, sa conviction intellectuelle et sa générosité. Elle croit en la dignité de l'Afrique et s'engage dans le combat intellectuel, comme c'est le cas dans son récent ouvrage : *Politique de l'immigration choisie au Canada. Traité d'indignation d'une Afro-Canadienne*[34], qui soulève avec talent les défis protéiformes qui jonchent les trajectoires migratoires des Africains au Québec et au Canada. Madame Myriam Matondo Nkenda se signale aussi pour sa fidélité, son amour de l'Afrique et sa combativité intellectuelle. Elle s'occupe de la page ''Facebook'' du Cerclecad dans laquelle elle fait circuler avec conviction des articles de réflexion critique et approfondie publiés par les chercheurs chevronnés du Cerclecad. Monsieur Roger Adam, pasteur et théologien, animateur de l'émission, « *Expresso du dimanche* » dans la Radio communautaire de l'Université d'Ottawa (CHUO, 89,1FM) a été présent le jour du lancement officiel du Centre au Collège dominicain et vulgarise régulièrement les textes du Cerclecad avec beaucoup d'à-propos dans son émission du dimanche qui est attentivement suivie par plusieurs intellectuels de la région de la capitale nationale d'Ottawa-Gatineau.

Le professeur Abdoulaye Gueye de l'École d'Études sociologiques et anthropologiques de l'université d'Ottawa, assure depuis 10 ans notre domiciliation dans la prestigieuse salle du Sénat de l'Université d'Ottawa. Qu'il en soit sincèrement remercié pour son engagement persévérant pour que nous travaillions dans des conditions épanouissantes et optimales. Il est un membre actif qui soutient ce centre matériellement et intellectuellement depuis nos premiers pas. J'en profite ici pour citer les autres professeurs de l'université d'Ottawa : Meredith Terretta, Nathalie Mondain, Kasereka Kavwahirehi et Jean Paul Mbuya qui soutiennent les activités du centre par leurs prestations

[34] L'Harmattan, Paris, 2016, 212 pages. L'ouvrage est recensé dans cette livraison de notre revue.

intellectuelles et leurs cotisations annuelles. Je signale aussi le professeur Aaron Nsakanda de l'Université Carleton, à Ottawa qui paie ses cotisations au Cerclecad. Certaines autorités académiques des universités à Ottawa nous aident régulièrement dans l'organisation des colloques, notamment le Département d'*African Studies* de l'Université Carleton, avec son premier directeur, le Professeur Blair Rutherford et ses responsables actuels. Madame la Présidente de l'Université Carleton, la Docteure Roseann O'Reilly Runte nous soutient régulièrement dans nos activités. Elle est parmi les autorités académiques d'Ottawa qui reconnaissent à sa juste valeur le travail persévérant que nous accomplissons chaque année dans la production de notre revue savante et pluridisciplinaire, « *Afroscopie* ». Qu'elle en soit ici vivement remerciée. Ne pouvant pas citer toutes les personnes qui nous appuient sans faille, je tiens à mentionner les noms de nos membres et collaborateurs vivant en Afrique, en Europe, en Amérique du Nord et aux Antilles, et qui alimentent notre revue par leurs contributions remarquables et constantes : Anne Germaine Ndione, Mpangi Blaise Dalé, Jean-Claude Djéréké, Kä Mana, Philippe Mabiala, César Mawanzi, Pini-Pini Nsasay Kentey Masiyngo, Henry Touaboy, Paul Mbav Kalukang, Paul Venance Ntambwe, Augustin Kasongo Milamba, Dieudonné Kibungu Bwanamuloko, Damien Meki, Benoît Diemé, Jean-Claude Angoula, Juvénal Barankeguje, Alban Mabiala, Michel Ndouna, Freddy Bofili, Véro Bofili, Daniel Bofili-Awazi, Sœur Vicky Bofili, Alphonse Baende, Jean-Claude Mboka, Thomas Binyé, Edmond Kakudji, Hashimu Maliki, Mike Mucaila, Jean Marie Mondésir, Darlène Lozis etc. Je dois mentionner spécialement Monsieur Tanoh Laurent Kakou qui a filmé, réalisé et archivé l'essentiel de nos conférences et les a généreusement domiciliées dans son site de KAMAVISION dans You tube. Grâce à cet archivage, la plupart de nos conférences et colloques scientifiques sont disponibles dans You Tube et peuvent être visionnés partout dans le monde. Il s'agit d'une percée médiatique et stratégique d'une grande ampleur. Qu'il en soit vivement remercié et que son entreprise ''KAMAVISION'' prospère durablement. Qu'il soit béni et prospère sous le regard de Dieu.

Nous fonctionnons selon un *leadership réticulaire* sous forme d'une synergie des '*'think tanks''* attelés à la tâche exigeante de production des savoirs savants et émancipateurs, indispensables pour opérationnaliser dans les actes et les faits, la révolution symbolique consistant à transmuter les structures cognitives et à reconfigurer le réel en vue de l'émergence globale des sociétés africaines postcoloniales. Je dois maintenant signaler avec beaucoup de reconnaissance l'hospitalité dont je jouis de la part de mes amis et de ma famille en Europe sans lesquels je ne pourrai pas lancer chaque mois de janvier notre revue ''*Afroscopie*'' chez L'Harmattan à Paris. Mon grand frère Makokwé Feruzi Ya Bob et mes nièces Léonie Makokwé Yoha et Alphonsine Makokwé se montrent d'une hospitalité et d'une générosité constantes à mon égard. Ce sont eux qui m'accompagnent chaque année pour le lancement de notre revue chez l'Harmattan et m'aident à transporter mes livres dans les métros et RER parisiens. Que Dieu lui-même le leur rende au centuple dès ici bas dans sa mansuétude divine. Avec mes nièces *Léonie Makokwé* et *Alphonsine Makokwé*, nous avons le projet de fonder un royaume philosophique dans le Maniema, mais qui regroupera uniquement les individus qui vont accepter l'ascèse que requiert toute posture philosophique et théologique dans la durée. Le message est lancé. Je dois saluer l'hospitalité constante et le leadership communautaire de mon frère Kantal Kahuongo Ntalaja de Liège. Non seulement il m'accueille dans sa maison chaque année au mois de janvier avec la même générosité, mais il m'associe aux célébrations de reconnaissance communautaire dans la diaspora congolaise de Liège, où différents membres sont reconnus et félicités par leur communauté d'origine pour leurs performances scolaires et professionnelles dans la société belge. J'y prends chaque année la parole pour encourager ces initiatives à haute teneur éducative, pédagogique et donc, testamentaire, pour l'ensemble de la communauté belgo-congolaise de Liège. Je ne peux que l'encourager à archiver par écrit et à transmettre durablement les valeurs fondamentales qui orientent sa vie de leader charismatique dans la communauté congolaise de Liège.

Il n'est pas facile de mobiliser les personnes vivant dans les banlieues de l'Île de France, de venir un jour de la semaine et en soirée, au quartier latin où se trouvent les bureaux de l'Harmattan à Paris. À chaque lancement, j'ai au moins trois personnes sûres, mon frère Ya Bob et ses filles Léonie et Alphonsine. Je dois ici reconnaître le soutien matériel, intellectuel et fraternel de mon grand frère Jean-Bosco Peleket[35] et de sa femme Odile qui me réservent chaque année un accueil chaleureux et enthousiasmant. Ce directeur à la retraite de l'hôpital de Montreuil, la grande banlieue colorée et mouvementée de l'île de France, reste fermement engagé avec sa femme Odile (bretonne d'origine et africaine par conviction et par amour) dans des projets de soutien des écoles et autres centres culturels en République centrafricaine. Chaque mois de janvier, je participe au repas de collecte de fonds organisé par Odile,

[35] Je recense son ouvrage « *Jean-Bosco Péléket, Afrique où vas-tu ? Chronique d'une espérance.* Essai, Elzévir, Paris, 2008, 300 pages, Prix : 15 Euros », ISBN : 978-2-8114-0041-5 » dans Benoît AWAZI MBAMBI KUNGUA (Dir.), *Les Intellectuels africains au Canada : Missions, Figures, Visions et Leaderships*, *Afroscopie* V/2015, (Revue savante et pluridisciplinaire sur l'Afrique et les communautés noires), publiée par Le Cerclecad-Harmattan, Ottawa-Paris, 2015, *390 pages*, ISBN : 978-2-343-05538-1, Prix : 38,50 Euros, pp. 293-297. J'aime souvent méditer sur ce passage pittoresque de son ouvrage au sujet de la « *beauté africaine* ». Jean-Bosco Péléket reste solidement arrimé à ses origines paysannes et parle de son village natal avec une grande charge émotive et poétique : « *Nous étions à l'embouchure du Mbomou et de l'Uélé. Les deux cours d'eau se rejoignent et forment à cet endroit l'Oubangui, large de près de deux kilomètres... La remontée du fleuve se fit tambour battant. Notre équipage était en pleine forme. Il balançait l'eau à pleine pagaie, de manière synchronisée et à un rythme régulier. Nous nous retrouvâmes à Wasso, la pointe de terre qui veille, imperturbable, depuis la nuit des temps, sur l'union de Mbomou et de l'Uélé. Au loin derrière nous, se trouvait une île où le soleil était comme accroché sur la pointe avancée de terre. Les eaux semblaient figées. Le fleuve immensément plat renvoyait de son reflet d'argent le spectacle du ciel et de la terre. Le silence était total. J'étais subjugué. Dieu comme l'Afrique est belle.* » (pp. 155-156).

Rose Donzenac et leurs amies qui continuent d'aider les écoles des villages en Centrafique. Qu'elles en soient ici publiquement remerciées pour leur amour maternel et leur compassion envers les enfants des villages oubliés de la République centrafricaine. Leur maison qui se trouve à Montreuil est appelé Zéré, en souvenir du village natal de Monsieur Péléket en République Centrafricaine. J'y rencontre à chaque fois des intellectuels et des dignes fils et filles de l'Afrique et des Antilles qui croient en la Résurrection de l'Afrique et à son émancipation des griffes de toutes les puissances maléfiques et françafricaines qui la maintiennent dans l'esclavage mental et économique. Grâce à tous ces frères et sœurs que je rencontre chaque année dans la région parisienne, je me sens encouragé et inspiré à poursuivre avec enthousiasme prophétique ma mission de coordination des activités scientifiques et éditoriales du Cerclecad dans le monde entier. Je souligne la collaboration dynamique et intellectuelle de mon ami Ferdinand Mayega[36], auteur des ouvrages et articles sur les diasporas africaines dans le monde et membre actif et convaincu du Cerclecad. Qu'il en soit ici vivement remercié. Mon frère Francis Mbog et sa femme Sophie Mbog de Poitiers en France sont mes bienfaiteurs dans toutes les situations et je ne pouvais pas ne pas les citer dans cette procession d'action de grâces devant Dieu et la Vie qu'il nous accorde à chaque minute *par pure grâce*.

Faire venir les gens dans la soirée, un jour de la semaine dans le quartier latin à Paris, n'est pas du tout facile. Cependant, je dois aussi remercier du plus profond de mon cœur la professeure Barbara Ndimurukundo-Kururu[37], de l'Université de Bujumbura, membre régulier et engagé du Cerclecad, et qui a été capable de mobiliser toute sa famille élargie en France et en Belgique, pour participer au lancement conjoint d'Afroscopie VI, « Dieu et l'Afrique » et de ses deux ouvrages susmentionnés. Grâce à elle, nous avons pu remplir la salle de l'Espace Harmattan qui nous a été attribuée. Je vois ici le souffle de l'Esprit de liberté, d'amour et de compassion qui constitue le secret de la longévité et des bénédictions divines répandues dans le Cerclecad de génération en génération. Nous serons là pour passer – avec fierté, dignité et joie de la mission accomplie – le flambeau aux jeunes Africains qui se laisseront guider

---

[36] Je recense son ouvrage : Ferdinand Mayega, *L'Avenir de l'Afrique. La diaspora intellectuelle interpellée* (Entretiens avec plusieurs intellectuels africains), L'Harmattan, Paris, 2010, 311 pages, Prix : 29,50 Euros, ISBN : 978-2-296-11812-7, dans : Benoît AWAZI MBAMBI KUNGUA (Dir.), *Les Intellectuels africains au Canada : Missions, Figures, Visions et Leaderships*, *Afroscopie* V/2015, (Revue savante et pluridisciplinaire sur l'Afrique et les communautés noires), publiée par Le Cerclecad-Harmattan, Ottawa-Paris, 2015, *390 pages*, ISBN : 978-2-343-05538-1, Prix : 38,50 Euros, pp. 289-292.

[37] Ces deux ouvrages sont recensés par moi dans cette livraison de notre revue savante, *Afroscopie*. Il s'agit de Barbara NDIMURUKUNDO-KURURU, *Deux sœurs, deux cœurs. Contes du Burundi*, L'Harmattan, Paris, 2006, ISBN : 2-296-00481-4, 43 pages, Prix : 8 Euros & Barbara NDIMURUKUNDO-KURURU, *Anthologie des épithalames burundais. Ouvrage bilingue kirundi-français*, L'Harmattan, Paris, 2016, ISBN : 978-2-343-07983-7, 208 pages, Prix : 21,50 Euros.

par cet *Esprit de la prophétie*, de la libération holistique et de la profusion intellectuelle qui en découle.

Je termine cette série d'actions de grâces en soulignant la qualité de l'accueil dont je bénéficie auprès de toute l'équipe des Éditions l'Harmattan autour de son directeur Denis Pryen. La bonne qualité éditoriale de notre revue et leurs encouragements à persévérer dans la mission scientifique du Cerclecad constituent pour moi des *stimuli* décisifs pour poursuivre notre aventure commune. Que tous reçoivent ici ma reconnaissance et ma joie de collaborer avec eux dans la confiance, le respect et la coresponsabilité.

Je ne pouvais pas nommer toutes les personnes qui soutiennent financièrement ce Centre – notamment, le père Alexis Loumaye[38], missionnaire spiritain belge, ayant passé une bonne partie de sa vie comme prêtre dans les diocèses de Kindu et de Kongolo, en République démocratique du Congo. Il croit fermement en la capacité des Africains d'être eux-mêmes des acteurs de leur développement intégral. J'ai une pensée à la mémoire de Mgr Albert Onyembo Lomandjo décédé à Gentinnes en Belgique. Prêtre spiritain, ancien évêque de Kindu (1966-1978), il a passé le reste de sa vie comme prêtre en Belgique et à chaque fois que je le rencontrais au début du mois de janvier dans la communauté spiritaine de Gentinnes, en Belgique, lors des lancements annuels de la revue « *Afroscopie* », il ne cessait de me bénir et de m'exhorter à durer dans la posture d'ascèse intellectuelle au service d'une « *Autre Afrique* », celle de la *fierté,* de *la dignité* et de la *responsabilité* dans le concert des nations. Quelques jours avant sa mort survenue en janvier 2016, il m'avait encore encouragé en me bénissant. Cette rencontre ouvertement testamentaire pour les initiés avait des allures d'*à-Dieu.*

À Dieu Mgr Albert Onyembo Lomandjo. Repose en paix auprès de ton Seigneur que tu as servi durant ta vie sur terre.

Ne pouvant pas citer toutes les personnes qui font vivre ce centre de recherches sur les questions africaines et diasporiques, par leurs aides décisives tant matérielles, intellectuelles et spirituelles qu'ils ne cessent de m'apporter, je les remercie toutes. Que mon merci qui sourd du plus profond de mon cœur leur parvienne dans l'action de grâces qui propulse ce texte prémonitoire vers les hauteurs stellaires et célestes.

Au terme de dix ans d'un travail collégial, acharné et persévérant, la liste et la teneur savante et émancipatrice de nos publications scientifiques constituent des acquis et des atouts majeurs et irréversibles. Ils ne sont pas contestables au vu de leur profondeur érudite et de leur immense volonté émancipatrice. Nous pouvons donc en être très fiers aux yeux de la communauté scientifique mondiale et du poids spécifique de nos spéculations (Afrodiction

[38] Je publierai une analyse narrative et théologique de son ministère pastoral à la paroisse cathédrale du Saint Esprit à Kindu dans la seconde édition, revue, augmentée et corrigée, de mon : *Panorama de la Théologie négro-africaine contemporaine*, L'Harmattan, Paris, 20021, 20172 (À paraître).

et Afrographie) dans la *mégatextualité mondiale*. Dois-je rappeler que le Cerclecad est régi par un leadership *réticulaire*, *prophétique* et *charismatique* ? Dois-je aussi rappeler que l'essence d'une épistémologie prophétique consiste à se déployer selon la double triade : *Déconstruction/Dépassement/Reconstruction* & *Bibliophagie*, *Bibliocratie* et *Bibliothérapie* ? Dois-je encore rappeler que le leadership réticulaire qui propulse le Cerclecad nécessite que chaque membre s'implique personnellement là où il vit et travaille au quotidien pour accroître le *niveau de conscience de soi* des Africains dans les soubresauts de la géopolitique mondiale avec ses nouvelles formes d'esclavage néolibéral et hypothécaire ? Dois-je enfin rappeler qu'il existe une différence ontologique irréversible entre la *raison graphique* de la Modernité occidentale avec son horizon épistémique de la *Mathesis Universalis* et la *raison orale* des sociétés africaines postcoloniales, et l'ouvrage du Père Placide Tempels[39] fait éclater avec brio les conflits politiques, idéologiques, académiques et symboliques entre ces deux types de raison ?

Le mot de la fin revient à mon immense joie et à ma reconnaissance débordante pour l'implication décisive de l'Abbé Nestor Salumu Ndalibandu, du diocèse de Kindu en République démocratique du Congo, et professeur de philosophie au Grand séminaire interdiocésain de Goma. Non seulement il nous a gratifiés avec 4 articles ambitieux dans le numéro colossal d'Afroscopie VI/2016, « *Dieu et l'Afrique* », mais surtout, il a consenti des sacrifices financiers en faisant entrer une dizaine d'exemplaires de ce numéro inoubliable et impressionnant au Grand séminaire de Goma. Je signale ce fait pour soulever la question du manque criant de bibliothèques d'envergure dans la plupart des pays africains.

En faisant le transfert d'argent à partir de Goma pour les Éditions l'Harmattan à Paris pour dix volumes dont chacun pèse 1,3Kg, l'abbé Nestor Ndalibandu prêche par l'exemple et sa volonté de payer le prix qu'il faut pour acquérir des ouvrages de qualité. Il faut compter les frais de la poste et les frais bancaires pour le virement de Goma à Paris. Alors que des milliers de dollars sont dépensés chaque jour dans des pays africains dans des constructions, la nourriture, la boisson et les boîtes de nuit, il est stupéfiant de remarquer l'absence de bibliothèques dans les grandes universités et villes africaines. Même les institutions universitaires catholiques du Congo ne brillent pas spécialement par leur volonté d'investir dans les livres d'envergure – à quelques rares exceptions près. Je viens aussi d'apprendre que la revue théologique de la Faculté de théologie de Kinshasa, où le débat de la théologie africaine a commencé le 29 janvier 1960, entre l'abbé Tharcisse Tshibangu et son professeur Alfred Vanneste, ne paraît plus depuis au moins 10 ans. Ce fait ne devrait étonner personne dans un pays, la République démocratique du Congo, où

---

39 Placide Tempels, *La philosophie bantoue*, Présence africaine, Paris, 2013 (Traduit du néerlandais par A. Rubbens et Préface de Souleymane Bachir Diagne, pour la 4ème Édition). Cet ouvrage est longuement analysé dans *Afroscopie V/2015*.

personne n'échappe à la mangeocratie. Si même en théologie, les Africains doivent répéter idiotement des formulations scolastiques et obsolètes par obéissance servile à Rome, alors à quel Dieu faut-il recourir pour libérer une bonne fois l'Afrique de la caverne d'ignorance, de servitude, d'apathie sociale et de démission collective dans laquelle elle repose depuis plus de quatre siècles ?

Il n'y aura plus de théologie au Ciel pour les élus, mais tant que nous sommes sur cette terre, les savoirs théologiques sont teintés par les pouvoirs idéologiques et dominations symboliques de ceux qui les produisent, les archivent et les diffusent. Je crois que je n'ai pas besoin de dire la raison pour laquelle il n'y aura plus de science théologique au Ciel, mais il me semble qu'en présence des « *choses mêmes* » que nous confessons dans la foi, il n'y aura plus besoin de discours théologiques, mais uniquement la contemplation éternelle de la Divinité sera la seule félicité pour ses élus. Mais étant donné que nous ne sommes pas encore au Ciel, il est irresponsable d'être esclaves et passifs dans la consommation des savoirs théologiques produits et diffusés par les autres. *Rira bien qui rira le dernier au Ciel ou en enfer* ?

Ce qui est étonnant est le fait que même des universitaires congolais te demandent des ouvrages et des livres gratuitement alors que le transport d'ouvrages de Paris jusqu'à Kinshasa, Goma, Bujumbura, Kigali, Kindu et Kasongo coûte beaucoup d'argent. Que même des universitaires hésitent à investir l'argent qu'il faut pour acquérir des ouvrages d'érudition susceptibles de changer sensiblement les perceptions et les représentations des crises africaines contemporaines, constitue pour moi un phénomène qui dépasse mes capacités de compréhension et j'avoue ici mes limites intellectuelles. Fin de la *finitude*.

Comme dit le proverbe : « *On ne peut pas forcer un âne à boire de l'eau* », nous allons continuer à produire et à émettre nos pensées à une certaine hauteur de vue, d'analyse et d'auto-performativité. Il reviendra à chaque individu conscient de soi-même de faire des choix appropriés et libres dans l'acquisition des ouvrages susceptibles d'enrichir, d'élargir et de peaufiner sa propre *auto-compréhension* dans la géopolitique mondiale et sa place dans la stratification des savoirs et des pouvoirs dans la société où il évolue au quotidien dans une dialectique astucieuse entre le global et le local, le réel et le virtuel, le visible et l'invisible, le matériel et l'immatériel, le politique et le religieux, l'Ipséité et l'altérité du monde, d'autrui et du mystère ineffable de Dieu, à qui *Rien, et absolument Rien n'est impossible*.

Pour cette dixième rentrée scientifique, ma joie est immense de continuer la présidence de ce centre avec la collaboration de notre réseau scientifique et médiatique mondial constitué par des chercheurs déterminés, convaincus, chevronnés et iconoclastes.

Que Dieu bénisse le Cerclecad ainsi que tous ses membres vivant dans les quatre coins du monde et communiant à son épistémologie réticulaire, à sa volonté émancipatrice, à sa méthodologie prophétique et à sa foi totale en un avenir radieux de prospérité et de joie de vivre pour toutes les filles et fils de l'Afrique.

Que Dieu soit loué et qu'il nous bénisse tous, chacun et chacune.

J'ai prophétisé et je l'ai mis par écrit.

La dixième année scientifique du Cerclecad est bel et bien lancée et la moisson est déjà abondante. *Deo Gratias.* Alors c'est parti, *Alea jacta est... Cent fois sur le métier, remettez l'ouvrage... !*

Salutations présidentielles, prophétiques, phénoménologiques et jubilatoires.

Votre serviteur, Professeur Benoît AWAZI MBAMBI KUNGUA
Philosophe, Sociologue et Théologien
Président du CERCLECAD (www.cerclecad.org, Ottawa, Canada)
Courriels : benkung01@yahoo.fr & nabiawazi@gmail.com

Et si la coopération Chine-Afrique était une autre forme de colonisation ?

François Kibwenge El-Esu[40]

Résumé : Le continent africain est en pleine mutation depuis la présence chinoise comme principal partenaire économique émergent. Cet intérêt pour l'Afrique par la Chine attire notre attention, surtout lorsqu'on considère d'une part que l'Afrique semble sans influence sur la scène internationale à cause de son manque de leadership politique et de perspectives d'avenir ; et d'autre part, qu'elle semble considérée comme l'espoir de l'avenir du monde. En témoignent ces trois sommets en trois années de file, à savoir : France-Afrique (2013), USA-Afrique (2014) et Chine-Afrique (2015). Cet intérêt accru serait-il une autre forme de colonisation, après celle des arabes et de l'Occident ?

Mots-clés : Chine, Afrique, coopération, domination, malédiction, développement, prédation, colonisation, écologie

Abstract : The African continent is facing a global transformation ever since the presence of China as a major economic emergent partner. China's interest for Africa captures our attention, mainly when one considers, on one hand because Africa has no influence at the international level considering its lack of political leadership and of future prospects; and the other hand, Africa seems to be considered as a symbol of hope for humanity. The three consecutive summits of 2013 (France-Africa), 2014 (USA-Africa), 2015 (China-Africa) show this tendency.

This surge of interest, could it not appear as another form of colonisation, preceded by that of the Arabs and the occidental world ?

Keywords: China, Africa, cooperation, domination, curse, development, predation, colonisation, ecology.

[40] **François KIBWENGE EL-ESU** est prêtre travaillant depuis une dizaine d'années dans l'Archidiocèse d'Ottawa. Il est titulaire d'une maîtrise en Missiologie et Dialogue interreligieux et d'un PhD en théologie systématique de l'Université Saint Paul d'Ottawa, où il *a enseigné jusqu'à tout récemment*. Il est membre fondateur du Cerclecad et a publié des articles dans des revues théologiques, quelques livres spirituels et autres dont : *Les enfants-sorciers en Afrique. Perspectives théologiques*, L'Harmattan, Paris, 2008. En plus d'être aussi Conférencier et animateur des retraites dans plusieurs pays, il anime des émissions télévisées avec Foi et Télévision Chrétienne.

Introduction : Pourquoi cet intérêt accru pour l'Afrique ?

« Le monde est dangereux à vivre
non pas à cause de ceux qui font le mal,
mais à cause de ceux qui regardent et laissent faire. »
Albert Einstein

Je ne suis pas un expert de la Chine. Cependant, il relève du bon sens que tout intellectuel soit attentif aux enjeux de l'heure, en l'occurrence l'impact de la coopération Chine-Afrique ainsi qu'aux questions qu'elle soulève. L'Afrique est en pleine mutation depuis la venue de la Chine comme le principal pays partenaire émergeant en matière des financements et du savoir-faire qui sont essentiels au développement de ce continent. Ma réflexion se fonde principalement sur quelques observations sur le terrain, notamment, en République démocratique du Congo et au Cameroun.

Considérée par certains esprits comme l'espoir de l'avenir du monde, « l'Afrique demeure, pour d'autres, ce continent en perte de vitesse, marginalisée, sans perspectives d'avenir, cet appendice sans énorme influence dans le concert des nations surtout à l'ère de la mondialisation »[41]. Pourquoi alors cet intérêt accru pour ce continent, notamment ces dernières années où elle a été tour à tour au centre d'intérêts des grandes puissances mondiales ?

En 2013 s'ouvrait le Sommet France-Afrique. En 2014, les États-Unis ont tenu à marquer leur retour sur la scène politique dans une Afrique qui commençait de plus en plus à leur échapper.

Ce fut le Sommet USA-Afrique. Et, dernièrement, en 2015, fut le tour de la Chine qui a engagé un deuxième Sommet Chine-Afrique. Trois années d'affilée où l'Afrique devient le centre d'intérêt économique des grandes puissances. Ce qui se comprend bien lorsqu'on considère que l'Afrique regorge 15 % de pétrole ; 40 % d'or ; 60 % de terres irrigables et 40 % d'eau, pour ne citer que ces éléments déterminants pour l'avenir du monde. Pourtant, en dépit de tout cela, il sied de constater qu'elle demeure paradoxalement le continent le plus pauvre. D'où la question qui va guider ma réflexion : Si ces grandes puissances ont perçu que l'avenir économique du monde entier se joue maintenant en Afrique, est-ce que les Africains eux-mêmes en sont-ils conscients ?

Sans une telle compréhension, cette coopération qui s'inscrit avant tout dans une perspective économique ne risque-t-elle pas d'aboutir à une autre forme de colonisation ? Rappelons que l'Afrique noire a successivement été la proie de différentes invasions coloniales, notamment celle des Arabes et celle des Occidentaux. Ma réflexion aura pour fil conducteur quatre moments

---

[41] **François KIBWENGE EL-ESU**, « Mission évangélisatrice du Kwango et promesse de vie abondante », dans : *Du vicariat du Kwango à l'Église locale de Kikwit. Cent ans d'évangélisation au Kwango-Kwilu et perspectives d'avenir,* (Dir. G.-A. Kangosa et W. Manzaza Wanangombe), Kinshasa, MédiasPaul, 2012, p. 277.

importants : Tout d'abord, je vais situer la problématique de l'exploitation de l'Afrique dans la perspective biblique. Mon souci est de répondre à la question suivante : « le manque de décollage de l'Afrique dans la mondialisation est-il la conséquence de la malédiction de Cham, le fils de Noé ? » Ensuite, j'examinerai la question de l'émergence de la Chine et pourquoi elle suscite l'effroi des anciennes puissances coloniales. Après cela, je soulèverai la question de la colonisation en tant que telle. Après des siècles de colonisation dont les marques, sous forme des tiares, semblent encore présentes dans la mentalité de l'Afrique noire, aussi bien sur le plan personnel que politique, cette nouvelle coopération Chine-Afrique ne serait-elle pas à envisager comme une autre forme de colonisation ? Enfin, je présenterai quelques points qui posent problème dans le *modus operandi* des entreprises chinoises en Afrique, et qui invitent les Africains à l'éveil.

1. Entre l'hospitalité et le pillage. Essai d'herméneutique biblique

« L'histoire est maîtresse de vie.
Qui sait l'interroger découvre son sens
selon les deux acceptions de ce mot,
c'est-à-dire selon la direction et selon la signification »
(René Laurentin)

L'homme noir serait-il voué à la malédiction, à l'échec et la souffrance ? Subit-il le sort de Cham, le fils maudit de Noé (Gn 9, 25), comme l'ont longtemps prétendu certains écrits, et même Vatican I ? Sinon, comment expliquer cette impuissance et cette faiblesse quasi insurmontables qui semblent constamment réduire l'Africain souvent en esclave ? À en croire le sociologue Garvey, « *le sort tragique du Noir n'est pas voulu par Dieu comme le veut l'idée d'une malédiction chamique. (...) le problème fondamental des peuples noirs est beaucoup moins celui de leur race que celui de leur faiblesse. C'est la faiblesse qui suscite le mépris dont le Négro-africain est couvert. (...) On fuit le Nègre... parce qu'il croupit dans la misère, la pauvreté et l'effacement (...) Progrès et respect allant de pair, c'est le progrès que le Nègre doit poursuivre pour surmonter le mépris et le racisme dont il souffre. (...) Il faut donc éviter la faiblesse, car le sort inéluctable du faible est l'esclavage.* ».[42] Comment donc s'applique cette faiblesse des Noirs ? Je partirai de la perspective biblique pour examiner cette faiblesse dans les textes fondateurs c'est-à-dire, dès l'origine de l'homme africain.

[42] Cité par MBELE, C.R., « Pour une critique de l'afro-pessimisme et de l'afro-dénigrement dans le discours dit postcolonial », dans *L'image de l'Afrique dans les littératures coloniales et postcoloniales*, Paris, L'Harmattan, 2007, p. 312.

De prime abord, la Bible révèle que l'Afrique[43] a toujours été une terre hospitalière. Lors de la famine causée par une sècheresse, Abram et Saraï ont trouvé refuge en Égypte. Et ils en sont revenus avec beaucoup de richesses ainsi que des esclaves dont Agar, la mère d'Ismaël (Gn 12, 16-13, 2). Moïse a été élevé en Afrique (Ex 2). Josué, le général d'armée, a été formé en Égypte. Les fils d'Israël ont été accueillis et formés à bâtir des villes en Égypte (Gn 47, 1-6 ; Ex 1, 11). L'Afrique biblique est caractérisée par sa richesse naturelle mais aussi par le savoir et le savoir-faire de son peuple.

Plusieurs études sur l'Afrique confirment ces aptitudes de l'homme noir, aptitudes inscrites en lui-même, même si malheureusement, il en a perdu le pouvoir. Citons, à titre d'exemple, Zacharie Habimana qui stipule que « *l'Afrique, berceau de l'humanité, et les Égyptiens, sont à l'origine de la pensée, des mathématiques et de la médecine. L'Égypte, dans sa négritude, a construit des pyramides. Dans sa spiritualité et sa scientificité, elle a modulé la pensée et les recherches, de Pythagore, d'Hippocrate et de Platon qui ont diffusé ce savoir à l'Occident. Et depuis, la négritude s'est habituée au monde occidental. Serait-il, alors, possible que le drame des intellectuels africains ait pour cause première un problème d'amnésie par rapport à leur histoire propre ?* »[44] Cette mise en perspective est aussi défendue par Cheik Anta Diop, le tenant de la thèse de l'antériorité de la civilisation égyptienne par rapport à celle de la Grèce. Selon lui, les plus grands savants de la Grèce antique ont été formés en Égypte, et la Grèce antique y aurait puisé beaucoup d'éléments de civilisation, même le culte des dieux[45]. Pour bien comprendre cette pensée, revenons à l'Écriture, notre source d'herméneutique, afin de poser une lanterne sur le viol culturel et le pillage de l'Afrique en tout temps. Que représente l'Égypte dans la Bible ? On l'a toujours présenté comme un pays d'esclavage pour les Hébreux. Qu'en est-il exactement ? Laissons parler les textes.

Au départ, il sied de constater que, selon le livre de Genèse (9, 18), Noé avait trois fils qui, après le déluge, ont peuplé la terre. Il s'agit de Sem, Japhet et Cham. Une précision ici m'intéresse car le texte précise que Cham était le père de Koush[46], Misraïm (Lybie) et Pouth (Égypte) et Canaan. Ce qui a fait dire à certains que Cham est le père des Africains. Sur quoi se fonde une telle affirmation ? C'est ce que je vais tenter de démontrer à travers ce premier point. Je vais me concentrer uniquement sur le sort de la postérité de Cham. Ma préoccupation ici est de répondre à la question suivante : Si cham a été

---

[43] Le concept d'Afrique dans la perspective biblique est inclusif. Bien sûr que la Bible fait référence à l'Égypte, l'Éthiopie et le Soudan pour parler de l'Afrique.

[44] Zacharie HABIMANA, « Quand l'Afrique se réveillera », dans *Le Cahier de l'Atelier du Personnalisme*, 20/2002, p. 1

[45] Cf. *Nations nègres et cultures* I, Paris, Présence Africaine, 1979, pp. 41-42.

[46] Selon la géographie biblique, le pays de *Koush* se situe dans l'actuel Soudan, comprenant sans doute aussi l'actuelle Éthiopie. Quant au pays de Madian où habitait le prêtre Jéthro, il couvre toute la péninsule où se trouve le Mont Sinaï.

maudit, en est-il de même pour sa postérité ? Pour y répondre, je vais m'appuyer sur trois éléments : tout d'abord la descendance de Koush ; ensuite la femme de Moïse ainsi que le sacerdoce de Jéricho ; enfin, l'éthiopien dans les Actes des Apôtres.

Le livre de Genèse révèle que Koush, fils de Cham, est aussi le père de Nimrod. Or, celui-ci fut le premier souverain de la terre, un fameux chasseur et un grand bâtisseur. Il était très avancé dans la connaissance. (Gn 10, 8-12). Par ailleurs, les Écritures nous révèlent que la femme de Moïse, Sefora, était une descendante de Koush et qu'elle était de peau noire. En effet, après le meurtre qu'il a commis, Moïse a fui l'Égypte et s'est installé dans le pays de Madian, où il prit pour femme l'une de sept filles du prêtre Jéthro (Ex 2, 21-22), avec laquelle il a eu deux enfants. Le livre des Nombres rapporte quant à lui un incident qui ne peut passer sous silence dans le cadre de cette étude : La présence de Sefora parmi les Hébreux a provoqué le mépris de la part de Myriam et d'Aaron, mais aussi la punition de Dieu (Nb 12, 35). Or le fait que Dieu intervienne directement pour réprimander Aaron et punir sévèrement Myriam révèle en quelque sorte l'importance de la Koushite dans la vie de Moïse, le berger des Israélites. Commentant le livre de Marek Halter[47], Raphaël ADJOBI écrit : « Sur l'épouse de Moïse qui est une noire venue de Koush ou appelée Koushite parce que noire, le Livre saint reste très avare. Il mentionne qu'elle est Koushite seulement quand le frère et la sœur de Moïse ont manifesté leur animosité à son égard. Tant que ce sentiment n'a pas été exprimé, nulle part il n'est dit qu'elle est Koushite. Selon la Bible, visiblement, ce serait son statut d'étrangère noire qui est la cause de la désapprobation de Aaron et Miriam. Et l'intervention de Dieu pour punir Miriam en la frappant de la lèpre de manière miraculeuse est pleine de sens pour tout le peuple de Dieu d'hier comme d'aujourd'hui. La présence de cette femme noire parmi les Hébreux et le regard qui est porté sur elle va même pousser Dieu à insérer dans les tables qu'il donnera à Moïse, une loi protégeant les étrangers. C'est dire combien cette femme noire, l'épouse de Moïse, a été aux yeux de Dieu aussi importante que celui qu'il a chargé de libérer les Hébreux. »[48]

---

[47] *Tsippora, l'épouse noire de Moïse*, Robert Lafont ; collection Pocket, La Bible au féminin (318 pages). Ce « roman de Marek Halter tente de combler le vide laissé par la Bible concernant cette épouse pour laquelle Dieu a fait des miracles quand elle a été menacée par les Hébreux par le biais du frère et de la sœur de son époux. On peut penser qu'en écrivant ce livre, MAREK Halter a dû certainement se dire : *il faut vraiment que cette femme soit très importante dans la vie de Moïse pour que Dieu intervienne directement pour réprimander Aaron et punir sévèrement Miriam !* En tout cas le portrait qu'il donne ici de Tsippora est digne de la grandeur de la Bible elle-même. D'autre part, quand on lit ce livre, on comprend aisément pourquoi Moïse n'a pas suivi les Hébreux en terre promise après les avoir libérés d'Égypte. La restitution de la vie de cette femme biblique est à la fois très humaine et exemplaire à l'image de toutes celles que le Livre Saint nous présente comme bénies de Yahvé. C'est aussi l'un des rares romans écrit par un auteur blanc où l'héroïne noire reçoit tous les attributs d'un être admirable. « (Raphaël ADJOBI).

[48] Voir : *raphael.afrikblog.com/archives/2010/08/27/18910927.html*

Ce silence à propos de la Koushite se constate aussi par rapport au sacerdoce du beau-père de Moïse, le père de Sefora. Lorsqu'on parle du sacerdoce en dehors de la lignée de Lévi, on se réfère uniquement à Melkisédeq et à Jésus, le fils de Dieu. Pourtant, la Bible nous révèle que Jéthro, le prêtre à Madian n'était pas de la lignée de Lévi. C'est sans aucun doute que ce soit lui qui ait appris à Moïse à adorer le vrai Dieu – car Moïse était élevé comme un Égyptien et non comme un Hébreu. Sa foi était lié aux dieux égyptiens et non à Yahvé d'autant plus qu'il ne le connaissait pas encore. C'est après son séjour à Madian que Moïse reconnaît le Dieu qui se révèle à lui à travers le buisson ardent. Par ailleurs, lorsque Jéthro rejoint Moïse et le peuple dans le désert, curieusement c'est lui qui fait office de prêtre en présence de Moïse et d'Aaron. Ce qui montre sa suprématie sur les autres. (Ex 18, 7-12). C'est encore lui, Jéthro qui apprend à Moïse le sens du leadership et de transfert des pouvoirs, c'est-à-dire comment gouverner le peuple (Ex 18, 13-25). Or, en considérant la couleur de la peau de Sefora, fille de Jéthro, il y a lieu de penser et d'affirmer qu'elle tenait la couleur de la peau de son père.

La dernière mention qui fait allusion à Koush se trouve dans les Actes des apôtres (8, 21-26). Le texte fait mention du diacre Philippe qui est envoyé par l'Esprit dans le désert à la rencontre d'un Éthiopien, ce nom qui signifie étymologiquement peau brûlée, peau noire. Quelle ressemblance entre la description que le texte fait de cet Éthiopien et les caractéristiques des Africains d'aujourd'hui ! En voici quelques traits : C'était un eunuque (1), un haut fonctionnaire, chargé d'administrer les trésors de la reine d'Éthiopie (2), il était venu à Jérusalem pour adorer Dieu… (3). Assis sur un char (4), il lisait le prophète Isaïe… (5)… Philippe s'en approcha… et lui demanda : « *Comprends-tu ce que tu lis ?* » L'homme répondit : « *Comment comprendrai-je si personne ne m'éclaire ?* » Il invita Philippe à monter sur le char pour s'asseoir à côté de lui. (6) ».

De ce récit, on peut facilement dégager les caractéristiques des Africains : ils sont religieux (croyants), riches, intellectuels (ils étudient beaucoup), hospitaliers, pour ne citer que ces qualités. Malheureusement, à l'opposé, ils n'ont pas la compréhension (bonne lecture) du texte, en dépit de leur « savoir ». Et alors, ils ont développé une dépendance vis-à-vis des autres. Malheureusement, ceux-ci leur donnent une interprétation faussée et dans la naïveté de leur hospitalité légendaire, il arrive que ceux à qui ils ouvrent la porte les pillent. De telle sorte que les Africains ont été abusés et ont falsifié leur mentalité à cause de la colonisation arabe et occidentale. On leur a fait croire qu'ils avaient besoin d'eux alors qu'en réalité, ce sont eux qui avaient besoin des Africains. L'Égypte a été un pays de refuge pour les Israélites (Abram – Gn 13 ; Jacob-Gn 47 ; les Israélites-Ex 2 ; Joseph-Marie et Jésus). Depuis lors, pour avoir été formaté autrement à dépendre des autres (les colons), l'Afrique ne réussit plus. Elle est devenue attentiste et dépendante de ceux qu'elle appelle ses maîtres. Et comme l'a si bien stipulé Steve Biko, dans le contexte de l'Apartheid en Afrique du Sud, « l'arme la plus puissante dans les mains des oppresseurs, est la mentalité des opprimés ».

La malédiction n'est pas un destin. Elle est un choix : « Je mets devant vous la bénédiction et la malédiction… Choisis » (Dt 30, 20). Dieu a visité les fils de Sem et de Japhet, maintenant c'est le temps des fils de Cham, en occurrence l'Afrique, pour que s'accomplisse la prophétie d'Isaïe sur la bénédiction de l'Égypte :

> « Un jour il y aura au centre de l'Égypte un autel dédié au Seigneur, et une pierre dressée en son honneur à la frontière du pays. Ce sera un signe attestant que le Seigneur de l'univers est présent en Égypte. Quand les Égyptiens appelleront le Seigneur au secours contre ceux qui les oppriment, il enverra un sauveur, qui prendra leur défense et les délivrera. Alors le Seigneur se révélera aux Égyptiens, ceux-ci le connaîtront et l'adoreront par leurs sacrifices et leurs offrandes, ils lui feront des promesses et ils les tiendront. Quand le Seigneur aura frappé les Égyptiens, il les guérira : eux-mêmes reviendront à lui, il accueillera leurs demandes et les guérira. Un jour, une route reliera l'Égypte à l'Assyrie… Ensemble ils rendront un culte au Seigneur. Un jour, à côté de l'Égypte et de l'Assyrie, il y aura en troisième lieu Israël, exemple vivant de la bénédiction que Dieu apportera au monde. Le Seigneur bénira le monde en ces termes : *Béni soit l'Égypte, mon peuple, l'Assyrie, que j'ai créée de mes mains, et Israël mon héritage* » (Isaïe 19, 19-25)

2. Émergence de la Chine : De l'émerveillement à l'effroi

En 1997, Alain Peyrefitte publiait un livre dont le titre en lui-même était prophétique, à savoir : « Quand la Chine s'éveillera… le monde tremblera ». Et la même année, il signait une autre publication pour constater que « La Chine s'est éveillée… ». Son éveil provoque à la fois émerveillement et effroi. De fait, sa croissance économique ne cesse d'enregistrer des taux les plus élevés des investissements à l'étranger.

En ce qui concerne l'Afrique, elle semble tellement intéresser la diplomatie chinoise qu'elle a été en cette fin d'année 2015 (5-6 décembre) l'hôte du deuxième Sommet Chine-Afrique, tenu en Afrique du Sud, plus précisément à Johannesburg. Lors du discours de clôture, le représentant chinois a souligné l'importance de cette coopération avec l'Afrique, dans le respect de chaque partie. Du point de vue de la Chine, a-t-il précisé, les problèmes de l'Afrique doivent être réglés par les Africains eux-mêmes avec les moyens africains.

Convaincu que la pauvreté est à la base du chaos enregistré partout en Afrique et que la paix est synonyme de développement, il a conclu en annonçant l'octroi d'une aide financière chinoise de près de 60 milliards de dollars, visant à financer 10 programmes dont l'agriculture, le développement et la sécurité. 5 milliards de ce fonds seraient prêtés sans intérêt et 5 autres milliards à un taux préférentiel.

Parmi les réactions qui ont suivi cette annonce, celle du président Mugabe, l'un des présidents africains qui a battu le record de longévité au pouvoir, a retenu mon attention. Ce dernier n'a pas caché sa totale satisfaction : « nos détracteurs accusent la Chine d'exploiter nos richesses et nos matières premières, mais l'octroi de cette aide financière, qui a dépassé toutes nos attentes, montre qu'il en est autrement », a-t-il martelé.

Quoi qu'il en soit, si ce deuxième sommet a été un véritable succès pour la Chine, il reste à savoir tout d'abord si les promesses seront respectées et à qui cette aide profitera-t-elle ; ensuite, étant donné que le développement durable est relié à une stabilité politique et économique, comment les pays africains, dirigés majoritairement par des présidents dictateurs et désireux de se maintenir coûte que coûte au pouvoir, favoriseraient l'émergence d'un tel développement ?

Enfin, en considérant la forte présence de la Chine en terre africaine, ne peut-on pas craindre qu'elle transforme son hégémonie en prédation et ce faisant, devenir une nouvelle forme, plus moderne et plus sournoise de colonisation ? Telle est la préoccupation principale de cette réflexion.

En effet, pendant longtemps, l'Afrique a été le monopole de l'Occident et des États-Unis. Qu'est-ce qui explique soudain une intrusion accrue de la Chine, non seulement sur l'échiquier international, mais surtout en Afrique ? Bien que l'Afrique ne soit nullement le plus important partenaire de la Chine en ce qui a trait aux échanges commerciaux, il demeure que depuis une décennie, les exploitations commerciales de la Chine vers l'Afrique ont quasiment dépassé celles en direction de l'Europe et des États-Unis. Il en est de même en ce qui concerne les importations chinoises en provenance de l'Afrique. Qu'est-ce qui explique ce virage ? Deux éléments de réponse me semblent plausibles. Tout d'abord, du point de vue de la Chine : énergivore, elle fait face à une demande de plus en plus croissante en carburant, mais aussi le fait que les États-Unis aient pris le monopole des réserves pétrolières du Grand Orient, a poussé la Chine à diversifier ses approvisionnements. Le choix de l'Afrique est donc stratégique pour la Chine[49]. En témoigne sa présence plus marquée en Afrique « dans les zones qui regorgent de pétrole parce que la sécurisation des accès pétroliers et des matières premières est cruciale pour une économie chinoise assoiffée de ces éléments (Brooke & Shin 2006, Malaquias 2005, Muekalia 2004, Jiang 2004, Mawdlsey 2007) et qui est en perpétuelle quête des ressources (Muekelia 2004, Butler 2005, Lyman 2005, Mawdlsey 2007 » (Serge Banyongen, p. 125-126)

---

[49] Cf Serge BANYONGEN, « De la Chine-Afrique vers Afrique-Chine : nécessité d'une réarticulation paradigmatique entre continent et les puissances émergentes », dans Benoît AWAZI MBAMBI KUNGUA (Dir.), *Le Bilan de 50 ans des indépendances politiques africaines et les défis de l'intégration des Africains au Canada. Histoire, Enjeux éthiques et Perspectives d'avenir pour la Renaissance africaine, Afroscopie III/2013* (Revue savante et pluridisciplinaire sur l'Afrique et les communautés noires), publiée par Le Cerclecad-Harmattan, Ottawa-Paris, 2013, pp. 123-124.

Ensuite, du côté de l'Afrique : longtemps régie selon un système commercial dont l'Occident fixait unilatéralement les règles du jeu et les lui imposait, la stratégie chinoise semble une opportunité pour relativiser la tutelle du colonisateur, mais aussi d'imposer de nouvelles règles et, ce faisant, à provoquer une concurrence dont l'Afrique peut en sortir gagnante, parce que partenaire. Ce rapport de partenariat était difficile à observer avec l'Occident à cause même du poids de son passé colonial. L'élève qui répondait le mieux au désir du Maître était récompensé par un soutien fort et, à l'opposé, celui qui osait défier son Maître, se voyait dérober son trône. On peut donc parler à juste titre d'un désenchantement du modèle occidental qui associait le développement économique avec la démocratie, la transparence économique et le respect des droits de la personne[50] ; ou encore d'une sorte d'émancipation d'une « rigide tutelle occidentale des ajustements structurels, qui, aux dires de plusieurs, maintenait le continent dans un rapport néocolonial tout en rendant le développement impossible ou, au mieux, en n'en faisant qu'un concept purement théorique ? »[51]

Par contre, le modèle chinois apparaît comme une alternative attrayante parce qu'il semble réellement s'attaquer à la pauvreté. En témoigne cette déclaration de l'ex-président du Nigeria, Olusegun Obasanjo, à savoir : « les succès du modèle chinois s'expliquaient en ce que la démocratie, par l'instabilité qu'elle génère, empêche parfois le maintien d'un leadership politique fort et continu qui est nécessaire pour accélérer le développement et la modernisation de l'économie ». Cette satisfaction vis-à-vis de la Chine a été aussi reconnue par Abdoulaye Wade, alors président du Sénégal, qui « n'a pas hésité à reconnaître les Chinois comme des partenaires commerciaux beaucoup plus pragmatiques et efficaces que les bureaucrates occidentaux ». Cette nouvelle approche chinoise dans le développement international a enfin été vantée par le président de la Banque Africaine de Développement, Donald Kaberuka, en proposant que la Chine serve de modèle principal d'inspiration pour les principaux États africains dans leur course au développement.

---

[50] Obiorah, NDUBISI. "Who's Afraid of China in Africa ? Towards an African Civil Society Perspective on China-Africa Relations", in *African Perspectives on China in Africa*. Pambazuka: Nairobi. 2007. p. 42.

[51] Polgreen, Lydia et Howard FRENCH, *China, Filling a Void, Drills for Riches in Chad*, New York Times. 13 août 2007.

3. La coopération Chine-Afrique : prédation ou colonisation ?

« Écrire sur l'Afrique noire, c'est prendre parti pour ou contre la colonisation »
(Mongo Beti)

Lorsque je parle de colonialisme, je sous-entends les stratégies de conquête, de domination et de prédation qui accompagnent et structurent toute invasion des puissances étrangères (Occident, Chine) d'une part, et, de l'autre, l'attitude passive, attentiste et compromettante de ceux qui se laissent envahir (Afrique). Rappelons que le colonialisme « *a constitué une violente contrainte sociale. Deux sociétés étaient en présence, qui ne s'étaient jamais rencontrées. L'une, très minoritaire, s'arrogeant tous les droits, apparemment douée d'une énorme puissance, mettant à son actif des réalisations spectaculaires. Tout semblait lui appartenir : le pouvoir, la science, le succès, les profits. L'autre, faite de l'immense majorité, composée de gens qui avaient toujours été là, qui se voyaient soudain dépossédés ou minorisés, malgré leur nombre, dans tout ce qu'ils croyaient avoir et être : leur terre, leur mode de vie, leurs techniques, leurs institutions, leurs coutumes, leurs croyances.* »[52] Dans son *Discours sur le colonialisme*, paru en 1950, Aimé Césaire stigmatise l'exploitation des peuples et le pillage des ressources, comme mode de fonctionnement du colonialisme.[53]

Mon intention ici est de mettre en lumière les tenants et les aboutissants de la coopération chino-africaine. Dans son article « L'Afrique, victime de ses ressources économiques », le professeur Alphonse Sekré Gbodjé résume bien la problématique de la coopération de l'Afrique avec les puissances aussi bien occidentales qu'asiatiques. Il écrit : « *Le continent africain est fondamentalement riche en ressources agricoles, minières, et pétrolières. Ces différentes matières premières et l'importance du marché africain attirent les puissances occidentales et asiatiques qui, pour contrôler ces ressources n'hésitent pas à déclencher des conflits politiques ou armés au sein dudit continent. Elles y maintiennent et entretiennent des dictatures favorables à leurs intérêts économiques à partir du contrôle de l'appareil étatique et administratif des pays africains.* »[54]

Or, en présentant la Chine comme un modèle alternatif pour l'Afrique, doit-on encore craindre de sa part qu'elle se comporte elle aussi en puissance

---

[52] Jean-Marie PARYS, « Les Église, l'Islam et les pauvres », dans *ZAÎRE-AFRIQUE* 220/1987, p. 589.

[53] Cf. *Discours sur le colonialisme*, Paris, Présence Africaine, 1999, p. 11.

[54] « L'Afrique, victime de ses ressources économiques », in : Benoît AWAZI MBAMBI KUNGUA (Dir.), *Leadership Féminin et Action politique. Le cas des communautés africaines du Canada*, *Afroscopie* IV/2014, (Revue savante et pluridisciplinaire sur l'Afrique et les communautés noires), publiée par Le Cerclecad-Harmattan, Ottawa-Paris, 2014, p. 187.

colonialiste, ou en prédatrice comme ce fut autrefois le cas avec l'Occident ? La question de la présence chinoise en Afrique et de ses diverses implications socioéconomiques n'est pas nouvelle. Elle a ponctué avec insistance différents débats entourant les enjeux du développement sur le continent. Ainsi, par exemple, lors du Forum social mondial, tenu à Nairobi au Kenya en janvier 2007[55], la question a été soulevée, celle de savoir si, par son insatiable appétit de matières premières, la Chine n'est pas en train de dévorer l'Afrique comme l'avaient auparavant fait les puissances impérialistes occidentales au XIXème siècle et au XXème siècle[56]. C'est dire combien cette controverse demeure d'actualité. Tout compte fait, le point de vue sur la présence chinoise en Afrique diffère selon les prises de position et l'angle d'analyse. D'un côté, d'aucuns voient d'un bon œil l'impact de la présence accrue de la Chine sur le développement de l'Afrique, et ce, pour plusieurs raisons dont, entre autres : son modèle économique a fait ses preuves au niveau international ; la Chine n'ayant jamais exercé le colonialisme ne peut produire à son tour des pratiques colonialistes ou impérialistes ; la Chine n'a jamais soutenu les politiques d'ajustement structurel qui accablent l'Afrique depuis plus de 30 ans ; son plan d'investissement semble à long terme et donc ne vise pas les intérêts immédiats ; enfin, l'intégration sociale des travailleurs chinois est de loin plus réussie que celle des Occidentaux.

À l'opposé, au-delà de ce flux d'aide chinoise qui s'accompagne d'échanges commerciaux, d'autres y perçoivent une stratégie axée à plus long terme sur son propre développement et sur ses propres intérêts. Ce qui a conduit certains à en appeler à une vigilance. Dans un article d'opinion publié dans le *Financial Times* du 11 mars 2007, Lamido Samusi, fils d'un ancien ambassadeur à Pékin et gouverneur de la Banque du Nigeria, juge que le temps est venu pour les Africains de se réveiller sur les réalités de leur romance avec la Chine. Car, estime-t-il, le fait de s'accaparer des ressources naturelles de l'Afrique pour lui vendre des biens manufacturés est aussi l'essence du colonialisme.

Quoi qu'il en soit, contrairement à l'Occident, il reste que la Chine ne s'ingère pas dans les affaires internes des pays africains. Son commerce suscite l'envie de l'Occident car elle n'hésite pas à payer à l'Afrique un prix plus élevé que ce qu'auraient fait les pays occidentaux. Encore là, la question demeure : le fait-elle par humanisme, par compassion ou parce qu'elle sait pertinemment bien que l'Afrique, à cause de sa pauvreté, est facile à manipuler ? Par ailleurs, peut-on attendre de ce genre de coopération la charité ? C'est à l'Afrique de clarifier ses attentes, ses conditions et ses règles du jeu.

---

[55] Bello, WALDEN, *China Provokes Debate in Africa. Foreign Policy in Focus*, www.pif.org/fpiftxt/4065.

[56] John ROCHA, *A New Frontier in the Exploitation of Africa's Natural Resources: The Emergence of China* in African Perspectives on China in Africa, Pambazuka: Nairobi. 2007. pp.15-16.

Si, pour la plupart des observateurs, les Africains paient les conséquences du colonialisme dont le toile de fond demeure une aliénation, celle de penser que *« sans les Blancs, les Africains sont incapables de s'en sortir »*, des voix cependant s'élèvent aujourd'hui, en Occident comme en Afrique, pour proclamer une autre Afrique[57], « *le seul continent à produire encore de la relation sociale ou, plus précisément, à innover socialement* » ; une Afrique en marche[58], tournée vers l'Avenir. C'est là le motif noble de lutte qui doit faire persuader les Africains, épris de changement, à sortir de leur situation d'aliénés culturels pour devenir des guetteurs et des vrais artisans de leur devenir.

4. Le problème que suscite la présence accrue de la Chine en Afrique

L'exploitation des ressources naturelles des pays africains par la Chine ne peut pas ne pas faire émerger des nouveaux défis, notamment ceux liés à la démocratie, aux droits de la personne, à l'épanouissement de la société civile, à l'environnement et au développement intégral, pour ne citer que ceux-là. Je voudrais aborder ici quelques-uns de ces défis, notamment dans le contexte de la République démocratique du Congo.

4.1. Du point de vue des exigences du standard (qualité)

L'invasion chinoise en Afrique ne se limite pas seulement à l'exploitation du pétrole et des minerais, elle s'étend aussi aux infrastructures : construction d'immenses bâtiments dont le prestige apparent marque les esprits. Si on doit beaucoup d'admiration pour le savoir-faire chinois en matière de bâtiments, le problème se pose avec acuité en ce qui concerne les routes. À Kinshasa, en RDC par exemple, le constat est amer : après une année de planification du relais routier confiée aux entreprises chinoises, il est surprenant de constater que le travail a été un gâchis total. Alors que les principales artères de la capitale sont faites avec beaucoup de soin et de professionnalisme, on note par contre une certaine négligence dans la qualité des routes qui desservent l'intérieur. Plusieurs de ces routes n'ont pas pu faire face aux pluies torrentielles qui font partie du paysage congolais pendant une bonne partie de l'année. Élément que les Chinois devaient prendre en compte dans la réalisation de ce travail. Il se dégage avec évidence que ces ingénieurs étrangers n'appliquent pas la même rigueur que chez eux. Ceci se justifie davantage sur les plans des moyennes entreprises que nous abordons dans les points qui suivent.

---

[57] S., LATOUCHE., *L'autre Afrique. Entre don et marché*, Paris, Albin Michel, 1988.

[58] Pierre PRANDERVAND, *Une Afrique en marche. La révolution silencieuse des paysans africains*, Paris, Plon, 1989.

4.2. Du point de vue de la répartition des bénéfices

Pour en avoir une idée générale de l'exploitation par la Chine des ressources naturelles et du retour en recettes pour les pays d'accueil, il m'a semblé bon d'évoquer le cas typique du Nicaragua en Amérique latine. Dans les dernières années, ce pays a confié un contrat de construction d'un canal afin de relier les deux océans. Ce contrat a été confié à une entreprise chinoise et ne bénéficiera au pays que d'1 % des recettes. La population a marché contre ce projet car il planait une menace de désappropriation des terres et de l'eau qui dessert plus de 9 millions de population. En ce qui concerne l'Afrique, je retiens le cas de la République démocratique du Congo et du Zimbabwe. Selon une évaluation : 17 % de perception d'exploitations minières en RDC ; 24 % au Zimbabwe. Récemment, lors d'un journal télévisé de TV5, le président Mugabe a donné un entretien de 2 heures pour annoncer les mesures prises par son gouvernement afin de nationaliser les différents sites d'extraction du diamant sur toute l'étendue du territoire zimbabwéen. La raison qu'il a évoquée est l'insignifiance des recettes générées par ces entreprises étrangères : « nous ne recevons pas suffisamment de recettes de ces exploitations étrangères », dont plusieurs entreprises chinoises. Ce constat est très révélateur de la conduite généralisée de différentes sociétés étrangères d'exploitation minière en Afrique.

4.3. Du point de vue de la sécurité sociale et de la question de corruption

En République démocratique du Congo, 11 mines sur 21 sont exploitées par les compagnies chinoises. Et curieusement, elles sont aussi parmi celles qui refusent toute inspection organisée par le ministère public en vue de vérifier le respect de normes de travail en vigueur en RDC. Au plus grand ridicule de tous, l'inspecteur en chef a dû se plaindre à la télévision nationale (RTNC) pour dénoncer cette situation et pour implorer l'intervention du gouvernement central. Quel abus ! Dans le même ordre d'idées, il y a lieu de faire mention de cette remarque judicieuse formulée par Serge Banyongen : « Pour ce qui est du respect des codes et des conventions, lorsque l'on prend par exemple, les 10 plus grands investissements chinois sur le continent en 2010… on se rend compte que dans tous ces contrats, les codes d'investissements, des douanes, des affaires, des mines, de l'environnement et du travail ont été systématiquement et fréquemment violés avec la complaisance des autorités. »[59]

4.4. Du point de vue du respect environnemental : l'écologie

Sur le plan de l'environnement et de l'écologie, nul n'est besoin de rappeler que la Chine est l'un des grands pollueurs du monde et donc, y compris en

[59] *Art. cit.*, in *Afroscopie* 2013, p. 135

Afrique. Pour une Afrique qui vit en symbiose avec la nature et dont la survie dépend totalement de la nature, la question de l'environnement ne peut être escamotée lorsqu'il est question de projets de développement holistique de l'Afrique. Ici encore, il y a de questions qui se posent : la chaîne de radio et de télévision nationale congolaise (RTNC) a rapporté un entretien avec le prof Disolo Ngola, environnementaliste et toxicologue, dans lequel ce dernier exprimait ses inquiétudes face au *modus operandi* des entreprises étrangères, notamment chinoises en Afrique. Les enquêtes chimiques et toxiques ont révélé que la norme n'est pas respectée par ces exploiteurs des mines en terre africaine. Malheureusement, constate-t-il, il y a beaucoup de complicité (indifférence du ministère de l'environnement et trafic d'influences des lobbies). Par exemple, sa boîte frigo, qui détenait les échantillons de toxines tirés de ces mines, a été dérobée à l'aéroport international de N'djili, à Kinshasa. Par ailleurs, dans la partie orientale du pays, plus précisément à Mbuji-Mayi (en RDC), l'exploitation sauvage, défiant toute norme environnementale, a provoqué beaucoup d'érosions sur une grande étendue, au grand risque des populations avoisinantes. La plupart d'entre elles ont perdu leur maison et ont dû se déplacer. Curieusement, le gouvernement provincial semble impuissant devant ces compagnies. Et comme le remarque encore Serge Banyongen : « *Ces violations dénoncées par les ONG n'ont aucunement ému les autorités administratives qui multiplient les prétextes pour justifier leur inaction. Dans d'autres projets comme le stade d'Angondjé au Gabon ou la construction du théâtre national au Sénégal, les autorités ne font aucun suivi et les inspections sont rares. Résultats : ces chantiers se sont constitués en zone de non-respect des différentes normes en vigueur dans le pays.* »[60] Alors, j'en arrive à me poser cette simple question : Pourquoi ces mêmes entreprises d'exploitation respectent-elles les normes environnementales en Europe, en Amérique du Nord et non en Afrique ?

4.5. Du point de vue de la concurrence avec les petites et moyennes entreprises

On note présentement plus d'un million de travailleurs chinois importés en Afrique. Si la plupart travaillent dans les grandes entreprises chinoises en Afrique, une bonne partie s'investissent dans le petit commerce. D'où cette question soulevée par un journaliste brazzavillois : « La Chine exporte-t-elle sa main d'œuvre excédentaire en Afrique ? C'est un des reproches les plus entendus quand on parle des relations entre la Chine et l'Afrique. Les entreprises chinoises ne feraient pas appel à la main d'œuvre locale et Pékin en profiterait pour permettre à une partie de sa population de trouver du travail. »[61]

---

[60] *Ibidem*, p. 136.
[61] AFP/Junior D. Kannah.

À ce propos, la chaîne de télévision française TV5[62] avait rapporté il y a deux années, un soulèvement populaire au Cameroun pour dénoncer l'invasion du commerce chinois qui mettait en péril des petites et moyennes entreprises locales. Important les articles de moindre qualité à un prix apparemment dérisoire, ces petits commerces tenus par les Chinois dans toutes les villes africaines s'avèrent une menace réelle pour les petits commerçants locaux dont la survie est liée à ces activités. Il s'avère donc que, sur le plan des petites et moyennes entreprises, notamment dans le secteur du textile et d'autres produits industriels de première nécessité, les commerçants chinois rivalisent avec le petit commerce local.

Conclusion : Quand l'Afrique s'éveillera ![63]

« Ils ne sont grands que parce que nous sommes à genoux »
(Pierre Faladeau)

La Chine vient de loin pour être aujourd'hui cette puissance qui fait peur à l'Occident. Pour l'Afrique elle représente d'importantes opportunités de développement en même temps qu'elle influe de diverses manières sur les performances économiques de l'Afrique dans la mesure où l'accroissement de ses besoins favorise la hausse des cours internationaux des matières premières exportées par l'Afrique. La coopération Chine-Afrique, pour être gagnant-gagnant, exige de l'Afrique d'aller au-delà de recettes générées par l'économie chinoise dans l'exploitation des ressources naturelles. Il lui faut aussi s'inspirer du miracle chinois, dont la diversité de modèles a donné lieu à un développement spectaculaire. Les Occidentaux sont venus et ont importé leur culture, mais rien n'a changé dans le mode vie des Africains. Si la présence et l'aide chinoises n'aident pas les États africains à remodeler leur gestion à partir de ce qu'ils apprennent, l'Afrique tournera en rond et se cachera sous l'excuse de la malédiction de Cham. En ce sens, le résultat de la présence chinoise en Afrique dépendra largement de l'action, du leadership et des politiques de gestion des Africains eux-mêmes.

Si l'avenir économique du monde entier se joue en Afrique, il appartient aux Africains eux-mêmes de déterminer leur place et leur rôle dans le concert de ces échanges.

L'Afrique n'a plus besoin d'une autre colonisation, elle a besoin d'une auto-affirmation responsable dans la gestion et la règlementation de ses richesses. Après les fils de Sem et de Japhet, il est temps que les fils de Cham prennent conscience de la visitation et de la bénédiction de Dieu. Une prise de conscience qui doit les rendre davantage responsables de leur destinée. Ce qui

[62] L'émission a passé sur TV5-Afrique en 2014.

[63] Catherine LEROY, « Quand l'Afrique s'éveillera! », dans les *Cahiers de l'Atélier du Personnalisme*, 20/2002

exige d'eux de se maintenir dans une attitude constante d'éveil, de vigilance et de critique.

P. François Kibwenge El-Esu

Pour approfondir le sujet

- Gazibo, Mamoudou, (2009), « La Chine est-elle l'amie de l'Afrique ? ». *La politique internationale en question* (textes des professeurs de science politique de l'université de Montréal). Montréal, Les Presses de l'université de Montréal, pp. 145-153.
- Braud, Pierre-Antoine, (2005), « La Chine en Afrique : anatomie d'une nouvelle stratégie chinoise », *Analysis*, 7. http://www.iss-eu.org/new/analysis/analy 124.pdf.
- Laïdi, Zaki, (1991), « De l'hégémonie à la prédation ? Hypothèse sur la transformation de la puissance américaine », *Cahiers du CERI*, no 1.
- Lafargue, François, (2006, « États-Unis, Inde, Chine : la compétition pour le pétrole africain », *Monde Chinois*, no 8, hiver 2005/06.
- Lafargue, François, (2006), « La chine : Stratégies d'influence en Côte d'Ivoire », *Monde Chinois*, no 8, été-automne.
- Léon-Dufour, S., « L'économie chinoise avide des matières premières africaines », *Le Figaro*, 12-01-2006.
- Le Per, Garth, (dir.), (2007), *China in Africa : Mercantilist predator or partner in development*, Vorna Valley, Institute for Global Dialogue and Johannesburg, The South African Institute of International Affairs.
- Marchal, R., (2005), « Afrique-Asie : échanges inégaux et globalisation subalterne », Bangkok, Paris, Institut de recherche sur l'Asie du Sud-est contemporaine, les Indes sauvages.
- Moyo, Dambisa, (2009), *Dead Aid : Why Aid Is Not Working and How There is another Way for Africa*, Farar, Straus and Giroux, NY.
- Niquet, Valérie, (2006), « La stratégie africaine de la Chine », *Politique étrangère*, 2006/2, été, pp. 361-374.
- Peyrefitte, Alain, (1997), *Quand la Chine s'éveillera... Le monde tremblera*, Fayard, Paris.
- Peyrefitte, Alain, (1997), *La Chine s'est éveillée, carnets de route de l'ère Deng Xiaoping*, Fayard, Paris.
- Zeng, Ming and Williamson, Peter, (2003), the Hidden Dragons », *Havard Business Review*, 1 October.
- Ajakaiye, O., (2006), « China and Africa-Opportunities and Challenges », Paper presented at the African Union Taste Force on strategic Partnership between Africa Union and the Emerging Countries of the South, Addis Ababa, 11-13 September.
- Leroy, C.-M., « Quand l'Afrique s'éveillera ! », dans *Les Cahiers de l'Atelier du Personnalisme*, 20/2002.

- Alioune Ndiaye, *L'Afrique dans la politique étrangère de l'Inde*, Dictus Publishing, 2013.

- Tidiane N'Diaye, *Le jaune et le noir. Enquête historique*, Gallimard, (« Collection Continents noirs »), Paris, 2013 (*Enquête sur le néocolonialisme chinois*).

- Serge Banyongen, *Rôle et Responsabilité des acteurs africains dans les relations sino-africaines. Ethnographie et sociogénèse des stratégies de réceptivité,* L'Harmattan, Paris, 2013.

- Serge Michel et Michel Beuret, *LA CHINAFRIQUE. Pékin à la conquête du continent noir*, Grasset & Fasquelle, Paris, 2008 (Photographies de Paolo Woods)

- Davies, Penny. *China and the End of Poverty in Africa – Toward Mutual Benefits*? Swedish development aid organisation, Diakonia in collaboration with Eurodad. 2006. p.15.

- Servant, Jean-Christophe. *La Chine à l'assaut du marché africain. Le Monde diplomatique. Mai 2005.*

Le pouvoir papal de lier et de délier et son impact sur la Chine-Afrique. Réflexion sur la coopération dite innovante entre la Chine et les pays africains.

Kentey Pini-Pini Nsasay[64]

Résumé : La Chine a inventé un nouveau vocabulaire pour parler de sa coopération avec les pays d'Afrique. *Win-win*, gagnant-gagnant, à travers le troc. Elle donne des capitaux à l'Afrique, en retour elle reçoit des minerais Elle dit que cette coopération la démarque du modèle européen où seule l'Europe gagne et l'Afrique stagne. Cet article affirme que cette présentation de la coopération n'est qu'une "béatitude politicienne". En réalité la Chine profite de la faiblesse des États africains pour en tirer le meilleur profit. Cela dans la pure logique du saint pouvoir papal de lier et de délier dont les Européens se sont servis pour affaiblir et asservir l'Afrique. Cette coopération se situe dans la continuité de la domination européenne et est par conséquent contre l'intérêt de libération des peuples d'Afrique.

Mots-clés : Chine – Afrique – capitaux – infrastructures – minerais - développement – domination - libération

Abstract : China invented a new vocabulary to talk about its cooperation with African countries. Win-win through barter. It provides capital to Africa, in return it receives minerals. China argues that their cooperation with Africa is different from the European cooperation in that, Europe alone wins and Africa stagnates. This article argues that this presentation of cooperation is only "politicking bliss." China actually takes advantage of the weakness of African States to make the best profit. This pure logic in the holy papal power of binding and loosing that Europeans have used to weaken and subjugate Africa. This cooperation is a continuation of European domination and is therefore against African Peoples Liberation interest.

Keywords: China - Africa - capital - infrastructure - minerals - development – domination - liberation

[64] Détenteur d'un diplôme de philosophie et d'un diplôme de théologie, **Kentey PINI-PINI NSASAY**, est auteur, écrivain et conférencier. Il est l'initiateur de Radio Tomisa – 20 ans en 2016 -, la radio diocésaine de Kikwit, qu'il a dirigée de 1996 à 2001. En 2013, il a publié un ouvrage-choc « *La mission civilisatrice au Congo. Réduire les espaces de vie en prison et en enfer* » qui l'a propulsé au devant de la scène. Depuis lors il a publié plusieurs articles et écrit plusieurs manuscrits. Son prochain livre-événement sort cette année 2017 et s'intitule : « *Croisades de l'Europe christianisée contre l'Afrique millénaire. Pour comprendre l'effroyable, interminable et cruelle mise-à-mort du peuple Kongo-Katiopa. Procès du christianisme meurtrier* ». Il va aussi publier d'autres ouvrages dont : *Radio Tomisa- Ngoma ya Kikwit*, dans lequel il parle de son expérience de directeur d'une radio communautaire au Congo. Il vit actuellement en Belgique.

« Ce qui est fait pour nous sans nous est fait contre nous ».
Nelson Mandela Madiba

0. Introduction

Depuis quelques décennies, la Chine, jadis populaire et isolée, a fait un retour remarquable dans le monde. Comme partout ailleurs, en Afrique aussi, les entreprises chinoises apportent des capitaux colossaux. Mais contrairement aux autres parties du monde dont l'Europe ou l'Amérique, en Afrique, les Chinois utilisent eux-mêmes leurs capitaux en réalisant des grands travaux d'infrastructures. Et pourtant la coopération avec les Chinois est saluée par des dirigeants africains comme innovante et libératrice.

Les Africains comme les Chinois seraient gagnants. Les Africains en particulier parce qu'ils ont des infrastructures modernes.

La question que nous nous posons est celle de savoir si cette euphorie se justifie ? Car contrairement à l'Europe, par exemple, qui échange des capitaux avec la Chine, et où les capitaux chinois sont injectés dans l'économie normale et servent à engendrer de la richesse notamment chez les travailleurs européens - comme c'est le cas avec les capitaux européens en Chine -, en Afrique, les Chinois accompagnent leurs capitaux, les utilisent eux-mêmes pour les populations africaines soi-disant. Il n'y a rien en sens inverse. Bien plus, la Chine s'octroie des territoires immenses, déverse sa population sur le continent, en compensation des infrastructures construites en plus des intérêts colossaux qu'elle engrange. D'où la question de savoir s'il y a lieu de parler, comme le prétendent les Chinois, d'une coopération *win-win* où chacun gagnerait, Africains et Chinois ? Que gagne l'Afrique dans sa coopération avec la Chine ? Que gagnent les peuples africains ?

Cet article essaie de répondre à ces questions en démontrant que cette coopération dite innovante entre la Chine et l'Afrique, appelée aussi « Chine-Afrique », contrairement aux coopérations anciennes entre ces deux entités, notamment entre la côte Sud de la Chine et la côte Est-africaine, n'assure pas le développement de l'Afrique. Que du contraire. En prenant le cas connu du « contrat du siècle » signé entre les entreprises chinoises et le gouvernement de Kinshasa, l'article apporte la preuve du mensonge caché derrière le slogan *win-win*. En réalité la Chine reprend à son compte la coopération introduite en Afrique par les puissances européennes à partir de la fin du 19ème siècle, une coopération à sens unique au bénéfice de l'Europe utilisant les Africains comme le tremplin productif. C'est ce qu'on a appelé la colonisation, c'est-à-dire la domination de l'Afrique par l'Europe. La Chine se sert de la faiblesse des États Africains pour en tirer, elle aussi, le meilleur profit.

D'où la question de savoir pourquoi l'Afrique est-elle si faible au point qu'elle n'est pas en mesure de défendre ses propres intérêts ? Pourquoi les Africains sont-ils incapables d'engendrer des capitaux pour la reconstruction de leurs pays et pourquoi ne peuvent-ils pas, eux-mêmes, construire les infrastructures jugées nécessaires pour leur développement ? Cette question conduit inexorablement à la cause profonde du désastre que connaît l'Afrique et qui la rend si vulnérable, voire corvéable à souhait. Cet article situe cette cause profonde dans l'établissement du pouvoir papal inédit de lier et de délier, et plus particulièrement, dans son transfert à la population européenne christianisée. Elle a assimilé ce pouvoir comme un droit divin à la domination des autres par la force des armes, par les massacres et les meurtres de masse. Ce qui a surpris des peuples partout sur les différentes parties de la terre. L'Afrique demeure la victime de cette philosophie des massacres gratuits qui l'a tellement affaiblie et qui continue à l'affaiblir. L'avènement actuel de la Chine se situe dans ce sillage. Il n'est pas une solution comme d'aucuns le pensent, mais un renforcement du problème, à savoir le maintien de l'Afrique sous le joug colonial.

Comment faire pour s'en sortir ? Cet article répond que c'est au travers de l'unité sur le modèle de la fédération ancestrale que peut être envisagée une sortie du piège du christianisme romain et de sa colonisation. Ce n'est qu'alors qu'il pourra être question d'une véritable coopération avec les autres peuples du monde, y compris les Chinois, mais pas avant. Car c'est un individu libéré, un peuple libéré, qui peut entreprendre la construction de la cité[65]. Ce qui n'est pas le cas de l'Afrique actuelle qui est toujours occupée, colonisée et humiliée.

1. La Chine-Afrique à l'heure de l'occupation occidentale de l'Afrique

Lors d'une escale d'avion à Addis-Abeba, en provenance de Francfort pour Kinshasa, au mois de mars 2013, j'avais remarqué un phénomène étonnant qui avait attiré mon attention dans le bouillant hall d'attente de l'aéroport. C'était le nombre impressionnant des Chinois. Cela m'avait tellement surpris que je n'ai pas pu résister à la tentation de les compter en déterminant un petit périmètre contenant une centaine de personnes. Les Chinois étaient 63. Les autres étaient en général des Africains de différentes nationalités se rendant dans leurs pays respectifs comme moi-même et bien d'autres qui nous rendions au Congo (RDC). Ce n'est pas par hasard que nous nous trouvions là. Ce que depuis plusieurs années déjà, avec la débâcle de nombreuses compagnies aériennes africaines, *Ethiopian Airlines*, la compagnie aérienne nationale de l'Ethiopie, supplée au manque et a pris une part importante de marché dans le domaine du transport aéronautique en Afrique.

Les avions de cette compagnie en provenance d'Amérique, d'Europe, d'Asie ou d'Océanie atterrissent jour et nuit à l'aéroport international d'Addis-Abeba ramenant un flux important de passagers à destination de toute

[65] Franz FANON, 1964/2006, *Pour la révolution africaine. Ecrits politiques*, Paris, La Découverte/Poche, p. 120.

l'Afrique ; de sorte que la capitale éthiopienne est devenue une plaque tournante du transport aérien en Afrique[66]. Les avions viennent de Paris, Francfort, Londres, Abu-Dhabi, Pékin, Washington ou New-York et débarquent des milliers de passagers qui prennent d'autres correspondances pour différentes destinations en Afrique. Ici les avions vont aussi bien à Dakar qu'à Johannesburg, à Kinshasa qu'à Nairobi, etc. Ainsi les Chinois, venant de Pékin ou d'autres villes avec *Ethiopian Airlines*, continuent, eux aussi, leurs voyages vers différents pays africains à partir d'Addis-Abeba.

Dans ces pays ils ne vont pas faire du tourisme comme c'est souvent le cas en Europe ou en Amérique, où ils débarquent aussi en nombre. En Afrique, ils y vont travailler. Travailler pour les Africains, « développer » leurs pays, à leur place, avec des capitaux qu'ils ramènent. Des capitaux colossaux. En 2008, le volume global du commerce bilatéral entre l'Afrique et la Chine avait atteint la somme record de 107 milliards de dollars. Ces flux doublent chaque année dans une pure logique mondialisée où l'économique prime sur l'idéologie. Ce qui fait que l'extension de l'influence chinoise acquiert une dimension continentale. Cela au fur et à mesure que l'économie chinoise s'est insérée dans des logiques libérales[67]. « D'une dimension interstitielle à l'époque de la guerre froide, où elle privilégiait quelques amitiés politiques, la Chine est passée à une échelle continentale, englobant la quasi-totalité des pays, tous régimes politiques confondus »[68]. Elle a trouvé en Afrique les sources importantes d'approvisionnement pour son industrie dont la gourmandise concerne divers produits minéraux comme la bauxite de Guinée (où la Chine a obtenu 30 % des concessions accordées en 2007), le cuivre de Zambie et de la République Démocratique du Congo. La région de Lubumbashi au Katanga est devenue un des bastions de la présence économique chinoise, fluctuante au rythme des variations des cours du cuivre.

C'est depuis les années 1960-1970 que la Chine a commencé à déployer en Afrique une vitrine politique, faite de grandes réalisations, des chantiers

---

[66] En décembre 2015, *Ethiopian Airlines* inaugurait sa nouvelle liaison entre Addis- Abeba et Durban, sa troisième destination en Afrique du Sud, après Johannesburg et Le Cap... Elle avait déjà ouvert une liaison vers Yaoundé au Cameroun au mois d'octobre de la même année. D'après Tewolde Gebre Mariam, son PDG, la compagnie a la volonté de devenir la compagnie panafricaine par excellence. Il se dit « optimiste sur les perspectives d'expansion continue » sur son marché d'origine qu'est l'Afrique et au-delà. « Avec un service continu en Afrique du Sud depuis plus de 22 ans, ce nouveau service additionnel donnera aux passagers davantage de choix et une souplesse supplémentaire en offrant des connexions transparentes et pratiques depuis notre principal hub d'Addis Abeba vers plus de 90 destinations dans cinq continents ». Joël RICCI, *Ethiopian Airlines inaugure sa nouvelle liaison vers Durban*, http://www.air-journal.fr/2015-12-19-ethiopian-airlines-inaugure-sa-nouvelle-liaison-vers-durban-5155274.html

[67] *Idem*. Il est à noter qu'en Europe ou en Amérique, où les Chinois apportent également un flux important des capitaux, les travailleurs ou ingénieurs chinois ne débarquent pas par milliers pour travailler avec cet argent, mais ce sont les citoyens du pays qui l'utilisent et qui construisent leurs pays quoi qu'avec des capitaux étrangers, en l'occurrence chinois.

[68] Joël RICCI, *Op.cit*.

très visibles. Parmi eux, le plus spectaculaire est sans aucun doute la construction de la ligne de chemin de fer reliant Dar Es Salam à la Zambie, le TAZARA (Tanzania-Zambia Railway) ou TANZAM - aujourd'hui en piteux état -, ayant nécessité la construction de 18 tunnels, 47 ponts et le concours de 50.000 Chinois[69]. Outre le Tanzam, aujourd'hui la présence chinoise en Afrique est remarquable au Congo (RDC) à travers le fameux « contrat » dit du siècle, joint-venture de 9 milliards de dollars, signé entre des sociétés étatiques chinoises et la République Démocratique du Congo ; contrat stipulant que les sociétés chinoises construisent des infrastructures en contre partie de l'octroi des gisements miniers par la RDC à leur profit[70].

Ce contrat énorme, convention de collaboration entre les entreprises chinoises *China Railway Group Limited* et *Sinohydro Corporation* et la République Démocratique du Congo, communément appelé « contrat chinois », a été signé le 22 avril 2008, à Beijing. Il avait fait couler beaucoup d'encre et de salive[71] et suscité de remous aussi bien au niveau national qu'international à cause de son caractère opaque, mais surtout, du fait qu'il présentait un déséquilibre aussi bien dans les engagements que les bénéfices des parties en faveur des entreprises chinoises. Outre le préambule, cette convention, composée de 27 articles repartis en 9 points, portait respectivement sur l'objet, le projet minier, le projet d'infrastructures, le remboursement des investissements, les engagements et garanties de la RDC, les garanties du groupement des entreprises chinoises, la consultation périodique des parties, la force majeure et le règlement des différends ainsi que les dispositions finales[72]. Il comportait en outre deux initiatives importantes, liées entre elles. L'octroi d'un prêt d'un montant de 8,5 milliards de dollars par la banque chinoise Exim Bank pour les infrastructures et l'octroi d'un prêt de 2 milliards de dollars lié à la modernisation de l'appareil de production minière. Ce dernier prêt, dont le but était de promouvoir l'exploitation du secteur minier, a été complété, au début de 2008, par un prêt additionnel de 5 milliards de dollars. Ensemble, ces prêts étaient titrisés en donnant à la Chine accès aux 14 milliards de dollars de

---

[69] François BART, Janvier-Juin 2011, *Chine et Afrique, une longue histoire, une nouvelle donne géographique*, in « *Les Cahiers d'Outre-Mer* » [En ligne], 253-254, mis en ligne le 01 janvier 2014, consulté le 16 septembre 2016. URL : http://com.revues.org/6243 ; DOI : 10.4000/com.6243

[70] Antoine-Roger LOKONGO, 25 mars 2016, *Relations Chine-RDC : Enjeux de l'heure, http://lesoldatdupeuple.over-blog.com/2016/04/relations-chine-rdc-enjeux-de-l-heure.html.*

[71] Il y a eu une véritable levée de bouclier de la part des bailleurs de fond traditionnels de la RD Congo au point que Karel de Gucht, alors Ministre belge des Affaires Etrangères, a effectué une visite à Beijing pour demander des comptes aux Chinois qui devaient lui montrer les contrats qu'ils auraient signés avec « le Congo de Léopold II ». Il aurait même interpellé le Président Joseph Kabila pour avoir cédé le Congo de Léopold II aux « Chintox », un terme dérogatoire utilisé par les Belges pour qualifier les Chinois. Antoine-Roger LOKONGO, *idem*

[72] Laurent OKITONEMBO WESTHONGUNDA, *Contrats chinois : une analyse purement juridique, http://www.congoforum.be/fr/analysedetail.asp?id=146216&analyse=selected*

réserves de cuivre et de cobalt. Cette aide liée à un programme d'investissement consistait à confier l'exploitation de ces ressources à la Socomine, appartenant à des sociétés d'État chinoises (68 %) et congolaises (32 %). De plus, deux entreprises chinoises, la Sinohydro et la Crec (China Railway Engineering) devaient réaliser des travaux d'infrastructures – 3500 km de routes, autant de kilomètres de chemins de fer, des infrastructures de voiries surtout à Kinshasa, 31 hôpitaux de 150 lits et 145 centres de santé – pour une valeur estimée à 6,5 milliards de dollars[73].

Outre cet avantage évident en faveur de la Chine, cette coopération entraînait un flux inédit des migrants Chinois au Congo (RDC). D'après le professeur Lokongo, l'ambassade Chinoise à Kinshasa estime entre 4000 à 5000 le nombre des ressortissants Chinois vivant en RDC et occupés à la réalisation de différents projets.

Le nombre réel est sans doute beaucoup plus élevé[74]. Ces nombreux Chinois ne sont pas que dans la construction des infrastructures. Ils sont aussi bien installés dans la téléphonie mobile que dans le petit commerce. Ils prennent de plus en plus de la place sur l'échiquier économique du pays[75]. Cette présence fluctuante de Chinois qui s'affirme au Congo (RDC) est également visible ailleurs en Afrique. Sans doute plusieurs centaines de milliers de personnes, surtout dans les villes[76].

Quoi que l'on dise de cette coopération, elle révèle une chose. Les Africains seraient incapables d'engendrer des capitaux et de construire, eux-mêmes, des infrastructures de base pour leurs propres pays, de transformer ceux-ci en véritables lieux de vie pour tous. Ce qui devrait normalement être le premier défi à relever comme l'avaient fait les Chinois, eux aussi, sous la conduite de leur guide suprême Mao Tsetoung qui a œuvré pour que la Chine fût construite par les Chinois. Ce qui se fait actuellement. Cela veut dire que les Chinois qui construisent aujourd'hui des infrastructures en Afrique, à leur manière et à la place des Africains, ne l'accepteraient pas chez eux. Ils n'accepteraient pas que l'inverse se fasse. Mais comme bien de personnes, y compris les Africains installés au pouvoir, les Chinois profitent de la faiblesse des États africains et injectent massivement leurs capitaux, leur technicité et leur trop plein sur le sol africain. D'où la question de savoir d'où vient cette faiblesse africaine devenue endémique ?

D'après Georges Balandier, il ne faut pas chercher bien loin car la réponse à cette question est connue. Les Africains seraient d'après lui des pré-machinistes. « En dehors de l'énergie que l'on peut tirer de l'organisme humain, dit-

[73] Tristan COLOMA, février 2011, *Quand le fleuve Congo illuminera l'Afrique. Le « contrat du siècle », https://www.monde-diplomatique.fr/2011/02/COLOMA/20108*

[74] Antoine-Roger LOKONGO, *op.cit.*

[75] *Idem.*

[76] François BART, op.cit.

il, les civilisations noires ont développé ces formes d'énergie que sont l'agriculture et l'élevage ; elles ont utilisé le feu dans la métallurgie comme un moyen de travailler le métal avec une économie d'efforts ; elles ont recouru aux effets mécaniques dans certaines de leurs armes et dans leurs pièges. Mais la liste est vite dressée. Il n'y a pas, dans le monde noir ancien, d'utilisation systématique de l'énergie animale là où elle serait possible, dans les grandes zones d'élevage. Il n'y a pas de domestication de l'eau courante et du vent.

Les Africains n'ont pas conçu les moulins rotatifs, les pilons, les machines à pédales ou hydrauliques qui se retrouvent dans de nombreuses civilisations asiatiques. De même, ils n'ont pas conçu (ou emprunté) la roue, ni les brouettes ou charrettes qui auraient pu être construites à partir de la roue ; ce qui les a condamnés au portage humain, qui se fait au détriment d'activités plus productives. Pourquoi ces civilisations sont-elles restées si totalement pré-machinistes ? Peut-être est-ce lié à une conception qui a accordé autant (ou plus) d'importance au geste rituel qu'au geste technique proprement dit ? Certains écrivains noirs modernes – et parmi les plus célèbres -, poursuit-il, ont affirmé eux-mêmes, avec beaucoup de violence et beaucoup de talent, leur parti pris d'anti-technicité, leur méfiance vis-à-vis des sociétés mécanisées ; ils retrouvent ainsi des enseignements qui sont venus des profondeurs du passé africain »[77]. Les Africains seraient donc réfractaires à la mécanisation, à l'évolution, en un mot à la fameuse civilisation. D'où leur domination inéluctable par d'autres peuples dominants, plus forts qu'eux techniquement.

Ce serait donc cette espèce de tare congénitale qui handicape les Africains à vivre sereinement comme des vrais hommes et qui justifie l'engouement actuel des Chinois en Afrique en suivant les traces des Européens. Car ce que les Chinois sont en train de faire aujourd'hui en Afrique n'est pas nouveau. Les Européens l'avaient déjà fait au 19ème et 20ème siècles. Ils avaient envahi tout l'espace économique et politique africain sous la bannière de la mission civilisatrice. Ils sont même allés jusqu'à remodeler complètement l'espace politique africain uniquement à leur avantage en constituant des États fantômes, donc des Etats contre les Africains, contraints, eux, d'être à leur service, comme machines humaines de production pour le développement de l'Europe. Les Européens avaient entrepris de construire, eux aussi, des infrastructures en Afrique, sans la moindre concertation, uniquement pour leurs besoins de développement. Déjà à l'époque pour camoufler leur volonté illégale de s'assurer les avantages de la libre navigation sur les deux principaux fleuves africains qui se déversent dans l'Océan Atlantique, la mer du Kongo, à savoir le Congo et le Niger, et confisquer par la force les territoires d'autrui, les nations européennes, autoproclamées puissances, présentaient le prétexte de l'incapacité des Africains à construire leurs pays sur lesquels ils habitaient depuis des millénaires.

---

[77] Georges BALANDIER, 1958, *L'Afrique Noire entre hier et aujourd'hui : un colloque*, in Annales. Economies, Sociétés, Civilisations/Année 1958/Volume13/N°1, pp. 47-66

Le préambule de l'acte de Berlin signé le 26 février 1885 ayant transformé l'Afrique en protectorat européen le dit explicitement : « Au nom de Dieu Tout Puissant, Sa Majesté l'Empereur d'Allemagne, Roi de Prusse, Sa Majesté l'Empereur d'Autriche, Roi de Bohème etc., et Roi Apostolique d'Hongrie, Sa Majesté le Roi des Belges, Sa Majesté le Roi de Danemark, Sa Majesté le Roi d'Espagne, le Président des Etats-Unis d'Amérique, le Président de la République Française, Sa Majesté la Reine du Royaume-Uni de la Grande Bretagne et d'Irlande, Impératrice des Indes, Sa Majesté le Roi d'Italie, Sa Majesté le Roi des Pays-Bas, Grand-Duc de Luxembourg etc., Sa Majesté le Roi du Portugal et des Algarves etc., Sa Majesté l'Empereur de Toutes les Russies, Sa Majesté le Roi de Suède et de Norvège etc., et Sa Majesté l'Empereur des Ottomans, voulant régler dans un esprit de bonne entente mutuelle les conditions les plus favorables au développement du commerce et de la civilisation dans certaines régions de l'Afrique... et préoccupés en même temps des moyens d'accroître le bien-être moral et matériel des populations indigènes, ont résolu de réunir à cette fin une Conférence à Berlin »[78]. Ils se sont ainsi partagé l'Afrique sans tenir aucun compte d'un moindre avis des populations africaines qui y vivaient. Leur avis n'avait aucune importance car ce qui se faisait, allait dans le sens de leur intérêt vu qu'elles n'étaient pas si conscientes de vivre réellement. Il fallait plutôt leur apprendre à vivre en occupant leurs pays. Les populations africaines étaient primitives, pré-humaines. Le coupable tout désigné de cette situation déplorable est bel et bien la non-mécanisation de leur société.

C'est donc cette non-mécanisation supposée de leur société ancestrale qui les aurait rendus si faibles et corvéables à souhait. D'où le partage de leurs territoires et l'arrivée massive des Européens pour assurer leur développement. Aujourd'hui, les Chinois reprennent le flambeau de la « mission civilisatrice européenne » en Afrique car la situation n'a pas tellement évolué du côté africain. Les Africains seraient toujours enfants - trop liés à la nature, trop sauvages -, à qui on doit apprendre les bienfaits d'une humanité véritable, celle des Européens, désormais acquise par les Chinois.

Le postulat étant celui-là, la question est de savoir s'il est correct. S'il est vrai que les Africains sont des enfants, pré-machinistes, réfractaires à la mécanisation, à l'invention, au travail intelligent, au point d'être incapables d'assurer eux-mêmes le développement de leurs pays ? Voilà la question au centre de cet article.

2. L'Afrique ancestrale glorieuse, une œuvre essentiellement africaine

Ces affirmations sont tendancieuses et discriminatoires. Elles sont injustes. Il est incorrect d'affirmer par exemple que les Africains, appelés Noirs, soient

[78] Assani FASSASSI, *Le péché du pape contre l'Afrique. Jésus-Christ outragé, l'Afrique courroucée*, Paris, Al Qalam, pp. 39-40

les seuls à dénoncer les méfaits bien connus de la technicité aveugle dans notre monde actuel et que le fait qu'ils le fassent prouvent que leur société ancestrale fut pré-mécanique. Ce sont des affirmations qui relèvent de la prétention bien connue et nocive d'une certaine élite dirigeante européenne qui a hiérarchisé les hommes. Elle a établi un standard parmi les êtres humains, lequel situe l'humanité véritable d'une personne en dehors d'elle, c'est-à-dire dans le jugement d'un autre, dit pape ou savant, autoproclamé démiurge. Cette étonnante perception de notre humanité, reprise dans les affirmations ci-dessus, est un héritage des princes de l'ignorance du 18ème-19ème siècles européens, appelés aussi philosophes des « Lumières », qui se sont permis d'affirmer tout et n'importe quoi au gré de leur imagination féconde appelée aussi science.

En 1839, dans son livre, « Lettres sur la race noire et sur la race blanche », *Gustave d'Eichtal* (1804-1886), journaliste-helléniste-ethnologue-théoricien politique français, affirmait que : « le Noir est privé des facultés politiques et scientifiques ; il n'a jamais créé un grand État, il n'est point astronome, mathématicien, naturaliste ; il n'a rien fait en mécanique industrielle »[79]. *Julien Joseph Virey* (1775-1846), auteur de la fameuse Histoire naturelle du genre humain, affirmait qu' : « entre le singe anthropomorphe et l'homme se trouvent placés, entre « l'orang-outang » et « l'homme blanc», le « Hottentot Boshman» puis les Nègres plus intelligents »[80].

Georges Cuvier (1769-1832), anatomiste français, promoteur de l'anatomie comparée et de la paléontologie, professeur au Collège de France, membre de l'académie des sciences, ardent défenseur de la classification des races, a affirmé qu'il existe une « loi cruelle qui semble avoir condamné à une éternelle infériorité les races à crâne déprimé et comprimé »[81]. Pour *Joseph-Arthur Comte de Gobineau* (1816-1882), aristocrate français, qui a écrit l'ouvrage « Essai sur l'inégalité des races humaines » : « plus une race a de qualités, plus elle a tendance à civiliser les autres et à se mélanger avec elles. Le métissage est donc à la fois la cause de la civilisation et de sa décadence, dont le symptôme ultime est la démocratie égalitaire »[82]. *Paul Pierre Broca*, 1824-1880, anatomiste et anthropologue français, affirmait, lui, qu'il y aurait quatre races distinctes parmi les hommes. « La race blanche, la plus parfaite des races humaines, habitant surtout l'Europe, l'ouest de l'Asie, le nord de l'Afrique et l'Amérique : elle est visible à sa tête ovale, une bouche peu fendue, lèvres peu

---

[79] Gustave D'EICHTHAL et Ismayl URBAIN, 1839, *Lettres sur la race noire et la race blanche*, Paris, Chez Paulin, p. 22.

[80] J.HJ. VIREY, cité par Carole REYNAUD-PALIGOT, 2006, *La République raciale 1860-1930. Paradigme racial et idéologie républicaine*, Paris, Presses universitaires de France, p. 37.

[81] *Mémoires du Muséum d'histoire naturelle*, Volume 3, Berlin, Paris, 1817, p. 271. Cité par https://fr.wikipedia.org/wiki/Georges_Cuvier.

[82] Pierre-André TAGUIEFF, 1998, *La couleur et le sang. Doctrines racistes à la française*, Mille et une nuit, Paris, p. 206.

épaisses, teint pouvant tout de même varier. La race jaune qui occupe principalement l'Asie orientale, la Chine et le Japon : visage plat, pommettes saillantes, nez aplati, paupières bridées, yeux en amandes, peu de cheveux et peu de barbe. La race rouge, qui a habité autrefois toute l'Amérique, a une peau rougeâtre, les yeux enfoncés, le nez long et arqué, le front très fuyant. La race noire, qui occupe surtout l'Afrique et le sud de l'Océanie, a la peau très noire, les cheveux crépus, le nez écrasé, les lèvres épaisses, les bras très longs"[83]. À cette classification correspondrait l'échelle du progrès au sommet de laquelle se trouveraient les civilisés, les Blancs, au profil harmonieux, régulier, progressant dans une activité fiévreuse, triomphant dans la science, excellant dans les arts, raisonnable et pratique[84], et en bas les « barbares » réduits aux ténèbres, les « Noirs », qu'il conviendrait d'éduquer, de faire évoluer vers plus d'humanité, des grands enfants à qui il faudra tout apprendre[85]. Toutes ces affirmations stupides ont forgé, malheureusement, tout un schème mental, ont anéanti des peuples entiers, détruit des civilisations grandioses, ruiné les relations fraternelles entre les peuples, particulièrement les relations millénaires entre les peuples d'Europe et ceux d'Afrique.

Les assertions de Georges Balandier, reprises ci-haut, les rejoignent et poursuivent le même but. Toutes nient des évidences bien connues dont la terrible déportation des Africains appelée « traite » qui a été un terrible coup d'arrêt monumental et brutal dans leur évolution philosophique, artistique ou mécanique. Mais elles nient surtout le rôle prépondérant joué par les Africains asservis, grâce à leur intelligence et à leur travail, au développent de l'Europe et de sa sœur jumelle l'Amérique. Que serait l'Europe aujourd'hui sans la terrible traite des Noirs ? Comme le dit Christian Delacampagne, raconter l'histoire de la traite des Noirs, c'est raconter l'histoire de la plus grande déportation forcée de populations dont la mémoire humaine ait conservé le souvenir. « C'est aussi raconter l'histoire de la plus vaste entreprise commerciale qui n'ait jamais existé, et surtout de la première entreprise d'envergure internationale (puisqu'elle a impliqué trois continents entiers). C'est raconter, en d'autres termes, la naissance du capitalisme européen et les débuts de la mondialisation. Car c'est bien grâce aux profits de la traite atlantique et du système des plantations qu'a pu être accumulé le capital qui, à partir de la fin du

[83] Eric DEROO, 2005, *L'illusion coloniale*, Paris, Tallandier, p. 126.

[84] Narcisse, le héros du roman de François Garde quoi qu'ayant vécu longtemps chez des « sauvages » garde intact son appartenance à la « race supérieure », car « son apparence suggère fortement, voire établit qu'il appartient à la race blanche. Il semble doté d'intelligence : il écoute qui lui parle, exprime par gestes quelques sentiments élémentaires, obéit aux ordres qu'il reçoit : se lever, venir, ne pas dépasser telle limite. Il est très sensible aux expressions de la voix : l'amitié, la colère, la peur, la douleur suscitent chez lui intérêt et compassion ». François GARDE, 2012, *Ce qu'advint du sauvage blanc*, Paris, Gallimard, p. 41

[85] *Idem*, p. 81.

XVIIIème siècle, a rendu possible, en Europe, la révolution industrielle »[86]. Voilà qui s'appelle honnêteté intellectuelle.

La mécanisation ne tombe donc pas du ciel. C'est un fait humain qui suppose quelques préalables dont le fait de jouir de sa totale liberté et celui d'avoir des moyens adéquats. L'Afrique, saignée à blanc, ne pouvait pas logiquement jouir de la liberté, ni déployer son intelligence, son génie inventif à bon escient. Au contraire, elle a été soumise à la stagnation durant des siècles au profit de l'Europe. Sans cela l'Afrique serait évidemment tout autre. Car si les Chinois avaient connu le même désastre que les Africains avec la même ampleur et la même récurrence, ils en seraient aujourd'hui à la même situation d'éjectés hors du cercle humain comme le sont les Africains et si c'était l'inverse les Africains auraient été tout aussi nombreux et auraient réalisé les mêmes prouesses.

Car les Africains, quand ils jouissaient de leur liberté ontologique, avaient réalisé des prouesses comme tous les autres peuples d'autant qu'il n'existe pas sur la terre de peuple qui ait été incapable de transformer la nature qu'il a rencontrée. La vie complètement sauvage et rien que sauvage, la vie animale, est incompatible avec la survie des hommes. La nature humaine, quant à elle, est une composante dans laquelle tout se retrouve. Il n'existe pas de groupement humain composé d'un seul type d'hommes quelque soit le point de vue, surtout pas dans le domaine de l'intelligence ou de l'invention. Les individus sont différents partout, les groupements et les sociétés également. À moins de vouloir procéder à des massacres monstrueux, il n'est pas possible de sortir les personnes humaines d'une moule[87]. La mécanisation, quelqu'importante qu'elle puisse paraître, ne peut pas être un élément déterminant l'humanité de qui que ce soit, de quelque groupe que ce soit. À ce propos, il est d'ailleurs faux de prétendre que l'Afrique ancestrale est pré-mécanique. Autrement comment aurait-elle pu réaliser les grandes œuvres qu'on lui reconnaît ?

Dans l'Egypte ancestrale, vivant dans un désert traversé par le Nil, les Africains de l'époque avaient entrepris beaucoup de travaux en hydraulique (système d'irrigation), canal des deux mers (entre la mer Rouge et la mer Méditerranée) ; ils avaient réalisé de nilomètres (observatoires destinés à signaler les hauteurs des crues du Nil) ; ils avaient creusé de lacs sacrés installés à l'intérieur des enceintes comme le lac de plaisance de la reine nubienne Tiyi, épouse du roi Aménophis III, un ouvrage de 378,5 ha réalisé en 16 jours. Ils

---

[86] Christian DELACAMPAGNE, 2002, *Histoire de l'esclavage, de l'Antiquité à nos jours*, Paris, Librairie générale française, p. 64.

[87] « La personne humaine est un être social, c'est-à-dire dont la conscience, les capacités physiques et cognitives, la sociabilité, la personnalité, la vulnérabilité, la résilience, les manières de sentir et de penser, etc. se construisent et évoluent dans et par la relation et la communication avec les autres". Albert JACQUARD, *Mon utopie, tirée de "L'autre société", un ouvrage de Jacques Généreux*, in Les fondements anthropologiques. http://www.syn-lab.fr/Les-fondements-anthropologiques.

avaient aussi construit des routes interurbaines, des voies monumentales reliant les villes aux nécropoles[88]. Ils ont pratiqué la teinturerie. « Par exemple, pour teinter en bleu, en rouge, en mauve ou en vert la « pierre fusible », c'est-à-dire le verre obtenu en fondant beaucoup de quartz avec du natron ou des cendres, les anciens Égyptiens incorporaient à la fritte des oxydes métalliques, comme de nos jours »[89]. Ils avaient découvert le mouvement des étoiles fixes dû à la précession de l'axe du monde. Les diagrammes égyptiens du ciel étoilé notent que des constellations apparaissaient régulièrement aux mêmes heures pendant dix jours. On les trouve aussi dans les tombes royales de Ramsès IV, Ramsès VII et Ramsès IX[90].

À propos du travail de l'irrigation consécutif aux inondations, c'est-à-dire aux pluies abondantes qui alimentent la vie, il est connu que celles du Fleuve Jaune dans l'Empire du Milieu ou la Chine impériale, la Chine ancestrale, ont rendu nécessaire la création de fonctionnaires spéciaux appelés *Ho-tao-tsoung-tou* ou *Ho-Tou*, « surintendant général du Fleuve Jaune *Houang Ho* et du Canal impérial *Yun Ho* » avec le titre de *Ping Pou che lang*, chargé de l'entretien des rives et des digues du Fleuve afin de prévenir les inondations, du curage du Canal impérial *Yun Ho*, et de l'entretien des écluses, de manière à maintenir cette voie navigable pour le transport à Pe King[91].

Dans son grand ouvrage *Œdipus Ægyptiacus*, écrit en 1654, le savant jésuite allemand Athanase Kircher affirme que les Chinois sont des descendants des Egyptiens qui ont conduit des colonies dans les extrémités de la Chine. Ils ont suivi leurs façons de faire pour leurs écritures. Comme les Egyptiens anciens, « Les premiers Chinois ont fait leurs caractères de toutes les choses du monde, ils se sont servis de tout, comme on le voit par leurs chroniques et par la forme et la figure de leurs lettres : car ils les formaient de même que les Egyptiens, représentant tantôt des animaux, maintenant des volatiles, après des reptiles, des poissons, et enfin après tout cela ils se servaient des herbes, des rameaux d'arbres, des cordes, des points, des cercles, et de plusieurs autres choses qui formaient néanmoins ces mêmes caractères d'une autre façon que

---

[88] Théophile OBENGA, 1990, *La philosophie africaine de la période pharaonique – 2780-330 avant notre ère*, Paris, L'Harmattan, p. 255.

[89] *Idem*, p. 259. « Pline l'Ancien, écrivain et naturaliste romain, auteur de l'encyclopédie Histoire naturelle, qui a vu les habits égyptiens avant l'intervention des griffes du christianisme, a dit que les couleurs de vêtements ne partaient pas au lavage ». Cfr Pline l'Ancien, *Histoire naturelle, XXXV, 11,* XLII, cité par Théophile OBENGA, 1990, *Idem,* p. 263.

[90] Théophile OBENGA, *Idem,* p. 270. « Dans les antiques Grèce et Rome, l'astronomie égyptienne était très connue et appréciée comme le travail irremplaçable des pionniers de l'étude scientifique du Ciel ». *Ibidem*, p. 271.

[91] Henri CORDIER (1849-1925), *Histoire générale de la Chine et ses relations avec les pays étrangers depuis les temps les plus anciens jusqu'à la chute de la dynastie manchoue, chapitres I - IX. Depuis les temps les plus anciens jusqu'à la mort de Wou ti (87 av. J.-C.).* Un document produit en version numérique par Pierre Palpant. Dans le cadre de la collection : "Les classiques des sciences sociales". http ://www.uqac.uquebec.ca/zone30/Classiquesdessciencessociales/index.html.

ceux des Chinois d'après, lesquels sont devenus plus doctes et plus habiles par l'expérience des choses, ont changé le tout, ont mis cette confusion d'animaux et de plantes dans une certaine ressemblance qui rend cette ancienne méthode plus facile et plus courte qu'elle n'était[92]. Sans être nécessairement colonies égyptiennes, les Chinois, comme les autres peuples qui sont tous sortis d'Afrique, ne sont pas allés les mains vides.

Ce sont donc des besoins qui aiguisent l'inventivité et mettent en place la technique et la technologie appropriées. L'humanité entière doit à l'Egypte ancestrale le calendrier actuel de 365 jours ; la division du jour en 24 heures, 12 heures le jour et 12 heures la nuit ; l'« heure légale » que l'astronomie hellénistique ne fera que subdiviser en 60 minutes, encore que les Egyptiens aient connu une division du temps plus petite que l'heure, les premières tables stellaires, la détermination psychologique des jours fastes et néfastes : idée développée en Egypte dans les temps très anciens[93]. Les Egyptiens anciens ont découvert diverses sciences dont la géométrie, l'astronomie, l'agriculture, l'architecture, le calendrier, l'art, l'écriture, le droit, etc.[94]. Il y a eu bien d'autres inventions dans l'Afrique ancestrale.

Depuis l'époque ancienne jusqu'aux XVème et XVIème siècles de l'ère européenne, « les royaumes de l'Afrique orientale, avec leurs cités commerçantes sur la côte, prospérèrent pour péricliter avec l'arrivée des Portugais. Avant cette date, les Africains entretenaient un commerce florissant avec l'Inde, le Siam et l'extrême Asie chinoise, comme en font foi les chroniques et les porcelaines chinoises trouvées sur les lieux. Nous avons de la peine, aujourd'hui, à nous faire une idée de l'opulence des cités commerçantes authentiquement africaines de l'époque. D'après le professeur Mathews d'Oxford, rapportant la tradition swahili, dans ces villes, on accédait à des lits d'ivoire par des escaliers en argent. Le luxe du mobilier est à peine imaginable aujourd'hui. Les maisons étaient en pierre et pouvaient avoir jusqu'à quatre et cinq étages. Les habitants étaient des Africains authentiques, avec la peau d'un noir de jais »[95].

Basil Davidson décrit le pays que les Portugais traversèrent en s'appuyant sur des textes authentiques. « Ils jetaient l'ancre dans des ports où se pressaient les commerçants de haut bord. Ils entraient dans des villes aussi belles que la plupart de celles qu'ils avaient pu voir en Europe. Ils découvraient un commerce maritime florissant, portant sur l'or, le fer, l'ivoire, l'écaille, les perles, le cuivre, le coton, les « esclaves » et la porcelaine ; ils constataient qu'ils étaient tombés sur un négoce plus abondant, et peut-être plus riche, que n'im-

[92] *Idem.*

[93] Théophile OBENGA, 1990, *Op.cit.*, pp. 276-278

[94] DIBOMBARI MBOCK, 2013, *Kongo - Nouvelles recherches sur les sources négro-africaines de la Civilisation appelée égyptienne*, Ottawa, Dibombari Mbock, p. 91.

[95] Cheik ANTA DIOP, 1960, *Les fondements économiques et culturels d'un État fédéral d'Afrique noire*, Paris, Présence africaine, p. 13-14

porte lequel de ceux d'Europe. Sans doute que ces marins européens des dernières années du XVème siècle n'ont-ils pas jugé la côte Est de l'Afrique moins civilisée que leur propre côte portugaise. En ce qui concerne la richesse et la connaissance du monde extérieur, elle a dû leur paraître beaucoup plus civilisée. À tout instant, ils étaient stupéfaits par l'opulence et la solidité financière des ports et des villes qu'ils rencontraient dans lesquelles ils s'installaient et qu'ils pillaient. Il leur arrivait constamment d'être traités avec dédain comme étant bizarres et mal élevés. « Quand nous eûmes passé deux ou trois jours en cet endroit - dit le laconique livre de bord du Sao Gabriel, le vaisseau-amiral de Vasco de Gama, à propos d'une rencontre faite dans un port qui était probablement Quélimané (au nord du fleuve Zambèze) -, deux *senhores* du pays vinrent nous voir. Fort hautains, ils n'apprécièrent rien de ce que nous leur donnâmes. L'un d'eux portait un manteau à frange de soie brodée, et celui de l'autre était tout entier en soie vert"[96]. On peut bien dire autant de la Côte ouest africaine, aussi de sa pointe Sud. Ce qui suppose tout de même une grande maîtrise de la science et de la technique, également une mécanisation poussée. Cette Afrique prospère était sans complexe et pouvait de ce fait commercer avec n'importe quel autre pays comme l'Empire du Milieu, la Chine ancestrale.

En effet « Les relations Chine/Afrique, les vraies, sont ancrées dans une histoire multiséculaire de contacts maritimes, au gré des alizés, à travers l'océan Indien. C'est donc, tout naturellement, d'un côté, la côte Sud de la Chine (Guanzhou) et de l'autre, la façade Est du continent africain qui furent les premières concernées. C'est ce que peuvent attester des chroniques chinoises dès les IXeme-Xeme siècles et surtout quelques vestiges archéologiques, par exemple sur la côte tanzanienne à Kunduchi, près de Dar es Salaam : on peut encore y voir, enchâssés dans des tombes, des bols en porcelaine, dont la datation est incertaine ; des monnaies chinoises y ont été aussi trouvées, comme plus au nord, sur la côte kenyane, autour de Malindi et Lamu. Dans cette région une pièce chinoise du XVème siècle, portant l'inscription *Yongle Tongbao*, correspondant à la période 1403-1424 (dynastie des Ming), a été récemment exhumée par des archéologues chinois et kenyans. Elle pourrait dater de la période de Zheng He, amiral de la flotte impériale qui aurait traversé l'Océan Indien en 1418 à la tête d'une flotte impressionnante de plus de 200 bateaux, longeant les côtes d'Afrique orientale et commerçant avec les hommes de Tanzanie, du Kenya, de Somalie. Considéré comme le premier grand explorateur maritime moderne, il conduisit en 1417-1419 et en 1431-1433, deux grandes expéditions sur la côte africaine[97].

Ainsi donc comme on peut s'en apercevoir, les assertions reprises ci-haut sur une prétendue pré-mécanisation de l'Afrique ancestrale démontrent une

---

[96] Rosa Amelia PLUMELLE-URIBE, 2008, *Traite des Blancs, traite des Noirs – Aspects méconnus et conséquences actuelles*, Paris, L'Harmattan, p. 77-78

[97] François BART, *Op.cit.*

étroitesse d'esprit, une limite certaine de notre époque dominée par les « Occidentaux qui ont singulièrement rétréci le champ de l'histoire du monde lorsqu'ils ont groupé autour du peuple d'Israël, de la Grèce, de Rome, le peu qu'ils connaissaient de l'expansion de la race humaine, ignorant tout de ces voyageurs qui ont sillonné la mer de Chine et l'Océan Indien, de ces chevauchées à travers les immensités de l'Asie centrale jusqu'au golfe Persique. La plus grande partie de l'univers, en même temps qu'une civilisation différente mais certainement aussi développée que celle des anciens Grecs et des anciens Romains, restaient inconnues à ceux qui écrivaient l'histoire de leur petit monde en croyant rédiger l'histoire du monde entier. Qu'est-ce que l'étendue des pays où se déroulent les scènes de la Bible par rapport à celle où l'humanité continue et développe sa vie propre, dans de vastes régions dont « l'Écriture Sainte » ne laisse pas soupçonner l'existence. Certes l'histoire du peuple juif, celle de l'antiquité classique, offrent, un intérêt, mais c'est l'intérêt que prennent leurs descendants à la vie de leurs ancêtres, et il n'en résulte pas qu'elle soit la plus importante dans l'histoire du développement de l'homme sur la terre[98] ».

En attendant le mal a été fait et ses effets négatifs se font voir aujourd'hui encore notamment dans les relations nouvelles entre la Chine et l'Afrique.

3. Le tournant : la Chine-Afrique à l'heure du pouvoir papal de lier et de délier

C'est la conférence de Bandung en 1955 qui a été le point de départ de la mise en œuvre d'une véritable politique chinoise au Sud du Sahara, officialisée par le 8eme Congrès du Comité central du Parti de 1956. Les années suivantes sont rythmées par une série de cinq conférences afro-asiatiques, qui se tiennent toutes en Afrique : Le Caire (1957), Accra (1958) au Ghana tout juste indépendant, Conakry (1960), Mogadiscio (1963) et Winneba (1965) au Ghana à nouveau. En 1960, Sékou Touré est le premier dirigeant africain à se rendre en visite officielle en Chine. L'année d'après, c'est le tour du président ghanéen, Nkrumah. Au seuil des indépendances, trois États sont ainsi en pointe pour leurs relations avec la Chine : le Ghana, la Guinée et le Mali[99].

À partir de la fin des années 1980, le contexte des relations Chine-Afrique évolue rapidement suite à l'éclatement du bloc socialiste, aux événements de la place Tien An Men (1989), au recul du poids des idéologies. Le discours politique va être, d'une façon particulièrement spectaculaire, occulté par un pragmatisme économique digne des logiques capitalistes les plus authentiques. La Chine entre en grandes enjambées dans la sphère capitaliste et

[98] Henri CORDIER, *Op.cit.*
[99] François BART, *Op.cit.*

cherche aussi, comme d'autres pays, à « prendre le contrôle » des terres cultivables en Afrique, par des types de contrats très divers. Sont concernés la RD-Congo, le Mozambique, la Tanzanie, l'Ouganda, le Zimbabwe, et la Zambie.

Au Cameroun, *Sino Cam Inko* s'est installée sur trois sites totalisant 10.000 hectares, cédés par l'État. La Chine contrôlerait aujourd'hui, conformément à un programme convenu lors du sommet sino-africain de 2006, une dizaine de centres de production, consacrés en particulier au riz ou au maïs, comme au Zimbabwe. Aujourd'hui en Afrique plus de la moitié des appels d'offres dans ce secteur sont remportés par des compagnies chinoises. Nairobi abrite l'une des plus grosses compagnies chinoises, *China Road and Bridge Construction*, qui possède 22 agences sur le continent et était, en 2007, engagée dans 29 projets[100]. À Kinshasa, Huawei, la compagnie chinoise des télécoms a construit à proximité de la Gare Centrale de Kinshasa son plus grand centre en Afrique[101].

« Tous les pays africains sont concernés. Cette nouvelle dimension continentale s'est d'abord concrétisée par la diffusion généralisée de produits chinois à prix très compétitifs sur les marchés : bicyclettes, vaisselle, jouets, outillage, pacotille de toute nature. Plus récemment, bus et camions sont emblématiques d'une mainmise généralisée du commerce chinois sur les villes d'Afrique : Douala, Dakar, parmi d'autres, semblent particulièrement concernées[102]". Dans sa coopération avec les pays Africains actuels, la Chine officielle prétend contourner le modèle néo-libéral à travers lequel les Occidentaux exploitent ces pays depuis des siècles, notamment en proposant le système de troc dans sa coopération par le transfert de la technologie contre les minerais, les Africains étant supposés incapables de la même maîtrise technique. Une autre méthode utilisée par la Chine consisterait à construire des projets de développement comme les autoroutes, les barrages hydro-électriques, les rentabiliser pendant un certain nombre de temps jusqu'à la récupération de l'argent investi puis finalement les transférer au gouvernement concerné. En réalité la Chine apporte son expertise, investit ses capitaux, exporte ses concitoyens et au passage gagne beaucoup d'argent. Mais a-t-elle vraiment besoin de venir en Afrique pour cela ? D'autant que ce pays est très riche en minerais, plus spécialement les terres rares qui ont les mêmes qualités que le coltan congolais et convoitées par les États-Unis pour la technologie de pointe. Selon l'expert Américain Kent Butts, les Etats-Unis importent 18 types de minerais de la Chine[103]. Pourquoi la Chine envahit-elle l'Afrique ? La réponse à la question peut être trouvée en Afrique même. Quelle est la valeur de l'Afrique, que représente-t-elle aujourd'hui pour les puissances qui dirigent le

---

[100] *Idem.*

[101] Antoine-Roger LOKONGO, *op.cit.*

[102] François BART, *Idem.*

[103] Contrat Chine-RDC : les masques sont tombés. http://mediaf.org/?p=2359.

monde étant entendu que la Chine actuelle est devenue une puissance ? Que représentent ses populations pour ces puissances ?

L'histoire de l'Afrique a basculé à la fin du 15ème siècle quand l'Europe désormais christianisée a refait surface et a fait une entrée fulgurante dans le continent africain après plusieurs siècles d'éclipse due à l'impact et à la mainmise inédite du christianisme romain sur les peuples européens.

Car l'Europe a payé lourd sa christianisation forcée. Elle a été asservie par la papauté durant des siècles jusqu'à sa libération au 15ème siècle. Malheureusement, cette libération s'est faite au détriment de l'Afrique, le continent-mère, qui avait permis l'épanouissement des peuples grec et romain, lesquels avaient favorisé l'ouverture des peuples d'Europe d'alors à la « civilisation ». En fait les peuples d'Europe brimés par les affres de la papauté ont utilisé les mêmes méthodes qu'elle pour s'imposer sur les peuples d'Afrique, à savoir les massacres de masse en toute impunité au nom de Dieu tout puissant. Dieu étant présenté comme l'unique juge des hommes, de chaque homme, quoi que tout à fait muet ; par conséquent être de son côté, en réalité prendre malicieusement sa place devant les autres, c'est les dominer à coup sûr. Ce qu'avait fait le Pape sur les peuples d'Europe, c'est ce que ceux-ci font sur les peuples d'Afrique en pire.

En effet, au milieu du 15ème siècle européen, un événement va être déterminant pour l'Europe en ce qu'il entraîne un bouleversement total du visage de ce bout de terre pour en faire le centre du monde. Ce même événement sera fatal par contre pour l'Afrique depuis lors et jusqu'à ce jour. En ce jour du 8 janvier 1454, Tommaso Parentucelli, dit pape Nicolas V, signe sa bulle papale dénommée *Romanus Pontifex.* Ce document sera pour l'Afrique une véritable bombe à retardement, car il sonne la fin de la liberté et de la dignité pour les Africains, pour tout Africain où qu'il fût. Par ce document très violent, ledit pape offre la terre d'Afrique et tous ses habitants à la couronne portugaise. « Le Pontife romain, Successeur de Saint-Pierre et Vicaire de Jésus-Christ, écrit-il, portant un regard paternel sur toutes les régions du monde et l'état des nations qui y vivent, recherchant et désirant le salut de tout homme, ordonne et décide, après mûre délibération, les mesures salutaires qui lui semblent devoir être agréables à la divine Majesté, et grâce auxquelles il pourra ramener à l'unique bercail du Seigneur les brebis à lui confiées par la divine Providence, leur acquérir la récompense du bonheur éternel et obtenir à leurs âmes le pardon, toutes choses qui, croyons-Nous, se feront, Dieu aidant, d'autant plus sûrement que Nous aurons comblé de dignes faveurs et de grâces spéciales ces Rois et Princes catholiques dont nous savons que, comme d'intrépides athlètes de la foi chrétienne, non seulement ils répriment la barbarie des Sarrasins et des autres infidèles, ennemis du Nom du Christ, mais encore, pour la défense et l'accroissement de la foi, soumettent ces infidèles eux-mêmes, avec leurs royaumes et territoires, jusque dans des contrées fort éloignées et de Nous inconnues, et les assujettissent à leur domination, ne s'épargnant, pour ce faire, ni travaux, ni dépenses[104] ; Il est récemment venu à notre connaissance que le noble Henri, Infant de Portugal, ce Prince a ouvert aux chrétiens l'accès d'îles isolées au milieu de l'Océan... après avoir parcouru et exploré, en flottes nombreuses, ces mers, leurs ports et leurs îles, ces vaisseaux touchèrent enfin à la province de Guinée, parvinrent à l'embouchure d'un grand fleuve qui passe pour être le Nil (Ouganda)... Nous avions jadis, par de précédentes lettres, concédé au Roi Alphonse, entre autres choses, la faculté pleine et entière d'attaquer, de conquérir, de vaincre, de réduire et de soumettre tous les sarrasins (les Africains), païens et autres ennemis du Christ où qu'ils soient, avec leurs royaumes, duchés, principautés, domaines, propriétés, meubles et immeubles, tous les biens par eux détenus et possédés, de réduire leurs personnes en servitude perpétuelle (...) de s'attribuer et de faire servir à usage et utilité ces dits royaumes, duchés, contrés, principautés, propriétés, possessions et biens de ces infidèles sarrasins (Africains) et païens (...) »[105].

On peut se demander pourquoi cette bulle qui n'est qu'un décret a pu bouleverser autant le visage de l'Afrique jusqu'à ce jour justifiant même l'actuelle pénétration chinoise sur la terre ancestrale ? Ce qu'à cette époque-là la parole du Pape équivalait à celle de Dieu lui-même. Car le Pape était infaillible en vertu des fameuses clefs du ciel que Pierre aurait reçues de Jésus et qui lui donnait le pouvoir de lier et délier tout sur la terre et au ciel[106]. C'est-à-dire les pleins pouvoirs, le pouvoir absolu. Il était sur la terre Dieu à la place de Dieu. Car il n'avait que Dieu au dessus de lui. Par conséquent sa seule parole suffisait. Aussi les Portugais et à leur suite les autres Européens, tous étant ses sujets, des chrétiens, étaient en droit, et avaient le plein droit, de s'accaparer des territoires d'autrui et de réduire leurs propriétaires originels en esclaves en tant qu'ennemis du Christ. Et cela en toute impunité, sinon la permission obtenue du Pape, « le très saint Père ». Voilà donc le tournant de l'affaire. Car ce principe divin énoncé par le Pape était inconnu des autres peuples parmi lesquels les peuples africains. Ceux-ci s'attelleront à recevoir les Européens

---

[104] Assani FASSANI, 2002,op.cit., p. 10

[105] Extrait de la Bulle du pape Tommaso Parentucelli, l'infaillible Nicolas V, de 1454, cité par BWEMBA-BONG, 2013, *Quand l'Africain était l'or noir de l'Europe. Démontage des mensonges et de la falsification de l'histoire de l'hydre des razzias négrières transatlantiques*, Paris, Dagan, p. 79

[106] "Je te donnerai les clefs du royaume des cieux ; tout ce que tu lieras sur la terre sera lié aux cieux, et tout ce que tu délieras sur la terre sera délié aux cieux" La Bible, *TOB*, 2004, Paris, Société biblique française – Le Cerf, p.1418. Le pouvoir sans limite du pape est représenté par la tiare, un couvre-chef élevé, généralement en argent, portant trois couronnes d'or. Il représente le Pouvoir d'Ordre sacré (en tant que Vicaire du Christ et successeur de Pierre, il nomme les évêques et est par excellence le "grand prêtre" ici-bas), le Pouvoir de Juridiction (en vertu du pouvoir des clefs, celui de lier et délier sur la terre et au ciel), le Pouvoir de Magistère (en vertu de l'infaillibilité pontificale). Traditionnellement, ce triple pouvoir était également exprimé par ces trois titres qui avaient à l'origine un accent plus "temporel" ou "politique" : Père des rois, Régent du monde, Vicaire du Christ. *Jozef Ratzinger, Benoît XVI demande la tiare*, Journal La Croix, 10 octobre 2010, in http://www.la-croix.com/Retour-de-la-tiare-dans-les-armoiries-du-pape/photo2/2442414/4085, consulté le 19 janvier 2016.

comme des frères humains, pendant que ceux-ci, du haut de leur saint pouvoir de lier et de délier reçu du Pape, s'en prendront à eux comme ennemis du Christ et les massacreront sans pitié. La question ici est de savoir d'où le Pape pouvait-il tirer un pouvoir aussi immense qui lui permettait de se faire obéir par des peuples entiers, rois et princes compris jusqu'à régner en maître absolu sur toute l'Europe ? Une chose est sûre, ce pouvoir papal absolu ne venait pas de Dieu, ni des ancêtres, mais de la malice et des armes.

C'est sous le règne de Grégoire VII que la personne du Pape acquiert cette notoriété à travers ses décrets arbitraires appelés *"Dictatae papae"*. Ils sont au nombre de vingt-sept, écrits par le Pape lui-même au mois de mars 1075. Ils énoncent entre autres : 2. Seul le pontife romain peut en droit être qualifié d'universel ; 3. Lui seul peut déposer les évêques ou les réintégrer ; 8. Lui seul peut user des insignes impériaux ; 9. Du Pape seul tous les Princes doivent baiser les pieds ; 10. Son nom seul doit être récité dans les Églises ; 11. Son nom est unique au monde[107, etc]. Ces décrets arbitraires ont été à la base de la grande réforme de l'Eglise romaine et de l'Europe par la suite. Ils ont servi à bâtir le christianisme romain tel que nous le connaissons.

Mais ils ont d'abord entraîné une crise sans précédent en Europe même ponctuée des guerres et des massacres dont la guerre des investitures et la monstrueuse persécution appelée « inquisition »[108]. Celle-ci a anéanti par le feu et les meurtres massifs toute opposition au pape et à sa papauté. Dès lors le pape n'avait plus de concurrent que lui-même et lui seul, c'est-à-dire personne. C'est donc par la violence que la papauté a imposé le pape comme unique autorité en Europe ; ce qui lui a permis d'imposer son autorité absolue. Cela a pris plusieurs siècles. L'inquisition a duré plus de sept siècles. L'Europe qui est sortie de ces violences c'est celle que nous connaissons. C'est donc ce qui justifie l'impact de la Bulle dont nous avons parlé et de bien d'autres. Les Européens, désormais soumis à la papauté, étaient devenus des chrétiens, des légats du pape, envoyés par lui à travers le monde pour le débarrasser des ennemis du Christ, c'est-à-dire tous les autres peuples qui n'étaient pas et ne pouvaient pas être des christianisés. Ceux d'Afrique étant les plus proches ont été les premiers à subir les affres du nouvel ordre divin, celui du christianisme romain, le christianisme papal.

Le monde nouveau, le monde papal, c'est le monde des massacres gratuits de masse. Ils vont se succéder partout, s'amplifier jusqu'à réduire le monde en un inédit déluge de sang à partir du 15ème siècle et jusqu'à ce jour. L'Afrique ancestrale, à la porte de sortie de l'Europe papale, sera la première victime de ce retour meurtrier de l'Europe christianisée dans le monde. Les Africains sont

---

107 Sylvain GOUGUENHEIM, 2014, *La Réforme Grégorienne, De la lutte pour le sacré à la sécularisation du monde*, Paris, Temps Présent, p. 103-105.

108 « L'inquisition » (du latin *Inquisitio* 'recherche", 'enquête', sous-entendu des hérétiques) doit son nom à la procédure inquisitoire qui permet la recherche d'office des suspects par le juge". Jacqueline MARTIN-BAGNAUDEZ, 1992, *L'inquisition. Mythes et réalités*, Paris, Desclée de Brouwer, p. 35

razziés, massacrés, asservis, soumis, humiliés ; les survivants sont transformés en biens meubles. C'est ce que stipule l'article 44 du Code Noir signé et publié par Louis XIV, roi de France, en mars 1685 : « Déclarons les esclaves être meubles, et comme tels, entrer dans la communauté ; n'avoir point de suite par hypothèque ; se partager également entre les cohéritiers, sans préciput et droit d'aînesse ; n'être sujet au douaire coutumier, au retrait féodal et lignager, aux seigneuriaux et féodaux, aux formalités des décrets, ni au retranchement des quatre quints en cas de disposition, à cause de mort, et testamentaire »[109]. Ainsi, chacun pouvait-il disposer des Africains assimilés tous aux esclaves. Par exemple, Thomas Jefferson, devenu président des Etats-Unis en 1801, possédait non seulement des terres, mais également 600 Africains, hérités comme biens de son père et de son beau père[110]. Aux Antilles, la dot exigée des jeunes filles (Européennes) pour prendre le voile était souvent payée en Africains“[111]. Jean Comby écrit que beaucoup d'établissements religieux au Kongo-dya-Ntotila possédaient des Africains capturés. Selon des voyageurs Jésuites, les maisons de la Compagnie en Angola (Saint-Paul de Loanda) en avaient douze mille[112]. C'est l'horreur.

Entre 1672 et 1689, la Royal African Compagny (RAC), compagnie anglaise, une des multiples compagnies de transport des Africains déportés, transporta pas moins de quatre-vingt-dix mille personnes capturées en différents points de la côte qui va du Sénégal à l'Angola, en passant par la déjà fameuse "Côte des Esclaves" (actuels Bénin et Nigeria)[113]. Ce commerce inédit, à une échelle incroyable, a duré cinq siècles. Cinq siècles durant lesquels l'Afrique n'était plus considérée comme une terre d'êtres humains ayant des droits, jouissant des libertés, mais celle des objets humanisés pour l'enrichissement rapide et facile. Et comme si cela ne suffisait pas, plutôt que de renoncer à ce système odieux, les puissances européennes réunies en 1884/1885 à Berlin sonnèrent à leur tour le glas définitif de la descente aux enfers à jamais de l'Afrique à travers leur fameux accord sur les bassins des fleuves Congo et Niger. Depuis lors et jusqu'à ce jour, l'Afrique est un protectorat européen interdit aux Africains sinon comme esclaves au service de l'Europe. La Chine qui arrive dans cette arène prend part au festin esclavagiste européen en Afrique. Il n'y a donc rien de nouveau sous ce soleil-là. Celui de l'esclava-

---

[109] *Le Code Noir de Colbert (mars 1685)* - http://perso.wanadoo.fr/yekrik.yekrak/ http://yekrik.yekrak.pagesperso-orange.fr/codenoirtxt.pdf.

[110] Thomas PIKKETY, 2013, *Le capital au XXIè siècle*, Paris, Seuil, p. 250.

[111] Jean MPISI, 2008, *Traite et esclavage des Noirs au nom du christianisme*, Paris, L'Harmattan, p.192.

[112] Jean COMBY, *Deux mille ans d'évangélisation*, pp.109-110, cité par Jean Mpisi, 2008, op.cit., p. 187.

[113] Christian DELACAMPAGNE, *Op.cit.*, p.71.

gisme des peuples africains. L'Afrique ancestrale est une terre occupée militairement, exploitée économiquement et silencieuse culturellement, dit Franz Fanon[114].

4. Conclusion

En conclusion, nous pouvons dire que la Chine-Afrique si elle n'est pas nécessairement comme la France-Afrique, une politique de l'accaparement par la force des richesses africaines en faveur de la France[115], n'est pas une coopération visant un équilibre mutuel, encore moins un développement harmonieux de l'Afrique. Car l'Afrique que la Chine conquiert actuellement n'est

---

[114] Franz FANON, *Op.cit.*, p. 133

[115] « Durant les deux années qui ont suivi l'indépendance (1960), le Congo-Brazzaville goûte une relative démocratie : pluralisme, liberté d'association et d'expression. Puis son abbé-président, Fulbert Youlou, veut durcir son pouvoir. Il est renversé à la mi-août 1963 par une révolution sociale... En 1976, le président Marien Ngouabi se chamaille avec Elf. Il accuse la compagnie de mauvaise foi dans l'exécution des contrats et de rétention dans la production. Le 10 octobre 1976, il décide d'augmenter la fiscalité sur le pétrole. Elf n'apprécie pas. En mars 1977, Marien Ngouabi est assassiné. Le 5 février 1979, Sassou Nguesso accède enfin officiellement au sommet de l'Etat. Le pétrole coule à flots. Entre 1979 et 1991, la production pétrolière congolaise a doublé. Sassou I encaisse non seulement les « *royalties* » correspondantes, mais 6 milliards de dollars de dette. De quoi se faire des amis et se tailler une armée sur mesures, recrutée sur une base ethniciste dans son Nord natal... Avec la fin de Mobutu, la Françafrique s'accroche à l'émir gabonais comme à une planche de salut. De par son accord de défense avec le Gabon et la présence d'un contingent militaire permanent, elle peut se servir de ce pays pour se mêler de n'importe quelle crise dans le voisinage. Ce fut le cas à Brazzaville. Ce pourrait être le cas au Congo-Kinshasa. Le Gabon est l'un de six pays africains couverts par un accord de défense avec l'ex-métropole, depuis août 1960. Les clauses secrètes de ces accords prévoient généralement une protection personnelle des présidents et, incidemment, de leurs régimes. Une sorte d'assurance tous risques. Elle est mise en oeuvre de trois manières : la présence des troupes françaises, une garde présidentielle supervisée et choyée par Paris, le maternage des services secrets... Devant la mission parlementaire d'information sur le rôle des compagnies pétrolières, Pierre Péan a résumé en deux phrases lapidaires le début de ce chapitre : « Le Gabon a été une excroissance de la République dirigée conjointement par Jacques Foccart, le parti gaulliste et Elf. En 1993, le Président Bongo s'est maintenu au pouvoir grâce à un coup d'Etat électoral, opéré avec la bienveillante neutralité du gouvernement français. En effet, arrivé 4ème sur la liste des candidats à l'élection présidentielle en cette année-là et évincé donc du second tour, Bongo a trouvé plus simple de se proclamer vainqueur du premier, avec 51% des voix... Les habitants de Libreville qui étaient sortis dans les rues pour manifester leur colère, ont été congédiés par les troupes françaises sorties de leur base... Pour un peu plus d'un million d'habitants, le Gabon dispose de richesses exceptionnelles : pétrole, uranium, bois, manganèse. Pourtant, leur pillage est si intense qu'en termes de santé publique, cet État est plus mal classé que certains des pays les plus pauvres de la planète : on n'y compte que 19 médecins pour 100.000 habitants, l'espérance de vie n'est que de 52 ans, seulement 38% des enfants sont vaccinés contre la rougeole – contre une moyenne de 79% dans les pays en développement. Un enfant sur sept meurt avant l'âge de cinq ans. Quant à la politique de l'éducation, elle a laissé analphabète plus d'un tiers des adultes. Le rang du Gabon à l'Indicateur du développement humain (IDH) le fait reculer de 71 places par rapport à un classement seulement basé sur la production par habitant". François-Xavier VERSCHAVE, 2000, *Noir silence. Qui arrêtera la Françafrique*, Paris, Les arènes, p. 46-48 ; p. 195-198.

pas indépendante. Les indépendances africaines ont été ruinées par les puissances occidentales qui les ont tuées dans l'œuf en massacrant les leaders charismatiques des peuples et en les remplaçant par des marionnettes cupides et médiocres chargés de précipiter l'Afrique en enfer. L'exemple le plus hallucinant étant celui de la République Démocratique du Congo, où après le crapuleux assassinat de Lumumba et le chaos créé par Mobutu installé au pouvoir par les puissances européennes, un étranger, Joseph Kabila Kabange, est placé comme procurateur sur le trône du pays par un ethnarque, le président rwandais Paul Kagame qui, lui, a été désigné par la communauté internationale pour faciliter l'exploitation systématique du pays[116]. Or c'est avec ce même président, un président contre le Congo, que la Chine a signé son contrat du siècle pour le compte du Congo de Lumumba.

Bien plus, les fameuses infrastructures que construisent les Chinois en RDC sont en réalité les anciennes infrastructures coloniales devenues obsolètes qu'ils remettent à jour.

Ce qui est une façon de rétablir la colonisation décriée[117]. Cela peut se faire d'autant que le régime d'occupation en place n'est là que pour perpétuer l'ancien système colonial. Comme à l'époque des conquêtes coloniales européennes en Afrique, où les soldats africains suppléaient fortement au manque d'effectifs européens et conquéraient leur Afrique ancestrale pour le compte des puissances européennes, aujourd'hui ce sont ces dirigeants "africains" sur commande qui offrent les richesses de la terre des ancêtres à tout venant[118], Européens ou Chinois, en procédant à d'horribles massacres des populations africaines en toute impunité, car protégés par leurs mentors étrangers.

Dès lors cette coopération biaisée au départ ne peut pas se réaliser à l'avantage du peuple africain. D'autre part - et c'est bien connu -, la Chine et l'Occident marchent aujourd'hui main dans la main. Le capitalisme et le communisme étant à l'heure actuelle les deux faces d'une même médaille. Si le régime chinois a réprimé dans le sang avec des armes de guerre la manifestation pacifique de la place Tien An Man et règne en maître absolu, les régimes occidentaux ne sont pas plus démocratiques. Ils ont trouvé le moyen efficace d'exercer, eux aussi, un pouvoir absolu, en déployant en permanence dans les

---

[116] Espérance-François Gayibata BULAYUMI, 2016, *Qu'est-ce qui nous manque ? Esquisse sur les béatitudes politiciennes en République Démocratique du Congo*, Vienne, aa-infohaus, p. 174-175

[117] En 2011, un article de ConfoForum disait que les « anciennes routes coloniales actuellement reconstruites par les Chinois à Kinshasa, sous le label de « Contrats chinois ou Cinq chantiers », sont « des réalisations de prestige » qui ne tiennent aucun compte des besoins de la population". Cfr CongoForum, le mercredi 4 mai 2011, http://sn104w.snt104.mail.live.com, cité par nous. In E. Pini-Pini Nsasay, 2013, *La mission civilisatrice au Congo. Réduire les espaces de vie en prison et en enfer*. Douala-Berlin-Vienne, AfricAvenir/Exchange-Dialogue, p. 184.

[118] Jean Suret CANALE, 2010, « L'Afrique noire sous la colonisation française » in : *Le livre noir du colonialisme, XVIè-XXIè siècle : de l'extermination à la repentance*, sous la direction de Marc Ferro, Paris, Fayard/Plurielle, p. 211.

rues et les places des hommes armés d'armes de guerre, mains sur les gâchettes, pour prévenir et anéantir toute contestation en se servant des alibis multiples. De cette façon la réflexion recherchée sur l'avenir de la société et leur contestation probable est ainsi intelligemment évacuée. Ils peuvent donc rester au pouvoir comme les dirigeants du parti communiste chinois sans être inquiétés. C'est connu d'ailleurs que la Chine actuelle ne prendra jamais les armes pour défendre un pays africain contre une puissance européenne donnée par exemple. Au contraire, elle se rangera du côté de la puissance contre le faible. La Chine ayant un droit de veto à l'ONU vote régulièrement des sanctions avec les puissances européennes contre des pays africains comme ce fut le cas avec la Libye de Kadhafi[119].

C'est pour cela que l'Afrique ne peut compter ni sur l'Occident ni sur la Chine pour se libérer du joug colonial. Elle ne pourra espérer une prospérité et un développement populaire qu'à travers la lutte contre l'esclavagisme entretenu par les milieux occidentaux de décision politico-sociale et philosophique, c'est-à-dire les élites dirigeantes européennes. L'épisode de l'arrivée actuelle de la Chine se situe dans le même sillage. Aussi l'Afrique doit-elle impérativement s'unir et se réapproprier les valeurs culturelles ancestrales dont ses langues. Elles sont la passerelle de la rencontre, de la fusion, entre les masses populaires africaines, détentrices des acquis ancestraux, et ceux qui ont suivi le parcours européen, ceux-là qui assurent, à leur unique avantage et contre les peuples d'Afrique, la direction des affaires sur le modèle européen. Car il est urgent « de cesser de tromper les masses par des rafistolages mineurs et accomplir l'acte qui consomme la rupture avec les faux ensembles (Communauté, Commonwealth, Eurafrique, Francophonie, France-Afrique, Chine-Afrique, etc.) sans lendemain historique. Il faut faire basculer définitivement l'Afrique ancestrale sur la pente de son destin fédéral »[120]. « Le moment est venu de tirer les conclusions pratiques de tant d'années d'études des problèmes africains, de les ramasser en formules aussi claires que possible, afin de faciliter leur utilisation »[121].

Le Congo ancestral est un atout immense sur cette voie du redressement africain. Il en est le poumon. Comme l'a dit Cheik Anta Diop, le Congo, notre pays, est appelé à devenir la première région industrielle de l'Afrique, le centre principal de son industrie lourde dans le respect de l'environnement et de la tradition ancestrale. « Car ce pays a près de 650 milliards de kWh de réserves

[119] « Comment interpréter l'abstention chinoise au Conseil de sécurité lors du vote sur l'intervention en Libye en ayant recours à un veto qui d'ailleurs, comme le montre l'expérience historique (Yougoslavie et Irak), n'est pas en mesure de bloquer l'intervention militaire des USA et de l'Occident ? « L'ambassadeur Li Baodong, représentant permanent de la Chine à l'ONU, assumait la présidence du Conseil de sécurité lors du vote de la résolution 1973 ». Domenico LOSURDO, *Encore sur la Chine et la guerre en Libye*, http://www.voltairenet.org/article169155.html.

[120] Cheik ANTA DIOP, 1960, *Op.cit.*, p. 31.

[121] *Idem*, p. 9.

annuelles d'énergie hydraulique (près des 2/3 de la production mondiale) susceptible de fournir l'électricité nécessaire à toute l'Afrique et particulièrement aux différentes industries à venir capables d'être alimentées par les réserves de matières premières des territoires avoisinants ; sans oublier l'abondance des métaux non ferreux qui lui confère une vocation toute spéciale pour la fabrication d'aciers spéciaux à usage stratégique ou domestique, aux multiples applications industrielles »[122]. Notre pays est donc stratégique dans la perspective de la construction commune du continent comme État fédéral[123].

L'Afrique est mécanique, l'Afrique est intelligente, l'Afrique est humaine. Les Africains sont bien capables de constituer des capitaux importants et de construire, eux-mêmes, des infrastructures adéquates, respectueuses de l'environnement, susceptibles d'améliorer et d'augmenter la production d'une façon exponentielle. Les richesses du Congo n'appartiennent pas aux occupants actuels qui se sont emparés du pays et qui le dirigent par défi, ni à la classe politique congolaise actuelle constituée des Nègres de service, des collaborateurs des occupants, politiciens cupides et incompétents pour qui les émoluments d'où qu'ils viennent sont plus importants que la population de leur pays et que le pays lui-même[124]. Les richesses du Kongo-Katiopa, le Kongo ancestral, appartiennent à l'Afrique, c'est-à-dire à sa jeunesse présente et à venir. Elles ne doivent pas être bradées. Les puissances mondiales dont la Chine doivent renoncer à installer à la tête des États Africains des ramassis des dirigeants, médiocres, cupides, sans la moindre vision, opposés au peuple africain. L'Afrique est une terre de vie, elle a engendré la vie, elle doit vivre avec sa population africaine.

Bibliographie

- BALANDIER, G., 1958, L'Afrique Noire entre hier et aujourd'hui : un colloque, in Annales. Economies, Sociétés, Civilisations/Année 1958/Volume13/N°1.

- BART, F., Janvier-Juin 2011, Chine et Afrique, une longue histoire, une nouvelle donne géographique, in « Les Cahiers d'Outre-Mer » [En ligne],

---

[122] *Ibidem,* p. 73-74.

[123] « L'on parle du fédéralisme lorsqu'un État (alors dit fédéral) comporte en son sein des entités qui ont elles-mêmes des caractéristiques ou le statut d'États. Les dites entités, qui peuvent prendre l'appellation « État » comme aux USA, « région » ou province » ailleurs sont dites fédérées. Les pouvoirs et compétences générales de l'État sont alors repartis entre les deux échelons, suivant des formules qui varient naturellement avec les expériences… Décentralisation vers le citoyen et les communautés de base, constitution d'un cadre panafricain fédéral, voilà le double mouvement nécessaire aujourd'hui au Kamerun et en Afrique, pour développer l'unité dans la démocratie et dans le respect de la diversité". Basile LOUKA, 2007, *Fédéralisme, Etat unitaire et Démocratie*, in Vous avez dit Démocratie ? Le processus de démocratisation au Cameroun : Défis et perspectives, sous la direction de Kum'a Ndumbe III, Douala-Berlin-Vienne, AfricAvenir/Exchange&Dialogue, pp. 149 et 154.

[124] Espérance-François Ngayibata BULAYUMI, *Op.cit.*, p. 175-176.

253-254 |, mis en ligne le 01 janvier 2014. URL : http://com.revues.org/6243 ; DOI : 10.4000/com.6243

- BULAYUMI Ngayibata, E.F., 2016, Qu'est-ce qui nous manque ? Esquisse sur les béatitudes politiciennes en République Démocratique du Congo, Vienne, aa-infohaus.

- BWEMBA, B., 2013, Quand l'Africain était l'or noir de l'Europe. Démontage des mensonges et de la falsification de l'histoire de l'hydre des razzias négrières transatlantiques, Paris, Dagan.

- CANALE, J.S., 2010, L'Afrique noire sous la colonisation française, in Le livre noir du colonialisme, XVIè-XXIè siècle : de l'extermination à la repentance, sous la direction de Marc Ferro, Paris, Fayard/Plurielle.

- CHIBALE KAPIKA, B., Les origines cachées de Joseph Kabila jusqu'à son ascension au sommet de l'Etat Congolais, http://abidjantv.net/afrique-3/les-origines-cachees-de-joseph-kabila-jusqua-son-ascension-au-sommet-de-letat-congolais/

- COLOMA, T., février 2011, Quand le fleuve Congo illuminera l'Afrique. Le « contrat du siècle », https://www.monde-diplomatique.fr/2011/02/COLOMA/20108

- CORDIER, H., (1849-1925), Histoire générale de la Chine et ses relations avec les pays étrangers depuis les temps les plus anciens jusqu'à la chute de la dynastie manchoue, chapitres I - IX. Depuis les temps les plus anciens jusqu'à la mort de Wou ti (87 av. J.-C.). http : //www.uqac.uquebec.ca/zone30/Classiquesdessciencessociales/index.html

- D'EICHTHAL, G., et URBAIN, I., 1839, Lettres sur la race noire et la race blanche, Paris, Chez Paulin.

- DELACAMPAGNE, C., 2002, Histoire de l'esclavage, de l'Antiquité à nos jours, Paris, Librairie générale française.

- DEROO, E., 2005, L'illusion coloniale, Paris, Tallandier.

- DIOP, C.A., 1960, Les fondements économiques et culturels d'un Etat fédéral d'Afrique noire, Paris, Présence africaine.

- FANON, F., 1964/2006, Pour la révolution africaine. Ecrits politiques, Paris, La Découverte/Poche.

- FASSANI, A., 2002, Le péché du pape contre l'Afrique – Jésus-Christ outragé, l'Afrique courroucée, Paris, Al Qalam.

- GARDE, F., 2012, Ce qu'advint du sauvage blanc, Paris, Gallimard.

- GOUGUENHEIM, S., 2014, La Réforme Grégorienne, De la lutte pour le sacré à la sécularisation du monde, Paris, Temps Présent.

- http://www.la-croix.com/Retour-de-la-tiare-dans-les-armoiries-du-pape/photo2/2442414/4085

- JACQUARD, A., Mon utopie, tirée de "L'autre société", un ouvrage de Jacques Généreux, in Les fondements anthropologiques. http://www.synlab.fr/Les-fondements-anthropologiques.

- LOKONGO, A.R., 25 mars 2016, Relations Chine-RDC : Enjeux de l'heure, http://lesoldatdupeuple.over-blog.com/2016/04/relations-chine-rdc-enjeux-de-l-heure.html

- LOSURDO, D., Encore sur la Chine et la guerre en Libye, http://www.voltairenet.org/article169155.html

- LOUKA, B., 2007, Fédéralisme, Etat unitaire et Démocratie, in Vous avez dit Démocratie ? Le processus de démocratisation au Cameroun : Défis et perspectives, sous la direction de Kum'a Ndumbe III, Douala-Berlin-Vienne, AfricAvenir/Exchange&Dialogue.

- MARTIN-BAGNAUDEZ, J., 1992, L'inquisition. Mythes et réalités, Paris, Desclée de Brouwer.

- MBOCK, D., 2013, Kongo - Nouvelles recherches sur les sources négro-africaines de la Civilisation appelée égyptienne, Ottawa, Dibombari Mbock.

- MPISI, J., 2008, Traite et esclavage des Noirs au nom du christianisme, Paris, L'Harmattan.

- OBENGA, T., 1990, La philosophie africaine de la période pharaonique -2780 -330 avant notre ère, Paris, L'Harmattan.

- OKITONEMBO WESTHONGUNDA, L., Contrats chinois : une analyse purement juridique, http://www.congoforum.be/fr/analyse-detail.asp?id=146216&analyse=selected

- PIKKETY, T., 2013, Le capital au XXIè siècle, Paris, Seuil.

- PINI-PINI NSASAY, E., 2013, La mission civilisatrice au Congo. Réduire les espaces de vie en prison et en enfer. Douala-Berlin-Vienne, AfricAvenir/Exchange-Dialogue.

- PLUMELLE-URIBE, R. A., 2008, Traite des Blancs, traite des Noirs – Aspects méconnus et conséquences actuelles, Paris, L'Harmattan.

- REYNAUD-PALIGOT, C., 2006, La République raciale 1860-1930. Paradigme racial et idéologie républicaine, Paris, Presses universitaires de France.

- RICCI, J., Ethiopian Airlines inaugure sa nouvelle liaison vers Durban, http://www.air-journal.fr/2015-12-19-ethiopian-airlines-inaugure-sa-nouvelle-liaison-vers-durban-5155274.html

- TAGUIEFF, P.-A., 1998, La couleur et le sang. Doctrines racistes à la française, Paris, Mille et une nuit.

- VERSCHAVE, F.X., 2000, Noir silence. Qui arrêtera la Françafrique, Paris, Les arènes.

Le problème avec le trop-plein de ressources : l'Afrique dans le système économique mondial selon *The Looting Machine* de Tom Burgis.

Abdoulaye Gueye[125]

Résumé : Cet article est une revue critique de l'ouvrage, *The Looting Machine*, publié en 2015 par Tom Burgis. Convoquant surtout *How European Underdeveloped Africa* de Walt Rodney, l'auteur de l'article montre, par ce parallèle, la continuité historique de l'exploitation du continent africain par des puissances industrielles étrangères. Les preuves de cette exploitation que déroule Burgis sont accablantes. Il montre, en effet, que les ressources naturelles dont l'Afrique est dotée peut-être plus qu'aucun autre continent par la nature ont ravivé la gourmandise des puissances occidentales et de quelques nouveaux joueurs d'importance dont surtout la Chine. Comme au moment de la conférence de Berlin, l'Afrique est dépecée. Qui plus est, des zones entières du continent souffrent d'instabilité politique chronique. Comme par hasard, les pays qui concentrent le plus de minerais et d'autres ressources tant convoités par les industries de pointe notamment sont les plus exposés aux coups d'État militaires et à la guerre civile.

Mots clés : Afrique – Guerre – Ressources – Exploitation

Abstract : This article is a critical review of Tom Burgis' book, *The Looting Machine*, published in 2015. Reading this book in perspective with Walter Rodney's *How Europe Underdeveloped Africa*, this review shows the historical continuity of the exploitation of Africa by foreign industrial powers. The proofs provided by Burgis are overwhelming. The author demonstrates, indeed, that the natural resources of which Africa is endowed by Nature perhaps more than any other continent have rekindled the greed of Western powers and some new players of importance, including mostly China. As at the time of the Berlin Conference, Africa is again ripped apart. Moreover, some segments of the continent are prey to chronic political instability. As by happenstance, the most endowed in mines and other resources coveted by high-end industries are among the most exposed to military coups and civil wars.

Key Words: Africa – War – Resources – Exploitation

[125] **Abdoulaye GUEYE** est professeur à de l'École d'Études sociologiques et anthropologiques de l'université d'Ottawa. Il a beaucoup écrit sur les intellectuels africains de la période postcoloniale en s'appuyant sur le cas de la France. Ses principaux ouvrages sont recensés dans Benoît AWAZI MBAMBI KUNGUA (Dir.), *Les Intellectuels africains au Canada : Missions, Figures, Visions et Leaderships*, *Afroscopie V/2015*, (Revue savante et pluridisciplinaire sur l'Afrique et les communautés noires), publiée par Le Cerclecad-Harmattan, Ottawa-Paris, 2015, pp. 279-288.

J'ai commencé la lecture de *The Looting Machine* (La machine à piller) à peine six jours après avoir terminé la relecture de l'ouvrage devenu presque classique de Walter Rodney, *How Europe Underdeveloped Africa*. Un livre que j'avais décidé de revisiter pour les besoins de la rédaction de questions à soumettre à un de nos étudiants en voie de préparer son examen de synthèse pour le grade de docteur ès sociologie.

À mesure que je parcourais le livre de Burgis, la ressemblance entre son contenu et la fine description de la condition économique de l'Afrique par Rodney quatre décennies plus tôt me frappa. Rappelant d'abord la déclaration positive des Nations Unies de 1964 selon laquelle « le potentiel de l'Afrique apparaît toujours plus élevé de jour en jour avec la découverte de nouvelles richesses minières », Walter Rodney répondait ensuite que « [la] réalité est [justement] que l'Afrique est loin d'arriver au point où elle tirerait le maximum de ses richesses naturelles, l'essentiel des richesses produites en ce moment n'est pas conservé en Afrique au bénéfice des Africains. La Zambie et le Congo produisent d'énormes quantités de cuivre, mais c'est au bénéfice de l'Europe, de l'Amérique du Nord et du Japon » (Rodney, 1972 : 34-35)

Gardant à l'esprit le contenu de l'essai de Rodney pendant que je passais d'une page à l'autre du livre de Burgis, je ne pouvais m'empêcher de me poser cette question simple et si terrible : l'Afrique serait-elle alors définitivement condamnée dans ce monde où les économies nationales sont devenues entrelacées ? Hélas, la plupart des processus économiques et politiques décrits par Burgis poussent à répondre affirmativement à cette question.

Un continent nommé abondance

Le début de *The Looting Machine* en annonce déjà l'orientation. Burgis attire l'attention sur des faits d'un paradoxe tranchant. Le sous-sol africain, montre-t-il, est le réservoir de ressources naturelles parmi les plus convoitées de la planète parce qu'elles alimentent l'économie mondiale : le pétrole, l'étain, l'uranium, le gaz, le fer, le coltan, le cuivre et l'aluminium. Toutes contribuent à la fabrication de certains des produits manufacturés qui bénéficient de la valeur ajoutée la plus élevée sur le marché actuel des biens industriels. Souvent des produits dont le rôle dans la mise en relation des citoyens à l'échelle mondiale et la contribution à la réalisation de leurs ambitions dans divers domaines de la vie ne font plus l'objet de doute : l'avion, le téléphone cellulaire, l'ordinateur, l'internet, et cette formidable ressource qui rend leur fonctionnement possible, soit l'électricité.

La carte géologique insérée dès la page qui suit l'introduction de l'ouvrage représente les principales ressources naturelles du continent. Elle montre à quel point la nature a gratifié l'Afrique sub-saharienne de ses richesses. En effet, à l'exception d'environ un dixième des pays qui composent ce sous-continent (à savoir le Burundi, la Somalie, le Somaliland, le Kenya, le Malawi, le Lesotho, l'Éthiopie, la Guinée Bissau, le Cap-Vert et l'Ouganda), chaque territoire national est doté de ressources naturelles. Parfois deux types de ressources, voire plus, reposent dans le sous-sol de ces pays – la République Démocratique du Congo, étant peut-être le pays le plus gratifié avec ses quatre types de minerais qui engorgent son sous-sol. Qui plus est, ainsi que l'indiquent de récentes prospections géologiques, il est fort probable que des pays initialement considérés comme étant dépourvus de ressources minières cachent, en réalité, sous leurs terres des réserves abondantes de minerais.

Parallèlement à cette manne, le continent subit depuis les indépendances une série de maux partiellement attribuables à la pauvreté, ainsi les épidémies, la malnutrition, et notamment la mortalité infantile qui y bat ses records, un taux d'illettrisme nulle part comparable. Il se voit en conséquence souvent obligé de faire appel aux nations occidentales pour de l'aide.

Le paradoxe d'une telle situation fait penser à la fameuse expression « un mendiant assis sur un banc en or » que le chercheur Paulo Drinot avait utilisé pour caractériser la situation du Pérou[126]. L'Afrique, comme ce pays, peut parfaitement répondre à ce portrait. Mais comment en est-elle arrivée à incarner cette contradiction ? Comment rendre intelligible sa situation ? Voilà une série de questions importantes qui traversent le livre de Tom Burgis.

La théorie de la dépendance compte aussi

À travers une collection impressionniste de données, *The Looting Machine* semble, à première vue, confirmer la pertinence de la théorie de la dépendance. Rappelons pour commencer que, selon cette école de pensée – telle que représentée par les travaux de Samir Amin[127], Fernando H. Cardoso et Enzo Faletto[128], Andre G. Frank[129] ou Immanuel Wallerstein[130] – l'économie internationale est un réseau de relations asymétriques informé par le passé colonial et divisé essentiellement en deux segments : les anciennes puissances coloniales, d'une part, et les anciennes colonies, de l'autre. Cette division géographique s'est traduite dans l'économie de marché par une distribution bipolaire des rôles dévolus aux différents pays. Le monde est ainsi devenu un macro-

---

[126] Drinot, P. emploie l'expression dans un article intitulé: « Peru 1884-1930: A Beggar Sitting on a Bench of Gold? », in : Enrique Cárdenas, J.A. Ocampo, R. Thorp (Eds.), *An Economic History of Twentieth Century Latin America*, vol. I, Basingstoke (UK), Palgrave, 2000.

[127] Voir en particulier *Unequal Development: An Essay on the Social Formations of Peripheral Capitalism,* New York: Monthly Review Press, 1976; et *Imperialism and Unequal Development*, New York/ London, Monthly Review Press, 1977.

[128] Lire leur ouvrage pionnier, *Dependency and Development in Latin America*, Berkeley, University of California Press, 1979.

[129] Deux ouvrages qui méritent surtout d'être consultés sont *The Development of Underdevelopment*, New York, The Monthly Review Press, 1966, et *Dependent Accumulation and Underdevelopment*, New York, The Monthly Review Press, 1978.

[130] Je renverrai en particulier à son livre *The Capitalist World-Economy*, Cambridge, Cambridge University Press, 1979.

cosme composé de deux groupes de pays complémentaires au plan économique notamment. D'un côté, les territoires qui approvisionnent le marché mondial en ressources naturelles brutes et, de l'autre, ceux dont la responsabilité consiste à transformer ces ressources en biens manufacturés destinés à la consommation sur le marché mondial. Les premiers sont pour la plupart des pays précédemment sous le joug colonial et les seconds d'anciens empires coloniaux. Certes, tel que l'indique l'approche révisionniste de Wallerstein, une transformation de ce modèle n'est pas à exclure, ainsi qu'en atteste le haut degré d'industrialisation d'anciennes sociétés coloniales dont le Brésil et l'Inde, lesquelles ont évolué du rôle de pourvoyeuses de ressources brutes à celles de producteurs de biens industriels au point de mettre à la disposition des consommateurs des produits aussi sophistiqués que la voiture, l'ordinateur et les produits pharmaceutiques. Cela dit, en Afrique subsaharienne, cette transition reste encore à effectuer. À l'exception peut-être de l'Afrique du Sud dont le statut de colonie de peuplement blanc la met clairement à part, ce sous-continent est presque entièrement composé d'états largement sous-industrialisés toujours cantonnés dans le rôle de pourvoyeurs de ressources naturelles.

The Looting Machine est remplie de preuves de la pertinence de la théorie de la dépendance. Le Nigeria pourrait sembler constituer un cas extrême, mais dans une certaine mesure il est loin d'être unique. Découvert en 1956, soit moins d'une demi-douzaine d'années avant la décolonisation, le pétrole devient très rapidement la ressource marchande première du pays. Un demi-siècle plus tard, le pays peine encore à s'extraire de l'arrangement colonial qui l'avait enfermé dans le rôle de pourvoyeur de matières premières : en effet, 70 % des ressources du gouvernement proviennent encore de la vente du pétrole. Or, à bien des égards, ce pays aurait dû intégrer depuis longtemps déjà le club des nations industrialisées. À la suite de l'ouverture de l'Université d'Ibadan en 1948, le Nigéria avait étendu son réseau d'établissements d'enseignement supérieur avec la création de 78 universités d'État et fédérales – sans mentionner les institutions privées de même fonction – qui accueillent aujourd'hui plus de 400.000 étudiants[131]. Qui plus est, le pays bénéficie à l'étranger, et surtout en Amérique du Nord, d'une population impressionnante de plusieurs centaines de titulaires d'un doctorat, parmi lesquels des scientifiques de calibre stellaire propulsés à la suite des inventions dont ils sont auteurs sous les feux de la rampe et récipiendaires de distinctions hautement convoitées.

À titre d'exemples, on peut citer quelques distingués chercheurs dont l'ingénieur biomédical Samuel Achilefo, l'ingénieur industriel, Augustine Esogbue gagnant du prix de la NASA et fondateur de l'*Intelligent Systems and Control Laboratory*.

---

[131] Lire Isaac F. Adewole, « Development and advancement of higher education in Nigeria » (consulté sur http://qsshowcase.com/main/development-and-advancement-of-higher-education-in-nigeria/ 13 Avril 2016).

Malgré tous ses atouts, le Nigéria ne parvient toujours pas à passer du rôle de pourvoyeur de ressources naturelles à celui d'État prospérant sur les produits de ses propres industries où seraient transformées ses matières premières locales qui approvisionneraient aussi bien le marché national que l'international. Le pétrole nigérian est exploité et possédé par des conglomérats originaires des anciennes puissances coloniales dont BP en Grande Bretagne, Shell aux Pays Bas et Total en France. Il est largement raffiné à l'étranger et revendu au pays en raison d'un manque de raffineries pétrolières suffisamment efficientes pour satisfaire à la demande des millions de citoyens et entreprises installées sur le territoire national. À l'été 2013, des chaînes d'informations majeures parmi lesquelles la BBC et Forbes.com annonçaient la démarche audacieuse d'Aliko Dangote, milliardaire nigérian considéré comme « l'homme le plus riche d'Afrique » de construire dans la zone franche d'Olokola, dans la région sud-ouest du pays, la plus grande raffinerie de pétrole du continent en vue de « réduire la dépendance du Nigéria en pétrole importé », une situation qui résulte de la sous-performance de raffineries d'État fonctionnant à peine à 30 % de leur capacité[132].

Dans le même piège de l'arrangement colonial des relations économiques mondiales, le Niger, un des voisins francophones du Nigéria, est quant à elle sous la botte de l'ancien maître, la France. Fortement dépendante de l'exportation de son uranium afin d'assurer un niveau de confort matériel à son élite politique et accessoirement préserver ses citoyens ordinaires de la mort précoce, le Niger a consenti à la firme française, Areva, le monopole de l'exploitation de sa principale ressource naturelle. Comme le Nigéria, le contrôle par le Niger des plus grandes réserves d'uranium dans le monde – ressource qui alimente les centrales nucléaires de nombre de pays industrialisés y compris la France – ne semble être d'aucune incidence positive sur la vie de ses citoyens, au vu du portrait pathétique qu'en tire Burgis : « la nuit, écrit-il, la seule lumière qui éclaire les ruelles sablonneuses proviennent des lampes à gaz et des bougies à la flamme palpitante » (Burgis, 131)

Malédiction des ressources

Bien que la théorie de la dépendance donne du sens à la description que fait *The Looting Machine* de la condition des États africains dans le marché économique mondial, le concept de malédiction des ressources que préfère Burgis contribue également à rendre intelligible l'expérience de ce continent. Très largement usité dans la littérature en science politique et en relations internationales depuis quelques décennies, ce concept, aussi connu sous le nom

---

[132] M. Nsehe, "Nigerian Billionnaire Aliko Dangote to Borrow $3.3 billions for Refinery Project", www.Forbes.com, 28 août 2013. Consulté sur http://www.forbes.com/sites/mfonobongnsehe/2013/08/28/ le 13 Avril 2016.

de « paradoxe de l'abondance » a été introduit en 1993 par Richard Auty, professeur émérite d'études environnementales à Lancaster University, et s'est rapidement imposé dans le débat académique une fois que s'en sont approprié d'influents chercheurs tels que Jeffrey Sachs, professeur à Columbia University et conseiller spécial de deux secrétaires généraux consécutifs des Nations Unies. Apparenté à un oxymore, le concept entend signifier que l'abondance de ressources naturelles peut aisément mener à l'appauvrissement d'un pays au lieu de son essor économique.

La « malédiction des ressources » a été forgée sous l'inspiration de l'expérience néerlandaise, connue aussi sous le nom de « mal néerlandais » [Dutch Disease]. À la suite de la découverte de réserves de gaz dans la province hollandaise de Groningen en 1959, des experts avaient pronostiqué la croissance rapide et soutenue de l'économie nationale. Mais, à l'inverse, à mesure que les années passaient, l'économie néerlandaise semblait plutôt glisser sur une pente descendante. Le chômage touchait des milliers de citoyens dont les perspectives économiques étaient censées être plus roses avec la découverte et l'exploitation de la nouvelle ressource. L'analyse de ce paradoxe se déroule comme suit : l'exportation substantielle de la nouvelle ressource entraîne une réévaluation à la hausse de la devise nationale et permet donc au pays d'importer plus de biens. Une dépendance vis-à-vis de cette ressource se crée en conséquence et ralentit sinon bloque tout effort de diversification de la production du pays du moment que la monnaie nationale a été significativement réévaluée. Dans un tel contexte, toute réduction abrupte du prix de cette ressource sur le marché mondial précipiterait la chute de l'économie nationale.

The Looting Machine offre une démonstration vivante de la manière dont le « mal néerlandais » a frappé la plupart des États africains pourvoyeurs de matières premières. Pays mono-spécialiste, l'Angola dépend à 98 % de l'exportation de son pétrole qui rapporte au gouvernement les ¾ de son revenu annuel. Le pays lui-même est un exemple de contradictions sans pareil. En effet, la capitale, Luanda, qui abrite quelques-unes des plus grandes firmes d'exploitation pétrolière ainsi que d'entreprises consorts, est aussi régulièrement classée parmi les villes les plus chères au monde. Comme le souligne Burgis « un sandwich qui n'a rien d'exceptionnel se monnaye à $30 dans les hôtels décents de la ville » (Burgis, 2015 : 9). À côté de cette richesse extravagante confinée dans une portion infime du pays, trois habitants sur quatre de Luanda vivent dans des bidonvilles, sans accès à l'électricité et l'eau courante pendant la grande partie de la journée, coupés de toutes les opportunités économiques que le pétrole coulant à flots était censé leur offrir après la longue guerre d'indépendance contre le Portugal, ainsi que la guerre civile de 1975-2002 qui avait ravagé une bonne partie du pays et s'était soldée par un accord de paix incertain à la suite de la mort de Jonas Savimbi, le leader des rebelles de l'Unita. Au plan national, les projets de développement annoncés tous azimuts manquent encore de faire leur preuve. En effet, l'Angola a toujours l'un des taux d'analphabétisme des adultes les plus élevés au monde :

70.4 % en 2011, selon les données de l'UNESCO[133]. Qui plus, le système éducatif dans son ensemble est largement sous-financé, en 2010, l'année correspondant à la dernière communication de l'État angolais avec les services de l'UNESCO sur ce sujet, le gouvernement avait consacré à peine 3.16 % de son budget à un secteur aussi crucial pour le développement[134].

Fait tout aussi préoccupant, l'Angola est confronté aux pires maladies endémiques dont la tuberculose, le paludisme, le choléra, la fièvre hémorragique de Marburg, ainsi que le HIV qui fauchent des centaines de citoyens chaque année, au point d'en faire l'un des pays du monde où l'espérance de vie est la plus courte.

En 2015, selon le World Fact Book[135], avec une espérance de vie de 55.63 années, l'Angola était classé 207ème sur 224, fermant quasiment le peloton de queue en compagnie des 17 pays les plus pauvres du monde, tous situés en Afrique à l'exception de l'Afghanistan.

À l'instar de l'Angola, la République Démocratique du Congo cristallise tous les symptômes de la malédiction des ressources. Le deuxième plus grand fournisseur de Coltan au monde, le Congo est resté une zone de guerre pendant l'essentiel de son existence d'État officiellement indépendant. Après l'assassinat de Patrice Lumumba en 1961 qui profita longtemps à Mobutu Sese Sese Seko principalement, le pays entrait dans une stabilité relative que le mouvement sécessionniste au Katanga menaça brièvement. Durant les années 1990, une série d'ondes de chocs politiques et civiles entraîna le démembrement du territoire national que se disputaient férocement des groupes rebelles et le « gouvernement légal ». Exploitant et exportant au moins quatre des minerais les plus prisés aujourd'hui à l'échelle mondiale, le gouvernement congolais est cependant incapable d'extraire de la pauvreté un pays où le revenu moyen par habitant est de moins d'$1 par jour, et le taux de mortalité infantile se classe second au monde derrière celui du Tchad. Dans des régions telles que la partie sud du Kivu, qui est probablement la province la plus dotée en minerais par la nature, il n'existe qu'un seul hôpital pour 160.000 habitants.

Il suffit d'une arme pour accéder à la richesse

L'une des réalités les plus révoltantes que révèle *The Looting Machine* est l'interdépendance entre la violence et l'enrichissement personnel en Afrique.

---

133 Voir les dépenses en éducation par pays compilées par l'Institut de Statistiques de l'Unesco : http://data.uis.unesco.org/?ReportId=210.

134 D'après Burgis, le montant attribué pour l'éducation a été porté à 8% du budget national en 2013. Cependant, d'après les données de l'Institut de Statistiques de l'Unesco les dernières données collectées sur l'Angola remontent à l'an 2010, alors que d'autres pays dont Hong Kong et la Colombie avaient communiqué à cette agence des chiffres sur leurs dépenses en éducation pour l'année 2014.

135 Voir https://www.cia.gov/library/publications/the-world factbook/rankorder/2102rank.html.

La violence, comme une nécessité, y est censée assurer l'accès à des ressources garantissant la survie personnelle, de telle sorte qu'on se demande si la définition Weberienne de la violence légitime comme étant le strict monopole de l'État a la moindre pertinence lorsque l'objet de recherche est l'Afrique.

Toute la dynamique économique du continent semble reposer sur la relation entre violence et enrichissement. Ainsi, à ses débuts, l'entreprise coloniale dépendait-elle essentiellement de l'utilisation des fusils et des canons contre les Africains jusqu'à ce que les derniers résistants déposassent leurs armes ou jonchassent inertes le sol. Puis la conférence de Berlin, au nom de la paix entre les nations européennes rivales démembra le continent dont il répartit terres et richesses entre les vainqueurs. Au roi Léopold de Belgique allait le territoire congolais dix-huit fois plus grand que la superficie de son propre royaume, aux Britanniques essentiellement le Nigéria, un territoire quatre fois plus vaste que le Royaume Uni, à la France principalement une portion entière de l'Afrique occidentale avec ses gisements de pétrole, d'or, de fer et de bauxite, tandis que le Portugal héritait surtout d'un pan entier de l'Afrique australe.

L'utilisation stratégique de la violence pour l'accès à la richesse n'est pas devenue obsolète avec l'accession des pays d'Afrique à la souveraineté politique et l'affirmation surannée des États africains qu'ils sont au service de leurs citoyens. En effet, le livre de Burgis sous-entend subtilement que l'instabilité politique du continent trouve bien de ses causes dans l'ingérence des États occidentaux, d'espions, de mercenaires et même d'entreprises étrangères qui montent les militaires contre les dirigeants civils ou les gouvernements officiels contre les rebelles. Des armes mortelles très sophistiquées circulent de l'Occident vers les pays africains en quantité égale au volume de capitaux, seulement en vue de renforcer le contrôle de l'Afrique de l'extérieur, donc de ses ressources, voire de précipiter la chute d'un régime au profit d'un rival. Burgis raconte ainsi, par exemple, le rôle d'Anvil Mining, une firme australienne, dans la répression sanguinaire perpétrée par le gouvernement de Joseph Kabila contre un mouvement séparatiste dans la ville de Kilwa et un village entier en fournissant à l'armée officielle congolaise l'aviation et les véhicules nécessaires pour perpétrer son crime.

Cependant, comme l'indique *The Looting Machine*, en plus de l'intervention des puissances occidentales et de leurs agents, beaucoup de chefs d'État africains alimentent la violence politique dans les pays limitrophes dans leurs propres intérêts économiques. Le régime rwandais approvisionne en armes et offre une assistance militaire à la milice congolaise, le M23, pour s'assurer l'accès aux mines de l'est du Congo. Le Zimbabwe dont la guerre d'indépendance avait semblé réactualiser l'idéal panafricaniste sur le continent et l'Angola dont les leaders au même titre que les anticolonialistes zimbabwéens s'étaient faits les hérauts de la lutte contre l'intervention occidentale capitaliste au nom du peuple africain contribuèrent tous deux à attiser la guerre entre le gouvernement de Laurent Désiré Kabila et la rébellion congolaise sous l'emprise du régime de Kagamé pour uniquement s'assurer une part de la richesse minière du Congo.

Hors du champ proprement politique, des bandes armées parfois spontanément formées recourent, à leur tour, à la violence en vue de s'accaparer d'une portion de la richesse nationale. La région du Delta, peut-être la plus grande réserve de pétrole du Nigéria, voit ainsi se multiplier et se renforcer des bandes tels que les Greenlanders et le Movement for the Emancipation of the Niger Delta [Mouvement pour l'émancipation du Delta Niger] – MEND – lesquelles derrière leurs accents stratégiquement politiques mènent des actions dont l'objectif est simplement économique, soit s'approprier une partie des richesses nationales. Ainsi, par le moyen de la violence sont-elles parvenues à contraindre le président Umar Yar'Adua de leur « concéder une part de l'argent des ressources naturelles » (Burgis, 179).

Socialisés dans un environnement où les armes ouvrent l'accès à la richesse, enfants et adolescents africains, montre Burgis, émulent leurs aînés ; ils érigent alors des barrages routiers de fortune pour essayer de spolier les voyageurs d'autant d'argent qu'ils peuvent. Dans un tel contexte, suggère Burgis, aussi bien les causes de l'émergence de l'organisation religieuse Boko Haram que la raison d'être de cette organisation, méritent d'être repensées. Boko Haram pourrait se révéler simplement un nouveau joueur caché dans le costume religieux qui cherche aussi à s'emparer d'une portion de la fortune nationale en usant de la violence extrême.

C'est le temps de la Chine

Les nouveaux prédateurs dans la mare économique africaine sont la Chine et ses entreprises devenues des consommatrices voraces des ressources naturelles du continent. Presqu'invisibles au sud du Sahara il y a une trentaine d'années, elles y font dorénavant partie du décor. D'un bout à l'autre du continent, les entreprises chinoises construisent des ponts, des aéroports, des autoroutes, érigent des immeubles de haute taille, installent des raffineries, et créent des centres de santé à coups de milliards de dollars. La construction du nouveau quartier situé à Kilamba, en Angola, à elle seule est revenue à 3.5 milliards de dollars, ce qui représente le quart de l'investissement américain sur le continent en 2015.

L'arrivée de la Chine en Afrique est intéressante à bien des égards. D'abord, elle pose la question de la reproduction de ce que j'ai appelé l'arrangement colonial des relations économiques au début de cet article. Dans une certaine mesure, cet arrangement a été interrompu. En effet, le contrôle monopolistique des ressources africaines par les anciennes puissances coloniales s'est affaibli à la suite de l'incursion de la Chine dans le marché africain. Par exemple, à travers l'entreprise publique, China National Petroleum Corporation, le pays de Mao a maintenant la mainmise sur le pétrole nigérien, damant le pion à l'ancien maître, la France. Cependant, sous d'autres angles, l'arrangement colonial semble se préserver. En fait, la Chine s'est essentiellement approprié quelques vielles tactiques des puissances coloniales et de leurs compagnies. Il en est ainsi de sa stratégie de « fusionner le pouvoir de ceux qui occupent des positions administratives au sommet de l'État avec des intérêts commerciaux privés en vue d'enrichir les deux parties de l'exploitation des ressources naturelles africaines » (Burgis, 2015 : 145).

Qui plus est, la Chine, comme les anciens colonisateurs occidentaux, ne se prive pas de ralentir le processus d'industrialisation de l'Afrique, même si ses investissements sur le continent peuvent laisser supposer le contraire. De fait, extraire les ressources naturelles de l'Afrique et les lui revendre après leur transformation est son objectif prioritaire. L'investissement de la Chine dans la production du pétrole nigérien en est une preuve parfaite. Se comportant certainement mieux que les géants pétroliers américains, britanniques et français, qui tentent par tous les stratagèmes possibles d'empêcher la construction de raffineries en sol africain, la Chine a, elle, fini par céder à l'insistance du Niger d'avoir sa propre raffinerie de pétrole sur le territoire nigérien. Cependant, non seulement la raffinerie Soraz est à 60 % la propriété de la Chine, mais la China National Petroleum Corporation a réussi à faire signer en 2012 au gouvernement de Mahamadou Issoufou un accord lui imposant d'acheter le pétrole extrait au Niger au taux fixe de $70 le baril, en plus de couvrir les coûts de transport du brut depuis le puits jusqu'à la raffinerie. Dans une économie en crise de surproduction de pétrole où le prix du baril est extrêmement volatile et où le recours à des énergies de substitution existe pendant les périodes de hausse extrême du prix du brut, la signature d'un tel accord est sujette à la critique[136].

L'arrivée de la Chine en Afrique révèle, ensuite, une nouvelle phase dans les échanges économiques. L'on pourrait penser, en effet, que le troc est à jamais une forme d'échange économique obsolète dans un monde interconnecté où les capitaux circulent à une vitesse sans précédent et l'usage de devises un fait universel. Burgis montre que pour l'État chinois qui s'efforce d'émerger comme une nouvelle société industrielle avancée, atteindre cet objectif nécessite l'accès aux matières premières indispensables du continent africain. Consciente des obstacles associés à ce statut de nouveau candidat dans le champ très compétitif des pays industrialisés, ainsi que des difficultés des États africains – surtout ceux qui sont encore englués ou viennent juste de sortir d'une guerre (civile) – à obtenir des devises pour payer les coûts de la construction de nouvelles infrastructures ou l'achat des nouvelles armes pour assurer leur stabilité ou simplement leur survie, la Chine a alors réintroduit dans les transactions économiques contemporaines une forme d'échange

[136] Lire l'article d'Armin Rosen's « An Oil Dispute in Niger is Exposing Big Problem with Chinese Investment in Africa », in *Business Insider*, 30 September 2015 (consulté le 11 avril 2016 sur http://www.businessinsider.com/niger-oil-and-chinese-investment-in-africa-2015-9)

vieille de plusieurs siècles, soit le troc. Le pétrole, le gaz, l'aluminium sont ainsi acquis en échange d'infrastructures et de matériels de défense militaire. Un ensemble de logements luxueux accessibles peut-être exclusivement au segment le plus fortuné de la population angolaise, puisque les appartements s'y monnayent entre $120.000 et $300.000, dans un pays où plus de la moitié de la population vit avec $1.24 par jour, le quartier chic de Kilamba a été construite par Citic, une compagnie publique chinoise, en échange de quantité fixe du pétrole angolais.

Conclusion

Dans la préface de son livre, Tom Burgis décrit la profonde dépression dont il avait souffert au retour de son enquête sur le continent africain. Cette dépression lui semble avoir résulté de son témoignage de scènes d'atrocités que des musulmans et des chrétiens se sont mutuellement infligées dans la ville de Jos, au Nigéria. Lisant *The Looting Machine* peut aussi générer un sentiment de vide, d'impotence, d'exaspération devant tant d'injustices qui se déploient dans les villes et villages d'Afrique. La quantité de richesse inestimable que couve le sous-sol africain dilapidée, des millions de citoyens ordinaires à qui sont soustraits au jour le jour des moyens élémentaires dont jouissent leurs contemporains partout ailleurs dans le monde. La plus implacable de cette injustice étant certainement la privation de soins de santé. Des gouvernements dont celui de l'Angola allouent à peine 5 % du budget national au secteur de la santé alors que l'armée nationale en engloutit 18 %. Par une telle décision le régime de Dos Santos et bien d'autres sur le continent trahissent leur plus grand secret : rester au pouvoir aussi longtemps que possible en privant de nourriture et de soins médicaux une population qui serait trop faible pour leur résister, et en se dotant d'une armée suréquipée pour les protéger d'éventuels assauts lancés de l'extérieur de leurs pays. Passant en revue tous ces chiffres donnés par Burgis, j'en suis arrivé à mesurer la véritable signification de Nelson Mandela pour les Africains. On a trop cru que c'est pour avoir tenu tête pendant trois décennies aux artisans de l'*Apartheid* et sacrifié 27 ans de sa vie dans les geôles du pouvoir *afrikaner* que Mandela a gagné l'estime et le respect des Africains. Cela est certes vrai, mais il y a davantage à cette marque d'adulation. Il m'a été révélé au cours d'une enquête de terrain au Nigéria en décembre 2013. En compagnie de quelques collègues locaux installés dans le salon des enseignants [Faculty Club] à l'Université Obafemi Awolowo à Ife, au cours d'une période difficile où les professeurs des universités fédérales comme des universités d'État s'étaient engagés contre les autorités politiques dans un bras de fer épuisant par le moyen d'une longue grève d'environ dix mois qui avait grevé toutes leurs économies, je regardais sur une large télévision plasma les funérailles de Nelson Mandela. Aucune coupure d'électricité ce soir-là, comme si le gouvernement de Jonathan Goodluck qui avait habitué la population nigériane à des interruptions chroniques de courant entendait honorer à sa façon l'activiste politique africain le plus plébiscité. Là, devant des millions de téléspectateurs, était exposé le cercueil d'un ancien président africain, qui avait choisi de vieillir en Afrique, de s'y faire soigner et hospitaliser, et éventuellement d'y mourir. Un choix exceptionnel dans un continent où pas un seul hôpital ne semble digne d'offrir des soins à la mesure du rang des hommes d'État. Les présidents africains, même quand ils tombent malades pendant leur règne, se rendent à l'étranger pour s'y faire soigner. Beaucoup d'entre eux ont succombé à leur maladie pendant qu'ils en cherchaient les remèdes dans des hôpitaux étrangers – ainsi d'Omar Bongo en Espagne et Sékou Touré le panafricaniste auto-proclamé aux Etats-Unis. D'autres se sont fait évacuer d'urgence d'hôpitaux étrangers pour venir mourir dans leur pays. C'est le cas d'Houphouët Boigny transféré d'un hôpital parisien et d'Umaru Yar'adua exfiltré de sa clinique saoudienne. D'ailleurs le doute assombrit l'esprit de leurs concitoyens qui se demandent, en l'absence de preuves, s'ils étaient bien en vie au moment de leur rapatriement. Mais qu'importe, le fait demeure que ce choix pose problème. D'abord, il est le résultat d'un manque de volonté politique des chefs d'État africains. Comme le souligne Burgis à juste titre, « le système de santé, comme tout autre fournisseur de biens publics, est abandonné à l'état de décomposition » parce que les dirigeants de ce pays ne se sentent pas responsables du sort de leur peuple (Burgis, 2015 : 78). Ensuite, il communique un vide de dignité et fierté nationales. Ki-Zerbo rappelait que dormir sur la natte des autres, c'est dormir par terre. On devrait ajouter aussi que c'est surtout renoncer à son honneur au bénéfice d'autrui.

La description et le diagnostic qu'offre le livre de Burgis a le potentiel de jeter la honte sur tous ces acteurs qui participent au pillage et au détournement des ressources de l'Afrique. Relisant les philosophes contemporains dont Axel Honneth, deux chercheurs, D. Kulick et C.H. Klein, rappellent que la honte constitue « le soubassement psychologique de l'action politique » [137]. Devrions-nous alors espérer que *The Looting Machine* se fraye un chemin jusque dans les rayons des bibliothèques privées et des tables de travail des directeurs des grandes compagnies multinationales et des hommes d'État qui, à travers le monde, chaque jour qui passe, œuvrent à maintenir l'Afrique dans la dépendance ?

[137] D. Kulick and C.H. Klein, « Scandalous Acts : The Politics of Shame Among Brazilian Travesti Prostitutes », in B. Hodson (ed.), *Recognition Struggles and Social Movements: Contested Identities, Agency and Power*, Cambridge, Cambridge University Press, 2003, p. 225.

Ma rétroaction du Forum Social Mondial de 2016, tenu à Montréal du 8 au 14 août 2016.

« Résister, espérer, inventer : un autre monde est *nécessaire*, ensemble il devient *possible !* »

Benoît AWAZI MBAMBI KUNGUA[138]

Résumé : Devant l'agression multidimensionnelle des logiques prédatrices et belliqueuses du capitalisme néolibéral dans le monde entier, le mouvement altermondialiste est appelé à se rassembler autour du chantier de la déconstruction philosophique, théologique et politique de l'idéologie mercantiliste et consumériste, en promouvant des alternatives holistiques à cette vision mécaniste et matérialiste de l'être humain dans le monde. Les résistances mondiales à l'hégémonie du totalitarisme néolibéral passent par la combinaison des stratégies théoriques, pratiques et pluridisciplinaires, sédimentées dans des ouvrages à prétention savante et émancipatrice.

Mots-clés : Mondialisation néolibérale, Alternatives sociales, Résistance intellectuelle, consumérisme, vision holistique de l'être humain, matérialisme, marchandisation de la planète, bibliocratie, bibliothérapie, bibliophagie, esclavage nouveau, mémoire des luttes sociales, prophétisme.

Abstract : In presence of the multidimensional assaults of the predatory and quarrelsome practices, on a global scale, of the neoliberal capitalism, the

---

138 Docteur en Philosophie de l'université Paris IV-Sorbonne (avec une thèse en phénoménologie : *Donation, Saturation et Compréhension. Phénoménologie de la donation et phénoménologie herméneutique : Une alternative ?,* L'Harmattan, Paris, 2005, dirigée par le professeur Jean Luc Marion de l'Académie française) et titulaire d'un DEA en Théologie de l'université de Strasbourg, **Benoît AWAZI MBAMBI KUNGUA** focalise ses recherches pluridisciplinaires sur la quête d'un leadership éthique, intellectuel, prophétique et réticulaire, pour l'éclosion effective d'une « ***Autre Afrique*** », celle qui marche, fière, digne et debout, vers l'édification d'un avenir prospère pour ses populations malmenées par la crise économique dite pompeusement « mondiale ». Il est l'actuel président du Centre de Recherches Pluridisciplinaires sur les Communautés d'Afrique noire et des diasporas (Cerclecad, **www.cerclecad.org**) basé à Ottawa, au Canada. Parmi ses ouvrages, signalons : *Panorama de la Théologie négro-africaine contemporaine,* L'Harmattan, Paris, 2002 ; *Donation, Saturation et Compréhension. Phénoménologie de la donation et phénoménologie herméneutique : Une alternative ?,* L'Harmattan, Paris, 2005 ; *Panorama des Théologies négro-africaines anglophones*, L'Harmattan, Paris, 2008 ; *Le Dieu crucifié en Afrique. Esquisse d'une Christologie négro-africaine de la libération holistique*, L'Harmattan, Paris, 2008 ; *De la Postcolonie à la Mondialisation néolibérale. Radioscopie éthique de la crise négro-africaine contemporaine*, L'Harmattan, Paris, 2011. Son dernier ouvrage paru est : *Déconstruction phénoménologique et théologique de la modernité occidentale : Michel Henry, Hans Urs von Balthasar et Jean-Luc Marion,* L'Harmattan, Paris, 2015. Son prochain ouvrage a pour titre *: Le Tournant prophétique de la théologie africaine postcoloniale. De la Performativité de la Deutérose*, L'Harmattan, Paris, 2017.

antiglobalisation movement is required to unite around the work of philosophical, theological and political deconstruction of the mercantilist and consumerist ideology, while promoting holistic alternatives to this mechanistic and materialistic vision of the human being in the world. The global resistance to the neoliberal totalitarism's hegemony must involve a combination of theoretical, practical and multidisciplinary strategies anchored in works that are scholarly and liberating in nature.

Keywords: Globalisation, neoliberal, social alternatives, intellectual resistance, consumerism, holistic vision of the human being, materialism, commodification of the planet, bibliocracy, bibliotherapy, bibliophagous, new slavery, memory of social struggles, prophetism.

« RÉSISTER, ESPÉRER, INVENTER : UN AUTRE MONDE EST NÉCESSAIRE, ENSEMBLE IL DEVIENT POSSIBLE ! »

Du 8 au 15 août 2016, j'ai eu la joie de participer au Forum Social Mondial (FSM) à Montréal – et c'était la première fois que ce grand rendez-vous mondial des « Altermondialistes » s'est tenu dans un pays du monde occidental. Ma principale motivation en rédigeant ce compte-rendu consiste dans ma ferme conviction à toujours donner un point de vue idiosyncrasique, écrit, et à le diffuser le plus largement possible dans notre réseau scientifique et médiatique mondial du Cerclecad. La faible médiatisation de ce rendez-vous mondial des militants altermondialistes dans les médias du système marchand et abrutissant me renforce encore dans ma vocation de penseur *iconoclaste*, *déconstructeur* et *prophétique*[139].

Je signale en passant que beaucoup de participants d'Afrique et d'Amérique latine n'ont pas pu participer au FSM 2016 parce que le Canada ne leur a pas donné de visas[140]. Madame Aminata Traoré – une figure engagée de

---

[139] C'est la raison pour laquelle les chercheurs affiliés au Cerclecad sont engagés avec détermination dans la publication et la diffusion annuelle de notre revue savante, *Afroscopie*, à la suite d'autres penseurs qui déconstruisent les prétentions totalitaires et théologiques de l'économie capitaliste mondialisée. Lire les ouvrages suivants : Bernard Cassen, *Tout a commencé à Porto Alegre... Mille forums sociaux !*, Mille et une Nuits/Fayard, Paris, 2003 ; Christophe Aguiton, Miguel Benasayag, Bernard Cassen, Nadia Demond, Gustave Massiah, Philippe Merlant, Bruno Rebelle, Patrick Viveret, Gilbert Wasserman & Chico Whitaker, *Où va le mouvement altermondialisation ? ... et autres questions pour comprendre son histoire, ses débats, ses tragédies, ses divergences*, La Découverte, Paris, 2003 ; François Houtart & François Polet (Éds.), *L'Autre Davos. Mondialisation des résistances et des luttes,* L'Harmattan, Paris, 1999.

[140] C'est une raison suffisante pour que chaque continent et chaque pays organisent son Forum Social sachant qu'il s'agit d'une constellation mondiale des mouvements sociaux et progressistes qui promeuvent des alternatives intellectuelles, politiques et économiques au totalitarisme des hégémonies financières du capitalisme néolibéral. Le réseau altermondialiste doit donc se fragmenter au diapason des cultures et des contextes géopolitiques qui reflètent les diversités situationnelles des manifestations des crises structurelles du capitalisme décadent et nihiliste. Cette fragmentation implique une synergie dans la philosophie altermondialiste, humaniste et anti-capitaliste.

l'altermondialisation a été parmi les personnes ayant été frappées par le refus de visa d'entrée au Canada.

Ma première intuition est celle du dévoilement de l'oubli par les masses populaires que toute information émise par les tentacules du système marchand mondial vise à consolider *son emprise idéologique sur nos esprits* pour que nous nous résignions devant ses prétentions totalitaires, théologiques et idolâtriques. La marchandisation de toute la biosphère et des individus numérisés par les grands ordinateurs du système constituent les phases les plus meurtrières et les plus nocives du capitalisme néolibéral. L'endettement[141] exponentiel des individus partout dans le monde, et surtout, dans les sociétés industrialisés d'Europe et d'Amérique du Nord, le basculement des classes laborieuses dans le chômage systémique ou les emplois précaires, l'augmentation du nombre d'individus et de familles qui ne peuvent plus ne nourrir chaque jour au sein même des sociétés industrialisées d'Europe et d'Amérique du nord, la montée des idéologies racistes, xénophobes, négrophobes[142] et extrémistes partout dans les grandes démocraties occidentales, et les maladies

---

141 Le rapport créancier-débiteur qui se cristallise dans la dette est devenu la matrice noétique décisive pour comprendre la virulence psychique, économique et intellectuelle du capitalisme spéculatif moderne. Lire les analyses pénétrantes de Maurizio Lazzarato, *La fabrique de l'homme endetté. Essai sur la condition néolibérale*, Éditions Amsterdam, Paris, 2011. (« *La dette implique donc une subjectivation, ce que Nietzsche appelle un « travail sur soi, une torture de soi ». Ce travail est celui de la production du sujet individuel, responsable et redevable face à son créancier. La dette, en tant que rapport économique, a donc la particularité, pour pouvoir se déployer, d'impliquer un travail éthico-politique de constitution du sujet. Et le capitalisme contemporain semble avoir découvert par lui-même les techniques nietzschéennes de construction d'un homme capable de promettre : le travail se double d'un travail sur soi, d'une torture de soi, d'une action sur soi. La dette implique un processus de subjectivation qui marque à la fois le « corps » et l'« esprit* ». (*op. cit.*, pp. 36-37).

142 La persistance du racisme contre les Noirs aux États-Unis d'Amérique et dans certaines couches des populations européennes n'est qu'un avatar de l'idéologie de la stratification des races, avec les Noirs au plus bas de l'échelle. « *Il y a pour les races supérieures un droit, parce qu'il y a un devoir pour elles. Elles ont le droit de civiliser les races inférieures.* » (Propos du Ministre Jules Ferry devant la chambre des députés, le 28 juillet 1885). Lire, en ce qui concerne la résurgence de la « *question noire aux États-Unis* », l'ouvrage de Ta-Nehisi Coates, *Une Colère noire. Lettre à mon fils*, Éditions Autrement, Paris, 2016 (Traduit de l'anglais par Thomas Chaumont & Préface d'Alain Mabanckou) & Barack Obama, *De la Race en Amérique*, Grasset, Paris, 2008 (Traduction et Introduction de François Clemenceau). En ce qui concerne le racisme en France, je renvoie aux ouvrages suivants : Stephen Smith, *Négrologie. Pourquoi l'Afrique meurt*, Calmann-Lévy, Paris, 2003 et la réplique magistrale et caustique de Boubacar Boris Diop, Odile Tubner et François-Xavier Verschave, *Négrophobie,* Les Arènes, Paris, 2005. Et plus récemment, concernant les fractures coloniales, postcoloniales et identitaires en France, lire l'ouvrage de Pascal Blanchard, Nicolas Bancel et Dominic Thomas, *Vers la Guerre des Identités ? De la fracture coloniale à la Révolution ultranationale*, La Découverte, Paris, 2016. Cet ouvrage vient logiquement couronner deux autres ouvrages précédents : Pascal Blanchard, Nicolas Bancel et Sandrine Lemaire, *La Fracture coloniale. La société française au prisme de l'héritage colonial*, La Découverte, Paris, 2005 & Bancel, N., Bernault, F., Blanchard, P., Boubeker, A., Mbembe, A., & Vergès, F., (Dir.), *Ruptures postcoloniales. Les nouveaux visages de la société française*, La Découverte, Paris, 2010. Pour les chercheurs infatigables et insatiables, je renvoie à une centaine d'ouvrages que j'ai recensés dans notre revue : Benoît AWAZI

mentales liées à l'exacerbation du stress dans la vie quotidienne des esclaves du système de consommation compulsive constituent les ingrédients les plus meurtriers du système mercantiliste et nihiliste. L'ampleur des méfaits infligés par le système totalitaire marchand appelle un réveil des intellectuels prophétiques et iconoclastes.

L'accélération de la mondialisation de la misère[143] dans le monde et à tous les niveaux de la stratification sociale provoque notre intelligence critique à se mettre en branle.

Contrairement aux mensonges colportés *ad nauseam* par les médias de la sociodicée[144] de l'État au service de la doxa néolibérale, le Forum Social Mondial (FSM) est toujours un haut lieu de vitalité intellectuelle, de combativité politique et de projection vers un autre monde possible au service de l'humanité non monnayable de l'homme. C'est aux intellectuels critiques et prophétiques de l'altermondialisation de s'exprimer dans des textes articulés, iconoclastes, émancipateurs et constructifs d'un *autre monde.* Mais aucune révolution sociale et politique ne peut advenir dans les actes et les faits sans une puissante pensée iconoclaste et démiurgique en amont. Par pensée iconoclaste, j'entends l'impérieuse nécessité épistémique et politique de démolir les idoles et fausses divinités du système marchand ambiant qui étrangle les individus réduits à l'état de robots, de zombies, d'ectoplasmes. Cette pensée s'auto-promeut comme démiurgique, car elle institue dans l'apparaître les conditions matérielles et symboliques d'une praxis de la production de la liberté maximale et indispensable pour créer un autre monde, et de facto, une

---

MBAMBI KUNGUA (Dir.), *Le Bilan de 50 ans des indépendances politiques africaines et les défis de l'intégration des Africains au Canada. Histoire, Enjeux éthiques et Perspectives d'avenir pour la Renaissance africaine, Afroscopie III/2013* (Revue savante et pluridisciplinaire sur l'Afrique et les communautés noires), publiée par Le Cerclecad-Harmattan, Ottawa-Paris, 2013, 260 pages & Benoît AWAZI MBAMBI KUNGUA (Dir.), *Les Intellectuels africains au Canada : Missions, Figures, Visions et Leaderships*, *Afroscopie* V/2015, (Revue savante et pluridisciplinaire sur l'Afrique et les communautés noires), publiée par Le Cerclecad-Harmattan, Ottawa-Paris, 2015, 390 pages.

143 Lire l'ouvrage important de Pierre Bourdieu basé sur des enquêtes sur le terrain et les interventions des participants provenant de toutes les couches sociales et qui témoignent de la *transversalité* des misères et précarités infligées par les politiques d'austérités financières dans les démocraties occidentales, Lire P. Bourdieu, *La Misère du monde*, Seuil, Paris, 1993.

144 La déconstruction du pouvoir *démiurgique* et *symbolique* de la *télévision* constitue une avancée décisive dans le processus de destruction sociologique de la violence matérielle et politique des oligarchies qui contrôlent la production et l'imposition des catégories de la vision légitime des faits, des problèmes et des vérités des « *États modernes* » . Lire dans cette perspective, les ouvrages de : Pierre Bourdieu, *Sur la télévision. Suivi de l'emprise du journalisme*, Raisons d'agir, Paris, 1996 ; Id., *Contre-feux, t.1. Propos pour servir à la résistance contre l'invasion néo-libérale*, Raisons d'agir, Paris, Paris, 1998 ; Id., *Contre-feux, t.2. Pour un mouvement social européen*, Raisons d'agir, Paris, 2001. Lire aussi, Pierre Bourdieu et Luc Boltanski, *La production de l'idéologie dominante*, Raisons d'agir, Paris, 2008 & Bernard Stiegler, *La télécratie contre la démocratie*, *Lettre ouverte aux Représentants politiques,* Champs/Flammarion, Paris, 2008.

autre mondialisation[145], celle de l'amour, de la compassion, de la solidarité et de la fraternité envers tout être humain ayant besoin de notre consolation, sans aucune discrimination. Cela nécessite une grande persévérance dans l'ascèse intellectuelle et la vigilance spirituelle, car les médias de la massification et de l'abrutissement ont toute une pléthore de guet-apens quotidiens pour capturer et asservir les potentiels esclaves endormis.

Je vais corroborer ma thèse d'une pensée iconoclaste et démiurgique en prenant le cas paradigmatique de l'Afrique subsaharienne en parcourant cursivement les 4 derniers siècles de son histoire de sa confrontation tragique avec la Modernité occidentale.

À la faveur des révolutions scientifiques et technologiques, l'Europe a produit l'accumulation du capital économique et scientifique nécessaire et suffisant, qui lui a permis de s'assujettir les autres peuples durant des siècles de traite des Noirs, d'esclavage à travers le commerce triangulaire, la projection militaro-coloniale *in situ* en Afrique même, et le fiasco des pseudo-indépendances politiques des pays africains. Ayant déjà analysé dans d'autres publications ces tragédies qui scandent la collision entre la Modernité occidentale et les sociétés traditionnelles africaines, je veux dans cet article proposer des stratégies opérationnelles pour produire des conditions intellectuelles et politiques de la libération de chaque individu par rapport aux systèmes bestiaux et meurtriers qui déshumanisent l'être humain partout sur la planète, devant la démission de la pensée critique et émancipatrice partout dans le monde.

La situation ne concerne pas uniquement l'Afrique subsaharienne, mais bien au contraire, il importe d'entrée de jeu de situer rationnellement les motivations des mouvements altermondialistes dans leur volonté d'en découdre avec les prétentions totalitaires et idolâtriques du capitalisme néolibéral décadent avec son principe moteur de l'*obsolescence programmée*. Les nouvelles industries et entreprises du système s'arrangent pour livrer aux masses hébétées des produits ayant une durée éphémère pour qu'ils soient vite remplacés par d'autres inventions de l'ingéniosité capitaliste.

---

[145] Pour approfondir le processus d'instauration d'une mondialisation de l'humain, du don, de l'amour, de la solidarité et de la compassion, je propose les ouvrages suivants : Dominique Wolton, *L'autre mondialisation*, Flammarion, Paris, 2003 , Constantin von Barloewen, *Anthropologie de la Mondialisation*, Éditions des Syrtes, Paris, 2003 (Traduit de l'allemand par Olivier Mannoni) ; Centre Tricontinental, *Et si l'Afrique refusait le marché*, Alternatives Sud, Vol. VIII (2001), n03, L'Harmattan-Cetri, Paris-Louvain-La-Neuve, 2001 ; Centre Tricontinental, *Cultures et Mondialisation. Résistances et Alternatives*, L'Harmattan-Cetri, Paris-Louvain-La-Neuve, 2000 ; Serge Latouche, *L'autre Afrique. Entre don et marché*, Albin Michel, Paris, 1998 ; Pensées rebelles, *Foucault, Derrida, Deleuze*, Sciences Humaines Éditions, Auxerre, 2013 ; Jackie Smith, *Social Movements for Global Democracy*, The Johns Hopkins University Press, Baltimore, 2008 ; Dominique Boisvert, *Rompre ! Le cri des « indignés »*, Les Éditions Écosociété, Montréal, 2012 ; Jean-Godefroy Bidima, *La palabre. Une juridiction de la parole*, Michalon, Paris, 1997 ; Jürgen Habermas, *L'usage public de la raison*, PUF, 2002 (Coordonné par Rainer Rochlitz).

Il convient d'entrée de jeu d'affirmer que l'essence du capitalisme consiste dans l'accélération des innovations technologiques de plus en plus sophistiquées qui s'accompagne de l'obsolescence d'un cycle économique qui laisse la place à un autre cycle arrimé au mode de production en vigueur. Il est de la nature même du capitalisme de se mondialiser parce que la vélocité des innovations et la poursuite illimitée de l'accumulation du capital et de la plus value requièrent la projection coloniale vers toutes les régions du monde pour acquérir les matières premières et les autres ressources de la biosphère nécessaires pour son progrès illimité. La sophistication des technologies donne naissance aux nouvelles technologies de plus en plus affinées, miniaturisées et dématérialisées. Ces nouvelles technologies qui poursuivent leurs mutations continuelles induisent de nouvelles formes du capitalisme avec l'exploitation illimitée des travailleurs et des ressources limitées de la planète.

Cette innovation technologique implique essentiellement l'obsolescence du cycle économique précédent avec ses produits et ses usines. Les nouveaux impératifs de productivité illimitée exigés par les nouvelles technologies de l'information et de la communication (NTIC) par exemple nécessitent une grande quantité de matières premières, des ressources minières et pétrolières ainsi que des sources d'énergie pour la production et la commercialisation mondiale des produits vendus dans des réseaux informatiques du système.

En d'autres termes, les innovations technologiques imposent des nouvelles contraintes politiques, bureaucratiques et économiques à l'ensemble de la société locale et globale. Ces contraintes rendent les anciens produits obsolescents en promouvant des nouveaux par des matraquages publicitaires dans les réseaux de l'Internet constitués par la combinatoire entre la télématique, l'informatique, la télévision et la cybernétique. La vélocité de ces innovations technologiques induit des mutations rapides dans les modes de production et la nécessité de la projection mondiale des firmes du Centre du capitalisme vers les matières premières concentrées dans les périphéries et les pays sous-développés qui sont intégrés par le bas dans la stratification de savoirs et de pouvoirs issue du capitalisme avancé. Signalons que cette mondialisation du capitalisme est propulsée par ses trois piliers fondamentaux que sont : l'accumulation du capital avec extraction continuelle de la plus value, la compétitivité effrénée et l'obsolescence programmée.

Nous pouvons donc récapituler l'essence du capitalisme en affirmant qu'elle consiste dans l'accélération de ses innovations technologiques qui, à leur tour, créent des nouveaux cycles économiques rendant de facto les cycles antérieurs déphasés, dépassés et obsolètes. La sophistication et la dématérialisation des nouvelles technologies de l'information et de la communication permettent au capitalisme de se projeter dans le monde par les flux d'informations qui circulent dans ses réseaux électroniques et, surtout, par la nécessité d'aller extraire les matières premières en exploitant les êtres humains et les écosystèmes des pays peu équipés technologiquement et militairement. C'est la principale raison des colonisations continuelles que le système capitaliste pratique dans le monde entier pour satisfaire sa boulimie intarissable des matières premières et sa poursuite de la croissance illimitée alors que les ressources disponibles sur la planète sont bel et bien limitées.

Mais en étant conscients du fonctionnement interne de l'essence mercantiliste du capitalisme en ce début du XXIème siècle, nous sommes armés aux niveaux théorique et pratique pour le déconstruire en quittant son paradigme offensif, oppressif et destructeur pour l'écosystème, et en osant promouvoir des alternatives théoriques, sociales et économiques qui œuvrent pour un « autre monde nécessaire et possible ». Nous atteignons ici la problématique axiale du Forum Social Mondial 2016 qui vient de se tenir à Montréal du 8 au 15 août 2016, où des intellectuels, des élites, des acteurs, des organisations non gouvernementales et autres *think tanks* altermondialistes se sont effectivement réunis pour penser, promouvoir et opérationnaliser « *un monde autre plus humain* » que celui des guerres économiques, politiques et idéologiques exacerbées par la boulimie de l'économie numérique en continuelle expansion mondiale.

Alors, que faire face aux prétentions de l'hégémonie des puissances financières, militaires et maçonniques qui s'emparent de l'écosystème et asservissent des individus par le matraquage publicitaire des médias de la massification et de l'hébétude planétaire ?

J'ai pensé à quelques postures mentales et spirituelles capables de démolir les idoles néolibérales et de créer un sanctuaire intérieur inviolable à partir duquel on peut se recueillir et prendre ancrage pour se soustraire volontairement des fourches caudines de la dictature de la pensée totalitaire et unidimensionnelle marchande :

1. L'éloge de la philosophie critique, spiritualiste et humaniste

Il s'agit de s'opposer au processus de robotisation et de dé-sensibilisation des individus partout sur la planète à la faveur des révolutions télématiques et numériques en cours. Il est donc question de mobiliser un puissant mouvement philosophique de déconstruction radicale de la marchandisation de l'homme et de la planète et de leur colonisation par des catégories opératoires de la science universelle de la *Mathesis Universalis* de la bureaucratie néolibérale. Partout dans le monde, les individus sont traités par leurs États et leurs banques comme des numéros, des esclaves modernes et des prisonniers qui sont constamment surveillés par les réseaux informatiques et électroniques pilotés par les services de renseignement et de sécurité.

La plupart d'entre eux sont systématiquement endettés jusqu'à la moelle épinière et passent le reste du temps de leur vie sur terre en payant des dettes et en vivant dans la précarité professionnelle, renforçant ainsi le cycle infernal de l'endettement[146] et du basculement dans la servitude néolibérale. La tradition phénoménologique dévoile l'éclipse imposée à la subjectivité par les rouages matériels et idéologiques du système capitaliste néolibéral, en occultant le fait qu'il n'est qu'une *construction aléatoire* – et donc une *production* – de l'ingéniosité de l'esprit humain. La première victoire de ce système totalitaire marchand est qu'il nous fait accroire qu'il est une nécessité de la nature et nous ne pouvons que nous y résigner. Ce qui est complètement faux, car la subjectivité humaine est à la base de la révolution scientifique et physico-mathématique de la Modernité occidentale avec son horizon de la *Mathesis Universalis*.

Les mathématiques nous permettent de faire des percées scientifiques et technologiques gigantesques dans la révolution numérique en cours, mais elles ne peuvent pas à elles toutes seules, énoncer de façon apodictique l'essence métaphysique – et donc invisible dans l'horizon de l'apparaître du monde - de la subjectivité transcendantale, et le sens de la vie de l'homme, ou mieux de sa finitude irréversible. La phénoménalité des mathématiques régie par l'extériorisation de l'objectivité du monde est diamétralement opposée à la phénoménalité affective et charnelle de la conscience de l'Égo qui échappe à l'objectivation de l'objectivité extérieure des mathématiques. Or l'imposture de la science physico-mathématique moderne (Galilée, Descartes, Copernic...) consiste à s'instaurer dictatorialement[147] comme *la seule vérité vraie sur l'homme et le monde dans lequel il vit.* Ce qui est encore stupéfiant est le fait qu'il y a un large consensus toujours en train de s'agrandir faisant accroire aux masses populaires que la seule vérité exacte est celle objectivante produite par les sciences physico-mathématiques. Par conséquent, selon les prémisses de cette idéologie positiviste, l'art, les religions et les philosophies ne sont que des constructions « inexactes », et donc, non scientifiques. Elles n'ont donc aucune rentabilité dans le monde de la calculabilité néolibérale (*Gestell*).

Toute la critique radicale que la tradition phénoménologique inflige à l'idolâtrie des sciences physico-mathématiques consiste à faire apparaître l'intentionnalité de la conscience et la différence phénoménologique radicale entre la zone *invisible* de l'affectivité transcendantale (*la substance pensante*) et la zone *visible* de l'objectivité extérieure du monde matériel (*la substance étendue*). La même tradition phénoménologique insiste avec puissance sur le fait que la vérité scientifique est une construction de la conscience transcendantale de l'Égo qui se comporte à juste titre comme *le dieu* de la science de la modélisation, du codage, de l'ordre et de la mesure subsumée par l'expression de la *Mathesis Universalis*, la science universelle et géométrique de René

[146] L'ouvrage le plus déconstructeur de l'ontologie et de la subjectivation néolibérale qui en découle étant celui de Maurizio Lazzarato, *La fabrique de l'homme endetté. Essai sur la condition néolibérale,* Éditions Amsterdam, Paris, 2011.

[147] Cette barbarie de la science moderne et l'ampleur de ses conséquences catastrophiques pour la culture, la vie spirituelle, les arts et la religion dans les sociétés industrialisées sont magistralement analysées par Michel Henry, *La Barbarie*, Quadrige/PUF, 20043.

Descartes, Galilée et leurs disciples. Mais ce dispositif numérique de la *Mathesis universalis* oublie qu'il n'est qu'une constitution de l'esprit humain dans son entreprise de maîtriser les lois de la nature et de les codifier selon des paramètres mesurables, et donc réitérables, pour dominer le monde par la fabrication des outils qui prolongent les limites du corps humain.

Et plus le processus de mathématisation de la nature se poursuit, plus les technologies sont sophistiquées, et aussi, les élites dirigeantes disposent de l'appareillage technologique nécessaire pour asservir subrepticement les masses populaires moyennant les institutions de L'État moderne. Il convient de tenir compte de cette percée à la fois scientifique, idéologique et technologique de la science mathématique de la nature dans les efforts de penser l'ampleur et la profondeur de l'esclavage et de la colonisation des peuples moins avancés technologiquement, et donc militairement. Nous atteignons ici la matrice étiologique et gnoséologique à l'intérieur de laquelle nous pouvons tenter de comprendre l'amplitude de l'asservissement de l'Afrique depuis le XVIème siècle avec la première mondialisation[148] géographique de l'espace fini par les navigations portugaises.

En me concentrant maintenant sur la triple crise qui étrangle et bloque les sociétés africaines contemporaines : (1) L'échec de la colonisation européenne ; (2) L'échec cuisant des kléptocraties nègres postcoloniales et (3) L'échec aggravé par la marginalisation et le pompage des matières premières de l'Afrique par la boulimie néolibérale, il me faut proposer quelques stratégies opérationnelles pour la promotion d'une praxis philosophique émancipatrice arrimée sur une pensée immanente, autonome et prophétique. La superposition entre ces trois échecs plonge les sociétés africaines contemporaines et les diasporas marginalisées du monde occidental dans l'évasion dans une

---

[148] Pour un aperçu de ma position sur la superposition des crises (colonie, postcolonie, mondialisation, pathologies religieuses de la « sorcellerie ») dans l'Afrique contemporaine, je renvoie à mon ouvrage : *De la Postcolonie à la Mondialisation néolibérale. Radioscopie éthique de la crise négro-africaine contemporaine*, L'Harmattan, Paris, 2011. Lire aussi d'autres perspectives sur l'insertion subalterne de l'Afrique dans la mondialisation néolibérale : A. Mbembe, *De la Postcolonie. Essai sur l'imagination politique dans l'Afrique contemporaine,* L'Harmattan, Paris, 20001 ; Id., *Afriques indociles. Christianisme, Pouvoir et État en société postcoloniale*, Karthala, Paris, 1988 ; V. Aucante (Dir.), *L'Afrique subsaharienne et la Mondialisation,* L'Harmattan, Paris, 2008 (Préface de S.E.R le cardinal Crescenzio Sepe) ; Makhtar DIOUF, *L'Afrique dans la mondialisation,* L'Harmattan, Paris, 2002 (Préface de Samir Amin) ; Richard Laurent OMGBA, *L'image de l'Afrique dans les littératures coloniales et post-coloniales,* L'Harmattan, Paris, 2007 (Actes du Colloque international de Yaoundé, du 15 au 17 décembre 2004) ; Jean-Marie Sindayigaya, *Mondialisation, le nouvel esclavage de l'Afrique*, L'Harmattan, Paris, 2000 ; Peter Kanyandago (Éd), *Marginalized Africa. An International Perspective*, Paulines Publications Africa, Nairobi, 2002 ; Michael Amaladoss, S.J., *Globalization and its Victims as seen by its victims*, Vidyajyoti Education & Welfare Society/ISPCK, Delhi, 1999 ; Nicolas Bancel, Pascal Blanchard & François Vergès, *La République coloniale. Essai sur une utopie*, Albin Michel, Paris, 2003 ; François-Xavier Verschave, *De la Françafrique à la Mafiafrique*, Éditions Tribord, Bruxelles, 2004 ; Mongo Beti, *La France contre l'Afrique. Retour au Cameroun*, La Découverte, Paris, 1993.

Religiosité pathologique et fusionnelle avec la Divinité de Dieu[149], première cause de la stagnation intellectuelle du continent et de sa régression dans plusieurs domaines du développement. Dieu ne peut jamais être instrumentalisé par personne, et surtout pas, par des peuples qui ignorent qu'ils sont toujours des esclaves aussi bien dans leurs propres pays que dans des diasporas, où ils se signalent par une accumulation de toutes sortes de précarités matérielles, familiales et symboliques avec leur assignation dans des zones ressemblant à des ghettos ethno-raciaux. Faut-il dire que l'une des caractéristiques des groupes sociaux serviles est leur exclusion des lieux où se produisent des savoirs et des discours normatifs et qui les charrient ensuite dans des médias télévisuels, les universités et les institutions de la sociodicée de l'État ?

Il faut quand même revenir à la question de la production et de la dissémination des savoirs sur l'Afrique et les Africains, et qui président à la compréhension locale et globale des crises africaines contemporaines. Lors de mes récentes visites sur le terrain au Sénégal, au Burundi et en République démocratique du Congo (3 mois en 2013, 3 mois en 2015 et 2 mois en 2016), j'ai dû observer et discuter avec des autorités politiques, religieuses et académiques de ces pays, et je suis arrivé à certaines conclusions que je soumets à une discussion raisonnable, ouverte, critique et publique :

La première observation est la question de la gestion des écoles et institutions universitaires fondées par les puissances coloniales européennes. La détérioration avancée des infrastructures matérielles et du niveau de l'enseignement est communément admise par tous les acteurs idoines sur le terrain si on prend pour l'étalon de mesure le prototype des colonisateurs. Plusieurs discussions sur les questions africaines sont mal posées par manque d'ancrage sociologique et phénoménologique. Par exemple, si nous admettons qu'avant l'arrivée des Européens, il n'y avait pas d'écoles et de bibliothèques telles que

---

[149] Je renvoie ici au volume colossal, imposant et érudit que nous venons de livrer à la postérité sur *l'inexpugnable question de Dieu en Afrique.* Lire : Benoît AWAZI MBAMBI KUNGUA (Dir.), *Dieu et l'Afrique. Une approche prophétique, émancipatrice et pluridisciplinaire,* Afroscopie VI/2016, (Revue savante et pluridisciplinaire sur l'Afrique et les communautés noires), publiée par Le Cerclecad-Harmattan, Ottawa-Paris, 2016, 659 pages. Je me permets de renvoyer à la partie théologique jusqu'ici publiée de mon œuvre pluridisciplinaire : B AWAZI MBAMBI KUNGUA, *Panorama de la Théologie Négro-Africaine Contemporaine*, L'Harmattan, Paris, 2002, 210 pages ; ID., *Donation, Saturation et Compréhension. Phénoménologie de la Donation et Phénoménologie Herméneutique : Une alternative ?,* L'Harmattan, Paris, 2005, 310 pages, (« Collection « Ouverture Philosophique » ») ; ID., *Panorama des Théologies négro-africaines anglophones*, L'Harmattan, Paris, 2008, 283 pages, (Collection « Églises d'Afrique ») ; ID., *Le Dieu Crucifié en Afrique. Esquisse d'une Christologie négro-africaine de la libération holistique*, L'Harmattan, Paris, 2008, 330 pages, (Collection Églises d'Afrique) ; ID., *De la Postcolonie à la Mondialisation néolibérale. Radioscopie éthique de la crise négro-africaine contemporaine,* L'Harmattan, Paris, 2011, 204 pages, (« Collection Études Africaines ») ; ID., *Déconstruction phénoménologique et théologique de la modernité occidentale : Michel Henry, Jean-Luc Marion et Hans Urs von Balthasar*, L'Harmattan, Paris, 2014, 316 pages, ISBN : 978-2-343-03719-6, Prix : 33 Euros ; ID., *Le Tournant prophétique de la théologie négro-africaine de la libération. De la Performativité de la Deutérose*, L'Harmattan, Paris, 2017.

nous les connaissons, mais d'autres pratiques initiatiques et éducatives basées sur l'oralité, alors il y a une décision nette à prendre avec lucidité devant ce dilemme : (1) Soit, il faut gérer avec efficacité les structures scolaires et universitaires instituées en Afrique par l'épistémologie politique de la Modernité occidentale qui passe nécessairement par l'archivage, la reproduction et la circulation des ouvrages où sont consignées des expertises théoriques et pratiques pour un fonctionnement optimal de la société humaine, (2) Soit, il faut systématiser et réactiver les écoles initiatiques africaines pour former des citoyens responsables et autonomes face aux défis de la vie humaine dans la géopolitique globale d'aujourd'hui. Mais il est aussi raisonnable et possible de procéder à une combinatoire efficace de ces deux épistémologies politiques qui se chevauchent de facto dans les sociétés africaines contemporaines.

Ce qui est stupéfiant est de voir – aussi bien en Afrique que dans les diasporas – des associations des Africains qui croient que les grands repas bien arrosés de bière et de vin, avec des danses folkloriques endiablées suffisent pour retrouver la « pureté » et « l'authenticité » de l'Afrique ancestrale et éternelle. Il ne suffit pas de déclarer qu'il nous faut revenir et enseigner dans nos langues, s'il n'y a pas des mobilisations sérieuses des élites politiques mettant au travail des personnes compétentes pour produire des manuels et des dictionnaires dans les langues africaines encore restées – pour la plupart d'entre elles - au niveau de la pure oralité sans aucune *sédimentation sémiologique*. Il me semble que le père Placide Tempels[150] est devenu le pionnier de fait de la philosophie bantoue parce *qu'il a mis par écrit* ses observations décisives et judicieuses sur la philosophie, la cosmogonie et la théologie de la vie chez les Bantous du Katanga, dans la République démocratique du Congo. Je reviendrai en détails sur cette question lors de notre colloque annuel sur *les philosophies africaines*[151] qui aura lieu le samedi 10 décembre 2016 dans la salle du Sénat de l'Université d'Ottawa et qui a pour titre : « PHILOSOPHIES AFRICAINES, ÉTUDES POSTCOLONIALES ET MONDIALISATION NÉOLIBÉRALE : À la Recherche des jalons pour une philosophie émancipatrice du Futur. Les trajectoires des Africains sur le Continent et dans les diasporas d'Europe et d'Amérique du Nord ».

---

150 *La Philosophie bantoue*, Présence africaine, Paris, 20134 (Traduit du néerlandais par A. Rubbens et Préface de Souleymane Bachir Diagne). J'en fais la recension dans Afroscopie V/2015, pp. 378-382. Les ouvrages de Souleymane Bachir Diagne (*L'encre des savants*) et Sévérine Kodjo-Grandvaux (*Philosophies africaines*) y sont aussi recensés, aux pp. 382-388.

151 Je renvoie aux recensions abondantes que j'ai faites dans : Benoît AWAZI MBAMBI KUNGUA (Dir.), *Les Intellectuels africains au Canada : Missions, Figures, Visions et Leaderships*, *Afroscopie* V/2015, (Revue savante et pluridisciplinaire sur l'Afrique et les communautés noires), publiée par Le Cerclecad-Harmattan, Ottawa-Paris, 2015, *390 pages* & Benoît AWAZI MBAMBI KUNGUA (Dir.), *Dieu et l'Afrique. Une approche prophétique, émancipatrice et pluridisciplinaire, Afroscopie VI/2016*, (Revue savante et pluridisciplinaire sur l'Afrique et les communautés noires), publiée par Le Cerclecad-Harmattan, Ottawa-Paris, 2016, *659 pages*.

Plus de 60 ans après les « *indépendances politiques vides* », il est à constater la *paresse intellectuelle* qui caractérise les États africains, dont aucun n'a été jusqu'ici capable de produire des manuels, ouvrages et dictionnaires en *quantité suffisante* pour *faire fonctionner* des écoles, du niveau maternel à l'université, et utiliser nos langues dans l'administration et l'enseignement. Il n'y a que la presse intellectuelle à tous les niveaux de la stratification sociale qui explique l'absence des infrastructures didactiques et bibliothécaires pour promouvoir massivement et systématiquement les langues africaines dans des *sociétés sans États* d'Afrique postcoloniale.

Ce qui est encore plus incompréhensible, est le fait que même des élites africaines qui ont étudié en Occident et y envoient leurs progénitures, ne se soucient même pas pour instituer des infrastructures scolaires, éditoriales et pédagogiques qui sont opérationnelles au niveau local et global. Le mystère s'épaissit davantage lorsque l'on voit que même dans les diasporas africaines végétant en Occident, nos enfants fréquentent les mêmes écoles et universités que les autres enfants, mais l'habitude de la lecture n'est pas massivement acquise ni chez des parents ni chez leurs enfants, tout en sachant que la défaite de l'Afrique depuis son arraisonnement par des puissances occidentales n'a pas été seulement militaire, mais d'abord scientifique, philosophique et gnoséologique. Et quelles que soient les objections émises sur ces affirmations, l'Afrique ne peut pas aujourd'hui se contenter des « stratégies strictement orales », alors que ses transactions quotidiennes avec la science occidentale passent nécessairement par des textes, des signes, des numéros, des algorithmes et des technologies qui en résultent.

L'exemple qui révèle puissamment cette omniprésence du texte en Occident est le nombre en augmentation croissante des immigrés – et plus particulièrement d'origine africaine – qui ne sont pas reconnus comme « des humains à part entière » et doivent se cacher toute leur vie pour la simple raison qu'ils n'ont des « papiers » pour séjourner *normalement* en Occident. Mais ces mêmes individus peuvent vivre dans leurs pays sans que les papiers jouent un tel rôle de caution ontologique de l'humanité d'un individu. D'où la puissance politique et symbolique des maisons d'Édition en Occident, depuis l'Antiquité grecque, car les savoirs et les pouvoirs sont socialement et politiquement véhiculés par des textes canoniques, et donc philosophiques. Il est facile de critiquer que telle ou telle maison d'édition exploite ses auteurs alors qu'il n'y a pas une maison d'édition gérée totalement par les Africains et qui soit compétitive au niveau mondial, car nous vivons bel et bien dans un monde des humains et non des anges qui ne lisent pas, car ils savent ; et les bêtes ne lisent pas non plus, car elles n'en ont pas besoin, pour ce qu'elles *sont*. Oui l'adage « *qui fait l'ange fait la bête* » se vérifie avec éclat. Comprenne qui pourra.

Je suis en train de viser phénoménologiquement la dualité entre une épistémologie politique de la Modernité occidentale basée sur des savoirs vitaux et substantiels archivés dans des textes et des ouvrages et une épistémologie de l'oralité qui ne fonctionne que par des actes évanescents de mémoire et de parole, en sachant que tout homme est *mortel.*

Dans des articles récents de Kä Mana et de Djéréké, ils demandaient aux jeunes africains de méditer sur les défaites successives de l'Afrique face à l'hybris de la volonté de puissance de la Modernité occidentale. Je veux juste ajouter qu'en Occident, les savoirs et les pouvoirs protéiformes qui en dérivent sont transmis dans des sociétés savantes, élitistes et ésotériques qui imposent leurs idéologies à toute la société moyennant le pouvoir démiurgique qu'ils s'arrogent en écrivant des ouvrages et en fixant les programmes que les jeunes et les adultes doivent étudier de l'École maternelle jusqu'à leurs obsèques. Ces dynasties d'élites et d'aristocrates exercent *de facto* un *pouvoir divin* sur les autres citoyens qui sont traités – frontalement et obliquement – comme *des esclaves.*

Mais dans des sociétés initiatiques africaines, les savoirs et les pouvoirs étaient produits, administrés et exercés *oralement* par des anciens – la plupart des mâles – qui se réunissaient dans des bosquets initiatiques. Mais à la mort de ces « bibliothèques vivantes », ce sont toutes les expertises vitales pour la vie sociale, politique et religieuse qui s'évaporent dans la nature. Il me semble que j'ai soulevé ici une question incandescente et radicale qu'il faut résoudre frontalement de toute urgence, avant de poser les conditions de possibilité des États[152], des Églises et des Universités africaines capables de mobiliser efficacement les deux types d'épistémologies qui se télescopent dans la vie quotidienne en Afrique ; car nul ne peut biffer par mystification festive et ethno-tribale l'historicité tragique de quatre derniers siècles de la chevauchée esclavagiste, coloniale et néocoloniale en Afrique. La défaite de l'Afrique face à l'irruption de la volonté de puissance de la Modernité occidentale du XVIème siècle à ce jour, n'a pas été seulement militaire ; mais elle a été rendue possible par la disproportion énorme des savoirs substantiels en présence sur le mystère de l'homme, de sa vie et de sa mort dans le monde et la dichotomie frontale entre une épistémologie politique de l'écrit qui opérationnalise des pouvoirs stratégiques qu'il n'est pas possible de déployer oralement. Par exemple, la balistique, l'aéronautique et les autres sciences militaires nécessitent absolument des signes et des codes sédimentés (*paramètres mis en ordre et mesurés par des calculs combinatoires*) dans des supports mathématiques (*Mathesis*

[152] J'annonce que mon travail sur l'inanité de l'État en Afrique se poursuit et je préfère pour le moment envoyer les assoiffés de la recherche approfondie aux ouvrages suivants : Pierre Bourdieu, *Sur l'État. Cours au Collège de France 1989-1992*, Raisons d'agir & Seuil, Paris, 2012 (Édition établie par Patrick Champagne, Remi Lenoir, Franck Poupeau et Marie-Christine Rivière) ; Jürgen Habermas, *Après l'État-Nation, Une nouvelle constellation politique,* Fayard/Pluriel, Paris, 2013 (Traduit de l'allemand par Rainer Rochlitz) ; Meredith Terretta, *Nation of Outlaws, State of violence. Nationalism, Grassfields Tradition, and State Building in Cameroon,* Ohio University Press, Athens, 2014. Je me permets de renvoyer à mes analyses dans : *De la Postcolonie à la Mondialisation néolibérale. Radioscopie éthique de la crise négro-africaine contemporaine*, L'Harmattan, Paris, 2011.

Universalis) qui ont leur autonomie sémiologique et numérique intrinsèque. Je suis entrain de viser une différence ontologique irréversible entre le dispositif parler/écouter et écrire/lire qui a été systématisée dans la phénoménologie herméneutique des symboles, des textes et des signes de la première partie de l'œuvre monumentale et imposante de Paul Ricœur[153]. Une bonne partie du travail de déconstruction de Derrida dans la *grammatologie* et des traces de l'Infini chez Levinas ne se déploient que par des structures textuelles qui entretiennent des relations d'*intertextualité*. L'œuvre de Derrida s'exerce à une déconstruction radicale du logocentrisme qui traverse de part en part la tradition philosophique de la Métaphysique occidentale au nom de l'autonomie structurale et sémiologique de l'écriture[154] (textualité) comme condition de possibilité a priori de toute science produite par des mortels. La science savante de l'écriture, la grammatologie dévoile ainsi l'immanence et l'autonomie de la textualité et son extériorité fonctionnelle par rapport aux contraintes épistémiques et idéologiques du logocentrisme occidental.

Les piètres performances des universités africaines – au vu du récent classement établi par l'Unesco sur les universités dans le monde, où aucune université africaine n'est apparue avant la 200ème place et l'apogée des pratiques mangeocratiques et tribalistes au cœur même des élites qui devraient prendre des décisions pour accroître les capacités de stockage, de production et de dissémination des ouvrages partout en Afrique, me poussent plutôt à adopter une attitude réaliste, et donc pessimiste, quant à la capacité effective de l'Afrique à se doter des universités performatives qui forment des citoyens responsables qui assumeront des fonctions vitales dans les sociétés africaines du XXIème siècle, et capables de faire face aux nouvelles projections économiques et politiques de la Chine, de l'Inde et des tentacules macabres de la Françafrique en train de renaître sans cesse comme des têtes d'un dragon.

Pourquoi une telle persistance sur la nécessité de la mise en écrit généralisée des savoirs substantiels et vitaux en Afrique ? Et bien c'est parce que les mortels ont besoin des *textes écrits* pour soigner leur *ignorance ontologique*, corollaire de leur situation hybride entre les bêtes et les anges. Une anecdote m'a été récemment raconté à Kindu par un ami philosophe : « Alors que nous sommes allés visiter les vaches du diocèse dans la périphérie de la ville de Kindu, en juin 2016, Il m'a dit ceci : « Benoît, si j'ouvre un livre et je m'approche d'une vache et je l'étale devant ses yeux, elle ne pourra pas lire, parce

---

[153] Pour approfondir, je renvoie à mon ouvrage : Benoît Awazi Mbambi Kungua, *Donation, Saturation et Compréhension. Phénoménologie de la Donation et Phénoménologie Herméneutique : Une alternative ?,* L'Harmattan, Paris, 2005, 310 pages, (« Collection « Ouverture Philosophique » »).

[154] J. Derrida, *De la Grammatologie*, Les Éditions de Minuit, Paris, 1967 ; Id., *L'Écriture et la Différence*, Le Seuil, Paris, 1967. Lire aussi le panorama sur les déconstructions structuralistes du logocentrisme occidental chez François Dosse, *Histoire du structuralisme, T.1 Le champ du signe*, 1945-1966, La Découverte, Paris, 1991 & *T.2. Le chant du cygne*, de 1967 à nos jours, La Découverte, Paris, 1992.

qu'elle n'en a pas besoin pour vivre. Mais si je prends le même livre et je l'étale devant les yeux d'un être humain qui n'a pas été à l'école moderne, il ne pourra pas non plus lire ». Et cet ami m'a demandé de réagir à chaud. Je lui ai dit premièrement que l'*écriture* et la *lecture* sont des compétences acquises au terme d'un parcours initiatique, et deuxièmement, l'animal n'a pas besoin d'un texte pour performer la mission qui lui a été assignée par son Créateur. Je lui ai aussi renvoyé aux analyses plus métaphysiques de Platon dans le *Phèdre* et le *Timée* et aux commentaires magistraux émis par Derrida dans son ouvrage : La *Dissémination*[155].

Je termine cette méditation sur le pouvoir épistémique et politique du *texte* dans la Modernité occidentale en montrant sa contraposition avec une épistémologie de l'initiation orale. Étant donné que l'Afrique contemporaine communie à ces deux matrices initiatiques – avec une prépondérance des schèmes de l'*oralité* – il convient de se positionner clairement par rapport à son inscription servile dans la géopolitique mondiale et à la nécessité pour ses élites de s'investir avec sérieux et fierté dans l'archivage et la circulation des savoirs indispensables pour sortir de l'esclavage économique et mental, aussi bien en Afrique que dans les diasporas occidentales. Je dois *suspendre* ici cette question de la dichotomie épistémique entre la Modernité occidentale et les sociétés traditionnelles africaines. Il ne s'agit pas de faire des incantations sentimentales sur la nécessaire immersion dans les valeurs ancestrales et authentiques des Africains, mais il s'agit de se prononcer honnêtement sur les raisons de la débâcle de ces mêmes sociétés lors de l'irruption de la volonté de puissance de la Modernité occidentale depuis les navigations portugaises au XVIème siècle jusqu'aux graves et profondes désintégrations sociales en cours dans les kléptocraties postcoloniales.

Faut-il encore rappeler que les principales scansions de cette confrontation entre l'Europe et l'Afrique sont : la traite des Noirs, l'esclavage[156] dans les

---

155 Seuil, Paris, 1972.

156 En attendant les recensions sur l'esclavage des Noirs dans les Antilles, les Amériques et la Caraïbe dans le prochain numéro d'Afroscopie VII/2017, je me permets de citer cette affirmation de Antoine-Nicolas Caritat de Condorcet : « *Réduire un homme à l'esclavage, l'acheter, le vendre, le retenir dans la servitude, ce sont de véritables crimes, et des crimes pires que le vol. En effet, on dépouille l'esclave, non seulement de toute propriété mobilière ou foncière, mais de la faculté d'en acquérir, mais de la propriété de son temps, de ses forces, de tout ce que la nature lui a donné pour conserver sa vie ou satisfaire à ses besoins. À ce tort on joint celui d'enlever à l'esclave le droit de disposer de sa personne* », dans *Réflexions sur l'esclavage des Nègres et autres abolitionnistes*, L'Harmattan, Paris, 2003 (Présentation et Introduction de David Williams), p. 7. Parmi les autres ouvrages que je recenserai dans Afroscopie VII/2017, je cite : Mathilde Giard, *L'esclavage de l'Antiquité à nos jours*, Père Castor Doc, Flammarion, Paris, 2007 ; Christiane Taubira-Delannon, *L'esclavage raconté à ma fille*, Bibliophane/Daniel Radford, Paris, 2002 ; Christian Delacampagne, *Une histoire de l'esclavage. De l'Antiquité à nos jours*, Librairie générale française, Paris, 2002 : Yves Benot, *La Modernité de l'esclavage. Essai sur la servitude au cœur du capitalisme*, La Découverte, Paris, 2003 : Olivier Pétré-Grenouilleau, *La traite des Noirs*, (« Collection Que sais-je ? N0 3248), PUF, Paris, 19982 (Deuxième Édition revue et corrigée).

Amériques, la colonisation militaire directe *in situ* et les déflagrations génocidaires postcoloniales ? Les diasporas africaines évoluant dans les marginalités et les subalternités récurrentes et systémiques peuvent-elles s'exempter de cette servilité astucieusement et savamment administrée par les mêmes puissances impérialistes en acte de projection globale à travers la chevauchée marchande et néolibérale en pleine décadence ?

2. La Résistance théologique, prophétique et spirituelle

Durant mon séjour au Forum Social Mondial, j'ai eu la joie de participer au Forum Mondial Théologie et Libération qui s'est tenu le lundi 8 août et le samedi 13 août au Collège jésuite Jean-de-Brébeuf à Montréal. Il y avait des théologiens, des religieux, des religieuses, des personnes engagées dans divers mouvements de solidarité sociale avec les victimes les plus vulnérables du capitalisme déshumanisant.

Un ouvrage a été publié et dans lequel se trouvent consignés des textes issus des précédentes réunions du Forum Mondial Théologie et libération. Pour plus des détails sur le contenu de ces contributions, je renvoie à Gerald M. Bodoo (Ed.), *Religion, Human Dignity and Liberation*[157].

Je dois tout de suite signaler un certain *tournant féministe de la théologie de la libération* dans l'orchestration de ce Forum de Théologie et Libération. La professeure Denise Couture, du Département de Théologie et Sciences des religions de l'Université de Montréal, a ouvert ce colloque en mettant au centre du décor la nécessité d'écouter les questions et revendications soulevées par les femmes et les théologiennes dans nos théologies et Églises trop patriarcales. Elle a demandé à tous les participantes et participants de joindre la réflexion théologique à l'action transformatrice de nos milieux de vie au quotidien. La théologie ne peut pas se limiter à une logomachie éthérée et scolastique, surtout lorsqu'il s'agit d'une religion de l'*historicité*, de la *concrétude* et de *la finitude* de l'Incarnation du Verbe de Dieu dans une chair comme la nôtre. Elle a mis en évidence l'impératif de « déconstruire » de fond en comble les religions et théologies *kyriarcales* (impériales).

Les théologies féministes mettent en œuvre une méthode qui révèle l'intersectionalité des dominations et des subordinations infligées aux femmes, selon la classe sociale, l'âge, la race, l'ethnicité, l'orientation sexuelle et les autres mécanismes de dominations combinées. Je termine en signalant l'intervention remarquée de la professeure Mary Getui, de *Catholic University of Eastern Africa* (Nairobi, Kenya) qui a fait résonner une voix féminine venue de l'Afrique. C'est avec justesse et beaucoup d'à-propos qu'elle a montré la

---

[157] World Forum on Theology and Liberation, Oikos, Sao Leopoldo (Brésil), 2016. Lire aussi mon ouvrage : B. Awazi Mbambi Kungua, *Déconstruction phénoménologique et théologique de la Modernité occidentale. Michel Henry, Hans Urs von Balthasar et Jean-Luc Marion*, L'Harmattan, Paris, 2015 & Joerg Rieger, *Globalization and Theology*, Abingdon Press, Nashville, 2010.

combinatoire des violences et autres dominations que les femmes subissent dans les sociétés, les Églises et les États africains. Elle a signalé avec courage l'omniprésence des Églises en Afrique et le manque criant d'écoles et d'hôpitaux. Elle a soulevé les violences protéiformes que les femmes subissent de la part des groupes terroristes comme Boko Haram et les structures patriarcales africaines des traditions africaines. C'est aussi avec conviction qu'elle a taclé habilement le cancer des communautés africaines, partout où elles évoluent : les pathologies ethno-tribales et l'incapacité de transcender les mesquineries idiotes pour travailler ensemble dans la hauteur et des œuvres durables de l'intelligence et de la créativité de l'esprit humain. C'est donc logiquement qu'elle a terminé son intervention par une injonction aux Africains et Africaines, pour qu'ils arrachent par leurs propres forces la « seconde indépendance », car l'inanité de la première est obvie et nous dispense d'autres démonstrations superflues.

J'ai pu expérimenter la profondeur de la spiritualité cosmique et holistique des autochtones, car le Forum a été ouvert par une célébration d'un *prêtre Mohawk* qui nous a accueillis sur la terre de ses ancêtres qui n'a jamais été cédée à qui que ce soit, bien que les autorités politiques de provenance européenne y exercent de facto l'*impérium* politique consécutivement à leurs victoires militaires durant la conquête des terres d'Amérique qui appartiennent toujours aux peuples autochtones, les premiers occupants de cette partie du monde, mais qui ont été décimés par les multiples génocides qui ont été perpétrés sur eux et sur les Noirs déportés d'Afrique. Pour moi, il n'est pas exagéré d'affirmer que le Canada et les États-Unis sont bâtis sur les génocides des Noirs et des Indiens, mais aussi par la sueur et le sang des esclaves noirs dont le travail a rendu possible l'accumulation du capital ayant catapulté la révolution industrielle des puissances militaro-capitalistes du monde occidental.

Le pire qui puisse arriver aux esclaves et à leurs descendants est de basculer dans l'amnésie des génocides, des négations de l'humanité et des violences matérielles et symboliques vécus par leurs ancêtres. J'ai été touché par deux femmes autochtones qui ont éclaté en sanglots alors qu'elles étaient en train de poser des questions durant la plénière. Lorsqu'elles sont revenues à elles-mêmes, elles ont dit qu'elles étaient marquées par les souffrances qu'elles et leurs parents ont subies dans des pensionnats des autochtones au Canada, où ils devaient être civilisés et évangélisés de force à l'unique civilisation européenne. Dans ce colloque, j'ai été interpellé par la nécessité de repenser la théologie de la libération au Canada à partir des souffrances infligées aux peuples autochtones au nom de l'hégémonie autoréférentielle des puissances militaro-capitalistes[158] du monde européen et dont les conséquences sur toute la planète ne sont plus à démontrer.

---

[158] Noam Chomsky & André Vltchek, *L'Occident terroriste. D'Hiroshima à la guerre des drones,* Écosociété, Montréal, 2015 (Traduit de l'anglais par Nicolas Calvé).

La force du peuple juif solidement enraciné dans les catégories narratives, deutéronomiques et théologiques du Pentateuque et de l'imposant corpus prophétique consiste dans l'impératif de mémoire exigé par Dieu lui-même (« *Souviens-toi que tu étais esclave en Égypte...* ») pour que le peuple n'oublie pas la condition servile dans laquelle Dieu l'a sorti, et aussi, pour qu'il n'opprime pas les immigrés, les étrangers, les veuves et les orphelins, car dit le Dieu YHWH : « *Vous avez-vous-même été des esclaves et des immigrés en Égypte et si vous opprimez les catégories les plus vulnérables de la société, moi-même, Dieu en personne, Je serai leur vengeur (Go'El)* ». La fixation par écrit de l'essentiel de la Bible hébraïque (*Tanak*) durant, pendant et après l'exil de Babylone, commencé avec la destruction du temple le 10 août 587 av. J.C. par les troupes de Nabuchodonosor, va être radicalement propulsée par cet impératif d'anamnèse, de narrativité (*Deutérose*) de l'histoire de l'esclavage et de la célébration de la libération holistique opérée par le déploiement de la puissance du bras de Yahvé, l'Unique Dieu d'Israël et des païens.

Il n'y a pas de libération prophétique sans un travail récurrent d'anamnèse, et donc, de narration de l'histoire passée de l'esclavage (*Deutérose*) et la nécessité d'une conversion éthique au quotidien pour ne pas retomber dans la situation d'esclavage matériel (économique) et spirituel (l'idolâtrie). Alors que nous assistons en Europe – et plus spécialement en France aux courants négationnistes et négrophobes de certains penseurs africanistes par rapport aux fractures coloniales et postcoloniales au sein même de la société monarchique française – la tâche de la théologie prophétique de la libération holistique consiste à réactiver auprès des jeunes générations d'Africains du continent et des diasporas l'impératif de s'approprier l'histoire de leurs ancêtres par la mise en application résolue de la triade prophétique de la *bibliophagie*, de la *bibliocratie* et de la *bibliothérapie.* Cette triade est corrélée à une triade plus originaire de la théologie prophétique : *Déconstruction/Dépassement/Reconstruction.*

Signalons en passant que la lecture et l'écriture constituent à la fois des modalités épistémiques et politiques du gouvernement des esprits (*Bibliocratie*) dans la mission scientifique mondiale du Cerclecad. Il s'agit ici de la démonstration d'une puissante capacité de déconstruction des pouvoirs postcoloniaux par l'épistémologie *bibliocratique, prophétique* et *réticulaire* du Cerclecad. Par la lecture de nos articles de réflexion critique et agissante, ce sont des milliers d'individus et donc, des milliers de monades qui prennent le temps de leurs journées pour se nourrir des idées enrichissantes, libératrices et thérapeutiques qui les habilitent à faire face avec perspicacité intellectuelle aux idéologies et politiques qui caractérisent les régimes *nécropolitiques* et *nécrocratiques* de la postcolonie évanescente.

Le Cerclecad fonctionne *analogiquement* comme une République mondiale des esprits (*monades)* qui pensent pour vivre et qui vivent pour penser le sens de leurs vies et sont prêts à opposer une résistance farouche à tous les systèmes et pouvoirs de déshumanisation, d'asservissement et de zombification de la force vitale des vivants que nous sommes au moment même où mes doigts sont en train d'archiver ses hiéroglyphes pour l'alimentation intellectuelle des nouvelles générations d'Africains et des diasporas occidentales. D'où ce bref rappel de la mission scientifique du Cerclecad qui commence le 1er septembre 2016, sa dixième année de travail colossal de production, d'archivage et de dissémination de ses ouvrages dans la mégatextualité mondiale, à partir d'Ottawa, au Canada.

3. La mission savante et émancipatrice du Cerclecad dans la mégatextualité mondiale

Nous publions chaque année une revue imposante et ambitieuse traitant dans une approche transversale, iconoclaste et pluridisciplinaire les questions africaines et diasporiques. Nous avons actuellement des membres dans les grandes universités et institutions supérieures en Afrique et dans les diasporas du monde occidental, d'Europe, du Canada et des États-Unis. Grâce à eux, nos ouvrages et revues sont lus par les jeunes générations d'Africains qui opéreront les mutations ou révolutions paradigmatiques débouchant sur une praxis intellectuelle, politique, sociale, innovatrice, iconoclaste et émancipatrice, tant au niveau individuel que collectif. Nous sommes en train de gagner haut les mains la bataille de l'Afrodiction et de l'Afrographie en proposant des alternatives endogènes et immanentes à la bibliothèque africaniste, néocoloniale et françafricaine frappée d'obsolescence et rejetée par les nouvelles générations d'intellectuels critiques du continent et des diasporas qui refusent de s'agenouiller devant les aumônes des institutions franç-maçonnes ayant noyauté les institutions étatiques, universitaires et associatives en Afrique et dans les diasporas.

Fonctionnant dans une posture d'autonomie noétique et économique, les chercheurs affiliés au Cerclecad s'expriment avec beaucoup d'autorité intellectuelle et de volonté d'auto-émancipation par rapport aux tutelles nécoloniales et esclavagistes de la Françafrique frappées d'obsolescence. Par conséquent, il devient *pratiquement impossible* de leur imposer aucune forme de censure alimentaire, économique ou idéologique. À moins de les liquider par les empoisonnements et autres techniques macabres de la Françafrique partout dans le monde, les chercheurs affiliés au Cerclecad sont en train d'archiver leurs pensées immanentes, complexes et émancipatrices au firmament des grandes œuvres stellaires qui pèseront lourdement dans la mégatextualité mondiale du XXIème siècle. Un être humain ne pouvant pas vivre sans archives (textes, signes, symboles, hiéroglyphes cristallisés dans des *précipités sémiologiques*), nous comblons le vide existant dans la circulation mondiale des ouvrages et des revues susceptibles de créer une masse critique des Africains prêts à quitter mentalement les façons de penser et d'agir façonnés par les 4 siècles des prétentions hégémoniques des élites occidentales et franc-maçonnes dans leurs colonies africaines.

Nous en sommes très fiers et nous assumons tous les risques et périls charriés par une telle prise de position ambitieuse, intellectuelle, incandescente et mondiale. Aux lecteurs et lectrices de se prononcer sur la vertu savante, émancipatrice et démiurgique de nos productions scientifiques. J'ai prophétisé et je l'ai mis par écrit.

Professeur Benoît AWAZI MBAMBI KUNGUA

Afrique du Sud : des savoirs en résistance

Joelle Palmieri[159]

Résumé : Depuis une quinzaine d'années, en Afrique du Sud, des récits oraux de femmes, pour leur grande majorité, noires, séropositives, pauvres, vivant dans des *townships* ou en milieu rural, sont collectionnés par des organisations de femmes, selon une démarche initiale de revalorisation de mémoire. Ces récits créent des savoirs en résistance, parce que rendus visibles dans un pays où les rapports de domination sont renouvelés.

Cet article commence par une brève contextualisation de la colonialité en Afrique. Puis une analyse des inégalités de genre en Afrique du Sud est mise en exergue. D'une part la spécificité de la violence de genre dans le pays est soulignée, et d'autre part on insiste sur les rapports de subalternité liés au masculinisme d'État, ce qui nuit à la production de connaissances propres. Enfin, des expériences qui rendent visibles des savoirs en résistance sont révélées.

Cet article est à la fois le résultat d'une étude réalisée entre 2002 et 2008 sur les activités des deux organisations au Cap et à Johannesburg et d'une étude du renouvellement de la colonialité en Afrique qui se poursuit de 2008 à nos jours.

Mots-clés : Afrique, colonialité, féminisme, subalternité, résistance

Abstract : For the past fifteen years, in South Africa, the stories of black women generally living in poverty in townships and rural areas have been collected by women's organizations, for the purpose of valorizing their memories. These stories create knowledge in resistance, because they are made visible in a country where domination relationships are renewed.

---

[159] **Joëlle Palmieri, 57 ans**, est docteure en sciences politiques, experte en genre, société de l'information, colonialité et domination. Sa thèse a porté sur les effets politiques des usages d'Internet par des organisations de femmes ou féministes sur deux types de domination (masculine et colonialitaire), en Afrique du Sud et au Sénégal, recherche qui a fait l'objet d'un livre *TIC, colonialité, patriarcat - Société mondialisée, occidentalisée, excessive, accélérée... quels impacts sur la pensée féministe? pistes africaines,* 2017. Elle est membre associée du centre de recherche « Les Afriques dans le monde ». De 1996 à 2004, elle a dirigé l'agence de presse internationale féministe « Les Pénélopes », expérience qui a inspiré l'ouvrage de Dominique Foufelle & Joëlle Palmieri (dir), *Les Pénelopes : un féminisme politique 1996-2004 - pour la mémoire des femmes*, préface de Geneviève Fraisse, 2014. Elle a également publié de nombreux articles dont « Les TIC, outils des subalternes ? », dans Benoît AWAZI MBAMBI KUNGUA (Dir.), *Leadership Féminin et Action politique. Le cas des communautés africaines du Canada, Afroscopie* IV/2014, (Revue savante et pluridisciplinaire sur l'Afrique et les communautés noires), publiée par Le Cerclecad-Harmattan, Ottawa-Paris, 2014, pp. 85-108 et « La pensée critique française a-t-elle disparu ? » in : Benoît AWAZI MBAMBI KUNGUA (Dir.), *Les Intellectuels africains au Canada : Missions, Figures, Visions et Leaderships, Afroscopie* V/2015, (Revue savante et pluridisciplinaire sur l'Afrique et les communautés noires), publiée par Le Cerclecad-Harmattan, Ottawa-Paris, 2015, pp. 23-37.

This article begins with brief contextualization of coloniality in Africa. Then reports on gender inequalities in South Africa will be highlighted. On one hand the specificity of gender violence in the country will be stressed, and on the other hand it will be insisted on subalternity reports related to the State masculinism, which is detrimental to the production of own knowledge. Finally, experiences that make visible knowledge in resistance will be highlighted.

This article is the result of a research study conducted between 2002 and 2008 on the activities of two organizations in Cape Town and in Johannesburg. These observations have continued by the study of the renewal of the coloniality in Africa, which has been purchased from 2008 to nowadays.

Keywords : Africa, Subalternity, Coloniality, Resistance, Feminism,

Contextualiser le concept de colonialité en Afrique pour mieux appréhender l'historicité des savoirs autochtones

Walter Mignolo dit que « L'indépendance ne suffit pas si elle maintient les hiérarchies de pouvoir et de la connaissance, la décolonisation de l'esprit reste à faire » (Mignolo, 2001). Cette considération prend pour acquis qu'il y a eu des indépendances sans décolonisation, ce qui est le cas des États de l'Amérique latine, mais non ceux de l'Afrique. En effet, Samir Amin décrit les relations de pouvoir entre l'Europe et l'Afrique comme ayant toujours été « néo-coloniale », gardant délibérément « le continent africain embourbé dans un état préindustriel » (Amin, 2006). Mamadou Diouf évoque des phases de « cristallisation » de l'action politique en Afrique (Diouf, 2009). Aussi s'indigne-t-il du fait que la parole des Africains ne soit pas suffisamment interrogée ou que les « appareillages théoriques » empruntés à l'Amérique latine ou à l'Asie soient plaqués sur l'Afrique (*ibid.).* Il propose aux théoriciens de l'histoire africaine de pratiquer une « comparaison réciproque » (*ibid.).* Il rejoint les réflexions de Gayatri Spivak, à propos du *« critical-essentialism »* qui permet de « lutter contre l'eurocentrisme » (Spivak, 1988). Michel Cahen considère que l'administration coloniale en Afrique, fondée « sur, par et pour l'exclusion » n'a pas été « pensée pour être transmise » (Cahen, 2011). En cela, il différencie les situations africaines et latino-américaines contemporaines. Les États africains auraient davantage connu un « héritage par pesanteur » (*ibid.,* p.13*)* dans le prolongement de « l'occidentalisation subalterne » (*ibid.,* p.15*).*

Par cette clarification, et puisque les racines d'une transformation socio-épistémique radicale semblent plus criantes dans les États coloniaux (Amérique latine) que dans les États occidentalisés globalisés (Afrique), il semble pertinent de déterminer si la mondialisation et l'occidentalisation déracinent ou privent toute historicité aux savoirs autochtones, en particulier dans une perspective de genre. L'exemple sud-africain sera notre cadre.

Des inégalités de genre spécifiques

Malgré une constitution modèle, l'Afrique du Sud connaît des inégalités fortes de genre. En particulier, les violences de genre s'expriment sur le terrain de l'appropriation du corps des femmes avec les plus hauts taux de viols et de féminicides au monde (Jewkes, 2009), les viols correctifs des lesbiennes mais aussi l'aggravation du taux de prévalence du sida chez les femmes[160], leur paupérisation, et l'augmentation des situations d'urgence.

Ces inégalités s'expriment également et très spécifiquement par l'outrance du masculinisme (Palmieri, 2011), devenu une politique d'État depuis la présidence Zuma en 2009. En effet, durant les élections présidentielles de 2009, les partis politiques ont courtisé leur électorat en employant de nouvelles stratégies de campagne. Celle menée par Jacob Zuma a placé les questions de genre et de sexualité au centre du discours ; elle les a en quelque sorte détournées en mettant personnellement le candidat en position de « victime » d'un système législatif oppressif (en référence à toutes les poursuites dont il avait fait l'objet notamment son procès pour viol) (Robins, 2008). La manœuvre politique visait l'auto-identification de l'homme sud-africain de « base », pauvre, noir, des *townships*, malmené par la vague féministe locale, dans l'expression « normale » de sa sexualité (Van Der Westhuizen, 2009). L'homme politique a notamment lancé la campagne *100 % Zulu Boy (ibid.)* où il a ouvertement manifesté son engagement pour un retour à des valeurs traditionnelles africaines[161], sous-entendu favorables à la manifestation du pouvoir de « l'homme » sur « la femme ».

Ses discours ouvertement misogynes (Mueller-Hirth, 2010) nourrissent encore aujourd'hui et à dessein le sentiment de ce que les partisans de Zuma qualifient d'« émasculation » (Lindsay, 2007) de certains Sud-Africains. Ce sentiment est au quotidien renforcé par celui de ne plus être capable de remplir son rôle socialement alloué de pourvoyeur de la famille puisque dans ce pays où le chômage touche plus d'un homme noir sur trois, « L'homme sud-africain » ne serait plus un « vrai » homme. Ces discours virilistes (Baillette & Liotard, 1999), c'est-à-dire qui font monter en puissance des idéologies prônant des valeurs de supériorité masculine ou virile, prévalaient déjà à l'époque coloniale, où « l'homme » était culturellement considéré par les colons européens en Afrique comme le seul soutien de famille alors que la réalité était tout autre, les femmes ayant toujours occupé le secteur rémunéré du commerce par exemple (Lindsay, *op.cit.)*. Ces discours ne sont donc pas neufs et sont réutilisés par les hommes au pouvoir afin de justifier un arsenal de violences

---

160 ONUSIDA 2004. *Rapport sur l'épidémie mondiale de SIDA, 4e rapport.* <http://www.unaids.org/bangkok2004/gar2004_html_fr/GAR2004_03_fr.htm>, consulté le 23 janvier 2014.

161 Voir <http://concernedafricascholars.org/docs/Bulletin84-5anon.pdf>, consulté le 21 octobre 2015.

dont celles à l'égard des femmes. Ils entretiennent une vision de la subordination des femmes, implicitement au service des hommes, entendus comme seuls capables d'autonomie. Il perpétue ce qu'on peut qualifier de « masculinisme colonial », et ce au plus haut niveau de l'exercice du pouvoir politique.

Ce parti pris se double d'un traditionalisme (Palmieri, *op. cit.*) revendiqué qui traduit une position défensive de la part de la plupart des dirigeants de l'ANC. De fait, l'État sud-africain en souhaitant assurer son rôle de modèle africain surenchérit en matière de violences épistémiques. Ses dirigeants répercutent la concurrence entre États qu'ils subissent notamment sur les organisations féministes qui témoignent des pièges de l'institutionnalisation du genre, de l'écart entre législation et réalité en matière d'égalité. Elles représentent une menace à la rhétorique populiste du gouvernement.

En outre, l'institutionnalisation du genre (Seidman, 1999) a participé à l'invisibilité des sujets des luttes des organisations de femmes, favorisant la promotion des droits des femmes (Palmieri, 2012). Les expressions et savoirs accumulés au cours de l'histoire contemporaine par les femmes sud-africaines n'ont et ne peuvent être mis en lumière.

Le genre, facteur de subalternité

En Afrique, le message de genre des organisations internationales convergent depuis une quinzaine d'années vers : « il faut éduquer, soutenir les femmes africaines pour lutter contre la pauvreté ». En particulier en Afrique du Sud, ceci passe par leur intégration au marché mondial du travail (De Clercq, 2004). Cela signifie qu'il est jugé nécessaire que les femmes sud-africaines assimilent au mieux des savoirs importés, homogènes, formulés par des cadres des institutions internationales. Cette homogénéisation est de fait occidentale et se veut universelle (valable pour toutes les femmes de la planète, et en particulier des pays dits en développement).

De plus, dans ce pays, vingt ans après *l'Apartheid,* les inégalités de classe, de « race » et de genre, n'ont pas été jugulées. Elles se sont même accrues au moins sur le terrain économique. Le choix du modèle libéral par les « élites noires au pouvoir » (Bond, 2000) s'inscrit volontiers au cœur du système de production/re-production confié aux femmes, toutes « races » confondues : celles-ci restent principalement considérées comme en charge du renouvellement (démographique) de la Nation. Doublée du contexte d'accélération, d'excès et de surenchère de la mondialisation, cette option complexifie la situation des femmes noires, de fait plus touchées par la pauvreté, par les violences, par l'accélération de la gestion de l'urgence. Cette situation s'inscrit alors dans le prolongement du régime d'*Apartheid*, qui faisait appel à de la main d'œuvre immigrée ou déplaçait les hommes locaux d'une région à l'autre pour les besoins de la production. Les femmes noires se trouvaient déjà à assurer la fonction de subsistance quotidienne, surtout dans les zones rurales.

Elles continuent aujourd'hui à jouer le rôle qui leur était attribué pendant la période coloniale puis durant la ségrégation.

La mondialisation favorise alors non seulement le renforcement de l'aliénation économique des femmes mais aussi l'occidentalisation des pensées qui rend les femmes de la base subalternes : ces femmes ne sont pas considérées comme des actrices du développement, porteuses de savoirs propres.

Diffuser des savoirs de la « base » : résister

Fort de ces constats, nous avons cherché dans des entretiens et dans des observations participantes menés en 2000, en 2002, puis entre 2006 et 2008, ce qui pouvait bien illustrer des pistes de résistance proposées par des organisations de femmes ou des organisations féministes sud-africaines. Parmi les nombreux mouvements de femmes sud-africains, beaucoup s'inscrivent sciemment « sur le terrain ». Beaucoup d'entre eux se cristallisent autour des questions de mémoire liées à l'aide aux personnes exclues ou touchées par le sida. Ces trois pistes – mémoire, soutien aux personnes exclues et celles touchées par le VIH – sont autant de caractéristiques de la transition du pays, une période stigmatisée par trois situations à la fois difficiles et uniques : un régime d'apartheid et raciste, un fléau mortel, le sida, combiné à une économie radicalement orientée vers un système néolibéral[162]. En Afrique du Sud, où la démocratie n'existe que depuis une vingtaine d'années, il n'est pas rare d'entendre les gens exprimer leur crainte de perdre la mémoire des « victimes » du colonialisme et de l'*Apartheid* et aujourd'hui du libéralisme, peur très explicite dans la société, ainsi que le besoin de justice.

Au sein de ces mouvements, deux expériences ont été choisies, et ensuite analysées afin d'illustrer la problématique. L'organisation *Southern Cape Land Committee* (SCLC) facilite, depuis environ quinze ans, et en dehors de ses domaines d'intervention classiques liés aux questions de réforme agraire et de propriété foncière, l'écriture et la publication d'histoires de Sud-Africaines, sous le vocable *« Women's stories ».* Le premier livre publié, intitulé *« La mémoire des femmes »,* a été lancé en novembre 1999 et révèle les histoires personnelles de six femmes de différentes communautés de la région du Cap Occidental. En 2002, SCLC a réitéré la démarche en lançant un deuxième

---

[162] Après la période d'unité nationale, qui incarne le désir de créer une démocratie libérale non ségrégationniste (OBONO Daniele. *Neoliberalism and social movements, Centre tri-continental.* April 2008. <http://www.cetri.be/spip.php?article549&lang=fr>, consulté le 23 janvier 2014), Thabo Mbeki, alors vice-président, lance en 1996 une politique macro-économique appelée *Growth Employment and Redistribution* (GEAR) qui se fixe comme objectifs une croissance annuelle de 10%, des exportations de produits manufacturés et une augmentation de 36% des échanges commerciaux avec l'Afrique (MURRAY N. *Somewhere over the rainbow. A journey to the new South Africa. Race and Class, 38 (3),* 1997).

livre écrit par seize femmes dans leur propre langue, toutes de la même communauté, celle de Nelspoort, une petite ville qui a obtenu son statut en 1999[163]. Ces seize femmes, dont les dates de naissance s'étendent du début des années 20 aux années 80, ont écrit leur vision de l'histoire de cette ville.

Les protagonistes de SCLC que nous avons interrogées disent que cette démarche « a révélé une dynamique de changement et d'*empowerment* à la fois pour les participantes et pour les animatrices elles-mêmes ». En effet, ces femmes rurales ont ainsi gagné le temps et l'espace pour réfléchir à leurs vies et pour partager leurs expériences avec d'autres, cela par le biais de l'écriture et de la diffusion de leur production. Cette démarche était jusqu'alors inédite.

Par ailleurs, le chômage engendré par la disparition de l'hôpital, autrefois au cœur de l'existence de la ville, a recentré ses habitant-es sur de nouvelles revendications comme le droit à la terre communale dans le but de la cultiver, portées jusqu'au ministère de l'Agriculture, et sur de nouvelles priorités, comme celles d'assurer les conditions de subsistance, lutter contre le sida, mettre en avant l'égalité de genre…

À l'hôpital *Chris Hani Baragwanath Hospital* à Soweto, au sein de Johannesburg, l'ONG *Aids Counselling Care and Training* (ACCT), créée en 1992, offre soutiens psychologiques et soins aux séropositif-ves. Les patient-es sont essentiellement des femmes qui, selon les organisateur-trices de ACCT, « doivent se réapproprier leur identité […] et sortir de la domination masculine ».

Les séances de soutien psychologique accueillent pendant une heure, ou plus, des femmes et ont vocation à les faire parler de leur maladie, à isoler les responsabilités, jusqu'à découvrir l'intime, voire le tabou, la sexualité. L'organisation propose d'autres activités parmi lesquelles un atelier de fabrication de nappes et serviettes de table, un autre de production de bols en pâte à papier, et le travail des perles : bracelets, rubans, pin's. Chaque pin's ou ruban visant la lutte contre le sida est vendu 10 Rands, la moitié des revenus étant reversée à la femme qui l'a fabriqué.

Le centre reçoit également une fois par semaine des femmes enceintes, atteintes ou non par le virus, et leur offre un repas. Ces activités, qui renvoient les femmes à leur rôle traditionnel (de ménagère, de responsables du bien-être du foyer), engendrent une dynamique contraire, les malades se sentant « personnalisées », « existantes », deux états dont il est difficile d'imaginer l'importance car, dans ce pays, les séropositif-ves ont été ignoré-es, se sont senti-es traité-es comme des « animaux » par leur gouvernement « révolutionnaire », pendant de nombreuses années[164].

---

[163] Depuis 1924, *Nelspoort* était conçue comme un hôpital et géré par le département de santé du gouvernement. Elle a obtenu son statut de ville en 1999. Elle est située dans le Karoo, entre le Beaufort occidental et la région des Trois sœurs (SCHUSTER Anne, *Nelspoort Ons Lief en Leed,* Le Cap, Maskew Miller Longman, 2001, p. 1-25).

[164] Rappelons que Thabo Mbeki, président en exercice de 1999 à 2008, a longtemps nié le lien entre VIH et sida et a refusé la prise en charge de traitements antirétroviraux.

Ces femmes participent par ailleurs à des ateliers d'écriture, où elles couchent sur papier ou racontent leur vie quotidienne, leurs relations sexuelles, évoquent leur grossesse, leurs relations avec leurs nouveau-nés, dans la perspective que l'enfant qui va grandir ait accès à l'histoire de sa mère et à la sienne. Chaque histoire personnelle est ensuite mise en commun, discutée, archivée et devient alors un bien collectif. Toutes les participantes peuvent consulter ces archives, au rythme où elles le souhaitent. Elles gèrent elles-mêmes la pièce, le lieu, où ces récits sont entreposés.

Méthodologies inspirées par la théorie du point de vue

Nous allons maintenant présenter plus en détail le déroulement des séances de paroles de femmes de ces deux organisations. Dans les deux lieux, SCLC ou ACCT, ces séances sont organisées en plein air ou en salle, en plus des activités propres des associations, réunissant chaque fois une dizaine de femmes, fidèles ou nouvelles, s'exprimant dans leur langue[165] et parfois partageant l'anglais. La durée de ces séances est variable ainsi que leur fréquence, adaptée à la disponibilité des femmes qui parlent.

Celles qui se racontent sont majoritairement noires, pauvres, vivant dans les *townships* ou en zone rurale. Elles ne cherchent pas à réaliser leur autobiographie. Elles ne suivent pas systématiquement une ligne historique partant de leur naissance pour dérouler leur vie pas à pas. Les récits peuvent se révéler beaucoup plus anarchiques dans le sens où ils peuvent être fragmentés, partiels, décousus. Une femme, séropositive, s'aventurerait à ne raconter qu'une expérience de relation sexuelle ponctuelle dans les moindres détails, avec ses moments précis de tension et d'extase. Une autre va se focaliser sur le traumatisme du déplacement systématique imposé par l'*Apartheid* qui lui donnait le sentiment de n'habiter nulle part, de ne pas avoir de « chez soi ». Une troisième se risquerait encore à parler de la misère et de l'épreuve des « toilettes » de la famille, pour le moins publics, puisque extérieurs au foyer, voire en plein air, épisodes totalement privés d'intimité : « J'épargnais un Rand par semaine. A force, j'ai pu construire ma maison. Mais mes enfants cherchaient l'intimité. J'ai essayé de construire des toilettes à l'intérieur parce qu'on ne savait pas comment s'était. On ne connaissait pas. Je ne savais même pas que je pouvais y arriver. Mais, en achetant des trucs d'occasion, des fenêtres, des portes... et des amis, comme M. et R. sont venues m'aider à cimenter les portes... juste pour finir l'église qui a soutenu nos peines ». Une quatrième témoignerait simplement de son envie de transmettre : « Je suis vieille maintenant. Je parle

---

[165] Il existe en Afrique du Sud treize langues officielles et onze ethnies (Blancs (qui utilisent l'anglais et l'afrikans pour s'exprimer), *Bochimans, Hottentots, Ndebele, Sothos, Swazis, Tsongas, Tswanas, Vendas, Xhosa et Zoulous*). Source : *Languages of South Africa,* Ethnologue, <http://www.ethnologue.com/show_country.asp?name=za>, consulté le 21 octobre 2015.

pour que mes enfants se souviennent. J'ai envie qu'ils racontent à leur tour ». Dans leur grande majorité, ces récits ne sont pas structurés et holistiques.

Une violence en miroir du contexte

Ces femmes, de milieu rural ou urbain, expriment lors de ces séances, discontinues, des « épisodes » de leurs vies, avant et après l'*Apartheid*. La violence des propos est plus ou moins présente. « On était déplacés tous les jours. Je ne savais pas où je serai demain avec mes enfants. Mon mari était déjà loin. Alors j'avais toujours un paquet prêt. Maintenant c'est pareil ». « Mon mari est en train de mourir. Je suis triste. Je ne veux pas continuer à vivre. [...] La semaine dernière j'ai arrêté de le voir à l'hôpital. Je n'ai plus envie. [...] J'ai rencontré un homme. Il me plaît. On se voit. Je l'aime bien. On a fait l'amour. Je n'ai pas été raconté ça à mon mari... » « Je viens ici pour exprimer toute ma colère contre le gouvernement, qui nous traite comme des chiens, des animaux. J'ai 26 ans et je veux avoir des enfants. Au moins trois. Je veux guérir. Je viens ici pour être soignée et remercier les compagnies privées qui me permettent d'avoir accès aux médicaments. Je les bénis ! Et que Mbeki et sa bande aillent au diable ! Qu'ils crèvent ! ».

Des silences comme des haussements de ton s'entendent, qui jalonnent la séance, comme partie intégrante de l'ouvrage en train de s'écrire. Tout n'est pas notifié, retranscrit, mais les instantanés se multiplient et finalement, façonnent un ensemble cohérent, qui prend forme, s'alimente pour construire un tout.

Dans chaque cas, des représentantes des organisations, une ou deux, bénévoles ou non, accompagnent la prise de parole, enregistrent quelquefois, traduisent souvent, intensifient le débit parfois, en interrogeant, en poussant la récitante à s'exprimer davantage et plus en profondeur. Les entretiens sont encadrés ou libres, rarement individuels, sans questionnaire pré-établi, semi-conductifs ou non conductifs.

Le dispositif de recueil n'a pas vocation à porter assistance, à victimiser la personne qui parle ou écrit, ou à la renvoyer à sa seule introspection. Non seulement il favorise l'expression collective mais surtout il contribue à l'élaboration d'un commun possible futur.

En soi, il épouse les contours d'une épistémologie du point de vue (Harding, 1991) car il permet au « témoin » d'exprimer son opinion sur l'environnement dans lequel elle vit, voire de l'analyser ou encore de poser les termes de revendications ou d'alternatives. Il autorise la création de savoirs.

Une approche qui distord le temps et l'espace

L'environnement économique et social joue ici un rôle prépondérant, le chômage, extrêmement important, et la maladie, le sida, particulièrement prévalent, créant un contexte de désœuvrement, en ville ou en milieu rural, particulièrement propice à une disponibilité, quasi constante. Cette disponibilité a pour conséquence directe de distordre le temps, celui-ci étant plus à perdre qu'à gagner. Ce système implique que les chômeuses ou les malades s'arrêtent là où elles se trouvent, au moment où elles s'y trouvent, sans vraiment « savoir » pourquoi. La notion de rendez-vous est ici peu présente. La convocation encore moins. Si bien que ce sont plus souvent les lieux ou le temps qui créent l'occasion du récit et non une opération concertée de collecte mémorielle.

On comprendra alors que, en soi, le processus méthodologique (de recueil ou de narration) ne fait pas savoir. C'est plutôt son non-cadrage académique qui crée connaissance. On peut désormais parler de savoir non savant.

La valorisation des savoirs non savants : une innovation

Ces séances décrites, nous allons maintenant contextualiser leur déroulement, les méthodologies qu'elles mettent en œuvre et les résultats qu'elles délivrent en termes de création de savoirs. En Afrique du Sud, ce n'est pas tant l'appartenance de sexe qui fait identité, particularité ou communauté, mais la combinaison de cette appartenance sexuelle biologique avec de nombreux items comme l'appartenance de classe, de « race », de culture, de genre... Chaque identité qui se dit, va ainsi à l'inverse de toute démarche allant à la recherche d'un identitarisme, d'un particularisme, d'un traditionalisme, ce vers quoi tend le Président Jacob Zuma.

Une identité collective féminine

Cette « identité collective féminine » va également à l'inverse de l'idée préconçue d'identité nationale, situation historique qui considère que l'égalité se réglera en même temps que la démocratie, compte sur les femmes, entendues comme mères de la nation, pour y parvenir, mais ne prend pas en compte de dimension sexuée de la citoyenneté, de son exercice et de la relation entre l'individu-e et l'État. De fait, Les femmes sont davantage considérées comme « destinataires d'une politique gouvernementale et non comme actrices de la construction de nouveaux États » (Seidman, 1999).

Aussi, en ouvrant une brèche dans l'expression publique, les femmes qui se racontent interrogent cet exercice du pouvoir, mettent en péril un fief masculin, créant un savoir en résistance, non initié par le « haut », à un mouvement de libération, aujourd'hui dirigé par des élites, noires, qui revendiquent davantage un « savoir de dominants », comme pourrait le définir Isabelle Stengers (Stengers, 2002).

Cette démarche pousse l'exercice de la démocratie dans ses derniers retranchements en valorisant de fait la libre expression et l'égalité des expressions, comme deux composantes vertébrantes d'une société à créer. Elle expurge le contrôle (qui barricade, légifère) et donc le pouvoir (qui se sert du contrôle pour se maintenir). Elle libère une puissance, celle des subalternes, qui transgresse la force imposée par les dominants. On pourrait dire qu'elle démontre l'impuissance du pouvoir politique.

Une économie de la transmission

Ensuite, loin de vouloir compléter les pièces d'un puzzle d'une mémoire nationale, comme celle de la Shoah ou des rescapé-es du génocide du Rwanda, ces stratégies de prise de parole de femmes ont vocation à construire une « économie de la transmission »[166]. Elles créent leurs monnaies d'échange spécifiques – une langue, les histoires elles-mêmes – et leurs capitaux propres – ces savoirs – et donc leurs propres modes de répartition des richesses. Elles mettent en commun une mémoire collective féminine, qui plus est noire africaine, en opposition à la « blanche mâle occidentale », esquissée par le philosophe Gilles Deleuze (Deleuze & Guattari, 1972).

Cette innovation se révèle d'autant plus forte dans ce pays où les femmes gèrent au quotidien et dans l'immédiateté un socle de survie qui soutient fortement le fonctionnement de l'État. Aussi en se racontant, en prenant la parole, des Sud-Africaines dérogent à des lois qui leur ont été ou leur sont socialement imposées et investissent une démarche spécifique de transmission de mémoire. Celle-ci s'apparente davantage à une attitude d'appropriation/capitalisation d'une réalité, d'une situation prise sur le vif, de la vie réelle, en opposition à la vie institutionnelle, rationnelle, dispensée par la rhétorique étatique. Cette appropriation du « réel » passe donc par des modes, non théorisés qui forment eux aussi un savoir.

Une autre lecture de la mondialisation

On pourrait s'interroger sur la potentielle perversion par l'Occident de ces savoirs non savants. En effet, si on s'arrête à l'observation de ces savoirs en tant que savoirs du quotidien (gérer l'urgence, se substituer à l'absence de l'État et des services publics, fournir en Occident l'aide à domicile, le ménage industriel ou les ménages de la part des femmes de la diaspora), on constate qu'ils ne sont en rien valorisés. Il existe des reportages par exemple sur ces situations de femmes, mais ces entreprises sont vues par le haut au sens où, dans ces dispositifs, il s'agit davantage de « donner la parole à » plutôt que proposer les moyens de production pour que les intéressées « prennent la parole ». En cela, ces initiatives participent de la reproduction de la colonialité ou des schèmes d'esclavagisme.

L'approche telle qu'elle est pratiquée en Afrique du Sud est a contrario innovante. Elle s'inscrit à contresens d'un savoir mondialisé, qui a tendance à vouloir « uniformiser » la pensée, en cela qu'elle s'accroche à chacune des

---

[166] … à opposer aux théories de l'« économie du savoir », d'orientation néolibérale.

identités personnelles, fortement empruntes de culture et de socialisation locale (langue, urbain/rural, riche/pauvre…) et à leurs expressions propres par les intéressées elles-mêmes, sans personne interposée. Elle s'oppose ainsi à toute tentative de moralisation, d'homogénéisation ou de hiérarchisation, facteurs de domination.

En emboîtant le pas des fondements des « ethnosciences » (Nathan, 2005), la démarche de recueil de ces mémoires ne cherche pas à adapter le savoir dominant à ses modes d'expression, mais travaille plutôt à créer ses propres valeurs. Comme Jean-François Bayart qui invite à « penser notre temps dans son incomplétude et dans sa fragilité » (Bayart, 2004), elle propose une autre lecture de la mondialisation. Par exemple, il ne s'agit pas de réécrire la lutte contre l'*Apartheid* au travers d'un regard de femmes, mais plutôt de créer un regard de femmes, ayant vécu l'*Apartheid*, et ayant donc accumulé un savoir spécifique, organisé par celles qui le recueillent, sur une société en transition.

Un intime révélateur

Sur le seul plan des violences, en révélant l'intime[167], ces témoins-femmes passent outre toutes les institutions sociales et autres traditions locales, qui conçoivent la sexualité comme un actif masculin, la sexualité féminine, socialement voulue inexistante, n'étant qu'au service du mâle. En coupant court à cette tendance, cette intimité révélée invente une forme de « légitimité » sociale, transgressant les modes traditionnels de communication, réservés et institués par des hommes à l'ensemble de la communauté. Elle établit une nouvelle langue qui permet de discourir, d'échanger, d'élaborer et de diffuser de la pensée à égalité avec les hommes. On peut alors parler d'« intime révélateur ».

Une morale de l'invisible

Pour finir, « dire » en public sa vie quotidienne de femme, ou quelques-uns de ses « éléments », en repoussant les limites de ce qui est invisible, enfoui, latent, peut proposer une autre grille de lecture sociale, une « morale de l'invisible », rompant avec l'ensemble des codes qui régissent désormais la société sud-africaine. Comme l'argumente l'historienne Michelle Perrot (Duby & Perrot, 1990-1991), par l'oralité et la création de leur Histoire, ces femmes qui se racontent, en négligeant l'invisibilité qui leur est socialement et historiquement dévolue, transforment leur statut d'objet en sujet, y compris de la révolution nationale toujours en marche. De contrôlées, elles deviennent

---

[167] Nous choisissons le terme « intime » au détriment du terme « intimité » pour définir tout ce qui relève des rapports du « plus intérieur », des relations intimes, de la sexualité, et des savoirs liés au pouvoir et à la gestion dans l'invisibilité de la sphère privée par le sujet-femme. Nous préférons utiliser l'adjectif plutôt que le substantif car il clarifie l'aspect « essentiel », prenant son étymologie du mot « essence », de l'intimité dans la sphère privée.

contrôleures de leur quotidien, et non du système producteur de leur subalternité.

Des alternatives à étudier sur le long-terme

Cette approche a démontré son efficacité car depuis les quinze dernières années plusieurs ouvrages ont été publiés. Le premier livre publié, intitulé *Women's memory*, a été lancé en novembre 1999 et révèle les histoires personnelles de six femmes de différentes communautés de la région du Cap Occidental. En 2002, SCLC a réitéré la démarche en lançant *Nelspoort Ons Lief en Leed*, un deuxième livre écrit par seize femmes dans leur propre langue, toutes de la même communauté, celle de *Nelspoort*. D'autres ouvrages ont été publiés qui informent des différents supports de recueil des histoires personnelles (Gasa, 2007) : photographiques, écrites (thématique ou chronologique ou selon l'appartenance politique du témoin ou encore géographique – le pays est grand et les cultures régionales différentes), audiovisuelles ou numériques.

Ensuite, un *Women's Space*, regroupant un grand nombre d'ouvrages de recueil de mémoires, sous tous les formats, incluant l'Internet, a été inauguré au Cap le 27 novembre 2008. Les livres sont disponibles dans les écoles et les bibliothèques nationales, et le modèle de narration/diffusion est reproduit dans d'autres langues dans tout le pays.

Ces livres peuvent par ailleurs facilement être numérisés et diffusés via les technologies de l'information et de la communication (TIC) par l'intermédiaire de militantes connectées ou de technicien-nes informatiques au fait des nouvelles performances technologiques et commerciales en la matière et localisés un peu partout dans le monde. De la même manière, ils peuvent inspirer des commentaires et encourager des volontés de réplication sous forme de blog, de réseau social numérique ou de forum électronique ou tout autre support numérique. Reste à identifier quelles sont les organisations ou personnes relais qui pourraient s'engager dans une telle démarche selon une échéance qui n'est pas fixée. D'ores et déjà des blogs voient le jour et font référence à ces ouvrages et aux processus de leur création[168]. Ces ébauches ouvrent des pistes virtuelles qui demandent désormais à être suivies de près et analysées. Par ailleurs, les impacts sur les populations, locales, régionales ou internationales, le nombre et la typologie des personnes qui reçoivent ces histoires demeurent peu étudiés et demanderaient également enquête de lectorat et d'auditorat.

On sait toutefois que ces récits provoquent l'émergence de groupes d'hommes qui analysent par exemple la montée généralisée de violences, le

[168] Voir notamment *The Monthlies' Blog*, <http://monthliesblog.wordpress.com/>, consulté le 21 octobre 2015.

rôle de leur masculinité[169], et cherchent à les décoder dans le but de mieux atteindre une égalité de genre. Ces récits sont parfois également suivis de formations en direction de grands-mères, qui, lassées de l'engrenage violence-sida, attrapent, au sens strict, leurs petits-fils afin de les empêcher de nuire ou tout simplement de mourir, mais ne savent pas comment les entreprendre. Ces formations, proposées dans leur grande majorité par des associations de femmes, leur apportent alors une grille d'analyse de genre de la pandémie comme de la pauvreté, ce qui leur permet de transformer leurs relations avec leurs descendants masculins mais également de servir à leur tour de transmetteurs de savoirs. Les jeunes garçons trouvent ici une place qui ne leur est proposée nulle part ailleurs[170].

Aujourd'hui, une poignée de sites Web présentent des rubriques dédiées à des récits de femmes sud-africaines (*Storytellings*)[171]. Ils sont consacrés à des domaines aussi variés que les droits des LGBT, des Sans terre, des séropositifves ou encore aux impacts des TIC sur la société sud-africaine. Ces récits injectent du vécu, facilement associable au passé (*Apartheid*), voire à du morbide (sida, féminicides), dans du virtuel (Internet). Cette alliance inventée entre le réel et le virtuel offre l'opportunité de démystifier les représentations respectives du réel et du virtuel. Elle se révèle là aussi transgressive, car, dans ce pays, les deux items, réalité et virtualité, restent soigneusement tenus à distance par une grande partie de la société, attachée à un retour au traditionalisme.

Bibliographie

AMIN Samir, « Au-delà de la mondialisation libérale : un monde meilleur ou pire ? », *Actuel Marx*, Paris, PUF, *Fin de néolibéralisme,* XXXX (2), 2006, p. 102-122.

BAILLETTE François & LIOTARD Philippe, *Sport et virilisme,* Montpellier, Quasimodo, 1999, 160 p.

BAYART Jean-François, *Le Gouvernement du monde, une critique politique de la globalisation,* Paris, Fayard, 2004, 450 p., p. 228.

BOND Patrick, *Elite Transition,* Londres, Pluto Press, 2000, 240 p.

---

169 *Men in the Movement to End Violence Against Women: Training and Education*, National Online Resource Center on Violence Against Women (2004), <http://www.vawnet.org/nrcdv-publications/print-document.php?doc_id=1045&find_type=web_desc_NRCDV>, consulté le 21 octobre 2015.

170 Eléments recueillis au cours d'un entretien avec la directrice du *New Women's Movement* en novembre 2008.

171 L'organisation *Women's Net* est particulièrement engagée dans ces processus, <http://www.womensnet.org.za> ; d'autres comme *Silence Speaks* ou *Stories for Change* sont plus récents et davantage dédiés aux *Digital Storytellings,* <http://www.silencespeaks.org/>, <http://storiesforchange.net/location/south_africa>. Quelques organisations telles que *Engender* qui travaille sur l'intersectionnalité, ou *TAC* dont les actions sont totalement orientées vers la prévention et l'éradication du sida, présentent des pages isolées sur leurs sites Web.

CAHEN Michel, *Africando*, Bilan 1988-2009 et projets 2010-2018 dans le cadre d'un Rapport pour l'habilitation à diriger des recherches, 2011, p. 1.

DE CLERCQ Lize, « Les mouvements de femmes placent le "genre" à l'agenda de la société de l'information », *ada online,* 2004, <http://www.ada-online.org/frada/spipd387.html?article106>, consulté le 26 octobre 2015.

DELEUZE Gilles & GUATTARI Félix, *Capitalisme et schizophrénie : l'anti-œdipe,* Paris, Minuit, 1972, 470 p., p. 133.

DIOUF Mamadou, *L'Afrique et le renouvellement des sciences humaines,* entretien par Ivan Jablonka, *La vie des idées,* 2009, <http://www.laviedesidees.fr/IMG/pdf/20090109_Diouf.pdf>, consulté le 2 janvier 2012.

DUBY Georges & PERROT Michelle (dir.), *Histoire des femmes en Occident*, Paris, Plon, 1990-1991, 5 volumes.

GASA Nomboniso (dir.), *Women's in South Africa History - Basus'iimbokodo, Bawel'imilambo/They remove boulders and cross rivers*, Le Cap, HSRC Press, 2007, 536 p.

HARDING Sandra, *Whose Science? Whose Knowledge? Thinking from Women's Lives*, New York, Cornell University Press, Ithaca, 1991, 319 p.

JEWKES Rachel & *alii*, *Understanding men's health and use of violence: interface of rape and HIV in South Africa, Gender & Health Research Unit,* Medical Research Council, 2009.

LINDSAY Lisa A., « Working with Gender: The Emergence of the "Male Breadwinner" in Colonial Southwestern Nigeria », *in* COLE Catherine, MANUH Takyiwaa & MIESCHER Stephan F. (dir.), *Africa After Gender?,* Indiana University Press, 2007, 344 p., p. 241-252.

MIGNOLO Walter, « Géopolitique de la connaissance, colonialité du pouvoir et différence coloniale », *Multitudes* n° 6 « Majeure : raison métisse », 2001.

MUELLER-HIRTH Natascha, *After the rainbow nation : Jacob Zuma, charismatic leadership and national identities in Post-Polokwane South Africa,* Department of Sociology Goldsmiths, Université de Londres, 2010, 16 p.

NATHAN Tobie, « L'ethnopsychiatrie, une morale de l'incertitude », *Revue des littératures du Sud*, n° 157, Littérature et développement (janvier - mars 2005), Notre Librairie, p. 9.

PALMIERI Joëlle, "*Afrique du Sud : le traditionalisme et le masculinisme au secours du pouvoir",* décembre 2011, <http://joellepalmieri.wordpress.com/2013/02/11/afrique-du-sud-le-traditionalisme-et-le-masculinisme-au-secours-du-pouvoir/>, consulté le 30 septembre 2016.

PALMIERI Joëlle, *"Les femmes non connectées : une identité et des savoirs invisibles", in* JOUBERT Lucie (dir.), *Les voix secrètes de l'humour des femmes,* Québec, *Revue Recherches féministes,* XXV (2), novembre 2012, 173-190.

ROBINS Steven, « Sexual Politics and the Zuma Rape Trial », *Journal of Southern African Studies*, XXXIV (2), juin 2008, p. 411-427.

SEIDMAN Gay, « Gendered Citizenship: South Africa's Democratic Transition and the Construction of a Gendered State », *Gender and Society*, XIII (3), juin 1999, p. 287-307.

SPIVAK Gayatri Chakravorty, *In Other Worlds: Essays in Cultural Politics,* New York, Routledge, 1988, 336 p.

STENGERS Isabelle, *Sciences et pouvoirs. La démocratie face à la technoscience,* Paris, La Découverte, 2002, 120 p.

VAN DER WESTHUIZEN Christi, *"100% Zulu Boy" : Jacob Zuma And The Use Of Gender In The Run-up To South Africa's 2009 Election*, Heinrich Böll, 2009, <https://za.boell.org/2014/02/03/100-zulu-boy-jacob-zuma-and-use-gender-run-south-africas-2009-election-publications>, consulté le 26 octobre 2015.

Michel Henry : Entre phénoménologie et théologie, enjeux et contours d'une contention

Henri TOUABOY[172]

Résumé : Si la phénoménologie henryenne de l'invisibilité et de l'immanence de la vie frappe par son originalité, ses ramifications théologiques font cependant l'objet de plus de critiques. Cet article montre l'indissociabilité de la *phénoménologique* et de la *théologique*, du philosophe / phénoménologue et de l'homme de la foi, chez Henry. Il retrace le mouvement discursif qui part d'une brillante description de la vie phénoménologique à l'admission du Dieu-Vie des Écritures comme un seul et un même mouvement phénoménologico-théologique. Or si la perspective de la vie phénoménologique peut ouvrir des pistes théologiques et éthiques axiales, il y a lieu de souligner les enjeux aporétiques d'une approche phénoménologique des Écritures, de la vérité religieuse et des phénomènes dits saturés.

Mots-Clés : René Descartes, Blaise Pascal, Transcendance, Dieu, Les Pensées, Phénoménologie, Jean Luc Marion, l'Esprit de finesse, Idolâtrie, Méditation.

Abstract : If Henry's phenomenology of invisibility and immanence is striking by its originality, its theological ramifications of the same is marred in criticisms. This article shows the indissociable link between phenomenology and theology, the philosopher and the man of faith, in Henry's works and life. It argues that the discursive and phenomenologico-theological movement which starts with a brilliant description of the phenomenological life and the admission of the God of Scriptures as the living One is the same phenomenologico-theological movement. Yet, if Henry's phenomenology of life opens to

---

[172] Spiritain et centrafricain, **Henri TOUABOY**, a respectivement fait ses études et son expérience pastorale à Bangui, Libreville, Enugu (Nigeria), Yaoundé et Ottawa. Il obtient durant ce parcours académique une licence en science des religions (Université de Nsukka, Nigeria) (1999), une maîtrise en éthique théologique (l'Université catholique de l'Afrique centrale, Yaoundé) en 2002, un doctorat en théologie (Ottawa, canada). Après deux années dans l'équipe de la formation du scolasticat spiritain de Yaoundé et une année de pastorale paroissiale à Douala (2004), il travaille présentement à l'animation pastorale et intellectuelle des jeunes (paroisses, écoles) au Canada. Auteur du *Discours moral de l'Église et sa réception contemporaine* en 2009 (Paris, Publibook) et de la *Théologie chrétienne de la paix interreligieuse* en 2013 (Allemagne, EUE), il poursuit ses études de Master en philosophie (Domuni, France) et ses recherches en éthique théologique et en théologie des religions et du pluralisme religieux. Au cœur de ses préoccupations heuristiques, une réappropriation et une repensée (démystification) africaines des grands enjeux d'éthique fondamentale, sociopolitiques (comme la laïcité, la démocratie, la tolérance, le libéralisme, etc…) et théologiques souvent avalisés en Afrique comme allant de soi sans en vérifier la fonctionnalité, la portée axiologique et épistémologique, aussi bien pour l'Occident qui les théorise que pour l'Afrique qui les ''consomme'' sans nécessairement les soumettre à un examen critique radical.

an axial theological and ethical researches, there is good reason to question the epistemological status of a phenomenological approach to Holy Scriptures, to religious truth and to the saturated phenomena.

Keywords :René Descartes, Blaise Pascal, Transcendence, God, Thoughts, Phenomenology, Jean Luc Marion, « Esprit de finesse », Idolatry, Meditation.

Introduction

Phénoménologue ou théologien ? La question qui est posée dans le *Tournant théologique de la phénoménologie française* de Janicaud[173] à propos de Levinas, de Marion, de Chrétien, l'est davantage avec acuité pour Michel Henry qui, comme Chrétien, a déployé le plus une phénoménologie du christianisme et de la révélation[174]. Aborder la question du statut épistémique d'une phénoménologie débordant en théologie chez Henry exige d'emblée un arrêt sur sa phénoménologie immanente et matérielle de la vie invisible. Comment la phénoménologie henryienne participe-t-elle au mouvement phénoménologique des auteurs précités en extirpant la transcendance, la (l'inter)subjectivité ou l'ipséité de la réduction ontologique, ontothéologique, noético-noématique et gnoséologique ? Bien plus, comment se distancie-t-elle d'eux par son originalité, voire par son audace, quand vient surtout le temps du dévoilement du statut radicalement apriorique, immédiat, de l'auto-donation ? Autrement dit, quelle est sa contribution avérée aux débats phénoménologiques en cours ? Autant de questions qui sollicitent, d'une part, une spécification de la notion de la phénoménologie en jeu chez Henry et de son lien avec la *théologique*. Il convient, pour cela, de sérier, en premier lieu, les caractéristiques et les apports discursifs propres de la phénoménologie henryenne, ses enjeux et ses limites. Il y a lieu, ensuite, de s'interroger sur les ramifications théologiques de sa phénoménologie.

1. Phénoménologie henryenne : caractéristiques et originalité

1.1. Sous les décombres des phénoménologies historiques

Une manière pertinente d'aborder la question de l'originalité de la phénoménologie henryenne est de la confronter aux autres courants phénoménologiques et philosophiques. Un travail abyssal entrepris par les Journées d'études consacrées à Michel Henry du 4 au 5 novembre 2013 à l'Université catholique de Louvain et qui fait bien ressortir les lignes de démarcation de ce

---

173 D. JANICAUD, *Le tournant théologique de la phénoménologie française*, Combas, Les Éditions de l'Éclat, 1991. Voir aussi *Id., La Phénoménologie éclatée*, Combas, Les Éditions de l'Éclat, 1998.

174 CHRÉTIEN, J.-L., *L'Inoubliable et l'inespéré*, Paris, Desclée de Brower, 1991. *Id.*, *L'effroi du Beau*, Paris, Les Editions du Cerf, 1987.

dernier avec Descartes (C. Perrin), avec Heidegger (G. Jean), avec Husserl (Cl. Serban), avec Hegel (A. Bellantone), avec Fichte et Kant (R. Formisano), avec Malbranche (A. Davarieux) et Schelling (Ch. Theret). Il ne s'agit pas d'une simple relecture de la phénoménologie henryenne à l'aune des divers déploiements discursifs de ces auteurs. Il y va d'une confrontation qui fait ressortir toute l'originalité et la pertinence de l'heuristie phénoménologique henryenne. Comme l'oiseau de minerve qui ne prend son vol qu'au crépuscule, Henry admet lui-même bâtir contre et à partir des autres :

> L'*Essence de la Manifestation* est un travail purement phéno-ménologique où j'ai mis à jour mes présuppositions phénoménologiques, ma phénoménologie, c'est-à-dire une phéno-ménologie qui repose sur le dualisme de la phénoménalité ek-statique du monde qui est celle de Heidegger et d'une phénoménalité totalement différente qui est celle de la vie. On peut parler de la duplicité ou de la dualité de l'apparaître, de deux modes de phénoménalisation de la phénoménalité pure. Dès ce moment, j'ai voulu faire travailler ces présupposés sur la philosophie de Marx puis sur la culture, dans la *Barbarie*, puis sur l'art avec Kandinsky. J'ai fait également travailler ces présupposés sur Husserl. Phénoménologue en possession de ma phénoménologie, j'ai relu Husserl, qui est pour moi de loin le meilleur des phénoménologues. J'ai ensuite fait travailler la phénoménologie sur l'inconscient dans la *Généalogie de la psychanalyse*[175].

En face de la difficulté, voire de l'impossibilité, d'aborder en quelques lignes tous ces auteurs, nous nous contenterons d'une mise en parallèle de la phénoménologie intentionnelle et transcendantale (Husserl) ou de la phénoménologie ek-statique du *Dasein* en régime d' (auto)monstration (Heidegger) et de la phénoménologie matérielle, intérieure, de la vie (Henry). Le choix de Heidegger et de Husserl est d'autant plus congruent qu'ils constituent les auteurs les plus critiqués par Henry. Ceci étant dit, la phénoménologie est « la science des phénomènes, l'étude des phénomènes tels qu'ils apparaissent »[176]. Or qu'est-ce qu'un *phenomenon* sinon qu'une chose, un fait, un évènement existant ? Mais comment rendre compte d'une existence phénoménale ? La phénoménalité ne se donne-t-elle qu'en tant que visibilité et intelligibilité ? Telles sont les questions qui départagent Heidegger, Husserl et Henry.

1- Dans la logique du *Sein und Zeit*, le *phenomenon* est « le-se-montrant-de-soi-même », le « manifeste »[177] dans l'existentialité et la temporalité. L'être est le phénomène par excellence, car devant se montrer par lui-même.

---

[175] V. CARUANA et M. HENRY, « Entretien avec Michel Henry », *Philosophique*, 3 (2000), p. 69.

[176] M. HENRY, *Incarnation. Une philosophie de la chair,* Paris, Seuil, 2000, p. 35.

[177] M. HEIDEGGER, *Être et temps*, Paris, Gallimard, 1986, &7, p. 63.

L'ontologie n'est possible que comme phénoménologique : la phénoménologie est l'ontologie. Mais comment se-montrer ? Le *Dasein* se phénoménalise par (auto)monstration directe à partir des choses mêmes[178]. « En régime heideggérien de monstration, le phénomène prend l'initiative de la manifestation et recouvre de facto son ipséité »[179]. L'être-là se dévoile comme « être-dans-le-monde », comme un existential. Néanmoins, l'ontologie phénoménologique heideggérienne s'ouvre sur une analytique herméneutique du *Da-sein*. D'abord, puisque même s'il se-montre, l'être-là se donne comme caché, dissimulé, voire jeté, dans les étants. Ensuite, la première composante ontologique, ek-sistentiale du *Da-sein* est la « compréhension » (*Verstehen*), la deuxième et la troisième étant « la disposition affectif » et le Logos (langage). Le logos, le langage, la compréhension, sont là des éléments inéluctables en vue d'une brèche herméneutique[180].

En sus, le *Dasein*, « être-là », « être-dans-le monde », est pris dans une temporalité extatique, victime de cette temporalité et de l'historialité, en tant que « être-pour-la mort », « être-vers-la mort » (*Zum ende Sein*), et donc « être- dans-et-pour-l'ennui ». Autrement dit, il reste profondément un être sous-tendu par l'angoisse. Commentant la tridimensionnalité de la temporalité phénoménologique heideggérienne, Henry souligne :

> Le temps phénoménologique, le temps qu'ont étudié Husserl et Heidegger, est encore un temps ek-statique, c'est à dire un temps éclaté. L'horizon, ce trou de lumière qui est le monde, est un horizon plus lointain. C'est un horizon irréel, tridimensionnel, c'est-à-dire constitué par ce que Heidegger appelle trois ek-stases et qui sont celles du futur, du présent et du passé. Dans cet horizon ek-statique les choses coulent du futur au présent et au passé. Heidegger le dit littéralement : la présence se présentifie à partir de trois ek-stases qui font que les choses sont là dans la venue au présent, à partir de l'horizon du futur et dans leur glissement au passé. Cet horizon du futur, pour l'homme, est borné par la mort[181].

Henry reproche à l'analytique existentiale et phénoménologique du *Dasein* heideggérienne une réduction ek-statique du *Dasein* à l'horizon du monde

---

[178] *Ibid.*, p. 59

[179] B. AWAZI, *Donation, saturation et compréhension. Phénoménologie de la donation et phénoménologie herméneutique : une alternance ?* Paris, L'Harmattan, « Ouverture philosophique », 2005, p. 73.

[180] M. HEIDEGGER, *Être et temps*, p. 206. Voir aussi M. CORVEZ, « Être et l'étant dans les philosophies de Martin Heidegger », *Revue de philosophie de Louvain*, 63 / 78 (1965), p. 261 (257-279).

[181] M. HENRY, « Non, il n'y a pas de mort », Propos recueillis par Magali UHL et Jean-Marie BROHM, *Revue Prétentaine*, 6 (1996), p. 56. Dans la même perspective, *Id., Auto-donation. Entretiens et Conférences* (Textes rassemblés et édités par *Prétentaine* sous la direction de Magali UHL), Paris, Beauchesne, 2004, p. 38.

temporel et de la visibilité sans tenir compte de la vie prise dans la dimensionnalité intérieure d'un moi vivant ou d'un Soi transcendantal qui ne se coupe jamais de soi[182]. Car, « le vivant, c'est quelque chose qui touche à soi, sans l'écart d'aucune distance, sans différer de soi d'aucune façon, qui s'éprouve soi-même en un sens radical »[183]. Aussi Henry convoque-t-il à un exode typologique de la *phénoménologie et de la temporalité ek-statique* heideggérienne vers une *phénoménologie et une temporalité pathétique*, *matérielle, inextatique*, mettant en exergue un devenir pathétique, sans intentionnalité.

2- L'assise de la phénoménologie henryenne passe aussi par le renversement de la phénoménologie transcendantale de Husserl, même si ce dernier reste pour Henry le plus pertinent des phénoménologues. Énoncer l'axialité et la prépondérance de la noèse (conscience) et de l'intentionnalité dans la phénoménologie husserlienne est presque un euphémisme. Dans les paragraphes 85 de *Ideen* I, l'intentionnalité est présentée comme un « milieu universel qui finalement porte en soi tous les vécus, même ceux qui ne sont pas caractérisés comme intentionnels »[184]. Autrement dit, elle polarise tout mode de donation, d'aller aux choses mêmes, d'apparaître, même de la transcendance que représente l'autre subjectivité (autrui). Il y va d'une « présentation onto-noématique de l'autre, réduit par l'ego transcendantal à un objet de conscience, donné, dans l'im-médiateté ou dans « un acte intuitif », par « apprésentation empathique et analogique », comme un « corps expressif »[185]. L'extériorisation phénoménologique de la donation rend la relation à l'autre une relation de constituant-constitué[186], de sujet-objet, trop médiate parce que conceptualisant, à l'horizon d'un transfert aperceptif analogique, de la perception et de la visibilité[187]. Henry s'érige contre le monopole discursif de la phénoménologie intentionnelle de Husserl[188], mais aussi contre celle existentiale et eksta-

---

[182] On retrouve une critique similaire de l'ontologie phénoménologique heideggérienne chez M. CORVEZ : « Son ontologie n'est pas un aspect du monde ». Elle en est le survol. Car « l'être transcendantal de Heidegger qui demeure actuellement et implicitement présent à tout étant, n'existe pas dans la réalité des choses », « Être et l'étant dans les philosophies de Martin Heidegger », *Revue de philosophie de Louvain*, 63 / 78 (1965), p. 279.

[183] M. HENRY, « Non, il n'y a pas de mort », p. 57.

[184] E. HUSSERL, *Ideen* I, 85 (Traduction de Paul Ricœur), Paris, Gallimard, 1950, p. 287-288).

[185] E. HUSSERL, *Méditations cartésiennes. Introduction à la phénoménologie*, Paris, Vrin, 1992, V. 43, p. 75 ; *Id.*, *Idée,* II, 45, Paris, Gallimard, « Bibliothèque de la philosophie », 1950, p. 235 ; *Id.*, *Sur l'Intersubjectivité*, I, Paris, PUF, « Épiméthée », 2001, p. 124-135.

[186] Pour plus de détails sur la phénoménologie transcendantale husserlienne et sa réduction égologique, consulter H. TOUABOY, « A la rencontre de l'autre. Penser l'intersubjectivité phénoménologique dans le contexte africain », *Afroscopie*, VI (2016), Paris, L'Harmattan, p.187-214.

[187] Voir à ce propos les critiques de MERLEAU-PONTY, *Œuvres*, Paris, Galimard, « Quarto », 2010 : « l'autre n'est jamais en face de moi à la manière d'un objet » ou en dans *Id.*, *Le visible et l'invisible*, Paris, Gallimard, 2001 : « Le visible n'est que la surface d'une profondeur », p. 177.

[188] Pour un approfondissement, D. POPA, « Michel Henry, lecteur de Husserl », *Cahiers philosophiques*, 2, 126 (2011), p. 82.

tique de Heidegger, au nom d'une dualité d'apparaître en régime phénoménologique, d'une irréductibilité de la connaissance/donation phénoménologique à la seule vérité objectivant hellénistique, bref au nom d'une phénoménologie non-intentionnelle, matérielle, et radicalement immanente.

1.2. Au nom d'une dualité de l'apparaître

L'apparaître dans l'horizon et la sphère de la temporalité et de la visibilité qui sous-tend la phénoménologie constituante, intentionnelle et historique de Heidegger et de Husserl ne peut s'ériger comme le seul et unique mode de l'apparaître phénoménologique. Aussi Henry s'attèle-t-il à sérier les abords aporétiques de l'intentionnalité qui ne peut puiser en elle-même son « ultime possibilité phénoménologique »[189] et « assumer elle-même la possibilité de sa propre manifestation »[190]. Car, la phénoménologie intentionnelle objectivant résolument tournée vers le monde extérieur et vers l'étant, ne reconnaît comme seul mode d'apparaître que celui de l'étant. Autrement dit, elle se focalise strictement sur la « relation de l'apparaître à l'étant »[191] comme si la visibilité, l'« au-dehors » ou l'« extériorisation de l'extériorité » étaient l'horizon ultime de la phénoménologie, de toute phénoménalisation. Or la transcendance, y compris l'intentionnalité, échappe à la sphère de l'extériorité et de la visibilité phénoménologique. De surcroît, si la phénoménologie s'intéresse à l'originalité, à la pureté et à l'immédiateté de l'apparaître, une phénoménologie ek-statique et intentionnelle dans les limites de l'extériorité ne peut rendre compte d'une telle impression ou donation originaire. Car tout ce qui apparaît à l'horizon de la visibilité (monde, étant, corps, etc…) est soumis à l'épreuve du temps, de la destruction, de la mort, du disparaître et donc, de la non-visibilité[192]. Ainsi naît le projet d'une phénoménologie non-intentionnelle qui devient effectif dans la *Phénoménologie matérielle* et qui se caractérise par la matérialité, l'originaireté, l'immanence, la radicalité et l'intériorité de l'impression.

C'est dire qu'à une phénoménologie de l'extériorité issue de la logique hellénistique ou de « la vérité du monde »[193], Henry oppose une phénoménologie non-intentionnelle marquée par une vérité plus intérieure, radicalement immanente[194]. Cette vérité intérieure qui caractérise la phénoménologie de l'ipséité henryenne n'est pas un simple regard tourné vers l'intérieur de soi

---

[189] M. HENRY, « Phénoménologie non-intentionnelle : une tâche de la phénoménologie à venir », dans D. JANICAUD (éd.), *L'intentionnalité en question. Entre phénoménologie et sciences cognitives*, Paris, Vrin, 1995, p. 384.
[190] M. HENRY, *Essence de la manifestation,* p. 259.
[191] *Ibid.*, p. 386.
[192] M. HENRY, *C'est moi la vérité. Pour une philosophie du Christianisme*, Paris, Seuil, 1996, p. 30-31.
[193] *Ibid.,* p. 25.
[194] *Ibid.*, 40

qui, au fond, ne prolonge que le mouvement discursif illusoire d'un face à face conscience-objet. Il y va d'une vérité intérieure plus radicale à la hauteur de la radicalité de la manifestation. En fait, si la phénoménologie traditionnelle et historique s'est intéressée à la question de l'apparaître, la question heuristique et phénoménologique axiale demeure chez Henry celle de « l'apparaître de l'apparaître », de la « manifestation pure », de la « généalogie du commencement », ou de ce qui fait « advenir en soi ce qui se révèle par soi »[195]. La phénoménalisation de la phénoménalité pure n'est possible que dans le cadre d'une intentionnalité qui « se sent », « s'éprouve elle-même dans l'immanence ou l'auto-affection », qui doit « demeurer en soi-même du mouvement de dépassement dans le dépassement même »[196]. Car, « plus originaire que le phénomène de la transcendance, antérieur à lui en quelque sorte, est celui de l'immanence dans lequel la transcendance trouve en fait, au point de vue ontologique, sa condition de possibilité la plus ultime »[197]. L'énoncé d'une phénoménalité intérieure et invisible marque le processus discursif allant d'une phénoménologie matérielle à celle de la vie.

1.3. De la phénoménologie matérielle (impressionnelle) à celle de la vie

Il est donc clair pour Henry que l'impression originaire n'est pas une intentionnalité. Car la transcendance ne peut être réduite à la noèse intentionnelle sans une prise en compte de la sensation et de l'impression[198]. Or la phénoménologie hylétique husserlienne telle que donnée à lire dans *Ideen* I. 85 subordonne la matière (*hylè*) à la question du sens, et donc, à une conscience intentionnelle. Il faut donc une phénoménologie matérielle non-intentionnelle qui mise sur la capacité de la matière impressionnelle d'assurer son auto-donation, sa propre manifestation[199], autrement dit son propre auto-affection. Il y va du statut phénoménologique de l'impression comme « fondatrice de la réalité », comme « mode originaire de la révélation »[200]. Aussi la conscience intentionnelle est-elle subordonnée à la conscience impressionnelle[201] tout comme la temporalité extatique est pensée à l'intérieur de l'impression elle-

[195] P. AUDI, *Michel Henry. Une trajectoire philosophique*, Paris, Les Belles Lettres, « Figures du savoir », 2006, p. 32 ou *Id.*, « Michel Henry : entre généalogie et contemporanéité », *Revue philosophique de Louvain*, 106 / 1 (2008), p. 107.

[196] M. HENRY, *L'Essence de la manifestation*, Paris, PUF, « Épiméthée », 1963, p. 324.

[197] M. HENRY, *Philosophie et Phénoménologie du corps*, Paris, PUF, « Épiméthée », 1987, p. 304.

[198] *Id.*, *Phénoménologie matérielle*, Paris, PUF, « Épiméthée », 1990, p. 25-26.

[199] *Ibid.*, p. 58 : En effet, la « « Matière », pour la phénoménologie matérielle, n'indique plus l'autre de la phénoménalité mais son essence. C'est de cette façon que la phénoménologie matérielle est la phénoménologie en un sens radical, pour autant que dans la donation pure elle thématise son auto-donation et en rend compte ».

[200] M. HENRY, *Incarnation*, p. 54.

[201] *Ibid.*, p. 65.

même[202]. Le chemin qui conduit de l'*impression* à la *vie* phénoménologique décrit dans l'*Incarnation* passe par la question de l'origine de l'impression originaire. Car « La phénoménalité trouve son essence originaire dans la vie parce que la vie s'éprouve soi-même, de telle façon que s'éprouver soi-même est l'auto-apparaître de l'apparaître »[203]. En sus, « l'apparaître originaire de l'impression se révèle n'être autre chose que celui de la vie »[204], vis-à-vis l'impossibilité d'avoir un fondement aussi vrai, évident et ultime de la « non-intentionnalité de l'intentionnalité » autre que la vie. La vie est le phénomène le plus originaire et le plus fondamental à tel point que, sans elle, il n y a ni phénoménalité/phénoménalisation, ni intentionnalité[205].

Toutes les propriétés d'une phénoménologie matérielle chez Henry se retrouvent par excellence dans une phénoménologie de la vie. La vie ici désigne une vie humaine[206], pensée non d'une manière universelle, abstraite et impersonnelle, mais comme la vie sentie et éprouvée par chaque personne[207].

La vie phénoménologique échappe à toute capture et se révèle elle-même sans écart ni distance[208]. Elle précède le monde et le fonde : « L'Affectivité [la vie] a déjà accompli son œuvre quand se lève le monde »[209]. Autrement dit, c'est parce qu'il est d'abord vivant que l'homme (sujet) peut découvrir et appréhender le monde se déployant devant lui comme un objet.

À l'exemple du sentiment qui ne se voit jamais de l'extérieur, la vie est intérieure et radicalement immanente. Sujet et objet de la manifestation, elle se donne et est subie dans une passivité radicale. Elle n'est pas affectée par une transcendance, encore moins un objet extérieur. Elle s'auto-affecte de l'intérieur. Commentant la vie phénoménologique chez Henry, Loye Lara note :

> La vie c'est ce que j'éprouve en moi-même, sans écart ni opposition… Elle est en fait ce par quoi j'accède à moi-même, sans distance avec moi, dans une unité fondamentale qui est aussi solitude essentielle de l'être de chacun. Nul autre que moi ne peut éprouver ma vie et ma vie,

---

[202] M. HENRY, *Phénoménologie matérielle*, p. 43-50.

[203] *Id.*, « Phénoménologie non-intentionnelle: une tâche de la phénoménologie à venir », p. 393.

[204] M. HENRY, *Incarnation. Une philosophie de la chair*, Paris, Seuil, 2000, p. 81.

[205] M. HENRY, « Phénoménologie non-intentionnelle: une tâche de la phénoménologie à venir », p. 397 : « l'intentionnalité n'est possible que comme vie intentionnelle ».

[206] *Id., C'est moi la vérité. Pour une philosophie du christianisme*, Paris, Seuil, 1996, p. 63 : « N'est-ce pas paradoxal pour qui veut savoir qu'est-ce que la vie d'aller demander aux infusoires, dans le meilleur des cas aux abeilles ?... Comme si nous n'étions nous-mêmes pas vivants ? ».

[207] Id., *Incarnation*, p. 29.

[208] M. HENRY, *L'essence de la manifestation*, p. 549-571.

[209] *Ibid.*, p. 604.

c'est moi. Elle n'est pas une manifestation parmi d'autres, c'est La manifestation[210].

Mais si ma vie est immanente et échappe à l'horizon de la visibilité phénoménologique et de la représentation, elle s'auto-révèle à elle-même pathétiquement en tant qu'affectivité et sensibilité[211]. Il ne s'agit pas pour la vie-affectivité de sentir quelque chose comme un objet, il est question de la capacité de la vie de se « se sentir soi-même » comme fondement de « sentir quelque chose ». La souffrance et la joie sont les fondements de vie-affectivité dans son auto-donation à travers un corps subjectif. Le corps subjectif, l'homme se le reçoit : il est auto-affection immanente, le lieu de la révélation. Le corps subjectif, c'est la chair dans toute son immanence, la chair en tant qu'« auto-impressionnalité vivante »[212]. Il ne s'agit pas de la chair comme le corps matériel, antonyme de l'os, mais de la chair capable de s'éprouver, de se sentir, de se toucher, de toucher et de sentir aussi son extériorité corporelle : la chair dans une perspective johannique comme lieu d'autorévélation et de la révélation de Dieu. Ainsi se tiennent dans un lien inextricable et logique chez Henry la phénoménologie matérielle et de l'impression, la phénoménologie du corps et de la chair, de l'auto-affection et de l'affectivité, qui se déploient toutes *in fine* en phénoménologie de la vie. Une vie phénoménologique qui renvoie à une tautologie fondamentale : l'originairité de l'originairité de la vie. Ainsi, la phénoménologie henryenne de la vie n'est pas sans ramifications éthiques et fondement théologique.

1.4. « Débordement » éthique et théologique de la phénoménologie henryenne

Les enjeux éthiques de la phénoménologie henryenne de la vie sont nombreux. À partir de la vie phénoménologique à l'horizon de l'existence humaine, sur fond de l'immanence et de l'invisibilité de l'apparaître pathétique, peuvent être repensés l'action, la liberté humaine, la relation érotique, l'art et le rapport à Dieu. À partir d'elle, se fonde une éthique centrée sur la personne humaine[213], sur la dignité de sa vie, comme fondement de la réalité socio-économique[214], sur sa responsabilité envers sa propre vie et la vie d'autrui, et sur

---

[210] L. LOYE, « La vie chez Michel Henry », in M. Van AERDE, *Michel Henry, philosophe de la foi*, cours de philosophie master, Domuni, Annexe, p. 4-5.
[211] M. HENRY, *L'Essence de la manifestation*, p. 604.
[212] M. HENRY, *Incarnation,* p. 397.
[213] R. GAGNON, « La philosophie de la chair de Michel Henry. Vers une onto-phénoménologie de l'individualité », *Symposium : Revue canadienne de philosophie continentale*, 14, 2 (2010), p. 77 : « En faisant porter sa recherche sur ce qui est placé dessous, en glissant vers l'origine *inextatique* de soi, vers la chair, Michel Henry nous permet, d'une part, de mesurer le niveau de l'inachèvement du projet de la subjectivité et, d'autre part, d'envisager l'avènement de l'individualité essentielle ».
[214] M. HENRY, *Marx I. Une philosophie de la réalité*, Paris, Gallimard, 1976, p. 193. 207.

la justice envers l'autre vie. Dans cette perspective, se comprend la critique caustique de Henry à l'endroit de tout ce qui contribue à la négation de la vie ou, dans ses propres termes, à l'endroit de « toute maladie de la vie »[215]. D'abord, contre la technoscience qui, « par des processus aveugles et destructrices »[216] et par une réduction épistémologique des données axiologiques (récusation des valeurs), contribue à la négation de la vie par elle-même[217]. Or la vie ne peut être réduite au savoir scientifique. Commentant le point de vue de Michel Henry dans la *Barbarie*, Michel Van Aerde note :

> Que valent les statistiques face au suicide, que disent-elles du désespoir dont il procède ? Ces idéologies ont envahi l'université et la précipitent vers sa destruction par l'élimination de la vie de ses recherches et de son enseignement. La télévision est la vérité de la technique. Elle est la pratique par excellence de la barbarie, elle réduit tout évènement à l'actualité, à des faits incohérents et insignifiants[218].

La science doit être au service de la vie, et non de la destruction de la vie, de la culture et de l'art, surtout quand on sait combien la forme traditionnelle de la culture et de l'art est indispensable pour l'apprivoisement de la souffrance, pour son dépassement et sa transformation en joie[219]. Vis à vis la course effrénée aux armes de plus en plus nocives, dangereuses et destructrices alors que des millions de personnes meurent de famines, les paroles de Henry demeurent prophétiques. En 2015 seulement, 1675 milliards de dollars américains sont dépensés sur des armes destructrices dans le monde dont 800 milliards rien qu'aux USA et en Chine[220], alors que rien que le quart de cet argent permet de résoudre la question de la malnutrition, de l'obésité et de la pauvreté chez les enfants de moins de 5 ans dans ces 2 pays (sans parler de la famine sévère ou de sous-alimentation chronique dans le monde, surtout dans certains pays en voie de développement)[221]. Même les pays les plus pauvres, comme la République centrafricaine, ne sont pas à l'abri de la pullulation des armes à feu fabriquées dans les pays dits du Nord. Nous en connaissons les effets fatals : des centaines d'innocents tués au nom de je ne sais quoi dans la crise centrafricaine de 2013 à 2016, la banalisation de la mort et de la culture de la mort, la destruction des tissus culturels et sociopolitiques de tout un pays.

---

[215] M. HNRY, *Barbarie*, Paris, Grasset, 1987, p. 51.
[216] *Ibid.*, p. 70.
[217] *Ibid.*, p. 52.
[218] *Ibid.*, p. 131.
[219] M. HENRY, *Barbarie*, p. 174-183.
[220] D'après le rapport 2016 de SIPRI, *Trends in the World Military Expenditure*, sur *sipri.org. avril 2016* consulté le 22 août 2016.
[221] D. E. SAHN, *The Fight against Hunger and Malnutrition ; The Role of Food, Agriculture and Targeted Policies*, Oxford, Oxford University Press, 2015 ; A. E, HASSAN (Ed), *Food Security and Child malnutrition. The impact of Health, Growth, and Well-being*, New-Jersey, Apple Academic Press, 2016, p. 126-140.

Ensuite, Henry pose son regard critique aussi bien sur le communisme que sur le capitalisme qui constituent pour lui le double visage d'une même mort, de la négation de la vie[222]. Le communisme annihile la vie individuelle au profit d'abstractions universelles comme les classes sociales et le peuple[223]. Le capitalisme alanguit et exclut la subjectivité avec l'automatisation des moyens de production, la mise en chômage systématique[224] et la concentration de la richesse dans les mains d'une minorité. En somme, si la vie devient phénoménologiquement absolue chez Henry avec des implications éthiques axiales et que chaque être vivant vient à l'Être par la vie, c'est que la source même de cette vie est Dieu comme Archi-Essence de la phénoménalité. Il y a donc rupture de la méthode philosophique et phénoménologique la plus pure (si une telle méthode a déjà existé ou existe), à tout le moins, "débordement" théologique de la phénoménologie.

Reprenant en son compte les énoncés johanniques, Henry montre que la vie n'est autrement que cet Absolu Amour qu'est Dieu[225]. Dieu est la Vie s'éprouvant elle-même dans son intériorité invisible : « il est l'essence de la Vie, ou si l'on préfère, l'essence de la vie est Dieu »[226]. Se déploie dès lors une phénoménologie christique dans laquelle, le Christ, pureté de l'autorévélation de la Vie qui s'engendre sans cesse en elle-même, est présenté comme le Premier Vivant, Archi-Fils, au commencement et à l'origine de la vie[227]. Il apporte aux hommes, par son Incarnation, la « Parole de la Vie » (les Écritures). D'après les commentaires de Viladin, il en est l'Exégèse, car il accomplit les Écritures en les vivant ; il les remplit en leur donnant une profondeur vécue[228]. Ainsi la vérité de la Vie diffère, voire s'oppose à la vérité du monde. En recevant la Parole de la vie du Premier vivant, les hommes sont tous des fils de Dieu, des vivants partageant en commun la vie de Dieu. L'éthique devient donc sous-tendue par ce fondement commun des fils de Dieu, des vivants renaissant à la vie.

---

222 M. HENRY, *Du communisme au capitalisme*, Paris, Les Éditions Odile Jacob, 1990, p. 52.
223 *Ibid.*, p. 142. 148.
224 *Ibid.*, p. 161-174.
225 M. HENRY, *C'est moi la vérité*, &2, p. 44.
226 *Ibid.* p. 40.
227 *Ibid.*, p. 73-77.
228 A. VILADIN, *Parole de la vie. La phénoménologie de Michel Henry et l'intelligence des Écritures*, Paris, Parole et silence, 2006, p. 152 et 156.

2. La phénoménologie chez Henry : Enjeux et limite

2.1. Enjeux et pertinence d'une phénoménologie

1. La contribution henryenne aux débats phénoménologiques contemporains est sans conteste. Philosophe sérieux et rigoureux[229], Henry est le phénoménologue (parmi les phénoménologues contemporains dont Heidegger, Husserl, Ponty, Levinas, Marion, Chrétien) qui est allé le plus loin et d'une manière plus originale dans la quête de la donation originaire phénoménologique en posture la plus apriorique[230]. Alors que la phénoménalité se cantonnait jusque ici dans la sphère de la visibilité, de la conscience objectivant, Henry a su ouvrir la phénoménologie à l'invisibilité et à la vie. Avec lui, la phénoménalité est désormais possible dans le domaine de l'invisibilité et doit se recentrer sur le phénomène le plus pur : la vie. Le mouvement épistémologique est axial. Tout comme Heidegger a tiré l'ontologie de la *néonatologie,* l'être du néant, Henry a tiré la vie de son oubli phénoménologique, voire de sa négation par le matérialisme, le consumérisme et les idolâtries néolibérales. Remy Gagnon note avec à-propos : « Grâce à la philosophie de la chair, c'est l'histoire même de la philosophie qui prend un autre tournant, une autre trajectoire, qui se déroule sur la phénoménologie de la vie, seule à même de nous sortir de la barbarie, de la régression des modes d'accomplissement de la vie »[231].

2. Les implications éthiques et théologiques de la phénoménologie henryenne de la vie sont toutes aussi axiales. Malgré les critiques de certains théologiens et exégètes[232], la phénoménologie henryenne de la vie n'est pas sans

---

[229] Voir entre autres X. TILETTE, *Manifestation et révélation*, Paris, Beauchesne, 1974, p. 207 et 236 ; P. GIRE, « L'excès de la vie sur la représentation scientifique : la perspective philosophique de Michel Henry. Pour une philosophie du sujet vivant », *Esprit et vie*, 138 (nov. 2005), p. 17.

[230] Dans la même perspective, J. HANSON, M. KELLY, M. HENRY, *The Affects of Thought*, New-York, Continium, 2012, p. 62. Il est intéressant par exemple de voir comment Henry se positionne par rapport à Marion. Projetant une mise en adéquation de son thème d'auto-donation pure, subjective, appelée auto-affection, avec les quatre principes de la phénoménologie dans *Réduction et donation* de Marion, Henry trouve les principes de Marion mélangeants. Tout en appréciant l'effort de Marion de fonder la phénoménologie de la donation, il stigmatise la nébulosité de la distance entre l'*appel* et la *réponse*, fondamentale dans la phénoménologie de Marion (M. HENRY, J. RIVERA, G. FAITHFUL, "The four principles of phenomenology", *Continental Philosophy Review*, 48, 1(2015), p. 1-21).

[231] R. GAGNON, « La philosophie de la chair de Michel Henry », p. 77.

[232] Critiques résumées dans B. AWAZI, *Déconstruction phénoménologique et théologique de la modernité occidentale*, p. 63-71 ; J. RIVERA, " Generation, Interiority and Phenomenology of Christianity in Michel Henry", *Continental Philosophy Review*, 44, 2 (2011), p. 205-235 ; A. DAVID, J. GREISCH (dir.), *Michel Henry, l'épreuve de la vie*, Paris, Cerf, 2001, p. 171-180, 199 ; P. PIRET, « Phénoménologie et christologie : Michel Henry », *Nouvelle revue théologique*, 121, 2 (1999), p. 238 ; J. DORÉ marque aussi la distance entre Henry et la doctrine chrétienne et biblique de la création dans « « C'est moi la vérité ». Dialogue avec Michel

ramifications et fécondités théologiques. Aussi, au vu de la porosité de la frontière entre la *phénoménologique* et la *théologique* chez Michel Henry, il serait un faux-fuyant de répondre aux critiques henryennes des théologiens par le simple fait que Henry n'est pas, ou se dit n'être pas, un théologien[233]. Il convient d'aborder la question de front. De prime abord, à cause d'une parfaite continuité entre la phénoménologie et la théologie chez Henry qui fait de l'expérience religieuse le soubassement de l'humanité et de la liberté de l'homme. L'homme n'est-ce pas « celui qui pourra éprouver et expérimenter en lui la Parole du Christ sur lui-même »[234] ? Après tout, le Christ ne vient-il pas révéler l'humanité à elle-même ? En sus, à partir de la possibilité d'une phénoménalité de l'invisibilité et de la vie, le pont peut être volontiers érigé entre la philosophie et la théologie. Falque note à propos des ambitions théologiques de Henry :

> Que Michel Henry soit théologien, et non seulement philosophe, telle est la thèse que nous voulons tenir ici, en décernant ce titre à son auteur comme un honneur, à l'heure où précisément il n'a plus rien à prouver de son métier de philosophe. Une situation en effet paradoxale, au moins en France aujourd'hui, fait que les philosophes chrétiens formés à la théologie (le plus souvent au sein de l'Église) se targuent parfois de ne pas faire de théologie, alors que les philosophes laïcs non institutionnellement instruits de la pratique théologique n'hésitent pas quant à eux à faire profession de théologien. Qu'à cela ne tienne, les seconds n'ont probablement rien à envier aux premiers, dès lors que ce sont eux aussi qui font aujourd'hui œuvre de théologien — fut-ce au sein de l'université et quand bien même les premiers revendiqueraient toujours aux seconds ce pouvoir usurpé[235].

C'est donc dire que l'intérêt de *C'est moi la vérité* ou de *l'Incarnation* n'est pas seulement philosophique. Il est aussi théologique. À partir d'une approche phénoménologique descriptive, la théologie henryenne se fait de la place en bousculant, d'une part, l'unilatéralisme de l'historico-critique dans l'exploitation des textes scripturaires, et d'autre part, l'herméneutique qui réduit la Parole de Dieu à des commentaires sans fin et sans issue[236]. En ce sens, Henry n'est certes pas théologien à la traditionnelle. Il sort des sentiers battus en im-

---

Henry » in Ph. CAPELLE (Éd.), *Phénoménologie et christianisme chez Michel Henry. Les derniers écrits de Michel Henry en débat*, Paris, Cerf, 2004, p. 140.

[233] B. AWAZI, *Déconstruction phénoménologique et théologique de la modernité occidentale*, p. 69.

[234] M. HENRY, *Paroles du Christ*, p. 153 (ce qui pose la question sans réponse de l'humanité de ceux qui ne connaissent pas une telle expérience religieuse).

[235] E. FALQUE, « Michel Henry théologien (à propos de *C'est moi la vérité*) », *Laval théologique et philosophique*, 57, 3 (2001), p. 525

[236] M. HENRY, *C'est moi la vérité*, p. 9-10.

posant un cadre paradigmatique phénoménologique aux questions théologiques[237]. Aussi ne s'est-il pas exprimé en des termes théologiques extra-scripturaires (Trinité, périchorèse, circumincession, transsubstantiation). Il n'a pas non plus déployé tous les enjeux d'une théologie de la vie phénoménologique[238]. Il n'a, en outre, pas à le faire, pour autant que son travail ouvre déjà assez des perspectives heuristiques pour quiconque désire poursuivre la recherche en ce sens. Par exemple, si l'on reproche à Henry l'absence de théologie pneumatologique, on comprend, par ailleurs, très clairement, qu'une telle théologie est possible à partir d'une perspective henryenne de la vie phénoménologique. Car si Dieu le Père est Amour-Vie et que le Fils, Premier-vivant, vient donner la Parole de la Vie, alors la procession du Père et du Fils sera dès lors une procession de Vie. L'Esprit-Saint est par concomitance Vie de Dieu : il vivifie les hommes et l'Église et fait renaître dans le Vie de Dieu. Pour peu que l'on soit imaginatif, peut se développer à partir de la phénoménologie henryenne de la vie toute une théologie dogmatique, sacramentelle, liturgique, ecclésiologique et morale de la vie/mort qui ne soit pas hétérodoxe, apophatique et iconoclaste.

En tant qu'Africain et dans la quête d'une théologie africaine crédible, congruente et fonctionnelle pour les Africains eux-mêmes, une perspective à partir de la vie phénoménologique ne laisse pas indifférent. Après tout, Tempels[239] n'a-t-il pas compris, contre toute réduction et ratiocination occidentales cristallisées par Hegel, que la philosophie et la sagesse (*epistèmê*) bantoues sont à rechercher dans les jeux existentiels même des Bantous interférant avec les forces vitales ? La vie et la mort rythment l'organisation socio-culturelle en Afrique noire au point qu'il y ait peu de place pour des projets à très long terme. Qui peut croire à l'existence de la vie invisible et immanente sustentant la vie visible exprimée dans une corporéité sensible (souffrante / jouissante) mieux que des Africains ? Ils y croient à telle enseigne que le moyen le plus efficace de s'en prendre à l'individu visible est de s'attaquer à sa vie invisible, voire de la phagocyter. Pour accroître, dans la même perspective, sa puissance vitale, il suffit de réussir à capturer pour soi la force vitale invisible de l'autre. La sorcellerie, l'envoûtement, le désenvoutement, autant de pratiques et de croyances échappant à la *Mathesis Universalis* eurocentrique qui prouvent que

[237] Il ne serait pas moins intéressant d'analyser toutefois la contribution de la théologie à la philosophie de Henry. Voir à ce propos, J. RIVERA, *The Contemplative Self after Michel Henry. A phenomenological Theology*, Notre Dame, University of Notre Dame Press, 2015, p. 84

[238] *Ibid.*, p. 526: « Et on aurait tort, à l'instant des nombreux critiques, de juger l'ouvrage sur ce qu'il ne dit pas et qu'il aurait pu ou dû dire : la création, l'incarnation, l'Esprit-saint, etc. Ce maître livre en dit suffisamment pour qu'on l'estime à ce qu'il dit, et pas davantage ».

[239] R. P. Tempels, *La philosophie bantoue*, Paris, Présence Africaine, 1961 : « le ressort et la fin de tout effort bantou ne peut être que l'intensification de la force vitale, sauvegarder ou augmenter la force vitale, voilà la clé et le sens profond de tous leurs usages. C'est l'idéal qui anime la vie du ''muntu'', c'est la seule réalité qui peut mouvoir le ''muntu'', c'est la seule cause pour laquelle il se trouve prêt à souffrir et à se sacrifier.»

des Africains accordent encore une place prépondérante à leurs vies invisibles. Plus important encore, une théologie africaine dans une perspective henryenne de la vie phénoménologique s'attaque à la racine des maux qui font obstacle à l'épanouissement de la vie en Afrique (sorcellerie, sacrifice rituel, tortures, maltraitance, marginalisation, dictature, *démocrature*, tribalisme, corruption, népotisme, détournement, paupérisation, néocolonialisme, rebellions, viols et crimes de guerre) et trace épistémologiquement les pistes pour une émergence digne de la vie sur le continent.

C'est sous l'angle éthique que se perçoit le mieux la pertinence d'une phénoménologie henryenne de la vie. Sous cet axe, peut se développer toute une théologie morale adressant les questions complexes de la morale sexuelle (*pornographisation* du corps, érotisme, amour), de la bioéthique (l'avortement, euthanasie, suicide), de la morale socio-économique (consumérisme, capitalisme deshumanisant, communisme totalitariste, la valeur du travail humain, automatisation, démocratie, etc.). Mais bien plus, dans une perspective henryenne, l'éthique ne se rapporte pas d'abord à un ensemble de règles à observer dans la vie, elle est relation personnelle à celui qui est Vie, Premier-vivant, et qui donne vie. Elle est conformité et cohérence à une exigence de la vie intérieure qui appelle à des œuvres de vie et non de la mort et de la destruction. Loin d'une morale solipsiste, d'une rencontre d'ego individualisés et d'une relation aux autres vues simplement de l'extérieur, il s'agit d'une morale des Fils où la relation aux autres vient de l'intérieur de la vie invisible[240].

2.3. Limites et difficultés phénoménologico-théologiques

1. Si la phénoménologie henryenne de la vie peut fonder une théologie chrétienne, alors ce qui est en cause ce n'est pas le débordement théologique de la phénoménologie tel que critiqué par Janicaud. Il est possible, dans la perspective thomasienne de la *philosophia ancilla theologiae*, de penser une philosophie chrétienne qui puisse fonder une théologie. En sus, une philosophie nihiliste, athéiste, n'est pas plus philosophique qu'une philosophie chrétienne. Car, dans le cadre discursif du pari pascalien[241], le philosophe athée, tout comme son homologue chrétien, part d'une croyance, d'un présupposé doxique, voire de la foi, vis-à-vis la transcendance de Dieu, son irréductibilité gnoséologique et son in-objectivation. Le philosophe athée fait le pari que Dieu n'existe pas. Toute sa philosophie nihiliste découle de cette logique doxastique (pour ne pas dire de cette foi) non-démontrée de la non-existence de Dieu tout comme la foi en Dieu marque la posture philosophique du chrétien. Aussi, si *L'essence du christianisme* (1841) ou *l'Essence de la religion*

---

[240] A. VILADIN l'exprime en ces termes : « C'est parce que dès l'origine et éternellement, je suis co-engendré avec un tout autre soi vivant, dans le Premier vivant (...) que je puis rencontrer quelqu'un dans le monde », *La parole de la vie*, p. 70.
[241] B. PASCAL, *Les Pensées*, Lafuma [418] ou Brunschwig [233].

(1841) de Ludwig Feuerbach, *L'avenir d'une illusion* de Freud, *Le gai savoir* (1882), *La volonté de puissance* et *L'Anti-Christ* de Nietzche ont un statut philosophique, alors *C'est moi la vérité*, l'*Incarnation* et *Paroles du Christ* de Michel Henry sont tout autant des œuvres hautement philosophiques[242]. Les unes et les autres se fondent sur la croyance apriorique à l'existence ou la non-existence de Dieu, à sa révélation ou non-révélation dans le christianisme. En somme, le problème de la phénoménologie henryenne réside ailleurs, dans le statut phénoménologique des paroles du Christ, du Christianisme et de Dieu-Vie.

2. Si la phénoménologie permet l'accès à la chose même, comment ne pas souligner la difficulté, voire l'impossibilité phénoménologique d'accéder à Dieu comme d'un fait, d'une factualité phénoménale. Si l'auto-affection et l'auto-manifestation de la vie peut d'une manière apriorique et immanente m'apparaître comme une évidence intérieure, il est difficile phénoménologiquement, à partir de ma vie invisible, d'accéder à la source théique de la vie, au Christ comme le Premier vivant. Il est discursivement impossible de saisir la Vie (Dieu) ni comme la phénoménalité originaire, ni comme la source de la vie phénoménologique, sans la foi et la révélation. Il est aussi difficile à partir d'un examen phénoménologique des paroles du Christ de fonder la divinité du Christ, d'attester Jésus le Christ comme Dieu, Fils de Dieu, autrement que par la foi[243]. Les paroles même de Jésus, prononcées devant un peuple spécifique, dans des contextes historico-culturels et langagiers spécifiques, soumis aux aléas historico-textuels de leurs transmissions et de leurs transcriptions, acceptées dans la foi ecclésiale comme Paroles de Vie pour toute l'humanité et pour tous les temps, présentent des difficultés qui transcendent la simple méthode de la factualité de la phénoménologie. Par exemple, Jésus dit de lui qu'il n'est pas venu apporter la paix (*eirenè*) sur la terre (Mt10, 34), et en même temps, il est dit le prince de la paix qui donne la paix au monde (Lc 2, 11.14). Une compréhension et une cohérence dans les paroles du Christ exigent un effort herméneutique qui transcende le simple fait d'aller aux paroles mêmes.

Peut-on vraiment appliquer la méthode phénoménologique avec ses exigences aprioriques de l'immédiateté aux paroles du Christ et par extension à toute l'Écriture ?

L'ambition initiale de Henry dans les *Paroles du Christ* est connue : « voir si elles [les paroles du Christ] sont capables de légitimer une telle prétention : proférer la parole de ce Dieu que le Christ dit être lui-même »[244]. Mais le chemin dit phénoménologique, qui, partant de cette prétention initiale, mène à la conclusion que le Christ est Dieu et que sa parole est parole de Dieu révélée,

---

242 Sur Michel Henry comme l'un des plus éminents philosophes contemporains, consultez l'acte du Colloque international de Montpellier, *Michel henry, parole de vie et culture contemporaine*, Paris, Beauchesne, 2006, p. 10-13.

243 J. RIVERA, « Generation, Interiority and Phenomenology of Christianity in Michel Henry », *Continental Philosophy Review*, 44, 2 (2011), p. 213.

244 M. HENRY, *Paroles du Christ*, Paris, Seuil, 2002, p. 14.

reste nébuleuse. Car une chose est d'énoncer l'auto-légitimité de la parole du Christ, parole de Vie, une autre est de le démontrer. Aucune approche phénoménologique, soit-elle radicale, immanente, non-intentionnelle, ne peut prouver la divinité du Christ, ni la véracité de sa parole comme parole de Dieu révélée. Il faut, pour cela, que la *phénoménologique* s'ouvre à un double horizon. D'abord, l'horizon de l'assomption de la foi, la foi lue, vécue, acceptée dans la tradition ecclésiale qui par ailleurs a défini le canon scripturaire et ce qui est paroles du Christ ou non, avec tout ce qu'il y a de *posteriorique*, de *médiateté*, de *non-phénoménologique*. Ensuite, l'horizon d'une heuristique herméneutique interprétant comme pertinentes pour nous aujourd'hui des *logia* prononcées au début de notre siècle, voire au-delà, dans des contextes extra-modernes, et définissant les enjeux et les exigences de leur congruence, et donc, de leur intelligibilité et réception contemporaines. Là sont marquées les limites d'une phénoménologie apriorique de la révélation et de la religion. Confrontée à la question des médiations langagières, culturelles et historiques, elle ne peut se déployer sans faire violence à la phénoménalité et sans réduire l'expérience de la religion et de la révélation. La vérité de la révélation est irréductible à la vérité phénoménale : elle est une vérité religieuse et dogmatique[245]. En sus, la phénoménologie et la philosophie de la religion ne livre pas le sens de la donation de la Transcendance. L'accès au sens passe par l'herméneutique et la compréhension de la Révélation dans ses contextes langagiers et historiques propres et dans ses enjeux, ramifications et relectures existentielles, éthiques, socio-politico-économiques.

Ne passe-t-on finalement pas des limites d'une phénoménologie transcendantale, constituante, intentionnelle, aux apories de la phénoménologie tout court ? Avec le projet même de refondation de la phénoménologie, de la phénoménologie du Christianisme et des paroles du Christ, Henry n'a-t-il pas déjà quitté le terrain de la phénoménologie ? Exprimant la question dans son remarquable article, Serban souligne :

C'est pourquoi nous nous permettrons de conclure ici, de façon plus générale, sur la question du fondement en phénoménologie et sur les conséquences de la position d'une telle question. Demandons-nous tout de suite : s'agit-il d'une interrogation encore phénoménologique, ou bien revient-elle, derrière les habits du motif transcendantal, à ressusciter un style de questionnement métaphysique ? En suivant le fil conducteur de cette question du fondement posée par Michel Henry à « l'intentionnalité comme thème central de la phénoménologie » (pour citer le titre du § 84 des *Ideen I*), n'avons-nous pas quitté

---

[245] T. GRESS, « Jean Luc Marion: Le Visible et le révélé, une indispensable genèse des concepts clés de Jean-Luc Marion en regardant la pensée théologique », *Actu philosophia*, 2008, p. 3 : « Il n'y a de révélation que dans le cadre herméneutique ; actuellement, il n'y a qu'histoire. De ce fait, parler de la phénoménalité de la révélation en tant que fait, c'est bruler une étape. Ce qui entre dans le cadre phénoménal, ce n'est pas Jésus en tant que porteur d'une révélation, c'est Jésus en tant que personne historique. La révélation est déjà un cadre conceptuel qui ne saurait en aucun cas relever de la factualité phénoménale ».

de manière suspecte la description des phénomènes pour poursuivre leur fondation ? Cette question serait ainsi, en fin de compte, le symptôme d'une « réduction à l'originaire », d'une attitude phénoménologique discutable qui entend s'intéresser moins à la phénoménalité elle-même qu'à l'essence de la phénoménalité. Pire encore, tout en creusant cette scission entre la phénoménalité et son essence, la recherche du fondement semble pécher encore plus par le fait d'introduire une hétérogénéité, voire une opposition entre les deux (une différence ontologique, en somme) et d'ouvrir ainsi inévitablement la voie aux phénoménologies de l'inobjectivable, de l'inapparent, de l'invisible, sous l'apparence desquelles se déguisent de nouvelles philosophies de l'absolu. Face à ces reproches qui ont leur légitimité incontestable, on peut seulement reposer une question déjà ancienne : n'y a-t-il jamais eu, sinon de façon très provisoire, une telle phénoménologie simplement descriptive, voire positive, et qui serait implicitement trahie par les entreprises de fondation qui prétendent tout de même continuer la phénoménologie ? Husserl n'a-t-il pas repris sa quête de l'absolu immédiatement après le moment descriptif des *Recherches logiques* — tant par la descente dans les profondeurs de la conscience intime du temps dans les *Leçons* de Göttingen que par la mise en avant de la subjectivité transcendantale dans les *Idées directrices* [246]?

3. Enfin, la phénoménologie de la pure présence à soi de la vie peut-elle rendre compte de la transcendance ? Cette question posée avec à-propos par Grosos[247] reste pertinente sous l'angle de la phénoménologie immanente, radicale et invisible de la vie en tant que reliée aux humains et sous l'angle de la phénoménologie de la donation originaire divine en tant que Vie. Autrement dit, si « la condition la plus intime de la transcendance » se trouve dans l'immanence[248], Michel Henry ne nous dit pas comment réellement se conjugue la relation transcendance-immanence en la personne humaine et en Dieu. Sur le plan humain, la vie phénoménologique n'est pas qu'immanente. Henry lui-même admet un coté *inextatique* à l'immanence et à l'intériorité de la vie. Autrement dit, la vie phénoménologique marque aussi sa transcendance. La vie n'est-elle pas comme la trace chez Levinas ? À peine, est-elle sentie, à travers ses expressions primaires, parfois paroxysmiques, que sont les souffrances et les joies, que la vie ne laisse que sa trace. Insaisissable, inextatique, la vie est subie, comme le montre bien Henry. Je ne peux ni vivre, ni sentir, ma vie intérieure du passé, encore moins celle à venir, et pourtant en ma vie traîne non loin le passé et le futur. La vie, n'est-elle pas, en fin de compte, ce mystère qui échappe à toute emprise, même celle de la phénoménologie, tout autant comme allant aux choses que comme allant à la source des choses ?

---

[246] Cl. SERBAN, « Michel Henry et la question du fondement de l'intentionnalité », *Bulletin d'analyse phénoménologique,* VI, 8 (2010), p. 300.

[247] Ph. GROSOS, « Michel Henry ou le dernier système », *Les Études philosophiques*, 2 (Avril 1998), p. 197-218.

[248] M. HENRY, *Philosophie et phénoménologie du corps*, Paris, PUF, « Épiméthée », 1987, p. 304.

Sur le plan théique, voire biblique, il importe de penser l'immanence dans la transcendance. Car la transcendance de Dieu est la condition de son incarnation. Seul le Tout-Autre, autrement qu'autrui, peut prendre corps dans la chair d'autrui. L'immanence henryenne permet certes d'éluder l'image d'un Dieu trop lointain, un véritable *deus ex machina*, pour les humains. Mais le Dieu immanent de la Bible, incarné, est aussi le Dieu transcendant d'une transcendance toujours au-delà, toujours autrement, un Dieu de la distance, inconnu, absent-présent, mystérieux et insondable du *credo quia absurdum*. N'est-ce pas la difficulté d'enfermer le Dieu biblique dans une seule image précise et nette, de le nommer une fois pour toute, qui montre sa transcendance ?

Henry ne réduirait-il pas, malgré lui, le Dieu transcendant à une seule et unique réalité (la vie), à moins de penser la transcendance divine même à l'intérieur de la vie phénoménologique ? Emmanuel Falque note à ce propos :

> Tout le paradoxe de *C'est moi la vérité* est donc selon nous que l'immanence radicale qu'il développe dans la ligne de *L'Essence de la manifestation* se retrouve subrepticement, et peut-être à son insu, en une transcendance plus radicale encore, ou, pour mieux le dire, l'identification de Dieu à l'unique réalité (*C'est moi la vérité*, p. 303) pourrait bien conduire à en faire, selon une dérive spinoziste bien connue, la seule substance[249].

Penser la Transcendance dans l'immanence est donc possible. Mais si Dieu dépasse nos *cogitationes*, une philosophie ou une théologie de la Transcendance-immanence n'est-elle pas possible que dans la compréhension et l'herméneutique de l'autorévélation de Dieu et son acceptation dans la foi ?

Conclusion

Michel Henry : phénoménologue ou théologien ? À partir de ce travail sur la phénoménologie de Henry, son originalité, ses enjeux et contours aporétiques et son lien radical avec la théologie, se dégage l'irréductibilité de la pensée henryenne à des schémas traditionnels aussi bien de la phénoménologie que de la théologie. Il appert difficile de séparer le philosophe-phénoménologue du théologien ou de l'homme de la foi en Michel Henry et dans ses œuvres. Phénoménologue original, Henry est aussi un théologien audacieux.

Avec Henry, la phénoménologie ne peut se contenter de la description des choses devant se montrer elles-mêmes, à la manière d'un objet, à l'horizon de la visibilité. Elle ne va pas simplement aux faits, mais à l'origine des faits. Il y a donc rupture avec la phénoménologie transcendantale et intentionnelle

[249] E. FALQUE, « Michel Henry théologien (À propos de C'est moi la vérité) », *Laval Théologique et philosophique*, 57, 3 (2001), p. 535.

soumise à la question de sens, victime d'une réduction gnoséologique et d'une subjectivité constituante pour une phénoménologie matérielle, impressionnelle, non intentionnelle, laissant toute la place à l'auto-manifestation (auto-affection pathétique) invisible et intérieure. Que peut être cette phénoménologie aussi radicale pouvant rencontrer toutes les caractéristiques exigées sinon qu'une phénoménologie de la vie. Car, il n'y a ni phénoménalité, ni phénoménalisation sans la vie phénoménologique. De même, en dehors de la vie, il n'y a pas d'intentionnalité[250]. Seule la vie phénoménologique est capable de s'éprouver soi-même, d'une auto-affection radicale et immédiate (sans distance ni écart), invisible et intérieure.

Si Henry a rendu possible une phénoménologie de l'invisibilité et de l'intériorité, il est aussi le phénoménologue qui est allé le plus loin dans la quête épistémologique de l'immédiateté et de l'apriorité de l'auto-donation phénoménologique. Avec Henry, la phénoménologie puise désormais à sa source la plus originaire : elle ne se contente plus de l'apparaître, mais de l'auto-apparaître de l'apparaître. Elle est une quête profonde de fondement, de la source, de l'origine, de l'originarité de l'originaire.

Dès lors se comprend le mouvement discursif qui va de la description de la vie phénoménologique à l'admission de Dieu comme la source de la Vie comme d'un seul et même mouvement phénoménologico-théologique. Aussi, pour un phénoménologue de la foi qu'est Henry, la *théologique* n'est pas un mouvement second ou de trop en phénoménologie. Car qu'est-ce qu'être réellement un vivant sinon que de vivre de la vie du Premier vivant, le Christ ? La phénoménologie henryenne va à la source de toute vie et s'ouvre sur la foi en un Dieu de la Vie. Elle s'ouvre aussi sur une éthique des Fils, co-engendrés dans la Vie. En ce sens, la phénoménologie henryenne reste fonctionnelle, car elle est au service de la vie humaine, de sa dignité et de son inviolabilité.

Si la phénoménologie inspire une lecture théologique chez Henry, on peut aussi souligner la dette de la phénoménologie henryenne à la théologie chrétienne, au christianisme tout court. Mais l'ouverture de la phénoménologie henryenne à la théologie, à l'éthique et aux autres disciplines, n'est-elle pas un aveu tacite de l'incapacité de la méthode phénoménologique seule à démêler les complexes questions de la vie et un appel inavoué à une collaboration interdisciplinaire pour ce faire ? En sus, si la perspective de la vie phénoménologique peut déblayer des pistes théologiques axiales et congruentes, ne fallait-il pas questionner le statut réellement axial et épistémique d'une approche phénoménologique des Écritures, de la vérité religieuse ou des phénomènes dits saturés ?

[250] M. HENRY, *L'Essence de la manifestation,* p. 397 : « Il n'y a pas d'intentionnalité mais seulement une vie intentionnelle. Reconnaître la phénoménalité propre de cette vie, l'auto-affection pathétique qui la rend précisément possible comme vie, dans son hétérogénéité radicale au voir de l'intentionnalité, c'est la tâche d'une phénoménologie non intentionnelle ».

Bibliographie

AUDI, P., *Michel Henry. Une trajectoire philosophique*, Paris, Les Belles Lettres, « Figures du savoir », 2006.

Id., « Michel Henry : entre généalogie et contemporanéité », *Revue philosophique de Louvain*, 106 / 1 (2008), p. 106-127.

AWAZI, B., *Donation, saturation et compréhension. Phénoménologie de la donation et phénoménologie herméneutique : une alternance ?* Paris, L'Harmattan, « Ouverture philosophique », 2005.

CAPELLE, Ph., (Éd.), *Phénoménologie et christianisme chez Michel Henry. Les derniers écrits de Michel Henry en débat*, Paris, Cerf, 2004.

CARUANA, V., HENRY, M., « Entretien avec Michel Henry », *Philosophique*, 3 (2000), p. 69-80.

CORVEZ, M., « Être et l'étant dans les philosophies de Martin Heidegger », *Revue de philosophie de Louvain*, 63 / 78 (1965), p. 257-279.

CHRÉTIEN, J.-L., *L'Inoubliable et l'inespéré*, Paris, Desclée de Brower, 1991.

Id., *L'effroi du Beau*, Paris, Les Editions du Cerf, 1987.

DAVID, A., GREISCH, J., (dir.), *Michel Henry, l'épreuve de la vie*, Paris, Cerf, 2001.

FALQUE, E., « Michel Henry théologien (à propos de *C'est moi la vérité*) », *Laval théologique et philosophique*, 57, 3 (2001), p. 525-536.

GAGNON, R., « La philosophie de la chair de Michel Henry. Vers une onto-phénoménologie de l'individualité », *Symposium : Revue canadienne de philosophie continentale*, 14, 2 (2010), p. 66-77.

GIRE, P., « L'excès de la vie sur la représentation scientifique : la perspective philosophique de Michel Henry. Pour une philosophie du sujet vivant », *Esprit et vie*, 138 (2005).

GROSOS, Ph., « Michel Henry ou le dernier système », *Les Études philosophiques*, 2 (Avril 1998), p. 197-218.

JANICAUD, D., *Le tournant théologique de la phénoménologie française*, Combas, Les Éditions de l'Éclat, 1991.

Id., *La Phénoménologie éclatée*, Combas, Les Éditions de l'Éclat, 1998.

HENRY, M., *L'Essence de la manifestation*, Paris, PUF, « Épiméthée », 1963.

Id., *Marx I. Une philosophie de la réalité*, Paris, Gallimard, 1976.

Id., *Barbarie*, Paris, Grasset, 1987.

Id., *Philosophie et Phénoménologie du corps*, Paris, PUF, « Épiméthée », 1987.

Id., *Du communisme au capitalisme*, Paris, Les Éditions Odile Jacob, 1990.

Id., *Phénoménologie matérielle*, Paris, PUF, « Épiméthée », 1990.

Id., *C'est moi la vérité. Pour une philosophie du Christianisme*, Paris, Seuil, 1996.

Id., « Non, il n'y a pas de mort », Propos recueillis par Magali UHL et Jean-Marie BROHM, *Revue Prétentaine*, 6 (1996).

Id., *Incarnation. Une philosophie de la chair,* Paris, Seuil, 2000.

Id., *Paroles du Christ*, Paris, Seuil, 2002.

Id., *Auto-donation. Entretiens et Conférences* (Textes rassemblés et édités par *Prétentaine* sous la direction de Magali UHL), Paris, Beauchesne, 2004.

Id., « Phénoménologie non-intentionnelle : une tâche de la phénoménologie à venir », dans D. JANICAUD (éd.), *L'intentionnalité en question. Entre phénoménologie et sciences cognitives*, Paris, Vrin, 1995, p. 383-397.

HENRY, M., RIVERA, J., FAITHFUL, G., "The four principles of phenomenology", *Continental Philosophy Review*, 48, 1 (2015), p. 1-21.

HEIDEGGER, M., *Être et temps*, Paris, Gallimard, 1986.

HUSSERL, E., *Ideen* I, (Traduction de Paul Ricœur), Paris, Gallimard, 1950.

Id., *Méditations cartésiennes. Introduction à la phénoménologie*, Paris, Vrin, 1992.

Id., *Idée,* II, Paris, Gallimard, « Bibliothèque de la philosophie », 1950.

Id., *Sur l'Intersubjectivité*, I, Paris, PUF, « Épiméthée », 2001.

LAVIGNE, J.-F., *Michel Henry : parole de vie et culture contemporaine. Actes du colloque international de Montpellier, 3-5 décembre 2003*, Paris, Beauchesne, 2006.

MERLEAU-PONTY, *Œuvres*, Paris, Galimard, « Quarto », 2010.

Id., *Le visible et l'invisible*, Paris, Gallimard, 2001.

PIRET, P., « Phénoménologie et christologie : Michel Henry », *Nouvelle revue théologique*, 121, 2 (1999), p. 233-239.

POPA, D., « Michel Henry, lecteur de Husserl », *Cahiers philosophiques*, 2, 126 (2011), p. 82-94.

RIVERA, J., "Generation, Interiority and Phenomenology of Christianity in Michel Henry", *Continental Philosophy Review*, 44, 2 (2011), p. 205-235.

Id., *The Contemplative Self after Michel Henry. A phenomenological Theology*, Notre Dame, University of Notre Dame Press, 2015

SERBAN, Cl., « Michel Henry et la question du fondement de l'intentionnalité », *Bulletin d'analyse phénoménologique,* VI, 8 (2010), p. 284-304.

TILETTE, X., *Manifestation et révélation*, Paris, Beauchesne, 1974.

TOUABOY, H., « À la rencontre de l'autre. Penser l'intersubjectivité phénoménologique dans le contexte africain », *Afroscopie*, VI (2016), Paris, L'Harmattan, p.187-214.

VILADIN, A., *Parole de la vie. La phénoménologie de Michel Henry et l'intelligence des Écritures*, Paris, Parole et silence, Paris, 2006

« Le désordre comme instrument politique » : Le défi éthique et épistémologique des grilles d'analyse négatives en études africaines

Kasereka Kavwahirehi[251]

Résumé : Ces trois dernières décennies, les concepts de « désordre comme instrument politique[252] », « politique du ventre[253] » et « retraditionalisation [254]» ont connu une fortune enviable dans le champ des études africaines. Cependant, en dépit de leur popularité chez certains africanistes comme chez leurs épigones africains, on peut douter de leur efficience dans la saisie des mouvances sociales et politiques profondes à l'œuvre dans les sociétés africaines. On pourrait même se demander si ceux qui les utilisent ne réactualisent pas, consciemment ou inconsciemment, l'imaginaire de l'anthropologie coloniale qui a pathologisé l'Afrique pour mieux l'enfermer dans sa différence et la poser comme l'altérité absolue. Mon intention dans les pages qui suivent consiste à revisiter l'ouvrage *L'Afrique est partie. Le désordre comme instrument politique* de Chabal et Daloz (1999) de problématiser ces concepts, plus particulièrement celui de « désordre comme instrument politique », en montrant ses limites et ambiguïtés à la fois du point de vue épistémologique et éthique. Dans le sillage de Mudimbe qui, naguère, avait invité les Africains à cultiver une attitude critique à l'égard des termes apparemment inoffensifs comme développement et sous développement, je voudrais montrer que l'usage des concepts bien marqués comme « désordre », « retraditionalisation », « État manqué », est loin d'être idéologiquement neutre, surtout dès lors qu'on les replace dans l'histoire du discours occidental sur l'Afrique depuis le XIXe siècle. Il importe alors de s'interroger sur leur archéologie et,

[251] **Kasereka KAVWAHIREHI** a fait des études de Philosophie à la Faculté de Philosophie Saint-Pierre Canisius de Kimwenza (Kinshasa), de Philologie romane à l'Université de Namur et à Louvain-la-Neuve, avant d'obtenir un PhD de Queen's University. Il a publié, entre autres, *V.Y. Mudimbe et la réinvention de l'Afrique. Poétique et politique de décolonisation des sciences humaines* (Rodopi, 2006), *L'Afrique entre passé et futur. L'urgence d'un choix public de l'intelligence* (PIE Peter Lang, 2009), *Le prix de l'impasse. Christianisme africain et imaginaires politiques* (PIE Peter Lang, 2013. Il a aussi co-dirigé : *Imaginaire africain et mondialisation. Littérature et cinéma* (L'Harmattan, 2009), *Dire le social dans le roman francophone contemporain* (Honoré Champion, 2011, avec Justin Bisanswa) et *Beyond the Lines: Fabien Eboussi Boulaga, a Philosophical Practice / Au-delà des lignes. Fabien Eboussi Boulaga, une pratique philosophique* (Lincom Academic Press, 2012), *Violence in/and the Great Lakes: The Thought of V.Y. Mudimbe and beyon*d (University of KwaZulu Natal Press, 2014).

[252] Patrick CHABAL et Jean-Pascal DALOZ, *L'Afrique est partie. Du désordre comme instrument politique*, Paris, Economica, 1999.

[253] Jean-François BAYART, *L'État en Afrique, la politique du ventre*, Paris, Karthala, 1989.

[254] Patrick CHABAL et Jean-Pascal Daloz, *L'Afrique est partie. Du désordre comme instrument politique*, Paris, Economica, 1999.

surtout, de demander en fonction de quel cadre théorique et pour quel but une société humaine peut être lue avec des grilles d'analyse essentiellement négatives.

Mots-Clés : désordre comme instrument politique, Afrique, grilles d'analyse négatives, Études africaines, malaise épistémologique, défi éthique, re-traditionalisation.

Abstract : Over the last two decades, concepts of "politics of the belly", "disorder as political instrument", and "re-traditionalization" have been used and abused in African studies by European and African scholars to describe the African social and political condition of the last decades. However, despite their canonization, one can question their validity and relevance to the analysis and understanding of what is really happening in postcolonial Africa. One might even wonder if these analytical concepts are not reawakening the imaginary of colonial anthropology or, as Mudimbe would put it, the imaginary of the "colonial library" which pathologized the "Dark Continent" in order to enclose it in its difference and represent it as the absolute alterity as Hegel did in his *Reason in History*. My intention here is to problematize these concepts by showing their limits. Commenting on Chabal and Daloz's book, *Africa Works. Disorder as Political Instrument*, I will suggest that one should not use such marked concepts as "disorder", "retraditionalization", "abnormality", and "politics of the belly", without interrogating their archaeology and ideological content. This is both an *ethical* and *epistemological* necessity, particularly if we want anthropology or the social sciences to be, as Mudimbe puts it, "a real *anthropou-logos*, that is a discourse on human being" or on human society.

Keywords: disorder as political instrument, Africa, negative grids, African Studies, epistemological malaise, politics of the Belly, ethical challenge, re-traditionalization.

Introduction

Ces trois dernières décennies, les concepts de « désordre comme instrument politique[255] », « politique du ventre[256] » et « retraditionalisation [257]» ont connu une fortune enviable dans le champ des études africaines. Cependant, en dépit de leur popularité chez certains africanistes comme chez leurs épigones africains, on peut douter de leur efficience dans la saisie des mouvances sociales et politiques profondes à l'œuvre dans les sociétés africaines. On pourrait même se demander si ceux qui les utilisent ne réactualisent pas, consciemment ou inconsciemment, l'imaginaire de l'anthropologie coloniale qui a

[255] Patrick CHABAL et Jean-Pascal DALOZ, *L'Afrique est partie. Du désordre comme instrument politique*, Paris, Economica, 1999.
[256] Jean-François BAYART, *L'État en Afrique, la politique du ventre*, Paris, Karthala, 1989.
[257]Patrick CHABAL et Jean-Pascal Daloz, *L'Afrique est partie. Du désordre comme instrument politique*, Paris, Economica, 1999.

pathologisé l'Afrique pour mieux l'enfermer dans sa différence et la poser comme l'altérité absolue.

Mon intention dans les pages qui suivent est justement de problématiser ces concepts, plus particulièrement celui de « désordre comme instrument politique », en montrant ses limites et ambiguïtés à la fois du point de vue épistémologique et éthique. Dans le sillage de Mudimbe qui, naguère, avait invité les Africains à cultiver une attitude critique à l'égard des termes apparemment inoffensifs comme développement et sous développement[258], je voudrais montrer que l'usage des concepts bien marqués comme « désordre », « retraditionalisation », « politique du ventre » est loin d'être idéologiquement neutre, surtout dès lors qu'on les replace dans l'histoire du discours occidental sur l'Afrique[259]. Il importe alors de s'interroger sur leur archéologie et, surtout, de demander en fonction de quel cadre théorique une société humaine peut être lue avec des grilles d'analyse essentiellement négatives. Ce questionnement me paraît incontournable particulièrement si l'on veut, d'une part, que le discours sur l'Afrique soit véritablement un discours sur des sociétés humaines et non sur de simples objets d'études servant de banc d'essai aux théories apparemment nouvelles et, d'autre part, qu'il contribue à ouvrir des pistes d'un futur plus humain au continent africain. Pour ce faire, je procéderai en trois temps. Dans un premier moment, je m'appesantirai sur le malaise que *L'Afrique est partie. Le désordre comme instrument politique* de Patrick Chabal et Jean-Pascal Daloz a créé chez certains africanistes français qui n'avaient pas manqué de noter l'écho fait à *L'Afrique est mal partie* de René Dumont[260] et *L'Afrique peut-elle partir* d'Albert Meister[261]. Dans un deuxième temps, j'essayerai de mettre au jour l'*impensé* de l'armature conceptuelle négative mobilisée par les deux chercheurs pour mieux suggérer le caractère problématique de l'idée de l'Afrique que le livre propose. Je vais conclure en montrant qu'au vu de l'ordre mondial en vigueur depuis la chute du mur de Berlin, le désordre se donne à penser non comme une spécificité africaine mais comme une des « nouvelles pratiques impériales » pour contrôler le monde et avoir accès aux matières premières à un moindre coût du point de vue économique.

Malaise chez les Africanistes

Comme nous le savons, les concepts de désordre comme instrument politique en Afrique et de retraditionnalisation ont été popularisés, entre autres, par le livre *L'Afrique est partie. Le désordre comme instrument politique* paru

[258] V.Y. MUDIMBE, *L'odeur du père. Essai sur des limites de la vie et de la science en Afrique noire*, Pais, Présence africaine, 1982, p. 57.
[259] V.Y. MUDIMBE, *The Invention of Africa : Gnosis, Philosophy and the Order of Knowledge*, Indianapolis, Indiana University Press, 1988.
[260] René DUMONT, *L'Afrique noire est mal partie*, Paris, Seuil, 1962.
[261] Albert MEISTER, *L'Afrique peut-elle partir?*, Paris, Seuil, 1966.

quelques années après *L'état en Afrique. La politique du ventre* de Jean-François Bayart dont ont connaît l'empreinte sur le champ des études africaines dans le monde francophone. Brillant et désarçonnant, le livre de Chabal et Daloz faisait clairement écho à *L'Afrique est mal partie* de René Dumont. C'est d'ailleurs cet écho qui, dès le départ, rendait le titre intéressant et quelque peu provocateur. En effet, ne serait-il pas ironique et, à la limite, cynique, d'affirmer que l'Afrique est bien partie, mais à sa façon, c'est-à-dire par le désordre ou, comme disent les autres, par des comportements incohérents, irrationnels, quasi maladifs ? Ce paradoxe n'a pas manqué d'attirer l'attention des africanistes français qui ont rendu compte de l'ouvrage.

En effet, lorsqu'on examine les réactions au livre de Patrick Chabal et Jean-Pascal Daloz, on constate qu'il a généré un double sentiment chez leurs collègues français qui avaient présent à l'esprit le célèbre livre de René Dumont : *L'Afrique est mal partie*. Si, dans un premier temps, les lecteurs ont salué le brio avec lequel les auteurs défendaient leur thèse – à savoir que l'Afrique est partie, mais à sa manière –, dans un second temps, certains n'ont pas hésité à avouer un vague malaise, d'autres, à dire explicitement que le livre pose des problèmes non seulement d'ordre épistémologique mais également, sinon surtout, d'ordre éthique. Cela, malgré l'aveu des auteurs d'avoir voulu se situer au-delà du bien et du mal, pour ne faire qu'œuvre scientifique ou, peut-être mieux, scientiste, en ne s'en tenant qu'aux faits ou aux comportements observables. Ce qui sous-entend que le chercheur est complètement libre des pesanteurs idéologiques du lieu d'où il parle. René Luneau, spécialiste du phénomène religieux en Afrique, et Colette Dubois représentent la première catégorie, tandis que Jean-François Médard, qui a fait une analyse critique plus fouillée du livre, représente la deuxième.

Les premières lignes du compte rendu de René Luneau suggèrent un vague malaise. S'il partage l'avis de René Dumont qui, au lendemain des indépendances, fit le constat que l'Afrique était mal partie et s'il semble reconnaître l'originalité de la démarche des auteurs de *L'Afrique est partie,* il ne s'empêche pas de suggérer au lecteur attentif son embarras en écrivant : « Que l'Afrique soit partie, bien ou plutôt mal comme le pensait naguère René Dumont, nul n'en doute. Mais qu'elle ait réussi à faire un instrument politique d'un certain nombre de conduites au premier regard *singulières sinon aberrantes*, dans les domaines sociaux, économiques, religieux, voilà qui est *surprenant* [262]».

Comment faut-il comprendre l'adjectif « surprenant » qui cristallise le malaise de René Luneau, sinon comme synonyme de désarçonnant, inattendu. Mais il ne faut pas s'y tromper. En effet, malgré l'apparent malaise ou l'apparente réserve exprimée de prime abord face à la thèse de Chabal et Daloz, –

[262] René LUNEAU, « Chabal, Patrick, Daloz, Jean-Pascal, *L'Afrique est partie! Du désordre comme instrument politique*», *Archives des Sciences sociales des religions* 114 (2001), p. 73.

René Luneau est presque certain que l'ouvrage « suscitera nombre de controverses » –, il retourne vite et même très vite sa veste pour lui donner une caution sans ambiguïté :

Nos auteurs soulignent, à juste titre, me semble-t-il, l'extraordinaire capacité qu'ont les Africains de recourir quasi simultanément à des registres multiples, voire contradictoires, sans se soucier de cohérence. Il s'agit, au gré des circonstances de jouer plutôt sur les uns ou sur les autres. (...) En Afrique noire, il se révèle non seulement admissible mais profitable d'opérer sur toutes les gammes disponibles. (...) La modernité africaine encourage paradoxalement à puiser dans les traditions et à en user dynamiquement... Il va sans dire que la même logique est à l'œuvre dans le monde religieux et qu'on peut même faire un bon usage de la sorcellerie[263].

À la fin du compte rendu de Luneau, l'ouvrage de Chabal et Dalloz est, de façon surprenante, qualifié de « un brin iconoclaste et hautement stimulant ». Autrement dit, le malaise ressenti au départ a vite cédé la place à un acquiescement teinté d'exultation et à un appui total aux analyses décapantes.

L'embarras qui était celui de l'auteur migre vers le lecteur qui a lu attentivement le livre recensé. Ce dernier peut, en effet, se demander si le malaise initialement ressenti par René Luneau n'était pas tout simplement feint ou si l'ouverture du compte rendu n'était qu'un simple jeu rhétorique.

Sachant que René Luneau est reconnu comme un spécialiste du phénomène religieux en Afrique, il y a lieu de se demander si ce qu'il appelle « conduites au premier regard singulières sinon aberrantes », « contradictoires » et « incohérentes », ne jette pas un discrédit sur la religiosité africaine qu'il lui est arrivé de célébrer et dont il s'est fait, parfois, le défenseur[264]. Certes, il serait injuste de mettre en question le sérieux d'un chercheur reconnu et éprouvé à partir d'un court compte rendu rédigé généreusement pour faire connaître l'ouvrage de ses collègues africanistes. Mais le compte rendu pourrait être symptomatique. En effet, si l'on fait foi au théologien congolais Benoît Awazi Mbambi Kungua dans son essai *De la postcolonie à la mondialisation néolibérale,* le point de vue exprimé en filigrane dans le compte rendu peut se retrouver déployé dans un autre ouvrage de René Luneau au titre assez ambitieux : *Comprendre l'Afrique. Évangile, modernité et mangeur d'âmes*[265]. Benoît Awazi suggère que si Luneau a bien repéré les mutations religieuses qui adviennent en Afrique postcoloniale, il semble cependant incapable de les interpréter sans recourir aux schèmes d'une ethnographie dépassée qui faisait de l'Afrique le continent de l'irrationalité et à une orthodoxie ou normalité

---

[263] *Ibid.*, p. 74.

[264] René LUNEAU et Jean Marc-ÉLA, *Voici le temps des héritiers*, Paris, Karthala, 1981, et René Luneau, *Laisse aller mon peuple. Eglises africaines au-delà des modèles*, Paris, Karthala, 1987.

[265] René LUNEAU, *Comprendre l'Afrique. Évangile, modernité et mangeurs d'âmes*, Paris, Karthala, 2001.

dont l'Occident serait l'incarnation[266]. Ce qui expliquerait l'emploi des grilles de lecture négatives quand il s'agit de parler de l'Afrique. Les démons du passé ont du mal à se laisser mourir.

« L'ouvrage de R. Luneau : *Comprendre l'Afrique. Evangile, modernité et mangeur d'âmes,* écrit Awazi, fourmille de récits et de faits qui révèlent, selon lui, l'irrationalité génétique des cultures africaines, où les questions liées à la sorcellerie, à la magie, à l'envoûtement et à l'inflation d'étiologies irrationnelles pour expliquer la crise sont légion. Bien qu'il faille reconnaître une bonne part de véracité empirique et narrative dans les faits racontés et rapportés dans son ouvrage... il n'en demeure pas moins vrai que R. Luneau occulte volontairement la violence sauvage et démesurée qui a présidé à l'évangélisation et à la colonisation de l'Afrique.... En oubliant que les couches populaires interprètent la violence irrationnelle et symbolique de la sorcellerie, en se basant sur la violence non moins réelle, physique et effective de la colonisation militaire de l'Afrique et des dictatures nègres postcoloniales, R. Luneau se ferme les voies pour une compréhension dynamique et dialectique de l'inflation sociopolitique et religieuse des phénomènes relatifs à la sorcellerie dans les grandes mégalopoles africaines »[267].

Autrement dit, ce qui fait défaut dans l'interprétation que fait René Luneau des comportements qu'il qualifie d'irrationnel, c'est un cadre global d'analyse et de compréhension approprié. De là peut-être l'adjectif « aberrant » qui, si l'on fait foi au *Petit Robert,* signifie « qui s'écarte du type normal », « qui s'écarte de la règle, se fourvoie, est contraire à la raison ». On retrouve la même démarche chez les auteurs de *L'Afrique est partie,* qui, tout en s'en défendant, semblent prendre ce qui se fait en Occident comme « la norme » par rapport à laquelle ce qui se passe en Afrique, plus précisément, en Afrique noire, peut être dit anormale, sinon pathologique, distinguant ainsi implicitement deux types de société : celle de la normalité et celle de l'anormalité.

Le malaise épistémologique et éthique

Mais la réaction la plus intéressante à l'égard de *L'Afrique est partie* est, sans aucun doute, celle de Jean-François Médard intitulée « L'État et le politique en Afrique [268]». Comme dans le cas de René Luneau, l'auteur commence par avouer l'embarras sinon la gêne qu'il éprouve face au livre qui, écrit-il, « a quelque chose de décapant et de salubre ». Il ajoute immédiatement :

[266] Benoit Awazi Mbambi Kungua, *De la postcolònie à la mondialisation libérale*, Paris, L'Harmattan, 2011, pp. 11-34.
[267] *Ibid.*, p. 33-34.
[268] J.-F. MÉDARD, « État et politique en Afrique », *Revue française de science politique*, vol.50, 4-5 (1999), p. 849-854.

> Pourtant l'ouvrage nous pose un problème : comment se fait-il qu'un travail dont nous partageons bien des analyses nous laisse une telle impression de malaise ? L'impression dominante qui se dégage à la lecture de l'ouvrage est celle d'une Afrique irrémédiablement enfermée dans son passé, d'une histoire répétitive et d'une incapacité de ce continent à se transformer en profondeur et à se développer, suivant les normes occidentales, précisent-ils chaque fois. Non pas que l'Afrique resterait figée dans un passé intemporel et archaïque – ils insistent à la suite de la plupart des auteurs, sur la dynamique du continent et prétendent qu'il se modernise « à sa façon », mais en parlant de « retraditionalisation », ils laissent bien entendre que ce qui change est secondaire par rapport à ce qui perdure[269].

Jean-François Médard ne se limite pas à ce jugement général déjà riche en nuances. Il s'investit plus profondément dans l'analyse du livre pour spécifier les raisons de son « profond malaise » et, parfois, de son désaccord. Ces raisons sont de deux ordres : épistémologique et éthique, les deux étant par ailleurs liées. On sait, en effet, que dans le domaine des sciences humaines et sociales, l'épistémologique et le méthodologique, même quand ils visent l'objectivité, sont plus intimement liés à l'éthique qu'on ne le pense. Du point de vue épistémologique, le « profond malaise » de Jean-François Médard est dû à une conception trop scientiste des sciences sociales tant en ce qui a trait au problème classique de la neutralité axiologique qu'à celui non moins classique du déterminisme. Le politologue français pense que les deux auteurs sont allés trop loin en opposant de façon radicale et exclusive l'approche analytique et réaliste et le point de vue normatif. En effet, comme il l'écrit :

> Une telle position qui prétend adopter le point de vue de Sirius, ne (...) semble pas défendable ni d'un point de vue éthique ni d'un point de vue scientifique, alors même que l'aspiration à la neutralité axiologique reste un point cardinal de notre démarche. Nos interprétations scientifiques ne sont pas formulées dans le vide, elles sont récupérées et réinterprétées par les acteurs sociaux et politiques[270].

Insistant, ensuite, sur les enjeux éthiques accompagnant une telle position qui se veut essentiellement scientifique ou épistémologique, Médard ajoute :

> Qu'on le veuille ou non, ce que nous écrivons n'est pas neutre. Une certaine manière de distanciation débouche sur le cynisme, qu'il soit apparent ou réel, et donc une justification implicite des pratiques qu'on est en bon droit de condamner, tout en poursuivant une démarche scien-

---

[269] *Ibid.*, p. 849.
[270] *Ibid.*, p. 851.

tifique. Il est trop commode et confortable, alors même qu'ils diagnostiquent par ailleurs de façon lucide les problèmes que rencontrent l'Afrique, d'écrire qu'après tout c'est cela l'Afrique : *Africa Works, l'Afrique est partie* ! Sous prétexte qu'il s'agit de prendre en considération les représentations des acteurs et que le comportement des Africains est rationnel par rapport à leurs représentations[271].

Le risque réel que court celui qui affirme prendre au sérieux l'univers mental qui préside au genre de phénomènes à l'instar de la corruption dont il est question dans le livre de Chabal, c'est de glisser subrepticement de la considération légitime de « l'économie morale de la corruption » (J.P. Olivier de Sardan) permettant d'éclairer les mécanismes à l'idée que, suivant la formule consacrée, malgré son caractère tout à fait problématique, « l'Africain ne connaît pas la corruption ». Ce qui induit que si l'on peut à la rigueur parler de « politique du ventre », on ne peut parler de corruption en Afrique, le concept étant, selon les auteurs, tout simplement étranger aux Africains. Mais on peut poser ici une série de questions : que faire alors des dénonciations et protestations fréquentes des personnes ordinaires contre la corruption ? Comment justifier les nombreuses associations qui, aujourd'hui, se donnent pour mission de lutter contre la corruption et de promouvoir la transparence dans la gestion de la chose publique ? Enfin, quelle attitude humaine avoir face aux sans parts qui payent le prix lourd des dirigeants corrompus ?

Par ailleurs, on peut noter avec Jean-François Médard que malgré leur prétention scientiste, les deux auteurs ne sont pas arrivés à s'abstraire d'une perspective normative. En effet, comment parler de désordre ou d'inefficacité sans se référer à des normes. Même si on se réfère à des normes positives, telles l'ordre et la rationalité, pour contrebalancer les normes négatives, on ne sort toujours pas de la normativité. Plus concrètement, comment comprendre les expressions du genre le développement ou l'échec économique « au sens occidental du terme », sans prendre l'Occident comme l'étalon, la norme à partir de laquelle on peut parler d'échec, de réussite ou de désordre ?

Le deuxième écueil soulevé par Jean-François Médard est tout aussi capital que le premier car il suggère combien le discours scientifique précisément dans le cadre des sciences humaines et sociales peut être une violence imposée à l'objet dont on prétend parler en ce sens que, sous couvert de découvrir ou de dire l'objet tel qu'en lui-même, on le présente au travers d'un prisme déformant, celui de l'idéologie scientifique dominante et de la situation du chercheur dans une société donnée. Comme l'a montré Mudimbe dans son essai *L'Autre face du Royaume*, judicieusement sous-titré : *Une introduction à la critique des langages en folie*[272], et dans *L'odeur du Père*, « le problème est

---

[271] *Ibid.*, p. 851.

[272] V.Y. MUDIMBE, *L'Autre face du Royaume. Une introduction à la critique des langages en folie*, Lausanne, L'Age d'homme, 1973.

alors de savoir comment aux constructions savantes qui prétendent en rendre compte peut correspondre la réalité ; et d'autre part, quels exercices « scientifiques » permettent, dans le cas des sociologies formalistes et positivistes, d'évacuer l'idéologie [273]».

Le problème ainsi posé concerne d'ailleurs toutes les disciplines qui ont le social comme objet, surtout dès lors que l'on convient,

> que tout ce qui est social échappe (aux) processus de réduction et à toutes les modalités d'objectivation. C'est que se donner le social comme objet et prétendre l'expliquer signifie aussi évacuer le sujet de l'expérience, le nier radicalement. De la sorte, comme le dit R. Laing, « falsifier notre perception pour l'ajuster à nos concepts » alors que, c'est une évidence que, même pour les spécialistes des sciences sociales, « le fait humain est irréductible à la connaissance. Il doit être vécu et produit »[274].

En ce qui concerne Chabal et Daloz précisément, Jean-François Médard attire notre attention sur le fait qu'on peut considérer que l'image de l'Africain/Afrique fataliste qui ressort de leur ouvrage est l'effet ou, si l'on veut, le produit de leur conception déterministe des sciences sociales reposant sur la confusion entre probabilité et causalité. Il écrit :

> Malgré quelques précautions sémantiques, l'ouvrage est totalement verrouillé et ne laisse aucune échappatoire. Or, malgré les contraintes structurelles considérables qui ont engendré des pesanteurs culturelles qui en aggravent les effets, il n'y a pas davantage de fatalité en Afrique qu'ailleurs. Une conception aussi déterministe des sciences sociales me semble dépassée. Elle repose sur la confusion entre probabilité et causalité. Comme l'a bien montré Norman Uphoff, les sciences sociales en sont restées à l'épistémologie de la physique newtonienne et n'ont pas vraiment intégré la notion d'incertitude et de probabilité[275].

Médard souligne un autre effet de la conception déterministe des deux auteurs : il s'agit de la neutralisation des différences entre les trajectoires des divers États africains, sous prétexte qu'elles ne sont pas significatives. Ainsi, se retrouve-t-on avec un concept fourre-tout de l'Afrique noire où le Botswana vaut le Burundi, la Namibie vaut la République Démocratique du Congo ou le Cameroun, etc. En définitive, face à la représentation de l'Afrique qui ressort du livre, on pourrait reprocher – mais est-ce vraiment un reproche ? – au duo

---

[273] V.Y. MUDIMBE, *L'odeur du père. Essais sur des limites de la science et de la vie en Afrique noire*, Paris: Présence Africaine, 1982, p. 55.
[274] Ibid., p. 52-53.
[275] Jean-François MEDARD, *art. cit.*, p. 852.

qui a affiché sa prétention réaliste, d'être condamné comme d'autres chercheurs moins ambitieux, à ne présenter que des constructions théoriques à propos des sociétés africaines, jamais à leur sujet.

Le problème fondamental qui est ainsi posé et auquel j'ai déjà fait allusion est celui de savoir à quelles conditions, dans les sciences sociales, un décrit peut exprimer la vérité et l'authenticité d'une expérience ou d'une situation sociale. Quand on y regarde de plus près, on en vient à réaliser que ce que Mudimbe a écrit au sujet des entreprises d'Hérodote qu'il qualifie de menteur, Thucydide et Denys d'Halicarnasse peut s'appliquer aux auteurs d'*Africa Works* avec leurs prétentions à la scientificité et à l'objectivité quasi absolue :

> Chaque entreprise est, dès le départ, marquée par une question, par une inquiétude. Prisonnière d'un cadre épistémologique, elle est aussi enfermée dans ses propres options scientifiques et morales ; et, sous prétexte de « parler à propos de », elle ne fait que dérouler les conséquences de ses propres postulats, faisant usage d'une « bonne » ou d'une « mauvaise » subjectivité. Ceci revient à dire qu'il n'existe pas de discours strictement objectif à propos d'une société, fût-elle du passé ou du présent[276].

Dans le même sens, Georges Gusdorf faisait remarquer que « l'interprétation explicative de la réalité humaine selon l'idéologie scientiste, fascinée par le succès des sciences expérimentales, ne pourra être qu'une sorte de vœu, un idéal lointain par rapport auquel les historiens les plus positifs se sentiront toujours en défaut [277]». Ainsi, face aux prétentions scientistes des auteurs, on pourrait s'amuser à évoquer Michel Foucault qui, à propos de l'ethnologie, mais son propos peut s'étendre à d'autres disciplines du champ des science humaines et sociales, suggérait que, quels que soient ses raffinements méthodologiques, elle s'enracine dans cette possibilité qui appartient en propre à l'histoire de la culture occidentale, « plus encore à son rapport fondamental à toute histoire, et qu'il lui permet de se lier aux autres cultures sur le mode de la pure théorie[278] ». Et il ajoute très judicieusement :

> Ce n'est pas dire, évidemment, que la situation colonisatrice soit indispensable à l'ethnologie : ni l'hypnose, ni l'aliénation du malade dans le personnage fantastique du médecin ne sont constitutives de la psychanalyse ; mais tout comme celle-ci ne peut se déployer que dans la violence calme d'un rapport singulier et du transfert qu'il appelle, de la même façon l'ethnologie ne prend ses dimensions propres que dans la souveraineté historique – toujours retenue mais toujours actuelle – de

---

[276] V.Y. MUDIMBE, *L'Autre face du Royaume, op. cit.*, p. 93.

[277] *Ibid.*, p. 94.

[278] Michel FOUCAULT, *Les mots et les choses. Archéologie des sciences humaines*, Paris, Gallimard, 1966, p. 388.

> la pensée européenne et du rapport qui peut l'affronter à toutes les autres cultures comme à elle-même[279].

L'État en Afrique, une illusion ?

Avant d'expliciter ce que cela implique dans le cas qui nous occupe en mettant au grand jour l'impensé structurant l'armature conceptuelle de *L'Afrique est partie*, impensé que Jean-François Médard a plus d'une fois suggéré sans vraiment le nommer précisément, soulignons deux autre points qui pourraient justifier le recours aux propos de V.-Y. Mudimbe et de Michel Foucault évoqués ci-dessus. Il s'agit tout d'abord d'une opposition caractéristique de ce que Mudimbe, dans *The Invention of Africa*, a appelé « structure colonisatrice/ colonizing structure » avec son système d'oppositions qui structure la littérature africaniste. En effet, Chabal et Daloz récusent l'utilisation du concept d'individu dans le contexte africain. Pour eux, parler d'individu en Afrique est un abus de langage car la modernisation du continent s'opère selon une conception non individualiste opposée à la conception individualiste qui prévaut en Occident. Mais plus intéressant encore est la caractérisation de l'État en Afrique comme une « totale illusion » ou « une devanture superficielle », alors que des personnes perdent leur vie pour le défendre. Je pense ici à la Marche des chrétiens de Kinshasa le 16 février 1992 pour réclamer la réouverture de la conférence nationale dont la mission était de refonder l'État congolais ou encore à la farouche opposition des Congolais à la balkanisation du Congo. Faut-il croire que les gens perdent leurs vies pour une « pure illusion », pour quelque chose à laquelle ils n'accordent aucune importance! Il y a, enfin, la réduction de la société civile en Afrique à une pure illusion ou à l'inexistence.

Ici aussi, on pourrait se demander, comme le propose Médard, comment il faut comprendre tout le remue-ménage qui a suivi l'assassinat de Nobert Zongo au Burkina Faso en 1998 et, plus récemment, l'assassinat de l'illustre défenseur des droits humains, Rigobert Chebeya, au Congo-Kinshasa. N'est-ce pas par rapport à la normativité représentée par la société civile en Occident que l'inexistence de la société civile en Afrique est décrétée ?

Pourtant une approche nominaliste, pour reprendre Fabien Eboussi Boulaga dans un article intitulé « Société civile : Analyse diagnostique et « prescription », aurait pu être plus efficiente qu'une approche quasi-dogmatique et normative. En effet, « le nominalisme nous rappelle que l'expression de société civile n'évoque pas la même chose pour tous, elle n'a ni une signification ni une référence évidentes. Le nominalisme nous enjoint de prêter toute notre attention aux usages qui en sont faits par ceux qui les emploient, pour soulever

[279] *Ibid.*

un problème, exprimer le pressentiment ou le souhait d'une solution [280]». C'est alors qu'on peut œuvrer pour que ce qu'on a vu à l'œuvre, en action, « trouve en elle-même la lucidité et la théorie de sa pratique, c'est-à-dire des outils pour se juger et s'évaluer, se prendre en charge et se rectifier [281]».

Ces propos font penser à la méthode mise à l'œuvre dans *Les conférences nationales en Afrique. Une affaire à suivre* (1993) où, dans le sillage d'Hannah Arendt, le philosophe camerounais s'est donné comme exigences celles d'« une pensée élucidante » qui « naît d'événement de l'expérience vécue et doit leur demeurer liée comme aux seuls guides propres à l'orienter [282]».

Conformément à cette pensée élucidante, analyser les modes d'existence de la société civile en Afrique, c'est expliciter la structure interne de ce qui, en Afrique, se présente comme tel, mettre au jour sa logique interne et ses visées avouées. « C'est à partir de l'une et de l'autre qu'il (...) est loisible d'émettre des critiques, de mettre en demeure l'action entreprise à être plus rigoureusement fidèle à elle-même, à ses intentions et tendances profondes, à aller jusqu'au bout d'elle-même ». Procéder ainsi, plonger de cette façon « dans le flux de l'actualité pour en dégager le sens, la « normativité [283]» implicite », c'est, dans une certaine mesure, « joindre son existence à la totalité du moment historique et rejoindre un monde en contribuant à l'élaborer [284]». Quiconque se place dans une telle perspective ne découvre jamais des lois éternelles qui pèseraient sur des humains comme un déterminisme et une fatalité de leur biologie, de leur hérédité culturelle ou d'une obscure malédiction surnaturelle. Plutôt celles-ci (les lois) exhibent leur nécessité et leur contingence, tout ensemble, c'est-à-dire leur historicité.

Enfin de compte, il y a lieu de se demander si le caractère illusoire de l'État, l'inexistence de la société civile en Afrique et la « retraditionalisation » ne sont pas l'invention même du système fermé d'analyse et d'explication de Chabal et Daloz, système dont la mise en place nécessitait de mettre en quarantaine des éléments perturbateurs considérés, a priori, comme insignifiants. C'est le cas des périodes importantes des sociétés africaines comme la période des transitions politiques. L'explication pourrait même être plus simple : était-il possible de parler de l'existence d'une société civile en Afrique dès lors que l'État lui-même est une « totale illusion » ou « une devanture superficielle » ? C'est ici l'occasion de dire qu'on invente ce qu'on trouve et qu'on trouve ce qu'on invente. Pour utiliser un langage plus savant : « un ordre serait, d'une

[280]Fabien EBOUSSI BOULAGA, « Société civile: analyse diagnostique et 'prescriptions' », *Terroirs. Revue africaine de sciences sociales et de culture*, 4 (2005), p. 47.

[281] *Ibid.*, p. 55.

[282] Hannah ARENDT (1972), *La Crise de la culture. Huit essais de pensée politique*, traduit de l'anglais sous la direction de Patrick Lévy, Paris, Gallimard, 1972, p. 26.

[283] F. EBOUSSI BOULAGA, *Les conférences nationales en Afrique noire, une affaire à suivre*, Paris, Karthala, 1993, p. 10.

[284] Cité par F. EBOUSSI BOULAGA, *Les conférences nationales en Afrique noire*, *Op.cit.*, p. 10.

certaine manière, la « vérité » des projets et des discours sur l'homme (la société), une épistémè où les connaissances, envisagées hors de tout critère se référant à leur valeur rationnelle ou à leurs formes objectives, enfoncent leur positivité et manifestent ainsi une histoire qui n'est pas celle de leur perfection croissante, mais plutôt celle de leurs conditions de possibilité [285]». Ces propos de Michel Foucault nous amène à la question de l'impensé de *L'Afrique est partie.*

L'impensé structurant de *L'Afrique est partie*

Revenons aux concepts majeurs mobilisés pour analyser l'Afrique, particulièrement ceux de désordre, de retraditionalisation (qui donne l'impression que l'Afrique ne change pas), la réactualisation de la classique opposition entre les sociétés où l'individu a le primat et celles, traditionnelles, où c'est plutôt la communauté qui a le primat, sans oublier la normativité de l'expérience occidentale, etc. Lorsqu'on prête attention à la manière dont ces notions sont mobilisées pour caractériser l'Afrique, on ne peut s'empêcher de penser à un impensé structurant le discours des deux africanistes qui, consciemment ou inconsciemment, renvoient à un certain état de la représentation de l'Afrique à travers le discours anthropologique. Cet impensé structurant peut être approché à partir de ce que Michel Foucault disait du rapport de la signification au système, le système étant toujours antérieur à la signification.

> La signification n'est jamais première et contemporaine d'elle-même, mais toujours seconde et comme dérivée par rapport à un système qui la précède, qui en constitue l'origine positive, et qui se donne, peu à peu, par fragments et profils à travers elle ; par rapport à la conscience d'une signification, le système est bien toujours inconscient puisqu'il était déjà là avant elle, puisque c'est en lui qu'elle se loge et à partir de lui qu'elle s'effectue[286].

Mais quel serait donc ce système que nous appelons ici impensé ? Pour le caractériser, Michel Foucault demeure un bon guide, surtout qu'il s'git d'un impensé occidental. En effet, présentant, dans *Les Mots et les choses*, la succession des trois modèles dominants dans l'histoire récente des sciences humaines – le modèle biologique, le modèle économique, le modèle philologique –, Michel Foucault indiqua, parallèle à ces passages d'un ordre à l'autre, un autre glissement, observable dans le jeu des préséances des concepts constituant trois paires : 1) fonction et norme, 2) conflit et règle, 3) signification et système. Tant que la valence canonique était accordée aux premiers termes (c'est-à-dire fonction, conflit, signification), comme ce fut le cas au XIXe

[285] Michel et Françoise PANOFF, *L'ethnologue et son ombre*, Paris, 1968, p.13.
[286] Michel FOUCAULT, *Les mots et les choses*, p. 373.

siècle, suggère-t-il, l'on assiste à une démarcation épistémologique nette, dissociant deux types de connaissances : d'un côté, des sciences de normalité, de l'autre celle des pathologies. Se sont constituées de cette façon, « une psychologie pathologique tout à côté de la normale mais pour en être comme l'image inverse (…) ».

Dans cette même logique, on a accepté

> une pathologie des sociétés (Durkheim) et des formes irrationnelles et quasi morbides de croyances (Lévi-Bruhl, Blondel) ; de même tant que le point de vue du conflit l'emportait sur celui de la règle, on supposait que certains conflits ne pouvaient pas être surmontés (…) ; enfin aussi longtemps que le point de vue de la signification l'emportait sur celui du système, on partageait le signifiant et l'insignifiant, on admettait qu'en certains domaines du comportement humain ou de l'espace social il y avait du sens et qu'ailleurs il n'y en avait pas[287].

Ce qui est ainsi indiqué par Michel Foucault est bien ce que Jack Goody dans *The Domestication of the Savage Mind* (1970) appelait « the grant dichotomy (la grande dichotomie) », dans laquelle types de sociétés et de pensées s'établissent en une grille d'oppositions binaires du genre, sociétés historiques versus sociétés a-historiques, civilisation versus barbarie, pensée domestiquée versus pensée sauvage, culminant dans l'opposition : Occident Vs non-Occident., et on pourrait ajouter : société de l'ordre vs société du désordre ou ne connaissant pas l'ordre. Mais, continue Foucault,

> Lorsque l'analyse s'est faite du point de vue de la norme, de la règle et du système, chaque ensemble a reçu de lui-même sa propre cohérence et sa propre validité, il n'a plus été possible de parler même à propos des malades de « conscience morbide », même à propos de sociétés abandonnées par l'histoire, de « mentalités primitives », même à propos de récits absurdes, de légendes apparemment sans cohérence, de « discours insignifiants ». Tout peut être pensé dans l'ordre du système, de la règle et de la norme[288].

Il me semble que ces propos de Michel Foucault suggèrent bien le problème sous-jacent à l'essai brillant de Chabal et Daloz qui, systématiquement, interprète sous une grille négative ce que dans une analyse marxiste rigoureuse Benoît Verhaegen qualifia naguère comme des conséquences de l'ordre colonial[289]. Ils enferment ainsi l'Afrique dans une négativité a-historique et quasi pathologique qui se mesure à l'aune de la norme que représente l'Occident.

---

[287] *Ibid.*, p. 371-372.
[288] *Ibid.*
[289] V.Y. MUDIMBE, *On African Fault Lines. Meditations on Alterity Politics South Africa*: University of KwaZulu-Natal Press, 2013, p. 409.

Ceci implique que l'Afrique n'est pas véritablement pensée à l'intérieur de la logique de (ses) propres systèmes et de son historicité. Au cœur de l'essai, ce sont deux types de société qui se disputent : la société de l'ordre et l'autre qui, s'enfermant dans sa différence, arrive à faire des comportements aberrants des instruments politiques. En d'autres termes, c'est en fonction de la normalité occidentale que certains comportements sont dits aberrants. L'idée de l'Afrique qui sort de l'ouvrage des deux africanistes semble ainsi réactualiser la démarcation dont parlait Foucault entre sciences de normalité d'un côté et, de l'autre, celle des pathologies.

Mais il faut être clair. Mon intention n'était pas de rejeter en bloc les analyses de nos africanistes et de leurs épigones africains, - ils ont nombreux les textes des Africains reprenant les concepts de Daloz et Chabal sans la moindre réserve- mais de souligner d'une part les enjeux idéologiques et éthiques liés à une lecture négativisante de toute une société et, d'autre part, le fait que le discours sur l'Afrique ne paraît pas tout à fait libéré des cadres d'analyse du XIXe siècle. Comme le suggère l'anthropologue américain James Ferguson dans son livre *Global Shadows. Africa in the Neoliberal World Order* (2006), on observe aujourd'hui encore dans le discours sur l'Afrique une continuité apparente avec les mythes occidentaux de la faillite africaine, de la sauvagerie et des ténèbres africaines. Ces représentations survivent dans les discours qui, de nos jours, parlent de l'Afrique des États manqués, de l'Afrique des violences incontrôlables, de l'Afrique des épidémies et de la pauvreté sans fin. Toutes ces notions donnent l'impression que l'Afrique est le continent du manque, de l'incomplétude, de l'absence. Ils disent ce que les États, les sociétés et les économies africains ne sont pas et presque rien concernant ce que l'Afrique est[290].

Mon projet était aussi de relativiser la prétention à la neutralité éthique quand on a le social comme objet d'étude. Dans ce domaine plus que dans tout autre, la responsabilité tant épistémologique qu'éthique des chercheurs est toujours déjà engagée et le refus de l'assumer peut avoir des conséquences énormes : considérer, par exemple, les autres qu'on croise sur son terrain de recherches comme des choses naturelles, non douées de liberté, d'intentionnalité, qui n'ont aucune compréhension de la situation qui est la leur et de son historicité. Il me semble fondamental d'affirmer à la suite de Jürgen Habermas dans *Logique des sciences sociales* que

> Les sujets sociaux procèdent d'avance à des interprétations de leur champ d'action. Leur comportement manifeste n'est qu'un fragment de l'activité communicationnelle dans son ensemble. D'où l'exigence méthodologique d'une interprétation orientée vers les sujets. Les concepts scientifiques doivent partir des schèmes interprétatifs des acteurs eux-

[290] James FERGUSON, *Global Shadows. Africa in the Neoliberal World Order,* Durham and London, Duke University Press, 2006, p. 10.

> mêmes. Les constructions conceptuelles puisent dans les réserves du savoir préalable qui, transmis par la tradition, guide et interprète la pratique quotidienne, et en même temps les reconstruisent. Les constructions scientifiques se situent au second degré[291].

La question n'est pas non plus de contester purement et simplement le concept de « désordre comme instrument politique », mais de souligner ceci qui est capital : pour donner un sens à des comportements ou, si l'on veut, à des événements dans l'histoire sociale, il faut jeter son regard sur l'histoire sociopolitique et économique qui a fourni le contexte de leur possibilité. C'est en ce sens que, dans son livre, *The Sacrifice of Africa*, après avoir pris les temps d'interroger le récit et l'imagination dans lequel s'inscrit l'État postcolonial africain, héritier de l'État colonial, Emmanuel Katongole est arrivé à la conclusion qu'il n'est pas évident que le chaos (le désordre), les guerres et la corruption sont des indications de la faillite ou si l'on veut, du caractère superficiel ou illusoire de l'État en Afrique. Celui qui fouille ses fondations coloniales comprend pourquoi l'État postcolonial fonctionne de cette façon. Pour Katongole, en effet, le chaos, le désordre, la corruption ne sont pas des signes des institutions qui ont failli ou de l'anormalité car ils sont ancrés dans l'imagination coloniale de l'État africain. La politique coloniale de la cupidité et du pillage menée au mépris des vies humaines est celle que continuent les élites africaines, héritières des évolués[292]. Au sujet de la République Démocratique du Congo, on peut dire, en faisant écho au livre d'Adam Hoschschild[293], que le fantôme du roi Léopold II, avec sa politique de cupidité et de pillage continue de trôner dans les têtes de ceux qui ont mission de gérer l'État.

Par ailleurs, face à l'ouvrage de Daloz et Chabal, on comprend que l'Afrique a besoin de théoriciens capables d'évaluer la positivité qui se cache derrière les comportements les plus anodins, contradictoires ou incohérents à première vue, pour reprendre les termes de René Luneau. Mais pour cela, il faut s'émanciper des paradigmes paralysants (paradigme de la faillite, du désordre, de l'anormalité) qui tendent « à gouverner toute réflexion prospective sur les sociétés africaines, et à fausser les termes d'un débat de fond sur l'avenir de la démocratie sur le continent[294] ».

---

[291] Jürgen, HABERMAS, *Logique des sciences sociales et autres essais*, Paris: Gallimard, 1987, p. 141.

[292] Émmanuel KATONGOLE, *The Sacrifice of Africa. A Political Theology for Africa, Grand Rapids*, Michigan, William B. Eerdmans Publishing Company, 2011, p. 2.

[293] Adam HOSCHSCHILD, *King Leopold's Ghost : A Story of Greed, Terror, and Heroism in Colonial Africa,* Boston, Houghton Mifflin, 1998.

[294] Célestin MONGA, *Anthropologie de la colère. Société civile et démocratie en Afrique noire*, Paris, L'Harmattan, 1994.

En guise de conclusion

Dans son livre déjà cité, James Ferguson rend compte de la représentation de l'Afrique dans le discours des théoriciens de la globalisation. Pour ces derniers, l'Afrique donne l'exemple du prix à payer pour l'incapacité à se globaliser. Elle est « un ghetto global » abandonné par le capitalisme selon Neil Smith, « un continent de vies inutiles pour l'économie du monde capitaliste selon Zygmunt Bauman, enfin « un trou noir de la société de l'information pour Manuel Castells[295]. Le moins qu'on puisse dire, c'est qu'en caractérisant si négativement l'Afrique, ces théoriciens de la globalisation semblent ré-inventer le mythe de l'Afrique comme « le continent ténébreux » du XXIe siècle. Eurocentristes, ils sont incapables de voir la globalisation à partir de l'Afrique. En fait, si Bauman, Castells et Smith s'étaient donné la peine de considérer la globalisation à partir de ce qu'ils avaient observé en Afrique, ils se rendraient peut-être compte que ce qu'on appelle les États faillis qui n'arrivent pas ou plus à garantir l'ordre et la sécurité de leurs citoyens sont en quelque sorte le produit de l'ordre mondial actuel ou, si l'on veut, sont en quelque sorte les effets du cours néolibéral du monde.

C'est en tout cas la thèse du philosophe et intellectuel français Alain Badiou dans son essai *Notre mal vient de plus loin,* dans lequel il essaie de penser le plus radicalement possible les tueries du13 novembre 2015 à Paris. Badiou suggère que la destruction des États constitue aujourd'hui une des « nouvelles pratiques impériales » pour des raisons économiques ou d'accès facile aux matières premières. On préfère créer

> dans certains espaces géographiques remplis des richesses dormantes, des zones franches, anarchiques, où il n'y a plus d'État, où, par conséquent, on n'a plus à discuter avec ce monstre redoutable qu'est toujours un État, même s'il est faible. On peut parer au risque permanent qu'un État vous préfère un autre client, ou autres ennuis commerciaux. Dans une zone où toute vraie puissance étatique a disparu, tout le petit monde des firmes va opérer sans grand contrôle. Il y aura une sorte de demi-anarchie, des bandes armées, contrôlées ou incontrôlables, cependant les affaires peuvent continuer, et même mieux qu'avant... Il n'est pas vrai que l'anarchie étatique et les cruautés inimaginables qui vont avec soient nécessairement en contradiction formelle avec la structure du monde tel qu'il est aujourd'hui[296]

On peut dire qu'à l'impérialisme qui consistait à fabriquer des pseudo-pays sous la tutelle de la métropole, on substitue aujourd'hui, en Afrique, au Moyen-Orient ou dans certaines régions d'Asie, « des zones infra-étatiques,

---

[295] James FERGUSON, *Global Shadows. Africa in the Neoliberal World Order, op. cit.*, p. 29.

[296] Alain BADIOU, *Notre mal vient de plus loin. Penser les tueries du 13 novembre*, Paris, Fayard, 2016, p.27.

qui sont en réalité des zones de pillage non étatisées[297] ». Comment comprendre autrement la guerre en Irak où Américains et Britanniques ont littéralement détruit l'État et créé un désordre qui prévaut treize ans après ? Comment comprendre autrement la Lybie d'aujourd'hui où on a créé une zone d'anarchie, etc. ?

L'on voit alors le piège que peuvent comporter ces catégories négatives toutes faites (État failli, État manqué, désordre comme instrument politique en Afrique, retraditionalisation, etc.) qui sont distillées par certains travaux africanistes et que nous mobilisons souvent pour analyser et comprendre notre propre situation. Elles révèlent moins qu'elles ne cachent. Enfermer l'Afrique dans son altérité absolue, c'est la rendre opaque quant à sa situation dans un ordre mondial qui tire profit du désordre causé dans certaines contrées.

Kasereka Kavwahirehi
Université d'Ottawa

Bibliographie

ARENDT, Hannah (1972), *La Crise de la culture. Huit essais de pensée politique*, traduit de l'anglais sous la direction de Patrick Lévy, Paris, Gallimard, 1972.

AWAZI MBAMBI KUNGUA, Benoît, *De la postcolonie à la mondialisation libérale*, Paris, L'Harmattan, 2011.

BADIOU, Alain, *Notre mal vient de plus loin. Penser les tueries du 13 novembre*, Paris, Fayard, 2016.

BAYART, Jean-François, *L'État en Afrique, la politique du ventre*, Paris, Karthala, 1989.

CHABAL, Patrick et DALOZ, *Jean-Pascal, L'Afrique est partie. Du désordre comme instrument politique*, Paris, Economica, 1999.

DUMONT, René, *L'Afrique noire est mal partie*, Paris, Seuil, 1962.

MEISTER, Albert, *L'Afrique peut-elle partir ?,* Paris, Seuil, 1966.

EBOUSSI BOULAGA, Fabien, « Société civile : analyse diagnostique et 'prescriptions' », *Terroirs. Revue africaine de sciences sociales et de culture*, 4 (2005), p.

EBOUSSI BOULAGA, Fabien, *Les conférences nationales en Afrique noire, une affaire à suivre*, Paris, Karthala, 1993.

FERGUSON, James, *Global Shadows. Africa in the Neoliberal World Order,* Durham and London, Duke University Press, 2006

HABERMAS, Jürgen, *Logique des sciences sociales et autres essais*, Paris : Gallimard, 1987.

HOSCHSCHILD, Adam, *King Leopold's Ghost : A Story of Greed, Terror, and Heroism in Colonial Africa,* Boston, Houghton Mifflin, 1998.

[297] *Ibid.*, p. 28.

KATONGOLE, Emmanuel, *The Sacrifice of Africa. A Political Theology for Africa, Grand Rapids*, Michigan: William B. Eerdmans Publishing Company, 2011.

LUNEAU, René et Jean Marc-ÉLA, *Voici le temps des héritiers*, Paris, Karthala, 1981.

LUNEAU, René, *Laisse aller mon people : Églises africaines au-delà des modèles*, Paris, Karthala, 1987.

LUNEAU, René, *Comprendre l'Afrique. Évangile, modernité et mangeurs d'âmes*, Paris, Karthala, 2001.

LUNEAU, René, « Chabal, Patrick, Daloz, Jean-Pascal, *L'Afrique est partie ! Du désordre comme instrument politique* », *Archives des Sciences sociales des religions* 114 (2001), p. 73.

MÉDARD, J.-F., « État et politique en Afrique », *Revue française de science politique*, vol.50, 4-5 (1999), p. 849-854

MONGA, Célestin, *Anthropologie de la colère. Société civile et démocratie en Afrique noire*, Paris, L'Harmattan, 1994.

MUDIMBE, V. Y., *L'odeur du père. Essai sur des limites de la vie et de la science en Afrique noire*, Paris, Présence africaine, 1982.

MUDIMBE, V.Y., *L'Autre face du Royaume. Une introduction à la critique des langages en folie*, Lausanne, L'Age d'homme, 1973.

MUDIMBE, V. Y., *On African Fault Lines. Meditations on Alterity Politics South Africa*: University of KwaZulu-Natal Press, 2013.

MUDIMBE, V.Y., *The Invention of Africa : Gnosis, Philosophy and the Order of Knowledge*, Indianapolis, Indiana University Press, 1988.

PANOFF, Michel et Françoise, *L'ethnologue et son ombre*, Paris, Payot, 1968.

Décrypter la tragédie de Beni pour penser les conditions d'une paix heureuse dans la Région des Grands Lacs

Kä Mana[298]

Résumé : Dans une situation brouillée, où il est difficile de dire clairement qui organise les tueries de masse à Beni, au Nord-Est de la République Démocratique du Congo, la voie d'analyse la plus féconde pour comprendre ce qui se passe et agir sur les événements est de chercher les catalyseurs de la violence dans le tissu social de cette région. Il s'agit principalement des politiques autoritaires, de l'économie de prédation, de l'enfermement dans les identités ethniques meurtrières, de la militarisation de tout le Kivu et de la porosité des frontières, sans aucun contrôle crédible des mouvements des populations et des conflits fonciers.

Mots clés : tueries, massacres, FARDC (Forces), tribu Nande, Boko Haram, ADF-Nalu, Daesh, haines tribales, Monusco, culture traumatique, psychologie, géopolitique, paix, interculturalité, économie du bonheur partagé.

Abstract : In a confusing situation, where it is difficult to say who is organizing the mass killings in Beni, in the northeast of the Democratic Republic

---

298 **Kä MANA**, de son vrai nom **Godefroid Kangudie Tshibemba**, est né le 3 novembre 1953, à Dibaya, en République Démocratique du Congo. Après ses études primaires au village de Boya et ses études secondaires au petit séminaire de la ville de Mbujimayi (1967-1972), il entre dans la Congrégation des Pères Joséphites de Bulongo qui l'envoient suivre les études supérieures de théologie fondamentale à l'Institut jésuite Saint Pierre Canisius à Kimwenza et les études de philosophie à la Faculté de théologie catholique de Kinshasa (1974-1980).
Il poursuivra ses études de théologie à l'Institut jésuite d'études théologiques (IET) de Bruxelles, après un bref séjour à la Grégorienne et à la Faculté vaudoise à Rome. À Bruxelles, il décroche un doctorat en philosophie à l'Université libre de Bruxelles (ULB, 1985) avec une thèse sur la transcendance poétique. Il s'inscrit également à la Faculté de théologie protestante, où il décroche une licence en théologie protestante avant d'obtenir son doctorat et son habilitation en théologie à l'Université de Strasbourg (1989) sur le thème de la culture dans la pensée africaine contemporaine.
Après ses études, il est engagé comme pasteur à Bangui, à Paris, à Dakar, avant de se consacrer à l'animation théologique et à la prédication dans l'Église Harriste de Côte d'Ivoire ainsi qu'à l'action culturelle et l'enseignement universitaire à Banjoun au Cameroun. Rentré dans son pays depuis 2011, il est directeur de recherche à l'Institut interculturel dans la Région des Grands Lacs, où il anime le Programme Université alternative pour l'éducation des jeunes à la transformation sociale. Il enseigne dans plusieurs universités de la RD Congo.
Kä Mana a consacré sa recherche en philosophie sur de nombreux sujets qui agitent l'Afrique contemporaine : les crises politiques, économiques, culturelles et religieuses ; la lutte contre le VIH-SIDA et contre la violence faite aux femmes ; la révolution de l'imaginaire africain et l'invention d'une nouvelle éducation pour les générations montantes.
En théologie, il a suivi un itinéraire spirituel qu'il définit lui-même comme le chemin qui l'a conduit du catholicisme confessionnel vers un christianisme global, une sorte de nouvelle catholicité limoneuse nourrie par les matrices fertiles de grandes religions du monde. Ce catholique global est auteur d'une abondante oeuvre qu'il continue d'approfondir de jour en jour.

of Congo, the most effective analysis to understand what is happening and act upon the events is to look for catalysts for the violence in the social fabric of this region. It is mainly a question of authoritarian policies, predation economy, deathtrap of confinement to ethnic identities, militarization of the whole Kivu region, and permeability of the borders without any credible control of population movements and of land conflicts.

Keywords : killings, massacres, FARDC (Forces), Nande tribe, Boko Haram, ADF-Nalu, Daesh, tribal hatred, Monusco, traumatic culture, psychology, geopolitics, peace, interculturality, economy of mutual happiness.

Des questions sans réponses convaincantes

A force d'être confrontées aux massacres toujours recommencés et à l'impuissance des pouvoirs publics pour en enrayer la mécanique destructrice et neutraliser les hordes de la mort, les populations de la région de Béni et tout le peuple de la République démocratique du Congo n'ont aujourd'hui dans l'esprit qu'une seule question qui compte vraiment : que faut-il faire pour arrêter les carnages et juguler la peur et l'insécurité qui terrorisent les esprits et révoltent toute la nation ?

Derrière cette question se profilent beaucoup d'autres qui restent sans réponses claires actuellement, malgré les intarissables explications du gouvernement sur ces événements macabres et les analyses contradictoires des experts à l'échelle nationale comme à l'échelle internationale :

-Qui est *vraiment* derrière les innombrables et mystérieux carnages de Beni ?

- Quels objectifs les criminels qui massacrent les innocents et égorgent les paisibles citoyens recherchent-ils *vraiment* ?

- Pourquoi nos forces de sécurité n'arrivent-elles pas *vraiment* à briser les ressorts des groupes de tueurs dont les méthodes sont pourtant visibles depuis deux ans déjà ?

-Comment se fait-il que la coopération entre les FARDC et les troupes de la MONUSCO n'arrivent pas, grâce à l'armement et aux stratégies modernes de combat, à vaincre sur le terrain ou à dissuader des barbares armés de machettes et de gourdins.

Des réponses troublantes

Face à ces questions, on entend depuis de longs mois des réponses qui vont dans tous les sens et obscurcissent plus le problème qu'elles ne l'éclairent.

La réponse la plus régulièrement entendue désigne les rebelles ougandais de l'ADF- NALU comme les auteurs des tueries à Beni. Au début, cette réponse semblait convaincre les esprits et on attendait des forces armées congolaises une riposte adéquate pour mettre ces rebelles hors d'état de nuire, une fois pour toutes. La neutralisation des criminels étrangers sur notre terre paraissait à portée de main après la puissance de feu des FARDC soutenues par la brigade internationale et les troupes de la MONUSCO dans la confrontation avec le M23, il n'y a pas si longtemps. Rien ne laissait présager que les ADF-NALU avaient de longs jours devant eux pour commettre sur notre sol des carnages horribles dans des opérations spectaculaires complètement insensées. Les interventions publiques du Chef de l'Etat congolais et du porte-parole du gouvernement étaient porteuses d'espoir et leur fermeté sécurisait les esprits. Curieusement, chaque fois que le Président de la République passe dans la région de Beni-Butembo, les massacres recommencent, comme si des forces de l'ombre voulaient le narguer, l'humilier et mettre à nu son impuissance à lier l'acte à la parole face aux ADF-NALU.

Face à cette situation, il eut dans l'opinion publique de plus en plus de gens pour remettre en cause la thèse d'une attaque étrangère sur notre territoire. On se mit à accuser les « Nande qui se massacrent entre eux » dans une spirale vertigineuse de course au leadership local. L'idée paraît impensable, même si elle surgit de temps à autre, faute d'autre explication clairement convaincante. Il est difficile et inimaginable que les leaders Nande dont on connaît les noms et que l'on peut facilement localiser se décident de tuer leurs frères, femmes et enfants compris, dans une barbarie inénarrable, rien que pour affirmer leur puissance et leur pouvoir. Un Congolais qui osa accuser publiquement les Nande d'être eux-mêmes les massacreurs des Nande en eut pour son compte dans les insultes populaires sur les réseaux sociaux et dans les milieux politiques congolais.

Une autre réponse surgit, accusant les FARDC d'être les auteurs des carnages de Beni, dans une dynamique bien huilée et bien organisée au profit de certains hauts gradés de l'armée. Une étude faite par une grande organisation internationale aboutit à cette conclusion, déchaînant l'ire outrée des autorités de la République. La colère congolaise s'attaqua au caractère impensable de l'hypothèse d'une armée chargée de la sécurité qui se met à massacrer sa propre population.

Il est arrivé que des hypothèses plus effarantes encore soient émises. On accuse le pouvoir congolais de faire de lui-même de Béni un instrument de « glissement » vers un autre mandat du président Kabila, comme si l'homme se servait du carnage comme message à son propre peuple et indiquait ce que sera le pays si jamais l'avenir veut être dessiné sans lui.

Maintenant, le gouvernement congolais voit dans les carnages de Beni la main de l'internationale djihadiste, comme si la RDC était devenue la cible de Boko Haram et de Daesh en quête de nouveaux espaces d'implantation pour sa guerre contre l'Occident.

Toutes ces explications montrent à quel point l'histoire congolaise tourne en rond. C'est du déjà entendu à d'autres occasions, chaque fois que les guerres éclatent au Congo et que le pays est embrasé par des rébellions ou des révoltes populaires. Accuser l'étranger est un exercice courant. Voir la main du pouvoir en place dans les tragédies locales ou nationales est tout aussi courant. Les haines tribales constamment évoquées pour expliquer les carnages, cela n'étonne plus personne tout comme n'étonnent pas outre mesure les conflits intra-tribaux autour des enjeux de pouvoir, de richesses et d'accaparement des terres.

Ce qui est étonnant, c'est la manière dont le pays se complait dans cette situation et n'arrive pas à casser les ressorts de l'éternel retour du mal et de ses causes en vue d'ouvrir une nouvelle voie de vie. Tout se passe comme s'il manquait au Congo une réflexion profonde sur les catalyseurs de toutes les tragédies que nos populations vivent depuis notre indépendance de 1960.

Cette réflexion globale, les massacres de Beni y convient avec urgence, dans l'espoir que s'ouvrent au Congo et dans toute la région des Grands Lacs les possibilités d'une paix heureuse.

Beni, un arbre qui cache la forêt

En effet, quand on entend tout ce qui est proposé comme explications de la responsabilité des uns et des autres sur les massacres de Beni, il y a de quoi être indigné et révolté. Tout se passe comme si ces explications, dans leur imbroglio et agitation contradictoire, épaississait plus encore l'énigme des crimes commis de nuit comme de jour au nez et à la barbe de l'armée congolaise et de la MONUSCO. Cette énigme est lancée comme une boule toute-puissante pour narguer les autorités congolaises dont elles veulent montrer la face d'incompétence, un peu comme ferait un *serial killer* dans les romans policiers. La boule est propulsée par un vent de terreur parmi des populations qu'elle plonge dans l'insécurité totale. Elle crée ainsi une ambiance de psychose générale comme cela se sent maintenant dans l'extrême Nord du Kivu.

Au fond, quand on réfléchit attentivement sur tout ce qui se dit concernant les causes des massacres de Beni, on ne peut pas ne pas prendre conscience de cet effet de psychose consciemment entretenue.

Il faut dépasser cette psychose et entrer dans une dynamique d'analyse pour comprendre ce qui se passe.

Un fait s'impose à l'esprit : les crimes de masse perpétrés dans la région de Beni s'inscrivent dans un cadre organisé pour imposer au massacre le caractère d'un mystère, avec la possibilité d'une multiplicité d'interprétations pour masquer le problème de fond.

Ce problème de fond, c'est l'ordre global qui régit la politique, l'économie et la culture des peuples de la région des Grands Lacs. Quelle que soit la cause réelle, plausible ou même purement fantasmée et délirante de la situation qui choque aujourd'hui nos consciences comme êtres humains, on n'y comprend rien de fondamental si on n'analyse pas les lignes directrices de la politique, de l'économie et de la culture dans l'espace des Grands Lacs, notamment en RD Congo, au Rwanda, en Ouganda et au Burundi. C'est dans les mailles que tissent ces réalités vécues comme une toile d'araignée empoisonnée qu'il est important de penser correctement ce que Beni symbolise dans la logique de mort qui s'y exprime.

Dans l'ordre politique de plomb

Du point de vue politique, il est clair que tous les pouvoirs qui dirigent les pays des Grands Lacs et en assurent la gouvernance globale sont des pouvoirs autoritaires : des chefs dont le système de dictature, *hard ou soft*, noyaute tout et impose à toutes les populations ses rythmes, ses volontés et son autisme face aux attentes du peuple. Aucun débat véritablement démocratique n'y est possible, encore moins l'exigence d'alternance non sanglante. L'image la plus caricaturale de ce qui s'y passe, c'est le Burundi aujourd'hui livré à la folie de ses propres dirigeants. Tout l'espace des Grands Lacs vit dans la même logique, malgré les accalmies qui cachent les tremblements de profondeur. On a beau s'émouvoir de tout ce qui s'y perpètre comme crimes, forfaits, destructions funestes, effondrements des droits humains ou phénomènes de destruction massive, tant que l'ordre global qui y structure la vie échappe à toutes les aspirations des peuples aux principes de la démocratie politique comme norme de construction d'une société de liberté, de débats ouverts et de possibilités d'alternance, on passe à côté du vrai catalyseur des phénomènes comme ceux de Beni.

Plus exactement, il faut dire que c'est la politique de systèmes autoritaires *hard ou soft* dans la région des Grands Lacs qui rend possible les causes que l'on présente pour expliquer la situation de Beni.

Dire que ce sont les ADF NALU qui massacrent les populations dans cette ville et dans ses alentours, c'est reconnaître qu'il existe une situation générale qui génère des révoltes et des rébellions dont personne ne peut contrôler les méthodes d'action, surtout si ces méthodes sont pensées en termes de guerre et de moyens de se faire connaître. Les massacres en série des innocents deviennent possibles comme stratégies infernales pour occuper l'espace médiatique et satisfaire des instincts de destruction massive chez des tueurs formatés pour de telles besognes.

Dire que ce sont les « Nande qui massacrent les Nande », c'est reconnaître qu'un principe de fragmentation politique de la société congolaise divise le pays contre lui-même, frères contre frères, en fonction d'intérêts qui peuvent conduire à l'absurdité des massacres des innocents. On reconnaît en fait que l'on vit dans une politique insensée qui aboutit à l'impensable, si l'on se réfère à ce qu'être frère signifie dans nos traditions africaines.

Dire que les forces armées congolaises organisent elles-mêmes le carnage de Beni pour les intérêts propres des généraux et des colonels engagés dans des business très lucratifs qui ne peuvent s'organiser que dans un chaos absolu, c'est reconnaître que l'esprit des casernes qui fait vivre les Etats des pays des Grands Lacs n'est pas indemne de tout dérapage de l'ombre. Que les massacres de Beni se perpètrent souvent la nuit, ou sous l'effet de surprise en plein jour, montre comment les régimes fondés sur les renseignements cachés et la surveillance forte des populations donnent à ceux qui en animent les ressorts la possibilité de devenir des criminels de l'ombre, tellement ils connaissent eux-mêmes les rouages du système en dehors de tout contrôle démocratique. Maîtres du système autoritaire, les militaires deviennent capables de contourner le système dans une logique des ténèbres. C'est cette logique politique ténébreuse qui se déploie à Beni et qui peut exploser à tout instant dans tous les Etats de dictature ouverte ou feutrée. Donner un pouvoir illimité à la *Grande Muette*, elle finit par parler de manière inattendue et échapper, comme Frankenstein, à ceux qui l'ont fabriquée selon leurs intérêts.

Arriver à dire que le Président de la République est Maître d'œuvre de ce qui se déroule dans le l'extrême Nord du Kivu, c'est indiquer jusqu'où les régimes autoritaires peuvent aller, selon l'imaginaire populaire. Il n'y a que dans des États qui maintiennent leur pouvoir par le poids des armes sans égard pour l'opinion du peuple que l'hypothèse même d'un Chef d'État qui tue son propre peuple est envisageable. Jamais une telle vision des choses ne pourra voir le jour dans une démocratie.

Lorsque la perspective du djihadisme international s'ouvre dans la réflexion du gouvernement congolais sur la cause de la situation macabre de Beni, nous sommes devant un aveu : le système politique sent sa chape de plomb sur le pays éclater et il crie au secours face à la communauté internationale. C'est cela qui arrive toujours quand les régimes autoritaires sentent leur autorité s'effriter face aux rébellions. Ils crient au complot et à l'agression, sans jamais se demander ce qui, en eux-mêmes, a conduit à l'implosion de leur pouvoir.

Dans une économie de prédation et d'inspiration tribaliste

Ce qui frappe dans l'économie comme champ global de la gestion des pays des Grands Lacs, c'est son orientation complètement inégalitaire où la part du lion est entre les mains du chef, de sa famille, de sa tribu et de son entourage politique au détriment de la population, ou presque. Il suffit de regarder comment les proches des présidents dominent les rouages économiques et s'enrichissent de manière ahurissante aux yeux du petit peuple pour se rendre compte que l'accaparement des richesses nationales entre les mains de quelques personnes conduit à une instabilité dont l'horizon ne peut être que la guerre sous toutes ses formes, qu'il s'agisse des guerres civiles, du terrorisme ou des massacres insensés comme stratégies de déstabilisation de ceux qui sont au pouvoir.

En plus, les disparités de richesses entre les pays des Grands Lacs et l'impossibilité de mettre sur pied une politique d'ensemble du partage paisible de ces richesses dans des institutions économiques communes crédibles développe l'esprit de prédation et d'exploitation où certaines nations se servent de la guerre pour animer l'économie du chaos à leur bénéfice. Et dans l'économie du chaos et du désordre chez le voisin, tout devient possible. Les chefs militaires peuvent se transformer en bandits de grand chemin ; les multiples groupes armés peuvent se disséminer partout et semer la terreur ; la logique djihadiste peut faire des émules ; les pouvoirs politiques peuvent se transformer en forces de carnage pour des intérêts de toutes sortes, même les paisibles citoyens en apparence peuvent se transformer en tueurs sans foi ni loi. C'est la jungle qui s'installe et l'insécurité se propage au point de devenir un mode d'être.

Quand on est ainsi dans un climat d'insécurité chronique, il est difficile de voir quelle est vraiment la cause de ce que l'on vit et qui en est le chef d'orchestre. Ceux qui profitent de l'économie du chaos la transforment en dictature de la terreur.

Comme les inégalités conduisent au chaos, la seule forme de structuration de la vie dans l'insécurité est de faire de la logique tribale le mode de vie tant soit peu normal et parfois même de doter la tribu des forces d'autodéfense tentées de se transformer en puissance d'attaque pour refuser d'être envahis par la présence des allogènes que l'on accuse de tous les maux, avec tous les noms d'oiseaux. On décide de défendre sa terre, de défendre son identité et de défendre sa parcelle de pouvoir.

C'est ainsi qu'à tout moment, les massacres sont attribués aux agresseurs qui viennent d'ailleurs ou qui appartiennent à d'autres sphères de vie : les sphères des ennemis que l'on cherchera à massacrer aussi.

Dans les pays des Grands Lacs, cette logique embrase la vie entre les tribus à l'intérieur des Etats comme elle déglingue les relations entre les Etats. Certains Etats en profitent pour intensifier par la guerre l'économie du chaos en entretenant des rebellions et des révoltes chez les voisins. On trouve ainsi des rebelles ougandais et rwandais au Congo, des rebelles congolais en Ouganda, des rebelles burundais au Rwanda et au Congo, tout cela dans une géopolitique meurtrière où les dimensions économiques et stratégiques ont une place importante.

Le comble dans ce contexte, c'est de constater que les dimensions et les stratégies en question servent des intérêts à court terme, sans projet global du bonheur partagé qui garantirait une paix heureuse dans la région. L'économie devient une économie permanente de guerre, avec tout ce que cela comporte de crimes, de carnages, de massacres et de déstabilisation permanente.

On ne comprendrait pas vraiment ce qui se passe à Beni si on sépare cela de l'économie du chaos et de toutes les pesanteurs mortifères qu'elle comporte.

Il ne s'agit pas ici de dire que c'est le chaos économique entretenu qui est la cause des massacres, mais qu'il en est largement le catalyseur dont les fureurs peuvent embraser d'autres foyers d'insécurité et d'instabilité.

Dans une culture traumatique et les pesanteurs des mentalités destructrices

L'autre catalyseur de l'esprit destructeur, c'est la culture que les régimes autoritaires, l'économie du chaos et ses ramifications tribales ont créée dans la région des Grands Lacs. Il existe aujourd'hui une identité meurtrière qui se déploie et s'auto-régénère au point de devenir le fond le plus virulent du vécu des individus et des communautés. On trouve dans tous les milieux cette dynamique de l'esprit meurtrier. Malgré la multitude de colloques, symposiums, ateliers de réflexion et séances d'animation éducative, rien n'arrive à casser les ressorts des haines et la volonté d'anéantissement de l'humain. Cela signifie que les communautés et les personnes ont subi des traumatismes qui les ont complètement changées, désarticulées mentalement et rendues fondamentalement immorales.

On comprend que face à la question de savoir quelles sont les causes de la tragédie de Beni, les réponses ressortissent à une psychologie traumatique qui voit des tueurs partout : les Ougandais, les Rwandais, l'armée congolaise, les Nande eux-mêmes, les tribus voisines ainsi que le pouvoir politique. On voit des tueurs partout parce qu'on les a déjà à l'intérieur de soi-même et qu'ils sont devenus une part de soi-même.

La question est de l'ordre de la psychologie collective où le meurtre ne relève plus du mal, de l'inhumain et de l'immoral, mais plutôt de la vie normale où les carnages et les massacres font partie du quotidien. On les traite comme de faits divers qui viennent et passent en attendant d'être remplacés par d'autres faits divers.

Si la tragédie de Beni semble révolter les populations à un certain degré de conscience, il ne faut pas croire que cela signifie que l'on a décidé de mettre fin à cette barbarie. C'est seulement la récurrence de son déploiement et le caractère de provocation pour narguer le Congo tout entier qui choquent. Il est possible que les Nande, à bout de patience face à la léthargie des pouvoirs publics, en arrivent à créer eux-mêmes une armée tribale pour se défendre, même sans savoir exactement contre qui ils doivent se défendre.

L'important sera d'avoir leur force de frappe à eux, comme on le voit dans certains villages où leur colère s'est déjà déchaînée contre les Hutu accusés de vouloir traverser le pays nande pour aller en Ituri occuper de nouvelles terres, au prix de massacres qui engendreront de contre-massacres nourrissant indéfiniment la culture des traumatismes sans fin et des haines meurtrières.

Agir maintenant

Faute de pouvoir agir directement sur les auteurs des massacres dont il est difficile d'éclairer l'énigme de leur identité et de leurs motivations à l'état actuel de la tragédie de Beni, il est aujourd'hui indispensable de s'attaquer aux catalyseurs globaux de cette tragédie en orientant la lutte vers les facteurs politiques, économiques et culturels sans lesquels ce qui arrive à Beni ne se produirait pas et ne risquerait pas de se produire encore dans d'autres villes et villages du Kivu et d'autres régions du Congo.

Une chose doit être dite avec clarté : Beni est un problème global qu'il convient de prendre globalement dans ses enjeux politiques, économiques et culturels dans la Région des Grands Lacs. On ne peut l'aborder globalement qu'en proposant des orientations d'ensemble qui interpellent les personnes, les communautés et les institutions.

Il faut considérer avant tout la question de la culture meurtrière et les traumatismes qu'elle a semés dans les esprits. On comprendra que la solution primordiale à une tragédie comme celle de Beni demande une implication profonde des sciences humaines pour comprendre ce qui se passe et agir de manière féconde. Plus particulièrement, au lieu de penser que la solution est militaire, il est bon de se concentrer sur la psychologie de l'Homme des Grands Lacs et toute la socio-anthropologie qu'elle induit. En fait, avant de se consacrer à mobiliser les armées, FARDC, MONUSCO ou brigade internationale, on serait bien inspiré de mobiliser les psychologues, les psychiatres et les motivateurs psychologiques traditionnels pour travailler le mental des populations et rendre possible un travail d'éducation qui s'ancre dans les profondeurs de la société et engage les hommes et les femmes à changer leur être en profondeur.

Aujourd'hui, cette perspective des profondeurs est plus que jamais urgente. Jusqu'ici, l'approche privilégiée dans le contexte global des pays des Grands Lacs s'accroche au côté visible, superficiel et accessoire qui a mis au centre de l'action les armées et les animateurs de la paix formés pour des enquêtes quantitatives aboutissant à des conclusions qui n'ouvrent pas sur les pathologies sociales de fond. Pour avoir négligé la psychologie, l'anthropologie et la sociologie comme voies indispensables pour transformer les personnes, les communautés et les pays, on nage dans le vide et les problèmes restent intacts. Le temps de la psychologie, de l'anthropologie et de la sociologie de la paix est arrivé : l'heure de la guérison de l'être de l'Homme des Grands Lacs. Si l'on veut éviter des tragédies comme celles de Beni, il faut impérativement s'engager sur cette voie de mobilisation des Sciences humaines et sociales pour une action éducative profonde sans laquelle l'agitation militaire n'est qu'un coup d'épée dans l'eau.

Parler globalement de l'Homme des Grands Lacs, c'est regarder aussi du côté de la vision et de l'organisation de la politique comme champ de la gestion et de la gouvernance des pays et des communautés. On doit être clair à ce niveau : ce ne sont pas des régimes autoritaires et dictatoriaux qui changeront les structures mentales profondes des populations aujourd'hui. Bien au contraire. Dans la mesure où les politiques dictatoriales sont souvent liées à la domination des ethnies les unes sur les autres et à l'exacerbation des haines tribales qui se nichent dans les inconscients et dans les consciences des hommes, il est impensable que les pulsions de vengeance et les affects de violence n'opèrent pas pour forcer le destin afin que le tour des dominés à diriger l'État arrive aussi, sans référence à une quelconque compétence ni à une quelconque éthique. Quand l'ordre politique est perçu globalement comme un ordre d'humiliation, l'appel aux carnages et aux massacres n'est pas loin. Dans leur histoire immédiate, la RDC, le Rwanda, l'Ouganda et le Burundi sont des exemples vivants des catastrophes causées par des politiques d'humiliation. Si la région des Grands Lacs est devenue terre de génocides, d'exterminations massives de populations, d'épurations ethniques et de profanations des vagins dans de viols à grande échelle où la vie est détruite par toutes les techniques de dévalorisation des êtres, c'est dans les tissus mêmes des politiques menées que réside le fond du problème.

Comment arriver à une politique de paix entre les pays et les ethnies ? Par le choix d'une démocratie véritable à l'intérieur de nos pays et d'une diplomatie ouverte à la coopération pour créer et faire vivre des institutions supranationales performantes. Disons-le autrement : seule une politique de valorisation de l'inter-culturalité démocratique et de la construction de grandes sphères de collaboration économique au-delà des frontières ouvre un chemin de paix véritable. Une telle politique exige une éthique de la vérité sans méfiance et de la solidarité sans arrière-pensée que l'on devra à tout prix instaurer aujourd'hui, en dehors de tous les conflits entretenus par des visions politiques autocratiques parcellaires dont le fruit est la guerre ou la logique des massacres. Nos chefs d'Etat sont-ils en mesure d'orienter leurs actions dans cette direction ? Il ne faut pas seulement le souhaiter. Il faut que les peuples s'organisent pour faire pression sur les responsables politiques. La politique de la paix dépendra alors de la volonté de paix dans les populations elles-mêmes comme forces de changement.

D'où l'importance d'une action pour une économie du bonheur partagé qui permette à toutes les populations de se déployer en toute liberté sur toute la zone géographique couverte par nos pays en vue d'y créer des richesses matérielles et immatérielles, d'y ouvrir un grand marché commun et d'y construire une communauté de destinée organisée autour des valeurs du vivre-ensemble et des normes juridiques respectées par tous.

On éviterait ainsi des actes de prédation, d'exploitation, de vol organisé au niveau des Etats, tout cela qui conduit nos pays à soutenir les rébellions les uns contre les autres et à rendre possibles les massacres perpétrés par des groupes armés comme les FDLR, la LRA ou l'ADF-NALU dans une économie du désordre chaotique dont l'insécurité est le mode d'opération privilégié.

Conclusion

Dans cette réflexion, j'ai voulu montrer ce que la tragédie de Beni révèle sur l'Homme des Grands Lacs et sur l'esprit des populations dans le contexte politique, économique et culturel global qui domine la vie des peuples de la RDC, de l'Ouganda, du Rwanda et du Burundi.

Ces pays vivent dans un cadre surchargé de catalyseurs de conflits, de guerres, de tourmentes et d'agitations sur lesquels il est urgent d'agir de manière globale afin de penser et de construire un avenir de paix. Cette action ne peut pas être d'ordre militaire, encore moins d'ordre de l'enferment dans les politiques autoritaires, dans l'économie de prédation et dans la culture d'identités meurtrières. Elle demande une géopolitique nouvelle et une nouvelle géostratégie qui mobilisent les forces éducatives nourries par les recherches et les limons des sciences humaines.

Cette perspective n'est pas celle d'une réponse immédiate ni d'une vision des problèmes à court terme, mais une grande orientation d'ensemble pour une philosophie globale de la transformation sociale dans la région des Grands Lacs.

La réponse vraiment fertile à la tragédie de Beni devra aller dans ce sens. Essentiellement. *Goma, 17 août 2016*

Dieu au-delà de l'imagination et de tout cogitatum ! Une méditation avec Blaise Pascal (*Les Pensées* 44 et 199)

L'infini reste toujours en deçà de ce qui est infini

(Levinas, *Totalité et infini*)

Henri TOUABOY[299]

Résumé : Dieu peut-il être connu ou imaginé ? Autrement dit, le déploiement du trajet appréhensif des choses sensibles par *l'ego cogitans* à travers l'*imaginatio / conceptio* peut-il s'appliquer à la quête humaine de Dieu ? Si face à l'onto-théologie et la métaphysique se déploient et se justifient des philosophies de la Transcendance, notamment avec Levinas et Jean-Luc Marion, cet article fait remonter la question à Blaise Pascal. Y est médité le trajet de l'imagination, dans son rapport avec la conception, dans le processus de la connaissance ou non des choses sensibles, visibles et invisibles, et ultimement de Dieu. Pascal y est exploité dans un rapport critique à Descartes, notamment dans une mise en rapport discursif des fragments de la sixième *Méditation* et des *Pensées* (44 ; 199) qui sont des condensés de la pensée des deux auteurs sur l'imagination dans son rapport à l'entendement, et au divin en ce qui concerne *stricto sensu* Pascal. Comment la philosophie cartésienne de l'*imaginatio* en tant que reliée à l'*ego* pensant est-elle reçue et questionnée à l'époque, notamment par un penseur éminent comme Blaise Pascal ? Que retenir des acquis et des fractures entre eux ? Mais surtout comment l'inconnaissance des choses sensibles par l'entendement et l'imagination mène chez Pascal à l'inconnaissance de Dieu et, paradoxalement, à sa re-connaissance dans toute sa grandeur comme non-appréhendable et inimaginable ? La table est mise pour

---

[299] Spiritain et centrafricain, **Henri TOUABOY**, a respectivement fait ses études et son expérience pastorale à Bangui, Libreville, Enugu (Nigeria), Yaoundé et Ottawa. Il obtient durant ce parcours académique une licence en science des religions (Université de Nsukka, Nigeria) (1999), une maîtrise en éthique théologique (l'Université catholique de l'Afrique centrale, Yaoundé) en 2002, un doctorat en théologie (Ottawa, Canada). Après deux années dans l'équipe de la formation du scolasticat spiritain de Yaoundé et une année de pastorale paroissiale à Douala (2004), il travaille présentement à l'animation pastorale et intellectuelle des jeunes (paroisses, écoles) au Canada. Auteur du *Discours moral de l'Église et sa réception contemporaine* en 2009 (Paris, Publibook) et de la *Théologie chrétienne de la paix interreligieuse* en 2013 (Allemagne, EUE), il poursuit ses études de Master en philosophie (Domuni, France) et ses recherches en éthique théologique et en théologie des religions et du pluralisme religieux. Au cœur de ses préoccupations heuristiques, une réappropriation et une repensée (démystification) africaines des grands enjeux d'éthique fondamentale, sociopolitiques (comme la laïcité, la démocratie, la tolérance, le libéralisme, etc…) et théologiques souvent avalisés en Afrique comme allant de soi sans en vérifier la fonctionnalité, la portée axiologique et épistémologique, aussi bien pour l'Occident qui les théorise que pour l'Afrique qui les ''consomme'' sans nécessairement les soumettre à un examen critique radical.

une toile de fond permettant de mieux approcher la philosophie de la transcendance chez des modernes comme Jean Luc Marion.

Mots-clés : René Descartes, Blaise Pascal, Transcendance, Dieu, Les Pensées, Phénoménologie, Jean Luc Marion, l'Esprit de finesse, Idolâtrie, Méditation.

Abstract : Can God be known or imagined ? In other words, can the way to the apprehension of sensitive things by the *ego cogitans* through the *imaginatio / conceptio* be applied to the human quest for God ? This article brings the question back to Blaise Pascal as a way to better understand some modern philosophies of Transcendence, especially Jean-Luc Marion who opposes onto-theology and metaphysics. There is a meditated path of the imagination, in its relation to conception, in the process of the knowledge (or not) of sensible, visible and invisible things, and ultimately of God. Pascal is exploited in a critical relation to Descartes, notably in a discursive relation between the fragments of the sixth *Méditation* and the *Pensées* (44, 199), which summarize better the two authors' thoughts on *imagination* in its relation to *conception*, and to the *divine* in Pascal's case. How is the Cartesian philosophy of *imaginatio* as related to *conceptio* received and questioned at the time, especially by an eminent thinker like Blaise Pascal ? What can we learn from the achievements and the fractures between them ? But above all, how does the unknowing of sensitive things by *conception* and *imagination* lead, for Pascal, to the unknowing of God and, paradoxically, to his recognition in all his greatness as not apprehensible and unimaginable ? The table is set for a backdrop to better approach the philosophy of transcendence among modernists like Jean Luc Marion.

Keywords: René Descartes, Blaise Pascal, Transcendence, God, Thoughts, Phenomenology, Jean Luc Marion, « Esprit de finesse », Idolatry, Meditation.

Introduction

La transcendance de Dieu est une question axiale dans la phénoménologie contemporaine. En effet, face à l'ontothéologie et la métaphysique, vis-à-vis une réduction ontologique de Dieu où le Tout-Autre devient un objet du processus noético-noématique, se déploient et se justifient des philosophies de la Transcendance, notamment avec Levinas, Jean-Luc Marion et Michel Henry[300]. Dieu y est inobjectivable. Réfractaire à toute capture gnoséologique

[300] Entre autres œuvres majeures sur la question, E. LEVINAS, *Transcendance et intelligibilité*, Genève, Labor et fides, « Autres temps », 4, 1996, p. 15-24 ; *Id.*, *Altérité et transcendance*, Paris, Livre de Poche, « Biblio Essais », 2006, p. 251-253 ; *Id.*, *Totalité et infini. Essai sur l'extériorité*, Paris, Livre de Poche, « Biblio Essais », 1991, p. 43. J.-L. MARION, *Phénomène érotique. Six méditations*, Paris, Grasset, 2003 ; *Id.*, *Étant donné. Essai d'une phénoménologie de la donation*, Paris, PUF, 1997 ; *Id.*, *Au lieu de soi. L'approche de saint Augustin*, Paris, PUF,

et à toute épistémologie rationaliste, transcendantale, il se réserve, d'une manière aprioriqué, l'initiative et le droit d'auto-donation. Mais-est-ce à dire que Dieu ne peut pas être connu, voire objectivé ? Et quels sont les enjeux et contours philosophico-théologiques d'un Dieu si transcendant jusqu'à l'absence ?

Nous remontons la question de la transcendance à Blaise Pascal et proposons de méditer avec lui le trajet de l'imagination, dans son rapport avec la conception, dans le processus de la connaissance ou non des choses sensibles, visibles et invisibles, et ultimement de Dieu. L'enjeu est d'évaluer si le déploiement du trajet appréhensif des choses sensibles par l'*ego cogitans* à travers l'*imaginatio* / *conceptio* peut s'appliquer à un cadre théique. Pour rendre la médiation croustillante, Pascal est à exploiter dans un rapport critique à Descartes, notamment dans une mise en rapport discursif des fragments de la sixième *Méditation* et des *Pensées* (44 ; 199) qui sont des condensés doxiques des deux auteurs sur l'imagination dans son rapport à l'entendement, et au divin en ce qui concerne *stricto sensu* Pascal. Comment la philosophie cartésienne de l'*imaginatio* en tant que reliée à l'*ego* pensant est-elle reçue et questionnée à l'époque, notamment par un penseur éminent comme Blaise Pascal ? Que retenir des acquis et des fractures entre eux ? Mais surtout comment l'in-connaissance des choses sensibles par l'entendement et l'imagination mène chez Pascal à l'in-connaissance de Dieu et, paradoxalement, à sa re-connaissance dans toute sa grandeur comme non-appréhendable et inimaginable ? Commençons par le fragment cartésien !

1. La question de l'*imaginatio* dans la Méditation 6

Le geste cartésien du *cogito ergo sum* se veut une posture philosophique à la première personne qui appréhende l'*ego* essentiellement comme « une chose qui pense », « [c]'est-à-dire une chose qui doute, qui conçoit, qui affirme, qui nie, qui veut et qui ne veut pas, qui imagine aussi, et qui sent »[301]. Il en résulte qu'*imaginer* est un acte, voire un évènement, de la pensée, de l'*ego* cogitant tout comme *concevoir*. Mais quelle est donc la différence entre l'imagination et la conception *(intellectio)* chez Descartes ? L'imagination est-elle réellement exploitée comme une faculté de la connaissance de la réalité, par le moyen de la représentation figurée des objets sensibles ? Comment ?

1.1. Le texte et son contexte

Par exemple, lorsque j'imagine un triangle, je ne le conçois pas seulement comme une figure composée et comprise de trois lignes, mais outre cela je

2008 ; *Id.*, *Les Certitudes négatives,* Paris, Grasset, 2010, p. 108-109 ; Id., *L'Idole et la distance : cinq études*, Paris, Grasset, « Figures », 1989.

[301] R. DESCARTES, *Méditations métaphysiques*, II, traduction du latin par Mr Le DDLNS, Paris, Chez la Veuue Jean Camvsat et Pierre le Petit, 1647, p. 31.

considère ces trois lignes comme présentes par la force et l'application intérieure de mon esprit ; et c'est proprement ce que j'appelle imaginer. Que si je veux penser à un chiliogone, je conçois bien à la vérité que c'est une figure composée de mille côtés, aussi facilement que je conçois qu'un triangle est une figure composée de trois côtés seulement ; mais je ne puis pas imaginer les milles côtés d'un chiliogone, comme je fais les trois d'un triangle, ni, pour ainsi dire, les regarder comme présents avec les yeux de mon esprit.

Et quoique, suivant la coutume que j'ai de me servir toujours de mon imagination, lorsque je pense aux choses corporelles, il arrive qu'en concevant un chiliogone je me représente confusément quelque figure, toutefois il est très évident que cette figure n'est point un chiliogone, puisqu'elle ne diffère nullement de celle que je représenterais, si je pensais à un myriogone, ou à quelque autre figure de beaucoup de cotés ; et qu'elle ne sert en aucune façon à découvrir les propriétés qui font la différence du chiliogone d'avec les autres polygones.

Que s'il est question de considérer un pentagone, il est bien vrai que je puis concevoir sa figure, aussi bien que celle d'un chiliogone, sans le secours de l'imagination ; mais je la puis aussi imaginer en appliquant l'attention de mon esprit à chacun de ses cinq côtés, et tout ensemble à l'aire, ou l'espace qu'ils renferment. Ainsi je connais clairement que j'ai besoin d'une particulière contention d'esprit pour imaginer, de laquelle je ne me sers point pour concevoir ; et cette particulière contention d'esprit montre évidemment la différence qui est entre l'imagination et la conception pure[302].

Tiré de la *Méditation* sixième qui traite de « l'existence des choses matérielles » et de la « distinction entre l'âme et le corps de l'homme », ce fragment cartésien commence abruptement par un « par exemple, lorsque j'imagine un triangle ». L'auteur procède ici sans doute à l'illustration d'une assertion énoncée antérieurement par un exemple précis. Aussi importe-t-il de remonter le fragment à rebours. Se dévoilent dès lors clairement les intentions de l'auteur : « et pour rendre cela plus manifeste, je remarque premièrement la différence entre l'imagination et la pure intellection ou conception »[303]. Le lecteur s'attend à ce que le fragment qui suit traite de cette dissimilitude entre l'*imaginatio* et la *conceptio*. Mais quelle est la portée axiologique et épistémologique d'un tel sujet ? Pourquoi Descartes devait-il le traiter ? L'auteur formule un paragraphe plus haut son intention d'« examiner s'il y a des choses matérielles », sans doute après le déploiement fulgurant de son doute dit méthodique et hyperbolique, caution de la véracité épistémique du *cogito*[304]. Deux motifs fondent l'existence des choses matérielles, y compris de l'ego en tant que *res cogitans*. D'abord, Dieu est posé comme le garant des

302 R. DESCARTES, *Méditations métaphysiques*, VI, p. 84-85.
303 *Ibid.*, p. 84.
304 R. DESCARTES, *Discours sur la méthode. Œuvres et lettres*, Paris, Gallimard, 2004, p. 147.

choses sensibles que l'*ego* peut concevoir « fort clairement et fort distinctement »[305], par contraste, peut-être, à l'épisode du malin génie qui s'ingénie à le suborner. Ensuite, ce dernier peut accéder à l'affirmation de l'existence de ces choses corporelles, sensibles, grâce à sa faculté de l'imaginer[306]. Il faut, pour cela, regarder du côté de l'acception intrinsèque de l'imagination pensée et mise en scène en tant « qu'elle n'est autre chose qu'une certaine application de la faculté qui connaît, au corps qui lui est intimement présent, et partant qui existe »[307]. Autrement dit, pour qu'à travers l'acte d'imaginer, la « faculté qui connaît » soit appliquée, il faut au préalable un corps existant rendant effective et opérationnelle cette application. Et pour que l'*ego* « contemple », « considère » l'image, la figure d'une chose corporelle, il faut que cette chose existe, d'une manière ou d'une autre. Mais l'imagination devient-il chez Descartes une faculté reproductive et non créative du neuf ? Quel est le statut épistémologique de la vérité des choses sensibles connues par le biais de l'*imaginatio versus* le moyen de la *conceptio \ intellectio* ?

1.2. Au cœur du texte

Pour démontrer la différence mentionnée ci-dessus, Descartes procède par des exemples concrets allant du plus simple au plus complexe. En effet, il met l'*ego* dans la posture d'imaginer et de concevoir un triangle, puis un chiliogone, voire un myriogone ou un tout autre polygone. Comment l'*ego* imagine et conçoit-il différemment un triangle concret avec ces trois côtés ? Il le conçoit comme « une figure composée et comprise de trois lignes ». Quand vient, par contre, le temps de l'imaginer, l'*ego* « considère ces trois lignes comme présentes par la force et l'application intérieure de [son] esprit »[308]. Il en résulte qu'imaginer une chose, c'est considérer, contempler, voir la chose, à tout le moins son image, dans son esprit avec force et application intérieure. Nous sentons en filigrane l'idée d'un effort (concentration) cognitif résultant de l'acte d'*imaginer* par rapport à une aisance encore inavouée de l'acte de *concevoir*. Mais à ce stade du développement discursif cartésien, peu est dit de la *conception* si ce n'est qu'on est passé subrepticement d'« une figure » à « ces lignes », d'une conception générale à l'objet particulier. Autant déjà énoncer la capacité de la conception à saisir « une figure composée » et, par extension, un concept général, par rapport à l'imagination qui n'opère que sur les individus, sur un triangle concret dont il s'évertue tant bien que mal à reproduire avec force les trois lignes (et pas d'autres). Mais laissons poursuivre la médiation !

---

[305] R. DESCARTES, *Les Méditations métaphysiques*, VI, p. 84.
[306] *Ibid.*
[307] *Ibid.*
[308] R. DESCARTES, *Les Méditations métaphysiques*, VI, p. 85.

L'*ego* se met de nouveau à imaginer et à concevoir un chiliogone, une autre figure plus complexe que le triangle. Cette fois, l'aisance de l'acte de concevoir est formellement énoncée. L'ego conçoit clairement les milles côtés du chiliogone, avec la même facilité que dans le cas de la conception des trois côtés d'un triangle. Le problème est rendu plus complexe quand vient le temps d'imaginer le chiliogone : l'*ego* n'arrive pas à imaginer ses milles côtés, à « les regarder comme présent par les yeux de l'esprit »[309]. Nous bénéficions ici d'une appréhension sémantique illustrée et féconde de l'imagination : imaginer c'est regarder avec les yeux de l'esprit[310]. Nous ne sommes pas loin du sens étymologique de l'imagination (*imago* \ *imitari* « imiter ») en tant qu'une simple imitation par des images[311]. Contrairement aux trois côtés du triangle imaginés par « la force et l'application de l'esprit », l'ego ne produit qu'une représentation confuse des milles côtés du chiliogone nonobstant son effort imaginatif. Pour (dé)montrer davantage la limite de l'imagination, Descartes défie l'ego d'imaginer en plus d'un chiliogone, un myriogone ou d'autres polygones et de préciser les différences entre toutes ces figures, de (dé)montrer leurs propriétés intrinsèques et distinctives.

Il s'ensuit l'incapacité de l'ego d'appréhender exactement par l'imagination ces figures avec leurs différents côtés, car s'agissant d'objets mathématiques qui, *per se*, n'existent qu'à l'état conceptuel.

Comme pour affiner sa thèse, l'auteur poursuit par un autre exemple : celui d'un pentagone, figure moins complexifiée que celle d'un chiliogone. Autrement dit, Descartes réduit le coefficient des difficultés à une figure de cinq côtés. Comment se comporte la *res cogitans* pour appréhender le pentagone ?

> Que s'il est question de considérer un pentagone, il est bien vrai que je puis concevoir sa figure, aussi bien que celle d'un chiliogone, sans le secours de l'imagination[312].

Non seulement par la *conception* l'*ego* peut connaître un pentagone, mais en plus il n'a pas besoin de l'aide de l'imagination pour le faire. Pourtant, Descartes admet la possibilité pour l'*ego* d'imaginer un pentagone « en appliquant l'attention de [son] esprit à chacun de ses cinq côtés, et tout ensemble à l'aire, ou l'espace qu'ils renferment »[313]. Mais même cette manière de procéder témoigne toujours des limites de l'imagination :

---

[309] *Ibid.*

[310] Sur le pouvoir reproductive, plutôt que créative, de l'imagination chez Descartes, voir V. FOTI, « The Cartésien Imagination », *Philosophy and Phenomenological Research* 46, 4 (1986), p. 634 (631-642).

[311] L. HANSEN-LOVE (dir.), « imagination », *La Philosophie de A à Z*, Paris, Hatier, 2011, p. 222 : « Or l'image n'est pas la chose, même si elle lui ressemble. Elle peut donc paraître fondamentalement trompeuse en se faisant passer pour la chose elle-même ».

[312] R. DESCARTES, *Les Méditations métaphysiques*, VI, p. 85.

[313] *Ibid.*

> Ainsi je connais clairement que j'ai besoin d'une particulière contention d'esprit pour imaginer, de laquelle je ne me sers point pour concevoir ; et cette particulière contention d'esprit montre évidemment la différence qui est entre l'imagination et la conception pure[314].

La contention (*contentus*, *contentio*) d'esprit qu'indique Descartes pour montrer la limite de l'imagination par rapport à la conception peut se rendre par une forte tension, effort, concentration des facultés intellectuelles vers un objet. Notons que cet objet de l'imagination est réduit chez Descartes aux objets géométriques (triangle) et donc directement intelligibles. Et c'est sur le *topos* de la géométrie et de l'intelligibilité que les apories de l'imagination sont démontrées par rapport à la conception. Résumant avec acuité et à-propos la question, Nadaï note :

> Comment ne pas penser au début de la Méditation sixième, où Descartes faisait sentir la distinction entre imagination et entendement par l'exemple du chiliogone : car l'imagination s'épuise en vain à se représenter un polygone de milles côtés, n'en obtenant qu'une image confuse, tandis que l'entendement se le représente sans effort, puisqu'il en sait distinguer les diverses propriétés. Ce qui tourne, donc chez Descartes, à la gloire de l'entendement de l'ego, est envisagé d'une manière pathétique chez l'homme pascalien[315].

1.3. Au-delà du texte

Nombreux sont les textes de Descartes qui viennent corroborer notre lecture de ce fragment du début de la Méditation sixième. Notons d'abord le contexte postérieur immédiat de notre fragment où Descartes poursuit la distinction entre imagination et conception et soutient la non-apodicticité (non-nécessité) de l'*imagination*. Alors que l'esprit par la *conception*, l'intellection pure, est capable d'auto-rétrospection idéelle en se tournant sur soi-même pour « considérer quelqu'une des idées qu'il a en soi »[316], l'*imagination*, elle, se tourne vers le corps, « et y considère quelque chose de conforme à l'idée qu'il a formée de soi-même ou qu'il a reçue par les sens ». Or la suite de la Méditation sixième nous révèle combien les sens peuvent être trompeurs pour l'ego imaginant. Car se pose à ce dernier la question de l'adéquation de l'idée des choses, fruit de l'imagination de l'ego, à la réalité ou la matérialité existentielle de ces choses sensibles.

---

[314] *Ibid.*

[315] J. -F. NADAÏ, *Descartes, Pascal et les philosophies du sujet*, Cours de philosophie, Domuni 2014, Étape 4, p. 4.

[316] En se pensant comme *Cogito cogitans* par exemple.

Ensuite, un prolongement de la méditation sixième ne dévoile pas simplement le caractère contingent, non apodictique, de l'imagination, faculté appartenant à l'ego sans toutefois le constituer, dont la *res cogitans* peut se passer dans le processus de la connaissance des réalités intelligibles, comme les objets mathématiques. Il met surtout en exergue la subordination de l'imagination à la conception :

> Davantage, je trouve en moi des facultés de penser toutes particulières, et distinctes de moi, à savoir les facultés d'imaginer et de sentir, sans lesquelles je puis bien me concevoir clairement et distinctement tout entier, mais non elles sans moi, c'est-à-dire sans une substance intelligente à qui elles soient attachées. Car la notion que nous avons de ces facultés, ou (pour me servir des termes de l'École) dans leur concept formel, elles enferment quelque sorte d'intellection : d'où je conçois qu'elles sont distinctes de moi, comme les figures, les mouvements, ou les autres modes ou accidents des corps, le sont des corps mêmes qui les soutiennent[317].

Enfin, il est question de revisiter l'exemple du morceau de cire dans la *Méditation deuxième* pour s'apercevoir de la nécessité d'un dépassement des sens et de l'imagination dans l'heuristique de la réalité \ vérité (connaissance) des choses matérielles, sensibles. En fait, l'ego est invité à faire l'expérience d'un morceau de cire concret qui au contact du feu subit des variations (changements) de ses qualités sensibles. Or qu'est ce qui permet à l'ego de (re)connaître cette même cire particulière dans ses différentes transformations sensibles ? Ce ne sont ni les sens ni l'imagination. Si les sens donnent d'une manière ponctuelle, instantanée, à l'ego l'accès aux différentes qualités sensibles (couleur, taille, figure, solidité...) de cette cire, ils ne permettent pas à l'*ego* de penser le lien entre les variations des qualités sensibles, d'y déduire une stabilité, une permanence, une ordination. De même l'imagination ne peut anticiper qu'un nombre très fini de changements[318]. C'est donc par l'entendement seul, pour l'exprimer en des termes aristotéliciens, que l'ego peut distinguer et affirmer distinctement, à travers les diverses variations de ses catégories accidentelles, l'identité de la substance première (de ce morceau de cire).

En somme, l'objet de l'imagination dans la perspective cartésienne demeure les objets géométriques (triangle) et donc intelligibles. En ce qui concerne ces objets, l'imagination montre clairement des limites par rapport à la conception dans le processus de leur connaissance. Elle permet certes de représenter certaine figure simple comme le triangle, mais cette représentation devient confuse, voire impossible, dans le cas des figures des objets plus complexes. On ne connaît vraiment les choses sensibles que par la conception.

---

[317] R. DESCARTES, *Les Méditations métaphysiques*, VI, p. 86.

[318] Dans la même perspective, D. L. SEPPER, « Descartes and the Eclipse of the Imagination 1618-1630 », *Journal of the History of Philosophy* 27, 3 (1989), p. 379-403.

L'imagination est différente de la conception, elle ne peut vraiment concevoir. Rien n'est dit du rapport de l'imagination à Dieu. Mais si elle peine à reproduire la figure des objets simples que l'*ego* perçoit, comment peut-elle rendre compte de Dieu qui lui est transcendant ? Peu importe, la *res cogitans* a déjà posé dans son déploiement discursif Dieu comme le garant stabilisateur des réalités sensibles. Qu'en pense Pascal ? L'imagination ne joue-telle qu'un rôle négatif dans le processus de la connaissance des choses sensibles et ultimement de Dieu ?

2. L'imagination chez Pascal, une critique de Descartes ?

2.1. L'imagination dans le fragment 44 des Pensées

Pascal commence le fragment 44 des *Pensées*[319] par présenter l'imagination comme « cette maîtresse d'erreur et de fausseté », et un peu plus loin, comme une « superbe puissance », trompeuse et « ennemie de la raison ». Car elle conduit à l'illusion, à une représentation figurative biaisée des choses. Fausse et trompeuse, elle ne peut être une faculté cognitive *ad hoc* pour l'accès à la réalité et à la vérité. Au premier abord, Pascal s'arrimerait à la tradition rationaliste (Descartes, Malebranche)[320], d'une manière plus radicale, en outre, qui se défie de l'imagination comme d'une faculté alanguie, nébuleuse, voire amphigourique. Mais l'apparence de la similitude ne va pas plus loin. Car le reste du fragment pascalien est une érection subreptice contre l'illusion cartésienne qui subordonne l'imagination, inessentielle, à l'entendement qui peut se passer d'elle et qui seul peut conduire l'ego à la connaissance claire et distincte. L'imagination est selon Pascal, « cette partie dominante de l'homme », même de l'homme le plus sage et le plus rationnel.

> [44-82] Le plus grand philosophe du monde sur une planche plus large qu'il ne faut, s'il y a au-dessus un précipice, quoique sa raison la convainque de sa sureté, son imagination prévaudra. Plusieurs n'en sauraient soutenir la pensée sans palier et suer.

Dans la relation de l'imagination à la raison, Pascal énonce le chemin inverse, opposé à Descartes : c'est l'imagination qui contrôle la raison[321]. Elle s'établit en l'homme comme « une seconde nature ». Quant à la raison (l'entendement) qui fait de l'*ego cogitans* cartésien le « maitre et possesseur de la nature », elle « a été obligée [par l'imagination] de céder, et la plus sage prend

---

[319] Louis Lafuma, Paris, Seuil, « Points Essais-Point littérature », 1962.

[320] Lire à ce propos, A. GIRARD, *Les deux rationalismes : Blaise et René*, Préface de Pierre Léna, La Roche Rigault, PSR éd., 2011, p. 85-88 ; R. ARIEW, « Descartes and Pascal », *Perspectives on Science*, Vol. 15 / 04, Winter 2007, p. 397-410.

[321] G. FERREYROLLES, *Les Reines du monde: l'imagination et la coutume chez Pascal*, préface de Jean Mesnard, Paris, H. Champion, 1995, p. 216-219.

pour ses principes ceux que l'imagination des hommes a témérairement introduits en chaque lieu ». Aussi les magistrats et les médecins, considérés comme des hommes de raison, ont-ils besoin des vains instruments (uniforme-robes rouges, soutanes, mules, etc.) pour frapper l'imagination et s'attirer le respect que leurs sciences pures ne peuvent leur procurer. En ce sens, l'imagination laisse une place de choix au paraître[322] [23], à l'illusion[323].

Mais si l'imagination est chez Pascal fausse et captieuse et qu'en même temps elle régente l'homme et sa raison, quelle est dès lors la portée axiologique et épistémologique de la connaissance humaine ? Pour paraphraser, en d'autres termes, Jésus le Christ, si la lumière (raison) qui est en l'homme est ténèbres, quelles ténèbres y aurait-il ? L'imagination est-elle toujours, chez Pascal, « maîtresse d'erreur et de fausseté » ? Sinon, comment conduit-elle *ad Deum* ? Quel Dieu ? Pour y risquer une réponse, il convient d'examiner le fragment 199 des Pensées.

2.2. L'imagination dans le fragment 199 des **Pensées**

Le tableau de fond discursif qui sous-tend le fragment 199 des *Pensées* est bien connu : l'affirmation de la vanité de l'homme et de sa raison [41-69], de l'imagination trompeuse et maîtresse du monde [44-88] et, dans un contexte plus immédiat, de l'aveuglement, de l'impécuniosité [198-643] et de la disproportion de l'homme [199-72] perdu dans l'univers. Dans ce contexte, que deviennent les connaissances naturelles des hommes ?

La condition pathétique de l'homme dans l'univers convoque le chercheur au début du fragment 199 à l'humilité. Comme chez l'ego cartésien, l'homme pascalien est mis en posture méditative, mais dans une démarche intervertie. Au lieu d'une heuristique apophatique, (de)niant, fût-elle provisoirement ou par épochè, toutes les connaissances naturelles et aboutissant à l'auto-proclamation solipsiste de l'*ego cogitans* à partir duquel tout prend sens, il y va plutôt d'une démarche où l'homme se décentre, renonce à être « maître et possesseur de la nature ». Il y contemple ainsi la nature dans « sa haute et pleine majesté » : contemplation qui mène à sa propre re-découverte dans l'univers. La contemplation pascalienne est progressive. Les objets de l'univers physique, naturel, visible ou invisible, constituent son objet, contrairement aux objets géométriques et intelligibles dans la méditation cartésienne. La méthode consiste à s'élever progressivement à partir des « objets bas qui l' [homme] environnent » aux objets célestes, puis à la nature invisible, par le

---

[322] B. PASCAL, *Les Pensées*, 23 ; Voir aussi G. FERREYROLLES, *Les Reines du monde*, p. 210-211.

[323] Une illusion que rend bien Nietzche en commentant Pascal: « Toute science vise actuellement à dissuader l'homme du respect qu'il se portait jusque-là, comme si ce respect n'avait été qu'une présomption saugrenue », *Généalogie de la morale.* III, dissertation 825, traduction de Henri Albert, Paris, Société de Mercure de France, 1900.

biais d'abord de la vue, ensuite de l'imagination. Récapitulons les différentes étapes de la contemplation au risque d'une réitération thétique.

La première phase de la méditation amène l'ego par l'observation à la découverte de la grandeur de la nature. Dans une deuxième étape, le méditant est convié à observer non plus l'entièreté de la nature, mais à se focaliser sur « l'astre lumineux », voire les autres astres. Une seconde conclusion s'impose : la terre, considérée du point de vue des étoiles, n'est qu'un point. Cette découverte provoque l'étonnement (admiration) du contemplant. On passe ici de la grandeur et de la majesté de la nature vue dans son ensemble à la petitesse de la terre regardée à partir des autres astres. Alors que Descartes consacre, dans le fameux fragment sur le morceau de cire dans la *Méditation deuxième*, le primat de l'entendement et de son jugement sur les sens, notamment sur la vue, l'homme pascalien a besoin de sa vue pour mener à bien sa méditation. Et la posture de l'ego voyant demeure déterminant pour l'heuristique et la compréhension de la nature vue.

Une troisième étape, pour poursuivre la méditation, consiste à faire un effort de regarder au-delà des astres, des étoiles. L'homme arrive à la péroraison que sa « vue s'arrête là que l'imagination passe outre, elle se lassera plutôt de concevoir que la nature de fournir ». Cette phrase dense mérite d'être décortiquée tant elle donne prise à des commentaires divers[324], voire contradictoires, et est pleinement en jeu dans le rôle qu'octroie ici Pascal à l'imagination. Si la vue est d'une utilité avérée pour la nature visible, elle montre ses défaillances (limites) dans les cas de la nature invisible. Car, « tout le monde visible n'est qu'un trait imperceptible dans l'ample sein de la nature ». Cette observation est à-propos. Même dédoublée, décuplée par la technologie contemporaine (télescope, satellite, etc.), la vue ne peut appréhender toute la nature invisible : « elle s'arrête là où l'imagination passe outre ». Autrement dit, si l'homme ne peut pas voir au-delà des choses invisibles, il peut les imaginer. En ce sens, l'imagination présente un avantage sur les sens et la conception en ce qui concerne la connaissance de la nature invisible. Parlant de l'imagination dans la *Lettre au Père Noël*, Pascal renchérit : « l'imagination a cela de propre qu'elle produit avec aussi peu de peine et de temps les plus grandes choses que les plus petites »[325]. Il s'agit là d'un premier acquis de l'imagination dans ce fragment : une bonne imagination peut pallier les défectuosités des sens et de la conception. Nous ne pouvons résister à la tentation de souligner le contraste avec la « difficulté », l'« énorme effort » ou la « grande contention d'esprit » qu'exige la représentation des polygones complexes par l'imagination chez Descartes.

Cet avantage de l'imagination réside dans le fait que la vue de l'homme « se lassera plutôt de concevoir que la nature de fournir ». Autrement dit, les

---

[324] L.-M. RUSSOW, « Some Recent Works on Imagination », *American Philosophy Quarterly*, 15/1 (1978), 57-66.

[325] B. PASCAL, *Lettre au père Noël*, dans *Œuvres complètes* II, ed. J. Mesnard, 1971, p. 52.

domaines offerts par la nature à découvrir et à connaître sont tellement vastes, illimités, tant dans la sphère microscopique que macroscopique, que la vue et la conception ne peuvent suivre le rythme. Elles seront toujours en retard, car l'homme fait face à une « infinité d'infinités des propositions à démontrer ». Pascal pose ici clairement les limites et les apories de la connaissance humaine de la nature à rebours de la logique de la *Mathesis universalis*. L'homme ne peut jamais « dominer » la nature, du moins dans sa totalité. En d'autres termes, en ce qui concerne la connaissance des choses naturelles, imaginables, l'homme est toujours en posture heuristique où chaque découverte se transforme en hypothèse poussant toujours plus loin les horizons épistémologiques. Face à cette teneur de l'incalculable, la science devient donc un « divertissement » ou, dans les termes nietzschéens, un « anxiolytique »[326]. L'édifice métaphysique (cartésien) et la fondation de la rationalité sur une vérité première sont récusés[327].

Mais l'imagination ne se contente pas de passer outre les horizons que la nature invisible impose au sens de la vue. Comme pour narguer Descartes, l'imagination est dite « concevoir ». L'acte de concevoir qui appartient en propre à l'entendement dans le cadre discursif cartésien est ainsi rapporté à l'imagination[328]. Mais si l'imagination, qui peut pallier les limites des sens et même *concevoir*, est en même temps déclarée « maîtresse d'erreur et de fausseté » [44], ne faudrait-il pas que la connaissance de la nature visible-invisible qui résulte de l'imagination prête aussi le flanc à la méprise pour que la pensée pascalienne soit à-propos ? Nous retrouvons avec plus de clarté les apories de l'imagination dans la quatrième étape de la méditation.

L'homme pascalien, après avoir exploité son imagination pour passer outre la nature visible et représenter la nature invisible, est convoqué à aller encore plus loin, « au-delà des espaces imaginables ». L'expression « au-delà des espaces imaginables » montre bien qu'il y a des espaces qui échappent à l'imagination. L'imagination qui épaule la vue et la conception dans le processus méditatif constate ici son échec : « nous n'enfanterons que des atomes au prix de la réalité des choses ». Elle fait face à « une sphère infinie dont le centre est partout, la circonférence nulle part » : « elle se perd dans sa pensée ». Ce contact face à une sphère infinie permet à l'homme de se redéfinir, de reconsidérer sa place dans l'univers, de prendre conscience de sa condition pathétique. Pascal dira un peu plus bas dans le fragment 199 dans un langage qui tranche avec la philosophie de l'*ego cogitans* conquérant.

---

[326] F. NIETZSCHE, *Crépuscule des idoles*, & 10. 11, KSA 6, p. 72.

[327] Sur la critique pascalienne de la métaphysique et du cogito, voir J.-L. MARION, *Le prisme métaphysique de Descartes*, Paris, PUF, « Epiméthée », 1985, p. 343.

[328] M. W. MAGUIRE parlerait en termes de « the imagination of reason », *The Conversion of Imagination: from Pascal through Rousseau to Tocqueville*, Cambridge, Harvard University Press, 2006, p. 50.

[199-72]Car enfin qu'est-ce que l'homme dans la nature ? Un néant à l'égard de l'infini, un tout à l'égard du néant, un milieu entre rien et tout, infiniment éloigné de comprendre les extrêmes ; la fin des choses et leurs principes sont pour lui invinciblement cachés dans un secret impénétrable.

Il y va ici comme d'un troisième bon usage de l'imagination dans le fragment. L'infortune de l'imagination face à l'infinité de la nature permet à l'homme de recadrer sa place dans l'univers en tout réalisme et humilité[329]. S'il est vrai que la vulnérabilité de l'homme comme un « roseau » rime avec le gérondif « pensant » qui fait sa grandeur, ce fait même de penser lui permet de prendre conscience de sa misère, de son ennui : « [L'homme] sent son néant, son abandon, son insuffisance, sa dépendance, son vide. Incontinent, il sortira du fond de son âme l'ennui, la noirceur, la tristesse, le chagrin, le désespoir » [622].

Mais qu'énoncer du revers (échec) de l'imagination par rapport à Dieu ? « Enfin c'est le plus grand caractère sensible de la toute-puissance de Dieu que notre imagination se perd dans cette pensée ». Nous sommes d'avis avec Pavlovits que l'expression « caractère sensible de la toute-puissance de Dieu » allègue la possibilité d'une apperception sensible et expérimentale de la puissance divine. Autrement dit, la toute-puissance de Dieu peut être sentie, expérimentée[330]. Ainsi l'expérience vécue de l'échec de l'imagination face à la réalité de la nature infinie, irreprésentable et inimaginable, témoigne de la toute-puissance de Dieu. Comment ? Nous sommes au cœur du débat sur ce qui lie chez Pascal l'imagination au divin. Il ne s'agit pas là d'une preuve ontologique de l'existence de Dieu réputée inutile et vaine pour engager l'homme à la conversion. Car l'expérience du divin relève de l'ordre du cœur et passe par une perspective marquée par l'esprit de finesse et non de géométrie[331]. Il n'y va pas non plus d'une méditation aboutissant à une vision ataraxique de Dieu ou à l'*unio mystica*. Aussi Vincent Carraud décrit-il la méditation pascalienne en termes d'« anti-contemplation »[332], surtout à l'aune de la méditation traditionnelle prépascalienne dont le *terminus ad quem* (l'échéance) reste un bonheur absolu résultant de la saisie de l'Un. Toutefois, l'imagination, même dans son échec face à l'infini, joue dans une perspective pascalienne un rôle positif[333]. Elle permet à l'homme de faire l'expérience de Dieu dans son "caractère"

---

[329] L. AMOUR, *"Infini rien": Pascal's Wager and the Human Paradox*, Carbondale, Southern Illinois university press, 1993, p. 12.

[330] T. PAVLOVITS, « Imagination et contemplation : le bon usage de l'imagination selon Pascal », *Philonsorbonne*, 4 (2010), p. 125.

[331] G. JANZEN, « Pascal's Wager and the Nature of God », *Sophia,* Vol 50 / 3, Set 2011, p. 331-345.

[332] V. CARRAUD, *Pascal et la philosophie*, Paris, PUF, « Épiméthée », 1992, p. 404.

[333] M.-W. MAGUIRE, *The Conversation of Imagination*, p. 187-189. Ph. LAURIA, *Le Dieu caché: Michel Onfray éclairé par Blaise Pascal*, Éd. Createspace, 2016, p. 187-189.

inimaginable, impensable et dans « son absence dans la nature ». Il ne s'agit pas d'une absence de Dieu qui est nihiliste et athéiste.

La méditation pascalienne n'aboutit pas à l'expérience du *Gott est tot* même si Nietzche trouve en Pascal un allié de taille. Il peut affirmer sans ambages qu'« il ne s'est rien passé depuis Pascal » et que « face à lui, les philosophes allemands n'entrent pas en ligne de compte »[334]. Nietzsche partage en fait la thèse pascalienne d'un Dieu absent, « perdu dans la nature, et dans l'homme et hors de l'homme » [471], du néant pascalien en tant que mode d'être marqué par la finitude, la misère, l'ennui [622], de la vanité et de l'inutilité de la science en face de l'« infinité des infinités des propositions à démontrer » [806] et qui au fond ne peut apporter à l'homme que la certitude du « néant de son être »[335]. Ce disciple de Dionysos[336] regrette toutefois l'inachevé dans l'œuvre de Pascal, notamment le fait que ce dernier fait de la condition pathétique de l'homme vis-à-vis la transcendance divine une *sine qua non* sotériologique, comme si, sans Dieu, l'homme est définitivement perdu. Pascal est ainsi critiqué pour ne pas laisser l'homme être un acteur et un spectateur de son désespoir et de ses extases comme une conclusion déductive de sa position désespérante dans la nature. En ce sens, « la foi de Pascal ressemble d'une manière terrifiante à un continuel suicide de la raison »[337]. Aussi Nietzsche le présente-t-il comme un archétype victime du christianisme[338]. Il n'est point étrange que la déchristianisation de la question passe par une opposition entre le Dieu de Jésus-Christ pascalien et Dionysos[339] nietzschéen. Tout compte fait, pour son incapacité à supporter l'effroi de sa vision pathétique, à vivre orphelin de Dieu et à renoncer aux certitudes morales[340], Pascal ne fait que passer de l'ontologie à la théologie.

Mais dans la contemplation pascalienne, « Dieu y est présent par son absence »[341]. Il est un Dieu caché. Ainsi l'homme découvre dans un sentiment tout à la fois de crainte \ effroi et d'admiration[342] que Dieu est plus grand que

---

334 F. NIETZCHE, KSA II, p. 705.

335 F. NIETZCHE, *La généalogie de la morale*, III, dissertation, 825, KSA.

336 *Id.*, *Par-delà le bien et le mal*, & 295.

337 *Id.*, *Par-delà le bien et le mal*, & 46, KSA 5, p. 66.

338 *Ibid.,* « Les Pensées sont les brouillons d'une apologie de la religion chrétienne. Car la misère de l'homme se change en grandeur sitôt qu'il se tourne vers Dieu par la soumission de la raison à ce qui la transcende et l'illumine ».

339 Sur le débat Dionysos ou Jésus-Christ chez Nietzche, consulter J.-L. MARION, *L'Idole et la distance*, Paris, Grasset, 1977 ; P. VALADIER, *Jésus-Christ ou Dionysos. La foi chrétienne en confrontation avec Nietzche*, Paris, Desclée, 1979 ; D. FRANCK, *Nietzche et l'ombre de Dieu*, Paris, PUF, « Epiméthée », 1998 ; B. STIEGLER, *Nietzche critique de la chair. Dionysos, Ariane, le Christ*, Paris, PUF, « Épiméthée », 2005.

340 NIETZCHE, M. 79, KSA 3. 77-8, p. 68. Lire aussi à ce propos, J. VIOULAC, *Nietzche et Pascal. Le crépuscule nihiliste et la question divine*, Paris, PUF, « Les Études philosophiques », 1/96, 2011.

341 T. PAVLOVITS, « Imagination et contemplation », p. 129.

342 Fragment 199 ; Voir aussi T. PAVLOVITS sur le double sentiment de plaisir et déplaisir de l'homme imaginant face à l'infinité de la nature, dans « Imagination et contemplation », p. 130.

son imagination et son entendement et que l'Infini lui est proposé « non à concevoir, mais à admirer »[343]. Un bon usage de l'imagination conduit à l'expérience de cette grandeur de Dieu, inimaginable par la nature, indémontrable même par la force de la pensée pure de l'*ego cogitans*. L'absence de Dieu dans la nature met la table pour un cadre discursif théique à l'exode du panthéisme et de l'animisme. Car n'étant pas dans la nature, Dieu ne peut être recherché dans les objets naturels visibles ou invisibles sous peine d'idolâtrie, de se faire « une idole de l'obscurité séparée de l'ordre de Dieu »[344]. Une lecture pascalienne de la transcendance nous tient à l'écart de toute apologie, fût-elle en filigrane, de l'animisme et de sa résurgence / métamorphose dans les philosophies et théologies dites africaines comme lieux d'une contribution épistémologique significative de l'Afrique à la modernité socio-religieuse[345]. Elle nous tient concomitamment à distance des idolâtries modernes ou des « idoles néolibérales » et des « fausses divinités » dénoncées par Awazi[346].

En sus, comment ne pas relever le contraste avec l'usage cartésien de l'imagination qui fait éclater les bornes de l'Inimaginable pour poser l'apodicticité d'un fondement métaphysique (divin) à l'*ego cogitans* et à la connaissance ? L'expérience cartésienne du « trop-plein de Dieu », un dieu fondé par la raison, laisse chez Pascal la place à l'expérience du vide, de l'absence, de Dieu dans la nature qui paradoxalement témoigne de la magnificence et de la grandeur même de Dieu. Si Dieu était imaginable, il ne serait plus Dieu. Ne fallait-il pas, pour une expérience sensible divine, un déplacement heuristique de l'« esprit de la géométrie » vers l'« esprit de finesse », puisqu'« on le sait en mille choses… C'est le cœur qui sent Dieu et non la raison. Voilà ce que c'est que la foi : Dieu sensible au cœur » [424-278] ? L'approche géométrique de Dieu fait glisser sur une autre idolâtrie[347].

---

343 B. PASCAL, *Esprit géométrique*, dans *Œuvres complètes*, t. III, Paris, Desclée de Brouwer, J. Mesnard, 1991, p. 410.

344 B. PASCAL, Les *Pensées*, 926.

345 E. UZUKWU ELOCHUKWU, *God, Spirit and Human Wholeness: appropriating Faith and Culture in West African Style*, Eugene, Wipf and Stock Publishers, 2012. Lire la recension de cet ouvrage par Benoît Awazi Mbambi Kungua, in : Benoît AWAZI MBAMBI KUNGUA (Dir.), *Dieu et l'Afrique. Une approche prophétique, émancipatrice et pluridisciplinaire, Afroscopie VI/2016*, (Revue savante et pluridisciplinaire sur l'Afrique et les communautés noires), publiée par Le Cerclecad-Harmattan, Ottawa-Paris, pp. 552-564.

346 B. AWAZI MBAMBI KUNGUA, *Déconstruction philosophique et théologique de la modernité occidentale, Michel Henry, Hans Urs von Balthasar et Jean-Luc Marion*, Paris-Montréal, L'Harmattan, 2014, p. 34.

347 *Ibid.*, 926: « On se fait une idole de la vérité même, car la vérité hors de la charité n'est pas Dieu, et est son image et une idole qu'il ne faut point aimer ni adorer ».

Conclusion

L'homme peut-il connaître Dieu, à tout le moins, comme il connaît un objet ? Le traitement de la question à partir de Blaise Pascal passe par un retracement du trajet de la conception et de l'imagination, comme des facultés cognitives, dans leur conquête des choses sensibles, voire dans leur quête appréhensive de Dieu. Dans le processus de la connaissance, Descartes démontre la suprématie de la conception sur l'imagination surtout en ce qui concerne la connaissance des objets intelligibles, mathématiques et géométriques. La connaissance qui résulte de l'imagination demeure dans la perspective cartésienne limitée et floue, notamment quand connaître une réalité ou un objet sensible, ce n'est pas l'imaginer, ni le sentir, mais c'est concevoir clairement et distinctement par son esprit sa substance, même dans ses différentes variations sensibles. Un esprit non assujetti au monde, qui ne se contente pas de le refléter, mais qui le commande et l'informe, en devient maître et possesseur.

Si, contrairement à Descartes, l'imagination est dite concevoir et est appliquée aux objets sensibles visibles et invisibles, Pascal la déclare, pourtant, sans détours « maîtresse d'erreur et de fausseté ». Aussi devient-elle *a priori* une faculté de connaissance captieuse. Est ainsi stigmatisée du même souffle la prétention rationaliste de l'*ego* face à l'immensité et à l'irréductibilité de la nature. Trêve d'illusion ! Même fausse et trompeuse, c'est l'imagination qui est maîtresse de la raison et des hommes même les plus sages et les plus rationnels. L'homme ainsi dominé par son imagination fausse et trompeuse ne peut prétendre connaître et dominer la nature sensible visible et invisible, à tout le moins dans sa totalité. Comment pourrait-il *a fortiori* connaître et objectiver Dieu qui est au-delà de son imagination ? Ainsi se dessinent les limites et les apories de la présomption épistémologique de l'ontothéologie et de la métaphysique. En sus, toute tentative d'objectivation ou de réduction transcendantale et gnoséologique de Dieu devient non simplement une approche vaine, mais idolâtrique.

Le désenchantement de la *Mathesis universalis* résultant, d'une part, de la limite des sens et de la raison face au mystère infini de la nature et, d'autre part, de la perdition de l'imagination face à l'« inimaginable », ne dégénère ni dans un nihilisme ni dans un anthropo-pessimisme au grand dam de Nietzsche. Autrement dit, la condition pathétique de l'homme au sein de l'univers n'aboutit pas à sa (con)damnation. Tout à rebours, est introduite une double considération positive. Il y va, d'abord, du réajustement de la place du « roseau pensant » au cœur de l'univers, de la prise en conscience en toute modestie de ses limites et de ses forces vis-à-vis la nature et dans son rapport au divin. Une prise de conscience qui récuse une réduction transcendantale de l'homme et de ses actes à une « conscience claire et distincte »[348]. Il y a là

[348] B. PASCAL, *Les Provinciales*, Louis Gognet et Gérard Ferreyrolles, Paris, Bordas, "Classiques Garnier", 1992, p. 68.

pour Pascal une tension indépassable entre la dimension métaphysique de la subjectivité et son historicité, voire sa facticité. Il est, ensuite, question de se laisser conduire à travers l'échec de l'imagination aboutissant à l'expérience de l'absence de Dieu dans la nature à la découverte même de la grandeur et de la toute-puissance de l'Inimaginable. Quel noble rôle pour l'imagination, pourtant maîtresse d'erreur et de fausseté, que de conduire ainsi *ad Deum* ?

L'imagination dans la méditation pascalienne révèle un Dieu absent dans la nature, inimaginable, qui échappe aux tarabiscotages et élucubrations transcendantaux et rationalistes. Le chemin de son auto-donation n'est ni l'athéisme, ni l'animisme, ni l'approche géométrique et rationaliste, mais l'esprit de finesse. La décapitation du dieu des philosophes, de la raison rationnelle, laisse la place à une transcendance toujours au-delà, toujours autrement, au Dieu de la distance, in-connu, absent-présent, mystérieux et insondable du *credo quia absurdum*.

Qui douterait de la postérité et de la de fécondité de la pensée philosophique et théologique pascalienne, entre autres sur question de la transcendance de Dieu ? La dette de la phénoménologie occidentale moderne à Pascal, plus particulièrement de Levinas et de Jean Luc Marion, mérite d'être soulignée. Comment ne pas comprendre certains motifs chers à Levinas comme la non-conceptualité de la transcendance[349] ou l'irréductibilité de l'Infini[350], le refus de la prééminence de la réflexivité[351], la convocation à un « nouveau mode d'intelligibilité »[352], marqué par l'obéissance à un *Dieu qui vient à l'esprit* et par une posture primordialement éthique, hétéronomique et *agapèique*, comme un prolongement discursif de Pascal ? Qu'énoncer de la critique du cogito et du prisme métaphysique de Descartes chez Jean Luc Marion[353], de sa phénoménologie de la donation / saturation en tant que refus de la métaphysique de la subjectivité et accueil de la phénoménalité et de la factualité de l'auto-donation de Dieu pourtant Inconnaissable, ou encore du passage de la posture gnoséologique à une posture érotique, béante à la contemplation du Tout-Autre, vis-à-vis les *cogitationes* pascaliennes sur la transcendance de Dieu jusqu'à l'absence, sur l'inutilité et la vanité des sciences[354], sur l'esprit de finesse et la félicité de l'homme avec Dieu, etc.[355] ? Visiblement, les pensées philosophiques et théologiques de Pascal, surtout avec les *Pensées* et les

---

[349] E. LEVINAS, *Transcendance et intelligibilité*, Genève, Labor et fides, 1996, p. 20-21.
[350] *Ibid.*, p. 19.
[351] *Ibid.*, p. 17 ; E. LEVINAS, *Altérité et transcendance*, LGF, 2006, p. 46-48.
[352] *Id.*, *Autrement qu'être ou au-delà de l'essence*, La Haye, M. Nijhoff, 1997, p. 252.
[353] J.-L. MARION, « De quoi l'ego est-il capable ? Divinisation et domination : capable/*capax* », *Des questions cartésiennes. Méthode et métaphysique*, Paris, PUF, 1991, p. 111-151 ; *Id.*, *Sur le prisme de la métaphysique de Descartes*, Paris, PUF, « Épiméthée », 2004, p. 318-320.
[354] B. PASCAL, *Les Pensées*, n. 799.
[355] Sur l'influence de Pascal sur les modernes, notamment Marion, Voir B. KLAAS, "On Pascal' Sentir", *International Journal of Philosophy and Theology*, Vol. 75 (1), 2014, p. 2-19.

Provinciales, n'ont pas fini de dévoiler toutes leurs richesses et leurs ramifications.

Bibliographie

ADAMSON, D., *Blaise Pascal : Mathematician, Physicist, and Thinker about God*, London-New-York, Macmillan, 1995.

ARIEW, R., « Descartes and Pascal », *Perspectives on Science*, Vol. 15 / 04, Winter 2007, p. 397-410.

AWAZI MBAMBI KUNGUA, B., *Déconstruction phénoménologique et théologique de la modernité occidentale, Michel Henry, Hans Urs von Balthasar et Jean-Luc Marion*, Paris-Montréal, L'Harmattan, 2014.

CARRAUD, V., *Pascal et la philosophie*, Paris, PUF, « Épiméthée », 1992.

COLLI, G., MONTARI, M. (éd.), *Friedrich Nietzsche (KSA)*, Berlin, De Gruyter ed., 1999.

DESCARTES, R., *Méditations métaphysiques*, II, traduction de latin par Mr Le DDLNS, Paris, Chez la Veuue Jean Camvsat et Pierre le Petit, 1647.

Id., *Discours sur la méthode. Œuvres et lettres*, Paris, Gallimard, 2004.

FERREYROLLES, G., *Les Reines du monde : l'imagination et la coutume chez Pascal*, préface de Jean Mesnard, Paris, H. Champion, 1995.

FOTI, V., ''the Cartesian Imagination'', *Philosophy and Phenomenological Research* 46, 4 (1986), p. 631-642.

FRANCK, D., *Nietzche et l'ombre de Dieu*, Paris, PUF, « Epiméthée », 1998.

GIRARD, A., *Les deux rationalismes : Blaise et René*, Préface de Pierre Léna, La Roche Rigault, PSR éd., 2011.

HANSEN-LOVE, L. (dir), « imagination », *La Philosophie de A à Z*, Paris, Hatier, 2011, p. 222-223.

HUSSERL, E., *Autour des Méditations cartésiennes (1929-1932) sur l'intersubjectivité*, Million, Éd. Jérôme, n. 71-72, 1998.

KLAAS, B., "On Pascal' Sentir", *International Journal of Philosophy and Theology*, Vol. 75 (1), 2014, p. 2-19.

LEVINAS, E., *Transcendance et intelligibilité*, Genève, Labor et fides, « Autres temps », 4, 1996.

Id., *Altérité et transcendance*, Paris, Livre de Poche, « Biblio Essais », 2006.

Id., *Totalité et infini. Essai sur l'extériorité*, Paris, Livre de Poche, « Biblio Essais », 1991.

MAGUIRE, N.W., *The Conversion of Imagination: from Pascal through Rousseau to Tocqueville*, Cambridge, Harvard University Press, 2006.

MARION, J.-L., *Phénomène érotique. Six méditations,* Paris, Grasset, 2003.

Id., *Étant donné. Essai d'une phénoménologie de la donation,* Paris, PUF, 1997.

Id., *Au lieu de soi. L'approche de saint Augustin*, Paris, PUF, 2008.

Id., *Les Certitudes négatives,* Paris, Grasset, 2010.

Id., *L'Idole et la distance : cinq études*, Paris, Grasset, « Figures », 1989.

Id., « De quoi l'ego est-il capable ? Divinisation et domination : capable/*capax* », *Des questions cartésiennes. Méthode et métaphysique*, Paris, PUF, 1991, p. 111-151

PASCAL, B., *Les Pensées,* Louis Lafuma, Paris, Seuil, « Points Essais-Point littérature », 1962.

Id., *Lettre au père Noël*, dans *Œuvres complètes* II, J. Mesnard, 1971.

Id., *Esprit géométrique*, dans *Œuvres complètes*, t. III, Paris, Desclée de Brouwer, J. Mesnard, 1991.

Id., *Les Provinciales*, Louis Gognet et Gérard Ferreyrolles, Paris, Bordas, "Classiques Garnier", 1992.

PAVLOVITS, T., « Imagination et contemplation : le bon usage de l'imagination selon Pascal », *Philonsorbonne*, 4 (2010), p. 123-137.

RUSSOW, L.-M., "Some Recent Works on Imagination", *American Philosophy Quarterly*, 15/1 (1978), p. 57-66.

STIEGLER, B., *Nietzche critique de la chair. Dionysos, Ariane, le Christ*, Paris, PUF, « Épiméthée », 2005.

TAG M. SCMALTZ, *Receptions of Descartes Cartesianism and Anti-cartesianism in Early Modern Europe*, London-New-York, Routledge, 2005.

Id., *Radical Cartesianism. The French Reception of Descartes*, New-York, Cambridge, University Press, 2002.

UZUKWU ELOCHUKWU, E., *God, Spirit and Human Wholeness: appropriating Faith and Culture in West African Style*, Eugene, Wipf and Stock Publishers, 2012.

VALADIER, P., *Jésus-Christ ou Dionysos. La foi chrétienne en confrontation avec Nietzche*, Paris, Desclee, 1979.

VIOULAC, J., *Nietzche et Pascal. Le crépuscule nihiliste et la question divine*, Paris, PUF, « Les Études philosophiques », 1/96, 2011.

La philosophie au service de la vie concrète dans l'existence humaine selon Gabriel Marcel

Nestor Salumu Ndalibandu[356]

Résumé : Les hommes simples comme les hommes cultivés en Afrique partagent le plus souvent une considération péjorative de la philosophie. Tandis que d'autres par contre redoutent, évitent même les philosophes et les penseurs à cause de leur conception, leur sens critique et leur analyse profonde des choses qui bousculent leur imaginaire et mettent à nu l'amnésie et la cécité intellectuelle qui dominent certains aspects de l'existence quotidienne. Ceux qui sentent le besoin de ce travail de l'esprit mettent à profit les capacités rationnelles des philosophes comme analystes. En effet, dans l'histoire de l'humanité, la philosophie a toujours joué un rôle de transformation sociale. Ce sont les idées qui changent le monde. La philosophie a encore un grand rôle à jouer dans notre continent d'Afrique victime d'une certaine paupérisation anthropologique par cette dénégation de l'humanité liée aux situations de guerre, du règne de l'arbitraire, de dictature matérialiste, des idéologies malveillantes, des dominations des causes métaphysiques et métempiriques dans l'imaginaire collectif. A l'instar du philosophe Gabriel MARCEL et à son exemple, les philosophes en butte aux réalités qui affectent les Africains par souci de

[356] « La passion pour l'homme et sa dignité demeurent mon cheval de bataille ».
Né le 25 novembre 1966, **Nestor SALUMU NDALIBANDU** fut ordonné prêtre de l'Eglise Catholique Romaine le 22 septembre 1996 dans le diocèse de Kindu en République Démocratique du Congo, par son Excellence Paul Mambe Mukanga. Du 22 septembre 1996 au 22 septembre 2016, il vient de réaliser vingt ans de vie sacerdotale engagée en faveur des hommes indigents, vulnérables, abandonnés, délaissés et rejetés dans la société. L'Abbé Nestor SALUMU est Licencié en Philosophie et en Théologie. Il est actuellement professeur et formateur au Grand Séminaire de Philosophie et de Théologie de BUHIMBA à Goma en République démocratique du Congo. Les différents ministères exercés au niveau paroissial, diocésain et national dans le gouvernement de notre pays m'ont rendu proche de cette catégorie des personnes et m'ont permis de réaliser mon rêve, ma vocation profonde : la passion pour l'homme.
Il s'agit :

- des hommes et femmes victimes de violation massive et à grande échelle des droits de l'homme en temps de guerres, de dictature et de manipulations politiques, sociales et ecclésiales.
- des hommes et femmes victimes des cultures rétrogrades, des psychoses de la sorcellerie et des esprits des ancêtres ainsi que de la possession maléfique.
- des hommes et femmes victimes de l'ignorance, de l'illettrisme, de manipulation idéologique.

Pendant ces vingt ans de vie sacerdotale, le ministère qui semble continuel et qui n'a jamais subi de modification profonde ni d'interruption est celui d'exorcisme combiné à l'intercession publique pour les chrétiens opprimés par toutes sortes de maux spirituels et psychiques.
Notre souci majeur est d'interpeller la conscience des uns et des autres au vrai respect de la dignité humaine pour tout être humain créé à l'image et à la ressemblance de Dieu.

l'exigence de l'être de la personne, c'est-à-dire de sa dignité, doivent philosopher. Ils doivent pour ce faire, émanciper la raison critique des théories, des préjugés, des pratiques, des autorités qui ne permettent pas l'épanouissement de l'homme.

Mots-Clés : La Responsabilité Sociale, Gabriel Marcel, Technoscience, Poids ontologique, Drame de l'existence humaine, Mystère.

Abstract : Simple as well as cultured men in Africa often have a pejorative view of philosophy. Whereas others fear or even avoid philosophers and thinkers because of their acumen, their critical sense and their in-depth analysis of ideas that shake up their world and strip their amnesia and intellectual blindness that control certain aspects of the daily life. Those inspired by the work of the mind take advantage of the rational abilities of the philosophers as analysts. Indeed, in the history of mankind, philosophy has always played a role in social transformation. It is ideas that change the world. Philosophy still has a role to play within our African continent which is a victim of a certain anthropological impoverishment caused by the denial of humanity related to wars, the reign of arbitrary, the materialistic dictatorship, the malicious ideology, the dominations of the metaphysical and *metempirical* causes in the collective psyche.

Using the philosopher Gabriel MARCEL as a model, philosophers coming up against the realities affecting the human dignity of the Africans, must philosophize. In order to achieve this, they must pursue critical rationality of theories, prejudices and practices of those in authority who hinder the growth of human beings.

Keywords: Social responsibility, Gabriel Marcel, technoscience, ontological influence, ontological weight, drama of human existence, mystery.

Introduction

Dans l'imaginaire collectif des personnes, la philosophie apparaît comme un simple bavardage des intellectuels, un discours creux, abstrait, sans incidence dans la vie réelle. De ce fait, faire la philosophie pour plusieurs, c'est ridicule, c'est s'aventurer dans un jeu des mots, un exercice purement spéculatif. Dans d'autres milieux intellectuels et scientifiques, la philosophie est une science délicate car elle permet une analyse profonde des choses. Elle est perçue comme une réflexion pragmatique et fonctionnelle, engagée vers l'avenir pour assurer et faire progresser la pensée et l'action en vue d'un nouvel ordre social et un éveil de la conscience.

La philosophie n'a – t – elle pas un rôle à jouer dans la vie quotidienne des Africains comme si elle était insensible aux fléaux sociaux ? Nous entendons certains s'exclamer pourquoi nous amener vos philosophies dans nos vies. Car les réflexions philosophiques bousculent l'imaginaire du peuple, tourmentent les mauvais dirigeants et aident par les idées à la transformation par des mutations socio – politiques.

Gabriel MARCEL affronté au problème de son temps nous indique combien la philosophie est un outil indispensable de transformation pour une société en crise comme celle de l'Afrique Noire. Nous voulons dans cet article examiner sa position sur l'apport de la philosophie dans l'existence humaine.

Nous subdivisons cet article en quatre points. Premièrement, nous traiterons de la responsabilité sociale du philosophe. Deuxièmement, nous examinerons la démarche philosophique qui ressort de la pensée de GABRIEL MARCEL. Troisièmement, nous traiterons de sa pensée philosophique. Nous terminerons par son apport pour une ré-humanisation de notre société Africaine.

1. La responsabilité sociale du philosophe

1.1. Considération péjorative de la Philosophie

Poser la question de la responsabilité philosophique revient à s'interroger sur le rapport à établir entre philosophie et société. Pour plusieurs personnes, la philosophie ou toute démarche philosophique est conçue comme une spécialité des quelques – uns, des initiés, imperméable au grand public. La philosophie est devenue pour ce faire une discipline magique, mystérieuse. Pour les profanes et le grand public, la philosophie est comme une science élitiste, ésotérique et hermétique, une discipline réservée aux individus bizarres, excentriques, insolites, solitaires et fous.

D'autres s'efforcent de faire de la philosophie une discipline proprement utopique, imaginaire, réservée aux gens superficiels vivant dans l'abstraction la plus totale. La philosophie est considérée souvent selon BIANGANI comme un bavardage cocasse et inopportun, une simple gymnastique intellectuelle, une spécialisation et divagation cérébrale, une distraction d'intellectuels repus, fatigués et impuissants, incapables de s'engager dans les rangs de la bataille technologique ([357]). De ce fait, s'engager dans la philosophie est une perte de temps. La philosophie est alors une des disciplines qui souffrent d'une infériorité numérique et d'une considération péjorative dans le monde universitaire. Ceux qui fréquentent cette faculté sont surtout les anciens séminaristes et les prêtres qui ont quitté l'état clérical à telle enseigne que plusieurs la considèrent comme une « Faculté de Curés ».

[357]BIANGANI GOMANU TAMPO, L'enseignement de la philosophie en Afrique – cas de la République Démocratique du Congo (RDC), dans *Logos*, Collection société et vie n°81, UCCM (ex ISPL) Kinshasa, 2005, p. 29.

1.2. Considération Positive

Par ailleurs, la philosophie est souvent considérée dans certains milieux, surtout politiques, comme une science qui effraie les dirigeants par son caractère rationnel, son sens d'analyse et de critique profonde de la société visant sa transformation partielle ou totale.

Certains dirigeants ne veulent pas l'accepter dans les établissements supérieurs et universitaires de leurs pays. Tel est le cas de la République Démocratique du Congo où la Faculté de Philosophie n'était pendant longtemps admise que dans les Grands Séminaires pour la formation de futurs prêtres et dans l'Université de Lubumbashi éloignée de la capitale nationale. Ceux qui finissent les études en ce domaine sont utilisés par d'autres cadres comme analystes dans les institutions et bénéficient de leur expertise comme instrument de discernement intellectuel. Tandis que d'autres responsables relèguent les philosophes loin de leurs institutions par crainte de se sentir déstabilisés.

Cette considération du Philosophe et de la tâche philosophique observée le plus souvent dans les milieux africains tend à être surmontée à cause de l'influence de la conception contemporaine de la Philosophie. La notion de la responsabilité détachée de son sens ordinaire et même juridique connaît de nouveaux développements philosophiques depuis le 20ième siècle par la montée du domaine technoscientifique et ses répercussions mitigées dans le vécu quotidien des personnes. Les développements accélérés de la technoscience constituent une menace pour l'environnement et l'humanité présente et future, et en appellent à la responsabilité du philosophe. Déjà pendant l'Antiquité et le Moyen-âge, la philosophie de Platon et celle d'Aristote ont aidé l'Eglise Catholique à établir la doctrine religieuse ainsi qu'à combattre les hérésies dans les diverses controverses. Leurs philosophies constituaient la base de la science jusqu'au XVIe siècle. Les écrits des philosophes du Temps moderne ont été à la base de la révolution française, la révolution sociale et la révolution scientifique. Le courant existentialiste a joué un rôle capital dans l'humanisme philanthropique qui a combattu les Guerres mondiales, la traite négrière et la colonisation occidentale ; la décolonisation en Afrique a été le résultat des écrits tant des philosophes africains et africanistes que des leaders politiques africains philosophes.

Des philosophes d'après guerres (Première et Deuxième guerre mondiales) ont mené leurs réflexions sur la catastrophe humaine des guerres, des régimes politiques, de la crise de la culture post-moderne et ont abouti à des changements. Certains philosophes parlent clairement de la responsabilité du philosophe :

- Hannah Arendt qui, pour stigmatiser la banalité du mal qui signifie pour lui : « dans l'espace totalitaire on tue et on laisse tuer avec indifférence » souligne la responsabilité du Philosophe ([2]).

- Hans Jonas tente de poser une éthique qui soit une éthique de la responsabilité dans son livre : *Le principe responsabilité.* Dans ce livre, il présente des nouveaux impératifs d'une éthique appliquée aux avancées technologiques.

D'autres développent cette responsabilité du Philosophe dans les différents courants comme le pragmatisme et l'existentialisme attentifs à la question du sens de l'existence ainsi que l'École de Francfort préoccupée de mener une critique philosophique de la rationalité instrumentale et unidimensionnelle de la civilisation technologique ([3]). C'est dans ce contexte que se situe l'émergence de la philosophie de Gabriel Marcel soucieux « de restituer à l'expérience humaine son poids ontologique ([4]) » et de mettre à profit la culture philosophique pour transformer la société actuelle en crise.

2. La vocation philosophique de Gabriel Marcel

2.1. La Vie et L'œuvre

Gabriel Marcel est né le 07 décembre 1889 à Paris. Le 19 novembre 1893, il perdit sa mère (à l'âge de 4 ans). Il fut élevé par sa tente maternelle qui est devenue la seconde épouse de son père. En 1910 il obtint l'agrégation de Philosophie. La formation intellectuelle coupée de l'engagement pour des problèmes concrets lui déplut. Il manifesta de l'intérêt pour une philosophie de l'existence.

Pendant la guerre de 1914 – 1918, Gabriel Marcel ne put servir à l'armée à cause de son état de santé. Il s'adonna alors de tout son cœur à la recherche des disparus, se livrant à des expériences métaphysiques qu'il estimait probantes. De ce travail, il éprouva une douleur effroyable sur le traitement des autres humains surtout quand il présentait les résultats des enquêtes aux parents et amis des disparus. Ces expériences le poussèrent encore plus à se préoccuper du problème de la dignité de la personne humaine. Elles ont alors orienté ses démarches philosophiques : « je n'hésiterai pas à dire que la philosophie n'a un sens et un intérêt quelconque que si elle a un retentissement

2 HANNAH ARENDT – cité dans Le petit Larousse de la Philosophie sous la direction de Hervé BOILLOT, Larousse, 2011, p.619

3 Benoît AWAZI MBAMBI KUNGUA, *Le Dieu Crucifié en Afrique*, Paris, Harmattan, 2008, p.107.

4 GABRIEL MARCEL, *Être et Avoir, le journal métaphysique*, Paris, Aubier Montaigne, 1968, p.121.

dans cette vie qui est la nôtre et qui est à tel point menacée sur tous les plans » ([5]).

En 1919, il épousa Jacqueline Boegner avec laquelle il adopta un fils. Le 29 mars 1929, Gabriel Marcel fut baptisé dans l'Eglise Catholique. En 1947 il perdit sa femme et collaboratrice Jacqueline Boegner. Le 08 octobre 1973 mourut Gabriel Marcel à l'âge de 94 ans.

En guise d'illustration et d'éclairage sur sa pensée nous présentons ses quelques écrits : Le journal métaphysique 1927, Être et Avoir I (1935), Essai de philosophie concrète (1940), Le Mystère de l'être, Les hommes contre l'humain (1951), Le déclin de la sagesse (1954), L'homme problématique (1955), Présence et immortalité (1964), Paix sur la terre (1965), Position et approche concrète du mystère ontologique, *Homo viator*, prolégomènes à une métaphysique de l'expérience (1944).

2.2. La démarche philosophique Marcellienne

Pour Gabriel Marcel, Philosopher « c'est bien une certaine façon pour l'expérience de se reconnaître, de s'appréhender mais à quel niveau d'elle-même et comment se définira cette hiérarchie ? Et comment s'ordonnera –t- elle ? Je me bornerai à dire qu'il faudra distinguer des degrés non seulement dans l'élucidation, mais dans l'intimité avec soi et avec l'ambiance de l'univers lui – même » ([6]).

L'expérience demeure pour Gabriel Marcel, le champ d'action ou le premier livre, objet de recherche ou d'étude philosophique. Car, pour lui, « la philosophie n'a un poids et un intérêt quelconque que si elle a un retentissement dans cette vie qui est la nôtre et qui est à tel point menacée sur tous les plans » ([7]). Les drames de l'existence humaine pendant les deux Guerres mondiales ainsi que les défis de la techno – science en général ont incité Gabriel Marcel à quitter une démarche philosophique coupée du réel qu'il a qualifiée de « piège de la figuration abstraite ([8]) » pour atteindre non seulement le réel, mais aussi le restreindre dans la démarche philosophique. Tel est le sens des propos suivants : « il n'est personne qui ne s'indigne ou qui ose avouer son indifférence en présence des innombrables attentats dont des innocents ont été victimes au cours de la dernière Guerre. Je pense en particulier aux enfants qui sont morts dans les camps d'extermination, mais aussi à ceux qui ont péri du fait des bombardements aériens » ([9]). À ces drames, s'ajoutent la crise des valeurs dans les destructions massives, la perte de la dignité dans la réduction

---

5 Idem, *Gabriel et les injustices de ce temps, la responsabilité du Philosophe dans présence de GABRIEL MARCEL*, Cahier 4, Paris, Aubier, 1975, p. 4.

6 Gabriel Marcel, *Essai de Philosophie concrète*, Paris, Gallimard, 1940, pp. 27 – 28.

7 Idem, *Gabriel Marcel et les injustices de ce temps, la responsabilité du philosophe*, *op. cit.*, p. 4.

8 Idem, *Le Mystère de l'Etre, Foi et réalité*, Paris, Aubier Montaigne, 1964, p.122.

9 Idem, *Les hommes contre l'humain,* Paris, La Colombe, 1951, p. 61.

de l'individu au rendement, le culte de l'argent jusqu'au mépris de l'être humain, l'usage de la civilisation, de la technique dans l'anéantissement des valeurs.

Pour ce faire, Gabriel Marcel reconnaît les limites pour la raison humaine d'atteindre la vérité totale, et de percevoir et d'étudier profondément les drames de l'existence humaine, les drames où se débat l'être humain avec la précarité de la vie. Toute pensée est caractérisée selon lui par le souci d'interroger et de remettre en question ce qui est tenu pour vrai. Car, « une simple phrase fortuitement rencontrée, peut être pour un esprit fécond le point d'amorçage ou de cristallisation de tout un ensemble des réflexions infiniment complexes » ([10])

Bien plus, il observe la nécessité de fonder l'Ethique du futur non pas sur un ensemble de doctrines déjà établies, mais dans la métaphysique en tant que doctrine de l'Être. Pour Hans Jonas, « Toute éthique même celle qui est la plus utilitariste, eudémoniste et immanentiste contient tacitement une métaphysique (...), une ontologie comme affaire de la raison »[358]

Au départ de toute investigation, il faut placer la dimension de l'existence. La philosophie de l'existence consiste pour Marcel à « partir des situations concrètes fondamentales et non point d'essences trop souvent objectives d'une façon indue et dont il s'agirait de dégager analytiquement les implications » ([11]). La philosophie existentielle que conçoit Gabriel Marcel ne peut se borner à faire des distinctions vagues, mais elle doit plutôt élaborer des concepts, poser des jugements de valeur qui tiennent compte de l'angoisse de l'homme, du désespoir et de l'inquiétude, des circonstances malheureuses auxquelles l'humanité est exposée. Toutes ces expériences malheureuses créent un manque, un vide dans l'être humain pour lequel la philosophie doit porter un secours, car la philosophie a selon lui, pour tâche « de restituer à l'expérience humaine son poids ontologique » ([12]), c'est-à-dire « l'exploration de ce qui dans le réel échappe à la connaissance objective » ([13]).

L'exigence ontologique est donc le point d'ancrage de la pensée philosophique de Gabriel Marcel dans sa passion pour l'homme écrasé, bafoué. Ses expériences personnelles l'ont poussé à se préoccuper du problème de la dignité de la personne humaine. Elles ont orienté ses démarches philosophiques. Roger Troisfontaines le dit en ces termes : « Mille douleurs poignantes ont révélé à Marcel le drame de l'existence humaine, jamais plus, désormais, ne lui suffiront les simplifications arbitraires ni les arrangements superficiels d'un intellectualisme facile. Pour saisir la vie dans sa palpitation, il renonce à

10Id., *Essai de philosophie concrète*, Paris, La Colombe, 1951, p. 61.

[358] H. JONAS, *Technologie et responsabilité* dans *Esprit*, 42 (1974), n°428, p.163.

11 Gabriel MARCEL, *Théâtre et philosophie* dans *Recherche et débat*, Paris, Fayard, 1962, p. 20.

12 Idem *Être et Avoir, Le journal métaphysique*, Paris, Aubier Montaigne, 1968, p. 128.

13 D. Huisman, *Dictionnaire de Philosophe*, Paris, Presses Universitaires de France, 1984, p.17.

la voie d'abstraction où il s'engageait avec tant d'ardeur et s'adonne à la méditation poignante de la destinée » ([14]).

En effet, les méthodes d'approche utilisées par Gabriel Marcel peuvent paraître utiles en notre temps eu égard au contexte vital des drames de l'existence humaine que nous vivons dans la fragilité et surtout dans la crise de la solidarité. Ce qui paraît nécessaire est de vérifier l'évolution avec laquelle Gabriel Marcel a mené ses démarches pour la ré-humanisation ou le vivre ensemble exempt de tout choc, toute discordance ou toute contradiction.

Le propre de la philosophie est de devenir un effort pour expliciter ses propres postulats grâce à la réflexion. Pour Gabriel Marcel, l'instrument de la philosophie est la réflexion et non une intuition aveuglée qui n'a pas en elle-même sa garantie. La liberté est en acte dans la philosophie existentielle. Pour ce faire, la métaphysique ou la démarche ontologique pour Gabriel Marcel est « une réflexion braquée sur les mystères » dans les drames de l'existence humaine, car poursuit-il, « c'est dans le drame et à travers le drame de l'existence que la pensée métaphysique se saisit elle-même et se définit *in concreto* » ([15]). Pour sa part, Jean Paul Sartre note qu' : « être dans le monde, c'est hanter le monde et non pas y être englué » ([16]).

La philosophie est aussi une redécouverte ou une récupération de l'intuition dans la réflexion seconde faite grâce au recueillement considéré par l'auteur comme un indice ontologique le plus révélateur. Prini appellera plus tard cette réflexion métaphysique du recueillement, la méthodologie de l'invérifiable[17].

3. Gabriel Marcel, philosophe de l'existence

3.1. L'existence de l'être

Deux préoccupations majeures ressortent dans la démarche métaphysique de Gabriel Marcel d'une réflexion braquée sur les mystères : « la hantise des êtres et l'exigence de l'être » ([18]).

En effet, réfléchissant sur le sens de l'être, Gabriel Marcel renvoie cette question à une introspection, un examen de soi-même comme un existant. Il montre par-là que le problème de l'être ne peut être posé en dehors de la personne humaine, sujet d'interrogation. Il le dit lui-même en ces termes :

---

14 R. TROISFONTAINES, *De l'existence à l'Etre, la philosophie de Gabriel Marcel*, T.1, Louvain, Nauwelaerts, 1968, p. 23.

15 GABRIEL Marcel cité par R. Verneaux, *Leçons sur l'existentialisme*, Paris, Pierre Tequi, 1964, p.136.

16 J.P SARTRE, Cité par E.MOUNIER, *Introduction aux existentialismes*, Paris, Gallimard, 1962, p. 102.

17 Prini cité par D. HUISMAN, *Op. cit*, p. 1715.

18 PARRAIN -VAIL, cité par D. Huismas, e.a, *Op. cit.*, p. 124.

« Le problème de l'être ne sera donc qu'une traduction en un langage inadéquat d'un mystère qui ne peut être donné qu'à un être capable de recueillement, à un être dont la caractéristique consiste peut-être à ne pas coïncider purement et simplement avec sa vie » ([19]). Ces élucidations montrent à quel niveau Gabriel situe l'étude de l'Être et de l'être capable de procéder à cette étude et comment s'y prendre.

D'abord, nous trouvons qu'il situe l'étude de l'Être dans le Mystère. Autrement dit, le mystère est coextensif à l'être, à l'inépuisable concret. Ensuite la notion de mystère permet d'éclairer la plénitude de l'Être, mais aussi l'existence en tant que déficience ontologique. La déficience ontologique se manifeste par l'absence, la souffrance, la mort, le mal, etc. Car, pour Marcel, « reconnaître la maladie comme mystère, c'est l'appréhender en tant que présence ou que modification de la présence ([20]).

Gabriel Marcel estime que le Mystère étant une réalité indubitable, méta-technique et méta-problématique, ne peut être saisi qu'en dehors de la rationalité scientifique objectivant. « Les approches concrètes du mystère ontologique devront être cherchées non point dans le registre de la pensée logique dont l'objectivation soulève une question préalable, mais plutôt dans l'élucidation de certaines données proprement spirituelles, telles que la fidélité, l'espérance, l'amour, où l'homme apparaît aux prises avec la tentation du reniement, du repliement sur soi, du durcissement intérieur ([21]).

Le mystère est pour Gabriel Marcel, « une sphère où la distinction de l'en moi et du devant moi perd sa signification et sa valeur initiale... Un problème qui empiète sur ses propres conditions immanentes de possibilité non pas sur ses données » ([22]). Tout ceci porte à croire que l'étude de l'être méta-problématique est centrée sur l'homme et son environnement dans la dimension totale de sa vie et ses multiples relations. C'est ce que le philosophe français souligne lorsqu'il écrit : « Portant ma réflexion sur ce qu'on a coutume de considérer comme des problèmes ontologiques : l'être est-il ? Qu'est-ce que l'être ? etc. J'étais amené à remarquer que je ne puis porter ma réflexion sur ces problèmes sans voir se creuser sous mes pas un nouvel abîme : moi qui m'interroge sur l'être, puis-je être assuré que je suis ? Quelle qualité ai-je pour procéder à ces investigations ? Si je ne sais pas comment espéré-je les voir aboutir ? ([23]) Il rejoint ici Martin Heidegger qui déplorait la Métaphysique traditionnelle des essences par son oubli de l'Être.

---

19 G. Marcel, *Être et avoir I, Op. cit.*, pp.147-148.
20 *Id.*, *Le Mystère de l'Être, Réflexion et Mystère*, Vol. II, Paris, Aubier, 1951, p. 225.
21 *Id.*, *Être et Avoir, Op. cit.*, p.173.
22 *Ibid.*, pp.146 ; 157 – 158.
23 *Ibid.*, pp. 214 – 215.

En effet, poser le problème de l'être, c'est aller au fond des choses, c'est creuser davantage l'existence de cohérence, de crise, de probable. L'Être signifie ainsi pour Gabriel Marcel « la plénitude, l'attente comblée et l'expérience de l'être c'est l'accomplissement » ([24]).

De ce fait, poursuit – il, l'ontologie « exige pour se définir que la dimension de l'intersubjectivité vienne s'ajouter à celle de la connaissance objective » ([25]). Par ailleurs, le recueillement paraît être la démarche essentielle qui permet l'accès à l'être, à la saisie du poids ontologique. Marcel précise sa pensée lorsqu'il écrit : « le recueillement, dont la possibilité effective peut être regardée comme l'indice ontologique le plus révélateur dont nous disposons constitue le milieu réel au sein duquel cette récupération est susceptible de s'accomplir » ([26]).

Le recueillement qui se réalise dans le silence devient ainsi pour Gabriel Marcel un principe de récupération de l'être ou de découverte de la crise ontologique : « Non seulement je suis en mesure d'imposer aux voix criardes qui remplissent ordinairement ma conscience, mais ce silence est affecté d'un indice positif. C'est en lui que je puis me ressaisir. Il est en soi un principe de récupération. Je serais tenté de dire que recueillement et mystère sont corrélatifs ([27]).

L'exigence ontologique consiste donc pour Marcel à enraciner la pensée philosophique dans le mystère ontologique de l'existence humaine. Il n'a cessé de le souligner, la démarche philosophique devrait parvenir à « restituer à l'expérience humaine son poids ontologique. »([28]) Il explicite encore ses idées en ces termes : « Le fait que le suicide est possible est en ce sens, un point d'amorçage essentiel de toute pensée métaphysique, non pas le suicide, le désespoir sous toutes ses formes, la trahison sous tous ses aspects pour autant qu'ils se présentent comme des négatives affections de l'être, que l'âme qui se désespère se clôt elle-même à l'assurance mystérieuse centrale où nous avons cru trouver le principe de toute positivité. ([29])

3.2. La hantise des Êtres

Nous avons pu observer que la hantise qui a caractérisé la pensée de Gabriel Marcel est le traitement des êtres humains, victimes des guerres, des bombardements, des injustices de son temps. Tous ces événements l'ont poussé à concevoir une société fondée sur des rapports sociaux interpersonnels édifiants, fondés sur des valeurs éthiques comme l'amour, la disponibilité, l'hospitalité etc… L'intersubjectivité est une idée fondamentale dans la

---

24 Id., *Mystère de l'Être*, *Op cit.* p. 46.
25 *Ibid.*, p. 48.
26 *Id.*, *Position et approche concrète du mystère ontologique*, Paris, Vrin, 1964.
27 *Id*, *Être et Avoir*, *Op cit*, p.164.
28 *Ibid*, p.121.
29 *Ibid.*

pensée de Gabriel Marcel. Pour soutenir cette valeur, il part des concepts courants auxquels il donne des valeurs symboliques pour stigmatiser les fléaux de son temps et en appeler à un sens de responsabilité. ([30]) C'est à travers la prise de conscience de l'être avec autrui réussi que Gabriel Marcel a élaboré sa philosophie.

3.2.a. Le lui

Il s'agit ici de la tendance qui guette la personne humaine d'objectiver l'être humain, de traiter le prochain sans considération, sans respect de sa dignité. Le concept « lui » signifie ici : l'indisponibilité, indifférence vis-à-vis du prochain, l'insouciance, la méconnaissance, bref l'appartenance à soi – même jusqu'au mépris de l'autre.

L'autrui est alors problématisé. Tel est le sens des propos marcelliens suivants : « Quand je suis avec un être indisponible, j'ai conscience d'être avec quelqu'un pour qui je ne suis pas, je suis donc rejeté sur moi – même » ([31]).

3.2.b. Le toi

Le « toi » est le principe de la disponibilité qui ouvre au dialogue, à la connaissance mutuelle, à la complémentarité, à l'inter compréhension et à la rencontre. Le « toi » souligne ordinairement la familiarité, la proximité, le rapprochement, la solidarité : « plus je le traite comme un « toi », plus il cesse d'être pour moi une collection ou plus exactement celui qui a une collection moins il y a de sens à dire qu'il m'est extérieur ([32]).

3.2.c. Le nous

La réciprocité vécue dans les valeurs d'écoute, du dialogue, de la vraie rencontre crée ainsi la véritable inter subjectivité qualifiée par le concept nous par Gabriel Marcel. La notion de « nous » suppose une ouverture réciproque, la co – présence, la disponibilité, le service, le sacrifice et la liberté, la fidélité. L'être avec autrui réussi permet l'épanouissement et la promotion de l'être humain, « la véritable promotion, existentielle ne serait – elle pas toujours accession à un « nous » ou à un nôtre, à condition que ce « nous » devienne principe d'intimité et non de contrainte ? ([33])

30 Gabriel Marcel parle de rapport, problème – mystère, Avoir – Être, dans les pronoms lui, toi, nous comme paradigmes.

31 Id., *Être et Avoir*, *Op. cit.* p. 90.

32 Id., *Journal métaphysique*, Paris, Gallimard 1927, p.164.

33 Id., *Présence et Immortalité*, Paris, Flammarion, 1959, pp.158 – 159.

3.2.d. Le toi Absolu

La référence à l'être transcendant « le toi absolu » constitue pour Gabriel Marcel une réponse à la crise de l'intersubjectivité, et du double athéisme pratique et théorique et elle est fondée sur l'expérience de la rencontre et non sur une simple abstraction « l'acte de foi est une relation d'être à être qui échappe aux catégories de la pensée ».([34]) Gabriel Marcel court ici le risque de Christianiser ou de Théologiser la philosophie.

4. Pour une réhumanisation de la société africaine dans le sillage de l'intersubjectivité marcellienne

La pensée philosophique de Gabriel Marcel tombe à point nommé tant par le contexte d'émergence, la démarche proprement dite et les interpellations. Notre société africaine traverse de nos jours une crise sociale qui nécessite une prise de conscience ou une remise en question en vue de valoriser une culture du sens de la responsabilité philosophique ouverte aux défis sociaux grâce à un regard critique puisé chez Gabriel Marcel.

4.1. Les défis sociaux

Notre société africaine vit des conséquences néfastes de la techno – science et de la culture de la post-modernité dans ses effets déconstructeurs des valeurs de la dignité humaine :

- Les guerres fratricides déciment les populations et détruisent les richesses naturelles et culturelles avec des victimes humaines innocentes et résignées. Ces guerres engendrent des violences, des conflits, des traitements inhumains dans le camp des réfugiés ([35]).
- La pauvreté et la misère causées par les injustices sociales rendent certaines personnes vulnérables, esclaves emportés facilement pas des idéologies politiques parfois machiavéliques de certains dirigeants en Afrique.
- Les ambivalences sont observées dans les pratiques de la solidarité considérée comme génie culturel Négro – Africain. La solidarité est devenue brandon du népotisme, du tribalisme, du clanisme, du régionalisme, du racisme. Une certaine pratique de la solidarité non discernée conduit souvent au parasitisme, à l'irresponsabilité, aux chômages, au *discriminationisme* et à l'étouffement des initiatives et créativités qui émergent chez des personnes marginalisées, ainsi que l'intolérance religieuse ([36]).

---

34 Idem., *Journal Métaphysique*, *Op. cit*, p. 58.

35 JEAN PAUL II, *Ecclesia in Africa, Sur l'Église en Afrique et sa mission évangélisatrice vers l'an 2000,* Kinshasa, Médiaspaul, 1995, n°118 et 114, p. 54.

36 BENOIT XVI, *Africae Munus*, Exhortation Apostolique *Post Synodale sur l'Eglise en Afrique au Service de la réconciliation, de la Justice et de la Paix,* Kinshasa, Médiaspaul, 2011, N°13 - 85, 94.

- Le désir d'acquérir, d'accumuler les biens et de vouloir dominer, de s'enrichir de manière injuste et même parfois de manière inhumaine a toujours été à la base des différents conflits et atrocités qui ravagent les communautés et créent des rébellions, des frustrations, des résignations et de l'indifférence ;
- Le mépris flagrant de la vie humaine par les faits probants d'empoisonnement, d'assassinat ou l'élimination volontaire des maladies incurables ;
- Les pratiques de l'oligarchie, de la dictature, de l'imposition des idéologies et de démocraties mal conçues ; et par conséquent, mal vécues ;
- Des idéologies matérialistes, consuméristes, athées et nihilistes par une mondialisation néolibérale aux commandes de l'Afrique.

Dans tous ces fléaux sociaux, l'homme est toujours la victime car il est manipulé, exploité, marginalisé et réduit à rien.

En effet, le philosophe animé du souci du redressement moral est capable de mettre à profit son sens critique et son analyse profonde de la société pour découvrir et mettre à nu ces antivaleurs pour une prise de conscience en vue d'une conversion des mentalités.

4.2. De la prise de conscience à une mystique d'engagement libérateur

En effet, dans la poursuite de la prise de conscience, nous avons d'abord la remise en question. L'élément fondamental est la conscience où siègent le constat, la volonté du changement et l'intelligence ou la lucidité pour le discernement. Lalande définit la conscience comme une « disposition morale consistant à voir les choses de haut, à s'élever au-dessus des intérêts individuels et par suite, à supporter avec sérénité les accidents de la vie. Il y a la philosophie qui nous élève au – dessus de l'ambition et de la fortune » ([37]). Dans cette perspective, le philosophe doit se comprendre et tâcher de comprendre la vie de l'autre moi – même comme une question et un questionnement dans la mesure où la dignité humaine dans les relations interpersonnelles ne s'observe pas.

Pour ce faire, tout élément de crise est toujours en même temps appel d'une réponse. C'est-à-dire une victoire sur le mal. La question consiste à savoir ce qui doit être fait pour atteindre le bonheur, l'harmonie, l'entente dans le vivre ensemble, le *co – esse*. Cette démarche du *Cogito existentiel* est une sorte de réarmement tant qu'il part de l'expérience du vide ou du manquement ontologique. Le principe moral de l'intersubjectivité doit rejoindre ainsi l'impératif catégorique de Kant qui consiste à traiter chaque être humain comme une fin en soi et jamais comme un moyen.

Retenons toutefois que la cause de la crise observée dans l'expérience de ces antivaleurs est cette cécité intellectuelle, cet obscurantisme dans cette incapacité pour la majorité de la population à percevoir la cupidité du pouvoir,

37 A. LALANDE, *Vocabulaire Technique et Critique de la Philosophie*, Paris, PUF, 1991, p.91.

des richesses, des honneurs par la minorité des responsables qui manipulent et exploitent indûment leurs subalternes.

La tendance à vouloir diviniser les responsables peut bloquer la capacité de discernement, pour découvrir les vices et par la suite interpeller et dénoncer les auteurs en vue d'un changement.

De ce fait, le recueillement comme réflexion seconde selon Gabriel Marcel doit consister en une théorie critique de la société pour saisir l'opacité de l'existence humaine dans les antivaleurs, les différentes contradictions entre le conçu, l'institué et le vécu réel, l'observable. Gabriel explicite ainsi cette méthode : « la démarche métaphysique essentielle consisterait en une réflexion sur cette réflexion, en une réflexion à la seconde puissance, par laquelle la pensée se tend vers la récupération d'une intuition qui se perd de quelque façon dans la mesure où elle s'exerce. Le recueillement dont la possibilité effective peut être regardée comme l'indice ontologique le plus révélateur dont nous disposons constitue le milieu réel au sein duquel cette récupération est susceptible de s'accomplir. ([38])

Le philosophe se déploie par ces analyses après les activités humaines, politiques, économiques, sociales, religieuses, culturelles à l'exemple de l'oiseau de Minerve qui ne s'envole qu'après la tombée de la nuit. C'est la démarche habermasienne de la critique de la rationalité instrumentale avec ses contradictions internes. ([39]) Cela veut dire émanciper la raison critique des théories, des préjugés, des pratiques, de l'autorité qui ne permettent pas l'épanouissement de tout l'homme et de tout homme. Philosopher, poursuit Benoît Awazi Mbambi Kungua[359], c'est acquérir sa propre liberté maximale face aux idoles et simulacres mensongers de la caverne dans laquelle nous évoluons historiquement depuis notre naissance.

Après la saisie des faits qui interpellent, intervient alors la démarche d'élucidation des faits pour un meilleur engagement dans la libération. Il faudra alors opérer un passage du constat de la situation dramatique à celui de l'engagement réel de dénonciation des fléaux, d'annonce de la vérité, de plaidoyer en faveur des victimes et de soutien des idéaux de vérité, de justice et de réconciliation par une argumentation solide. Cette démarche nous permettra de réaliser la culture de responsabilité philosophique pour le changement social et surtout la conversion des mentalités.

38 Gabriel MARCEL, *Position et approche concrètes du mystère Ontologique*, Paris, Nauwelaerts, 1949, p. 86.

39 Jürgen HABERMAS, *Théorie de l'agir communicationnel*, T.1, Paris, Fayard, 1957, p. 34.

[359] Dans son ouvrage : *Déconstruction phénoménologique et théologique de la Modernité occidentale. Michel Henry, Hans Urs von Balthasar et Jean-Luc Marion*, L'Harmattan, Paris, 2015.

Conclusion

Nous venons de le remarquer avec Gabriel Marcel que la philosophie est appelée à jouer un rôle important dans la société. Elle devra jouer différents rôles : garde – fou, témoin de la vérité et de ses exigences, discerneur, veilleur et éveilleur de consciences à la fois individuelle et collective.

Pour notre cas, il s'agit de notre responsabilité face aux défis de la crise des démocraties en Afrique causés par la techno – science et la culture post – moderne qui déconstruisent notre identité chrétienne et africaine par les déséquilibres écologiques, l'affaiblissement de la solidarité, la marginalisation des pauvres et des faibles, la banalisation des valeurs morales, l'aplatissement culturel et la standardisation de la pensée. Pour ce faire, grâce à l'esprit de réflexion, de critique systématique des institutions de la société, le philosophe en Afrique à l'instar de tous ses collègues d'autres continents, doit aboutir à comprendre ces institutions, à les développer, à les transformer et à les humaniser. C'est l'obligation de jouer un rôle catalyseur par la pensée critique de cette société, par la symbiose entre l'ancestralité, la modernité, et l'interculturalité afin d'élaborer un modèle de société ouverte, intégrée et intégrante. C'est cela une réflexion pragmatique et fonctionnelle, bref une philosophie engagée pour l'avenir.

Le questionnement philosophique devrait nous réveiller de nos torpeurs néolibérales et de notre accoutumance aux ombres et aux vacarmes médiatiques qui nous éloignent de notre vraie *ipséité* et nous stimuler à creuser au dedans de nous-même jusqu'à ce que nous atteignions les profondeurs (abyssales et ineffables) qui nous maintiennent dans la vie, le mouvement et l'être. Cette démarche doit viser la quête du sens holistique de notre trajectoire dans le monde et promouvoir les valeurs spirituelles, éthiques et intellectuelles qui sous-tendent les actions et les choix de notre vie quotidienne pour sauver notre continent africain.

Bibliographie

1. Gabriel MARCEL, *Être et Avoir, Le Journal Métaphysique*, Paris, Aubier Montaigne, 1968.
2. Idem, *Essai de philosophie concrète*, Paris, Gallimard, 1940.
3. Idem, *Le mystère de l'Etre, foi et réalité*, Paris, La Colombe, 1951.
4. Idem, *Les Hommes contre l'humain*, Paris, La Colombe 1951.
5. Idem, *Le Mystère de l'Etre, Réflexion et Mystère*, vol II, Paris, Aubier, 1951.
6. Idem, *Position et Approche concrète du Mystère Ontologique*, Paris, Vrin, 1964.
7. Idem, *Journal Métaphysique*, Paris, Gallimard, 1959.
8. Idem, *Présence et Immortalité*, Paris, Flammarion, 1959.

9. R. TROISFONTAINES, *De l'existence à l'Être, la philosophie de Gabriel Marcel*, T.1, Louvain Nauwelaerts, 1968.

10. E. MOUNIER, *Introduction aux existentialismes*, Paris, Gallimard, 1962.

11. R. VERNEAUX, *Leçons sur l'existentialisme*, Paris, Pierre Téqui, 1964.

J. HABERMAS, *Théorie de l'agir communicationnel*, I.1, Paris, Fayard, 1957.

12. Benoît AWAZI MBAMBI KUNGUA, *Le Dieu Crucifié en Afrique. Esquisse d'une Christologie négro-africaine de la libération holistique*, Paris, L'Harmathan, 2008.

13. Id., *Déconstruction phénoménologique et théologique de la Modernité occidentale. Michel Henry, Hans Urs von Balthasar et Jean-Luc Marion,* L'Harmattan, Paris, 2015.

14. Id., *De la Postcolonie à la Mondialisation néolibérale. Radioscopie éthique de la crise négro-africaine contemporaine*, L'Harmattan, Paris, 2011.

15. Jean Paul II, *Ecclesia in Africa sur l'Église en Afrique et sa mission évangélisatrice vers l'an 2000*, Kinshasa, Médiaspaul, 1995.

16. Benoit XVI, *Africae Munus, Exhortation Apostolique Post – Synodale sur l'Église en Afrique au Service de la réconciliation, de la Justice et de la Paix*, Kinshasa, Médias Paul, Paris, 2011.

17. Site internet du Centre de Recherches Pluridisciplinaires sur les Communautés d'Afrique noire et des diasporas, (www.cerclecad.org, Ottawa, Canada).

Articles

- BIANGANY GOMANU TAMPO, « *L'enseignement de la philosophie en Afrique – cas de la République Démocratique du Congo (RDC), dans Logos, collection société et vie* » n°81, UCCM (ex ISPL) Kinshasa, 2005.
- « *Gabriel Marcel et les Injustices de ce temps, la responsabilité du philosophe dans présence de Gabriel Marcel, Cahier 4* », Paris, Aubier, 1975.
- Gabriel Marcel, *Théâtre et Philosophie dans recherche et débit*, Paris, Fayard, 1962.

DICTIONNAIRES PHILOSOPHIQUES

- *Le Petit Larousse de la philosophie* sous la direction de Mervé Boillot, Larousse, 2011.
- D. Huisman, *Dictionnaire Technique, et critique de la Philosophie*, Paris, PUF, 1991.
-

Relire Hannah Arendt : Entre banalité, violence et responsabilité ou l'ontologie du vivre-ensemble en Afrique postcoloniale »

César Mawanzi[360]

Résumé : En Afrique postcoloniale, les affres des guerres ont, durant des années, consacré l'impunité des crimes contre l'humanité. L'effondrement de l'ordre régalien, l'absence parfois d'un État de droit et de démocratie dans certains régimes, à l'exemple du Rwanda, ont conduit au génocide ; ce qui indique une crise de principes de normativité régissant le vivre-ensemble dans une communauté, ayant provoqué des pertes en vies humaines. Le génocide rwandais paraît, à nos yeux, le cas typique de la phénoménologie de la violence criminelle (mal) à laquelle se consacre notre investigation. Réfléchir sur l'incapacité de penser qui caractériserait le génocidaire, révèle la force d'une analyse que Hannah Arendt soumet au débat philosophique de notre temps. Un crime signe la culpabilité (personnelle) de son auteur.

Aussi la question de la banalité du mal que pose Hannah Arendt se heurte-t-il, en effet, à la nécessité impérieuse de décliner la justice et les droits humains ? Il nous semble toutefois que le respect des droits de l'homme est parfois mis en mal, sur le plan international, par des contraintes politiques, des intérêts économiques et des velléités hégémoniques. Convoquant le génie de l'idée des Lumières de la paix universelle qui consacre l'imaginaire de l'humanisme planétaire, l'émergence d'une culture humaine en Afrique moderne, respectueuse des droits et de la démocratie, responsable de son action, nous paraît inéluctable.

Mots-clés : Hannah Arendt – Banalité (phénoménologie) du mal – Génocide rwandais - Responsabilité -

Abstract : *"Hannah Arendt understand: the relationship between "Banality of Evil", violence and responsibility or the ontology of coexistence in postcolonial Africa".*

[360] **César MAWANZI**, prêtre du Diocèse de Kikwit (RD-Congo), études de philosophie et de théologie au Grand Séminaire de Kalonda, à l'Université d'Innsbruck et Francfort et de psychologie à Marburg. Maître en philosophie, Docteur en théologie fondamentale de la Faculté de Théologie, Philosophisch-Theologische Hochschule St Georgen de Francfort, il est depuis 2007 professeur de *Philosophie de la religion et Philosophie de la culture* à l'Institut de Philosophie Grand Séminaire Interdiocésain Saint Augustin de Kalonda. Auteur d'une thèse, il a publié divers articles de recherches notamment sur la phénoménologie et la philosophie de la culture de Ernst Cassirer. Membre de la Deutsche Gesellschaft für Religionsphilosophie (Société Germanophone de la Philosophie de la Religion) et collaborateur du CERCLECAD (Ottawa), il publie régulièrement dans la Revue scientifique *Afroscopie*. Actuellement, il continue des recherches en philosophie et exerce un ministère en Allemagne.

In post-colonial Africa, there exist crimes against humanity as a result of deterioration of normative principles, breakdown of rule of law and lack of democracy.

Consequently, issues such as justice and respect for human rights have rather diverted the interests of African foreign development partners who are pursuing the political and economic stability of the continent.

On the basis of Hannah Arendt's thesis ("Banality of Evil"), attempt was made in Africa to develop a philosophical approach to understanding and contextualizing the Rwandan genocide. To what extent is a criminal incapable of distinguishing between the good and the evil? Is the reason for the innocence of the crime, which Arendt proposed, to be inconspicuous? "

Keywords: Hannah Arendt- "Banality of Evil"- the Rwandan genocide - violence and responsibility - justice and respect for human rights

Zusammenfassung: *"Hannah Arendt : Zwischen Banalität des Bösen, Gewalt und Verantwortung oder die Ontologie des Zusammenlebens im postkolonialen Afrika"*

Im postkolonialen Afrika herrscht ab und an die Straflosigkeit (Impunity) von Verbrechen gegen die Menschheit. Der Verfall der rechtlichen Ordnung sowie die Krise eines Rechtstaates et der Mangel an Demokratie in manchen Regimen haben am Beispiel der Republik Rwanda zum Genozid geführt. Dies zeigt im Blick auf erhebliche menschliche Verluste eine Krise normativer Prinzipien, die mit dem gemeinschaftlichen Zusammenleben (vivre-ensemble) im Einklang stehen. Die Phänomenologie der Gewalt im Fall des Rwandas Genozids steht im Zentrum unserer Analyse.

Vor dem Hintergrund der von Hannah Arendt aufgestellten These der „Banalität des Bösen" wird hier der Versuch unternommen, einen philosophischen Ansatz im afrikanischen Kontext des Genozides in Rwanda zu entfalten. Die Grundfrage, die zur Debatte steht, lautet: Inwieweit ist ein Verbrecher fähig zu denken und zwischen dem Guten und dem Bösen zu unterscheiden? Bedingt die so von Arendt beschiedene Denkunfähigkeit des Verbrechers seine Unschuld? Die Frage nach der Gerechtigkeit und dem Respekt der Menschenrechte stößt unweigerlich auf Zwänge vielfältigen Art, nämlich einerseits auf die auf wirtschaftlichen und politischen ruhenden Interessen, andererseits auf die der ausländischen Partner, welche ihre Hegemonieansprüche geltend zu machen versuchen.

Schlüsselworte: Hannah Arendt – die „Banalität des Bösen"- Phänomenologie der Schuld – Genozid in Rwanda – Gewalt und Schuld –Gerechtigkeit und Menschenrechte

Aujourd'hui plus que hier, l'enjeu majeur des stratégies diplomatiques, politiques et géopolitiques porte entre autres à celer des alliances pour pérenniser la paix sociale conquise au prix de beaucoup de labeur. À notre époque, la recrudescence du fait religieux et le radicalisme violent le vivre-ensemble. La pluralité se trouve en proie aux multiples défis de déstabilisation et de repli sur soi. De plus, le défi commun que nous lance un univers maltraité de toute part interpelle tous les acteurs de la vie politique mondiale. La crise économique de 2008, doit-on se le concéder, a généré le chômage, balayant l'éventail d'utopies prônées par la mondialisation et faisant perdre à la jeunesse, en tous lieux, l'espoir d'un avenir meilleur.

Il convient cependant de le reconnaître, la promotion de l'État de droit, de la démocratie, des libertés individuelles et des valeurs fondamentales de tolérance, de solidarité, idées chères acquises des Lumières, a permis l'échange culturel, le partage des valeurs communes inclusives de différence et l'ouverture socio-économique des peuples au monde, voire l'anticipation d'une gouvernance multipartite. Il faut de même affirmer que ces idées n'ont pas réussi à redynamiser la justice sociale, la stabilité et la sécurité mondiales, gages de l'équilibre d'un *humanisme planétaire*, appelé jadis de ses vœux par un certain Emmanuel Kant, qui insuffla son *Projet de paix perpétuelle* (1795)[361]. Aussi n'est-il pas impérieux, face aux exaspérations et aux frustrations des citoyens marginalisés et des peuples dominés, de repenser l'architecture de la gouvernance du monde en influençant de manière critique et intelligente l'avènement d'un monde solidaire et plus juste, soucieux d'accélérer le progrès et de préserver les équilibres de ce que Jacques Maritain nommait « humanisme intégral »[362] au mépris de la dominance hégémonique ?

Des mesures préventives que l'on adopte en tous lieux pour faire barrage aux manifestations de racisme et aux virulences du terrorisme[363] et l'émergence des forces négatives concourent sans doute à rassembler des synergies pour bâtir un nouvel ordre mondial[364], qui obéit à la logique de ce qu'on a

---

[361] Emmanuel KANT, *Projet de paix perpétuelle - Esquisse philosophique 1795* - Texte allemand traduit par J. Gibelin, Paris, Librairie philosophique J. Vrin, Bibliothèque des Textes Philosophiques, 1948.

[362] Voir Jacques MARITAIN, *Humanisme intégral* (1936), Paris, Editions Aubier; Nouvelle édition, 2000.

[363] François SERGENT, *Éditorial*, in *Libération* du 29 mai 2013: « Comme le disait Camus: *«Le terrorisme ne mûrit pas tout seul. Il est le fruit amer des humiliations accumulées par une population marginalisée. »* Sergent conclut son article avec une interpellation et des mots d'une sagesse remarquable: *« (...) la violence au nom d'une religion dévoyée est une impasse personnelle et un suicide politique. »*

[364] Voir Henry KISSINGER, *L'ordre du monde*, Paris, Fayard, 2016 ; Gérard CHALIAND, Michel JAN, *Vers un nouvel ordre du monde,* Paris, Seuil, 2013 (rééd. Ed. Points, coll. Points Essais, 2014). Ce dernier ouvrage dessine sans ambages les contours des nouvelles puissances, nouveaux maîtres du monde. Il considère que la domination absolue de l'Occident, européen puis américain, n'aura duré que deux siècles. On peut dès lors observer un nouvel ordre du monde qui s'élabore sous nos yeux, dont la crise actuelle, jointe à l'essor de l'Asie, révèle les spécificités. Une telle recomposition géopolitique actuelle peut s'expliquer par deux facteurs

habitude d'appeler *« mondialisation », « globalisation »*. Cependant, un monde apaisé, où il fait beau vivre ensemble dans un espace d'espoir, de paix et de prospérité est toujours et déjà en phase avec les péripéties du quotidien de l'histoire de l'humanité, des sociétés en perpétuelles mutations.

Le tournant historique initié par le mouvement du libéralisme économique du XVIIIe siècle, soufflant son influence notable sur la vie politique aux USA[365], en Angleterre et en France, a conduit à l'émergence du social-libéralisme au milieu du XIXe siècle. Son renouvellement au XXe siècle se fonde sur la détermination à répondre aux nouveaux défis qui se posent aux sociétés du XXIe siècle. Le primat de la question de la « justice sociale » occupe la scène intellectuelle avec deux approches majeures à la fois concurrentes et complémentaires : celle de John Rawls[366], d'une part, et de Amartya Sen et Martha Nussbaum, d'autre part. Par ailleurs, le développement du libéralisme[367] montre en toute évidence les revers d'un système qui impose un autre mode de calcul stratégique et d'appréhension politique et sociétaire qui tient compte des nouvelles puissances, des destins des peuples autrefois colonisés et dépassés qui deviennent, ainsi que l'appréhende Jean Ziegler dans son livre *Les nouveaux maîtres du monde et ceux qui leur résistent*[368]. Dans un tel rapport de vie partagée inter-subjectivement, deux apories ne cessent d'inciter l'agir des individus, hantés alors par le désir de fonder un organon, des principes éthiques qui régiraient la vie communautaire. Agir correspond dès lors à faire le choix pour le bien ou pour le mal, et ainsi à endosser la responsabilité de ses actes.

Le présent article se propose d'esquisser la problématique de la « banalité du mal » au regard de la philosophie de Hannah Arendt[369]. Aux prises avec les

---

majeurs: l'évolution de la démographie mondiale et la globalisation de l'économie, pensent le géopolitologue et le sinologue, auteurs de l'ouvrage. Les contours du monde de demain se dessinent désormais en intégrant l'apport d'une nouvelle puissance, la Chine.

365 John Rawls en donne un aperçu dans *La justice comme équité, une reformulation de la théorie de la justice,* Paris, La Découverte, 2008, p. 67: *« L'idée du libéralisme politique émerge de la façon suivante. Nous commencons par reconnaître deux faits: d'abord, celui d'un pluralisme raisonnable (...); ensuite, le fait que le pouvoir politique d'un régime démocratique est considéré comme le pouvoir de citoyens libres et égaux constitués en corps collectifs. »*

366 Pour une approche générale de la question de la justice, on peut se référer aux ouvrages suivants: John RAWLS, *La justice comme équité, une reformulation de la théorie de la justice*, Paris, La Découverte, 2008 ; J. RAWLS, *Théorie de la justice*, Seuil, coll. « Points Essais », 2009.

367 Voir Pierre MANENT, *Histoire intellectuelle du libéralisme,* Paris, Hachette, 1987 ; Philippe NEMO, Jean PETITOT (dir.), *Histoire du libéralisme en Europe*, Paris, PUF, 2006. Le mot libéralisme fait son apparition au début du XIXe siècle. En effet, le libéralisme veut être compris comme cette idéologie, au sens de courant de pensée, qui se soustrait à tout interventionisme de l'Etat dans la conduite des affaires ; son credo affirme recourir le moins possible à la coercition. Il revendique ainsi la limitation du pouvoir du souverain.

368 Jean ZIEGLER, *Les nouveaux maîtres du monde et ceux qui leur résistent*, Paris, Fayard, 2002.

369 ARENDT Hannah, *La vie de l'esprit,* Paris, PUF, coll. Quadrige, 2e édition, 2013, p. 23: *« C'est donc le procès de Eichmann qui me fit tout d'abord m'intéresser à la question. »*

événements nés de la prise de pouvoir par le national-socialisme en l'Allemagne en 1933, Hannah Arendt est un vrai témoin de l'histoire, surpris par l'engrenage des violences que la frange des génocidaires fera subir aux Juifs et aux innocents. Pour cerner la trame de la présente problématique, nous concentrerons notre approche sur trois aspects : la banalité du mal, la responsabilité personnelle et la culpabilité juridique, et enfin le génocide comme moment de participation à la violence de masse privant l'individu de la capacité de penser.

Le premier point abordera la thèse de *la « banalité du mal »* tout en en relevant les traits fondamentaux suivant l'entendement conceptuel de Hannah Arendt. Il s'agira de montrer que le criminel présent à la barre ne se rend pas compte de la gravité du crime qu'il a commis contre l'humanité. À y voir de près, tout son agir, le processus qui l'a conduit au dernier acte, à donner l'ordre de tuer, de faucher tant de vies, lui paraît de l'ordre de la normalité. Il s'opère en lui ce que nous désignons par le terme d'« inversion logique » dans le jugement moral. Nous utilisons ce terme pour marquer l'absence manifeste de jugement, la faculté de distinguer le bien du mal. La seconde section consacre une analyse sur *la responsabilité personnelle et la culpabilité judiciaire*. Tout homme dispose de la capacité de distinguer le bien du mal. Il appartient donc à chaque individu de s'en servir ou non. La question que nous posons, à ce stade, va nous permettre d'explorer une piste de réflexion qui fonde la responsabilité du criminel que Hannah Arendt n'entend pas atténuer pour Eichmann : « Dans quelle mesure l'obéissance aux ordres implique-t-elle l'imputabilité des actes qu'elle a engendrés ? »[370] La troisième section prolonge notre réflexion sur la banalité du mal de manière comparative : *Génocide, participation à la violence de masse ou absence de la pensée ?* Cette dernière section s'efforce de nouer un rapport de responsabilité dans le comportement des acteurs dans la violence de masse, qui obéit à une logique et à un mode de participation dans le massacre, intoxication, radicalisation et passage à l'acte. Le cas du *génocide rwandais* sera esquissé. Dans ce contexte, on peut considérer le génocide comme un basculement dans la radicalisation, une rupture du moi et de moi-même dans *l'inhumain*.

Et ce génocide Rwandais de 1994 peut nous servir de tremplin pour élucider notre pensée. Par-delà notre questionnement, il convient précisément d'interroger la pertinence de l'analyse de l'auteur de *Condition de l'homme mo derne*[371] qui remarque dans le procès de l'officier SS chargé de l'élimination de l'« adversaire » juif, Adolf Eichmann, « la disproportion entre l'échelle gigantesque à laquelle les crimes ont été commis et le caractère insignifiant du

---

[370] MREJEN Aurore, *Absence de pensée et responsabilité chez Hannah Arendt. À propos d'Eichmann*, p. 2.

[371] ARENDT Hannah, *Condition de l'homme moderne (1961)*, trad. Georges Fradier, Paris, Calmann-Lévy, 1983.

personnage qui en était l'un des responsables, son aspect ordinaire, banal »[372]. Attelons-nous, dans les lignes qui suivent, à examiner la notion de banalité du mal que Hannah Arendt a imprégné à sa philosophie. Que pense, en fait, Hannah Arendt de la banalité du mal ?

1. Hannah Arendt et la « banalité du mal » : Prolégomènes d'une inversion logique

Cette section n'a d'autre ambition que de marquer le cap sur les événements qui imprègnent l'imaginaire. La thèse de la « banalité du mal » veut avant tout soumettre la mémoire individuelle à l'obligation éthique de responsabilité devant l'action entreprise et l'acte commis en bonne conscience[373]. D'emblée, il n'est pas question ici de confondre le contexte phénoménologique de la « banalité du mal » causé par une quelconque autorité décisionnelle, en l'occurrence celle de Adolf Eichmann que Arendt décrit, avec la manifestation du phénomène du mal qui prend une telle propension, au point de devenir habituel, toléré que d'aucuns considèrent comme un simple délit. Citons le cas de la corruption et de l'évasion fiscale. On connaît leurs effets dévastateurs dans l'économie des pays et dans la vie morale des citoyens. On a affaire aux pratiques certes intolérables, mais dont le jugement éthique est perçu différemment selon le contexte. Il s'agit des pratiques qui sont sans conteste répandues dans certaines structures sociales, dans les sphères industrielles, voir dans certains appareils politiques des Républiques que Montesquieu désignerait comme « bananières ». Nous parlerions alors en ces cas précis de la *« banalisation du mal »*. Il est indiscutable que le processus d'une *banalisation des pratiques*[374] (par exemple l'usage des croix gammées, le salut nazi, brûler des maisons, couper les routes, etc.) peut se dynamiser de manière latente et sournoise, avant de prendre corps et acquérir son pouvoir symbolique. L'histoire nous renseigne qu'au cours des périodes et des circonstances historiques données, des idéologies et des utopies ont pu naître à travers certains gestes devenus, au bout du compte, familiers aux initiés[375].

---

[372] Voir MREJEN Aurore, *Absence de pensée et responsabilité chez Hannah Arendt. A propos d'Eichmann, »*, in *Raison-Publique,* http://www.raison-publique.fr/article606.html, le 6 mai 2013, p. 2.

[373] ARENDT Hannah, *Responsabilité et jugement,* Paris, Payot, 2009.

[374] Voir TENNER Samuel, *Hannah Arendt et la banalité du mal,* in *« Réflexion autour de la banalité du mal inspirée d'une conversation avec Jean-Paul Brodeur »*, / Some Thoughts on the Banality of Evil, Inspired by a Conversation with Jean-Paul Brodeur », Champ Pénal/Penal Field [en ligne], vol. 9 / 2012, mis en ligne le 23 mai 2012. URL: http://champpenal.revues.org/8336

[375] Dans un style impécable, le célèbre historien allemand et éditeur du remarquable journal *« Frankfurter Allgemeine Zeitung »*, Joachim FEST, nous retrace dans son livre-manifeste intitulé *« Der zerstörte Traum: Vom Ende des utopischen Zeitalters » (1991),* Berlin, Siedler, 5e éd. 1993, la résurgence de grandes utopies dévastatrices, qui ont imprégné les deux derniers siècles.

Ces derniers vont être initiés à des actions de destruction qui se révèleront néfastes dans la suite. Ce n'est pas le sujet que nous traitons dans cette communication.

Echapper à la sécheresse d'arguments pour se dérober de la fausse innocence n'est pas l'alternative que la thèse de Hannah Arendt ne préconise ni prétend offrir aux actes de violence de masse et de destruction de l'humanité. Pour Arendt, « la banalité du mal » révèle l'incapacité de l'inculpé à penser et à juger par lui-même. C'est précisément à la rigueur de cette pensée de Hannah Arendt que se soumet notre démarche. L'auteur de *Du mensonge à la violence*[376] développe dans son ouvrage *Eichmann à Jérusalem : rapport sur la banalité du mal*, une thèse qu'il convient de réexplorer et passer au crible de la critique à la suite du nettoyage ethnique au Rwanda. Ce qui nous fait affirmer qu'aborder la question du mal à l'instar de Hannah Arendt, c'est souscrire à l'interrogation sur la *« banalité du mal »*. Par ce terme, Arendt ne disculpe pas les auteurs de crimes, mais illustre d'apparence - si le sujet a été mal compris - le sentiment de déresponsabiliser le criminel. Arendt ne prétend pas du tout chercher à rejeter la responsabilité des crimes sur l'histoire, ni sur une quelconque autorité. Elle s'attèle beaucoup plus sur le contexte des circonstances, afin d'assumer une « culpabilité individuelle » et non « collective ».

À la suite du procès intenté à Eichmann à Jérusalem, en 1964, Hannah Arendt dresse un rapport sur ce qu'elle nomme la *« banalité du mal »*, concept qui fut âprement discuté et suscita des controverses. Sans nul doute, ce qui est en jeu ici, c'est non seulement l'attitude d'Eichmann qui nie l'assassinat des Juifs et prétend n'avoir eu, s'il en était le cas, qu'à exécuter les ordres et d'obéir à la loi[377], d'expédier à la mort tant d'hommes et de femmes, enfants,

---

Il y décrit la fin d'une époque, l'automne 1989, où le rêve de beaucoup de monde s'est brutalement arrêté à la suite de l'effondrement du système politique des pays de l'Est, dits « bloc soviétique », rongés des années durant par les tares d'une idéologie, devenue obsolète, le régime communiste, et par un socialisme moribond. Dans ce contexte de confusion et de bouleversement naîtra la *Perestroika*. Ecoutons la sentence de Joachim Fest : *« Mit dem Ende der utopischen Systeme, die rund zweihundert Jahre lang die Geschichte behersscht und ungewöhnliche Gewalten entfesselt, aber auch Blindheit, Angst und Verbrechen im Gefolge gehabt haben, endet vieles. Eine kaum übersehbare Hinterlassenschaft an Theorien, Denkräumen und Erwartungen, an Rauschmitteln, Ausflüchten und Tröstungen geht verloren. Niemand vermag zu sagen, wo ein Ausgleich dafür herkommen soll. (...) Die Einbußen, die damit verbunden sind, zählen gering, wenn man uberblickt, was die utopische Phantasie mit ihrer selbstverliehenen Ermächtigung über die Wirklichkeit angerichtet hat. Der Raum für kongruente Verbesserungen bleibt groß genug, auch wenn er nur den realistischen Traumbedürfnissen offenstünde. Wer nicht ganz unbelehrt auf die abgelaufene Epoche zurücksieht und nicht allzu pessimistisch für die Zukunft ist, wird auf einen Zustand setzen, der keine Utopie und doch nicht erfüllt ist : eine Welt, in der Menschen ohne politische Erlösungsversprechen und doch wie Menschen leben können. »* (J. Fest, *Der zerstörte Traum*, p. 102-103).

376 ARENDT Hannah, *Du mensonge à la violence* (1972), Paris, Pocket, coll. Evolution, 2002.

377 ARENDT Hannah, *Eichmann à Jérusalem. Rapport sur la banalité du mal*, trad. A. Guérin, M. Leibovici, Paris, Gallimard, coll. Folio-Histoire, 1991, p. 254: « C'est ainsi, c'était la nouvelle loi du pays, fondée sur l'ordre du Führer ; autant qu'il put en juger, il agissait, dans tout ce qu'il faisait, en citoyen qui obéit à la loi. Il faisait son devoir, répéta-t-il mille fois à la police

jeunes et vieux, innocents en qui la société avait reconnu certains traits d'humanité après humiliation, spoliation et extermination. Arendt décrit le criminel nazi Eichmann comme un homme tristement banal, un petit fonctionnaire ambitieux et zélé, entièrement soumis à l'autorité, incapable de distinguer le bien du mal. Eichmann croit accomplir un devoir, il suit les consignes et cesse de penser. C'est ce phénomène qu'Arendt décrit comme la banalité du mal.[378] La culpabilité du sanguinaire de camp de concentration n'est en aucun cas remise en question. Pour Arendt, l'inhumain habite tout homme.

La question n'est pas, en effet, d'amoindrir la responsabilité de Eichmann et de mettre en lumière celle des Juifs, collaborateurs du système, comme l'auteur semble en donner l'impression.

Il n'est point essentiel d'assigner à Eichmann un rôle de simple « figurant sans envergure », d'un simple soldat exécutant des ordres manifestement criminels dans leur nature et leur intention.[379] Doit-on appréhender dans tant d'actes de violence dirigés en particulier contre les Juifs, contre une frange de la société, à l'époque nazie, des actes isolés dûs seulement à la prédominance de la question sociale au sens de la double accusation de misère et d'exploitation, se demande Hannah Arendt dans *La crise de la culture*[380].

On peut être tenté de tracer un parallélisme, à la suite du procès d'Eichmann, entre la question que pose Hannah Arendt et la situation que traverse l'Afrique depuis la traite transatlantique jusqu'à la période des indépendances africaines. Les violences que les peuples d'Afrique ont subies ne rappellent-elles pas des événements similaires dans l'histoire de la conquête du monde noir, notamment l'éradication systématique des cultures et des figures de résistance hostiles à la présence des colonisateurs. À bien des égards, le cas d'Eichmann soulève un problème fondamental qui rejoint le destin de l'histoire contemporaine de l'Afrique postcoloniale, confrontée aux soubresauts des vagues de démocratie et aux forces négatives, aliénantes et liberticides. Dans l'imaginaire de la plupart des peuples d'Afrique, la mondialisation représente un autre versant de la domination et de la dictature politique et éco-

---

et au tribunal ; non seulement il obéissait aux ordres, mais il obéissait aussi à la loi. Eichmann soupçonnait vaguement qu'il pouvait y avoir là une distinction importante, mais ni la défense ni les juges ne lui demandèrent d'insister sur ce point. (...). Il le sentait confusément. Pendant l'interrogatoire de police, on s'aperçut pour la première fois qu'Eichmann soupçonnait vaguement que l'enjeu de toute cette affaire dépassait largement la question du soldat exécutant des ordres clairement criminels dans leur nature et leur intention, lorsque avec une insistance marquée, il déclara soudain qu'il avait vécu toute sa vie selon les précepts moraux de Kant, et particulièrement selon la définition kantienne du devoir. »

[378] Voir ARENDT Hannah, *Eichmann à Jérusalem. Rapport sur la banalité du mal,* trad. A. Guérin, M. Leibovici, Paris, Gallimard, coll. Folio-Histoire, 1991. Lira de même MREJEN Aurore, *Absence de pensée et responsabilité chez Hannah Arendt. A propos d'Eichmann,* le 6 mai 2013, p. 3, en particulier le point 1. « La banalité du mal ».

[379] Voir MILGRAM Stanley, *Soumission à l'autorité,* éd. Calmann-Lévy, 1974.

[380] Voir ARENDT Hannah, *La crise de la culture,* Paris, Gallimard, 1972, p. 257.

nomique de l'Occident. Les luttes de leadership mondial, les conflits internationaux sur l'échiquier mondial offrent un terrain propice aux « marginalisés », « aux exclus » des systèmes établis. Mais c'est sans compter avec la revanche que peut prendre une force tranquille, mais puissante, qu'incarne sans doute tout peuple meurtri, assujetti. En effet, il conjuguera les énergies à se défendre et à les mettra au service de la libération. Toutefois, nous vivons dans une société où les éléments radicaux, voire même les caciques, adeptes de changement, de profonde transformation étalent leur idéologie et ne cachent point leurs objectifs d'une âpre lutte des classes qui s'installe sans cesse dans le monde. L'ancien diplomate français Stéphane Hessel l'a si bien compris lorqu'il a interpellé le monde politique international, mettant en exergue le soulèvement des consciences des citoyens surtout ceux des pays empêtrés dans la crise économique de 2008 de Madrid à New York, en passant par Tunis, Tel Aviv, Homs, Tokyo, Santiago. L'auteur y exprime son indignation face aux simulacres de la paix au monde, du vivre-ensemble et l'effondrement des dictatures en face d'un monde dont les libertés des citoyens se trouvent de plus en plus dévouées par les grandes crises mondiales[381].

D'aucuns parleraient d'un véritable séisme géopolitique ou de crise politique mondiale qui, depuis les attentats du 11 septembre 2001, secoue le nouveau monde[382], dévoré par les vicissitudes du temps et entouré des spectres de rupture, et pourquoi pas d'effondrement des États. C'est précisément depuis les quinze dernières années que l'engrenage de la violence, comme une véritable machine de guerre, ravage terriblement le Moyen-Orient, où des pays jadis emblèmes de la culture mésopotamienne aux confins de l'Euphrate, tels l'Irak, la Syrie, l'Afghanistan, vivent aujourd'hui encore des hostilités et des destructions incommensurables, inouïes. L'Afrique et l'Asie ne sont pas en reste. Elles se voient envahies littéralement par l'extrémisme idéologique religieux et le radicalisme jihadiste (Boko Haram, Al-Qaida) qui sème désolation et terreur. C'est le défi ultime du XXIe siècle que Dominique de Villepin expose et exploite dans son récent essai[383]. En Afrique du nord, la déstabilisation des régimes des pays secoués par la vague des printemps (révolutions)

---

[381] Voir HESSEL Stéphane, *Indignez-vous !,* éditions Indigné, Coll. Ceux qui marchent contre le vent, 2011.

[382] Nous faisons ici allusion à l'ordre du monde que les grandes puissances semblent dicter (ériger), instaurer dans un rapport de forces inégal, du reste ravageur et conflictuel. C'est cette analyse que nous partageons avec l'ancien Secrétaire d'État américain Henry Kissinger dans son ouvrage, *L'ordre du monde,* Paris, Fayard, 2016. Pour lui, il n'a jamais existé de veritable « ordre mondial ». Tout au long de l'histoire, chaque civilisation, se considérant comme le centre du monde, s'est forgée ses principes considérés ensuite comme universellement valables. De cette façon, elle a défini sa propre conception de l'ordre. C'est dans ce rapport de force aux conséquences inimaginables, guidé par le désir d'hégémonie que rentrent constamment les principaux acteurs.

[383] De VILLEPIN, Dominique, *Mémoire de paix pour temps de guerre*, Paris, Grasset, 2016. L'auteur part du constat de la mondialisation des crises depuis l'invasion américaine de l'Irak

arabes en 2011 (Tunisie, Egypte, Algérie, Lybie) et les coups de force des ennemis de la paix et de la stabilité, des guerres civiles en Erythrée, au Soudan, en Somalie, ont accentué des foyers de conflits explosifs, de crise et de violence qui ont dévasté le continent et anéanti les espoirs, la fierté et la liberté des peuples[384]. Au regard des angoisses et des péripéties infligées à tant de cultures en raison d'une mission civilisatrice, l'Occident s'est compromis.

C'est donc à juste titre que le politologue Bertrand Badie parle du *« Temps des humiliés »*[385]. Le besoin de reconnaissance, d'être traité et tenu avec considération en tant que humain, pris avec dignité et respect, rappelle qu'il y a des moments historiques faits de violence, qui furent des temps de lutte. La colonisation, l'esclavage en constituent des moments forts, où les souffrances infligées aux colonisés revêtaient un caractère banal, ordinaire. Nous pouvons poser la question simplement : qui est responsable des atrocités commises durant la colonisation ? En entendant Hannah Arendt articuler une pensée de maturité, en fait un discours de responsabilité, ne nous paraît-il pas justifié de poser la question suivante : Qui est responsable des massacres et des tueries perpétrées pendant la colonisation ? Qu'en est-il de la responsabilité personnelle et de la culpabilité judiciaire ? C'est l'objet du second point. Tournons-nous vers l'autre point que nous voulons aborder dans la seconde section de notre étude.

2. Responsabilité personnelle et culpabilité judiciaire

Ce point de notre étude traite une question simple : quelqu'un qui commet des crimes, qui tue des innocents au nom d'un « ordre donné » ou d'une idéologie qu'il entend représenter, à laquelle il a adhéré de quelque manière que ce soit, doit-il en assumer la responsabilité, s'en rend-il coupable ou mérite-t-il le sort d'un simple figurant ou exécutant ? Ne doit-il pas au contraire en répondre devant la loi ?

---

en 2001. Ce diplomate chevronné décèle l'ébranlement du Moyen-Orient qui aurait déjà commencé en 1979 lors de la Révolution islamique d'Iran et l'invasion de l'Afghanistan par les troupes soviétiques. À ses yeux, la destabilisation de cette partie du monde a provoqué (entraîné) son suicide faisant germer le jihadisme radical. Au Coeur du jeu politique du monde islamique se situe précisement la question des enjeux d'influences et de la gloire de l'Islam des premiers temps. La colonisation européenne et la main-mise des États-Unis, guides par les intérêts économiques et hégémoniques ont focalisé et cristallisé le rejet de l'imposteur, l'Occident, afin de recouvrer la « fierté arabe ».

[384] Voir De VILLEPIN Dominique, *Mémoire de paix pour temps de guerre*, Paris, Grasset, 2016.

[385] Voir BADIE Bertrand, *Le temps des humiliés: Pathologie des relations internationales,* Paris, Odile Jacob, 2014.

La relation entre individu et crime se trouve au centre de cette réflexion. En questionnant la possibilité de juger les crimes contre l'humanité, en l'occurrence en partant du cas du procès Eichmann[386], complice des crimes de masse sans précédent, la philosophe Hannah Arendt pose « avec une rigueur sans relâche et un sens critique tout à fait novateur une réflexion sur la nature de la politique à l'âge des masses, et une réflexion inédite à partir de la phénoménologie de Heidegger, des causes morales et politiques du nazisme, ainsi qu'une réflexion inédite et très éclairante sur la banalité »[387]. Pour mieux comprendre la question posée et en déceler la trame, nous empruntons quelques éléments de réflexion à l'ouvrage de l'historien allemand Götz Aly, *« Ainsi Hitler acheta les Allemands »*[388] qui soutient que la politique de Hitler avait longtemps bénéficié d'un solide consensus qui fut le résultat d'une propagande massive et d'une répression féroce. Dans cet article qui constitue un extrait de son livre, l'auteur révèle comment les nazis mirent à profit le pillage de l'Europe, à commencer par celui des biens juifs, pour assurer aux Allemands un niveau de vie élevé[389].

Supposer qu'un simple ressentiment chez les Allemands ou leur nationalisme poussé aurait conduit au fourvoiement aux conséquences particulièrement funestes ne justifie d'aucune manière l'ampleur du génocide des Juifs d'Europe et de toutes les populations « inférieures ». Pour l'historien averti que représente ALY Götz, « il n'y a pas eu de *Sonderweg* (exception allemande) qui permettrait d'établir une relation logique avec Auschwitz. L'idée qu'une xénophobie spécifique, un antisémitisme exterminateur, se serait développée très tôt en Allemagne ne repose sur aucune base empirique. (…) Le Parti national-socialiste allemand des travailleurs (NSDAP) doit la conquête et la consolidation de son pouvoir à un ensemble de circonstances, et les facteurs le plus importants se situent après 1914, pas avant. »[390]

---

[386] Adolf Eichmann, responsable de la mise en oeuvre de ce qu'on a appelé la « solution finale » qui décida de l'extermination des Juifs, est arrêté le 23 mai 1960, puis envoyé en Israël par les services secrets pour y être jugé. Hannah Arendt, exilée aux Etats-Unis, est journaliste ; elle couvre pour le New Yorker le procès du génocidaire nazi A. Eichmann (Elodie MAUROT, *« «Hannah Arendt », Une philosophe face au mal »*, in: *La Croix, l*e 23 avril 2013). Lire aussi Aurore MREJEN, *« Absence de pensée et responsabilité chez Hannah Arendt. A propos d'Eichmann »*, in: www.raison-publique.fr/article 606.html

[387] ALPOZZO Marc, *« Hannah Arendt et la « Banalité du mal » »-10-11.* Article publié par *Contre-feux, la revue littéraire de Lekti-ecriture.com,* 16 janvier 2008; http://www.lekti-ecriture.com/contrefeux/

[388] ALY Götz, *Hitlers Volkstaat. Raub, Rassenkrieg und nationaler Sozialismus*, S. Fischer Verlag, Frankfurt am Main, 2005 *(L'Etat du peuple de Hitler. Pillage, guerre raciale et National-Socialisme)*; trad. française, *Comment Hitler a acheté les Allemands. Le IIIe Reich, une dictature au service du peuple,* trad. Marie Gravey, Paris, Flammarion, 2005. Un article paru dans le journal *Le Monde diplomatique* en fait le point. Nous nous y rapportons dans cette présente analyse : Götz ALY, « Ainsi Hitler acheta les Allemands », *Le Monde diplomatique*, mai 2005, p. 22-23.

[389] ALY Götz, *« Ainsi Hitler acheta les Allemands »*, *Le Monde diplomatique*, mai 2005, p. 22.

[390] ALY Götz, *« Ainsi Hitler acheta les Allemands »*, *Le Monde diplomatique*, mai 2005, p. 22.

Pour consolider notre point de vue, revenons à la question qui a guidé notre démarche jusqu'à présent. Passionnée par le politique, Hannah Arendt incarne à travers cette problématique de la banalité du mal la force de la pensée qui peint les ambiguïtés du jugement qui répugne la responsabilité devant les forfaits du mal incontestable : « Cependant, ce que j'avais sous les yeux, bien que totalement différent, était un fait indéniable. Ce qui me frappait chez le coupable, c'était un manque de profondeur évident, et tel qu'on ne pouvait faire remonter le mal incontestable qui organisait ses actes jusqu'au niveau plus profond des racines ou des motifs. Les actes étaient monstrueux, mais le responsable – tout au moins le responsable hautement efficace qu'on jugeait alors – était tout à fait ordinaire, comme tout le monde, ni démoniaque ni monstrueux. Il n'y avait en lui trace ni de convictions idéologiques solides, ni de motivations spécifiquement malignes, et la seule caractéristique notable qu'on décelait dans sa conduite, passée ou bien manifeste au cours du procès et au long des interrogatoires qui l'avaient précédé, était de nature entièrement négative : ce n'était pas de la stupidité, mais un *manque de pensée.* »[391]

Alors même que Hannah Arendt cherche à opérer « le transfert de responsabilité sur une autorité reconnue », il ne lui échappe nullement que l'obéissance aux ordres et le manque de pensée ne sauraient avoir pour but de déresponsabiliser le complice des pires des abominations du système nazi. Aux yeux de Hannah Arendt, il convient de constituer un fondement pour la notion de responsabilité aussi bien du point de vue moral que juridique. À ce propos, l'auteur écrit : « … je ne pouvais m'empêcher de soulever la *quaestio juris...* »[392]. La question difficile à éluder nous paraît : comment dire « non » à certaines sollicitations ? La capacité humaine de distinguer le bien du mal, explique Hannah Arendt, nécessite avant tout d'émettre un jugement, d'évaluer, bien entendu, la situation et de prendre ses responsabilités. Il faut penser et penser par soi-même lorsque l'on court le risque d'être complice de crime. Encore faut-il en avoir la volonté.[393]

Nous avons, d'entrée de jeu, cherché à définir ce que Hannah Arendt entend par « banalité du mal ». Il convient dès lors de se replonger dans la pensée de la philosophe. Par le concept ainsi désigné, Arendt met au cœur de sa réflexion politique un concept qui souligne la tragique inconsistance de l'esprit humain. Marqué par la méchanceté, il accuse en certaines circonstances une extraordinaire superficialité, une absence de personnalité, ce que Arendt désigne par le terme d'« incapacité à penser »[394].

Nous venons de voir que l'approche de Arendt sur la banalité du mal révèle de manière évidente l'incapacité de l'accusé à penser et à juger par lui-même,

---

[391] ARENDT Hannah, *La vie de l'esprit*, Paris, PUF, coll. Quadrige, 2e édition, 2013, p. 20-21.
[392] ARENDT Hannah, *La vie de l'esprit*, Paris, PUF, coll. Quadrige, 2e édition, 2013, p. 23.
[393] ARENDT Hannah, *Responsabilité et jugement,* trad. Jean-Luc FIDEL, Paris, Payot, 2009.
[394] Voir Aurore MREJEN, *Absence de pensée et responsabilité chez Hannah Arendt. A propos d'Eichmann,* le 6 mai 2013, in Raison-Publique.fr, 2009.

et de surcroît, à penser du point de vue de quelqu'un d'autre, autrui. L'individu devenu le bourreau de son semblable paraît en effet privé de la conscience de ses actes et de tout scrupule. Peut-on, en partant de la conception arendtienne de la « banalité du mal » confronter les phénomènes des violences post-électorales en Afrique (Côte d'Ivoire, Kenya, Congo-Brazzaville, République Centrafricaine, Burundi, Soudan, Gabon), des partisans des partis politiques, incapables de résister aux démons de la destruction, voués à la merci des décideurs politiques, poussés, eux, par les velléités électorales. Happé par la perversité, le prétendu exécutant, lui, se considère comme jouet d'un système, et partant non coupable.

Poussons notre questionnement plus en profondeur. Eu égard à la différence des circonstances et des contextes que nous considérons à présent, ne paraît-il pas indispensable d'établir le parallélisme entre l'extermination des Juifs et l'épuration ethnique opérée par les Hutus au Rwanda, afin de ôter à l'imaginaire des accusés – des complices qu'on peut certes tenir *a priori* pour des exécutants, mais pas des simples figurants – l'argumentaire ordinaire d'obéissance aux ordres. En ce sens, le défaut de pensée ne saurait invalider la responsabilité qui incombe à tout sujet disposant de sa conscience, d'une capacité proprement humaine d'agir, de poser un acte bon ou de souscrire alors au mal. En quoi la participation à la violence et au crime tel le génocide prive-t-il le sanguinaire de pensée, le rend-il incapable de penser ? C'est la question que nous tentons d'éluder dans les lignes qui suivent.

3. Génocide, participation à la violence de masse ou absence de la pensée ?

Si nous abordons l'aspect primordial de la « banalité du mal » qui se caractérise pour Hannah Arendt, avons-nous compris, par l'incapacité d'être affecté par ce que l'on fait et le refus de juger[395], il nous incombe de tenter une approche comparative qui nous ouvre les brèches à une compréhension contextuelle du phénomène de la banalité du mal. Outre l'œuvre de Hannah Arendt, nos considérations s'inspirent dans cette section des recherches de Samuel Tanner, criminologue canadien (Montréal), qui, à l'instar de son maître à penser, Jean-Paul Brodeur, consacre des travaux notamment sur les formes de violence, le génocide et le crime contre l'humanité. En nous appuyant sur le concept d'Arendt, nous reconnaissons que le tortionnaire génocidaire, à l'instar d'Eichmann, s'entoure des règles de langage inventé, de code, il s'accapare des expressions et s'approprie des mécanismes d'auto-défense négationnistes efficaces tout en réfutant la raison même d'être des autres.[396]

---

[395] ARENDT Hannah, *Responsabilité et jugement,* Paris, Payot, 2009.

[396] ARENDT Hannah, *Eichmann à Jérusalem. Rapport sur la banalité du mal*, p. 1065 : *« Plus on l'écoutait, plus on se rendait à l'évidence que son incapacité à parler était étroitement liée à son incapacité à penser – à penser notamment du point de vue de quelqu'un d'autre. Il était impossible de communiquer avec lui, non parce qu'il mentait, mais parce qu'il s'entourait du*

Retenons, au passage, que le génocidaire qui prétend n'« obéir qu'aux ordres », ne peut se déprendre de toute culpabilité.

L'absence de pensée que paraît préconiser Hannah Arendt dans le mode d'exécution des crimes de génocide nazi ne consiste pas à faire table rase de la responsabilité qui, de facto, incombe à l'exécuteur d'un plan machiavélique d'extermination d'un peuple. C'est dire précisément que l'action génocidaire répond, en général, à des convictions politiques bien ancrées dans l'imaginaire d'un groupe, disséminées dans l'esprit des participants qui s'emploient, à travers des décideurs politiques, à valoriser des revendications idéologiques et à affirmer sa volonté de puissance.

À ce stade de la réflexion, nous étendons notre étude sur le cas du génocide au Rwanda, devenu en l'occurrence symbole des atrocités commises pendant le conflit interethnique[397] qui a ravagé la région des Grands Lacs (Burundi, République démocratique du Congo, Ouganda, Rwanda), en particulier le Rwanda en 1994. Un cas semblable serait le massacre de Srebrenica[398] en ex-Yougoslavie, reconnu et jugé de « génocide » par la justice internationale[399]. Cependant, cette comparaison ne fera pas objet de nos considérations actuelles.

Dans *Interprétations du génocide de 1994 dans l'histoire contemporaine du Rwanda*, Clio en Afrique, n°2, été 1997, Jean-Pierre Chrétien décrit le cynisme appliqué et parle de « la normalisation de la haine » dont les tueurs font

---

plus efficace des mécanismes de defense contre les mots et la présence des autres et, partant, contre la réalité en tant que telle. »

[397] Voir PRUNIER Gérard, *Le mythe des Hutus et des Tutsis, Le Monde diplomatique*, février 2016, p. 8. L'auteur nous fournit une indiquation importante qui mérite d'être scrupuleusement approfondie lorqu'il écrit: *« Historiens et sociologies ont abondamment démontré que les Tutsis et les Hutus ne constituent pas des tribus ou des ethnies : ils ne sont pas issus de territoires distincts; ils partagent une même langue, une même culture, les mêmes références religieuses. Il ne s'agit pas non plus de castes, car les mariages mixtes ont de tout temps été fréquents. »*

[398] Nous renvoyons ici à la contribution du criminologue canadien Samuel Tanner qui, en s'appuyant sur Hannah Arendt, présente « une étude comparative de la banalité du mal », où il entre en dialogue avec son mentor, promoteur de thèse de doctorat, Jean-Paul Brodeur. À ce propos, nous nous référons à l'article de **Samuel TANNER,** *« Réflexion autour de la banalité du mal: inspirée d'une conversation avec Jean-Paul Brodeur* / Some Thoughts on the Banality of Evil, Inspired by a Conversation with Jean-Paul Brodeur », Champ Pénal/Penal Field [en ligne], vol. 9 / 2012, mis en ligne le 23 mai 2012. URL:http://champpenal.revues.org/8336

[399] BASTIE Eugénie, « *Le massacre de Srebrenica est-il «un génocide » ? », Le Figaro*, publié le 11/07/2015: « En pleine guerre de Yougoslavie, le 11 juillet 1995, 8.000 hommes et adolescents musulmans de Bosnie sont massacrés par les unités de l'armée de la République serbe de Bosnie, sous le commandement du général Ratko Mladic, dans l'enclave de Srebrenica. Un massacre qui signait l'impuissance de l'ONU, dont les casques bleus étaient censés protéger les populations sur la zone. Cette tuerie avait précipité la fin de la guerre et la signature des accords de Dayton qui avaient permis aux Bosniaques, forts de leur statut de victimes, d'obtenir la création de la fédération de Bosnie-Herzégovine (croato-bosniaque) distincte de la République serbe de Bosnie. »

preuve[400]. On se souviendra de la barbarie des miliciens dits Interahamwe (« les solidaires ») qui ont érigé des abattoirs à chair humaine : églises, dispensaires, écoles, où sont tombés en piège les victimes. Tout moyen semblait bon aux exécuteurs pour accomplir leur sale besogne, l'extermination de leurs frères et concitoyens.

Revenant en arrière sur l'entendement arendtien de la banalité, nous pouvons aborder les considérations de Samuel Tanner qui abonde dans la même perspective que Hanna Arendt. Il relève en effet un parallélisme dans l'agir des acteurs, des « tueurs à la machette » ou « aux couteaux » dans la tragédie qui a assombri l'histoire d'un peuple et réveillé la mémoire douloureuse d'un passé (massacres de Tutsis par le pouvoir Hutu en 1963) dont les stigmates semblaient désormais surmontés. On comprend dès lors que l'hostilité qui a opposé deux groupes, un même peuple, les uns aux autres, a été nourrie par les idées inculquées, disséminées à travers les âges et les temps, à telle enseigne que chacun se fabrique son ennemi intérieur ou son ennemi intime[401], tente d'identifier son adversaire potentiel à abattre, à dompter, à coloniser, comme il en est le cas pour Eichmann. À plusieurs égards, le conflit entre Tutsis et Hutus s'apparente manifestement à un autre, celui qui a embrasé l'Ituri en 2002-2003 à l'Est de la République démocratique du Congo, opposant les peuples Lendu et les Hema[402].

Selon Cesarani, « la clé pour comprendre Adolf Eichmann ne réside pas dans l'homme, mais dans les idées qui s'emparèrent de lui, dans la société au sein de laquelle ces idées purent circuler librement dans les circonstances qui les rendirent acceptables »[403]. C'est ce que souligne également Samuel Tanner[404]. Dans son livre : *Jalons pour une théologie pastorale du pardon et de la réconciliation en Afrique*, Charles Kasereka Pataya analysant les différents conflits et les conséquences dévastatrices sur la vie des populations, écrit : « C'est souvent dans la mémoire collective des peuples, mémoire parfois recomposée, qu'il faut rechercher les causes profondes des conflits. »[405] Comme

---

[400] CHRETIEN Jean-Pierre, *Interprétations du génocide de 1994 dans l'histoire contemporaine du Rwanda, Clio en Afrique,* n°2, été 1997.

[401] Sur cette question, nous référons le lecteur à l'ouvrage de CONESA Pierre, *La fabrication de l'ennemi, ou comment tuer avec sa conscience pour soi*, Paris, Robert Laffont, 2011.

[402] David Van REYBROUCK, *Congo : Une histoire*, Actes Sud, 2012, p. 505, note que lors de la deuxième guerre du Congo, en 1999, les troupes ougandaises se servirent de ce contentieux pour former des milices armées ethniques pour mieux contrôler la population mais aussi pour l'extraction et le commerce illégal d'or. Frédérique LETOURNEUX, « *Tueries dans l'Ituri* », *Jeune Afrique*, 19 mai 2003; lire aussi KASEREKA PATAYA Charles, *Jalons pour une théologie pastorale du pardon et de la réconciliation en Afrique,* p. 100.

[403] CESARANI David, *Adolf Eichmann*, trad. O. Ruchet, Paris, Tallandier, 2010, p. 466.

[404] Voir TANNER Samuel, *« Réflexion autour de la banalité du mal : inspirée d'une conversation avec Jean-Paul Brodeur »,* », Champ Pénal/Penal Field [en ligne], vol. 9 / 2012, mis en ligne le 23 mai 2012.

[405] KASEREKA PATAYA Charles, *Jalons pour une théologie pastorale du pardon et de la réconciliation en Afrique. Cas de la République Démocratique du Congo,* Bruxelles, L'Harmattan-Academia, 2012, p. 100.

Hannah Arendt, Kasereka Pataya nous invite à nous saisir d'un de grands enjeux de l'humanisme : le pardon et la réconciliation. Cette question du pardon et de la réconciliation est d'actualité en Afrique centrale, souligne Henri Derroitte dans sa Préface au livre de Pataya[406]. La perspective que développe Kasereka nous ramène à la problématique de réconciliation qui ne fait pas objet de notre investigation. Cependant, il nous semble indispensable d'indiquer cet aspect de réconciliation qui semble prédominant dans la philosophie tardive de Hannah Arendt qui réfléchit sur le pardon dans l'action humaine. Elle montre que l'homme lutte contre l'imprévisibilité de l'avenir et l'irréversibilité du passé. Par sa faculté de pardonner, il peut dénouer les liens du passé. Pour Arendt, la mémoire du mal peut être retravaillée[407]. C'est aussi l'idée que reprend Kasereka lorsqu'il écrit : « Ainsi le mal n'est pas aboli, mais sa mémoire ne paralyse plus ceux qui l'ont subi, ni ceux qui l'ont commis. Dès lors, un nouvel avenir est offert à ceux ou celles qui se croyaient victimes à jamais de l'irréversibilité du passé.[408] »

Donner la mort à la machette, « couper », « tuer », anéantir la vie d'autrui, fut considéré comme un fait banal pendant le génocide au Rwanda. Le recours aux mêmes outils de la mort a aussi acquis le même droit de cité au Congo, et les victimes ne se comptent plus en dizaines. La banalisation de la mort a-t-elle élu domicile dans les consciences individuelles et dans la culture congolaise ? Dans les conflits armés à l'Est de la RDC, constate Kasereka, les belligérants ont utilisé le rapt, les viols et les violences sexuelles contre les femmes pour humilier, assujettir, détruire leur identité de protectrice de la vie et de la famille, et étendre l'occupation[409]. Un élément que nous ne saurions négliger ni passer sous silence nous paraît la fragilité. La banalité du mal provoque la fragilité de l'homme, victime d'atrocités infligées ou subies. « Il est impossible d'effacer ce qui a été fait », diraient les victimes des violences. Et le

---

[406] DERROITTE Henri, Préface, in KASEREKA PATAYA Charles, *Jalons pour une théologie pastorale du pardon et de la réconciliation en Afrique,* p. 5. On peut également invoquer la « Commission Vérité et Réconciliation » (CVR) en Afrique du Sud : *« En Afrique du Sud, la Commission Vérité et réconciliation a placé au centre de son action les notions de compassion, de responsabilité, et de pardon. En instaurant une amnistie à la fois personnelle et conditionnée à la reconnaissance de la vérité, la Commission a cherché à contribuer à la refondation de la nation. Malgré sa contribution à l'élaboration d'un récit commun, ses objectifs butent sur la réticence des Blancs à assumer le passé de l'apartheid et sur les inégalités économiques qui maintiennent une grande partie de la population noire dans la pauvreté. »*

[407] ARENDT Hannah, *L'Humaine condition,* Paris, Gallimard, 2013, p. 295-303; KASEREKA PATAYA Charles, *Jalons pour une théologie pastorale du pardon et de la réconciliation en Afrique,* p. 227.

[408] L'article de Georges LEROUX, *« Le risque de la réconciliation : Political Reconciliation d'Andrew Schaap », Spirale,* n° 2111, 2006, p. 30-32, offre une appréhension adéquate de Arendt sur la « réconciliation politique ». On pourra aussi lire l'ouvrage collectif : *Le devoir de mémoire et les politiques du pardon,* sous la direction de Micheline Labelle, Rachad Antonius et Georges Laroux, Québec, PUQ, 2005.

[409] KASEREKA PATAYA Charles, *Jalons pour une théologie pastorale du pardon et de la réconciliation en Afrique,* p. 102.

mépris, le rejet, la peur, l'injustice et la frustration, les traumatismes et les blessures psychologiques ont des conséquences considérables dont la réparation exige un coût exorbitant à tout point de vue.

Au bout de l'analyse que nous venons de mener sur la banalité du mal, il sied de relever que la résurgence du paradigme identitaire sous quelques formes que ce soit, se manifeste, en tant que revendication ethnique, raciale, linguistique ou territoriale, comme une des causes des conflits et des crises que traversent certains pays de la planète.

Conclusion

À ce stade de notre analyse, nous pouvons, en résumé, formuler quelques remarques fondamentales :

1. L'approche arendtienne que nous avions adoptée et minutieusement esquissée, nous a plongés au cœur d'un vrai débat d'actualité.

Situant ses analyses au centre des débats sur le mal, la responsabilité et la culpabilité dans un contexte d'aliénation, de dépendance, Hannah Arendt montre clairement qu'un État en tant qu'autorité judiciaire, censé de surcroît protéger ses citoyens, ne peut donc s'adonner à de tels actes abominables, déportation et assassinat de ses citoyens, des hommes et des femmes dont les destins sont subitement fauchés. Et s'il s'avère en effet être le commanditaire des crimes, il n'est plus un État démocratique, mais totalitaire[410]. Dans les mécanismes d'extermination mis en place par le système nazi se positionne un homme, Adolf Eichmann, haut responsable de la deportation des Juifs vers les camps de la mort sous le 3e Reich, qui se réclame simple exécutant, qui est accusé de crime contre l'humanité.

2. Au long de notre réflexion, il est apparu que la notion de la « banalité du mal » que la philosophe Hannah Arendt a élaborée mérite une lecture et une interprétation minutieuses. En effet, ce concept signe la responsabilité personnelle du génocidaire. On peut clairement affirmer que Hanah Arendt rejette la notion de « culpabilité collective ». Selon elle, la culpabilité collective ne peut pas se substituer à la culpabilité individuelle. Chaque individu inculpé, accusé de crime contre l'humanité, doit répondre de ses actes. Sur cette toile de fond, l'auteur de *Responsabilité et jugement*[411] soutient une visée qui dessine ainsi la figure du criminel, en l'occurrence du coupable, miné par ses propres contradictions, à l'instar de Eichmann, sans se considérer comme un bouc émissaire[412]. L'éthique de la responsabilité qu'opère Hannah Arendt corrobore la pensée du philosophe Alain Badiou, qui dans son *Essai sur la conscience du*

[410] ARENDT Hannah, *Les origines du totalitarisme* : *I. Le système totalitaire*, Paris, Le Seuil, 1972.
[411] Voir ARENDT Hannah, *Responsabilité et Jugement,* Paris, Payot, 2005.
[412] Lire GIRARD René, *Le bouc émissaire,* Paris, Grasset, 1981.

mal saisit l'éthique comme une instance de vérité : « Il n'y a d'éthique que des vérités. »[413]

3. Nous pouvons observer une rupture dans le chef de comportement des criminels génocidaires. Parler de rupture, c'est aussi saisir la violence dans sa dimension humaine en tant que tensions sociales et politiques, inspirée par une idéologie répandue au sein d'un groupe qui tient au monopole du pouvoir, de ses avantages, voire à la pérennité de son identité et de son destin. Lorsque chaque individu déclare son adhésion inconditionnée à des règles de conduite prescrite par une époque ou à une société, il va obéir ainsi à un système normatif sans esprit critique. Car ayant perdu les repères moraux, qui eux sont fragilisés par le manque de jugement et la faiblesse de distinguer le bien du mal, un hiatus se crée. Il prive l'individu de la capacité de penser, surtout de penser par soi-même, *a fortiori* de penser l'autre.

4. La manipulation dans la visée d'une stratégie politique est certes une source de mépris et de volonté d'anéantir l'autre, qui ne confesse pas le même credo, n'adhère pas aux mêmes principes politiques. Il n'est pas rare d'observer en Afrique, des regains de tensions avant et après une élection présidentielle ou législative, où la violence s'offre en mode de règlement de compte : des bâtiments publics, des bureaux de permanence des partis politiques sont constamment saccagés, les journalistes pris pour cibles[414], les détracteurs, les opposants, les civils terrorisés ! Aussi voudrions-nous placer, en outre, au cœur de notre réflexion, la fragilité qui émane de la violence que subissent les peuples en Afrique subsaharienne, en particulier en période post-électorale, ou encore comme phénomène manifeste dans les États africains en guerre ou en marche vers la démocratie.

5. Ce que nous venons de dire de la violence au Rwanda en passant par la situation à l'Est de la République démocratique du Congo, qui résulte, à notre humble avis, de certaines dynamiques et du désir ou du primat identitaire, s'applique aussi *mutatis mutandis* au cas Eichmann, point de départ de notre réflexion sur la banalité du mal. En effet, le génocide rwandais est semblable à l'Holocauste juif de par son mode opératoire (haine contre l'autre, propagande, exhiber le spectre de domination par l'autre, banalisation d'un armement peu sophistiqué mais destructeur, puis passage à l'acte ou élimination sans concession), mais diffère tout de même dans son contexte historique[415]. L'*exécutant* bureaucrate que représente Eichmann incarne le *crime administratif* dont parle Hannah Arendt. Les victimes étaient plus ou moins ignorées, inconnues du grand public, puisque la bureaucratie nazie qui, du reste, poursuivait une entreprise criminelle, les identifiait comme des *colis* dont il fallait

[413] Voir BADIOU Alain, *L'éthique. Essai sur la conscience du mal*, Paris, Editions Nous, 2009.
[414] Un intéressant article éclaire nos observations : Florence BRISSET-FOUCAULT, *« Journalisme et critique du pouvoir en Afrique »*, in: Congo-Afrique n° 504, Avril 2016, p. 283-288.
[415] A ce sujet, Samuel TANNER, *« Réflexion autour de la banalité du mal : inspirée d'une conversation avec Jean-Paul Brodeur »*, en livre une étude comparative interessante.

organiser le flux[416]. Eichmann traduit la banalité du mal, la perversité de l'esprit humain, capable de commettre des atrocités dont il se rend, au fil du temps, coupable.

6. Peut-on alors, un seul instant, imaginer que dans les massacres perpétrés au Rwanda et à l'Est de la RDC, les génocidaires aient reflété l'effondrement moral qui a entièrement affecté le cœur de la société, la classe politique, la communauté chrétienne, voire même les hommes de Dieu et l'Eglise ? Dans les cas des pays cités, il n'est pas non plus rare de constater le mutisme de la justice internationale, notamment le Tribunal International de la Haye (CPI) à l'égard des massacres[417] commis lors de la guerre d'invasion en République démocratique du Congo, que Colette Braeckmann a d'ores et déjà nommé « *La troisième Guerre mondiale d'Afrique* »[418] ou encore à Bouaké (Côte d'Ivoire) à l'issue des contentieux électoraux : ne s'agit-il pas de deux poids, deux mesures ? La banalité du mal signe-t-elle vraiment la fin de l'impunité ? « Il est heureux […], écrit Arendt, qu'il existe une institution dans la société où il est presque impossible de fuir les problèmes liés à la responsabilité personnelle […]. Les problèmes juridiques et moraux ne sont pas du tout les mêmes, mais ils ont une affinité certaine les uns avec les autres, parce qu'ils présupposent tous le pouvoir de juger. »[419]

C'est dans la conjonction de deux éléments essentiels que se détermine l'avenir d'un continent mutilé et affaissé par les guerres intestines fratricides et d'hégémonie étrangère : la justice et la paix ; non qu'il soit question de « une justice des vainqueurs », « justice des puissants », mais celle acquise dans la reconnaissance de la responsabilité et de l'échec assumé.

Bibliographie

ALPOZZO Marc, *« Hannah Arendt et la « Banalité du mal » »-10-11*. Article publié par *Contre-feux, la revue littéraire de Lekti-ecriture.com,* 16 janvier 2008 ; http://www.lekti-ecriture.com/contrefeux/

ALY Götz, *Hitlers Volkstaat. Raub, Rassenkrieg und nationaler Sozialismus*, S. Fischer Verlag, Frankfurt am Main, 2005 *(L'Etat du peuple de Hitler. Pillage, guerre raciale et National-Socialisme)* ; trad. française, *Comment Hitler a acheté les Allemands. Le IIIe Reich, une dictature au service du peuple,* trad. Marie Gravey, Paris, Flammarion, 2005.

416 Samuel TANNER, *« Réflexion autour de la banalité du mal : inspirée d'une conversation avec Jean-Paul Brodeur »,* p. 4.

417 GALY Michel, *« Jours d'après-guerre au Congo: Polémique sur les massacres », Le Monde diplomatique,* janvier 2014, p. 5.

418 Lire *« ZAIRE : À nouveau la guerre dans la région des Grands Lacs », Le Monde diplomatique*, paru le 6 novembre 1996.

419 H. Arendt, « Responsabilité personnelle et régime dictatorial », dans *Responsabilité et jugement, op. cit.* p. 53.

ALY Götz, « *Ainsi Hitler acheta les Allemands* », *Le Monde diplomatique*, mai 2005.

ARENDT Hannah, *La crise de la culture,* Paris, Gallimard, 1972.

ARENDT Hannah, *Eichmann à Jérusalem. Rapport sur la banalité du mal,* trad. A. Guérin, M. Leibovici, Paris, Gallimard, coll. Folio-Histoire, 1991.

ARENDT Hannah, *L'Humaine condition,* Paris, Gallimard, 2013.

ARENDT Hannah, *Responsabilité et jugement,* Paris, Payot, 2009.

ARENDT Hannah, *La vie de l'esprit,* Paris, PUF, coll. Quadrige, 2e édition, 2013.

BADIE Bertrand, *Le Temps des humiliés : Pathologie des relations internationales,* Paris, Odile Jacob, 2014.

BASTIE Eugénie, « *Le massacre de Srebrenica est-il "un génocide" ?* », *Le Figaro*, publié le 11/07/2015.

BRISSET-FOUCAULT Florence, « *Journalisme et critique du pouvoir en Afrique* », in : Congo-Afrique n° 504, Avril 2016, p. 283-288.

BUCAILLE Laetitia, Vérité et réconciliation en Afrique du Sud. *Une mutation politique et sociale, in Politique étrangère, 2/2007, p. 313-325, in* www.cairn.info/article, consulté - 26/11/2016 21h24.

CESARANI David, *Adolf Eichmann*, trad. O. Ruchet, Paris, Tallandier, 2010.

CHALIAND Gérard, JAN Michel, *Vers un nouvel ordre du monde,* Paris, Seuil, 2013 (rééd. Ed. Points, coll. Points Essais, 2014).

CHRETIEN Jean-Pierre, *Interprétations du génocide de 1994 dans l'histoire contemporaine du Rwanda, Clio en Afrique,* n°2, été 1997.

CONESA Pierre, *La fabrication de l'ennemi, ou comment tuer avec sa conscience pour soi*, Paris, R. Laffont, 2011.

FEST Joachim, *Der zerstörte Traum: Vom Ende des utopischen Zeitalters*, Berlin, Siedler, 5e éd. 1993.

HESSEL Stéphane, *Indignez-vous !,* éditions Indigné, Coll. Ceux qui marchent contre le vent, 2011.

KANT Emmanuel, *Projet de paix perpétuelle - Esquisse philosophique 1795* - Texte allemand traduit par J. Gibelin, Paris, Librairie philosophique J. Vrin, Bibliothèque des Textes Philosophiques, 1948.

KASEREKA PATAYA Charles, *Jalons pour une théologie pastorale du pardon et de la réconciliation en Afrique. Cas de la République Démocratique du Congo,* Bruxelles, L'Harmattan-Academia, 2012.

KISSINGER Henry, *L'ordre du monde*, Paris, Fayard, 2016.

LABELLE Micheline, RACHAD Antonius et LAROUX Georges (sous la direction de), *Le devoir de mémoire et les politiques du pardon,* Québec, PUQ, 2005.

LEROUX Georges, « *Le risque de la réconciliation : Political Reconciliation d'Andrew Schaap* », *Spirale*, n° 2111, 2006.

LETOURNEUX Frédérique, « *Tueries dans l'Ituri* », Jeune Afrique, 19 mai 2003 ;

MARITAIN Jacques, *Humanisme intégral* (1936), Paris, Editions Aubier ; Nouvelle édition, 2000.

MAUROT Elodie, *« Hannah Arendt », Une philosophe face au mal*, in : *La Croix, l*e 23 avril 2013).

MILGRAM Stanley, *Soumission à l'autorité,* éd. Calmann-Lévy, 1974.

MREJEN Aurore, *« Absence de pensée et responsabilité chez Hannah Arendt. A propos d'Eichmann »*, in *Raison-Publique,* http://www.raison-publique.fr/article606.html, le 6 mai 2013,

NEMO Philippe, Jean PETITOT (dir.), *Histoire du libéralisme en Europe*, Paris, PUF, 2006

PRUNIER Gérard, *« Le mythe des Hutus et des Tutsis », Le Monde diplomatique*, février 2016.

RAWLS John, *La justice comme équité, une reformulation de la théorie de la justice*, Paris, La Découverte, 2008.

RAWLS John, *Théorie de la justice*, Seuil, coll. « Points Essais », 2009.

REYBROUCK David Van, *Congo : Une histoire*, Actes Sud, 2012.

SERGENT François, in *Libération* du 30 mai 2013.

TANNER Samuel, *« Réflexion autour de la banalité du mal : inspirée d'une conversation avec Jean-Paul Brodeur* / Some Thoughjts on the Banality of Evil, Inspired by a Conversation with Jean-Paul Brodeur », Champ Pénal/Penal Field [en ligne], vol. 9 / 2012, mis en ligne le 23 mai 2012.

URL:http://champpenal.revues.org/8336

VILLEPIN DE Dominique, *Mémoire de paix pour temps de guerre*, Paris, Grasset, 2016.

ZIEGLER Jean, *Les nouveaux maîtres du monde et ceux qui leur résistent*, Paris, Fayard, 2002.

Essai d'analyse de la conception africaine de la médecine, médecine traditionnelle, médecine prophétique, islamique ou arabo-musulmane, tradipratique, santé, maladie, remède et personnel soignant

Jean Paulin Mengue Me Ndongo[420]

Résumé : Notre étude s'inscrit dans le cadre de l'Histoire de la santé ou encore l'Histoire médicale. Elle a pour objectif de mettre en exergue la conception africaine de la médecine, de la maladie, de la santé, du remède ou du traitant. Cette étude a été menée de novembre 2006 à décembre 2013 auprès de 96 tradipraticiens de santé et de traditionnalistes Peuls du Nord-Cameroun. Nos données ont été collectées au moyen d'entretiens semi-directifs, d'observations et d'enquêtes de terrain, puis analysées qualitativement. L'exigence pluridisciplinaire qui s'est avérée nécessaire pour une meilleure compréhension du cadre théorique et conceptuel s'est traduite par l'usage de l'anthropologie médicale et religieuse, de la psychologie, de la parapsychologie, de la sociologie et de la géographie médicale. L'analyse qui en découle ouvre des pistes de réflexion dans l'écriture de l'histoire authentique de l'Afrique et nous semble féconde à plus d'un titre. D'abord parce que la médecine traditionnelle, résistante à l'assaut de la colonisation et du modernisme, reste un repère partagé et incontournable dans le processus de guérison ; ensuite, la réactualisation de la problématique relative à la conception de la médecine et de ses pratiques en Afrique face au temps en fuite appelle un nouveau regard, une redéfinition de la médecine, de la maladie ou du remède ; enfin, la convocation de l'oralité, en tant que source fondamentale de l'histoire africaine, ouvre de nouvelles perspectives de recherches dans des domaines jusque-là peu explorés. Cette présentation est donc conçue comme une interpellation à l'approfondissement des recherches sur les concepts sus-évoqués. Et le Centre de recherches pluridisciplinaires sur les Communautés d'Afrique noire et des diasporas (CERCLECAD) demeure un cadre idéal et béni pour la dissémination et l'archivage des savoirs savants et thérapeutiques africains.

Mots-clés : Médecine, médecine traditionnelle, médecine prophétique, tradipratique, santé, maladie, remède et personnel soignant.

Abstract : There's a link between this study and the History of Health or Medical History. Its main objective is to focus on a new approach of the basic concepts like traditional medicine, prophetic medicine, health, healer, disease,

[420] Socio-historien d'origine camerounaise, **Jean Paulin MENGUE ME NDONGO** est auteur et enseignant au Département d'Histoire de la Faculté des Arts, Lettres et Sciences Humaines de l'Université de Yaoundé 1. Membre du CERCLECAD, il est par ailleurs Président de l'association Les Amis de la Médecine Traditionnelle. E-mail : menguejp@yahoo.fr

medication, remedy, cure, auxiliary nursing staff. The study was conducted from November 2006 to December 2013 on a sampling of 96 Fulani traditional health practitioners and traditionalists in the northern part of Cameroon. All the data or information on that study were collected through direct interview, observation and field work research, and analyzed using qualitative method. The inter-disciplinary approach of this study, necessary for a better understanding of the theoretical and conceptual framework, has been made possible by the use of anthropology, psychology, para-psychology, sociology and geography. The analysis resulting from that inter-disciplinary approach is meaningful in many ways and opens new avenues to explore in the writing of the authentic African history. Firstly, it is important to know that African traditional medicine remains a popular medicine deeply linked to Africans despite the colonization and the existence of the modern medicine. Secondly, a new problematic related to the conception and the understanding of the African traditional medicine and its practices requires a new perspective, a fresh look and redefinitions of medicine, sickness and remedy. Finally, the oral tradition is a rich and fundamental way to the development of the African history, and opens possibilities of new research in fields that have not been explored until now. This study can be considered as an appeal to further study the concepts mentioned above. And the better and blessed setting to express new opinion is offered by *CERCLECAD*, that is, the Inter-disciplinary Center for Research on the African Communities and Diasporas.

Keywords: Medicine, traditional medicine, prophetic medicine, health, healer, disease, medication, remedy, cure, auxiliary nursing staff.

Introduction

Sur la base d'enquêtes de terrain, d'observations, de témoignages et de documents écrits, cet article ambitionne de répondre à l'appel lancé par Benoît Awazi Mbambi Kungua, Président du Centre de recherches pluridisciplinaires sur les communautés d'Afrique noire et des diasporas (CERCLECAD), qui invite les Africains à participer avec conviction et détermination à l'accomplissement de la « mission scientifique et prophétique » du CERCLECAD dans le monde. Au premier rang de cette préoccupation figure en bonne place la mission consistant essentiellement à produire et à disséminer tous azimuts des savoirs savants, pluridisciplinaires, thérapeutiques et émancipateurs : *condition sine qua non* de réussite dans « la bataille gigantesque de l'Afrodiction et de l'Afrographie ».

L'analyse qui découle de ces enquêtes, amène toute personne soucieuse de comprendre l'Africain à percevoir la conception que ce dernier se donne de son groupe, de la pratique médicale, de la maladie et de la santé. La conduite d'une telle réflexion ne pouvait se passer sans planter préalablement le cadre théorique pour enfin édifier le cadre conceptuel qui constitue la trame de fond du présent article.

Les faits observés en Afrique et en particulier dans le Cameroun septentrional permettent d'affirmer que le champ de guérison se confirme et s'élargit non seulement avec la médecine traditionnelle mais avec la religion notamment l'islam sur la base du Coran qui constitue des répondants efficaces contre les maladies et les souffrances. En effet, les expériences dans le ministère de la guérison sont de plus en plus connues en Afrique et l'on a vu toutes sortes d'inimaginables guérisons miraculeuses comprenant la prévention, les traitements des affections majeures, des pathologies et de l'exorcisme. De plus, l'attachement viscéral des populations africaines à ces types de thérapies démontre que l'on devrait encore et toujours compter avec ces pratiques qu'il convient d'étudier plus amplement. C'est une logique que préconisent d'illustres chercheurs comme Elikia M'Bokolo et Karine Delaunay, qui consiste en une étude de la santé et des pratiques médicales en Afrique, afin de relancer un axe de recherche quelque peu délaissé par des centres de recherches. En d'autres termes, il ne s'agit plus de laisser les questions sanitaires et médicales uniquement aux chercheurs d'autres disciplines des sciences sociales ou exactes, notamment l'anthropologie ou la microbiologie, car les démarches et les interrogations de ces mêmes spécialistes interpellent de plus en plus les historiens. C'est dans cette perspective que nous avons choisi d'étudier la question médicale dans le septentrion Camerounais, d'en spécifier le cadre théorique et d'en dégager la quintessence des concepts-clés.

1. Le cadre théorique

Cette étude s'inscrit dans le domaine de l'Histoire de la santé ou encore l'Histoire médicale. C'est une branche de la science historique qui explore les problèmes de la santé d'un peuple ou d'une région. Cette branche fait partie des sciences qui ont choisi la médecine comme thème central d'étude. Il s'agit de la géographie médicale, de l'ethnopsychiatrie, l'ethnomédecine ou l'ethnologie médicale, la sociologie et l'anthropologie médicales, auxquelles on peut ajouter l'épidémiologie et l'entomologie médicale. L'historien se sert des éléments de ces sciences pour bâtir son étude. C'est dans ce sens qu'il convient de préciser les champs d'étude de chacune. Cette précision permet de déterminer les interconnexions existant entre ces sciences et l'histoire médicale, et de comprendre le domaine d'intervention de l'histoire médicale.

La géographie médicale s'occupe de la distribution géographique de la médecine et de sa pratique, en rapport avec les conditions environnementales. Elle permet de comprendre la prévalence et la récurrence des pratiques et savoirs médicaux dans un milieu à travers l'existence des facteurs favorables à leur expansion. Elle a permis d'identifier les aires de prévalence des systèmes médicaux ; des modes de traitement en faisant prévaloir la notion de déterminisme géographique. Les historiens des civilisations se sont intéressés à la santé et à la médecine lorsque ces dernières présentaient un impact particulier sur le cours des événements. En dehors des récits sur les pratiques sorcières, magiques et religieuses ayant défrayé les chroniques, la littérature scientifique a abondamment mentionné le savoir médical des anciens Egyptiens, des Babyloniens, des Indiens d'Asie et d'Amérique, des Chinois, des Grecs et des Arabes. Chacune de ces contributions a enrichi l'histoire médicale de l'humanité. Ainsi parle-t-on de la médecine ayurvédique qui plonge ses racines dans le riche milieu de principes sociaux, culturels et philosophiques qui régnaient en Inde durant la période de 600 avant Jésus-Christ (J.C.) jusqu'en 700 après J.C. Les érudits ayurvédiques étaient fortement influencés par les philosophies de cette période, y compris par le yoga.

Au début de l'ère chrétienne, l'ayurvéda, littéralement la science de la vie, s'est répandue au-delà des frontières de l'Inde influençant même les systèmes de médecine d'Egypte, de Grèce, de Rome et d'Arabie. Aussi, peut-on parler de l'acupuncture : l'exemple du système de médecine traditionnelle chinoise. Celui-ci représente le système médical le plus répandu dans le monde, avec d'importantes implantations jusque dans les coins et recoins du septentrion camerounais notamment dans les capitales régionales de Ngaoundéré, Garoua et Maroua où sont implantés d'importants centres de santé de médecine traditionnelle chinoise. Les travaux de François Wassouni[421] sont illustratifs à cet égard. En effet, la Chine qui est à la une du présent numéro d'Afroscopie brille par le dynamisme de sa médecine convaincante et conquérante. Sur la base de documents écrits, de témoignages et d'observations, il ressort que cette médecine est implantée au Cameroun depuis 1975 et se pratique à plusieurs niveaux. D'abord dans les hôpitaux de Mbalmayo, Guider et Ngousso où exercent des équipes médicales chinoises. Outre la présence des spécialistes chinois, ces structures de santé ont bénéficié de gros investissements en termes de bâtiments et d'appareils médicaux. Là, les Chinois pratiquent des soins de type moderne et traditionnel dont l'acupuncture et les massages constituent quelques spécificités. Depuis les années 1990, F. Wassouni observe que des cabinets de soins privés chinois dans les villes du Cameroun tenus par des Chinois d'une part et par des Camerounais formés à cette pratique médicale asiatique d'autre part, ont progressivement vu le jour. Depuis l'amorce de la décennie 2000, la médecine chinoise est aussi et surtout présente dans l'arrière pays et dans les rues où les « produits de soins » sont vendus par des Camerounais recrutés pour ce travail. Enfin, depuis 2008, une société chinoise, la *Chinese Pharmaceutical Cameroon*, distribue les produits de soins. Au total, les influences chinoises sont notables en matière de santé et constituent une manifestation tangible de l'expansion de ce type de médecine au Cameroun et dans le reste du monde. Aussi l'influence de cette médecine est-elle perceptible dans la densification et l'amélioration de l'offre de soins, l'attraction des populations, l'enrichissement de la pratique médicale avec des nouvelles techniques comme l'acupuncture, l'amélioration de la perception de la médecine

[421] Wassouni F., 2010, « La médecine chinoise au Cameroun : essai d'analyse historique (1975-2009) » in *Le pluralisme médical en Afrique*, Pucac, Karthala, pp. : 199-221.

traditionnelle africaine. La géographie médicale s'en trouve alors servie et trouve de ce fait matière à réflexion. Elle permet ainsi à l'historien de comprendre l'impact du milieu naturel et humain sur l'éclosion d'un système médical ou d'un mode de traitement.

L'anthropologie médicale et religieuse puis la sociologie médicale étudient les problèmes relatifs au système social causés par les maladies dans les sociétés à des échelles différentes. Ces sciences purement sociales traitent des systèmes nosologiques, étiologiques, nosographiques et des systèmes thérapeutiques. Elles abordent également des problèmes relatifs aux agents médicaux dans les sociétés traditionnelles, et leur place dans la pyramide sociale. Les thèmes subsidiaires qui sont récurrents dans leurs discours sont la causalité, les systèmes de diagnostic basés surtout sur la divination, les prescriptions thérapeutiques et les représentations. Il convient de remarquer que le discours sociologique et anthropologique sur la médecine confère à cette dernière un caractère métaphysique, et considère le système médical traditionnel comme magico-irrationnel. Ainsi, il fait ressortir le fatalisme dans lequel versent les sociétés traditionnelles. Tous ces thèmes chers à ces sciences sociales constituent ce que l'on peut appeler la dimension sociale et religieuse de la médecine. Ce n'est donc pas la simple addition de disciplines s'appropriant des champs thématiques, c'est-à-dire des « territoires » préconstruits empiriquement et idéologiquement découpés, mais l'éclairage successif des démarches différenciées sur le même phénomène. Il est frappant de constater que ce que tel chercheur considère comme un rituel religieux sera étudié par un autre comme une pratique médicale et vice versa. Il est encore plus frappant de s'apercevoir pour quiconque effectue des recherches en ethnomédecine et en ethnopsychiatrie, que c'est à la rubrique « religion » et non « ethnologie » du *Bulletin signalétique* du C.N.R.S. que l'on trouve le plus de références.

Dans la littérature dont nous disposons sur les sociétés traditionnelles et surtout africaines, il ressort une pluralité des représentations et des systèmes thérapeutiques d'une maladie. Les anthropologues et sociologues ont pu identifier dans chaque groupe social un corps spécialisé en médecine. C'est ce que mettent en exergue les études d'Alfred Adler et Andras Zempleni sur les Moundang et celles d'André M. Podlewski sur les Mafa[422]. Les anthropologues ont également relevé l'importance accordée au maintien de la santé et à la prévention des maladies par les sociétés africaines. Le troisième élément important que relèvent les anthropologues dans les sociétés traditionnelles africaines est l'organisation collective de la pratique des soins, et de la prise

[422] Adler A. et Zempleni A., 1972, *Le bâton de l'aveugle : divination, maladie et pouvoir chez les Moundang du Tchad*, Paris ; Savoir-Herman ; Podlewski A. M., 1986, « Les activités médicales et paramédicales des « forgerons Mafa (Nord-Cameroun) », Retel Laurentin A., (Éd.), *Etiologie et perception de la maladie dans les sociétés modernes et traditionnelles,* Paris, l'Harmattan.

en charge des malades. Le thème principal des anthropologues et des sociologues est la dimension sociale et non l'efficacité et la rationalité de la médecine traditionnelle.

En somme, dans le domaine des études sociales sur les systèmes médicaux ou les modes de traitement, l'histoire semble être la moins outillée. Elle use des données de l'anthropologie, de la sociologie et de la géographie médicale pour bâtir son champ d'intervention. C'est dans ce sens qu'elle analyse les données sociales dans une perspective évolutive et selon la société dont il est question. C'est en considérant les systèmes étiologiques et thérapeutiques, les manifestations et les connaissances médicales dans une période relativement longue, que l'historien peut percevoir la signification et l'impact des systèmes médicaux ou des modes de traitement sur l'évolution des sociétés et la santé des populations.

En dernière analyse, l'étude que nous entreprenons s'étend sur la longue durée (1754-2013). Certes, elle prend en compte la dimension sociale et conceptuelle, les manifestations et les conséquences des modes de traitement tout en intégrant absolument les moments de coupure, une rupture qui traduit une dynamique dans l'évolution du concept de système médical des Peuls[423]. La présente étude ne se perd pas dans une perspective anthropologique, sociologique, encyclopédique, ni dans l'épidémiologique, encore moins dans l'ethnopsychiatrique, l'ethnomédecine ou la géographie médicale. Elle utilise les données de ces sciences qui sont pour l'historien de la matière première. Aussi, le présent travail accorde-t-il un intérêt particulier à un certain nombre de mots inducteurs (médecine, médecine traditionnelle africaine, médecine prophétique, islamique ou « arabo-musulmane », tradipratique africaine, santé, maladie, remède et personnel soignant) qui colle à cet espace de réflexion.

2. Le cadre conceptuel

Dans cette logique et selon le *Dictionnaire Universel*[424], la médecine est la science des maladies et l'art de les guérir. Du latin *medicina* : art de soigner, de guérir, la médecine en tant que « art » est l'habileté à dispenser des soins en vue de rétablir l'équilibre dans le corps ou de restituer la santé (de *sanitas : sanus :* sain, propre ; pur, en équilibre, en bon fonctionnement). Depuis Hippocrate, la médecine est devenue une science et un art mais elle n'est plus une

[423] Selon l'hebdomadaire international indépendant Jeune Afrique N° 2721 du 3 au 9 mars 2013, les Peuls sont près de trente millions d'individus répartis sur quinze pays, du Sénégal au Soudan, y compris le Cameroun. Ils partagent les mêmes origines mythiques, les mêmes références historiques faites d'Etats théocratiques comme ceux du Macina, du Fouta-Toro ou du Sokoto, et les mêmes personnages emblématiques (Ousmane Dan Fodio, Sékou Amadou, Amadou Barry…) Une même réserve aussi, un savoir-vivre subtilement codé (le fameux *pulaaku*) et une hiérarchie de fer que l'urbanité et le modernisme érodent toutefois peu à peu.

[424] *Dictionnaire Universel*, Edition de 2002 (4è édition).

religion, ni un fait religieux. Le plus étrange est de retrouver toujours chez Hippocrate les premières bases de la médecine naturelle, principes médicaux scientifiques les plus anciens, auxquels les plus hautes sommités médicales et scientifiques se voient encore obligés de reconnaître le bien-fondé et de préciser les contours sémantiques. Ainsi apparaît-il au fil du temps un nouvel éclairage sur le concept de médecine, qui, selon Mbonji Edjenguèlè peut être perçue comme :

> L'art de prodiguer des soins qui peuvent être des paroles, de l'énergie ou des ingrédients afin de remettre l'individu en peine dans un état socialement admis comme normal et en adéquation avec l'harmonie de l'organisme individuel et groupal. Art ou science, la médecine est un ensemble de connaissances et de procédures thérapeutiques relatives au corps humain et à sa corrélation à une vision de la vie, de la nature, du bien-être. En tant que pratique sociale, institution inhérente à la vie biologique et sociale, la médecine est présente dans toute société et dépend de la conception que le groupe se donne de la maladie et de la santé. La confrontation interculturelle implique donc une mise en opposition de conceptions et de visions diverses de la maladie, de la santé et de la médecine ; et il n'est pas rare que la mise en perspective ait des difficultés à s'émanciper de la tentation de ne voir l'Autre qu'à travers les œillets de sa propre culture[425].

Dans le cadre du présent article, il est raisonnable de ne point s'éloigner de cette perception et de souligner que la médecine recourt aux moyens offerts tant par la religion, que par la nature et la culture. Autant dire que la médecine tout comme la religion (l'islam) n'a cessé de s'adapter et de s'infiltrer dans certaines communautés africaines victimes de la souffrance humaine. C'est ainsi que des pratiques médicales particulières issues de la « médecine prophétique », « médecine islamique » ou « médecine arabo-musulmane » s'observent dans le septentrion camerounais. Cette « médecine prophétique », « médecine islamique » ou « médecine arabo-musulmane » couplée à la médecine traditionnelle africaine constitue la trame de la médecine que l'on observe et pratique chez les Peuls. Avant de nous étendre sur le concept de « médecine traditionnelle », retenons que : la « médecine prophétique » est l'art de guérir les maladies exclusivement sur la base de ce que le Seigneur des mondes, le Vivant, l'Absolu a donné et révélé à son Envoyé, le Prophète et Maître Mohammed. Ce dernier n'était ni médecin ni un homme de science :

> Lui l'illettré qui ne savait ni lire ni écrire, mais plutôt un Envoyé qui a reçu le Message, l'a transmis et répandu. Comme il a divulgué la nou-

[425] Mbonji Edjenguèlè, 2009, *Santé, maladies et médecine africaine. Plaidoyer pour l'autre tradipratique*, Les Presses Universitaires de Yaoundé, pp. 50-51.

velle religion, il n'a pas manqué d'être aussi un maître pour ses compagnons en leur enseignant, et plus tard, à toute l'humanité, ce qui leur assurera le bien-être dans ce bas-monde et la grande récompense dans la vie de l'au-delà. Il a fait savoir aux hommes comment se remédier pour lutter contre les maladies du cœur et celles du corps, pour conserver en même temps la foi et la santé. [426]

Dans un exposé survolant les médecines traditionnelles ou la richesse du patrimoine thérapeutique mondial, Mbonji Edjenguèlè[427] souligne en termes clairs que la médecine arabo-musulmane est plurielle et complexe, holistique et fortement influencée par les croyances religieuses et cosmogoniques. Pour cet auteur, il est inexact de désigner cette médecine du terme « médecine arabo-musulmane » dans la mesure où, dit-il, elle comprend une composante pré et post-islamique noire et une pharmacopée non réductible aux données issues du Coran. Dans ce sens, elle est multiraciale, pluri-ethnique et de ce fait fortement acculturée. C'est la raison pour laquelle Aicha L'Khadir qui s'est intéressée sur sa situation au Maroc, la décrit en termes de « thérapeutiques traditionnelles » :

> « Elles englobent un ensemble diversifié de croyances et de pratiques ayant pour origine les apports de plusieurs cultures : africaine, berbère et arabo-musulmane. Aussi disposent-elles de plusieurs instances thérapeutiques :
> - le maraboutisme, avec tous les cultes qu'il comporte, notamment le culte des saints, des grottes et des sources ;
> - la pharmacopée traditionnelle qui est un mélange de la « médecine du prophète », de certains principes de la philosophie grecque et des apports des médecins arabes tels Averroès et Avicenne ;
> - les tradipraticiens, qui se composent des *foqha* connus sous le nom de *tolba* (hommes ayant une connaissance approfondie du Coran et de la Tradition islamique), des « *achab* » (herboristes, phytothérapeutes), des *chorfa* (descendants de la lignée du prophète), des *chouafa* (les voyantes), et des maîtres et disciples des confréries religieuses tels les *Aissâouâ* et les *Gnaoua.*
>
> Cet ensemble de croyances et de pratiques correspond à ce que les Marocains appellent *doua dialna* (notre médecine) ou *doua dial l'arab* (médecine des Arabes) ou encore « médecine des musulmans », en

[426] Ibn Qayyim Al Jawziyya, 2006, *La médecine prophétique*, Beyrouth Liban, Dar El Fiker, p.1.

[427] Mbonji Edjenguèlè, 2009, pp. 34-37.

l'opposant à *doua dial nsara* « médecine des chrétiens, médecine moderne ». [428]

Il apparaît en filigrane des propos de Mbonji Edjenguèlè et d'Aicha L' Khadir que la médecine arabo-musulmane connaît d'apports multiples : les « survivances » de l'Afrique noire, les éléments arabo-berbères, islamiques et occidentaux. Pour l'appréhender avec bonheur, Mbonji Edjenguèlè[429] s'intéresse à la conception et à l'étiologie qu'elle se donne de la maladie. De façon globale et en ce qui concerne sa composante assise sur le Coran, la médecine arabe fait jouer un rôle majeur à la notion de « *Maktoub* », force impersonnelle à laquelle l'on ne peut échapper, ce qui est écrit, décret divin consigné dans le « *lawh al mahfoud* » : Tablette gardée, dont le Coran[430] fait la première chose créée par Allah et qu'il regarde lui-même trois cent soixante fois par jour pour assurer la marche des choses. La maladie et la santé trouvent ainsi leur explication dans cette loi fondamentale voulue par Allah[431] : « Votre Seigneur vous connaît s'il veut, il vous fera miséricorde et s'il veut, il tourmentera ». Bien que « Tout soit affaire de Maktoub » pour reprendre Mbonji qui lui aussi emprunte à Aicha L'Khadir, l'homme n'est pas pour autant exonéré de toute responsabilité dans la quête de la santé. Il lui est plutôt recommandé de s'investir, de s'impliquer dans l'accomplissement de son destin. C'est ce qui lui rappelle El-Bokhari que cite Aicha L'Khadir[432] : « Serviteurs d'Allah, pratiquez la médecine car Allah n'a pas fait descendre une maladie sans avoir fait descendre un remède ». Et l'un des moyens universellement mis à contribution pour découvrir la nature des maladies et des remèdes y relatifs est, selon Mbonji Edjenguèlè :

> La consultation divinatoire, à côté du sens de l'observation et de la consultation médicale des thérapeutes. S'agissant de la divination, elle est l'œuvre des spécialistes dont les supports peuvent être soit le plomb chauffé et fondu dans de l'eau froide, et dont la forme adoptée au contact de l'eau donne des indications sur la maladie, soit les cartes entrées dans les mœurs en Afrique du Nord, soit les cauris, les noix de cola et le sable utilisés lors des séances de géomancie. [433]

---

[428] L'Khadir Aicha, 1998, « Mal, maladie, croyances et thérapeutiques au Maroc. Le cas de Casablanca. » Thèse de Doctorat Nouveau Régime. Département d'Anthropologie sociale et d'Ethnologie – UFR Sciences de l'homme – Université de Bordeaux II, pp. 34 – 38.
[429] Mbonji Edjenguèlè, 2009, pp. 35-36.
[430] Coran, Sourate 85, Verset 22.
[431] Coran, Sourate 56, Verset 17.
[432] L'Khadir Aicha, 1998, p. 31.
[433] Mbonji Edjenguèlè, 2009, p. 35.

La tradition musulmane perçoit la maladie comme souffrance et en fait aussi une épreuve visant à plus de purification, d'expiation, pour un bonheur durable. Aicha L'Khadir reprend à ce sujet les explications de Ghazali :

> Le corps de l'homme compte 360 articulations de chacune desquelles il souffre. Dans la fièvre, chacune de nos articulations nous acquitte d'une de nos fautes d'un jour, d'où il résulte qu'un jour de fièvre compense une année d'erreurs [...] Allah dépêche auprès du malade un ange qui lui enlève le désir de manger, un autre lui ravit le sommeil, un autre qui lui ôte le désir de boire. Quand Dieu lui rend la santé, chacun de ces anges lui restitue ce qu'il lui a pris sauf celui qui l'a dépouillé de ses péchés.[434]

Il convient de rappeler à la suite de Ghazali qu'Allah n'est pas le seul auteur des maladies. Ces dernières s'originent aussi dans l'intervention des « *Jnoun* » ou génies (« *Jinn* » au singulier) et de « *Sihr* » : la magie, la sorcellerie, c'est-à-dire de l'homme lui-même. Le traitement adéquat par rapport à ces maladies va suivre et refléter ces diverses instances tracées par Mbonji Edjenguèlè : Dieu, les génies ou esprits, les saints, l'homme et sa science de la nature. Pour les maladies dites « naturelles », « temporelles », selon la terminologie d'Aicha L'Khadir, c'est-à-dire relevant du quotidien à l'instar du rhume, des maux de tête, de la grippe, des maux de ventre, d'estomac, de la peau, les patients font appel à la pharmacopée traditionnelle dont les recettes relèvent du savoir vital disponible dans les familles.

La pharmacopée arabo-musulmane qui est à l'image de la médecine chinoise établit des correspondances symboliques entre les maladies et les éléments de l'environnement physique, la terre, le feu, l'eau et l'air, les variations climatiques, les plantes, les organes et comportements humains. Ainsi, précise Aicha L'Khadir :

> Chaque maladie est très souvent définie par les éléments cosmogoniques : le feu, l'air, l'eau et la terre. À chacun des quatre éléments un ou plusieurs qualificatifs : (chaud, froid, sec et humide). Le chaud est dans le feu et l'air, le froid dans la terre et l'eau, le sec entre le feu et la terre, l'humide est dans l'air et l'eau [...] Ils conditionnent les quatre humeurs du corps : la pituite, la bile jaune, le sang et la bile noire. C'est l'existence ou non d'un équilibre entre ces éléments qui détermine la santé ou la maladie.
>
> [...]
>
> Le recours aux plantes médicinales témoigne donc d'une double efficacité. Leurs bienfaisances ne sont pas seulement dues aux vertus qui leur

---

[434] L'Khadir Aicha, 1998, p. 39.

sont accordées par la science, mais aussi et surtout à leur efficacité symbolique.[435]

Il est intéressant de remarquer avec Mbonji que les cas de maladies reconnus comme provenant d'un déséquilibre objectif, d'un accident journalier, sont soumis à la sagacité des détenteurs du savoir sur les plantes médicinales ; c'est dire que pour les cas imputables à l'action d'un *Jinn* : génie, de la *Sihr* ou sorcellerie, il importe de les référer au *Fquih*, tradipraticien ayant appris l'art de l'exorcisme et du désensorcellement à travers le Coran et d'autres livres initiatiques. Les procédés les plus courants sont les séances de lecture du Coran pour chasser le *Jinn* et le talisman qui est fait de signes magiques, de versets coraniques, des différents noms d'Allah, de lettres, chiffres, noms des planètes et de jours de la semaine, le tout écrit sur du papier avec une encre obtenue en brûlant de la laine, et enfermé dans une peau d'animal.

Il existe aussi un autre corps de tradipraticiens plus connu, intervenant contre les cas de possession et de sorcellerie lorsque la science du *Fquih* devient insuffisante à cause des fautes difficiles à effacer ou d'un *Jinn* dur à expulser, est celui des marabouts. Du mot arabe *Murabit* désignant un volontaire préposé à la garde des forteresses anciennes des territoires islamiques, volontaire adepte des exercices de piété, de contemplation, le marabout est considéré comme le pur, l'élu, le proche, l'ami de Dieu, bénéficiant de la *baraka,* grâce divine, force mystérieuse des élus permettant d'accomplir des miracles, de guider les fidèles. L'acception et la pratique du mot ont évolué et signifie en Afrique noire un chef religieux, un maître enseignant le Coran et un guérisseur dont le savoir relève de l'appartenance à l'Islam. En Afrique du Nord, le marabout ou le maraboutisme renvoie à une attitude, à une démarche se rapportant aux sanctuaires où sont enterrées des personnes reconnues pour leur vie spirituelle exemplaire au point d'être faites saintes par la communauté. Tout ce qui touche à leur vie, à leur village et à leur environnement devient alors des lieux de pèlerinage et de quête de la santé. Mbonji Edjenguèlè[436] souligne qu'au Maroc, le mot marabout s'emploie pour un saint et son sanctuaire. Le marabout nord-africain soigne par des danses extatiques adressées au *Jinn* possesseur, des bains rituels et des sacrifices d'animaux durant lesquels l'animal est tourné sept fois autour du patient, lequel crache ensuite sur l'animal pour l'imprégner de la maladie ; l'animal est immolé, cuit et consommé par le malade et l'assistance. Entendu en Afrique noire comme mystique musulman qui mène une vie contemplative et se livre à l'étude du Coran, le marabout est perçu comme l'homme connu pour ses pouvoirs de devin et de guérisseur. Le pouvoir limité des tradipraticiens de santé ou l'incapacité du système hospitalier à fournir une thérapeutique globale de rechange explique en bonne part la réussite de cette autre catégorie de soignant qui se situe au

---

[435]L'Khadir Aicha, 1998, pp. 128-129.
[436] Mbonji Edjenguèlè, 2009, p. 38.

versant de la religion contrairement à son alter ego le tradipraticien de santé qui officie dans le versant de la tradition. Ces deux personnages constituent les bras forts de la médecine chez les Peuls du Cameroun septentrional.

A côté du concept de médecine arabo-musulmane se trouve un autre tout aussi important. Il s'agit de la médecine traditionnelle africaine. Elle existe depuis l'Egypte pharaonique jusqu'aux États-nations actuels où elle connaît des fortunes diverses et des expressions multiples. La colonisation fut une période de forte déculturation qui n'a pas épargné les systèmes thérapeutiques africains. Et à l'image des institutions sociales et pratiques culturelles ayant fait l'objet d'étude des sciences humaines et sur lesquelles se sont inscrits l'européocentrisme et le transfert interculturel des concepts, Mbonji Edjenguèlè fait remarquer que « les expériences indigènes d'offres de soins ont subi des assauts théoriques dont les séquelles transparaissent dans la manière dont elles furent nommées et analysées. »

C'est donc logiquement qu'en 1941 James Harley en parle en termes de « médecine native africaine » ; Erwin Ackerknecht de « médecine primitive » en 1946 ; Henry Sigerest de « médecine primitive et archaïque » en 1951 et George Foster de « système médical non occidental » en 1976.

La dimension idéologique de l'appellation « médecine traditionnelle » n'a pas préoccupé les autorités sanitaires africaines durant les deux décennies qui ont précédé les indépendances. Néanmoins le Comité d'experts de l'OMS réuni à Brazzaville au Congo du 09 au 13 février 1976 a proposé la définition exhaustive et spécifique suivante :

> La médecine traditionnelle africaine serait l'ensemble de toutes ces connaissances pratiques explicables ou non pour diagnostiquer, prévenir ou éliminer un déséquilibre physique, mental ou social en s'appuyant exclusivement sur l'expérience vécue et l'observation transmise de génération en génération oralement ou par écrit.[437]

L'Almanach africain propose une définition plus explicite de la médecine traditionnelle africaine qui serait :

> Egalement la rencontre solide d'un savoir médical et d'une expérience ancestrale.
> Elle pourrait enfin être considérée comme l'ensemble des pratiques, mesures, ingrédients, interventions de tout genre, matérielles ou autres qui ont permis à l'Africain depuis toujours de se prémunir contre la maladie, de soulager ses souffrances et de se guérir.
> (...)

[437] OMS, Série de Rapport Technique n° 1, AFRO, 1976, p. 3 / Lantum, 1978 : 108 / Almanach africain 1984 : 159-160.

La médecine traditionnelle tient ses fondements dans la culture des peuples où les traditions rentrent en ligne de compte.

> Elle est ancienne et actuelle, car elle continue à contribuer à la promotion de la santé des collectivités, à la prévention et au traitement des maladies ainsi qu'à la réinsertion sociale des hommes dans un contexte qui est propre à chaque nation. En cela, la médecine traditionnelle peut être appelée moderne, car elle correspond à tous les temps, et elle est toujours actuelle, elle était d'hier, elle est d'aujourd'hui et elle sera la médecine de demain, celle à laquelle beaucoup de populations auront recours[438].

L'OMS confirme cet état de chose en précisant que :

> L'usage de la médecine traditionnelle est très répandu et revêt une importance sanitaire et économique croissante. En Afrique, jusqu'à 80 % de la population utilise la médecine traditionnelle pour répondre à ses besoins en soin de santé. En Asie et en Amérique Latine, les populations continuent d'utiliser la médecine traditionnelle en raison de circonstances historiques et convictions culturelles. En Chine, la médecine traditionnelle représente 40 % des soins de santé administrés[439].

Mbonji Edjenguèlè[440] fait remarquer que toutes les médecines y compris la médecine africaine traditionnelle sont expressives d'une philosophie de la vie d'où elle tire sens, symboles et pratiques ; parce que l'Africain qui l'a conçue ne se départit pas du monde pour l'observer à distance, ne s'est pas retiré de l'univers qu'il considère comme un tout et avec lequel il entretient des rapports de microcosme à macrocosme, ladite médecine se ressent de cette lecture de la vie et reflète l'anthropogenèse et la cosmogonie africaines. L'expression « médecine holistique » utilisée sous d'autres cieux pour désigner l'inscription de la biomédecine, de l'homme et de l'univers dans une interrelation sémique et causaliste serait largement indiquée ici. En effet, la médecine africaine est holistique par son ancrage dans une conception où l'homme est un tout à soigner selon « une méthode globalisante qui l'insère et l'enserre dans son groupe familial et social », groupe renvoyant à son tour à un environnement extensible jusqu'aux frontières de l'univers. La médecine africaine est ensuite holistique, parce que, comme le montre Mbonji Edjenguèlè :

> Tout peut donner la maladie, comme tout est médicament, tout l'homme tombe malade comme tout en l'homme est aussi médicament, parce que l'homme tombe malade, la communauté des vivants tombe malade,

---

[438] *Almanach africain*, 1984, p. 160.
[439] « Stratégie de l'OMS pour la médecine traditionnelle 2002-2005 – Point Clés, p. 1 »
[440] Mbonji Edjenguèlè, 2009, p. 57-58.

l'univers tombe malade, que la maladie de l'homme influe sur la santé du groupe social, celle du groupe influe sur l'homme et l'univers[441].

Ce qui précède amène à rappeler que la médecine traditionnelle africaine est intrinsèquement holistique parce qu'elle ne soigne pas un organe malade, mais tout l'homme, qui peut souffrir des désordres du tissu familial et des perturbations naturelles, un homme dont la santé est dépendante de l'harmonie corporelle, psychologique, sociale, environnementale et cosmique.

En plus des concepts de « médecine », de « médecine traditionnelle africaine » ou de « médecine arabo-musulmane », le présent article met également beaucoup d'emphase sur la conception africaine de la « maladie », de la « santé » et du « remède ». Cette conception qui se veut « anthropo-socio-cosmo-biologique » selon les propos repris par Mbonji Edjenguèlè renvoie à un univers éminemment sémique, à un monde saturé de sens. D'où la place importante du diagnostic et du pronostic en médecine africaine.

La croyance aux cosmogonies africaines et aux religions abrahamiques conduit à l'évidence que le Mal, le malheur et la maladie sont perturbation, dysharmonie, échec de l'ordre des choses inhérents à la création, à l'existence du monde ; ils sont dès lors d'origine divine, méta-humaine et socio-humaine. À l'aube des choses, dès la genèse même de l'existence du réel et de l'humanité, le Mal ou le malheur a fait son apparition. D'après les textes cosmogoniques des Dogon du Mali, Dieu-Amma dans son procès de création, fut en butte aux caprices de la divinité Terre qu'il dut exciser pour la prendre de force ; de cette union naquit malencontreusement le Chacal, en lieu et place des jumeaux attendus. Symbole des difficultés divines, le Chacal est devenu également le vecteur du désordre dans le monde des humains. Sans insister davantage sur ce récit de Marcel Griaule[442], il n'est pas difficile d'observer que Dieu-Amma lui-même est victime d'une contrariété qu'il surmonte en prouvant sa puissance, et de manière subséquente, perturbe l'ordre des choses en provocant l'avènement du Thos Aureus, le Chacal dont la naissance étonne puis détonne. En dernière analyse, Mbonji Edjenguèlè[443] souligne que le Mal est ici « divin », « méta-humain » dès lors qu'il s'exprime dans l'inattendue « limite » de Dieu-Amma, l'excision de la Terre, le viol et la naissance d'un singleton. Le Mal est dans l'occurrence de ce qui n'était pas prévu, qui est là et qu'il importe désormais de penser et de vivre ; il est socio-humain à partir du moment où l'homme en devient le vecteur, où il en est saisi ou s'en saisit pour lui donner corps, lui permettre de se matérialiser.

---

[441] Mbonji Edjenguèlè, 2009, p. 58.

[442] Griaule M., 1930, *Le livre de recettes d'un dabtara abyssin*, Paris, Institut d'Ethnologie.

[443] Mbonji Edjenguèlè, 2006, « De l'Ethnoanalyse du Mal à travers quelques idéocodes des peuples du Littoral camerounais », in *Annales de la Faculté des Arts, Lettres et Sciences Humaines*, Vol.1, n° 4, Nouvelle Série, Premier Semestre, pp. 200-228, Yaoundé : Presses Universitaires de Yaoundé.

Par santé, on peut entendre d'une manière générale l'absence de la maladie. En 1946, la Constitution de l'OMS la définit comme l'« état de complet bien-être physique, mental et social et qui ne consiste pas seulement en une absence de maladie ou d'infirmité ». Le *Dictionnaire Universel*[444] précise que la santé est l'« état de l'être vivant, et, particulièrement, de l'être humain, chez lequel le fonctionnement de tous les organes est harmonieux et régulier ». La santé, au sens le plus large possible du mot français, mieux appelé le « bien-être », ou plus simplement la « vie présente », est selon Eric de Rosny une aspiration tellement commune et primordiale en Afrique, que les personnages chargés de la contrôler tiennent une place éminente. Le présent article qui entreprend de comprendre la santé nous conduit à analyser la maladie sous l'approche africaine. En effet, cette approche privilégie la dimension symbolique de l'homme expliquant sa nature et son environnement. Il ne s'agit donc plus d'absorber les problèmes de santé uniquement en terme médical car les efforts entrepris dans ce domaine seront toujours décevants aussi longtemps que la santé ne sera pas perçue comme partie intégrante du développement social, économique et culturel.

De façon caricaturale, l'on peut définir la maladie comme l'absence de santé. Cette absence de santé peut s'exprimer au double plan physique ou biologique et même psychologique.

Pour définir la maladie au plan physique, empruntons volontiers à Pierre Daco l'acception ci-après : « la maladie est définie comme l'échec de l'autogestion naturelle de l'organisme ; les réactions de cet organisme ne sont que des signes pathologiques inutiles et nocifs qui traduisent cet échec et que la tradithérapie doit supprimer pour guérir le malade »[445].

Il s'agit ici d'une définition qui se limite aux aspects physiques et biologiques de l'individu. Elle peut alors s'appliquer indifféremment aux êtres humains, aux animaux et même aux végétaux. En tout cas, la thérapeutique a ici pour finalité de supprimer la maladie, de permettre à l'individu malade de retrouver la guérison. Celle-ci peut être vraie, totale et complète. Elle peut également ne se faire que dans le but de supprimer l'expression de la maladie. C'est le cas de la thérapeutique palliative où l'on n'obtient pas de vraie guérison mais une survie sans protection. Or, nous savons depuis les temps les plus reculés que l'homme se distingue des autres animaux par le fait qu'il est un être psychosomatique fait à la fois d'un corps et d'une âme. On voit dès lors les insuffisances de cette première définition qui retient de la maladie que sa dimension physique. On pourrait même dire cette définition pêche par excès de biologisme.

La maladie au plan psychologique. Il s'agit ici de plusieurs sortes d'atteintes du psychologisme humain. Le terme psychisme doit être connu dans

[444] *Dictionnaire Universel*, 2002, Paris, 4e édition, Hachette/Edicef.

[445] Daco P., 1973, *Les prodigieuses victoires de la psychologie moderne,* France, Les Nouvelles Editions Marabout, pp. 295-306.

cette perspective comme l'ensemble des fonctions qui permettent à la fois de maintenir la constance du moi et d'établir avec le monde extérieur des échanges significatifs sur le plan émotionnel et comportemental.

De multiples et subtils mécanismes d'adaptation et de défense permettent au sujet mentalement sain d'inventer les mille façons de devenir ce qu'il est, de rester lui-même tout en répondant par un comportement adapté aux frustrations et aux contraintes. Et ses frustrations peuvent être une cause dégradante de la personnalité au cas contraire. Les sujets souffrants de cette catégorie de maladie sont atteints non pas dans leur intelligence mais souffrent de l'intégration de leur personnalité qui est en opposition de phase avec les exigences du monde ambiant.

Le trouble qui s'empare ici de la victime peut se traduire à plusieurs niveaux. Il peut s'agir d'une modification de la signification du monde comme c'est le cas dans le délire qui caractérise la psychose. Il peut s'agir d'une structuration de la personnalité comme c'est le cas de la schizophrénie. Il peut s'agir d'une souffrance liée à la difficulté d'intégration. C'est le cas de l'angoisse névrotique. Le moins que l'on puisse dire c'est que les divers modes pathologiques ci-dessus énoncés coexistent souvent en combinaison ou peuvent varier en le même individu.

Au regard de ces deux premières définitions, l'on peut dire d'une manière générale qu'elles font intervenir la rationalité cartésienne et relèvent plus ou moins de la science ésotérique. Il en va tout autrement de la conception africaine qui pourtant n'ignore pas les deux premières.

L'interprétation africaine de la maladie peut être rapprochée de la parapsychologie. Celle-ci se définit comme l'étude des facultés hypothétiques du psychisme telles que la télépathie, la clairvoyance, la psychokinésie. La télépathie, la clairvoyance, la précognition, la rétrognition sont regroupées dans la catégorie de la perception extrasensorielle étant donné que ces phénomènes permettraient à l'organisme de s'informer sur le monde environnant par les voies inconnues indépendantes des canaux sensoriels normaux.

La maladie est perçue comme une perte de l'identité chez l'Africain[446]. En effet plus qu'ailleurs, en Afrique, les maladies physiques et psychiques sont vécues comme une agression, une injure insupportable pour l'humain. Elles soulèvent trois questions essentielles de l'avis de Berthe Lolo :

- la question de la vulnérabilité, et ainsi donc, de la non-toute-puissance de l'individu : « On peut m'atteindre. »
- la question du désir persécuteur et/ou destructeur de l'autre, et donc, du rejet par l'autre : « On ne m'aime pas, je ne suis pas indispensable. »
- la question des manifestations de l'acte destructeur de l'autre : « Mon corps n'appartient pas qu'à moi. »[447]

---

[446] Texte lu au Colloque : « Afrique, choc des médecines », 30-31 octobre-1er novembre 1993, Le Centre culturel des Fontaines à Chantilly (France).

[447] Lolo B., 2010, *Mon Afrique. Regards anthropopsychanalytiques,* L'Harmattan, Paris, p. 109.

Lorsque le patient confie sa plainte, il compte résoudre l'équation de ces interrogations soulevées et rappelées par Berthe Lolo :

« Guérissez-moi de mes problèmes ; surtout, dites-moi celui qui ne m'aime pas et souhaite ma mort ; faite que je devienne invincible. » Vers qui ira-t-il chercher des réponses ? Est-ce le traitant traditionnel ? Le traitant spirituel ? Le médecin occidental chimiothérapeute ?[448]

Dans la réalité, ce sera une combinaison des trois pratiques, le tout dans des échanges interactifs.

La conception africaine de la maladie en présence des cas coriaces participe largement de la parapsychologie (le fait de voir dans le futur et le passé). Elle voit généralement derrière toutes les souffrances morbides la main invisible d'un sorcier lequel a justement la faculté d'agir à distance sur l'autre. La maladie est interprétée ici dans le terme d'un élément pathogène étranger qui a été envoyé au malade par un tiers jeteur du sort dont il faut se débarrasser. Le tradipraticien de santé qui joue le rôle intermédiaire entre le malade et son bourreau doit fournir à son client un modèle d'identification et de puissance considéré comme seul capable de venir à bout de l'épisode malheureux qu'il traverse. Il doit extirper le sort jeté à son client, le réduire à sa plus simple expression, le mettre hors d'état de nuire voire le retourner à l'expéditeur. Quel que soit le cadre de référence retenu, la maladie apparaît en dernière analyse comme l'expression d'une disharmonie, d'un déséquilibre ou d'une rupture de loi à laquelle il faudrait trouver un remède ou un médicament adéquat. Qu'est-ce que donc le remède ? Qu'est-ce que le médicament ?

Le remède selon Larousse[449] est « un médicament ; un moyen, une mesure propres à combattre une souffrance morale, à pallier un inconvénient, à résoudre une difficulté. » Pour Quillet[450], le remède vient du latin *remedium*, du préfixe *re*, et *mederi*, soigner, guérir.

Il s'agit d'une « substance ou préparation, employée pour combattre une maladie [...] Ce qui sert à prévenir, à surmonter, à faire cesser quelque malheur, quelque inconvénient, quelque disgrâce [...] »[451]

Le médicament par contre est, selon le Dictionnaire Universel[452] « une substance ou composition possédant des propriétés curatives ou préventives à l'égard des maladies humaines ou animales. Préparation, amulette destinée à soigner ou à protéger contre les maladies, le mauvais sort, etc. » De ce qui ressort du *Grand Larousse encyclopédique*[453], l'on retient que le médicament vient du latin *medicamentum*.

Le médicament est une substance destinée, par ses qualités physico-chimiques à combattre un trouble ou une lésion, afin d'amener la guérison. Il faut

[448] Lolo B., 2010, pp. : 109-110.
[449] *Dictionnaire Larousse*, 2008, Malesherbes France, Imprimerie Maury.
[450] *Dictionnaire encyclopédique Quillet*, 1970, Paris, Librairie Aristide Quillet.
[451] *Dictionnaire encyclopédique Quillet,* 1970, Paris, Librairie Aristide Quillet.
[452] *Dictionnaire Universel*, 2002, Paris, 4e édition, Hachette/Edicef.
[453] *Grand Larousse encyclopédique*, 1963, Paris, tome septième, Librairie Larousse.

donc que le médicament ait des propriétés antagonistes de celles de l'état morbide[454].

Ces deux termes qui ont presque la même racine (*mederi*) sont synonymes et valables pour venir à bout de la maladie mais il est raisonnable de rappeler que dans le contexte africain, la maladie n'a pas seulement des causes biologiques. Elle a aussi des causes surnaturelles qui dépassent notre entendement. Aussi faut-il utiliser le remède ou le médicament « approprié » en vue de combattre une souffrance physique ou morale, à pallier un inconvénient, à résoudre une difficulté. Il conviendrait de rappeler à ce sujet qu'il y a une grande différence entre Africains, Américains, Asiatiques, Européens ou Occidentaux dans l'approche, la définition, la conception et la représentation du médicament car le médicament intervient avant la guérison c'est-à-dire qu'il est sollicité pour obtenir la guérison. Le médicament européen ou occidental est essentiellement clinique et chimique alors que le médicament africain est plutôt naturel car ce médicament est reconnu et jugé comme ayant une valeur thérapeutique indéniable. Ce qui fonde l'évidence selon laquelle le remède est le médicament qui guérit.

Dans le cadre de la médecine traditionnelle africaine, les médicaments ou remèdes épousent certaines réalités culturelles et environnementales puis prennent les formes ci-après :

-*les rituels*. Ce sont des procédures ou des sacrifices nécessaires pour apaiser les dieux dans une forme particulière de traitement ou de situation. Ils peuvent comprendre les sacrifices d'une bête, l'exécution de certaines danses, l'ingestion de certains aliments ou de certaines parties d'aliments. Ces rites créent l'atmosphère appropriée au traitement traditionnel dont font partie les individus, et aucun guérisseur traditionnel n'y renoncerait. Les rituels peuvent donc servir à des fins préventives ou curatives ;

-*les incantations*. C'est une forme de jeu de mots écrits ou transmis oralement sous forme poétique, apparemment pour concentrer les forces dans un remède ;

-*les plantes médicinales*. Ce sont toutes les plantes qui contiennent une ou des substances pouvant être utilisées à des fins thérapeutiques ou qui sont des précurseurs dans la synthèse de drogues utiles ;

-*les concoctions*. Ce terme désigne une préparation (soupe, boisson, etc.) faite avec beaucoup d'ingrédients. Le terme « concoction » est parfois confondu avec celui de « décoction ». Un grand nombre de préparations employées en médecine traditionnelle sont des décoctions dans le sens pharmaceutique ;

-*les macérations*. Elles sont préparées en plaçant la matière végétale avec la totalité du liquide d'extraction dans un récipient fermé pendant quelques jours. Le contenu est après filtré et pressé. Les extraits liquides sont ainsi consommés par dosage.

---

[454] *Ibid.*

Toujours dans le cadre de la médecine traditionnelle, les remèdes peuvent aussi se présenter sous des formes diverses :

-les infusions et les tisanes. Selon James A. Duke :

> Il existe deux sortes de tisanes : les infusions et les décoctions. Une infusion ressemble à l'idée que se font la plupart des gens de ce qu'est un thé. Il existe pourtant une grande différence entre le thé que nous buvons et les infusions de plantes médicinales. Lorsque vous préparez du thé, vous trempez sans doute une infusette dans l'eau chaude, vous la remuez un peu et vous buvez le breuvage. Si vous préparez une infusion à base de plantes, par contre, il convient de la laisser infuser pendant dix à vingt minutes afin que les substances phytochimiques thérapeutiques puissent passer de la plante à l'eau.[455]

> *-les amulettes*. Ce sont des objets que l'on porte sur soi par superstition et auxquels on attribue un pouvoir magique de protection, de porte-bonheur, pour se préserver des attaques, des dangers, des maladies, etc. Ce terme peut aussi vouloir signifier « gris-gris » ou « talisman » dont le port est fréquent dans le septentrion camerounais.

Si l'on s'emploie à esquisser les lignes directrices des expériences relatives à la médecine traditionnelle africaine, il est possible d'affirmer que cette dernière convoie une conception globale et holistique de la maladie, de la santé et donc de la médecine, à l'image de la philosophie africaine de la vie stipulant une continuité ontologique entre les composantes de l'univers, un univers structuré, hiérarchisé. Parce que tout est lié et interdépendant, la santé est ordre et la maladie désordre de la partie jouant sur l'ensemble, et vice-versa ; la maladie est transgression des lois humaines, sociales et cosmiques, agression sorcière, message d'élection par un esprit à l'image des *Megni-nsi* de l'Ouest-Cameroun. L'exigence d'harmonie induit des comportements de prudence qui, sur le plan sanitaire, se traduisent en hygiène et soins préventifs ; c'est dire que la médecine traditionnelle africaine accorde une importance particulière à la prévention si l'on considère les nombreux procédés de « blindage » déployés ici et là. Car en réalité, qu'est-ce que le blindage ? Mbonji Edjenguèlè répond en affirmant que le blindage est :

> La prévention des attaques de sorcellerie, la prévention des éventualités d'empoisonnement, d'accidents suscités et de sorts jetés. Ce n'est pas pour autant dire que la prévention au sens ordinaire n'existait pas dans les sociétés africaines ; les mères des nouveaux - nés qui s'astreignent à goûter une minuscule partie des selles du bébé pour lui éviter de tomber malade, celles qui purgent leur bébé avec de l'eau dans laquelle elles ont lavé la serviette ayant servi à leurs premiers ébats amoureux après

[455] Duke J. A., 1997, *Le pouvoir des plantes*, Marabout, p. 39.

> un accouchement, savent qu'elles le font comme comportement de prévention des maladies infantiles. La prévention est également présente dans la propreté de l'environnement, l'hygiène corporelle : peignes anciens, brosses à dents à base de lianes et racines, chaussures en peaux d'animaux, balais en branchages, savons et huiles de palmistes, activités sportives, sont là pour témoigner du souci de tenir le corps humain en santé et en bonne forme[456].

En cas de maladie et comme le fait remarquer Mbonji Edjenguèlè, il est donné de constater que l'entourage du malade s'adonne à l'interrogation sur la nature et l'origine du mal. Forts des expériences passées, les proches ont loisir de se fendre en conjectures sur l'état de l'un des leurs avant de porter le cas auprès d'un spécialiste. Du grec *diagnosis*, *-gnosis* : connaissance, *dia* : à travers, le diagnostic est la démarche consistant à arriver à la connaissance de l'état de santé à travers les symptômes et signes que présente un individu. Parmi les multiples possibilités données à l'entourage et au connaisseur pour subodorer la nature du mal ruinant la santé se trouve en bonne place l'observation dont nous avons traité abondamment les façons ou les implications dans un ouvrage spécialisé sur la médecine chez les Peuls.[457]

De toute évidence, l'individu en Afrique se situe entre les mystiques et les mystificateurs. Il est indispensable de convoquer à cet effet Ismaïla Diagne en vue de passer en revue le personnel soignant approprié en milieu africain.

La première difficulté ici, et non la moindre, est pour le profane, le sceptique, de poser des jalons pour avancer prudemment dans un domaine où les uns et les autres invoquent invariablement des forces occultes et se complaisent volontiers dans une relative irrationalité qui met mal à l'aise celui qui veut analyser, comprendre, classer. Sur des bases qui n'ont rien de scientifique et pour cause, à partir de l'observation par un profane d'une certaine spécialisation, Ismaïla Diagne parvient à établir deux groupes, le premier comprenant les guérisseurs, les devins et les charlatans, le deuxième, les tartuffes, les marabouts, et les prêtres.

Les guérisseurs, les devins et les charlatans. Dans *Xala*[458] Sembène Ousmane établit bien la différence entre *seet-kat*, devin et *faj-kat* : guérisseur. N'goné War Thiandum prototype de guérisseur ou *faj-kat*, selon Sembène, mène une vie ordinaire, sans relief particulier. Elle n'est ni crainte, ni redoutée, mais au besoin, elle peut aller dans le niaye, se servir des plantes à bon escient. Elle apparaît comme une praticienne, sans auréole. Sa connaissance des plantes médicinales s'appuie sur une riche expérience accumulée par plusieurs générations. Aucune forme de sorcellerie, de magie n'intervient ; sans

[456] Mbonji Edjenguèlè, 2009, pp. 79-85.

[457] Mengue Me Ndongo, J. P., 2014, *La médecine chez les Peuls du Cameroun septentrional 1754-2013*, L'Harmattan, Paris, 473 pages.

[458] « Xala, une puissance sexuelle symbolique » Paris, 1975.

doute on note un certain empirisme mais on est proche des méthodes médicales modernes avec tout ce que cela suppose de rigueur, de détachement, sans aucune intervention du merveilleux.

Le devin ou *seet-kat*. Il se présente comme un prestidigitateur que comme un homme de science : « Le seet-kat étala… un carré d'étoffe rouge vif, sortit d'un réticule des cauris. Avant d'officier, il fit des incantations ; d'un mouvement sec, il jeta les cauris. Preste, il les ramassa d'une seule main. Raide, le buste droit, il toisa ses clients. Brusque, il leur tendit le bras, le poing ferme. Ce membre maigre, terminé par cette main en boule comme une anémone s'ouvrit avec lenteur. »[459]

L'effet sur le plan psychique est immédiat. Les pesanteurs mythiques font le reste : « Tel un jaillissement d'étincelles dans l'obscurité, émergeait à la surface l'univers enseveli, immatériel, de la prime enfance. El Hadji Abdou Kader Bèye était saisi : un monde peuplé d'esprit maléfique, de gnomes, de djinns se faufilait dans son subconscient. »[460]

Le charlatan. Il s'agit de : « Celui qui exploite la crédulité publique ou qui recherche la notoriété en se faisant valoir par de grands discours selon la définition du *Dictionnaire alphabétique et analogique de la langue française*, en ce sens « que c'est un guérisseur qui prétend posséder des secrets merveilleux. [461]»

Le second groupe de personnel soignant établit par Ismaïla Diagne est composé des curés-laïcs, des missionnaires. En effet, les chrétiens, quoique minoritaires dans le Nord-Cameroun, dans laquelle s'inscrit notre enquête, n'en exercent pas moins une influence considérable à travers des hommes de terrain que sont les curés-laïcs actifs dans les trois diocèses que compte cette partie du Cameroun.

Au regard des découvertes scientifiques et des progrès conséquents accomplis par l'humanité au cours de ces derniers siècles, au plan de la science, de la technique et de la médecine, on serait tenté de croire que les thérapeutiques magico-religieuses du personnel soignant ci-dessus évoqué, très prisées par le passé, ont fait leur temps et sont appelées à disparaître pour faire désormais place à une thérapie scientifique et religieusement neutre.

Force est de constater avec Richard Filakota[462] que, dans ce monde en pleine mutation, le personnel soignant africain et plus précisément les guérisseurs traditionnels et les marabouts n'ont pas encore dit leur dernier mot. En dépit des progrès accomplis dans divers domaines indispensables à l'épa-

---

[459] Sembène Ousmane : *Xala* op cit 82-83.

[460] *Id., Ibid, op. cit*, p 83.

[461] Robert Paul : *Dictionnaire alphabétique et analogique de la langue française*, Paris, Société du nouveau Littré, 1980 p. 718.

[462] Filakota R., 2010, « Le marabout thérapeute dans le contexte du pluralisme médical » in *Le pluralisme médical en Afrique*, sous la direction de Ludovic Lado, PUCAC – KARTHALA, pp. : 85-99.

nouissement de l'homme, les situations de précarité et de misère sociale, notamment en Afrique subsaharienne, sont loin d'être éradiquées ; les maladies n'ont pas encore livré tout leur secret ; les structures sanitaires opérationnelles dans le Nord-Cameroun relèvent de l'exploit tandis que les cliniques privées modernes, mieux outillées, ne sont accessibles qu'aux personnes fortunées. Devant ces disparités sociales et la nature complexe de certaines maladies, nombreux sont ceux qui s'en remettent à Dieu en se tournant vers les Églises, les mosquées ou vers les mouvements religieux prophétiques ou évangéliques à vocation thérapeutique ; dans la même foulée et comme le reconnaît Richard Filakota, la médecine traditionnelle retrouve ses lettres de noblesse, tandis que les marabouts ont le vent en poupe. Contre toute attente, ces pratiques thérapeutiques traditionnelles ou magico-religieuses font aujourd'hui preuve d'inventivité, en recourant quelquefois à un « bricolage » entre plusieurs systèmes diagnostiques et thérapeutiques, pour répondre aux attentes de plus en plus nombreuses des populations locales. Le maraboutisme, comme la médecine traditionnelle, a certes encore de l'avenir tant que la maladie affectant l'individu ou le groupe est génératrice de pratiques qui débordent le champ strictement médical.

Conclusion

La réponse à l'appel lancé par Benoît Awazi Mbambi Kungua a manifestement eu pour effet d'approfondir l'étude et la connaissance de la culture africaine eu égard à l'ampleur du phénomène de médecine traditionnelle et de son impact dans l'âme africaine.

Par sa géographie soudano-sahélienne, la diversité de ses peuples et traditions séculaires, et la variété des approches puis de ses itinéraires de guérisons, l'Afrique, plus particulièrement le Nord-Cameroun comme le soutient Hamadou Adama[463] est une région qui attire, intrigue, passionne et séduit en même temps. L'art, la culture, les savoirs et techniques issus de cet ensemble fascinant, développés et reproduits par l'ingéniosité de l'homme, véhiculent une empreinte toute particulière qu'il semble intéressant d'appréhender.

Cet essai d'analyse est une réflexion qui vise, non pas à inventorier l'exhaustivité de la conception africaine de la médecine et ses pratiques, mais à comprendre que les représentations mentales sont, entre autres, des pistes de réflexion dans l'écriture de l'histoire et dans l'énonciation des valeurs patrimoniales.

En définitive, cette présentation est conçue comme le souhaite le président Benoît Awazi Mbambi Kungua une introduction et une participation active à la dissémination et l'archivage des savoirs savants et thérapeutiques africains au sein de l'imposant réseau du CERCLECAD et dans le numéro

[463] Hamadou Adama (Dir.), 2016, *Patrimoine et sources de l'histoire du Nord-Cameroun*, L'Harmattan, Paris, 356 pages.

d'AFROSCOPIE 2017. Elle est une invite à l'approfondissement des recherches sur le patrimoine, les héritages et les sources de l'histoire africaine qui constituent des préalables indispensables au processus de Libération holistique, de Renaissance et de Reconstruction des sociétés africaines de la postcolonie.

Sources et références bibliographiques

- Adler A. et Zempleni A., 1972, *Le bâton de l'aveugle : divination, maladie et pouvoir chez les Moundang du Tchad*, Paris ; Savoir-Herman ; Podlewski A. M., 1986, « Les activités médicales et paramédicales des forgerons Mafa (Nord-Cameroun) », Retel Laurentin A., (éd.), *Etiologie et perception de la maladie dans les sociétés modernes et traditionnelles*, Paris, L'Harmattan.
- Colloque : « Afrique, choc des médecines », 30-31 octobre – 1er novembre 1993, Le Centre culturel des Fontaines à Chantilly (France).
- Daco P., 1973, *Les prodigieuses victoires de la psychologie moderne*, France, Les Nouvelles Editions Marabouts.
- *Dictionnaire encyclopédique Quillet*, 1970, Paris, Librairie Aristide Quillet.
- *Dictionnaire Larousse*, 2008, Malesherbes France, Imprimerie Maury.
- *Dictionnaire Universel,* Edition de 2002, Paris, 4e édition Hachette /Edicef.
- Duke J. A., 1997, *Le pouvoir des plantes,* Marabout.
- *Grand Larousse encyclopédique*, 1963, Paris, tome septième, Librairie Larousse.
- Griaule M., *1930, Le livre de recettes d'un dabtara abyssin,* Paris, Institut d'Ethnologie.
- Hamadou Adama (Dir.), 2016, *Patrimoine et sources de l'histoire du Nord-Cameroun*, Etudes africaines, Hors Série, L'Harmattan, Paris.
- Ibn Qayyim Al Jawziyya, 2006, *La médecine prophétique*, Beyrouth Liban, Dar El Fiker.
- Ismaïla Diagne, 2004, *Les sociétés africaines au miroir de Sembène Ousmane*, L'Harmattan, Paris.
- Jeune Afrique, n° 2721 du 3 au 9 mars 2013, pp. : 24-35.
- Lado L. (Dir.), 2010, *Le pluralisme médical en Afrique*, PUCAC – KARTHALA.
- *Le Saint Coran*, 2007, Texte français révisé par la Présidence Générale des Directions de Recherches Scientifiques Islamiques de l'Ifta de la Prédication et l'Orientation Religieuse.

- L'Khadir Aicha, 1998, « Mal, maladie, croyances et thérapeutiques au Maroc. Le cas de Casablanca. » Thèse de Doctorat Nouveau Régime. Département d'Anthroplogie sociale et d'Ethnologie – UFR Sciences de l'homme – Université de Bordeaux II.
- Lolo B., 2010, *Mon Afrique. Regards anthropopsychanalytiques*, L'Harmattan, Paris.
- Mbonji Edjenguèlè, 2009, *Santé, maladies et médecine africaine. Plaidoyer pour l'autre tradipratique*, Les Presses Universitaires de Yaoundé.
- Mbonji Edjenguèlè, 2006, « De l'Ethnoanalyse du Mal à travers quelques idéocodes des peuples du Littoral camerounais », in *Annales de la Faculté des Arts, Lettres et Sciences Humaines*, Vol. 1, n° 4, Nouvelle Série, Premier semestre, Presses Universitaires de Yaoundé.
- Mengue Me Ndongo, J.P., 2014, *La médecine chez les Peuls du Cameroun septentrional 1754 – 2013*, L'Harmattan, Paris.
- OMS, Série de Rapport Technique n° 1, AFRO, 1976 / Lantum, 1978/Almanach africain, 1984.
- Robert P., 1980, *Dictionnaire alphabétique et analogique de la langue française*, Paris, Société du nouveau Littré.
- « Stratégie de l'OMS pour la médecine traditionnelle 2002-2005 – Points Clés ». /.

Comportements d'agression et violence dans le handball au Congo-Brazzaville : situation des joueurs au cours du championnat national

LOUFOUA-LEMAY Emile Didier[464], LITOTO PAMBOU Lucien[465], MASSAMBA Alphonse[466]

Résumé : La présente étude vise à dresser un portrait de la situation des comportements d'agression dans le handball au Congo en fonction du type d'agression (instrumentale, hostile) et du genre. Au total, 48 handballeurs des équipes séniors dont 24 hommes ont été observés au cours des demi-finales et finales du championnat national, saison sportive 2012-2013. Les séquences vidéo des différents matches ont été analysées par des arbitres confédéraux, sur base de la méthodologie de Coulomb, Rascle et Pfister (1999). Les résultats obtenus font apparaître que les hommes présentent un niveau plus élevé par rapport aux dames pour chacun des types d'agression. De plus, les conduites d'opposition (percussions, coups, répulsions) sont les plus retrouvées. Aussi, pouvons-nous conforter l'hypothèse selon laquelle le handball congolais est le siège de l'accoutumance à certaines formes d'agressivité, légalisées dans le sport comme nulle part ailleurs.

Mots clés : Handball, compétition, comportements d'agression, Congo.

Abstract : The aim of this study is to describe aggressive behaviors among Congolese handball players as function as type of aggressive behavior and gender. A total of 48 adult handball players (24 males and 24 females) were observed during semi-final and final times at national championship, sporting season 2012-2013. Video tapes of matches were analyzed by referees of African Handball Confederation, using Coulomb; Rascle and Pfizer's methodology (1999) results obtained revealed that males present a high level of aggressive behavior than females. In addition, opposition behaviors (constraints, contacts, repulsion) are most observe. We can therefore support the hypothesis that Congolese handball is the centre of the practice of some aggressiveness forms legalized in sport as they are nowhere else.

Keys words : Handball, competition, aggressive behaviors, Congo

[464] Laboratoire Pluridisciplinaire de Recherche « Société, Sport et Administration », Ecole Nationale d'Administration et de la Magistrature, Université Marien NGOUABI, Brazzaville (Congo).

[465] Laboratoire de sociologie du Sport, Institut Supérieur d'Education Physique et Sportive, Université Marien NGOUABI, Brazzaville (Congo).

[466] Laboratoire de la performance Motrice, Institut Supérieur d'Education Physique et Sportive, Université Marien NGOUABI, Brazzaville (Congo).

Introduction

De façon générale, le sport est perçu comme un facteur de développement personnel et social (Bouet, 2006). Les bienfaits de la pratique d'activités physiques et sportives ont fait l'objet de nombreuses études (Gendron, Royer, Potvin & Bertrand, 2003). En effet, la pratique d'activités physiques offre des bénéfices sur le plan de la santé physique, mentale et sociale (Gendron, Royer, Bertrand & Potvin, 2005 ; Mignon, 2000 ; Mulvihill, Rivers et Aggleton, 2000). Selon un sondage réalisé auprès des français âgés entre 18 à 61 ans, la grande majorité des répondants mentionne que la pratique du sport améliore leur santé (99 %), favorise les nouvelles amitiés (87 %) et procure une meilleure estime d'eux-mêmes (85 %) (Oppert, Simon, Rivière & Guezennec, 2005).

Selon les statistiques de la direction générale des Sports du Ministère Congolais de l'Éducation Physique et des Sports (2012), le handball est le second sport de prédilection des adolescents et jeunes adultes âgés de 14 à 27 ans, après le football. De 11 % en 1978, son taux de participation est passé à 24 % en 2012 auprès de cette population (Direction générale des Sports, 1980, 2012). Parmi les autres sports les plus populaires, on retrouve le karaté (15 %), le basketball (12 %), le volleyball (11 %) et l'athlétisme (8 %) (Direction Générale des Sports, 2012).

Durant les quatre dernières décennies, la Fédération Congolaise de Handball (FECOHAND) a enregistré une augmentation globale constante de ses membres, pour atteindre en 2012 un total de 13082 joueurs affiliés (FECOHAND), 2013). Compte tenu du stade actuel de développement du handball au Congo, il semble important de vérifier l'état de santé de ce sport. Certes, la culture et la popularité de ce sport au pays ne se comparent pas au culte du football en Afrique ou ailleurs sur la planète. De plus, avec un engouement réel des jeunes pour le handball au Congo depuis plus de 30 ans, ce sport ne suit pas un rythme de croissance soutenu, quoique son développement à travers tout le pays soit manifeste.

Depuis plusieurs années, la violence et ses différentes formes représentent une problématique sociale importante qui ne cesse de prendre de l'ampleur dans le discours politique et médiatique (Bufacchi, 2005 ; Debardieux, 2008). Ce phénomène se reflète aussi en sport (Jamieson & Orr, 2009), seule « enclave », dans l'espace et le temps où l'on accorde à quelques personnes le droit limité et strictement codifié de donner libre cours à leurs agressivités (Elias & Dunning, 1994). Cependant, dans plusieurs sports, les actes d'agression observés constituent un problème sérieux (Bodin, 2001 ; Conroy, Silva, Newcomer, Walker & Johnson, 2001 ; Kerr, 2005). Les experts dans le domaine proposent des définitions, des typologies et des caractéristiques différentes pour circonscrire l'agressivité en milieu sportif, ce qui rend plus complexe l'étude du phénomène (Coulomb & Pfister, 1998). D'après Sport Québec, « *la violence dans le sport peut être définie comme étant une agression physique, verbale ou psychologique ayant pour but de blesser, de faire mal ou d'intimider une personne dans une situation où ce comportement n'a aucun lien avec les règlements et les objectifs de compétition du sport* » (Sport Québec, 2007 : 1).

Plusieurs théories tentant d'expliquer les mécanismes de l'agression furent proposées au fil des années (Cox, 2005). Mentionnons simplement que celles-ci peuvent être regroupées en quatre catégories : la théorie de l'instinct, la théorie de l'apprentissage social de Bandura, la théorie du raisonnement moral de Bredemeier et la théorie de la frustration-agression reformulée de Berkowitz.

Parmi celles-ci, la théorie de l'apprentissage social (Bandura, 1986) représente une avenue intéressante dans le cadre de la présente étude du fait que le handball progresse dans la culture sportive congolaise, à l'image du football depuis les années 1960. A propos de cette théorie, Cox (2005) stipule que : « *l'agression est une fonction de l'apprentissage et ce phénomène ne saurait s'expliquer par une pulsion biologique et la frustration. [.....] Tant que les actes d'agression seront tolérés dans les sports professionnels, les pratiquants des activités sportives continueront de s'inspirer des comportements agressifs de leurs modèles* » (Cox, 2005 : 257-258). Au cours des vingt dernières années, le handball au niveau national et continental a été rendu accessible aux amateurs, jeunes comme adultes, par l'entremise de nouvelles ligues nationales et de la télédiffusion de matches et de championnats auxquels participent les idoles tant africaines qu'internationales des handballeurs congolais.

En termes d'agressivité, des débordements se produisent régulièrement dans les rencontres de handball sur le plan de manquements aux règles du jeu, mais aussi de gestes illégaux ou antisportifs prenant la forme de violence diverses (Collard, 2004 ; Coulomb, Rascle & Pfister, 1999). Selon l'âge, le genre, l'expérience et le niveau d'excellence visé par les joueurs, le recours à des actes d'agression de façon stratégique est souvent encouragé dans le but d'accéder à la victoire (Coulomb, Rascle & Pfister, 1999). Non seulement l'agressivité et l'agression sont acceptées comme inhérentes au sport, mais leur recours encouragé et provoqué afin d'augmenter la performance athlétique (Mintah, Hiddleston & Deody, 1999). S'il existe plusieurs études sur les comportements d'agression dans les sports collectifs (Coulomb et coll., 1999 ; Margolis, 1999), aucune étude ne se penche sur le sport africain. Dans le contexte de l'absence des travaux sur les actes d'agression dans le handball au Congo, pays ayant occupé les trois premières places de 1970 à 1984, il semble pertinent de s'y intéresser dans une perspective de redynamisation de la discipline. En effet, dans son rapport à l'espace et à autrui et dans le cadre socio-conflictuel de la politique sportive congolaise, le handball est susceptible d'induire des manifestations d'agressivité. Comme le souligne Winston Churchill (1874-1965), « *si c'est bien nous qui fabriquons nos demeures, ce sont elles qui nous façonnent* », peut-on reprendre cet argument au sujet de l'agressivité dans le handball congolais ? Quel est le climat actuel prévalant dans le handball au Congo chez les joueurs des équipes séniors et quelles conclusions peut-on tirer face à la déconvenue de ces équipes lors des tournois africains ? C'est l'hypothèse que nous tenterons de soutenir à partir d'une étude visant à adresser un portrait des comportements d'agression chez les handballeurs congolais en fonction du genre et de l'enjeu compétitionnel.

Méthodes

L'étude, observationnelle et analytique, s'est déroulée à Brazzaville, Congo, lors du championnat national de handball, saison sportive 2012-2013 (versions hommes et dames). La période d'étude allait du 19 au 27 juillet 2013. Cependant, seuls les matches des demi-finales (4 rencontres) et finales (2 rencontres) ont fait l'objet de nos observations. Ce choix était motivé par les objectifs fixés par cette étude. Les différentes rencontres ont eu lieu sur le stade du Complexe Omnisports Alphonse Massamba Débat. Ce stade de handball, en tartan, est homologué par la Confédération Africaine de handball.

Sujets

La population cible était composée des joueurs issus des huit (8) équipes (4 masculines et 4 féminines) ayant participé aux demi-finales et finales dudit championnat. Au total, 48 handballeurs ont pris part à l'expérimentation dont 24 hommes. L'investissement requis - et nécessaire - pour atteindre ce niveau d'expertise dans l'activité rendait difficile et inhibait l'éventualité pour ces spécialistes, tous amateurs, de pratiquer d'autres sports. Cette « absence » de diversification avait trait aussi bien au processus à ces sportifs (plus de 15 heures/semaine). Le choix des joueurs participant aux demi-finales permettait donc d'éviter le parasitage, les « conflits » qu'aurait pu engendrer un « portefeuille de pratiques » trop fourni (Mignon & Truchet, 2002).

Présentation de l'expérience

Lors des demi-finales, l'observation des 48 joueurs et joueuses a permis d'analyser les conduites agressives desdits sportifs, réinvesties à leur corps défendant dans les différentes situations de jeu. Les matches duraient 60 minutes et se déroulaient en conformité aux règles internationales d'arbitrage de l'International Handball Fédération (IHF). Chaque équipe, au cours des matches, comportait 16 joueurs (remplaçants compris). Afin de saisir la totalité des interactions agressives (les rapports aux non-porteurs de la balle étant pris en compte) et pour augmenter le nombre des interactions entre participants, deux cameras Fuji HP610 ont été utilisés. Tous les joueurs étaient couverts par l'assurance de leurs clubs et celle de la fédération. Les comportements de ces sportifs, sur le terrain, étaient filmés en aveugle. Tous ont accepté après coup par écrit l'utilisation scientifique de leurs prestations vidéo dans le respect de la personne (anonymat, non divulgation des images). L'espace de jeu était adapté car « l'espace individuel d'interaction » (Parlebas, 1986) était respecté. En effet, la surface du terrain était : S = longueur (L) x largeur (l) = 40m x 20m = 800m² avec 32 joueurs ; soit un espace individuel d'interaction de e = 800/32 = 25m².

Deux catégories d'indicateurs ont été retenues pour décrypter les films des matches. La première est relative aux comportements d'agression instrumentale. Elle est représentée par trois catégories : 1) les percussions, coups, poussettes perpétrées sur porteurs ou non porteurs de balle. Les corps se touchent momentanément par les membres ou le tronc. En proxémique, la dénomination qui convient le mieux est la « distance » intime en mode éloigné » : la focalisation visuelle de ce fait que l'autre étant alors problématique, l'acte, pour être efficace, doit être prémédité. C'est une forme plus brutale d'agressivité qui peut occasionner des déséquilibres, des chutes et éventuellement des blessures. En handball, n'est autorisé uniquement que le contact avec le tronc ; 2) les répulsions ou « gênes », caractérisées par les écrans, les harcèlements, les marquages empêchant l'adversaire de progresser vers la cible qu'il soit ou non porteur de balle ; les corps sont proches, mais ne se touchent pas. En proxémique, (Hall (1966) parle de « distance personnelle en mode approche » : la vision de l'autre est nette et permet aux protagonistes d'inciter et d'intimider sans passer à l'acte ; 3) les rétentions ou « préhensions », observées lors des ceinturages, ou tenues du porteur ou des non porteurs de balle. Il s'agit de la « distance intime du mode approche », la plus rude des interactions d'antagonisme : celle par qui s'opère la sélection entre dominant et dominé dans le règne animal. La seconde catégorie a trait aux comportements agressifs de nature hostile. Répartis en trois classes, ils se résument à : des intimidations verbales (insultes, paroles ou gestes tribalistes dans le cas du Congo, menaces verbales) ; des intimidations physiques appréciées à partir de quatre comportements (geste impoli ou crachat), de la violence physique évaluée à partir de trois comportements (coup de poing ou de coude, coup avec l'intention de blesser). On retrouve ainsi : les agressions contre un arbitre ; les agressions contre un adversaire ; les agressions contre un partenaire ; les agressions contre une cible autre (officiels techniques, spectateurs, etc.).

Instruments de mesure

Trois évaluateurs (arbitres confédéraux) ont examiné les vidéos de chaque match et évalué les divers comportements d'agression. Ils devaient indiquer au cours de chaque séance l'occurrence de chacun des 7 comportements d'agression sur une échelle allant de 1 à 9 comme le rapporte le tableau 1. Cette appréciation s'est inspirée de l'étude de Coulomb, Racle et Pfister (1999).

Variables étudiées

Elles se focalisent sur les comportements agressifs retrouvés lors des demi-finales, selon la catégorie et la sous-catégorie d'agression. Enfin, une relation a été recherchée entre les scores liées aux agressions émisses par chaque équipe et le pronostic du match (victoire égale à 3 points ; défaite égale à 1 point) lors des différentes rencontres.

Analyse statistique

Pour chaque rencontre, les comportements d'agression sont présentés sous forme de valeurs chiffrées absolues ± écart-type, quelquefois accompagnées des valeurs extrêmes (étendues). Le test t de Student a été utilisé pour comparer les valeurs moyennes associées à un comportement agressif donné, entre hommes et dames d'une part ; entre les valeurs notées en demi-finales et finales d'autre part. Par ailleurs, une analyse de variance multi variée (MANOVA), par le biais du coefficient Wilk's Lambda, a permis de rechercher l'effet « type d'agression » et du « sexe » sur l'issue de la rencontre. Les différences entre les valeurs sont considérées comme statistiquement significatives lorsque la valeur critique d'incertitude p est inférieure à 0,05.

Résultats

Les résultats concernant les moyennes pondérales des trois types de comportements d'agression instrumentale selon le genre, au cours des demi-finales, sont présentés dans le tableau 2. Pour l'ensemble, les percussions et coups prédominaient, suivis des actes de répulsion. L'effet « sexe » était retrouvé dans les deux cas, en faveur des hommes : écart de + 8,8 % ($p<0,05$) pour les percussions et coups, + 138,5 % ($p<0,001$) pour les actes de répulsion. A contrario, les femmes se distinguaient des hommes par les actes de rétention, +15,1 % ($p<0,05$). En ce qui a trait aux comportements d'agression de nature hostile (tableau 3), les actes d'agressivité contre l'adversaire étaient plus observés chez les dames (+37,5 % ; $p<0,05$), contrairement aux hommes chez lesquels les agressions contre l'arbitre figuraient au premier plan (+97,7 % ; $p<0,05$).

Pendant les finales (tableaux 4 et 5), l'analyse statistique a mis en évidence la prépondérance des actes de répulsion chez les hommes (+41 % ; $p<0,001$) par rapport aux dames. Ces dernières se singularisaient par les actes de rétention (+13,5 % ; $p<0,05$). Au niveau de comportements de nature hostile, il s'agit plutôt des actes d'agression contre l'arbitre, retrouvés davantage chez les hommes (+141,7 % ; $p<0,001$). Quant aux agressions contre un partenaire, quoiqu'occupant le second rang, leurs fréquences étaient comparables entre les deux sexes.

Les résultats des comparaisons selon l'enjeu (demi-finales versus finales), pour chacun des types de violence, indiquaient chez les hommes (tableau 6) une augmentation significative en finales des actes de répulsion (+9,7 % ; p<0,05) et de rétention (+12,1 ; p<0,05) ; des agressions contre un partenaire (+170 %) ; p<0,001), une cible autre (officiels singulièrement, +111 % ; p<0,001), un adversaire (+12,5 % ; p<0,02) et un arbitre (+4,8 % ; p>0,02) et un arbitre (+4,8 % ; p>0,05). En revanche, on notait une baisse de percussions et coups (-7,3 % ; p<0,05). Cette diminution des percussions et coups était également observée chez les dames (tableau 6), avec un écart moyen de -61,9 % (p<0,001), constat similaire aux actes d'agression hostile, excepté pour ceux touchant un adversaire (+33,3 % ; p<0,001).

Enfin, la MANOVA a révélé un effet principal multi varié pour le type de violence sur l'issue du match (Wilk's Lambda = 0,77 ; p<0,01), ainsi qu'une interaction significative entre « type de violence » et « sexe » (Wilk's Lambda = 3,04 ; p<0,02).

Discussion

Au-delà des différences observées entre hommes et dames, l'ensemble des joueurs évolue au cours des matches en ayant recours aux mêmes types de comportements d'agression. Cependant, les handballeurs hommes obtiennent des scores plus élevés de violence instrumentale et hostile que leurs homologues dames, au cours des demi-finales, à quelques exceptions près. La littérature et les études dans le domaine sportif tendent généralement à attribuer un niveau d'agressivité de nature instrumentale plus élevé aux hommes (Coulomb et coll., 2005 ; Guinerveau & Duda, 2002). Pour l'étude de Guinerveau et Duda (2002) réalisée auprès de 194 handballeurs masculins et féminin âgés de 19 à 25 ans, les résultats quant à des différences selon le genre pour des comportements d'agression et d'infraction aux règles du jeu sont plus mitigés malgré que le cadre théorique établi par les auteurs fait état de taux plus élevés (percussions, coups et préhensions) chez les garçons. L'étude de Coulomb et coll. (1999) réalisée auprès des handballeurs adultes de 20 à 32 ans en vient à des conclusions plus directes : « *les hommes émettent davantage de comportements de nature instrumentale et hostile que les femmes* » (Coulomb et coll., 1999 : 41). Ce constat rejoint nos observations.

Néanmoins une recension de 94 études faite par Maccoby et Jacklin (1974, in : Coulomb et coll., 1999) rapporte que 52 montraient que les joueurs masculins sont plus agressifs que les joueuses, 5 rapportaient l'inverse et 37 ne démontraient aucune différence entre les genres. Parmi les hypothèses explicatives pour ce phénomène, plusieurs auteurs ont étudié la différence entre les genres sous l'angle de la perception de légitimité des comportements agressifs en sport (Conroy et coll., 2001 ; Coulomb et coll., 1999 ; Coulomb et coll.,

2005 ; Kavussanu et coll. 2006). De façon générale, les joueurs masculins rapportent des seuils de tolérance à l'agression plus élevés que ceux de sexe féminin (Conroy et coll., 2001). Selon Coulomb et coll. : (1999), « ... *les filles tendent à accorder d'importance au fair-play [...] et à accepter moins de comportements illicites comme légitimes que leurs homologues masculins [...]. On peut s'attendre à ce que les femmes, en sports collectifs, émettent moins de comportements d'agression que les hommes.* « (Coulomb et coll., 1999 : 34). En effet, dans un contexte sportif, il y a aussi des éléments grandissants quant au recours plus fréquent et à la perception masculine de légitimité d'actes d'agression non retrouvés chez la gente féminine (Coulomb et coll., 2005).

En outre, les deux types d'agression démontrent l'absence de différence significative pour les violences contre l'adversaire et le partenaire. Cependant, il existe des différences significatives entre hommes et dames, particulièrement contre les arbitres et les officiels et cela, en faveur des hommes plus en demi-finales et moins au cours des finales. Au-delà de l'importance accordée par les dames au fair-play, nos observations suscitent un certain questionnement. En dehors du contexte sportif, les violences diffèrent selon le genre, mais sont toujours fréquentes chez les hommes surtout dans le rôle de victimes d'agression et en tant qu'auteurs de violences diverses (Choquet, 2000). Nos résultats, rejoignant ceux de Choquet (*op. cit.*), confirment la surreprésentation de l'implication des hommes face aux conduites agressives en précisant toutefois que l'écart entre les genres est moindre pour les agressions contre les officiels et les partenaires.

Ensuite, il apparaît que les équipes victorieuses émettent moins de conduites agressives de type « rétention », contrairement aux percussions, coups et répulsions. Cela s'explique par le fait que les équipes dominantes occupent le plus souvent le camp adverse ; et c'est en défense que les joueurs sont mis en demeure de stopper coûte que coûte leurs assaillants, objectivant ainsi nos observations sur la supériorité des scores associés aux percussions, coups et répulsions. Cette attitude ressemble à ce qu'Hedinger (1955) nomme « réaction critique » dans le domaine animal. Il s'agit de l'ultime réaction de légitime défense ; celle de l'assaut désespéré de la proie sur son prédateur. Ainsi, les comportements des joueurs en défense (cas des percussions, coups et répulsions) semblent motivés par la peur de l'échec. Habituellement, dans la plupart des situations sociales, les inter actants restent à distance, à « distance de fuite » pour reprendre la terminologie des éthologues animaliers. Au handball, on leur impose de pénétrer dans la distance critique de l'autre équipe, distance qui fait brusquement transmuer la fuite en charge. La logique interne à laquelle sont confrontés les handballeurs porte alors au pinacle ces conduites agressives.

Quel que soit l'enjeu de la rencontre, les porteurs de balle sont plus souvent pris pour cible que les non porteurs. Cette stigmatisation des actes d'agression instrumentale s'explique par les exigences réglementaires qui s'inscrivent dans les comportements. Le règlement de handball permet en effet à tout joueur de barrer la route d'un adversaire avec le corps, et cela même s'il n'est pas en possession du ballon. Cette dernière précision réglementaire, apparemment anodine, prédispose les handballeurs à manifester de l'agressivité par toucher (sans les mains, ni les bras ; ni les jambes) sur tous les joueurs de champ, munis ou pas de la balle.

Par conséquent, le contexte de demi-finales et finales lors du championnat congolais incite à élever les comportements d'agression. Toutefois, le score élevé des percussions et des coups pourrait aussi être attribué au cumul des deux comportements d'agression dans un seul item de notre barème d'appréciation. Avec le recul, le choix de regrouper ces deux comportements en un item s'avère nuisible malgré le rationnel initial ayant inspiré cette décision méthodologique. C'est pourquoi la prise en compte de cette faiblesse devrait faire l'objet d'une étude ultérieure, en dissociant les percussions et les coups.

Conclusion

La présence des comportements d'agression dans le handball congolais ne fait aucun doute. La confrontation sans cesse renouvelée du handballeur à la logique de la compétition a assurément un effet socialisant. Cette logique interne décrète quelles sont les conduites tolérées au cours du déroulement des matches. Cette socialisation induite par la logique du handball rentre dans ce que Berger et Luckmann (2006), à la suite de Mead (1964), appellent « socialisation secondaire », c'est-à-dire « l'intériorisation de « sous-mondes » institutionnels » (Berger et Luckmann, 2006 : 236). Le handballeur congolais, lors des matches avec enjeu, intériorise donc des comportements d'agression agréés au sein de la discipline. Aussi, pouvons-nous conforter l'hypothèse selon laquelle le handball congolais est le siège de l'accoutumance aux formes de violence instrumentale et hostile, le joueur habitant un espace sensoriel spécifique (Collard et Oboeuf, 2007) qui le rend brutal plus ou moins en situation de compétition. Cependant, dans ce contexte l'agressivité n'est pas un mal que la pratique du handball doit éliminer par purge, mais une condition de réalisation qui doit être éduquée et entretenue.

Références bibliographiques

- Bandura A. (1986), *Social foundations of thought and action : a social cognitive theory*, Englewood Cliffs, NJ: Prentice Hall.

- Berger, P., Luckmann, T. (2006)., *La construction sociale de la réalité*. Paris : Editions Armand Colin.

- Bodin, D. (2001), *Sports et violences*, Paris, Editions Chiron.

- Bufacchi, V. (2005), « Two concepts of violence », *Political Studies review*, 3, 193-204.

- Choquet, M., (2000), « Point de vue épidémiologique », In : Baudry, P., Blaya, C., Choquet, M., Debardieux, E., Pommereaux, X. Ed., *Souffrances et violences chez l'adolescent et le jeune adulte*. Issy-les-Moulineaux, France : ESF.

- Collard, L. (2004), *Sport et agressivité*, Paris, Éditions des Iris.

- Conroy, D.E., Silva, J.M., Newcomer, R.R., Walker, B.W., Jonhson, M.S. (2001), « Personal and participatory socializes of the perceived legitimacy of aggressive behavior in sport », *Aggressive Behavior*, 27, 405-418.

- Coulomb, G. Pfister, R. (1998), « Aggressive behaviors in soccer as a function of competition level and time: a field study », *Journal of Sport Behavior*, 21(2), 222-231.

- Coulomb, G., Rascle, O., Pfister, R. (1999), « Comportements d'agression et motifs de participation en sport collectif : influence du sexe et du type de pratique », *STAPS* (France), 49, 33-45.

- Coulomb, G., Rascle, O. Souchon, N. (2005), « Player's gender and male referee's decisions about aggression in french handball: a preliminary study », *Sex Rôles,* 52(7-8), 547-553.

- Cox, R. H. (2005), *Psychologie du sport*, Bruxelles : Éditions de Boeck Université.

- Debardieux, E. (2008), Sports, violences, prévention : le pari des lumières [en ligne]. *International review on Sport and Violence*, 1. Disponible sur le site : http://www.irsv.org.

- Elias, N., Dunning, E. (1994), *Sport et civilisation. La violence maîtrisée*, Paris, Editions Fayard

- Fédération Congolaise de Handball (2013). *Bilan et perspectives*. Brazzaville, Congo.

- Gendron, N., Royer, E., Povin, P., Bertrand, R. (2003), « Troubles du comportement, compétence sociale et pratiques d'activités physiques chez les jeunes adultes », *Revue des Sciences de l'Education,* 31 (1), 211-233.

- Guiverneau, M., Duda, J. L. (2002), « Moral atmosphere and athletic aggressive tendencies in soccer players », *Journal of Moral Education*, 31(1), 211-233.

- Guiverneau, M., Duda, J.L. (2002), « Moral atmosphere and athletic aggressive tendencies in soccer placer players », *Journal of Moral Education*, 31 (1), 67-85.

- Hall, E.T. (1966), *The hidden dimension*, Garden City, New York : Doubleday.

- Hediger, H. (1955), Studies of the psychology and behavior of captive animals in *zoos and circuses*, London : Butterworth & Company.

- Jamieson, L. M., Orr, T. J. (2009), *Sport and violence :* a critical *examination of sport*. Oxford, UK : Butterworth-heinemann, Elsevier

- Kavussanu, M., Seal, A. R., Philipps, D. R. (2006), « Observed prosaically and antisocial behaviors in male soccer teams: age differences across adulthood and the role of motivational variables », *Journal of Applied Sport Psychology,* 18(4), 326-344.

- Kerr, J. H. (2005), *Rethinking aggression and violence in sport*, New York, Routledge.

- Margolis, J. A. (1999), *Violence in sports : victory at what price* ? New jersey, Enslow: Publishers Inc.

- Mead, G.H. (1964), *L'esprit, le soi et la société*, Paris, Presses Universitaires de France.

- Mignon P (2000), Sport, insertion, intégration. *Hommes & Migrations,* 126, 15-26.

- Mignon, P., Truchot, B. (2002), *Les pratiques sportives en France*, Paris, Éditions de l'Institut National du Sport et de l'Education Physique.

- Ministère de l'Education Physique et des Sports (1980), *La pratique des Sports au Congo (Brazzaville) de 1980 à 2012,* Direction de la Planification et des Statistiques : Direction Générale des Sports.

- Muintah, J.K., Huddleton, S., Doody, S.G. (1999), « Justifications of aggressive behavior in contact and semi contact sports », *Journal of Applied Social Psychology*, 29(3), 597-605.

- Mulvihill, C., Rivers, K., Aggleton, P. (2000), « Views of young and adult people toward physical activity: determinates and barriers to involvement », *Health education*, 100(5), 190-199.

- Oppert, J. M., Simon, C., Rivière, D., Guézennec, C. Y. (2005), *Activité physique et santé.* Arguments scientifiques, pistes pratiques, Paris, Programme National Nutrition Santé, Ministère de la Santé et des Solidarité.

- Parlebas, P. (1986), *Eléments de sociologie du sport, Paris*, Presses Universitaires de France.

- Sport Québec (2007). *Problème d'éthique dans le sport et le loisir chez les jeunes* adultes [en ligne]. Disponible sur le site : http : //www.pch.gc.ca/pgm/sc/pubs/participation-fracfm.

Tableau 1 : Barème descriptive-numérique des comportements d'agression

	Pondération
Agressions de nature instrumentale	
Percussions et coups	1 - 9
Répulsions	1 - 7
Rétentions	1 - 5
Agressions de nature hostile	
Contre un arbitre	1 - 9
Contre un adversaire	1 - 7
Contre un partenaire	1 - 5
Contre, une cible	1 - 3

Source : Tiré de Coulomb, Rascle et Pfister (1999)

Tableau 2 : Données comparatives des comportements de nature instrumentale entre hommes et dames aux demi-finales

	Hommes (n = 24)	Dames (n = 24)	P
percussions et coups (/9)	7,4 ± 0,2	6,8 ± 0,4	<0,01
Répulsions (/7)	6,2 ± 0,3	2,6 ± 1,2	<0,01
Rétentions (/5)	3,3 ± 0,5	3,8 ± 0,7	<0,02
Ensemble	6,1 ± 0,2	4,7 ± 0,5	

Tableau 3 : Données comparatives des scores relatifs aux comportements d'agression de nature hostile en hommes et dames aux demi-finales

	Hommes (n = 24)	Dames (n = 24)	P
CAD (/9)	5,6 ± 0,5	7,8 ± 0,5	<0,01
CAB (/7)	8,3 ± 0,3	4,8 ± 0,3	<0,001
CPT (/5)	2,7 ± 0,2	2,1 ± 0,2	NS
CCA (/3)	1,9 ± 0,5	2,3 ± 0,3	NS
Ensemble	5,3 ± 0,3	5,0 ± 0,3	

Abréviations : CAD, contre un adversaire ; CAB, contre un arbitre ; CPT, contre un partenaire ; CCA, contre une cible autre.

Tableau 4 : Données comparatives des comportements de nature instrumentale entre hommes et dames lors des finales

	Hommes (n = 24)	Dames (n = 24)	P
Percussions et coups (/9)	6,9 ± 1,1	6,3 ± 0,2	NS
Répulsions (/7)	6,8 ± 0,1	4,8 ± 0,7	<0,001
Rétentions (/5)	3,7 ± 0,2	4,2 ± 0,5	<0,02
Ensemble	6,1 ± 0,5	5,3 ± 0,4	

Tableau 5 : Données comparatives des comportements de nature hostile entre hommes et dames lors des finales

	Hommes (n = 24)	Dames (n = 24)	P
CAD (/9)	8,7 ± 0,2	3,6 ± 0,1	NS
CAB (/7)	6,3 ± 0,5	6,4 ± 0,2	<0,001
CPT (/5)	1,0 ± 0,3	1,3 ± 0,4	<0,02
CCA (/3)	0,9 ± 0,1	2,1 ± 0,3	
Ensemble	5,4 ± 0,3	3,7 ± 0,2	

Abréviations : CAD, contre un adversaire ; CAB, contre un arbitre ; CPT, contre un partenaire ; CCA, contre une cible autre.

Tableau 6 : Données comparatives des comportements d'agression en demi-finales et finales selon le genre

	Demi-finales (n = 24)	Finales (n = 12)	P
Cas des hommes			
Percussions et coups (/9)	7,4 ± 0,2	6,9 ± 1,1	NS
Répulsions (/7)	6,2 ± 0,3	6,8 ± 0,1	<0,01
Rétentions (/5)	3,3 ± 0,5	3,7 ± 0,2	<0,02
CAD (/9)	5,6 ± 0,5	8,7 ± 0,2	<0,02
CAB (/7)	8,3 ± 0,3	6,3 ± 0,5	<0,01
CPT (/5)	2,7 ± 0,2	1,0 ± 0,3	<0,01
CCA (/3)	1,9 ± 0,5	0,9 ± 0,1	<0,01
Cas des dames			
Percussions et coups (/9)	6,8 ± 0,4	6,3 ± 0,2	<0,001
Répulsions (/7)	2,6 ± 1,2	4,8 ± 0,7	<0,01
Rétentions (/5)	3,8 ± 0,7	4,2 ± 0,5	<0,02
CAD (/9)	7,8 ± 0,5	3,6 ± 0,1	<0,001
CAB (/7)	4,8 ± 0,3	6,4 ± 0,2	<0,001
CPT (/5)	2,1 ± 0,2	1,3 ± 0,4	<0,02
CCA (/3)	2,3 ± 0,3	2,1 ± 0,3	<0,05

Abréviations : CAD, contre un adversaire ; CAB, contre un arbitre ; CPT, contre un partenaire ; CCA, contre une cible autre.

Défis de la démocratie en Afrique noire : lieu du questionnement philosophique

Nestor Salumu Ndalibandu[467]

Résumé : Depuis que le vent de la démocratie a commencé à souffler dans les pays de l'Est pour pénétrer en Afrique noire, à la fin du siècle dernier, une nouvelle mentalité et vision de choses s'imposent dans l'imaginaire collectif des hommes. C'est le souci de la culture démocratique à tous les niveaux par le sens du dialogue, de la dignité, de la responsabilisation, des rationalités, du partage…

Cependant, les crises observées dans plusieurs pays africains démontrent bien les raisons d'une véritable connaissance de la démocratie et ses enjeux pour une meilleure réappropriation par la base. Le défi majeur est la présentation de la démocratie dans une langue et culture étrangères aux Africains pour un peuple victime de l'ignorance massive et de la pauvreté. Ces situations favorisent ainsi une conscience collective insensible, anesthésiée d'une population majoritairement analphabète, illettrée, indifférente et résignée et pour ce faire, manipulée et instrumentalisée.

La solution à la crise de la démocratie en Afrique peut être cherchée à notre avis dans la formation et l'information de la culture démocratique à la base,

---

[467] « La passion pour l'homme et sa dignité demeurent mon cheval de bataille ».
Né le 25 novembre 1966, **Nestor SALUMU NDALIBANDU** fut ordonné prêtre de l'Eglise Catholique Romaine le 22 septembre 1996 dans le diocèse de Kindu en République Démocratique du Congo, par son Excellence Paul Mambe Mukanga. Du 22 septembre 1996 au 22 septembre 2016, il vient de réaliser vingt ans de vie sacerdotale engagée en faveur des hommes indigents, vulnérables, abandonnés, délaissés et rejetés dans la société. L'Abbé Nestor SALUMU est Licencié en Philosophie et en Théologie. Il est actuellement professeur et formateur au Grand Séminaire de Philosophie et de Théologie de BUHIMBA à Goma en République Démocratique du Congo. Les différents ministères exercés au niveau paroissial, diocésain et national dans le gouvernement de notre pays m'ont rendu proche de cette catégorie des personnes et m'ont permis de réaliser mon rêve, ma vocation profonde : la passion pour l'homme. Il s'agit :

- des hommes et femmes victimes de violation massive et à grande échelle des droits de l'homme en temps de guerres, de dictature et de manipulations politiques, sociales et ecclésiales.
- des hommes et femmes victimes des cultures rétrogrades, des psychoses de la sorcellerie et des esprits des ancêtres ainsi que de la possession maléfique.
- des hommes et femmes victimes de l'ignorance, de l'illettrisme, de manipulation idéologique.

Pendant ces vingt ans de vie sacerdotale, le ministère qui semble continuel et qui n'a jamais subi de modification profonde ni d'interruption est celui d'exorcisme combiné à l'intercession publique pour les chrétiens opprimés par toutes sortes de maux spirituels et psychiques.
Notre souci majeur est d'interpeller la conscience des uns et des autres au vrai respect de la dignité humaine pour tout être humain créé à l'image et à la ressemblance de Dieu.

mais aussi par la prise en compte d'une éthique africaine de la responsabilité et du dialogue en corrélation avec l'éthique intersubjective de la pensée moderne et contemporaine.

Mots clés : Démocratie, Dictature, la Loi, la Liberté, la Responsabilité, le Dialogue, Jürgen HABERMAS, la Palabre, l'amnésie, la cécité.

Abstract : Since the advent of democracy in the Eastern countries and its penetration into black Africa, at the end of the last century, a new mentality and vision dominate the collective human psyche. It is the commitment to the democratic culture at every level through a sense of dialogue, dignity, responsibilisation, rationalities, sharing ....

However, the crises observed in many African countries demonstrate the reasons for a real knowledge of democracy and its issues for a better re-appropriation by the general population. The main challenge is that of teaching democracy in a foreign language and culture to a people victim of massive illiteracy and poverty. These situations foster a lack of collective conseiousness in a population mostly illiterate, indifferent and resigned, manipulated and exploited.

The solution to the crisis of democracy in Africa may be found, in our opinion, in the dissemination of information and further education of the underlying democratic culture principles at the grassroots level, but also the need to take into account the African ethics of responsibility and dialogue in correlation with the intersubjective ethics of the modern and contemporary thinking.

Keywords: Democracy, dictatorship, law, liberty, responsibility, dialogue, Jürgen HABERMAS, debate, palaver, amnesia, blindness.

Introduction

Le XXe siècle s'est clôturé avec la naissance d'une nouvelle ère en Afrique. C'est celle de la démocratie. Il s'agit du passage du monopartisme au multipartisme, du régime obtenu par un coup d'État militaire à celui issu des urnes, des élections ; du pouvoir autocratique, dictatorial au pouvoir démocratique où le peuple participe activement à la gestion de la « *res publica* ». Cette disposition était bien saluée par le peuple car il répond bien à ses attentes et à ses aspirations profondes de paix, de reconnaissance et de dignité.

Le début du XXIe siècle fut caractérisé par des germes d'espoir de changement par la tenue des élections dans plusieurs pays africains mettant ainsi un terme aux dictatures militaires imposées.

Cependant, au regard des réalités que nous commençons à vivre et à observer, l'inquiétude renaît. Les événements du Burundi, du Burkina-Faso et ceux de la République Démocratique du Congo prouvent à suffisance une crise manifeste de la démocratie. Nous venons de vivre le coup d'État militaire au Burkina-Faso, le débat sur le mandat constitutionnel au Burundi et le débat en RDC autour de la révision constitutionnelle et de la loi électorale.

De nos jours, dans les pays qui semblent manifester une certaine accalmie, l'analyse dévoile une résurgence des pratiques dictatoriales, tyranniques et totalitaires dans des sociétés africaines postcoloniales. Le régime démocratique tant salué comme une manne tombée du ciel ou une panacée est de nos jours remis en question à telle enseigne que certains préfèrent même un régime dictatorial qui permet au peuple de jouir de ses droits fondamentaux (la paix, la sécurité, le loisir, l'éducation, la santé, la vie, la restauration, l'eau, l'électricité...) qualifié ainsi de « bonne dictature ».

Ces phénomènes interpellent le penseur pour trouver des voies de sortie. Nous nous y penchons en nous inspirant de la démarche philosophique encouragée par certains auteurs. Nous examinons les possibilités philosophiques afin de tenter de trouver des solutions pour juguler cette crise qui ravage les sociétés africaines causées par ces deux fléaux qui sont : « le mensonge et la violence, deux gangrènes d'une virulence inédite de notre époque » comme le confirme HANNAH ARENDT[468].

Dans le premier point, nous parlerons de la notion de la Démocratie et dans le second point, nous examinerons la crise de la Démocratie observée en Afrique. Nous terminerons par des propositions de solution.

1. La notion de la démocratie

1.1. Définition

Le concept « démocratie » est formé à partir du grec : *Demos*= peuple et *Kratein*= gouverner qui produira *demokratia* : pouvoir du peuple. Au sens étymologique, la Démocratie désigne une organisation politique où le peuple est souverain. Elle désigne encore la forme d'organisation politique dans laquelle le peuple, c'est-à-dire, l'ensemble des citoyens sans distinction de naissance, de richesse ou de compétence, a, ou, contrôle, le pouvoir politique. De ce fait, on peut distinguer la démocratie directe (comme l'était la démocratie à Athènes au Vème siècle av. JC) et la démocratie représentative, où le peuple gouverne par ses représentants élus ou désignés[469].

Retenons que la Démocratie a été définie dans l'Antiquité à partir de l'expérience de la Démocratie grecque (Platon et Aristote) et de la République Romaine dans les assemblées populaires appelées comices. C'est à partir de 1250 que l'idée d'un gouvernement par le peuple se fit jour. La Démocratie a désigné alors « une conception de la souveraineté selon laquelle l'autorité politique a son fondement dans le peuple. »[470] C'est la conception actuelle de la

---

468 HANNAH, Arendt, cité par François Stéphane KASONGO YAMBO, *Initiation à la philosophie*, Kinshasa, Médiaspaul, 2009, P.135.

469 *Le Petit Larousse de la philosophie*, sous la direction de Hervé Barllot, Larousse, 2011, p. 675.

470 *Ibid.*

Démocratie qui est l'exercice de l'autorité par le peuple et pour le peuple. La souveraineté revient au peuple, c'est-à-dire faire participer les citoyens à la gestion de la cité, du devenir collectif et personnel de son propre destin.

1.2. Les principes

1.2.a. L'égalité

Les idéaux de la démocratie sont l'égalité, la justice, la fraternité, la solidarité, l'humanisme. Il s'agit ici de l'égalité de leurs droits et de leurs devoirs civiques. Tout pouvoir dans un régime démocratique vise la promotion intégrale de l'homme, le respect de tout homme. Tout en étant convaincu de l'égalité de leurs conditions sociales, la promotion intégrale de l'homme dans un régime démocratique a l'avantage d'éviter l'arbitraire, le triomphalisme et l'exclusion qui peuvent engendrer des frustrations et des conflits. L'égalité devant la loi ainsi que la réciprocité des droits valorisent la liberté.

1.2.b. La liberté

L'égalité et la liberté sont des préalables à toute démocratie. Elles favorisent la dignité des personnes humaines. La liberté dans l'antiquité signifiait une prérogative permettant à certains hommes de participer à l'élaboration de la loi. Au temps moderne la liberté correspondait à des droits (liberté de conscience, de mouvement, de l'usage de ses biens...). D'autres la considèrent comme libre arbitre ou le pouvoir imaginaire de la volonté. C'est la liberté conçue comme l'exercice d'une volonté que rien ne peut contraindre et qui serait chez chacun la cause fondamentale de son action.

De ce fait, la notion de contrat social permet de résoudre la crise qui peut surgir de l'état de nature ou du libre consentement de l'individu devenu un danger perpétuel dans l'agir des personnes.

Pour ce faire, la liberté dans la Démocratie réside dans la soumission de tous, gouvernants et gouvernés aux lois. Ceci rejoint Montesquieu qui définit pour sa part la liberté comme « le droit de faire tout ce que les lois permettent. »[471] La liberté dans la Démocratie suppose et exige donc le respect de lois. Nous retenons de la loi la définition donnée par saint Thomas d'Aquin, « ensemble de dispositions rationnelles impératives ou normes codifiées, collectionnées systématiquement et promulguées par l'autorité législative compétente de la communauté à partir desquelles s'organise juridiquement cette dernière pour le bien commun. »[472]

---

[471] MONTESQUIEU, cité par KUSUKYA MAYIKA Jean Marie, « La liberté spinoziste et la Démocratie aujourd'hui » dans *Logos* n° 21, Politique et Société CCM, SPL, Kinshasa, 2002, p. 17.

[472] « Ordinatio rationis imperativa promulgata ab eo qui habet curam communitatis ad bonum commune », *Summa theologicae*, p. 904.

En effet, la loi comme fruit ou résultat d'une certaine rationalité et d'une exigence éthique de la dignité humaine et du bien commun implique la contrainte morale et l'éducation croissante. Pour y parvenir, la Démocratie prône par conséquent quelques valeurs comme la participation consciente et permanente de la population aux processus et décisions politiques, le respect des valeurs éthiques de la responsabilité, de l'honnêteté, du patriotisme, de la dignité, de la sincérité, de la tolérance, du dialogue constructif, du débat productif,... bref le leadership responsable.

1.2.c. La loi de la Majorité dans le consensus rationnel

Dans la Démocratie, l'unanimité est parfois difficilement atteinte. Sur ce point, la loi de la majorité prime, mais elle présente de nombreux risques si elle ne se fonde et ne s'établit sur base d'une argumentation intersubjective légitimement rationnelle et éthique. C'est à juste titre que Habermas conçoit la démocratie comme « le résultat et l'effet d'une discussion générale, exempte de domination, assurant la médiation entre notre savoir et notre pouvoir technique d'une part, notre savoir et notre vouloir pratique d'autre part. »[473]

Dans sa vision politique, Habermas montre le lien étroit entre la visée éthique et la visée théorique rationnelle. Le problème éthique se déplace donc de savoir comment mener une bonne vie à celui des conditions dans lesquelles les normes peuvent être valides. C'est une éthique de la discussion basée sur le principe d'une discussion rationnelle ainsi que sur une argumentation publique.

En effet, le consensus rationnel conclu lors d'une discussion par les sujets concernés autour de la légitimité des questions politiques constituerait à notre avis la clé de voûte pour la loi de la majorité dans la Démocratie. Le consensus serait établi sur l'idée d'une reconnaissance de la validité des normes et sur l'expression de la formation de la volonté générale. C'est le souci ferme d'aboutir à vouloir les intérêts universels « la volonté formée de façon discursive peut être dite rationnelle parce que les propriétés formelles de la discussion et de la situation de délibération garantissent suffisamment qu'un consensus ne peut naître que des intérêts universalisables interprétés de façon appropriée. »[474] Cette perspective perçue par les partisans de l'École de Francfort peut répondre aux défis de la crise de la Démocratie en Afrique noire.

---

[473] J. HABERMAS, *La technique et la science comme idéologie*, Paris, Gallimard, 1973, p. 106.

[474] Idem, *Raison et légitimité, problème de légitimation dans le capitalisme avancé*, Paris, Payot, 1978, P. 150.

1.2.d. La connaissance de la Loi

Les protagonistes de la Démocratie sont tous les citoyens. Tous sont censés connaître la loi qui régit la nation pour pouvoir l'appliquer et la défendre. Ce qui n'est pas toujours le cas. « Nul n'est censé ignorer la loi » demeure une lettre morte.

À ce propos, la difficulté de l'inculture, de l'illettrisme et même de l'analphabétisme observée dans la majorité du peuple qui détient la souveraineté a d'énormes répercussions pendant le temps moderne. La Démocratie subit ainsi une crise ontologique de cohérence interne qui a pour corrélat « affadissement de son contenu spécifique » par cette interprétation fonctionnelle dans le réel qui tente d'en faire « une sélection des élites et une polyarchie élective avec une conscience collective parfois insensible et anesthésiée. La base de la population souvent manipulée et instrumentalisée est ainsi réduite à une fiction logique. »[475] Les conséquences perceptibles peuvent être multiples : soit le déficit de légitimité, soit la réduction du citoyen en un primitif.

2. La crise démocratique en Afrique noire

En Afrique noire la crise dont souffre la Démocratie est celle d'une amnésie et d'une cécité qui se manifestent ainsi dans l'individualisme ou l'égocentrisme avec pour corollaire l'indifférence de la masse populaire. La Démocratie demeure une propriété des élites de la minorité qui est au pouvoir.

2.1. L'Amnésie et la Cécité

En effet, venant des situations graves de crise de légitimité de pouvoir issu des coups d'état militaires et des dictatures matérialistes dans les régimes monopartisans, les clameurs publiques et les soulèvements populaires ont réclamé les changements de régimes dans plusieurs pays africains. Ces réclamations sorties de consultations populaires se sont cristallisées dans les débats, les conférences, les dialogues, et les concertations pour aboutir à des élections concrétisant ainsi l'instauration des régimes démocratiques ainsi qu'à des textes législatifs.

Un fait marquant ce processus est l'implication si minime soit-elle mais parfois significative, de la base, de la masse populaire. Cette dernière était sensibilisée par des leaders locaux politiciens, forces vives de la société civile, et les confessions religieuses par l'éducation à la citoyenneté. Cette formation a permis une certaine implication du peuple dans le processus électoral.

Cependant le grand défi pour la réappropriation des textes législatifs et les textes qui soulignent la culture démocratique est que ces textes sont présentés dans la langue généralement inconnue par la grande majorité de la population.

---

[475] Cf., *Dictionnaire de philosophie politique*, sous la direction de Philippe Raymond et Stéphane Rials, Paris, Presses Universitaires de France, 1996, pp. 154-155.

Bien plus, nombreuses sont des personnes victimes de la crise de la pauvreté et de la misère pour qui la politique et surtout la philosophie de la politique intéressent peu. Le principe « *primum manducare deinde philosophare* » s'apprête mieux pour eux. La conséquence majeure d'un tel état des choses est la crise de la capacité critique du discernement, de jugement et parfois l'abrutissement du peuple par des élites cyniques et obscurantistes. C'est le règne de l'amnésie et de l'hébétude.

« Celle-ci se comprend comme une perte ou un affaiblissement de la mémoire coexistant avec un état normal des autres fonctions intellectuelles qui porte sur une catégorie particulière de souvenirs. »[476]

L'amnésie revêt ici un caractère pathologique de dimension morale. EBOUSSI BOULAGA la conçoit ainsi comme « une maladie qui enferme dans une incohérence répétitive et prive des bienfaits de l'expérience cumulative »[477].

Cette situation amnésique dans le contexte africain est doublée d'une cécité conçue au niveau intellectuel par cette non mise en application des textes ou des rationalités politiques qui régissent le peuple. Au niveau moral, la cécité selon RIBOT est « l'absence du sentiment moral, l'indistinction du bien et du mal »[478]

Nous vivons ainsi la contradiction entre le dire et le faire, le conçu et le vécu, l'institué – le conçu et l'éprouvé. Comme le souligne KÄ MANA : « Les Africains sont enclins au paradoxe central concernant le fossé qui sépare la profusion de nos discours en tant qu'Africains et la stérilité de notre pratique de transformation sociale, c'est la disproportion entre la théorie et la pratique, l'institué et le vécu. »[479] Les textes législatifs subissent ainsi la menace d'être révisés, retravaillés. Ceci suscite des incompréhensions, des conflits, à cause des intérêts égoïstes. L'indifférence de la masse favorise aussi parfois un tel comportement.

2.2. L'individualisme et l'égoïsme

Cette crise de l'amnésie et de la cécité au niveau de la citoyenneté accentue le désarroi de la culture démocratique. L'instrumentalisation de la population sur base d'appartenance ethnique, religieuse, politique est observable. Les citoyens ne participent pas réellement à la gestion de la cité. Les instincts autoritaires et autocrates des dirigeants prennent le dessus et de l'ampleur avec des simulacres de la Démocratie limitée au slogan, et au texte. Les pouvoirs et les richesses sont concentrés et confisqués entre les mains d'une famille politique,

---

[476] P. Janet, cité dans André Lalande, *Vocabulaire technique et critique de la philosophie*, Paris, Presses Universitaires de France.

[477] EBOUSSI BOULAGA, *La démocratie de transit au Cameroun*, Paris, L'Harmattan, 1997, p. 7.

[478] Ribot, cité par André Lalande, Cf. *Op. cit.* p. 132.

[479] KÄ MANA, *L'Afrique va-t-elle mourir*, Paris, Cerf, 1991, p. 32.

ou d'une catégorie des personnes dans des inégalités sociales profondes. Des conséquences de ces régimes sont multiples :

- La privation de la population de ses droits et devoirs civiques, la marginalisation de la personne, par la privation de la dignité ;

- Des individualismes odieux entretenus par l'injustice sociale passant par la corruption, les détournements des fonds publics, les clientélismes, l'impunité des fauteurs de troubles acquis au régime, le rançonnement de certains agents pour survivre, le népotisme, l'arbitraire et une certaine privation de liberté et des formes d'intimidations ;

- La banalisation des valeurs, l'aplatissement culturel et la standardisation de la pensée ainsi que l'abrutissement du peuple par les danses, la boisson...

- Les populations subissant la violence vivent dans la résignation en se réfugiant dans les religiosités abrutissantes et enivrantes. Parfois cet accroissement de violences engendre la révolution sociale : violence entre les membres insatisfaits et les dirigeants qui aboutissent parfois aux menaces de renversement du régime. Cette situation de crise sociale est observée à plusieurs niveaux par l'absence de la culture démocratique, de la culture du dialogue. Les donneurs de leçons sur la démocratie sont plus nombreux que ceux qui reflètent des modèles de référence.

Benoît AWAZI MBAMBI KUNGUA déplore ce comportement en ces termes : « (...) aussi bien dans les Églises que dans les États de l'Afrique post-coloniale, l'absence totale d'une culture démocratique et politique par les hommes politiques et les prélats africains, constitue le principal obstacle au développement harmonieux des sociétés négro-africaines post-coloniales. »[480]

Le danger qui guette la majorité est de voir la crise chez les autres pendant qu'une certaine manière de travailler dans nos propres structures internes reflète l'absence de mécanismes de dialogue et de responsabilisation.

La plupart des Africains attachés à leur génie culturel de politesse, d'obéissance à l'aîné, à un chef politique ou spirituel, ne s'engagent pas dans la dynamique du dialogue démocratique ou d'analyse du pouvoir oppresseur par respect pour l'autorité. Certains responsables politiques, culturels, sociaux et religieux exploitent même à dessein ce phénomène d'obséquiosité pour étouffer, écraser, manipuler la base majoritaire. C'est une autre forme de dictature. « Cette dictature favorisée et renforcée par un respect exagéré du vieux et du vieillard dans les sociétés négro-africaines contemporaines constitue à notre avis la principale cause du marasme politique et intellectuel du continent africain. »[481] La crise de la notion du pouvoir en Afrique vise moins l'intérêt commun que le culte des honneurs et des avantages égoïstes. Le grand écrivain africain HAMPATE BA s'exclame : « Si l'homme que l'on appelle au pouvoir, une fois au pouvoir ne voit plus que l'idée même de rester au pouvoir,

---

[480] Benoît AWAZI MBAMBI KUNGUA, *De la post-colonie à la mondialisation néo-libérale, Radioscopie éthique de la crise négro-africaine*, Paris, L'Harmattan, 2011, p. 116.

[481] *Idem*, p. 166.

alors il fera tout pour s'y maintenir car une fois que l'on est monté très haut et qu'on regarde en bas, surtout si on est vraiment monté très haut on a le vertige, alors on s'accroche là-haut et on perd sa nature. »[482]

HANNAH ARENDT aboutit au même constat en disant que la crise des démocraties est causée souvent par le régime totalitaire où « le gouvernement rationnel de la société par des experts déresponsabilise les hommes. »[483] De ce fait, poursuit-elle, « le pouvoir appartient à des élites qui gouvernent le peuple, lequel devient une masse indifférenciée »[484]

3. Notre apport pour une promotion de la culture démocratique en Afrique

3.1. Devoir éthique de rationalité et responsabilité

Qu'elle soit politique, économique, religieuse, socio-culturelle, la crise des démocraties en Afrique noire est avant tout une crise de rationalité, une crise éthique de sens de responsabilité communautaire. Il est plus question de surmonter le fossé existant entre la fondation rationnelle de la Démocratie et l'application pratique. Il s'agit d'attaquer l'ignorance de la loi qui caractérise le peuple, de rompre avec la résignation du peuple dans la fatalité et les conceptions aliénantes, malfaisantes de religiosité, de sortir le peuple de distractions, de manipulations idéologiques, le libérer de l'emprisonnement des interdits et coutumes rétrogrades ainsi que des préjugés et stéréotypes capables de l'enfermer dans une paresse conduisant à l'atrophie intellectuelle. La Démocratie doit devenir une réalité communautaire.

Tout ceci exige et suppose une réforme de la pensée et de la conviction, bref une transgression critique et réflexive. Toute pensée qui vise un changement dans un contexte comme le nôtre en Afrique exige une transgression purement positive. L'accroissement de la misère engendre souvent la révolution sociale. Le rôle du philosophe, conçoit Karl Marx, doit être dépassé de celui d'interpréter du monde à celui de le transformer.

L'attitude du philosophe poursuit Hannah Arendt devra consister à l'instar de Platon à s'occuper de « tout ce qui apparaît au vivre ensemble des hommes en termes d'obscurité, de confusion et de déception dont ceux qui aspirent à l'être vrai doivent se détourner et qu'ils doivent abandonner s'ils veulent découvrir le ciel clair des idées éternelles. »[485] Il ne doit pour se faire « se perdre

[482] 15 HAMPATE BÂ, *Traduction et modernisme en Afrique noire, Rencontre internationale de Bouala*, Paris, 1965, p. 247.
[483] HANNAH ARENDT cité par Hervé BOILLAT, *Le petit Larousse de la philosophie*, 2001, p. 619.
[484] *Ibidem.*
[485] Hannah Arendt, *La crise de la culture*, Paris, Gallimard, 1972, p. 28.

dans le champ politique mais produire des normes aux affaires humaines. »[486], poursuit-elle.

Nous pensons qu'il faudra envisager ce changement par notre investissement à former et éduquer le peuple dans la remise en question et la promotion d'une éthique africaine de la rationalité, du dialogue et de la responsabilité.

3.2. La remise en question

Toute réforme de la pensée, de la société nécessite une remise en question de tous les principes et préjugés bref, les mentalités qui nous régissent. Les mentalités sont comprises ici comme « état d'esprit, complexes d'opinions ou de préjugés qui informent et commandent la pensée d'un individu ou d'un groupe, ce sont l'ensemble des dispositions intellectuelles, des habitudes d'esprit et des croyances fondamentales d'un individu. »[487] Cette démarche de remise en question des mentalités pour être complète devrait aller jusqu'au processus même de mentalisation qui selon Lalande consiste à « examiner rationnellement le processus par lequel un phénomène d'abord spontané et automatique, pénètre dans la vie mentale, de telle manière qu'on en prend conscience, ou encore l'état du phénomène ainsi intégré à la vie consciente. »[488] Nous devons continuellement étudier profondément, philosophiquement les causes de notre crise africaine.

Dans cette poursuite de la remise en question, l'élément fondateur fondamental et élucidateur est la conscience comprise ainsi par André Lalande, comme « propriété qu'a l'esprit humain de porter des jugements normatifs, spontanés et immédiats sur la valeur morale de certains actes individuels déterminés »[489]

Le propre de la philosophie est cette obligation morale consistant à voir les choses de haut, à s'élever au-dessus des intérêts individuels grâce à la logologie par le jogging de l'esprit. Ainsi disait Bachelard il n'y a de science que du caché. Il s'agit ici de se comprendre et/ou de comprendre la vie de l'autre moi-même en situation africaine comme question ou questionnement dans la mesure où la dignité humaine ne s'observe pas et oser décrier cette négation criante de la dignité humaine.

Ce sens de responsabilité se conçoit de manière éthique à cause de défis nombreux qui ravagent nos sociétés contemporaines dans la crise démocratique. Ce sont des effets de la mondialisation, de la technoscience, des idéologies de la post-modernité qui influencent les mentalités des Africains et qui déconstruisent même l'identité culturelle africaine ainsi que la civilisation judéo-chrétienne prédominante en terre africaine. La solution envisageable pour

---

[486] *Ibidem*, p. 28.
[487] André Lalande, *Op. Cit*, p. 609.
[488] *Idem,* p. 609.
[489] *Ibidem*, pp. 75-76.

nous est dans la perspective d'une éthique africaine à réviser, à revisiter, à conceptualiser et à rationaliser.

Paul Ricœur conscient de cette crise contemporaine a aussi conçu pour sa part le recours à l'héritage aristotélicien et kantien pour construire une éthique du vivre ensemble harmonieux pour l'atteinte du bonheur. Il a souligné que : « la légitimité d'un recours de la norme à la visée, lorsque la norme conduit à des impasses, à des conflits pour lesquels il n'y a pas d'autres issues qu'une sagesse pratique qui renvoie à ce qui dans la visée éthique est le plus attentif à la singularité des situations. »[490]

3.3. Promotion d'une éthique africaine de responsabilité

L'éthique africaine est une éthique de l'être avec, de la solidarité, de la fraternité et du dialogue. Les actions doivent être orientées vers les exigences morales, soumises à la censure éthique par une démarche purement rationnelle en vue d'atteindre une visée éthique.

C'est l'atteinte d'une « vie bonne accomplie avec ou pour les autres dans des institutions justes »[491]. De ce fait, le travail du penseur soucieux de redresser la société africaine en crise de culture démocratique devra consister en une analyse critique de la société. Une réflexion critique doit être menée dans la société pour découvrir l'opacité de l'existence humaine ou le monde cassé selon Gabriel Marcel dans les antivaleurs ainsi que les diverses contradictions entre le conçu ou institué et le vécu réel observable. Il s'agit ici à l'instar des penseurs de l'École de Francfort dont Habermas est plus révélateur « d'émanciper la raison critique de la tradition, de l'autorité et des préjugés dont la finalité est la libération de l'homme des multiples formes de dominations. »[492] Nous rejoignons la nature de la philosophie selon Gabriel Marcel, « restituer à l'expérience humaine son poids ontologique. »[493]

En effet, le philosophe comme analyste et visionnaire, est appelé ici à jouer le rôle du prophète, d'éveilleur des consciences, d'éclaireur pour la base qu'est la population, pour que cette dernière sorte de l'ignorance, du mimétisme, du fanatisme, de l'apathie et de toute forme de manipulations et d'annihilation anthropologique dont elle est victime. C'est ici que se dessine le sens de la responsabilité sociale et politique du philosophe en Afrique comme devoir éthique et devoir de rationalité, c'est-à-dire faire prendre conscience à tout le monde des enjeux de la Démocratie, éclairer, expliquer à tous pour atteindre

---

[490] Paul Ricœur, *Lectures-autour du politique*, Paris, 1991, p. 296.

[491] *Idem.*

[492] J. HABERMAS, cité par Jean ONAOTSHO dans entretien avec le professeur Jean ONAOTSHO sur Jürgen Habermas dans *Raison ardente*, n° décembre 2004, Saint Pierre Canisius, p. 112.

[493] Gabriel Marcel, « Être et Avoir », *Le Journal métaphysique*, Aubier Montaigne, 1968, p. 128.

l'éthique que nous préconisons à travers l'enracinement des vertus démocratiques et du dialogue dans la conscience des Africains. L'Africain vise à rendre chacun responsable de soi-même, de la vie de l'autre et de la société en général. Le peuple tout entier doit se réapproprier les textes de lois. Hans Jonas exprime cette éthique de la responsabilité politique par son impératif catégorique : « Agis de façon que les effets de ton action soient compatibles avec la permanence d'une vie authentiquement humaine sur terre. »[494]

Tout ce qui instrumentalise l'homme, tout ce qui le déshumanise appelle la responsabilité, interpelle la responsabilité de tout un chacun. Emmanuel Levinas de renchérir « le visage de l'autre m'interpelle et m'appelle à la responsabilité »[495]. Ce sens de responsabilité repose sur la maîtrise des textes démocratiques en langues vernaculaires et sur la pratique du dialogue.

Le peuple doit être formé suffisamment sur la connaissance des textes de lois. Tel est le travail qui incombe aux leaders locaux et aux confessions religieuses.

3.4. Culture du dialogue rationnel

Innocent NZEMBA se situant dans la perspective de la philosophie de la *bisoité*[496] défendue par TSHIAMALENGA définit ainsi l'éthique africaine du dialogue « une éthique tournée vers l'homme et qu'on apprend le soir autour du feu sous l'arbre de l'initiation par l'enseignement des anciens »[497] Le dialogue est fondamentalement interpersonnel, car il suppose un contact, une écoute, une rencontre, un échange fraternel, une ouverture à l'autre dans l'échange intersubjectif.

Socrate avait conçu le dialogue comme « une coopération en vue de découvrir la vérité dans la contradiction et dans un va-et-vient entre le particulier et le général, le concret et l'abstrait »[498]. Dans la culture africaine, le dialogue a toujours été privilégié dans la palabre comme institution ou mode de gestion ou de règlement pacifique de conflit. La palabre est généralement perçue comme « un rassemblement des personnes, une occasion de rencontre au cours de laquelle les individualités devenues antagonistes à la suite d'une atteinte portée à la morale de la communauté, s'efforcent de rétablir la concorde, la paix brisée au sein de cette même communauté »[499]

---

494 Hans Jonas, *Le principe responsabilité*, Paris, Cerf, 1991, p. 40.

495 E. LEVINAS, *Humanisme de l'autre homme*, Montpelier, Fata-Margana, 1978, p. 49.

496 Du pronom personnel lingala « Biso », première personne du pluriel. Il se traduit « Nous ».

497 I. NZEMBA, *Une éthique africaine de la réconciliation pour l'Afrique de Grands Lacs*, Kinshasa, Cerdaf, 2001, p. 78.

498 Socrate cité par F. PERROUX, *Industrie et création collective*, Tome, 1, Paris, 1964, p. 91.

499 K.B. BAKOMBA, « La palabre et ses aspects théâtraux » dans *Cahiers de Théâtre*, n° 21, 1974, p. 11.

Nzuzi Bibaki renchérit en disant « la palabre africaine est prise comme moyen de réglementation des conflits, de résorption des crises, de rétablissement et de régénération du tissu social et de la thérapie sociale »[500].

En effet, les situations de crise de démocratie et des relations interpersonnelles observées en Afrique suscitent le besoin de la culture du dialogue à la manière de la palabre, où la finalité doit consister à en croire OKOLO, en un « échange verbal entre interlocuteurs sur quelque chose ou sur un problème en vue d'un consensus. »[501]

Des conflits surgissent et dégénèrent dans les États, les Églises et les communautés en Afrique à cause parfois aussi de l'absence d'un dialogue franc et sincère. La vérité peut s'obtenir à partir des débats, des discussions, de l'interaction ou de la confrontation des idées, des convictions émanant d'une parole argumentée. Ceci suppose et exige de faire des concessions. C'est-à-dire concéder à son point de vue pour réaliser un véritable consensus politique. L'expérience récente dans les États africains nous montre l'apport du dialogue et de la palabre en Afrique dans les conférences nationales souveraines, les dialogues et les activités des commissions « vérité et réconciliation » ainsi que les *barzas* communautaires dans les pays où ces structures étaient opérationnelles. C'est à travers l'argumentation valide que l'entente est possible et le consensus peut se réaliser. Car, poursuit Habermas, « c'est dans le discours argumentatif que des participants différents surmontent la subjectivité initiale de leur conception et s'assurent à la fois à l'unité du monde objectif et de l'intersubjectivité de leur contexte grâce à la communauté des convictions rationnellement motivées. »[502]

Tout ceci exige que le dialogue se réalise en bonne et due forme loin de toute violence et de toute contrainte. La Démocratie ou toute culture démocratique devra, selon Habermas, être construite sur base d'une éthique de la discussion.

Aucune contrainte ne peut donc s'exercer en dehors de celle du meilleur argument dans le respect de la loi. Tous les motifs autres que celui de la recherche en commun de la vérité sont exclus.

Une bonne harmonisation du vivre ensemble passe généralement par le Dialogue. Ce dernier est un lieu de reconnaissance tacite de l'autre et de la nécessité de la coexistence pacifique. Tout ceci exige que les dirigeants, les responsables étatiques et paraétatiques, religieux et sociaux soumettent les orientations des sociétés et institutions à une discussion publique et rationnelle dans différents organes.

---

[500] B. NZUZI, *Culture africaine et réflexions*, Kinshasa, Baobab, 1999, p.17.
[501] OKOLO OKONDA, « Dialogue et interaction, recherche de conditions pour un nouvel ordre social » dans *Philosophie africaine et ordre social*, Kinshasa, F.C.K, 1983, p .83.
[502] J. HABERMAS, *Théorie de l'agir communicationnel*, Paris, Fayard, 1987, pp. 31-32.
35 HAMBATE BÂ, *Op. cit.* p. 247.

De même, il faudrait qu'ils sachent mettre à profit les compétences locales pour le bien commun. « Que celui qui a le pouvoir qui soit président ou roi, ait surtout à cœur, l'exploitation rationnelle des compétences dans l'intérêt de son pays »[503] dit le sage HAMPATE BÂ.

La Démocratie et la culture démocratique se construisent sur base du respect strict de la loi, l'éthique de la communication et par un échange discursif réglé aussi par la loi. Cette éthique de la discussion dans l'application de la loi devra s'appuyer selon Habermas sur les exigences suivantes : l'intelligibilité ou la compréhension du texte, la vérité et la clarté dans tout énoncé, la justesse dans la conformité de l'énoncé aux normes et valeurs en vigueur, et enfin, celle de la sincérité ou de la véridicité par le respect des promesses et des paroles données[504]

Conclusion

De nos jours, la mondialisation en Afrique est vécue dans les diverses idéologies techno-scientistes, la postmodernité, la nouvelle éthique mondiale et le vent des démocraties.

Les mêmes causes produisent les mêmes effets dans des situations similaires... Ces idéologies dénoncées en Occident par différents philosophes, continuent leurs ravages en Afrique subsaharienne par ses dirigeants.

Nous trouvons important le besoin d'appliquer la théorie critique de la rationalité selon Habermas aux sociétés africaines qui traversent une crise des pratiques de la démocratie dans les dictatures postcoloniales. Le principe autoritaire, autocratique à l'intérieur des organisations religieuses, sociales et politiques des Africains en est une cause majeure.

Partant de la responsabilité qui lui incombe, le philosophe s'efforcera d'élucider la crise, d'interpeller, de conscientiser, de sensibiliser les auteurs comme les victimes, pour favoriser la culture du dialogue à la manière de la palabre africaine comme un moyen pratique d'asseoir la démocratie en Afrique. Les philosophes qui travaillent dans les entreprises, les institutions sociales, politiques et ecclésiastiques comme tout penseur ou scientifique devrait mettre à profit ces interpellations. L'étonnement est selon Platon le commencement de la philosophie.

Nous devons opérer un passage de la caricature des démocraties africaines « copiées de l'Occident » de la minorité opulente au pouvoir exprimée en langue étrangère et inconnue des populations en une démocratie connue et réappropriée par la majorité de la population qui est le souverain primaire. Il sera question de mettre à profit et d'approfondir ces quelques orientations qui interpellent les philosophes eux-mêmes. Car les institutions dirigées par des

---

[503] HAMPATE BÂ, *Op. cit.*, p. 247.

[504] J. HABERMAS, *Vérité et justification*, Paris, Gallimard, 2000, p. 1937 ; Idem, *Le discours philosophique de la modernité, Douze conférences*, Paris Gallimard, 1989, pp. 285-286.

philosophes et autres penseurs ne sont pas aussi parfois les plus démocratiques.

Bibliographie ssommaire

1. JURGEN HABERMAS :

- *Théorie de l'agir communicationnel* ; T.1, Paris, Fayard, 1987.
- *Vérité et justification*, Paris, Gallimard, 2001.
- *La technique et la science comme idéologie*, Paris, Gallimard, 1973.
- *Raison et légitimité. Problème de légitimation dans le capitalisme avancé*, Paris, Payot, 1978.

2. EBOUSSI BOULAGA, *La démocratie de transit au Cameroun*, Paris, L'Harmattan, 1997.

3. Benoit AWAZI MBAMBI KUNGUA : *De la post-colonie à la Mondialisation néo-libérale. Radioscopie éthique de la crise négro-africaine*, Paris, L'Harmattan, 2011.

- Idem, *Le Dieu Crucifié en Afrique, esquisse d'une christologie négro-africaine de la libération holistique*, Paris, L'Harmattan, 2008.
- Idem, *Déconstruction phénoménologique et théologique de la modernité occidentale : Michel Henry, Jean-Luc Marion et Hans Urs von Balthasar*, L'Harmattan, Paris, 2015.

4. François Stéphane KASONGO YAMBO, *Initiation à la philosophie*, Kinshasa, Médiaspaul, 2009.

5. H. JONAS, *Le principe responsabilité,* Paris, Cerf, 1991.

6. E. LEVINAS, *Humanisme de l'autre homme*, Montpellier, Fata Morgana, 1972.

7. Idem, Entre nous, *Essai sur le penser à l'autre*, Paris Grasse, 1991.

8. F. PERROUX, *Industrie et création collective*, Tr, Paris, 1964.

9. B. NZUZI, *Culture africaine et réflexes inculturateurs*, Kinshasa, Baobab, 1999.

10. I. NZEMBA, *Une éthique africaine de la réconciliation pour l'Afrique des grands Lacs*, Kinshasa, Cerdot, 2001.

11. OKOLO OKONDA, *Dialogue et Interaction. Recherche de conditions pour un nouvel ordre social*, 1983, dans philosophie africaine et ordre social, Kinshasa FCC, 1983.

12. K. B. BAKOMBA, « La palabre et ses aspects théâtraux » dans *Cahiers des théâtres*, N°21, 1977.

13. A. LALANDE, *Vocabulaire technique et critique de la philosophie*, Paris, PUF, 1991.

14. *Le petit Larousse de la philosophie*, sous la direction de Hervé Baillot, Olivier, le Moal, Focolai.com, 2011.

15. KÄ MANA, *L'Afrique va-t-elle mourir*, Paris, Cerf, 1991.

16. HANNAH ARENDT, *La crise de la culture*, Paris, Gallimard, 1972.

17. Paul Ricœur, *Soi-même comme un autre*, Paris, Seuil, 1990.

- Idem, *Lectures-autour du politique*, Paris, 1991, p. 296.

18. « Entretien avec le professeur Jean ONAOTSHO sur Jürgen Habermas » dans *Raison ardente* n° décembre 2004, Saint Pierre Canisius, p. 112.

19. Gabriel Marcel, *Être et Avoir*, *Le Journal Métaphysique,* Paris, Aubier-Montaigne, 1968.

20. HAMPATE BÂ, *Traduction et modernisme en Afrique noire, Rencontre internationale de Bouala*, Paris, 1965, p. 247.

Recensions d'ouvrages et des revues

Dieu et l'Afrique, Une approche prophétique, émancipatrice et pluridisciplinaire, Afroscopie 2016/VI
Un ouvrage de référence publié par le Cercle des forces intellectuelles d'Afrique et des diasporas (Cerclecad, Ottawa, Canada)

C'est un ouvrage monumental sur *Dieu et l'Afrique* que le Cerclecad, une société savante des forces intellectuelles d'Afrique et des diasporas africaines, vient de publier sous la direction du sociologue, théologien et philosophe congolais (RDC) Nabî Benoît Awazi Mbambi Kungua, enseignant à l'université Saint Paul d'Ottawa au Canada. Dans cet énorme volume de plus de huit cents pages qui rassemblent les contributions d'une impressionnante panoplie de penseurs, l'ambition est de livrer un panorama riche et fertile de la manière dont Dieu est pensé, imaginé, vécu et annoncé dans les sociétés africaines contemporaines. Issus de plusieurs pays et de plusieurs horizons idéologiques, des philosophes, des théologiens, des économistes, des pédagogues et des spécialistes des sciences sociales se penchent avec acuité sur la foi africaine. Ils ont choisi pour angle d'attaque le cœur même de cette foi qui mobilise les populations d'Afrique dans un extraordinaire enchantement d'émotions, de passions, de quêtes et de rêves : Dieu, sa vie et son destin dans le cœur des Africains.

Au cœur de la foi africaine : les manières de lire les Écritures saintes

Ce qui frappe d'emblée dans ce livre, c'est l'accent qui y est mis sur les manières dont les chrétiens d'Afrique lisent et interprètent les Saintes Écritures, plus précisément les préoccupations de fond qui apparaissent dans le recours à Dieu tel qu'il se révèle dans les grandes figures bibliques qui sont proposées comme modèles et protocoles de sens aux lecteurs des textes sacrés en régime chrétien et même au-delà de la foi chrétienne comme sphère de compréhension de la destinée spirituelle du continent.

La question de fond qui constitue la grande trame du livre est tissée de préoccupations qui concernent la libération de l'Afrique du joug d'une modernité dont la mondialisation néolibérale actuelle est le goulot d'étranglement pour les peuples et les pays africains. Sous les angles politique, économique, social, culturel et géopolitique, le continent lit les textes bibliques comme des récits de libération. Ce sont ces récits qui fondent l'exigence de construction d'un ordre et d'une société de liberté que doit être l'Afrique actuelle. Sans l'urgence de faire émerger une Afrique libre qui pense et organise sa destinée en fonction de ses aspirations, de sa vision du monde et de ses intérêts propres, il n'est pas possible de vivre Dieu avec profondeur et fécondité. Il appartient à l'Église d'Afrique de saisir son message et sa mission dans cette perspective de la libération comme exigence et de la liberté comme souffle de vie. Le livre *Dieu et l'Afrique* met en lumière la force de tous les grands penseurs du continent dont la recherche s'est inscrite dans ce sens, particulièrement les Camerounais Jean-Marc Ela et Engelbert Mveng. Ces théologiens ont fait de la libération et de la liberté des peuples d'Afrique leur cheval de bataille. On doit à l'un l'insistance sur l'ordre mondial actuel comme prison et système de chaînes à casser par les Africains et à l'autre l'idée lumineuse de l'appauvrissement anthropologique du continent comme problème capital pour penser l'avenir d'une Afrique libre.

À cette préoccupation s'ajoute une autre, tout aussi radicale et fondamentale pour nos pays : l'urgence d'une guérison holistique de l'être africain. Benoît Awazi Mbambi Kungua considère cette urgence comme la seule issue pour notre continent comme terre d'une interprétation exigeante de la parole de Dieu. Face aux quatre derniers siècles de l'histoire africaine et à leurs effets destructeurs sur les sociétés africaines, face aux violences subies, aux meurtrissures endurées et aux pathologies accumulées dans tous les domaines de la vie africaine, Dieu se révèle à l'Afrique comme le souffle d'une guérison globale dont l'Eglise a le devoir d'annoncer la présence salutaire et fertile, pour l'émergence d'une société qui se prenne en charge et brise les ressorts de l'extraversion, de la dépendance et de la violence symbolique, dans une force de résilience que les figures comme celles de Moïse, du Christ et de Saint Paul incarnent dans l'imaginaire chrétien.

Guérir l'Afrique de manière holistique, ce n'est pas seulement repenser la mémoire douloureuse du continent dans ses relations avec les anciens pays colonisateurs et leur sphère de pratiques sociales aujourd'hui. C'est aussi, et surtout, regarder l'Afrique à l'intérieur d'elle-même, dans les problèmes qui l'étranglent le plus aujourd'hui. Notamment : les fragmentations des sociétés africaines par les guerres, les conflits tribaux, les exploitations économiques, les violences politiques, les inégalités sociales et les gouvernances débiles. Il faut une pensée de la réconciliation de l'Afrique avec elle-même dans les valeurs d'humanité où respirent le respect de soi, la foi en son destin, la volonté de construire un être-ensemble paisible et l'ordre de droits humains respecté par tous. Dieu et l'Afrique ne peuvent se rencontrer que dans une société de paix, où le divin rend l'homme africain responsable de la construction de son présent et de son avenir. En même temps, c'est dans la splendeur de son sens de responsabilité que l'Africain pourra glorifier Dieu, à travers une logique spirituelle où la gloire de Dieu, c'est l'homme vivant, selon la formule de Saint Irénée, tout comme la gloire de l'homme, c'est Dieu vivant, ainsi que le proclame la théologie africaine de la reconstruction.

Au cœur d'une société de la guérison holistique et de la paix dans un vivre-ensemble où Dieu et l'Afrique s'inter-fécondent, l'homme africain peut construire un agir-ensemble pour ce qui est aujourd'hui le défi public le plus fort pour notre continent : construire des sociétés d'émergence pour le développement durable. Dans la logique d'un tel agir, Dieu, c'est pour l'émergence de l'Afrique et le développement plénier de nos peuples et de nos populations. L'Église d'Afrique ne peut s'accomplir comme communauté de foi que si elle est en même temps une Église de l'action pour changer l'Afrique dans la perspective d'une nouvelle vie. Elle sera une force pour l'émergence et le développement où elle ne sera rien. D'où l'exigence pour elle de faire des Chrétiens des sujets éthiques pour une autre Afrique et des acteurs de grandes espérances pour l'ensemble du continent.

C'est dans cette dynamique que le livre *Dieu et l'Afrique* s'inscrit pour penser la nouvelle société africaine comme invention de l'Afrique par les Africains eux-mêmes, dans une posture critique par rapport à eux-mêmes et à leur culture ainsi que dans une énergétique de réappropriation de l'ensemble de l'histoire africaine comme lieu de révélation de Dieu. Cette manière de s'inscrire dans la trajectoire vitale du continent permet de rencontrer Dieu non seulement dans les Écritures, mais dans le destin africain lui-même comme trame spirituelle. Dans cette trame, l'Afrique est une parole et un destin où Dieu se dit à la fois dans les expériences propres de vie des Africains et dans l'ouverture à une transcendance qui se dévoile au cœur des pratiques religieuses traditionnelles et comme dans de multiples lieux du rayonnement de la sphère spirituelle à travers les activités de tous les jours. Depuis la nuit des temps, de forces d'articulation de la vie sur l'invisible et le transcendant ont permis à l'Afrique d'être un continent de fortes expériences de Dieu que la foi chrétienne a le devoir de réinterroger pour couper avec l'aliénation par rapport à la scolastique occidentale et aux prétentions de l'Occident d'être le seul canal par lequel peuvent s'interpréter les textes des Écritures. Même la vie africaine d'aujourd'hui est un lieu de révélation de Dieu : on ne subit pas plus de quatre siècles dominés par les expériences de l'esclavage, du colonialisme, du néocolonialisme et de la mondialisation néolibérale sans que jaillisse de cette trame existentielle une mission spirituelle pour toute l'humanité. Après ce vécu traumatique, l'Afrique s'éveille et se réveille comme un continent pour changer le monde.

Ce projet africain du monde nouveau est dans les fibres des textes du livre *Dieu et l'Afrique*. Il en fait un livre tourné vers le futur, qui rompt avec les jérémiades habituelles des Africains sur leur funeste sort et reprend toutes les grandes théologies du continent comme des stations sur un chemin de croix qui conduit à une grande théologie de la résurrection hors de tous les tombeaux où fut enfermé le continent et qui doivent maintenant être des tombeaux vides, purement et simplement.

On trouve dans ce livre les thèmes forts de la réflexion africaine sur Dieu depuis la nuit des temps et ils sont merveilleusement intégrés dans le projet d'invention de l'Afrique capable d'indiquer le chemin d'humanité au monde, à partir d'une interprétation africaine de la Bible contre les dérives d'une modernité dévoyée qui ne veut pas reconnaître qu'elle a fait spirituellement fausse route et qu'elle doit entendre Dieu dans les matrices d'autres interprétations culturelles des Saintes Écritures.

Une référence positive à l'Egypte pharaonique contre les élucubrations irrationnelles de certains idéologues africains perdus dans leurs rêves d'un âge d'or africain dans l'antiquité égyptienne indique la voie d'un ressourcement de l'Afrique actuelle vers le monothéisme africain du pharaon Akhenaton comme fondement d'une unicité de Dieu qui puisse unir tous les peuples autrement que par le prosélytisme conversionniste ou par la violence de l'épée au nom de la foi vraie. En redécouvrant cette matrice, on se garantit contre les violences qu'on attribue à Dieu dans la Bible ou le Coran et on s'immunise contre les expériences destructrices comme les croisades, les guerres de religion, les massacres à grande échelle au profit de la foi et les terrorismes actuels sous l'étendard d'Allah. De même, l'écoute de grandes voix du monachisme africain permet de vivre Dieu dans une intériorité mystique qui peut éclairer l'humanité dans la quête d'une *altermondialisation heureuse*. Il y a aussi lieu de se tourner vers le *prophétisme* et le *messianisme* africains comme message de paix planétaire tout comme les théologies africaines de l'inculturation (Oscar Bimwenyi-Kweshi), de la libération (Jean-Marc Ela), de la reconstruction (Conférence des Eglises de toute l'Afrique) et de l'invention (Léonard Santedi Kinkupu) sont des sources de nouvelles richesses d'une vision planétaire de Dieu aujourd'hui.

Afrique, route de Dieu pour le monde

Dans *Dieu et l'Afrique*, il me semble que l'important n'est pas dans tel ou tel texte particulier qui analyse telle ou telle dimension particulière de la vie africaine éclairée par une certaine lumière divine. L'important est dans le souffle d'ensemble qui place la foi africaine en Dieu au cœur de la construction du monde nouveau. De nouvelles voix théologiques s'y font entendre : celles d'une nouvelle génération dont les textes de **Nestor Salumu** (RDC) ou **Henri Touaboy** (Centrafrique) rendent compte, montrant ainsi que la théologie africaine et la pensée religieuse de l'Afrique sont en pleine maturation et en pleine effervescence. Même des économistes comme Tshiunza Mbiye s'invitent au débat et donnent au livre une dimension de carrefour où Dieu est dévoilé comme un « hub » épistémologique pour penser l'Afrique et sa destinée.

Les réflexions proposées ont une impressionnante densité d'optimisme et de fécondité : ils donnent à l'Église d'Afrique une conscience forte de sa vocation mondiale. L'élan est celui d'une volonté de réaffirmer le continent africain comme la route de Dieu pour le monde : avec une certaine herméneutique qui voit dans les textes scripturaires des matrices pour des valeurs que l'Afrique porte et qui doivent devenir la pierre d'angle du nouveau monde possible.

Aujourd'hui, la relation de l'Afrique avec Dieu a besoin d'être comprise dans ce sens, loin de toutes les errances mystico-religieuses et de toutes les élucubrations irrationnelles dont certains mouvements pseudo-spirituels enivrent les populations en coupant la foi du souffle de la raison, en refusant d'inscrire toute la trajectoire spirituelle du continent africain dans la trajectoire spirituelle du monde dont l'histoire est habitée par de grandes intuitions métaphysiques et religieuses africaines.

Je sais gré à tous les auteurs qui ont contribué à l'ouvrage *Dieu et l'Afrique* d'avoir donné une moisson utile à l'Église africaine pour qu'elle se comprenne comme Église de Dieu pour le monde. Ce n'est pas tous les jours que de telles voix se font entendre dans les turbulences, les orages et les charivaris du monde religieux africain. Il faut en être heureux.

Kä Mana, professeur des universités

Préface à l'ouvrage de Jean-Claude DJÉRÉKÉ, Le Christianisme en Afrique : *Aliénation* ou *Libération ?* Par Benoît Awazi Mbambi Kungua

Ce quatorzième ouvrage de Jean-Claude DJÉRÉKÉ se situe dans la continuité thématique et logique des ouvrages qui le précèdent et j'opte d'entrée de jeu pour une préface qui se joue dans la diachronie de l'œuvre jusqu'ici publiée tout en laissant jouer librement les effets d'*intertextualité* entre les ouvrages. Mon choix s'impose au vu de la posture originaire de l'auteur, celle d'une théologie politique et prophétique qui opérationnalise dans sa pensée et sa vie l'entreprise colossale de réappropriation dynamique, responsable et émancipatrice du christianisme missionnaire par les chrétiens et les Églises d'Afrique postcoloniale. Mon choix s'explique aussi par ma fréquentation assidue de cette œuvre dont j'ai déjà recensé les ouvrages suivants qui me permettent de cerner avec précision, rigueur et justesse la place de cet ouvrage dans l'œuvre jusqu'ici publiée.

Je mentionne ces ouvrages déjà recensés pour montrer la corrélation dynamique des principaux thèmes récurrents qui se retrouvent dans tous les ouvrages : *L'engagement politique du clergé catholique en Afrique noire*[505] ; *L'Afrique et le défi de la seconde indépendance*[506] ; *Abattre la Françafrique*

[505] Karthala, Paris, 2001, 304 pages. Recensé dans Benoît Awazi Mbambi Kungua, *Panorama de la Théologie négro-africaine contemporaine*, L'Harmattan, Paris, 2001, pp. 119-120.

[506] L'Harmattan, Paris, 2012, 166 pages. Recensé dans Benoît AWAZI MBAMBI KUNGUA (Dir.), *Le Bilan de 50 ans des indépendances politiques africaines et les défis de l'intégration des Africains au Canada. Histoire, Enjeux éthiques et Perspectives d'avenir pour la Renaissance africaine, Afroscopie III/2013* (Revue savante et pluridisciplinaire sur l'Afrique et les communautés noires), publiée par Le Cerclecad-Harmattan, Ottawa-Paris, 2013, pp. 232-237.

ou périr. Le dilemme de l'Afrique francophone[507] ; *Réflexions sur l'Église catholique en Afrique*[508]. Si je dois récapituler en une seule phrase les thèmes fondamentaux de la pensée théologique et politique de Jean-Claude Djéréké, je dirai ceci : « Il invite les Africains à s'approprier en toute lucidité et responsabilité l'Évangile de Jésus-Christ pour qu'ils acquièrent leur vraie indépendance par rapport aux structures néocoloniales de la Françafrique qui soutiennent les pouvoirs tyranniques indigènes. Les Églises d'Afrique ne peuvent plus se contenter d'une foi folklorique, magique et superstitieuse qui débouche dans une religion évasive, fataliste, irresponsable et attentiste par rapport à un Dieu « instrumentalisé » et qui résoudrait tous les problèmes graves des Africains sans leur propre implication intellectuelle, volontaire et politique.

Le christianisme peut donc devenir une religion radicalement *révolutionnaire, libératrice* et hautement *subversive* dans les sociétés bloquées, tribalisées, nécropolitiques et fortement paupérisées de la postcolonie. À travers les ouvrages de Jean-Claude Djéréké, je vois jaillir avec puissance l'incandescente *question de Dieu*[509] dans cette période de disparition accélérée des institutions et légitimités laissées par la projection coloniale et chrétienne de l'Europe en Afrique. À quelles conditions le Dieu de Jésus-Christ pourrait-il *se révéler* en Afrique comme *le Dieu qui libère* les pauvres et les "sans droits" pour en faire des "subjectivités" auto-performatives, responsables et debout devant sa Face ? Comment la foi au Dieu de Jésus-Christ pourrait-elle devenir pour les chrétiens africains la source surabondante de vie, d'énergie intellectuelle et de volonté émancipatrice dans les combats quotidiens pour la dignité, le respect inconditionnel de leurs droits d'êtres humains et la justice au sein des sociétés désintégrées, où ils vivent leur foi ? Comment déconstruire radicalement les divinités sanguinaires des tribus, de la mangeocratie, de la prostitution des élites africaines avec la Françafrique et de la corruption généralisée, et renaître dans une foi vivifiante en un *Dieu qui libère* de toutes formes d'esclavages des *pharaons* et autres *Baals*[510] de notre monde néolibéral ?

---

[507] L'Harmattan, Paris 2014, 158 pages. Recensé dans Benoît AWAZI MBAMBI KUNGUA (Dir.), *Les Intellectuels africains au Canada : Missions, Figures, Visions et Leaderships*, *Afroscopie* V/2015, (Revue savante et pluridisciplinaire sur l'Afrique et les communautés noires), publiée par Le Cerclecad-Harmattan, Ottawa-Paris, 2015, pp. 371-374.

[508] L'Harmattan, Paris, 2015, 202 pages. Recensé dans Benoît AWAZI MBAMBI KUNGUA (Dir.), *Dieu et l'Afrique. Une approche prophétique, émancipatrice et pluridisciplinaire, Afroscopie VI/2016*, (Revue savante et pluridisciplinaire sur l'Afrique et les communautés noires), publiée par Le Cerclecad-Harmattan, Ottawa-Paris, 2016, *659 pages*, pp. 651-655.

[509] Je ne peux m'empêcher de renvoyer ici à l'ouvrage testamentaire de Jean-Marc Ela, *Repenser la théologie africaine. Le Dieu qui libère*, Karthala, Paris, 2003 et au numéro colossal de notre revue savante et pluridisciplinaire : Benoît AWAZI MBAMBI KUNGUA (Dir.), *Dieu et l'Afrique. Une approche prophétique, émancipatrice et pluridisciplinaire, Afroscopie VI/2016*, (Revue savante et pluridisciplinaire sur l'Afrique et les communautés noires), publiée par Le Cerclecad-Harmattan, Ottawa-Paris, 2016. Lire aussi Fabien Eboussi-Boulaga, *À contretemps. L'enjeu de Dieu en Afrique*, Karthala, Paris, 1991.

[510] Tout l'Ancien Testament, notamment dans les deux corpus matriciels du *Pentateuque* et des *Prophètes,* est radicalement traversé par la nécessité pour le croyant et le peuple d'Israël de

L'intrication entre le fiasco des indépendances politiques et une certaine inertie des Églises chrétiennes pousse l'auteur à promouvoir l'engagement énergique du clergé catholique dans les défis économiques et sociopolitiques de la postcolonie. L'ouvrage initial de l'auteur sur *l'engagement politique du clergé en Afrique* constitue le premier jalon d'une pensée théologique et politique totalement orientée vers la reconquête de la liberté de pensée et d'action politique par les Africains aux prises avec la superposition de plusieurs crises explosives qui se durcissent aujourd'hui.

La persistance et la nocivité des manœuvres militaires et néocoloniales de la Françafrique ainsi que la collusion des intérêts politiques et des motivations religieuses chez certains missionnaires occidentaux œuvrant en Afrique, rend plausible le soupçon d'un christianisme comme arme utilisée par l'Occident pour asservir, exploiter, dominer, humilier et coloniser les Africains en pompant abondamment leurs matières premières et richesses naturelles, et en aggravant les divisions entre eux par l'appât des avantages matériels et symboliques octroyés par les tentacules macabres de la Françafrique en Côte d'Ivoire et dans les autres préfectures africaines de la France. C'est ici que surgit la question axiale de cet ouvrage, à savoir : "*le christianisme est-il une entreprise d'aliénation ou de libération de l'Afrique* " ?

Il s'agit d'une question qui taraude le continent et ses diasporas, où nous assistons à plusieurs courants religieux qui demandent purement et simplement aux Africains et aux Noirs en général, de quitter le christianisme occidental et de retourner carrément aux religions traditionnelles africaines (*Vaudou*, *Bwiti*, etc.) qui *auraient* un lien avec les religions solaires de l'Égypte pharaonique *prétendument* d'essence noire. Je me suis déjà expliqué sur ces courants de rejet[511] radical et massif du christianisme comme religion coloniale dont l'Occident s'est servi pour asservir, dominer, exploiter et mépriser les Noirs en général. Ces courants religieux pan-nègres et pharaoniques méritent d'être entendus dans les communautés noires d'Afrique et des diasporas. Ils posent frontalement des questions cruciales[512] qui demanderont à chaque

---

faire un choix sans équivoque entre *Yahvé*, l'Unique Dieu Vivant et Vrai et les fausses divinités du sang, de l'exploitation systématique des classes les plus vulnérables de la société (les veuves, les immigrés, les orphelins, les chômeurs, les mendiants, les pauvres) et de l'idolâtrie astrale appelées les *Baals* et les *Ashéras*. Lire tout le cycle d'Élie dans I Rois 16, 29 - II Rois 2, 18. Pour une vue d'ensemble du cycle d'Élie, lire Walter Vogels, *Élie et ses fioretti. 1 Rois 16, 29 – 2 Rois, 2, 18*, Le Cerf, Paris, 2013.

[511] Lire mon Éditorial : « Dieu et l'Afrique. Une approche prophétique, émancipatrice et pluridisciplinaire », in : Benoît AWAZI MBAMBI KUNGUA (Dir.), *Dieu et l'Afrique. Une approche prophétique, émancipatrice et pluridisciplinaire, Afroscopie VI/2016*, (Revue savante et pluridisciplinaire sur l'Afrique et les communautés noires), publiée par Le Cerclecad-Harmattan, Ottawa-Paris, 2016, *659 pages*, pp. 11-30. Lire aussi ma réflexion : « La théologie africaine et l'Égyptologie pharaonique » dans mon *Panorama de la Théologie négro-africaine contemporaine*, L'Harmattan, Paris, 2002, pp. 162-172.

[512] Pour prendre l'ampleur et la gravité de *la question de Dieu* dans ce contexte dramatique de négrophobie, je renvoie à : Serge Bilé & Audifac Ignace, *Et si Dieu n'aimait pas les Noirs ?*

chrétien africain de faire un choix libre et radical en faveur de la foi au Christ comme Fils de Dieu sauveur ou à retourner aux religions traditionnelles africaines de ces ancêtres en train de se métamorphoser aujourd'hui à la faveur de la diffusion tous azimuts des religions solaires, lunaires et totémiques d'Égypte pharaonique dans le monde noir en général, c'est-à-dire : le continent et ses diasporas d'Europe, des Amériques, des Antilles et des Caraïbes.

L'auteur répond à cette question dramatique à la conclusion de son ouvrage en ces termes : « *Pour nous, le message de Jésus peut être un enrichissement et une bénédiction s'il est bien interprété par les messagers de "la Bonne nouvelle" et s'il n'est pas mal compris par les destinataires du message* ». Cette réponse concentrée de l'auteur est une prise de position théologique et politique par rapport à l'herméneutique libératrice du christianisme en Afrique et à la compréhension que les Africains se font du message transmis par l'évangélisation des Églises occidentales durant la période coloniale, allant de la conférence de Berlin (1885) aux indépendances sans contenu ni capacité d'autodétermination. La déchristianisation, la sécularisation et la marginalisation du christianisme en Occident appelle de toute urgence un travail colossal

---

Enquête sur le racisme aujourd'hui au Vatican, Pascal Galodé Éditeurs, Saint-Malo, 2008 (Il s'agit d'un ouvrage explosif basé sur des enquêtes sur le terrain et des interviews des prêtres, religieux et religieuses africains qui vivent la misère, la prostitution et l'esclavage au Vatican : Mgr Emery Kabongo, de la République démocratique du Congo (Zaïre), alors secrétaire particulier du Pape Jean Paul II, a été sauvagement agressé au Vatican, plus précisément, à « *Castel Gandolfo la résidence d'été du pape, gisant dans une mare de sang avec une côte défoncée, la clavicule cassée et le visage fracassé* . » (p. 13) ; le théologien et prêtre nigérian, John Okoro Egbulefu, professeur à l'Université Urbaniana de Rome et ami personnel du Cardinal Ratzinger (le Pape Benoît XVI) a lui aussi été agressé : « *Mercredi 8 juin 2005. Un prêtre nigérian, John Okoro Egbulefu, sort du Vatican en compagnie d'un nonce apostolique italien. Ils empruntent la via della Conciliazione, parlent de choses et d'autres, lorsqu'un scooter rouge se hisse à leur hauteur. Un jeune homme en descend précipitamment, fonce sur le prêtre africain, un couteau à la main, le poignarde et, le laissant pour mort, redémarre aussitôt pour s'évanouir dans la nuit.* » (p. 11). L'ouvrage raconte aussi la situation désespérée des religieuses africaines, ayant quitté leurs congrégations pour des raisons du racisme subi et des tâches serviles au quotidien, se sont retrouvées sans papiers en Italie, et ont basculé dans la *clandestinité* avec comme seul *modus vivendi la prostitution* avec des prélats et autres prêtres gravitant autour du Vatican. (Lire le chapitre II, « Prêtres sans papiers et religieuses prostituées », pp. 29-49.). À titre d'illustration, donnons la parole à une religieuse africaine témoignant dans l'anonymat : « *Si, comme cette religieuse, certaines font la prostitution à leur corps défendant mais de leur propre chef, d'autres sont, en revanche, victimes de véritables réseaux qui les piègent, les livrent à des hommes et confisquent même le prix de leurs passes. L'un de ces réseaux est dirigé par... une religieuse africaine, à la réputation sulfureuse, exilée depuis vingt ans dans le froid italien par sa propre communauté au Congo, suite à des malversations. On la prénommera Bertha. Dès son arrivée, elle fonde une congrégation et parvient, on ne sait comment, à louer un trois pièces, vite transformé en... maison close. Bertha fait alors venir des religieuses africaines, désireuses de voyager et de gagner un peu d'argent, en leur promettant « un bon travail ». Mais une fois sur place, c'est la* désillusion *et la* descente aux enfers. » (pp. 46-47).

de réappropriation[513] mystique, théologique et politique du christianisme par les Africains, en dehors de toute tutelle extérieure aux dynamiques immanentes, sociales, culturelles et politiques en cours dans le continent. Il n'y aura pas de christianisme africain libérateur sans la promotion engageante d'une théologie politique et prophétique pour l'ensemble du continent.

Du coup, l'ouvrage soulève frontalement la question de la réappropriation judicieuse et émancipatrice de l'Évangile du Royaume de Dieu prêché par le prophète Jésus de Nazareth, en qui et par qui, Dieu accomplit les promesses qu'il avait faites aux fils d'Abraham, d'Isaac et de Jacob lors de l'alliance initiale conclue avec Moïse dans le désert du Sinaï. Cette réappropriation doit obéir à la maxime phénoménologique du "*retour aux choses mêmes*" de la Révélation chrétienne et trinitaire qui culmine dans l'incarnation, la mort et la résurrection de Jésus de Nazareth, Fils de Dieu et Sauveur. À partir de cette hauteur mystique, théologique et prophétique, il devient possible pour les chrétiens africains de s'approprier le christianisme librement et volontairement, en supportant le face à face – à la fois individuel et communautaire – du Messie crucifié et Ressuscité pour le salut de l'humanité.

Si le cœur du message christique consiste à annoncer l'amour inconditionnel de Dieu pour les pécheurs que nous sommes, et si les disciples ne sont pas plus grands que leur Maître et Seigneur qui leur a lavé les pieds avant d'entrer dans sa passion, alors les institutions ecclésiales devraient constamment garder vive la *mémoire dangereuse du Dieu humilié, crucifié et ressuscité* pour que les hommes vivent tous comme fils et filles du même Père. C'est cela le noyau incoercible et incandescent de la foi chrétienne, et c'est à partir de cette hauteur et profondeur mystico-théologiques que le christianisme devient *une praxis totalement émancipatrice* face à tous les pouvoirs religieux, théologiques, idéologiques, politiques, idolâtriques et économiques qui usurpent la souveraineté de Dieu dans le monde.

C'est ce noyau incandescent, incoercible et dangereux du ministère prophétique de Jésus de Nazareth qui constitue le socle de la refondation, de la réappropriation et de constitution d'un christianisme libérateur pour les Africains qui accumulent toutes les misères, les pauvretés et les dominations produites par la géopolitique néolibérale actuelle : « *L'Esprit du Seigneur est sur moi parce qu'il m'a conféré l'onction pour annoncer la Bonne Nouvelle aux pauvres. Il m'a envoyé proclamer aux captifs la libération et aux aveugles le retour à la vue, renvoyer les opprimés en liberté, proclamer une année d'accueil par le Seigneur.* »[514]

---

[513] Je me permets de renvoyer à mes ouvrages : Benoît Awazi Mbambi Kungua, *Déconstruction phénoménologique et théologique de la modernité occidentale : Michel Henry, Jean-Luc Marion et Hans Urs von Balthasar*, L'Harmattan, Paris, 2015, 316 pages, & ID, *Le Tournant prophétique de la théologie négro-africaine de la libération. De la Performativité de la Deutérose*, L'Harmattan, Paris, 2017. (Sous presse).

[514] Luc 4, 18-19 (TOB).

C'est à partir de cette charte prophétique du ministère historique du *Nabî*[515] Jésus de Nazareth qu'il convient maintenant de restituer succinctement les principales scansions de cet ouvrage d'*autobiographie politique et théologique*. C'est en s'appuyant sur sa posture de croyant et de théologien que Djéréké prend la parole pour déconstruire les pratiques fusionnelles, démissionnaires et attentistes qui peuvent donner à des observateurs étrangers l'impression que le christianisme, tel qu'il est actuellement vécu par des millions d'Africains est un opium du peuple et une substance anesthésiante qui empêche tout processus émancipateur durable. Les veillées de prières ; les pasteurs ambulants dans les rues, les bus et les quartiers populaires des grandes mégapoles africaines ; les complicités des hiérarchies ecclésiales avec les pouvoirs maléfiques et esclavagistes qui pilotent la catastrophe postcoloniale ; les mutismes des nonciatures dans des violations récurrentes de la souveraineté des pays africains par les armées de la Françafrique, comme ce fut le cas dans la destruction du palais présidentiel et la capture du président élu Gbagbo par les troupes françaises en avril 2011 à Abidjan ; les ingérences indues de certains missionnaires occidentaux dans les affaires internes des pays africains ; la corruption de certains évêques par les pouvoirs tyranniques qui règnent en Afrique ; la démission intellectuelle des clercs, religieux et religieuses exacerbées par les contraintes quotidiennes de la mangeocratie, du tribalisme alimentaire et de la survie dans des sociétés de la disette et de la misère, constituent autant de maux qui font du christianisme en Afrique, une religion étrangère, de l'extraversion mentale, de l'imposition explicite des théologies scolastiques sans aucun ancrage réel dans les cultures traditionnelles africaines et de la résignation devant la fatalité du destin tragique de l'Afrique.

L'auteur donne les raisons qui l'ont poussé à quitter le sacerdoce ministériel dans l'Église catholique de la Côte d'Ivoire tout en revendiquant son adhésion personnelle à Jésus-Christ, comme Fils de Dieu et Seigneur. C'est donc en tant que laïc engagé dans l'Église catholique, penseur, théologien et écrivain, que Jean-Claude Djéréké veut continuer à vivre sa foi chaque jour, en s'exprimant librement et sans craindre aucune hiérarchie locale ou romaine qui l'empêcherait de penser par lui-même et d'écrire ses idées et ses analyses sans être intimidé ni censuré par un quelconque pouvoir religieux et politique. C'est à bon escient qu'il souligne le caractère hilarant et ridicule de l'expression couramment utilisée quand un prêtre quitte le sacerdoce ministériel dans l'Église catholique. On dit de lui : « *qu'il est réduit à l'état laïc* ». Je ne peux pas commenter un tel énoncé, mais je pose juste la question de savoir si dans l'Église catholique les laïcs sont des esclaves des clercs ?

L'autoritarisme de certains évêques africains qui veulent toujours avoir raison quelles que soient les circonstances ; le tribalisme qui ronge de l'intérieur les diocèses, les communautés religieuses et les Églises en Afrique ; l'entrée

[515] Prophète, en Hébreu.

dans les ordres comme moyen d'autopromotion sociale pour certains individus ; le rançonnage systématique des chrétiens par leurs prêtres et pasteurs *simoniaques*[516] qui se comportent en trafiquants des bénédictions et des grâces divines ; l'extraversion idéologique des universités catholiques africaines par rapport aux savoirs théologiques scolastiques et européocentriques, constituent autant de raisons que l'auteur donne pour appeler les chrétiens africains à se convertir à l'Évangile libérateur de Jésus-Christ qui vient ré-humaniser et réhabiliter les pauvres et les laissés-pour-compte des pseudo-indépendances africaines. Toute libération holistique opérée par Jésus-Christ dans les Évangiles vise principalement la promotion des disciples dans leur pleine « subjectivité théologique » comme des "sujets debout" devant la face de Dieu qui ne transige pas avec les violations répétées et systémiques du droit et de la justice envers les masses populaires et les catégories sociales les plus asservies des sociétés anomiques de l'Afrique postcoloniale.

C'est autour de cette adhésion mystico-théologique au Dieu de Jésus-Christ que je mets fin à cette préface. Dans la lettre à ses confrères pour expliquer les raisons de son renoncement au sacerdoce ministériel et sa détermination de poursuivre, en tant que laïc engagé, son travail de penseur, de théologien, d'écrivain et de porte-parole des pauvres, des petits, des exclus et des sans-voix dans la géopolitique néolibérale actuelle, Jean-Claude Djéréké a eu ces paroles décisives et bouleversantes face à son Dieu : « *C'est pourquoi j'ai décidé de partir. Je ne veux plus faire partie d'un corps où celui qui se soumet aveuglément aux autorités ecclésiastiques, même lorsque celles-ci sont dans l'erreur, est perçu comme un bon prêtre. Je veux, moi, me soumettre désormais à Dieu et à Dieu seul. Car, quand viendra le jour de ma rencontre avec Lui, Il ne me demandera pas si j'étais prêtre ou laïc, marié ou célibataire, catholique ou non, chrétien ou non. Ce jour-là, Il me posera une seule question : "Mon fils, qu'as-tu fait lorsque j'avais faim, soif ou faim, lorsque j'étais étranger, malade ou en prison, lorsque j'étais opprimé, exploité ou humilié, [lorsque le peuple ivoirien fut bombardé et massacré pour avoir voulu appliquer sa Constitution ?]" (Mt 25, 31-46)* »

Benoît AWAZI MBAMBI KUNGUA

---

[516] Adjectif relatif à la simonie qui consiste en un trafic d'objets sacrés, de biens spirituels ou de charges ecclésiastiques. Le terme provient de Simon le Magicien qui voulut acheter avec de l'argent des *pouvoirs thaumaturgiques* aux apôtres dans le livre des Actes des Apôtres 8, 9-24. À ce Simon le magicien qui avait proposé aux apôtres d'acheter le don de l'Esprit Saint avec de l'argent, la riposte de Pierre fut foudroyante : « *« Périsse ton argent, et toi avec lui, pour avoir cru que tu pouvais acheter, avec de l'argent, le don gratuit de Dieu. Il n'y a pour toi ni part ni héritage dans ce qui se passe ici, car ton cœur n'est pas droit devant Dieu. Repens-toi donc de ta méchanceté, et prie le Seigneur : la pensée qui t'est venue au cœur te sera peut-être pardonnée. Je vois en effet que tu es dans l'amertume du fiel et les liens de l'iniquité. » »*. (Actes des Apôtres 8, 20-23).

Préface de Benoît AWAZI MBAMBI KUNGUA à l'ouvrage de Dieudonné Kibungu, *Le tournant féminin et féministe de la théologie africaine postcoloniale,* L'Harmattan, Paris, 2017.
Pourquoi faut-il imprimer un courant féminin et féministe aux théologies africaines postcoloniales ?

Cet ouvrage est issu d'un mémoire d'études en Catéchèse et en pastorale (Lumen Vitae, Bruxelles) et d'un Master en Théologie et Sciences de Religions (Leuven, Belgique), soutenu par l'abbé **Dieudonné KIBUNGU BWANAMULOKO**, prêtre du diocèse de Kindu, au Centre-Est de la République démocratique du Congo. Son intitulé initial était : « COMMENT DIRE AUJOURD'HUI LA TENDRESSE DE DIEU AUX FEMMES VIOLÉES ET REJETÉES DE LA PAROISSE DE KASESE AU CENTRE-EST DE LA RÉPUBLIQUE DEMOCRATIQUE DU CONGO ? *Urgence d'une pastorale de partenariat femme-homme.* ».

L'auteur qui est actuellement en insertion pastorale dans le diocèse de Longueil au Canada, s'est servi habilement de son expérience pastorale comme curé des paroisses rurales de Kasese, dans le diocèse de Kindu, au Centre-Est de la République démocratique du Congo. La problématique initiale qui motive ce travail à cheval entre la théologie pastorale et la théologie dogmatique est celle du témoignage de la tendresse de Dieu aux nombreuses femmes qui sont violées et détruites dans leur être profond par les bandits armés qui terrorisent les populations civiles de la partie orientale de la République démocratique du Congo, depuis bientôt 20 ans. D'entrée de jeu, l'auteur promeut de façon convaincante l'agir compatissant, miséricordieux et valorisant de Jésus-Christ par rapport aux nombreuses femmes de son entourage. Le cas de Sylvie qui a été violée à Kasese – est venue rencontrer son curé, est tombée enceinte du viol, est finalement morte après avoir accouché, et l'enfant est décédé quelques mois plus tard – constitue la situation typique de cet exercice de *discernement théologique, politique et pastoral.* Que peut faire l'Église catholique, la communauté paroissiale et la société dans ces situations atroces et récurrentes à l'Est de la République démocratique du Congo ? L'actualité politique récente (le 19, 20, 21 et 22 septembre 2016) est marquée par des émeutes, des massacres, des pillages et des affrontements entre des manifestants et les forces de l'ordre au sujet du différend électoral dans ce pays qui n'a jamais pu établir un État de droit, depuis son accession à « l'indépendance politique de façade » le 30 juin 1960 jusqu'aujourd'hui. Insister d'entrée de jeu sur cette situation de chaos politique, de pauvreté économique et de misère humaine, constitue une exigence épistémique et politique de premier plan dans la production d'un « discours théologique » incarné, approprié et libérateur des femmes, qui sont les premières victimes de cette violence protéiforme, matérielle et symbolique.

C'est au vu de ce contexte social, économique et politique catastrophique que l'auteur a astucieusement transformé le sujet de son mémoire pour en faire un ouvrage au titre audacieux : « *Le tournant féminin et féministe de la théologie africaine postcoloniale* ». Il s'agit originairement d'un *tournant féminin*, car il est question de discerner la place et le traitement des femmes dans la société et l'Église congolaises en particulier, et dans le monde, en général. Le *tournant féminin* se déploie dans une proximité politique et épistémique avec le *tournant féministe*, pour la simple raison que vivant et travaillant en Occident (Belgique, puis Canada), l'auteur est confronté dans sa pratique pastorale quotidienne aux défis, problèmes et revendications théologiques des mouvements féministes qui veulent un traitement égal entre les hommes et les femmes dans les sociétés et les Églises occidentales en ce début du XXIème siècle.

La théologie africaine contemporaine ne peut pas s'extraire des dynamiques et des problématiques soulevées par les mouvements féminins et féministes pour la reconnaissance de *la pleine subjectivité féminine* en tant que partenaire égal de l'homme. Il faut bien reconnaître la marginalité et l'invisibilité des femmes africaines[517] dans les productions théologiques de la postcolonie. Les premières publications féministes en théologie africaine sont l'œuvre des femmes anglophones évoluant dans des Églises protestantes (méthodistes, anglicanes, luthériennes). Je signale en passant des contributions des théologiennes francophones dans l'ouvrage dirigée par la Congolaise : Anastasie Masanga Maponda[518].

Dans l'introduction de cet ouvrage, elle montre la nécessité théologique, politique et sociale pour les femmes africaines en général et les théologiennes en particulier, de s'auto-promouvoir comme les principales actrices de leur émancipation intégrale des institutions phallocratiques, patriarcales et traditionalistes qui les maintiennent dans la subalternité durable. Elle fait aussi une autocritique en avouant que les conflits de savoirs et de pouvoirs dans une société donnée ne se limitent pas uniquement aux rapports de domination protéiformes entre les hommes et les femmes, mais doivent être intégrés dans la

---

[517] Pour une première approche de la théologie féministe en Afrique, je renvoie à : Benoît Awazi Mbambi Kungua, « L'axe de la théologie féministe », in : *Panorama des Théologies négro-africaines anglophones*, L'Harmattan, Paris, 2008, pp. 213-219. On y retrouvera des références bibliographiques sur les théologies féminines et féministes de l'Afrique anglophone, notamment l'ouvrage collectif : Mercy Amba Oduyoye & Musimbi Kanyoro (Eds.), *The Will to arise : Women, Tradition and the Church in Africa*, Maryknoll, New York, Orbis Books, 1992 ; Mercy Amba Oduyoye, *Breads and Strands – Reflections of an African Woman on Christianity in Africa,* Orbis Books, Maryknoll, New York, 2004 ; Id., *Hearing and Knowing. Theological Reflections on Christianity in Africa*, Orbis Books, Maryknoll, 1986, 1995 (Il existe une traduction allemande sous le titre : *Wir selber haben ihn gehört. Theologische Reflexionen zum Christentum in Afrika,* Edition Exodus, Freiburg/Schweiz, 1988) ; R. Gibellini (Ed.), *Paths of African Theology*, Orbis Books, Mayknoll, New York, 1994.

[518] *DIEU PEUT-IL CHANGER L'AFRIQUE ? Les nouvelles théologies africaines de la transformation sociale*, Presses Universitaires de Boma, Boma, 2013. Pour une présentation détaillée des principaux courants théologiques en Afrique francophone, je renvoie à mon ouvrage : B AWAZI MBAMBI KUNGUA, *Panorama de la Théologie Négro-Africaine Contemporaine,* L'Harmattan, Paris, 2002, 210 pages.

théologie du péché originel du premier couple qui s'est laissé *roulé dans la farine* par le Diable, le père du mensonge, homicide dès l'origine du monde.

Les conversions pour un usage non violent de pouvoirs et de savoirs sont requises aussi bien pour les mâles que pour les femelles. Il faut donc éviter tout idéalisme et tout angélisme féministes, pour la simple raison que les femmes ne sont pas plus parfaites que les hommes, mais les deux polarités sexuelles sont invitées à travailler en partenariat durable et responsable pour des transformations sociales et politiques épanouissantes.

L'*habileté théologique* de l'auteur se montre dans sa capacité de contextualisation dynamique et d'actualisation critique de l'Évangile de Jésus-Christ aux pauvres, aux blessés, aux rejetés, aux exclus et aux marginalisés. Dans une écriture de très bonne qualité, claire, précise, vigoureuse, nuancée et fluide, l'auteur a posé avec beaucoup de gravité et de compassion la question brûlante des femmes violées durant les guerres qui sévissent à l'Est de la RDC depuis la chute du régime kléptocratique de Mobutu en 1997 ; alors que les Églises catholiques se contentent des formules toutes faites de la nécessité de pardonner à ceux qui nous ont offensés sans au préalable donner le temps et l'espace d'écouter les souffrances, les douleurs, les traumatismes et les violences subies par les femmes dans cette région ravagée de la RDC.

Je salue avec un enthousiasme prophétique débordant le travail d'*autocritique théologique* que l'auteur fait dès le début de son ouvrage en reconnaissant que les stratégies purement sacramentelles de conformité à la doctrine traditionnelle de l'Église ne permettaient pas aux femmes de se sentir accueillies, aidées, consolées et soutenues par leurs Églises. Il faut aller loin en les écoutant et en osant un engagement politique des Églises catholiques dans la nécessité de faire justice aux victimes en arrêtant et en jugeant les bandits armés par la médiation des autorités politiques idoines. Il ne s'agit pas pour l'Église de se substituer à l'État défaillant du Congo, mais de demander avec audace prophétique à l'État d'être opérationnel et crédible dans le respect du droit et de la justice dans la société congolaise en pleine désintégration postcoloniale.

L'*habileté théologique* de l'auteur apparaît dans sa capacité de déplacer la réflexion des femmes violées dans la région orientale de la RDC jusqu'au traitement subalterne et marginal que les femmes subissent dans les institutions patriarcales de l'Église catholique romaine dans le monde. C'est ce glissement subtil d'un questionnement apparemment extérieur à l'Église jusqu'aux requêtes actuelles des femmes du monde entier qui demande la reconnaissance de leur « pleine subjectivité » dans l'Église catholique qui constitue pour moi le paroxysme de ce travail. Il en constitue son acmé, son centre de gravité incandescent. Il rejoint sur ce point l'une des préoccupations de la mission scientifique et prophétique du Cerclecad dans le monde : promouvoir et renforcer le leadership féminin[519] pour que chaque femme acquière les savoirs et les pouvoirs nécessaires pour se libérer des institutions et pratiques patriarcales et machistes. Cela passe nécessairement par la solidarité affective et la collaboration durable entre les femmes lettrées et les femmes analphabètes qui constituent la grande majorité des illettrés dans des pays africains qui n'ont pas réussi à améliorer sensiblement le taux d'alphabétisation durant toute la période coloniale et postcoloniale, qui tourne au désastre sur plusieurs indicateurs du développement humain.

L'auteur fait œuvre de *relecture prophétique* de son expérience pastorale dans cette région endeuillée par des guerres récurrentes en vue de trouver une pastorale basée sur l'écoute, la compassion et le souci de rendre justice aux femmes violées et doublement rejetées par leurs propres familles, leurs Églises et la société congolaise. Le talent herméneutique de l'auteur consiste à déboucher avec brio sur la question du traitement subalterne et inégalitaire que les femmes subissent dans l'Église catholique avec une hiérarchie des mâles célibataires qui excluent les femmes des postes d'autorité et d'enseignement en les leur assignant des tâches plutôt traditionnelles et domestiques dans les institutions ecclésiales. À mon avis, le génie théologique de l'auteur se situe à ce niveau, *car il a osé une parole à la première personne du singulier* dans une Église où les prises de paroles des prêtres sont rigoureusement encadrées et censurées par les évêques qui *disent* détenir le monopole de la « plénitude du sacerdoce ». Je soulève en passant la question de la justesse théologique d'une telle affirmation au niveau de la christologie trinitaire. Qui possède effectivement la « plénitude du sacerdoce » ? Les évêques ou le Christ ? Affaire à suivre…

Je salue le courage théologique et prophétique, la rigueur méthodologique et la liberté de pensée que l'auteur *s'octroie* largement du début à la fin de son mémoire. Il s'inscrit résolument et habilement dans le sillage des théologies africaines de la libération prophétique[520] et holistique qui constituent la condition de possibilité du tournant féminin et féministe qui doit tenir compte des

---

[519] Je renvoie aux contributions inspirantes et engageantes des femmes africaines, haïtiennes et occidentales dans : Benoît Awazi Mbambi Kungua (Dir.), *Leadership Féminin et Action politique. Le cas des communautés africaines du Canada, Afroscopie* IV/2014, (Revue savante et pluridisciplinaire sur l'Afrique et les communautés noires), publiée par Le Cerclecad-Harmattan, Ottawa-Paris, 2014, 219 pages & Joelle Palmieri, *Tic, Colonialité, Patriarcat, Société mondialisée, occidentalisée, excessive, accélérée… Quels impacts sur la pensée féministe ? Pistes africaines*, Éditions Langaa, Yaoundé, 2016, 269 pages. (Une recension substantielle et détaillée de cet ouvrage est faite dans ce numéro d'*Afroscopie* VII/2017).

[520] Pour une vue approfondie et synthétique de ces théologies africaines de la libération prophétique et holistique, je renvoie à : Benoît AWAZI MBAMBI KUNGUA., *Le Dieu Crucifié en Afrique. Esquisse d'une Christologie négro-africaine de la libération holistique,* L'Harmattan, Paris, 2008, 330 pages ; Benoît AWAZI MBAMBI KUNGUA (Dir.), *Dieu et l'Afrique. Une approche prophétique, émancipatrice et pluridisciplinaire, Afroscopie VI/2016*, (Revue savante

ouvrages des théologiennes africaines déjà publiés. L'auteur ne prétend pas se substituer aux femmes africaines qui doivent d'elles-mêmes, pour elles-mêmes et par elles-mêmes opérationnaliser *hic et nunc* ce tournant féminin et féministe, mais il les incite à accroître leur énergie émancipatrice face à toutes les forces qui les assignent dans la *subalternité*, la *marginalité* et l'*invisibilité* sociales.

Il s'agit d'un acte prophétique et pédagogique de premier plan dans les Églises catholiques africaines – en l'occurrence congolaise – car sans la liberté de pensée critique, il n'y aura pas de véritable réappropriation théologique de la foi chrétienne par les Africains ; mais uniquement la gestion des structures ecclésiales extraverties issues de la mission européenne et qui sont en déphasage frontal avec les requêtes de justice, de guérison holistique et de dignité revendiquées par les laïcs, et de façon plus aiguë, par les femmes qui sont structurellement instrumentalisées par les logiques patriarcales des cultures africaines et de la hiérarchie des Églises catholiques africaines.

La percée de ce travail consiste à avoir osé soulever la double marginalisation dont souffrent les femmes africaines de la part des sociétés patriarcales africaines et de la part des Églises catholiques qui les excluent du sacerdoce. Le fait de *mettre par écrit* ces idées courageuses et engageantes dans l'émergence des « subjectivités féminines » comme actrices de plein droit dans la vie ecclésiale et sociale, constitue une stratégie gagnante dans une société encore massivement régie par la *raison orale*[521] et l'*évanescence* qui en résulte. Aussi bien dans le domaine politique que dans le domaine religieux, les mutations durables en Afrique se produiront par les jeunes générations qui liront des ouvrages ouvertement émancipateurs comme celui-ci. Qu'un jeune prêtre *ose une parole écrite de liberté évangélique et prophétique,* constitue pour moi une raison de poursuivre dans la joie ce chantier colossal d'édition des ouvrages qui constituent la bibliothèque substantielle à partir de laquelle des jeunes générations du continent et des diasporas occidentales puiseront des intuitions, des idées, des motivations et des rêves pour construire dans des actes de réflexion critique, de dignité et de responsabilité une « *Autre Afrique* », celle de la dignité, de la fierté de soi et de sa pleine responsabilité face aux nécessités de survie matérielle et spirituelle produites par la projection planétaire de la rapacité néolibérale en furie.

---

et pluridisciplinaire sur l'Afrique et les communautés noires), publiée par Le Cerclecad-Harmattan, Ottawa-Paris, 2016, 659 pages & Jean-Marc ELA, *Repenser la théologie africaine. Le Dieu qui libère*, Karthala, Paris, 2003, 447 pages.

[521] Au sujet de la nécessité de production urgente des savoirs savants, pluridisciplinaires et émancipateurs dans les communautés africaines du continent et des diasporas, je renvoie à : Benoît AWAZI MBAMBI KUNGUA (Dir.), *Les Intellectuels africains au Canada : Missions, Figures, Visions et Leaderships*, *Afroscopie* V/2015, (Revue savante et pluridisciplinaire sur l'Afrique et les communautés noires), publiée par Le Cerclecad-Harmattan, Ottawa-Paris, 2015, 390 pages.

Dans des sociétés où les institutions ecclésiales, politiques et universitaires sont régies par l'autoritarisme du chef africain incontesté et les intimidations de toutes sortes exercées sur les individus qui *risquent une parole prophétique à la première personne du singulier*, je salue le *courage prophétique* et l'*ancrage christologique* de l'abbé Dieudonné Kibungu Bwanamuloko d'avoir pensé très librement et d'avoir osé questionner les pratiques ecclésiales d'exclusion des femmes des ministères ordonnés en alléguant que Jésus n'avait pas choisi de femmes comme apôtres.

Je salue l'audace théologique de l'auteur quand il souligne qu'il ne faut pas extrapoler le *conditionnement sociologique* de l'incarnation du Verbe de Dieu en Jésus de Nazareth et l'instituer en norme théologique intangible, sans revenir au début de la Genèse où il est dit : « *Dieu créa l'homme à son image, à l'image de Dieu il le créa ; mâle et femelle, il les créa* ». Le passage des sociétés nomades de la chasse et de la cueillette vers les sociétés *sédentaires, agricoles* et *industrialisées,* constitue un tournant anthropologique, politique et économique qui permet de repenser de fond en comble le partage des rôles entre les hommes et les femmes dans nos sociétés démocratiques, modernes et multiculturelles.

Pourquoi exclure une partie de l'image de Dieu constitutive de l'être humain des fonctions ministérielles et d'autorité théologique dans l'Église ? Le simple fait d'avoir osé soulever une telle question, en partant d'une expérience pastorale dans des paroisses rurales du diocèse de Kindu, constitue une *raison* suffisante de publier cet ouvrage. En prenant la parole par écrit, l'abbé Dieudonné Kibungu Bwanamuloko prend le risque de susciter un débat ouvert dans une Église, où les prêtres sont appelés à s'auto-censurer indéfiniment au risque de subir les corrections canoniques drastiques de leurs évêques, pouvant aller jusqu'aux différentes formes de suspension du ministère.

La très bonne qualité de la mise en écriture, la clarté, la fluidité, la gravité et le courage de questionner les pratiques d'exclusion des femmes en s'appuyant sur l'attitude *compatissante*, *respectueuse, prophétique* et *accueillante* de Jésus-Christ lui-même envers les femmes de son entourage, montre que l'auteur sait faire la part des choses entre le cœur du message d'universalité de l'Évangile du Royaume de Dieu avec l'option préférentielle pour les pauvres et les pratiques d'abus de pouvoir qui se sont sédimentées dans l'histoire du christianisme, depuis l'arraisonnement de l'Église catholique par l'Empereur Constantin à travers l'Édit de Milan en juin 313. Il plaide ouvertement et tout au long de son texte pour un partenariat inclusif entre les hommes et les femmes dans l'Église, bénéficiaires du même salut de Dieu, à travers la mort et la résurrection de Jésus-Christ.

Dans des sociétés majoritairement patriarcales de l'Afrique subsaharienne et dans des Églises où tous les pouvoirs sont monopolisés par des mâles célibataires, cet ouvrage ouvre un débat dont l'issue ne peut pas être prévisible et l'archivage par écrit (*raison graphique*) lui donne une longue durée dans des sociétés régies par l'oralité (*raison orale*). À ce titre, cet ouvrage s'inscrit résolument dans l'axe de la théologie prophétique et africaine de la libération holistique. Je souhaite du plus profond de mon cœur que cet ouvrage réactive l'énergie théologique et politique des femmes et théologiennes africaines dans l'opérationnalisation convaincante des stratégies de leur pleine subjectivation comme disciples de Jésus-Christ, le Messie Crucifié et Ressuscité.

Je souhaite à l'abbé Dieudonné Kibungu Bwanamuloko une vie théologique longue, féconde, libératrice et innovatrice : « *Quand il eut fini de parler, il dit à Simon : « Avance en eau profonde et jetez vos filets pour attraper du poisson. » Simon répondit : « Maître, nous avons peiné toute la nuit sans rien prendre ; mais, sur ta parole, je vais jeter les filets. » Ils le firent et capturèrent une grande quantité de poissons ; leurs filets se déchiraient.* »[522]

[522] Luc 5, 4-6 (TOB).

Antoine GLASER, *Arrogant comme un Français en Afrique*, Fayard, Paris, 2016, 192 pages

Ce que je pense du dernier livre d'Antoine Glaser

En mars 2016, chez Fayard, est sorti le dernier essai d'Antoine Glaser, soi-disant spécialiste de l'Afrique. L'essai a pour titre "*Arrogant comme un Français en Afrique*".

La première remarque que je voudrais faire tout de suite, c'est que Glaser n'est pas le premier à stigmatiser l'arrogance de ses compatriotes. En 2003, en effet, Romain Gubert et Emmanuel Saint-Martin avaient consacré au sujet un livre intitulé "*L'arrogance française*" (Paris, Balland). Si les deux journalistes décrivent l'arrogance française comme "une maladie à laquelle les Français sont très attachés : croire que la France se doit d'offrir au monde les Lumières, le Droit, la Liberté. Que leurs dirigeants sont porteurs d'un message forcément universel. Qu'eux-mêmes, à l'étranger, ne sont pas de simples voyageurs, mais autant d'ambassadeurs du talent, du goût, du charme français", ils s'empressent toutefois de faire remarquer que "nos prêches, nos coups de menton, envolées lyriques et autres péroraisons ont fini par lasser la planète. Pis encore : nous faisons rire. Et la France paie cher cette morgue dominatrice". J'avais aimé lire ce livre pour deux raisons : la première, c'est qu'il s'en dégage incontestablement un aveu lucide et objectif. S'il m'a plu, c'est aussi parce que les auteurs souhaitent ardemment que leur pays cesse de donner des leçons à droite et à gauche alors qu'il n'est pas un parangon de vertu et qu'il est le premier à fouler aux pieds les valeurs auxquelles il prétend être attaché.

Comme Gubert et Saint-Martin, Antoine Glaser critique férocement ces Français méprisants et arrogants ; il est sans pitié pour cette France qui s'est toujours comportée comme si elle n'avait rien à apprendre de l'Afrique alors que, de l'avis de l'historien burkinabè Joseph Ki-Zerbo, "l'Afrique a apporté, depuis des siècles, beaucoup d'éléments que la civilisation occidentale a captés et intégrés. On les connaît peu, on les méconnaît et on déduit qu'ils n'existent pas" (cf. "*À quand l'Afrique ? Entretiens avec René Holeinstein*", Éditions de l'Atelier, 2003).

Il ajoute que la France gagnerait énormément si ses missionnaires, militaires, diplomates, politiques, avocats, hommes d'affaires et enseignants consentaient enfin à écouter l'Afrique et à recevoir d'elle.

Tout ceci est fort intéressant et touchant mais pas suffisant, à notre avis, pour enthousiasmer les Africains et les amener à croire à une mort ou à une disparition prochaine de la Françafrique. Il leur sera difficile d'applaudir des deux mains Glaser pour la simple raison que celui-ci se garde bien de se prononcer sur cette nébuleuse qui pendant 5 décennies a vampirisé l'Afrique francophone et enrichi tous les dirigeants français de la Ve République en même temps que certains chefs d'État africains à la solde de Paris. Nulle part, en effet, il ne remet en cause ce système violent et dévastateur à qui certains analystes imputent l'empoisonnement, l'assassinat ou le renversement de plusieurs résistants et nationalistes africains : Roland-Félix Moumié, Um Nyobè, Sylvanus Olympio, Thomas Sankara, Modibo Keïta. Il se contente plutôt de dire, à la suite de Ki-Zerbo, que son pays peut apprendre quelque chose de l'Afrique (p. 184). Mais comment l'Afrique peut-elle enseigner quand on a dit et écrit pendant longtemps qu'elle ne sait rien et que "l'homme africain n'est pas assez entré dans l'Histoire" (Sarkozy) ? Comment peut-elle donner quand elle a été dépouillée et qu'elle n'est même pas capable de financer ses propres organisations, quand une partie de son argent est stockée dans les caisses du Trésor français ? Comment peut-elle prendre la parole quand une monnaie de singe lui est imposée, quand elle ne peut choisir librement ses gouvernants ? Si le livre de Glaser pèche gravement, c'est à ce niveau : lorsqu'il laisse intacte la question de la Françafrique qui a fait trop de mal aux ex-colonies de la France. Tout se passe, dans cet essai, comme si la Françafrique était un sujet tabou, comme si l'ancien patron de *La lettre du continent* voulait dire aux Français : "Vous pouvez continuer à piller les richesses des Africains, vous pouvez continuer à leur imposer vos vues pourvu que vous les écoutiez, pourvu que vous ne fassiez plus comme si vous saviez tout, pourvu que vous ne rechigniez plus à leur donner les visas d'entrée en France." Pour moi, le problème qui se pose entre la France et l'Afrique francophone n'est pas juste de forme mais de fond. Je le résumerai de la manière suivante : les Africains sont fatigués de la Françafrique ; ils ne veulent plus ni diktats, ni conseils, ni propositions, ni charité de la France (que les Français gardent tout cela pour eux-mêmes !) ; ils ne veulent plus que leurs richesses soient pillées par les multinationales françaises sans aucune contrepartie ; ils ne veulent plus voir les soldats français violer des mineurs et parader tranquillement dans les rues chez eux.

Parce qu'il n'aborde pas ces questions pourtant essentielles, le livre de Glaser m'a laissé sur ma faim. Certes, l'auteur s'en prend à la morgue et à la suffisance de ses compatriotes qui n'ont jamais jugé nécessaire de renouveler leur "science africaine". Certes, il reconnaît que "transformer Laurent Gbagbo en reine d'Angleterre et confier tous les pouvoirs à un Premier ministre soutenu par l'opposition [fut] une manipulation grossière" de la part du gouvernement français en janvier 2003 (p. 46). Certes, il ne comprend pas que, en 2000, la France ait été incapable de trouver à l'Ivoirien Tidjane Thiam "un poste du niveau de ceux occupés par ses anciens camarades de promotion", après que celui-ci eut étudié à Polytechnique et à l'École des mines (pp. 21-22). N'empêche que Glaser ne se montre pas aussi courageux que l'avocat Robert Bourgi qui, début juillet 2016, déclarait à *VoxAfrica* : "Je ne veux plus de financement politique [des partis politiques français] par les Africains, je ne veux plus que les chefs d'État africains soient choisis par l'ancienne puissance coloniale ; je ne veux plus que les dirigeants africains soient choisis par l'ancienne puissance coloniale ; je ne veux plus que les hauts fonctionnaires viennent ici faire génuflexion devant l'ancienne puissance coloniale. Les Africains aujourd'hui doivent être maîtres de leur destinée ; c'est aux peuples africains de désigner leurs dirigeants et c'est aux peuples africains de les révoquer, de les dégager... Je m'adresse aux Africains et indirectement aux dirigeants français[523]."

Glaser, lui, s'adresse uniquement aux Français, non pas pour que ces derniers mettent fin à un système aussi criminel qu'anti-démocratique, mais pour que, tout en changeant d'approche ("comprendre les spécificités et les désirs des Africains"), ils continuent à avoir une emprise sur la politique et l'économie de l'Afrique francophone. Les souffrances et difficultés des Africains, il n'en a cure. On peut donc affirmer, et c'est par là que je terminerai, qu'Antoine Glaser ne fait pas partie de ceux qui se battent pour la liberté et la souveraineté de l'Afrique. Cet homme a toujours travaillé pour la France. Il continue d'être en mission en Afrique pour son pays. Il n'est pas partisan, comme un Jean-Marie Bockel, de la mort de la Françafrique. La seule chose qu'il attaque, c'est l'habillage de cette vaste mafia.

Il y a une différence entre accabler un système et militer pour la disparition dudit système. Glaser ne souhaite nullement la disparition de la Françafrique. Il fait juste semblant de ne pas être d'accord avec les bourreaux de l'Afrique et c'est en cela qu'il est dangereux car dénoncer les limites ou manquements de la politique africaine de la France peut bien être une manière de distraire ou d'endormir les Africains estimant que la France n'est plus la bienvenue en Afrique. En d'autres termes, ce qui rend Glaser dangereux, c'est qu'il est en désaccord, non pas avec un système qui a causé trop de dégâts sur le continent africain, mais avec une certaine approche de ceux qui animent la Françafrique et à laquelle il appartient probablement.

Jean-Claude Djereke

[523] https://www.youtube.com/watch?v=nTrX6XFvt4g

Joëlle PALMIERI, TIC, Colonialité, Patriarcat, Société Mondialisée, Occidentalisée, Excessive, Accélérée… Quels Impacts Sur La Pensée Féministe ? Pistes Africaines, Editions Langaa, Yaoundé, 2016, 296 pages, ISBN : 9789956763061.

I. Les principales nervures argumentatives d'un ouvrage ouvertement ambitieux et audacieux.

C'est en se servant de la méthode féministe de l'*intersectionnalité*[524] *des dominations* (sexe (genre), race, classe) appliquée au contexte sociopolitique et culturel sud-africain et sénégalais, que Joëlle Palmieri[525] nous brosse un paysage complexe, différentiel et mouvant de dominations des femmes africaines par des pouvoirs patriarcaux, politiques et religieux. Il s'agit d'un ouvrage très bien écrit selon les règles de la publication scientifique dans un style dense, fluide, limpide, soutenu, académique, clair, attrayant, rigoureux, nuancé et complexe sur fond d'un appareil critique bien étoffé. Il procure une véritable délectation intellectuelle tout au long de la lecture ardue de ces 293 pages astucieusement orchestrées. Je recommande d'emblée cet ouvrage qui est écrit pour les chercheurs dans les études féminines et féministes dans le monde, avec une focalisation sur le Sénégal et l'Afrique du Sud. Il fera certainement date dans les recherches ultérieures sur les mouvements féminins et féministes en Afrique postcoloniale dans une conjoncture d'exacerbation des dominations combinées et accélérées à l'ère des fractures numériques mondialisées. La force argumentative et persuasive de cet ouvrage repose sur les multiples immersions de recherche de l'auteure sur le terrain au Sénégal et en

---

[524] Je restitue ici une note infrapaginale de l'ouvrage : « En 1989, Kimberlé Crenshaw propose le concept d'intersectionnalité afin d'identifier une perspective relationnelle qui éclaire la façon dont les discours et les systèmes d'oppression s'articulent et sont interconnectés autour de catégories de classe, « race », sexualité et sexe. CRENSHAW Kimberlé, « Cartographie des marges : Intersectionnalité, politiques de l'identité et violences contre les femmes de couleur », *Cahiers du genre,* XXXIX, 2005 (publication originale : « Mapping the Margins: Intersectionality, Identity Politics, and Violence against Women of Color », *Stanford Law Review,* 1991, XLIII (6), p. 1241–1299).

[525] Collaboratrice active du Cerclecad, Joëlle Palmieri a déjà plusieurs contributions dans notre revue savante et pluridisciplinaire, « Afroscopie », notamment : Joëlle Palmieri, « Les TIC, outils des subalternes ? », in : Benoît AWAZI MBAMBI KUNGUA (Dir.), *Leadership Féminin et Action politique. Le cas des communautés africaines du Canada*, *Afroscopie* IV/2014, (Revue savante et pluridisciplinaire sur l'Afrique et les communautés noires), publiée par Le Cerclecad-Harmattan, Ottawa-Paris, 2014, *219 pages*, ISBN : 978-2-296-99766-0, **pp. 85-108** & Id., « La pensée critique française a-t-elle disparu ? », in : Benoît AWAZI MBAMBI KUNGUA (Dir.), *Les Intellectuels africains au Canada : Missions, Figures, Visions et Leaderships*, *Afroscopie* V/2015, (Revue savante et pluridisciplinaire sur l'Afrique et les communautés noires), publiée par Le Cerclecad-Harmattan, Ottawa-Paris, 2015, *390 pages*, ISBN : 978-2-343-05538-1, **pp. 23-37.**

Afrique du Sud, sur fond d'une réappropriation réflexive, critique et émancipatrice des nouvelles technologies de l'information et de la communication depuis une vingtaine d'années.

Cet ouvrage se focalise sur la recherche des stratégies autonomes, subjectives, idiosyncrasiques et endogènes des femmes africaines reléguées dans la subalternité, l'invisibilité et la domesticité par des pouvoirs patriarcaux et traditionnels renforcés par le "*proto-patriarcalisme*" qui sous-tend la diffusion tentaculaire et planétaire des fractures numériques induites par la mondialisation néolibérale. À la fin de son ouvrage, l'auteure démontre l'urgence absolue pour les femmes africaines invisibles dans le spectre politique "officiel" de subvertir cette domination patriarcale des élites mâles en s'auto-promouvant comme "auteures" de plein droit des paroles et des récits qui narrent leur montée en « subjectivités » comme principales actrices de leur émancipation intégrale. Les TIC[526] – bien qu'au service de l'imposition frontale et oblique ces catégories épistémiques et politiques de la mondialisation occidentale – peuvent être sciemment utilisées par les femmes africaines pour sortir du cadre intellectuel, idéologique et politique des dominations protéiformes induites par la projection numérique, militaire et capitaliste de la mondialisation néolibérale.

Les récits oraux des femmes – même si la plupart sont durablement illettrées en Afrique du Sud et surtout au Sénégal – peuvent être ensuite retranscrits par les femmes lettrées pour les inscrire dans la méga-textualité (*sémiologie*) mondiale. Ces savoirs féminins, féministes, émancipateurs, subversifs et autonomes se situent dans une posture d'*ekstase* par rapport au système patriarcal, capitaliste, colonial et esclavagiste qui propulse pour le pire la mondialisation néolibérale dans des sociétés sans États, bloquées et anomiques de la postcolonie, incapables de se libérer d'elles-mêmes et par elles-mêmes, de leur subordination séculaire face à la volonté de puissance de la Modernité occidentale depuis le XVIème siècle jusqu'à la phase nocive et mortifère de l'idéologie néolibérale en déclin. Les prises de parole autonomes des femmes africaines génèrent une "mémoire collective féminine, noire et africaine" en contraposition avec la "mémoire mâle, blanche, patriarcale et occidentale". Ces stratégies d'*auto-diction* et d'*auto-phénoménalisation* publique des femmes africaines engendrent une économie matricielle de la transmission des identités féminines subalternes décidées de subvertir cette marginalisation et prendre en mains leur liberté en tant que sujets de pensée, de parole et d'action.

L'auteure pose frontalement la question de la subjectivation des femmes paysannes et subalternes de l'Afrique postcoloniale en dévoilant avec justesse les limites politiques et épistémiques de la mégalomanie néolibérale. Elle invite par conséquent les femmes africaines à quitter les postures "traditionnelles" de la gestion urgente de la "survie quotidienne" hypothétique dans des sociétés qui connaissent une augmentation exponentielle des situations de

---

[526] Technologies de l'information et de la communication.

pauvretés, de misères, de disettes économiques, de chômages chroniques et de satellisation de l'espace public par les élites politiques qui compensent leur asservissement par rapport aux puissances militaro-capitalistes du monde occidental, par une praxis politique néo-traditionaliste et patriarcale, reléguant les femmes à la sphère privée, invisible et intime. Tout l'ouvrage gravite donc autour de la promotion des stratégies de réactivation, de renforcement et de cristallisation politiques du processus de subjectivation et d'individuation des femmes africaines dans cette période d'évanouissement rapide des institutions et légitimités idéologiques issues de la projection coloniale de l'Europe en Afrique depuis la conférence de Berlin en 1885.

L'accroissement et l'intensification du processus de subjectivation de chaque femme ne consiste pas à individualiser ni à privatiser la question féministe en Afrique. Bien au contraire, tout le mouvement de pensée en œuvre dans cet ouvrage consiste à re-politiser massivement la question du genre en Afrique en la replaçant au cœur de la sphère politique publique et en mettant en garde contre l'institutionnalisation (arraisonnement) des mouvements féminins et féministes (*mainstreaming* du genre) par des États qui esquivent les vrais défis moyennant une rhétorique bureaucratique et une réactivation subreptice des catégories patriarcales, néo-traditionalistes et culturelles qui maintiennent les femmes africaines dans la sphère privée, domestique, et invisible. Il convient de mettre clairement en évidence que l'institutionnalisation du genre est exacerbée par l'institutionnalisation des TIC dans un contexte d'accélération de la mondialisation néolibérale. Cette mondialisation n'est qu'une radicalisation de la projection coloniale et néocoloniale de la violence capitaliste avec le patriarcat qui le propulse. Nous avons ici la thèse axiale qui permet de capter l'essentiel de l'argumentaire de cet ouvrage de déconstruction frontale de l'occidentalisation du monde sous-tendu par les pouvoirs mâles et patriarcaux.

Les femmes africaines vivent encore de façon plus aigüe les fractures numériques globales et locales. Il convient ici de souligner que l'écriture au quotidien demeure l'apanage d'une petite élite occidentalisée qui dispose des capacités intellectuelles, des moyens logistiques et du temps disponible (*scholè* chez Aristote) pour produire des contenus textuels dans les réseaux informatiques et médiatiques. C'est ce que l'auteure désigne par l'expression : *''la fracture numérique de genre''*. Elle expose aussi les stratégies mises en œuvre par les femmes pour devenir actrices majeures dans la toile mondiale. Elle distingue : 1/ Les stratégies de réappropriation des TIC par les femmes lettrées et 2/ Le cyberféminisme. L'auteure exprime ses critiques envers ces mouvements féministes qui veulent entrer dans ce cyberespace global sans au préalable interroger l'intentionnalité foncièrement *patriarcale* et *colonialitaire* du pouvoir occidental qui le propulse. Mais en faisant cette critique, l'auteure elle-même montre *in actu exercito* qu'on ne peut empiriquement combattre un système en étant dans une posture totale d'*ekstase*, d'extériorité ou de lévitation. Il faut bien le pénétrer tout en gardant sa vigilance critique et iconoclaste.

D'où l'essence paradoxale de toute entreprise de déconstruction systémique d'un système. Il n'y a qu'un membre de l'élite qui peut critiquer à bon escient un autre membre de l'élite. L'ouvrage de Joëlle Palmieri s'inscrit sans équivoque dans une posture élitiste d'érudition sciemment mise au service des femmes qui ne peuvent pas se subjectiver dans la *raison graphique*. À ce titre, il s'agit d'un ouvrage qui rejoint avec puissance l'axe gnoséologique et politique de la philosophie politique du Cerclecad. Par exemple, les femmes engagées dans la subjectivation féministe dans les TIC ne tiennent pas compte nécessairement des besoins réels des femmes illettrées de la base (Sénégal, Afrique du Sud), rendant ainsi leurs luttes inoffensives face au système patriarcal et capitaliste de la mondialisation marchande. Il faudrait renforcer la symbiose, l'osmose et l'alchimie entre les femmes africaines lettrées et les femmes africaines illettrées réunies sur le même front de la libération holistique de la femme africaine des *fourches caudines* du patriarcat ancestral.

Il importe donc de déconstruire les enjeux épistémiques, fonctionnels et politiques de la "société de l'information" ainsi que les dominations symboliques et idéologiques qu'elle charrie frontalement ou de biais. Au-delà des usages purement techniques et pratiques, la critique féministe de la société de l'information doit interroger les visées de domination intellectuelle et idéologique qui sous-tendent sa projection mondiale. Les femmes doivent s'emparer activement des TIC pour devenir des productrices de savoirs opérationnels dans leurs vies quotidiennes au lieu de se résigner dans un rôle passif de pures consommatrices des contenus produits et diffusés par des pouvoirs patriarcaux et colonialitaires.

Mais cette activité épistémique ne se réduit pas uniquement aux femmes, mais à toutes les élites africaines qui devraient, non seulement produire des savoirs libérateurs pour leurs peuples, mais aussi s'assurer qu'ils sont effectivement enseignés dans les institutions scolaires et universitaires en Afrique même. Le combat pour l'émancipation des vaincus et des esclaves modernes passe nécessairement aujourd'hui par la capacité des acteurs sociaux à produire des contre-savoirs induisant des contre-pouvoirs, pour mettre en échec les prétentions de clôture totalisante des réseaux élitistes du "système-monde". Au-delà d'un usage purement commercial (Marketing) des TIC et des sites Web par les organisations féminines et féministes visant à capter des financements auprès des bailleurs internationaux, il est urgent que les femmes africaines professionnalisent leurs stratégies éditoriales de diffusion de l'information comme action politique pour faire avancer ensemble leurs luttes localement et globalement.

La percée de cet ouvrage réside dans cette déconstruction épistémique et politique de la société de l'information au service des dominations économique, de genre, symbolique et culturelle induites par la mondialisation néolibérale. Les TIC comme la mondialisation néolibérale sont au service d'un projet gigantesque de reformatage intellectuel et politique du monde par l'ingénierie sociale et la marchandisation de la biosphère. Cela se déploie en même temps que l'aggravation et l'accélération des dominations et des inégalités au sein même des pays industrialisés du centre du capitalisme mondial d'une part, et de façon exponentielle et drastique entre les pays du centre et ceux de la périphérie du système-monde. Les TIC propulsées par les accélérations de l'Internet constituent l'armature technologique qui rend possible l'emprise de la mondialisation marchande sur toute la planète avec son lot d'inégalités, de violences, de guerres de prédation économique et de montée de terrorismes religieux.

L'historique de l'émergence du réseau internet dans l'ingénierie militaire des États-Unis montre clairement que ce sont les grands pays occidentaux (États-Unis, Canada, Union européenne, Russie) qui ont le monopole des infrastructures du réseau Internet et des TIC, et l'Afrique occupe le bas de l'échelle dans cette stratification numérique mondialisée. La société de l'information qui couvre le monde entier est au service des injonctions marchandes des grandes multinationales de télécommunications et de l'information. L'auteure choisit l'adjectif "colonialitaire" pour désigner la colonialité du pouvoir exercé par les entreprises du numérique et qui sous-tend par principe toute projection du pouvoir pour mater et asservir les masses hébétées. Les inégalités numériques qui travaillent les sociétés africaines actuelles constituent la première manifestation de la colonialité des TIC. Les sociétés "décolonisées" sont toujours en train de subir d'autres types de colonisations plus complexes, plus subreptices et plus nocives à la faveur des révolutions numériques en cours.

Déconstruire les processus d'occidentalisation et de mondialisation à partir de la critique féministe permet d'échapper à un universalisme abstrait et myope devant l'intersectionnalité des dominations selon le genre, le sexe, la race, la classe sociale. L'auteure reproche à la pensée postcoloniale son universalisme abstrait oublieux de la transversalité des dominations susmentionnées. Il faudrait donc que les femmes prennent librement la parole en imposant ce qui est vu par le système patriarcal comme affaire des femmes, donc *informelle* et *subalterne,* dans l'espace publique par leur auto-mise en scène qui subvertit la normalité patriarcale.

II. Une reprise critique de l'ouvrage en vue de faire émerger des nouvelles questions dans les études féminines et féministes en Afrique postcoloniale.

Je viens de consacrer 6 pages de cette recension à faire émerger les forces, les percées épistémiques et les audaces politiques de Joëlle Palmieri qui récapitule ainsi plusieurs décennies de son immersion empirique et réflexive dans les répercussions sociopolitiques des TIC concernant les dominations multisectorielles que les femmes subissent dans le monde, et en particulier, en Afrique.

Ici ma posture devient délicate, car l'auteure insiste sur la nécessité de poser les questions des femmes en leur donnant la parole pour qu'elles se racontent elles-mêmes, par elles-mêmes et pour elles-mêmes. Je suis donc d'emblée éliminé du débat, n'étant pas une femme moi-même. Mais en tant que président d'un centre de recherches pluridisciplinaires, savantes et émancipatrices qui affiche ouvertement une autorité scientifique mondiale à travers ses précipités éditoriaux prestigieux, je me lance dans l'eau à mon propre compte comme chercheur, mais aussi en faisant parler quelques femmes engagées dans le combat intellectuel et politique pour la libération intégrale et durable de l'Afrique noire.

1⁰/ Je commencerai par Madame Aminata Dramane Traoré[527], une actrice de poids dans la mouvance altermondialiste et la libération endogène de l'Afrique contre la nouvelle recolonisation orchestrée par les puissances militaro-capitalistes de la Françafrique qui a signé le dernier article du *Monde diplomatique* de septembre 2015. C'est sous forme d'une lettre adressée à Yayi Bayam, sa sœur qu'elle s'exprime en tant que mère : « *C'est pour cette raison que, avec le Centre Amadou Hampâté Bâ de Bamako et le Foram, nous avons décidé de promouvoir la notion de « mère sociale ». Aux valeurs guerrières du capitalisme mondialisé et financiarisé, opposons des valeurs pacifiques et humanistes. Les figures féminines – mère, tante, sœur aînée – qui les incarnent jouent souvent un rôle central dans la préservation de la cohésion sociale et de la solidarité. Le Mali a cruellement besoin de ce socle culturel qui constitue une force intérieure de changement et de progrès.* »[528] Dans une conférence qu'elle avait donnée à la mairie de Gatineau (Canada) le 26 mai 2012, elle avait dit que la question des femmes africaines ne se résumait pas uniquement à l'excision des filles, à la polygamie ou à l'arraisonnement reproductif de leurs corps par les pouvoirs mâles, mais elle résidait principalement dans l'émasculation, la paupérisation et l'asservissement des hommes africains par les politiques létales et meurtrières des puissances militaro-capitalistes et néocolonialistes en Afrique. L'actualité en Côte d'Ivoire, au Mali, en Libye, dans

[527] Pour une entrée globale dans l'œuvre littéraire et politique de Madame Traoré, lire mon article : Benoît AWAZI MBAMBI KUNGUA, « Hommage Intellectuel à Madame Aminata Traoré : Une figure emblématique de l'altermondialisation en Afrique subsaharienne », *Le Bilan de 50 ans des indépendances politiques africaines et les défis de l'intégration des Africains au Canada. Histoire, Enjeux éthiques et Perspectives d'avenir pour la Renaissance africaine,* ***Afroscopie III/2013*** (Revue savante et pluridisciplinaire sur l'Afrique et les communautés noires), publiée par Le Cerclecad-Harmattan, Ottawa-Paris, 2013, pp. 25-35. Lire aussi ma recension de son ouvrage : « L'Afrique humiliée. Fayard/Pluriel, Paris, 2010 (Préface de Cheikh Hamidou Kane), dans *Afroscopie* III/2013, pp. 222-232. Pour poursuivre l'exploration de son engagement politique et social, je renvoie à ses ouvrages : Aminata Traoré & Nathalie M'Dela-Mounier, *L'Afrique mutilée*, Tama Éditions, Bamako, Mali, mai 2012 ; Aminata Traoré, *Le viol de l'imaginaire,* Fayard/Actes Sud, Paris, 2002.

[528] Aminata Dramane TRAORÉ, « Migrants perdus en Mer. Ce sont nos enfants », *Le Monde diplomatique*, N0 738/62, septembre 2015, p. 28.

la région des grands lacs donne à cette assertion de Madame Aminata Traoré une force redoutable. J'aimerais savoir la position de Madame Joëlle Palmieri par rapport à cette prise de position de Madame Aminata Traoré. Dans son ouvrage, elle a mentionné plusieurs femmes sénégalaises et sud-africaines et elle pourrait s'appuyer sur leurs propres récits sur cette question de l'émasculation des hommes africains par la violence matérielle, économique et politique des puissances occidentales en général et de la Françafrique, en particulier.

2⁰/ La deuxième question repose sur une réflexion personnelle et comparative entre le statut des corps des femmes en Occident et celui des femmes en Afrique. Si dans les écrits des féministes en Occident – et en l'occurrence ici dans l'ouvrage de Joëlle Palmieri – les femmes dénoncent l'appropriation de leurs corps par des politiques capitalistes, patriarcales et machistes des élites politiques, comment cette réalité est réellement vécue par la femme africaine paysanne et même urbaine à partir d'une auscultation attentive et minutieuse des pratiques sexuelles et matrimoniales prégnantes dans les sociétés africaines qui ne sont pas prises par les processus de sécularisation et de laïcisation en train de s'accélérer en Occident ?

3⁰/ En Afrique, les femmes peuvent avoir 10 à 12 enfants sans nécessairement avoir des garanties financières de les nourrir décemment et de leur donner une éducation solide et compétitive dans des sociétés mondialisées, et donc, compétitives. Pour beaucoup de familles africaines, encore aujourd'hui, dans des pays sans salaires et sans politiques de péréquations sociales de retraites/pensions, les enfants constituent leur unique garantie de sécurité matérielle pour leurs vieux jours. Mais si les femmes africaines raisonnaient en termes de budget dans des pays sans États, et donc sans salaires, alors il y a longtemps que l'Afrique serait disparue du globe terrestre, et réduite à un désert sinistre. Sous forme d'un raisonnement brut, je suis en train de poser en filigrane, la question de la primauté des valeurs traditionnelles, culturelles et religieuses dans les pratiques spontanées et non réfléchies des individus. Ce ne sont pas d'abord des motivations rationalistes au sens du doute cartésien et du discours sur la méthode qui sous-tendent les actions spontanées des individus par rapport au planning familial, mais plus originairement des valeurs de type religieux et symbolique. Comment ces valeurs se répercutent-elles dans les choix spontanés des femmes africaines pour une progéniture abondante même dans des situations obvies de manque criant de ressources financières pour les nourrir et les éduquer ? Quelles sont les valeurs qui sous-tendent les choix d'une grande majorité de femmes occidentales pour une limitation drastique du nombre d'enfants par femme ? Quelles sont les solutions promues par les élites politiques pour faire face au processus accéléré du vieillissement des populations occidentales ? Évidemment, une grande partie d'immigrés d'origine africaine comblent les tâches urgentes de prise en charge des personnes dans des maisons de retraite, d'aides à domicile, du ménage industriel et d'autres tâches de moindre plus-value intellectuelle. Mais cette stratification de savoirs et de pouvoirs dans les sociétés multiculturelles et vieillissantes du monde occidental a-t-elle des liens obliques ou directs avec le mode d'insertion servile des Africains aux États-Unis, au Canada et dans les Antilles durant les trois siècles de la traite des Noirs et de l'esclavage (XVIème-XIXème siècles) ? Oui ou non et pour quelles raisons convaincantes et réellement vraies ?

4^{0}/ Je termine ma série de questions en m'adressant frontalement aux théologiens et surtout théologiennes africaines suffisamment formés dans des universités occidentales et ils sont nombreux qui me lisent chaque jour dans les quatre coins du monde : Quelles sont les questions proprement théologiques et incandescentes que cet ouvrage de madame Joëlle Palmieri charrie avec puissance concernant le "statut marginal" des femmes dans l'Église catholique, et plus particulièrement, dans les Églises d'Afrique, toutes confessions confondues ? Cette question s'impose à mon esprit parce que je suis en train de préfacer un ouvrage, écrit par un prêtre congolais, et qui paraîtra bientôt chez l'Harmattan et qui a pour titre provisoire : « *Le tournant féminin et féministe de la théologie africaine postcoloniale.* » Que les femmes et théologiennes africaines quittent leur posture de rase-campagne et osent, une bonne fois pour toutes, se dresser droit comme des sujets debout devant la Face de l'Éternel notre Dieu, exactement comme dans le récit sidérant des ossements desséchés qui reviennent à la vie moyennant le déploiement *démiurgique* et *thaumaturgique* de la Toute Puissance de Dieu dans le livre du prophète Ézéchiel : « *Je prononçai l'oracle comme j'en avais reçu l'ordre, le souffle entra en eux et ils vécurent ; ils se tinrent debout : C'était une immense armée.* » (Ézechiel 37, 10).

Je m'arrête ici en félicitant encore publiquement Joëlle Palmieri pour cet ouvrage magistral, imposant et astucieusement orchestré sur les métamorphoses de la question « féminine » et « féministe » dans les sociétés africaines patriarcales, postcoloniales, dominées et arraisonnées par les fractures numériques de la mondialisation néolibérale.

Benoît AWAZI MBAMBI KUNGUA

Paul VENANCE Ntambwe Kasongo, ***Normes canoniques sur les moyens d'éviter les litiges. Contexte culturel du Congo-Kinshasa*****, L'Harmattan, Paris, 2016, 334 pages, Prix : 34 Euros,** ISBN : 978-2-343-09954-5 (Préface de Francis G. Morrisey, omi), Collection « Églises d'Afrique ».

La très bonne qualité rédactionnelle et la cohérence dans le déploiement des stratégies pastorales et juridiques donnent d'emblée un *poids théologique spécifique* à l'ouvrage du père Paul Venance Ntambwe Kasongo qui aborde concrètement des questions pratiques et quotidiennes de la vie communautaire dans l'Église catholique de la République démocratique du Congo. Il faut d'emblée souligner que cet ouvrage s'inscrit résolument dans la perspective théologique de l'inculturation de l'Église catholique dans les sociétés africaines postcoloniales. Il faut donner ici au concept *"inculturation" une charge sémantique* maximale, entendu comme le grand chantier de réappropriation théologique, philosophique, politique et sociale des institutions ecclésiales instaurées dans les sociétés africaines par l'entreprise missionnaire et coloniale débutée à la Conférence de Berlin (novembre 1884 – février 1885).

L'auteur soulève avec talent et perspicacité la dimension *proprement canonique* de la gestion des conflits dans les Églises de la République démocratique du Congo, en vue de préserver l'unité, l'harmonie, la communion, la solidarité et la joie évangélique au sein du tissu ecclésial. Il convient de souligner qu'au moment où je suis en train de rédiger cette recension (lundi 19 septembre, mardi 20 septembre et mercredi 21 septembre 2016), il y a des émeutes sanglantes à Kinshasa et à l'Est de la RDC, au sujet du non-respect du calendrier électoral dans ce géant aux pieds d'argile, dont Frantz Fanon avait judicieusement prophétisé : « *L'Afrique a la forme d'un fusil et dont la gâchette se trouve au Congo* » (Fin de la prophétie de Fanon).

Tout en étant très conscient que les conflits sont constitutifs de toute vie communautaire – et que l'Église demeure bien une communauté humaine qui reflète les tensions inévitables de la vie sociale, politique et économique de ce pays en crise chronique qu'est la République démocratique du Congo –, l'auteur a l'insigne mérite d'avoir proposé la constitution « *des conseils de conciliation* » qui fonctionneraient selon l'épistémologie politique de la « *palabre africaine* » autour d'un groupe de sages habilités à modérer le processus thérapeutique et réconciliateur de la parole qui guérit sous l'*arbre à palabre*. Il s'agit d'une proposition pastorale qui est en phase avec les modalités traditionnelles et communicationnelles de gestion des conflits en Afrique. En cela, l'auteur fait œuvre d'inculturation théologique *in actu exercito*. Cet ouvrage s'inscrit avec justesse dans la philosophie de la rationalité communicationnelle[529] et thérapeutique qui permet de libérer un large espace *discursif* et *politique* dans l'Église et la société congolaises, pour que chaque individu se

[529] Pour un aperçu sommaire de cette philosophie communicationnelle postmoderne, lire : Jean-Godefroid Bidima, *La Palabre. Une juridiction de la parole*, Michalon, Paris, 1997 ; Jürgen

promeuve résolument comme un sujet de parole et d'action par l'acte même de la *"prise de parole"* publique. Il s'inscrit habilement dans le tournant communicationnel[530] de la théologie catholique du XXème siècle imprimé par le concile Vatican II. Les règlements des conflits dans l'Église doivent s'inscrire dans la dynamique biblique de la théologie de l'alliance, où le but ultime de toute confession de foi en un Dieu créateur et sauveur consiste à rendre opérationnelle, ici et maintenant, le processus de *subjectivation* et d'*individuation* de chaque croyant devant Dieu et dans la société, où il vit sa foi chaque jour. Dans des pays africains où les citoyens sont encore muselés par des pouvoirs sanguinaires, mangeocrates et ethno-tribalisés, la réactivation publique des protocoles anthropologiques et sociologiques de la palabre devient constitutive d'un vaste mouvement de réappropriation émancipatrice[531], prophétique et politique du christianisme par les Africains.

L'auteur ne se contente pas de promouvoir ces « *conseils de réconciliation et d'unification* » de la vie communautaire en se basant sur le conseil de Jésus qui demande à ses disciples d'aller d'abord se réconcilier avec son frère avant d'offrir un sacrifice au temple ; mais il propose concrètement des modalités juridiques, pastorales et canoniques pour que ces « *conseils de conciliation* » fonctionnent dans le respect du droit canonique et sous la juridiction de la conférence épiscopale de la République démocratique du Congo (CENCO) et l'autorité épiscopale de chaque évêque dans son diocèse. L'auteur réactive ainsi des dispositifs juridiques contenus dans le Code de droit Canon de l'Église catholique (1983) et qui devraient être appliqués par chaque évêque dans son diocèse. Cette praxis rapprocherait le droit canonique de l'Église catholique du peuple de Dieu qui vit, souffre, agit, lutte, espère et meurt dans l'attente d'un avenir plus humanisant dans cette jungle qu'est devenue la République démocratique du Congo, depuis son indépendance en 1960 jusqu'à ce jour. Ce pays n'a jamais réussi à construire un État de droit au service du droit, de la justice et du respect inconditionnel des droits inaliénables de tout être humain. Dans cette conjoncture d'inexistence totale d'un État de droit, les Églises catholiques ne peuvent plus se contenter d'une pastorale des danses exubérantes et pompeuses dans des messes interminables du rite zaïrois de la

---

Habermas, *Théorie de l'agir communicationnel, T.1 & T.2*, Fayard, Paris, 1983 ; Rainer Rochlitz (Cord), *Habermas, l'usage public de la raison*, PUF, Paris, 2002.

[530] Pour une reprise théologique de la théologie communicationnelle sur fond de l'alliance que Dieu a contracté avec l'humanité, je renvoie à Antoine Delzant, *La communication de Dieu. Par-delà utile et inutile. Essai théologique sur l'ordre symbolique*, Le Cerf, Paris, 1978, (« Collection Cogitatio Fidei, 92 »).

[531] Je renvoie aux contributions inspirantes de notre revue : Benoît AWAZI MBAMBI KUNGUA (Dir.), *Dieu et l'Afrique. Une approche prophétique, émancipatrice et pluridisciplinaire, Afroscopie VI/2016*, (Revue savante et pluridisciplinaire sur l'Afrique et les communautés noires), publiée par Le Cerclecad-Harmattan, Ottawa-Paris, 2016, *659 pages*, ISBN : 978-2-343-08467-1, Prix : 54 Euros & ID., *Le Dieu Crucifié en Afrique. Esquisse d'une Christologie négro-africaine de la libération holistique,* L'Harmattan, Paris, 2008, 330 pages, ISBN : 978-2-296-05864-4, Prix : 31 Euros. (Collection Églises d'Afrique).

messe. Elles devraient plutôt devenir des instances de formation et de responsabilisation politique des chrétiens qui sont en même temps citoyens congolais. La théologie obsolète du caractère *apolitique* de l'Église – bien que préconisée par les hautes autorités vaticanes n'a aucun fondement biblique, car la Bible est radicalement un récit prophétique et politique des interventions décisives et décapantes du Dieu YHWH dans l'histoire de son peuple en route vers le Royaume. La théologie *apolitique* préconisée par certaines autorités déphasées de l'Église catholique en Afrique n'est qu'une simple démission devant la catastrophe postcoloniale qui ne fait que plonger les sociétés africaines dans la misère, les massacres et la déshumanisation.

J'imprime volontairement une intentionnalité *prophétique* – et donc, *politique* – à cet ouvrage de Paul Venance Ntambwe Kasongo, pour la simple raison que les "*conseils de conciliation*" qu'il préconise constituent des creusets, d'où jailliront des chrétiens qui soient en même temps des citoyens engagés dans les affaires politiques de ce pays qui poursuit irrésistiblement sa route vers le chaos et les enfers. Ce sont les mêmes Congolais – avec leurs qualités et leurs défauts – qui vivent en même temps dans la société et dans les Églises en République démocratique du Congo. Pour illustrer la corrélation entre l'Église et l'État au Congo-Zaïre, il suffit de faire remonter à la mémoire la corrélation dialectique de la stratégie du président Mobutu Sese Seko Kuku Ngbendu Wa Zabanga qui faisait danser les femmes et les hommes pour son culte de la personnalité et les danses exubérantes du rite zaïrois de la messe. La conséquence logique a été la coexistence pacifique durant 37 ans, entre la dictature sanguinaire de Mobutu et l'épiscopat zaïrois (congolais) – à quelques rares exceptions (Mgr Malula, Mgr Fataki, Mgr Kaseba, Mgr Kabanga...) –, alors que le peuple zaïrois était littéralement domestiqué et asservi par le pouvoir "authentique" de Mobutu qui collaborait bien avec la quasi-totalité de l'épiscopat zaïrois. Il faut toujours écrire les faits historiques quand on respire encore, car une fois dans le "cercueil" il n'y aura plus moyen d'écrire. *Comprenne qui pourra.*

Devant l'insuffisance des canonistes et des tribunaux idoines dans la plupart des diocèses au Congo, les « *conseils de conciliation* » constituent des modalités viables et faciles à mobiliser pour refaire l'unité du tissu ecclésial au Congo traversé par des conflits ethno-tribaux, la mégalomanie de certaines élites politiques et religieuses, et le basculement d'une grande partie de la population dans la pauvreté et la misère économique et sociale la plus abjecte. L'actualité de cette semaine avec les émeutes, les fusillades, les pillages et les incendies des maisons et magasins à Kinshasa (19, 20 et 21 septembre 2016) montre la pertinence vive de cet ouvrage et son impact aussi bien théologique, pastoral que politique. Avec les déflagrations des institutions étatiques et politiques de la postcolonie africaine, les Églises ne peuvent plus se contenter des stratégies uniquement dansantes, cultuelles et liturgiques sans s'impliquer publiquement dans les bouillonnements populaires pour plus de justice et de respect inconditionnel des droits de chaque Congolais, encore traité comme une bête de somme et un esclave au sein même de sa société désintégrée sur tous les plans. *Quid* de la mémoire dangereuse, iconoclaste et subversive du Dieu crucifié sur la croix ?

La réactivation des vertus recréatrice, thérapeutique et unificatrice de l'épistémologie politique de la « palabre africaine » constitue une modalité proprement pastorale et politique de démocratisation effective de la vie ecclésiale en promouvant le droit et la justice pour tous, sans aucune exception ni privilège. N'est-ce pas que le respect du droit et de la justice – surtout envers les catégories les plus vulnérables et les plus corvéables de la société constitue la charte même du Pentateuque (La *Torah*) et de tout le *corpus prophétique* que Jésus vient accomplir par sa mission *historique* et *eschatologique* ? Cet ouvrage s'inscrit donc fondamentalement dans le chantier gigantesque de la théologie de l'inculturation et de la libération au nom de la mission prophétique[532] de Jésus de Nazareth dans les sociétés actuelles contemporaines.

Cet ouvrage apporte une *contribution écrite inspirante* et enrichit *la bibliothèque théologique africaine* qui a besoin des livres écrits à partir desquels les jeunes générations de chrétiens pourront se former et se réapproprier avec conviction théologique, l'Évangile de Jésus-Christ, comme des *subjectivités conscientes*, *responsables* et *engagées* dans les dynamiques émancipatrices des masses paysannes, exploitées et paupérisées des sociétés *sans État* de la postcolonie. La promotion et la diffusion des ouvrages théologiques constituent toute une mission scientifique de l'Église en République démocratique du Congo devant l'absence de bibliothèques d'envergure et d'ouvrages ambitieux qui traitent des questions sociales et ecclésiales à partir d'une épistémologie africaine ostensiblement *immanente, émancipatrice et prophétique*.

Il convient de garder en mémoire que les sociétés africaines fonctionnent encore spontanément et massivement selon des stratégies politiques de l'*oralité* – et donc de la *palabre traditionnelle* - et cela constitue en soi un « lieu théologique de haute intensité politique » dans un monde globalisé autour des *fractures numériques*. Il ne s'agit pas de rejeter l'oralité – ce qui n'aurait aucun sens philosophique – mais de promouvoir l'archivage des traditions ancestrales de médiation sociale des conflits et de guérison de la communauté par la Parole qui recrée et guérit, individuellement et collectivement. Il convient ici de déployer dans son amplitude maximale le conflit entre la *raison orale* et la *raison graphique* en montrant ses conséquences obvies dans la stratification de savoirs et de pouvoirs dans la géopolitique mondiale à travers la

---

[532] Sur la nécessité du tournant prophétique dans tout le paysage théologique africain postcolonial, je renvoie à Benoît Awazi Mbambi Kungua, *Le Tournant prophétique de la théologie négro-africaine de la libération. De la Performativité de la Deutérose,* L'Harmattan, Paris, 2017. Pour avoir un aperçu panoramique des théologies africaines contemporaines, je renvoie à : Benoît Awazi Mbambi Kungua, *Panorama de la Théologie Négro-Africaine Contemporaine,* L'Harmattan, Paris, 2002, 210 pages, ISBN : 2-7475-3490-1, Prix : 18 Euro & ID., *Panorama des Théologies négro-africaines anglophones*, L'Harmattan, Paris, 2008, 283 pages, ISBN : 978-2-296-06056-2, Prix : 27,50 Euros. (« Collection "Églises d'Afrique" »).

sémiologie numérisée. L'acte de publier un ouvrage induit une modalité durable et spécifique de production de savoirs et de pouvoirs dans un monde travaillé par les fractures numériques, car le binôme "parler/écouter" est *ontologiquement*[533] différent du binôme "écrire/lire".

À ce titre, l'ouvrage du Père Paul Venance Ntambwe Kasongo apporte *une plus-value théologique écrite* dans la constitution de la bibliothèque africaine postcoloniale, indispensable dans la réappropriation critique et écrite de la foi chrétienne. Il introduit le code du droit canon au cœur des conflits, des tensions et des différends qui travaillent les Églises et les sociétés de l'Afrique postcoloniale. Il redonne l'initiative aux individus, aux croyants et à l'épistémologie politique traditionnelle de la palabre dans les modalités de gestion des conflits et de reconstitution du tissu social et ecclésial. Il met en évidence la puissance *créatrice*, *réconciliatrice*, *thérapeutique*, et *libératrice* de la prise de parole individuelle et collective. Il rejoint avec brio le tournant *communicationnel* – et donc *démocratique* – imprimé par le Concile Vatican II dans la théologie catholique, et ouvre des espaces pour l'action politique et publique des Églises africaines aux prises avec la récurrence des fractures, des guerres, des crises et des fissures qui caractérisent l'effondrement des institutions étatiques et ecclésiales héritées de la colonisation européenne depuis la conférence de Berlin (1885) jusqu'à ce jour.

Benoît AWAZI MBAMBI KUNGUA

[533] Sur ces questions de l'oralité et des traces textuelles et sémiologiques dans l'auto-compréhension philosophique et politique des sociétés africaines et occidentales, je renvoie à Benoît Awazi Mbambi Kungua, *ID., *Donation, Saturation et Compréhension. Phénoménologie de la Donation et Phénoménologie Herméneutique : Une alternative ?,* L'Harmattan, Paris, 2005, 310 pages, ISBN : 2-7475-8743-6, Prix : 25,5 Euros. (« Collection "Ouverture Philosophique" »). Lire aussi, Paul Ricoeur, *Le Conflit des interprétations. Essai d'herméneutique I,* Le Seuil, Paris, 1969 ; Jacques Derrida, *La Dissémination*, Seuil, Paris, 1972 ; Id., *Écriture et Différence*, Seuil, Paris, 1967 ; Id., *De la Grammatologie*, Les Éditions de Minuit, Paris, 1967 ; Gilles Deleuze, *Différence et Répétition*, PUF, Paris, 19722.

Jean Paulin MENGUE ME NDONGO, *La médecine chez les Peuls du Cameroun septentrional 1754 – 2013*, L'Harmattan, Paris, 2015, 473 pages, ISBN : 978-2-343-02680-0, Prix : 47 Euros.

Le choix de ce sujet se justifie par la réponse que l'auteur entend donner d'une part, à l'appel lancé par Karine Delaunay[534], invitant les historiens et d'autres spécialistes des sciences sociales à étudier davantage la médecine tropicale, la santé et ses pratiques en Afrique ; de l'autre, à une ambition personnelle et forte d'approfondir ses connaissances en culture africaine et dans ce domaine neuf de l'histoire.

En effet, les faits relatifs à la santé font partie intégrante de la vie sociale, politique et économique d'un peuple. Le souci de l'auteur est de contribuer à l'étude des systèmes médicaux et des modes de traitement. La rareté des études historiques dans la partie septentrionale du Cameroun, la résistance et l'adaptation de la médecine peule, malgré l'action de l'Etat et la communauté internationale dans la même région, constituent le second mobile du choix de ce sujet.

Cette étude revêt donc un intérêt au triple plan théorique (domaine négligé par les historiens) académique et pratique (dresser le tableau de la situation du système de santé chez les Peuls, avoir une meilleure appréhension des problèmes de santé par les pouvoirs publics, autorités sanitaires, bailleurs de fonds et protection de l'environnement végétal) dans un milieu humain fragilisé par la pauvreté des populations et apparemment dominé par une médecine occidentale dite moderne onéreuse.

Analyse du travail (la forme et le fond) et apports de l'ouvrage

Pour mieux aider le lecteur à le comprendre, l'auteur spécifie clairement le cadre théorique et conceptuel de son travail. Il use de l'interdisciplinarité (anthropologie, sociologie et géographie médicale) pour bâtir son champ de recherche. Il emprunte alors une approche méthodologique plurielle propre à la sociohistoire (fonctionnelle ou structuro-fonctionnaliste, écologique, explicative, exploratoire cognitive et symbolique, économique marxiste, transitoire) permettant d'appréhender le système médical peul sous plusieurs angles.

Il utilise tout simplement les données de ces sciences et de la définition des concepts clés (médecine, médecine traditionnelle africaine, médecine prophétique, islamique ou arabo-musulmane, tradipratique africaine, santé, maladie et remède) qui en découlent pour s'en servir comme « matière première » de la démonstration historique qui est faite dans ce travail. La complexité de cette approche socio-historique lui permet de construire et de problématiser l'objet

[534] Karine Delaunay est historienne à l'Institut de Recherches pour le Développement, Unité de Recherche « Constructions identitaires et mondialisation », associée au Centre d'Etudes Africaines (EHESS-CNRS) et aux Mutations Africaines dans la Longue Durée (MALD), Paris 1.

de sa recherche en s'intéressant aussi bien au passé, qu'au présent et au devenir.

En fait, cette démarche qui vise à emporter le lecteur à la compréhension aisée du texte est un exercice assez intéressant pour l'auteur. Il s'en approprie en tant qu'historien doublé d'une formation de sociologue, pour charpenter les différentes parties de son ouvrage, sur une longue durée (1754-2013). Cette fourchette chronologique intègre les périodes précoloniale, coloniale et post-coloniale. Elle distingue ce qui est statique et ce qui est dynamique. L'étude du système médical peul permet alors d'évaluer les manifestations, les différentes phases et d'en déterminer les multiples incidences dans la société. A cet effet, l'auteur pose le problème de la prévention, de la guérison et de la gestion des maladies par des compétences et des connaissances locales chez les Peuls du Cameroun septentrional, dans une perspective dynamique, féconde et interactive.

Aussi a-t-il mené une enquête de terrain auprès de 96 témoins essentiellement composés de tradipraticiens d'origine peule. Cette enquête a été complétée par le dépouillement exhaustif d'une documentation riche et diversifiée. Ces différentes sources lui ont permis de réaliser un travail volumineux de 473 pages dont 424 de texte propre, abondamment illustré (104 photos et 52 croquis).

Ce travail est réparti en deux parties (deux chapitres de 144 pages pour la première et quatre de 230 pages consacrées à la seconde). Cet enchainement présente d'abord le cadre humain, culturel et écologique de la pharmacopée chez les Peuls. L'auteur y brosse l'histoire et les traits de civilisation des Peuls ; il y traite de la question de l'ordre et du désordre au sein de ce peuple en cernant la notion fondamentale de *pulaaku* (ensemble des valeurs sociales et morales relevant de l'éducation des Fulbe) ; ses modes d'acquisition, ses domaines d'application et les sanctions à la déviance. Le lecteur apprend que « l'extrême pudeur attachée au *les*[535] explique certainement les échecs, du moins les difficultés que la médecine occidentale a rencontrées pour convaincre les Fulbe d'aller se faire consulter, ou leurs femmes d'accoucher à la maternité. En fait, l'ensemble du corps est soumis aux règles de la pudeur ». Qu'il s'agisse de l'expression des sentiments, de l'intimité, du langage, des rapports sociaux, des sanctions aux manquements, le *pulaaku* recommande plus de retenue et de mesure, plus de chasteté et de sobriété. Le chapitre deux traite des espèces fauniques, floristiques et des ressources minérales les plus couramment utilisées en médecine peule. Dans une enquête et une analyse

[535] Le terme « **les** » renvoie en langue fulfulde à ce qui est en bas, à ce qui est en bas de. Employé comme euphémisme pour désigner les « parties honteuses ». Le « **les** » se compose des organes génitaux et de l'orifice anal. Il doit être maintenu caché en tout lieu et en tout temps. Ainsi, l'on remarquera que c'est un geste automatique de se couvrir le sexe si on se sent exposé au regard d'autrui. La femme, même en se lavant, doit avoir un morceau de pagne sur elle.

fouillée, l'auteur passe en revue 52 espèces floristiques dont le lecteur découvre avec plaisir l'identification, la description botanique, écologique et les vertus thérapeutiques de chaque plante médicinale étudiée. Le lecteur peut apprendre que la vache, le cheval, la chèvre, le cabri, le mouton, le coq et l'escargot sont des espèces fauniques qui interviennent dans la tradithérapie des Peuls. L'utilisation de ces animaux et de leurs dérivés participe de la prévention et du traitement de nombreuses maladies : carie dentaire, parasitose, dermatose, hépatite, tension artérielle et autres multiples infections.

La connaissance du peuple peul d'une part, l'éventail des espèces naturelles de sa pharmacopée de l'autre, étaient nécessaires pour aborder la deuxième partie de l'ouvrage intitulée : « Fondement et fonctionnalité de la médecine chez les Peuls ». En quatre chapitres, l'auteur traite successivement le fondement de la médecine peule, la fonctionnalité de celle-ci à base naturelle, spirituelle, culturelle et religieuse ; l'inventaire du personnel et la biographie sélective de tradipraticiens de santé.

Les symptômes des maladies, le diagnostic, les méthodes de traitement et les techniques de guérison y sont exposés. Le sacré, notamment la religion du terroir et l'islam jouent un rôle déterminant dans la pratique de la médecine peule. L'auteur montre que le savoir et le pouvoir médical s'acquièrent par héritage, par échange et par révélation ; que le personnel soignant est composé d'une pluralité de spécialistes en charge de la consultation et du diagnostic, de la recherche des remèdes ; les patriarches et les tradipraticiens de santé aux multiples fonctions du petit chirurgien au généraliste en passant par le médecin vétérinaire, l'accoucheuse traditionnelle et le marabout. Ce dernier ou mallum, est un véritable spécialiste du Coran qui soigne en crachotant sur le malade en prononçant des formules coraniques ou qui lui fait boire des rinçures de versets coraniques et non un vulgaire magicien ou un charlatan qui soigne avec des procédés magiques peu conformes avec l'orthodoxie islamique tel que le perçoivent la littérature coloniale et l'imagerie populaire.

L'auteur constate que les causes (psychologiques, astrales, spirituelles, ésotériques) de la maladie dans la médecine peule à base naturelle sont généralement attribuées à la sorcellerie et aux esprits (djinns), contrairement à la médecine occidentale. Les méthodes techniques de guérison de bon nombre de maladies y sont exposées et analysées. Dans cette médecine, le patient est considéré comme un tout et le traitement proposé a pour objet de rétablir son équilibre.

L'auteur ne se contente pas d'exposer et de faire l'apologie de la thérapie naturelle des Peuls, mais il critique aussi quand cela est nécessaire. Par exemple, la stigmatisation des pratiques d'administration intra-vaginal de certains abortifs traditionnels pouvant aboutir à une rupture utérine ; l'excision chez les jeunes filles ; l'ablation de la luette.

Les variations du coût de traitement des maladies sont évaluées avant et pendant la période coloniale. Il s'agit d'abord des échanges et de dons en nature (mouton, bœuf, poule, etc.), ensuite de l'argent versé au *kurgoowo*, mais par règlement fait à l'amiable entre le tradipraticien et le sujet guéri ou soulagé. Il est donc clair que le plus important c'est de sauver d'abord la vie de l'homme menacée par les forces de la mort. Ici, les praticiens n'ont pas besoin de prêter le fameux « serment d'Hippocrate » que bon nombre de jeunes formés dans des facultés ou écoles de médecine et travaillant dans un environnement de pauvreté et corruption ont transformé en « serment d'hypocrite ».

Comme chez les missionnaires chrétiens, la guérison par la foi est une des formes importantes du traitement psychologique administré aux patients en médecine peule. Des prières, des offrandes sont adressées aux dieux pour dissiper les effets néfastes des mauvais esprits sur le patient et sa famille. Il est intéressant de savoir que si dans le passé les domaines de la psychothérapie et même celui de la guérison spirituelle étaient réservés à une élite de guérisseurs et de marabouts dévoués, inspirés et expérimentés, l'observation actuelle des faits chez les Peuls conduit à une rupture perceptible du respect accordé à la fonction de cette élite qui est aujourd'hui souillée par le charlatanisme et l'introduction dans ses rangs d'apprentis-sorciers. Le domaine de la guérison spirituelle est donc à prendre en compte, dans un environnement où les femmes et les jeunes gens sont exposés quotidiennement à des traumatismes de toutes sortes (névroses, complexes d'infériorité, anxiété, cauchemars, esprits inquiets, sentiment d'insécurité). Ce type de guérison peu répandu et pratiqué discrètement dans la région septentrionale du Cameroun (contrairement aux régions christianisées où elle prend des proportions considérables) est parfois combiné avec une abstinence quasi complète de la médecine orthodoxe.

Par ailleurs, la prévention n'est pas absente de la médecine peule à base naturelle. Il est conseillé une bonne hygiène de vie et l'abandon du mal, l'oubli des soucis et de situations stressantes.

L'auteur étudie la médecine naturelle peule dans la dynamique du changement. Le texte est accompagné de photos consacrées à la commémoration de la journée de la médecine traditionnelle. Il part de deux études de cas pour démontrer cette dynamique de changement : le traitement ancien et nouveau de la syphilis d'une part, de la fièvre typhoïde de l'autre, de 1940 à nos jours. On constate une évolution heureuse de la néo-médecine à la médecine peule moderne.

La question de la modernisation, de l'institutionnalisation ou de l'intégration de la médecine traditionnelle au Cameroun est abordée de façon détaillée au cinquième chapitre de l'ouvrage qui est intitulé : médecine peule à vocation spirituelle, culturelle et religieuse. Des exemples de maladies nécessitant un traitement de ce type sont présentés. Il en est ainsi des couches de nuit et de la prévention de la folie.

L'auteur montre alors comment la médecine peule à vocation spirituelle, religieuse et culturelle fait face aux défis de la modernité, en subissant des assauts multiformes et de profondes mutations qui l'amènent à s'adapter aux exigences de l'heure. Il s'agit explicitement de la loi cadre de santé du 4 janvier 1996 prévoyant la promotion de la collaboration entre les secteurs public, privé et traditionnel ; de l'avant-projet de la loi portant sur l'organisation de l'exercice de la médecine traditionnelle au Cameroun, depuis la décennie 2000 et de nombreux textes officiels et l'élaboration du plan MTC[536], qui montre les opportunités, les forces et les faiblesses pour le développement et l'intégration de la médecine traditionnelle dans le système de santé au Cameroun.

Une analyse situationnelle sur la médecine traditionnelle au Cameroun, permet alors de ressortir un tableau historique intéressant, dressé par le Plan MTC et retraçant les travaux de recherches entrepris depuis Georges Zenker (1889) à Saive[537] (1975). Chaque borne de ce tableau pourrait constituer une étude de cas historique utile à la société et à la promotion de la santé pour tous à partir des plantes médicinales. On comprend aussi l'importance de la création par l'État du Cameroun du Centre de Recherches en Plantes Médicinales et en Médecine Traditionnelle. Centre chargé de mener des recherches sur des thérapeutiques appropriées. De multiples intervenants nationaux et internationaux s'investissent dans ce sous-secteur de la médecine traditionnelle et les résultats de ces collaborations sont encourageants (pommades antifongiques, sirops antianémiques, antihelminthique, tonique, antiallergique, dermique, anti-hémorroïdaire ou gama, pola-gastral A-T-200 utilisé dans le traitement des inflammations et de l'ulcère d'estomac et l'hépasor utilisé dans le traitement des hépatites ; comprimés de quinine obtenus participent de cette évolution historique dont l'auteur parle dans ce chapitre). Mais, il relève que certains points d'ombre persistent et des faiblesses relatives à l'épanouissement de cette médecine demeurent perceptibles :

- Aucune politique nationale dudit secteur adopté par le gouvernement ;
- La MTR est certes reconnue, mais sans être entièrement intégrée dans tous les aspects de soins de santé (pas de pratique officielle dans les structures de santé, absence de sécurité sociale ; réglementation partielle des prestations et produits issus de la MTR etc. ;
- Problèmes juridiques (absence de textes légalisant et réglementant l'exercice et les produits MTR) ;
- Problèmes institutionnels ;
- Problèmes éthiques ;
- Problèmes économiques ;
- Problèmes d'ordre organisationnel et partenarial.

L'ouvrage se termine par un inventaire du personnel intervenant dans la médecine peule (chapitre 6). Il s'agit de personnes de troisième âge ou d'une véritable caste à vocation thérapeutique, chargée de beaucoup d'expérience et capable de soigner, de lire et d'interpréter les présages. En dehors de la pratique d'une médecine populaire, ces gladiateurs de la santé offrent des recettes

---

[536] Médecine Traditionnelle au Cameroun.

[537] G. Zenker et Saive peuvent être considérés comme des pionniers et des chercheurs de haut vol dans le domaine des plantes médicinales au Cameroun.

pour traiter des maladies plus graves et peu courantes. Ce chapitre met en lumière les éléments permettant de définir et de reconnaître la personnalité d'un guérisseur peul : âge et sexe ne constituent pas un obstacle à la pratique de l'art ; l'origine sans frontière des guérisseurs ; la spécialisation ; le pouvoir de soigner ; l'acquisition du pouvoir et du savoir médical ; la connaissance du nom des plantes ; la consécration de la main par le maître ; la proclamation de l'authenticité du tradipraticien ; l'exercice de la médecine. Ces critères de définition du tradipraticien ont permis à l'auteur d'identifier huit types de soignants peuls ; d'opérer leur classification ; de sélectionner onze tradipraticiens de santé (parmi lesquels deux femmes) et de brosser une série de leurs biographies.

Conclusion

En sortant des sentiers battus d'une historiographie camerounaise ou africaine prisonnière de l'impérialisme du fait politique, voire d'une histoire médicale dont les recherches des pionniers africains francophones de la nouvelle génération étaient surtout focalisées sur la médecine occidentale, ce livre paraît original dans ce sens que la médecine dite « traditionnelle », à travers l'exemple peul, a traversé le temps et les espaces, tout en demeurant « moderne ». L'intérêt que les Occidentaux d'aujourd'hui accordent de plus en plus aux soins naturels par les plantes médicinales, le succès que rencontre cette tradithérapie ancienne chez les Chinois et les Indiens et la pratique quotidienne de cette médecine par la majorité de la population africaine constituent de parfaites illustrations.

Vu sous ces angles, cet ouvrage sur le cas de la médecine peule, participe d'une contribution à l'histoire, à la revalorisation de la culture africaine et de cette pratique thérapeutique comme alternative à la santé pour tous, dans un environnement humain quotidiennement en proie à la pauvreté et au piège de la modernisation. Elle pourrait alors servir de modèle à d'autres chercheurs, pour effectuer des travaux semblables chez d'autres peuples du Cameroun et d'Afrique. Le lecteur pourra donc découvrir en l'historien, « un bâtisseur de la cité », au sens que lui donne Sékené Mody Cissoko.

Jean Paulin Mengue Me Ndongo

Barbara NDIMURUKUNDO-KURURU, *Deux sœurs, deux cœurs. Contes du Burundi,* L'Harmattan, Paris, 2006, ISBN : 2-296-00481-4, 43 pages, Prix : 8 Euros.

Ce recueil sélectif de quelques contes du Burundi est intéressant au niveau de la visée philosophique, éducative, didactique et pédagogique qui l'anime de l'intérieur. Un recueil de contes est fait pour que chacun le lise personnellement et tire des leçons pratiques dans la gouverne de sa vie quotidienne. Il est donc inutile de résumer un conte, mais le mieux à faire est de choisir l'un ou l'autre détail et de lui donner mon interprétation idiosyncrasique. Je vais juste traverser rapidement chaque conte, sélectionner un ou deux incidents, et en restituer succinctement la leçon pratique et éthique qu'il propose au lecteur :

Le premier conte est intitulé : « *Mère, agenouille-toi et mets-moi au monde* », et ce sont des paroles d'un enfant qui était encore dans le sein de sa mère. Il s'agit d'un enfant qui était ardemment désiré par son père qui voulait que Dieu (*Imâna*) lui donne en premier un héritier. Mais très vite, après la naissance du petit garçon, il y eut une altercation avec son père au champ et il lui asséna un coup de lance et le tua. Après avoir raconté le parricide à sa mère, le petit garçon réussit à ressusciter son père en prononçant des paroles "*magiques*" de réanimation d'un mort. Plusieurs leçons de vie peuvent être tirées de ce conte : j'en retiens deux : 1/ Les enfants précoces sont toujours décalés par rapport à leurs pairs et sont toujours considérés par ces derniers comme des "êtres anormaux et bizarres" 2/ Dans toute famille, il ne peut pas manquer de conflits, pouvant déboucher sur des fratricides ou des parricides. Mais ce qui est important est la volonté réelle de tous les membres de restaurer les relations brisées en promouvant les vertus thérapeutiques de la palabre, c'est-à-dire, de la parole qui guérit en instaurant de nouvelles relations plus conciliantes.

Le deuxième conte est intitulé : « *L'intelligence s'acquiert très tôt* ». Il s'agit d'un petit garçon très astucieux et éveillé qui était efficace dans le travail de paître les vaches. Mais étant donné que dans le troupeau familial, il manquait un taureau pour féconder les vaches, il fallait à tout prix en trouver un pour augmenter le nombre du cheptel. Un voisin accepta de leur prêter son taureau, mais à condition que le veau lui revînt. Au bout de neuf mois, la génisse donna naissance à un veau très beau. Quand le propriétaire du taureau apprit la nouvelle, il vint demander le veau à son voisin. Ce dernier resta enfermé dans sa chambre, mais délégua son petit garçon pour gérer cette "affaire". Le propriétaire du taureau demanda au garçon où était allé son papa, et le garçon lui répondit que son papa était couché dans sa chambre et était exténué car il venait d'accoucher d'un enfant. Le propriétaire du taureau reprit l'enfant et lui dit qu'un homme ne peut pas accoucher. Saisissant la balle au bond, le petit garçon lui répliqua : « *Puisque tu sais qu'un homme ne peut pas accoucher, comment ton taureau a-t-il pu mettre bas ? »* (p. 18). La leçon la plus évidente à tirer de ce récit plein d'ironie peut s'énoncer dans cette maxime : « *Aux âmes bien nées, la valeur n'attend point le nombre d'années »*.

Intitulé : « *Deux sœurs, deux cœurs »*, le troisième conte relate l'opposition frontale de caractère entre deux sœurs. Alors que la maman leur prodiguait à toutes les deux les mêmes conseils de savoir-vivre dans la société : discipline de vie, hygiène corporelle, assiduité dans les travaux domestiques, discrétion dans la société, retenue dans la prise de parole en public, respect envers les hommes, souci maternel..., il n'y avait que la sœur cadette qui respectait scrupuleusement les sages conseils de leur mère expérimentée à l'école de la vie en société et dans le mariage. Et quand les deux filles ont quitté le toit paternel, c'est évidemment la cadette qui devint la reine d'un royaume voisin tandis que l'aînée qui brillait par l'indiscipline, la nonchalance, la gourmandise, la légèreté de mœurs, le bavardage, la paresse tant physique qu'intellectuelle, ne trouva qu'un pygmée comme mari. La leçon qui me vient immédiatement à l'esprit peut s'énoncer dans cette maxime bien connue : « *Dans la vie sur terre, chacun récoltera ce qu'il aura semé* ». L'autre leçon est donnée dans le texte par l'auteure elle-même en ces termes : « *... le droit d'aînesse ne correspond pas toujours à une meilleure intelligence, encore moins à une meilleure prospérité »* (p. 31).

Le quatrième et dernier conte est intitulé : « *Grenouille, araignée et foudre »* et narre l'histoire d'une araignée et d'une grenouille qui sont allées demander en mariage la fille du roi d'en haut *: la foudre*. C'est la grenouille qui était le prétendant et il a voulu se faire accompagner par son ami, l'araignée. Arrivés à la maison de la foudre, elles furent logées dans une chambre : « *Arrivés au lit, la grenouille dit à l'araignée : - Amie, puisque l'homme que nous sommes venues voir a refusé de se montrer, on ne sait pas ce qu'il manigance. Marche doucement ; pose-toi au-dessus des montants de la porte ; et écoute bien ce qu'il trame avec sa femme contre nous ; et moi je ne m'endormirai pas ; je t'attendrai. »* (p. 35). Effectivement, la foudre était au moment même en train de fomenter un assassinat de ces deux ambitieux qui ont osé demander la main de sa fille. Ayant entendu que la foudre et sa femme voulaient mettre le feu dans la chambre où elles dormaient, les deux ambitieux prirent la poudre d'escampette en se disant entre eux : « *D'ailleurs, tu vises bien haut, mon vieux ! Toi qui n'as même pas essayé chez le roi d'en bas, tu prétends demander la main de la fille du roi d'en haut ! Mais comme tu le dis, pourvu que nous ayons échappé à ce danger. Ils vont brûler leur cabane en pensant que c'est nous qu'ils auront brûlés ! »* (p. 37).

Oui les deux chanceux sont revenus à la raison et à la sagesse, et ont réalisé eux-mêmes le danger mortel auquel ils ont échappé de justesse et la leçon logique qui découle de ce conte est : « *Il faut savoir limiter son ambition en tenant compte de nos capacités réelles, en d'autres termes, des moyens de notre "politique"* ».

Je félicite l'auteure d'avoir mis par écrit ces contes riches en sagesse pratique et en leçons de vie pour les jeunes et les adultes. Dans des sociétés africaines régies par une *épistémologie de l'oralité*, les leçons de vie se transmettaient dans des contes, des devinettes et des proverbes autour du feu entre les parents (orateurs) et les enfants (auditeurs). Avec la disparition progressive des adultes qui possédaient tous ces contes par cœur, il devient impératif de les *mettre par écrit* ne fût-ce que pour transmettre tous ces trésors de sagesse africaine ancestrale aux jeunes enfants nés dans des grandes villes ou vivant dans les diasporas occidentales, où c'est la *télécratie de la télévision* qui constitue le principal lieu d'éducation et de transmission de valeurs, aussi bien pour les parents que pour les enfants, avec toutes les conséquences catastrophiques que nous connaissons tous.

La mission primordiale du Cerclecad étant de produire, de publier et d'archiver par écrit les savoirs substantiels et vitaux pour les sociétés africaines et les diasporas dans le monde, un travail de fixation par écrit des contes, des proverbes et des mythes africains se situe au cœur même de notre mission scientifique et prophétique mondiale. Je félicite l'auteure, je l'encourage à poursuivre son travail d'archivage de contes et je recommande vivement la lecture et la diffusion la plus large possible de son intéressant recueil de contes.

Benoît AWAZI MBAMBI KUNGUA

Barbara NDIMURUKUNDO-KURURU, *Anthologie des épithalames burundais. Ouvrage bilingue kirundi-français*, L'Harmattan, Paris, 2016, ISBN : 978-2-343-07983-7, 208 pages, Prix : 21,50 Euros.

Madame Barbara Ndimurukundo-Kururu fait un excellent travail de pionnière en regroupant dans un ouvrage à la fois dense et détaillé les épithalames, qui sont des chants d'hyménée, de mariage et de noces dans la société traditionnelle burundaise. Il s'agit d'un ouvrage précieux qui capte et archive par écrit ces chants exécutés oralement, de génération en génération par les Burundais lors des célébrations des mariages. Il convient d'entrée de jeu d'énoncer la *perspective narrative* qui anime de l'intérieur cette orchestration musicale et festive en montrant comment chaque épithalame constitue un maillon narratif d'un récit plus global qui transmet les traditions burundaises sur le mariage. À travers le contenu de ces chansons, c'est l'histoire du mariage, la signification du mariage comme union de deux familles avant d'être union de l'époux et de son épouse, la condition de la femme dans la société burundaise qui ne peut pas se comprendre sans l'articuler au statut de la vache qui offre un lieu interprétatif décisif pour comprendre la stratification des classes, des pouvoirs et des richesses au Burundi ancien et moderne, qui nous sont présentées minutieusement.

Tout en étant professeure de linguistique et de communication, l'auteure est une chanteuse traditionnelle qui a chanté comme soliste ces épithalames dans plusieurs mariages de ses amies et connaissances. Je vais suivre les 7 étapes constitutives du mariage traditionnel au Burundi, pour restituer la quintessence de cet ouvrage de synthèse, à la fois narratif et analytique. Tout le cheminement du mariage consiste à "escorter" la fiancée, accompagnée de sa famille et de ses proches vers la maison de son fiancé, entouré aussi de toute sa famille et de ses proches.

La première étape est intitulée : « *Après les adieux et les recommandations, la fiancée pleure et ses amies la consolent* ». C'est l'étape inaugurale qui ouvre cette procession des noces. Je relève rapidement quelques images utilisées pour décrire la fiancée en train de dire ses "adieux" à ses parents : elle est appelée « *inyambo* » (*vache royale*) à cause de sa grande taille et de sa démarche lente et élégante. Tout au long des chansons, la femme sera comparée à une génisse aux beaux yeux, à une vache à deux pattes, à une vache royale. Cette entrée en matière permet de prendre conscience du statut central de la vache dans la stratification sociale et économique au Burundi. La tante paternelle est spécialement désignée comme celle qui va initier sa nièce dans les secrets de la sexualité et de la vie conjugale avec son futur mari. Les chansons insistent aussi sur la préférence de commencer à donner naissance à un garçon plutôt qu'à une fille. Dans une société patriarcale, agraire et pastorale comme le Burundi, les garçons sont des héritiers de droit des pouvoirs et des richesses du père de la famille. Une femme qui ne donne que des filles à son mari risque de perdre son mariage, voire de se faire renvoyer par ce dernier.

La deuxième étape advient quand « *le cortège nuptial voit de loin l'habitation du fiancé et il la décrit* ». Le pèlerinage nuptial se poursuit et l'apparition lointaine de la maison du fiancé fait monter la tension d'un cran. La fiancée réaffirme son amour pour son fiancé et son engagement à se dévouer au service de sa belle-famille qui l'a « achetée » par la dot exigée par ses parents. La dot induit ici une idée d'achat de la fille pour compenser la perte économique que constitue son départ pour ses parents qui l'ont éduquée. (« *Kwigura signifie littéralement : se vendre au bénéfice de, se sacrifier pour. La jeune fille se « vend » donc au service de son futur mari ; elle va se sacrifier pour lui, pour sa belle-famille et pour cette région ingrate et infertile* » (p. 63).

La troisième étape arrive quand « *le cortège nuptial se rapproche considérablement de la demeure du futur époux et décrit l'état des lieux* ». Le refrain des chansons de cette étape gravite autour de l'allure princière et élégante de la fiancée comparée à une vache royale : « Avance lestement, on te reconnaît déjà, Ô toi la mieux vêtue ! Ô toi la plus élégante ! » (p. 67). Il s'agit d'une démarche élégante et nonchalante des femmes qui imitaient l'allure des vaches royales aux longues cornes (*inyambo*). (p. 68).

La quatrième étape est marquée par l'arrivée du cortège nuptial à la maison du fiancé qui est sommé de venir accueillir les "étrangers". Le fiancé doit leur offrir l'hospitalité avec générosité pour les consoler du long trajet parcouru par les membres de la délégation de la famille de la femme. La présence des tambours fait référence à la monarchie présente au Burundi jusqu'à son éviction en 1966 par le coup d'État du capitaine Michel Micombero. Dotée par des vaches laitières ou génisses – et jamais de taureau – la fiancée est louée comme une « *vache à deux pattes* » ou une « *vache personne humaine* » (*inkamuntu*). La fiancée appartient toujours à sa famille jusqu'à la fin de la réclusion nuptiale. Mais en cas de rupture de mariage, la femme retourne toujours dans la famille de ses parents.

La cinquième étape est ponctuée par « *l'accueil et le repos des visiteurs, la consolation de la fiancée, la clôture des cérémonies du jour de mariage* ». Le fiancé demande un certain nombre de services à sa fiancée pour tester sa docilité et son obéissance à son mari. Mais il faut relever le fait que dans la société burundaise traditionnelle, une jeune fille bien éduquée ne devait ni fumer, ni boire de la bière ou de l'alcool en général. La jeune fille reçoit des mains de son fiancé un billet d'argent pour symboliser l'effectivité du mariage. Le fiancé à son tour, est désigné par la référence au monde bovin (*Uri imfúra y'impfizi*, littéralement : « *Tu es l'aîné du Taureau* ». Cette intrication entre le *monde bovin* et le *monde humain* constitue une clef pour comprendre les différents niveaux (registres), à la fois économiques, symboliques, sexuels et culturels qui constituent le mariage au Burundi traditionnel. Dans cette étape, il y a des chansons qui font allusion à la fête dynastique (*umuganuro*), qui est la fête des prémices ou des semailles de sorgho.

Personne ne pouvait semer le sorgho avant le feu vert du roi lors de cette grande fête qui célébrait la monarchie du Burundi et le roi comme le principe fécondant, l'unique maître de la terre et du bétail.

La sixième étape est constituée par la cérémonie de la levée de réclusion de la jeune mariée (*Ugutwîkurura umugeni*). Un refrain dit : « *Le Burundi est bien cruel. Va donc ma sœur, prends soin de toi, et sois digne, dans la région où tu n'as pas vécu* » (p. 156). Il s'agit ici des ultimes conseils donnés à la fiancée appelée à apprivoiser son nouveau milieu et à faire face avec sagesse, discrétion et prudence aux inévitables rivalités qui surgiront dans les transactions quotidiennes avec les différents acteurs de sa belle-famille.

Durant les premiers jours de sa vie dans la famille de son mari, la jeune mariée sera nourrie et servie par sa belle-mère et ses belles-sœurs, comme une mère qui vient d'accoucher. C'est la période de la lune de miel qui ne peut pas durer trop longtemps, avant de revenir aux réalités anodines d'un nouveau ménage à bâtir à travers les tâches quotidiennes, le soin de son mari, du bétail et les travaux champêtres.

La septième étape consiste en un compte-rendu des cérémonies de noces et la levée de la réclusion. C'est le *happy end* de cette longue odyssée commencée dans la famille de la fiancée. Le motif de la vache est omniprésent dans l'orchestration du mariage traditionnel au Burundi. Je redonne la parole à l'auteure qui conclut son ouvrage avec ces mots : « *Mutsama est un nom de vache. Dans un troupeau de vaches, il y en a toujours une qui est préférée par son propriétaire. C'est celle qui précède les autres pour aller aux pâturages, pour se rendre à l'abreuvoir et pour rentrer le soir. La comparaison d'une jeune fille avec une vache est chose courante au Burundi, comme cela a déjà été mentionné. Le sens du nom de la vache n'est pas pris au hasard. Mutsama (« gelée de miel » qui est un plat royal, doux et délicieux) est la génisse née de bûki (v.2) qui signifie « miel ». L'on découvre trois glissements de sens : jeune fille, génisse, gelée royale (miel). Le miel est l'aliment des nobles par excellence et, sous le régime monarchique au Burundi, il y avait un clan qui était spécialisé dans la fourniture de cette denrée précieuse (ibitembagazwa, don en pots de miel) à la cour royale* ». (p. 198).

Ayant déjà posé des questions dans les 4 ouvrages d'auteurs burundais que j'ai recensés dans les précédents numéros d'Afroscopie (V/2015 & VII/2016), je me limite à une seule question posée à l'auteure au sujet du chevauchement sémantique et sémiologique entre la femme (*inyambo*) et la vache royale (*inyambo*). Quelques questions me viennent à l'esprit :

1/ Comment faut-il qualifier linguistiquement ce "*chevauchement ontologique*" entre le registre bovin et le registre féminin ? S'agit-il d'une métaphore ? D'une métonymie ? D'une confusion pure et simple ? D'une analogie ou d'un mixte de ces figures de style ?

2/ Quelles pourraient être les retombées anthropologiques, sociales et philosophiques d'un tel chevauchement entre le registre bovin et le registre humain ?

3/ Dans une société essentiellement agro-pastorale comme le Burundi, comment tracer les limites ontologiques et éthiques entre ces deux registres intriqués nécessairement par le Destin ?

4/ La dernière question a déjà été posée dans mes recensions des ouvrages sur le Burundi dans les numéros précédents d'*Afroscopie*. Elle peut s'énoncer en ces termes : « Comment élaborer – à partir d'une immersion dans les livres des Rois dans la Bible –une critique théologique et prophétique de la monarchie au Burundi et comment penser politiquement la vitalité des républiques militaires qui ont mis fin à cette monarchie ? En d'autres termes : « Étant donné que l'imaginaire et l'idéologie de la monarchie et de la vache continuent à surdéterminer les discours, les représentations mentales, les pratiques quotidiennes et les us et les coutumes de la société burundaise d'aujourd'hui, comment intégrer ces précipités inamovibles du legs ancestral dans une philosophie politique ambitieuse, où des Burundais élaboreraient eux-mêmes des lois pour gérer le vivre ensemble en dehors des institutions décadentes de la colonisation belge ? Cette question m'intéresse personnellement dans mes recherches en cours sur « l'État (?) en Afrique », car *pour moi il n'existe pas du tout d'État en Afrique* et le chantier de la construction des États en Afrique passe d'abord par la production d'une pensée politique immanente et émancipatrice qui créera par elle-même des États fonctionnels et en phase avec des dynamiques endogènes et culturelles propres aux sociétés africaines postcoloniales. La pauvreté intellectuelle de la pensée politique africaine arraisonnée depuis 60 ans par l'École africaniste de Paris (sous la houlette de Jean-François Bayart) autour de sa revue néocoloniale « *Politique africaine* » consiste justement sur cette *distorsion radicale* entre des institutions extraverties de la postcolonie et les dynamiques socioculturelles et religieuses qui se phénoménalisent à rebours de ces institutions satellisées par les puissances impérialistes qui les ont créées.

Je félicite l'auteure d'avoir archivé par écrit ces trésors du mariage traditionnel au Burundi et j'espère qu'il constituera un document de référence pour les Burundais, les premiers concernés par cet ouvrage, mais aussi, pour les autres Africains qui pratiquement les mêmes rituels de mariage traditionnel à quelques différences près. Ma question finale peut s'énoncer en ces termes : « Comment ces dispositifs et rituels du mariage sont-ils vécus aujourd'hui chez les Burundais des diasporas ? » Résistent-ils aux assauts de la "Modernité" dans les sociétés occidentales d'Europe et d'Amérique du Nord régies par d'autres dispositifs juridiques relatifs aux mariages ? Comment les Burundais des diasporas occidentales peuvent-ils rester fidèles aux coutumes de leurs ancêtres tout en faisant face aux fragilités continuelles (divorces, familles recomposées, statut de la femme en Occident différent de celui qui lui est accordé au Burundi, chômages récurrents, précarités socioprofessionnelles, morts précoces liées à l'augmentation exponentielle du stress chez les Africains en Occident…) ? Autant de questions qui surgissent de l'irruption des valeurs de la "Modernité occidentale" et des "Églises chrétiennes" au Burundi. Alors sur quels principes philosophiques, éthiques et religieux faut-il s'appuyer pour trouver la voie la plus épanouissante dans un monde sujet aux mutations véloces et multiples ?

Benoît Awazi Mbambi Kungua

Fidèle AWAZI, Congo, *Village aux mille visages. Si j'étais président…*, Les Impliqués Éditeur/L'Harmattan, Paris, 2016, ISBN : 978-2-343-05719-4, 172 pages, Prix : 18 Euros.

Monsieur Fidèle AWAZI vient de faire avec talent sa première sortie littéraire dans l'échiquier scientifique mondial avec beaucoup de conviction personnelle, de liberté de pensée et d'expression, mais aussi, en faisant montre d'une capacité visionnaire pour son pays, la République démocratique du Congo, ce géant aux pieds d'argile qui patauge dans la boue depuis 56 ans de « pseudo-indépendance ».

En se projetant dans un avenir où il serait devenu président de ce « grand pays » au cœur de l'Afrique, Fidèle AWAZI s'exerce à une entreprise rigoureuse de dévoilement des causes endogènes et exogènes qui expliquent la descente aux enfers de la médiocrité, de l'impéritie des élites dans la gestion des affaires publiques, de la résignation du peuple à la dérive et qui se réfugie dans des formes de religiosités pathologiques, obscurantistes, démobilisatrices et infantilisantes faisant de Dieu lui-même l'opium qui enivre le peuple congolais, « élites » et « peuple » confondus.

Dans un style précis, clair, courageux et sans concession l'étiologie de la déchéance mentale, politique et sociale du peuple est habilement localisée dans des structures mentales pathologiques des Congolais consécutives aux différents régimes qui ont décérébré et abruti le peuple congolais. Dans un ouvrage constitué de 14 chapitres denses, bien calibrés à la question traitée, l'auteur a réussi le pari de faire un balayage complet des maux de la société avec une intention ferme de trouver des solutions efficaces pour guérir ce peuple gravement malade et dont la situation ne fait que s'empirer au fil des années qui s'écoulent depuis le « départ » des colonisateurs belges le 30 juin 1960. Le paroxysme de ce travail de déconstruction philosophique, éthique et politique du « mal congo-zaïrois » se trouve au centre géométrique de l'ouvrage, soit au Chapitre VII, pour un ouvrage qui en compte 14. Il ne s'agit pas ici d'un hasard, mais de la démonstration de la précision du diagnostic sans concession de l'auteur sur les pathologies qui ruinent son peuple depuis 56 ans et qui ne font que s'aggraver.

L'étiologie de la crise congolaise se situe justement dans les mentalités serviles, obscurantistes et attentistes du peuple congolais exacerbées par la médiocrité du système d'éducation. En situant la racine du mal congolais dans l'esprit même du congolais (mentalités serviles, imaginaire bloqué, résignation collective, esprit de fatalité, atrophie intellectuelle, et fuite dans des religiosités enivrantes), l'auteur montre son habileté dans l'auscultation rigoureuse de sa société : « *Le Congo a un problème d'homme. L'État investit dans tout sauf en l'homme. Et pourtant la première ressource importante pour la marche d'une société reste l'homme. Le meilleur investissement est intellectuel. Oui, c'est le meilleur investissement. Il ne se dévalue pas, mais s'adapte et s'améliore au fil du temps. L'homme bien formé, qualifié, est une richesse importante et inépuisable. Notre sol et notre sous-sol ont des parcs, des lacs, le cobalt, le gaz... Mais notre tête a du sable et de la farine dans le cerveau. Conséquence, nous demeurons les plus pauvres du continent. Au lieu de révolutionner les mentalités des citoyens, nos autorités rêvent révolutionner la modernité, une culture extérieure à nous. Ils pensent apporter le changement en ornant les rues avec des fantaisies. Qu'on se le dise. Le plus grand changement ne consiste pas à réhabiliter les routes ni à construire de grands édifices. Les nouvelles infrastructures finiront par se délabrer. Les beaux édifices finiront par perdre leur beauté. Surtout qu'au pays, l'entretien n'est pas la notion la mieux assimilée par la majorité du peuple. »* (Chapitre VII, pp. 89-90).

Le diagnostic de l'auteur est puissant et cible avec force l'étiologie du blocage congolais qui relève d'un usage pathologique de la "rationalité" en République démocratique du Congo. Ma recension pourrait s'arrêter ici parce que je viens de dévoiler le centre de gravité de l'ouvrage à partir duquel 13 autres chapitres gravitent. La solution du mal congolais réside donc dans l'éducation de chaque Congolais à un usage adulte de la "raison", cette faculté qui nous démarque de la "pure animalité", car nous participons bel et bien au règne animal. L'histoire de la RDC nous a montré de façon récurrente comment est-ce que des dirigeants incapables de penser une vision de grandeur pour les Congolais au terme de la chevauchée coloniale de la Belgique ont fini par enfoncer le peuple dans la misère, l'ivresse religieuse, l'ivresse de la bière et autres boissons alcoolisées, la mendicité, l'attentisme par rapport à la communauté internationale, l'instrumentalisation politicienne des ethnies pour la conquête et la monopolisation des ressources économiques du pays et l'oisiveté pour la grande majorité de la population, comme on peut le constater dès qu'on descend à l'Aéroport International de Ndjili, où tout le boulevard Lumumba qui y conduit est jonché des étalages de bières avec des Congolais qui boivent, mangent, dansent et chantent à longueur de journée. Tout observateur qui arrive à Kinshasa par l'aéroport est nécessairement frappé par l'ambiance obvie d'oisiveté et d'insouciance d'un peuple qui ne croit plus en rien – malgré des danses très saccadées dans les Églises du réveil, devenues l'habitation ordinaire des Congolais.

L'oisiveté, la nonchalance, l'insouciance des Congolais par rapport à la misère exponentielle dans laquelle ils sont plongés et s'enfoncent de jour en jour depuis la « pseudo-indépendance » du 30 juin 1960 sont révélatrices du refoulement collectif de tout le peuple face au désastre postcolonial et les vociférations enivrantes sur les élections démocratiques ne font qu'annoncer la magnitude de l'explosion qui risque de se produire dans les prochains mois. Il ne s'agit pas d'une "prophétie de malheur" pour le pays où je suis né, mais d'un corollaire de l'usage philosophique de la raison qui montre suffisamment des ingrédients explosifs qui risquent de nous surprendre tous, si nous persistons dans une « posture de la politique de l'autruche qui voit qu'on est en train de lui couper sa tête, mais se trompe lui-même en l'enfonçant dans du sable, alors que le sabreur a déjà placé son arme autour du cou ». La politique de l'autruche aussi bien pour le peuple que pour les élites finit toujours par avoir raison de son initiateur.

Ayant suffisamment développé le cœur de cet ouvrage qui situe habilement la racine de l'enlisement congolais dans le manque d'éducation à un usage adulte et raisonnable de la raison politique au Congo, il me revient maintenant de restituer à la communauté infinie de mes lecteurs les autres scansions qui jalonnent cette odyssée à la fois déconstructrice et reconstructrice en vue de l'érection d'un État de droit et opérationnel dans ce pays sans État qu'est la RDC.

Après la préface et l'avant-propos, le premier chapitre : « Les animaux de Zaico » commence par raconter la liesse populaire qui s'est emparée des animaux de la forêt de Zaico lors de la mort du chef léopard, du nom de Mobico. L'allusion est assez claire pour que je m'y attarde. Au fait il s'agit d'une causerie vespérale de Fidèle Awazi avec son grand-père, l'Inspecteur Gilbert Awazi, qui lui racontait cette histoire de la jungle, pour lui inculquer dans son esprit qu'un homme peut déchoir en deçà de la brute s'il ne se sert pas correctement de son intelligence. Dès le début de l'ouvrage, on voit bien que tout tourne autour d'une certaine philosophie de la vie et d'une éducation à un socle de valeurs qui démarque l'humain de la brute. L'ouvrage est né dans une famille d'enseignants qui cherche toujours à fixer des limites à la déraison qui conduit toujours à la loi de la jungle et à la raison du plus fort, les deux modalités d'exercice ordinaire du pouvoir durant toute la période postcoloniale au Congo. Le deuxième chapitre : « Conversation avec mon Grand Père » restitue habilement les leçons de vie que l'inspecteur Awazi transmettait à son petit-fils Fidèle Awazi et qui peuvent se subsumer en ces points : savoir ce que l'on veut faire de sa vie, se concentrer sur la cible ainsi circonscrite, repousser ses limites, avoir des grands rêves et compter sur Dieu. D'allure plus autobiographique : « Adolescence, feuille de route pour la connaissance », l'auteur, dans le troisième chapitre, raconte les transformations qui se produisaient dans sa vie durant le passage de la puberté à l'adolescence. C'est ici qu'il narre ses premières approches avec le monde énigmatique et déstabilisant de femmes. Il le fait avec une bonne dose d'humour et d'autodérision qui peuvent être des signes d'un usage subtil de la rationalité. Comme je l'ai déjà dit dans la préface, l'auteur aime les femmes et il le dit ouvertement. Nous verrons plus tard comment est-ce qu'il va s'improviser en théologien, justement au sujet du sommeil dans lequel Dieu a plongé Adam avant de créer Ève, à partir de la côte d'Adam. Nous y reviendrons. Le quatrième chapitre : « Ville de mille exceptions » parle de l'arrivée de l'auteur dans la capitale congolaise, Kinshasa en vue de commencer ses études en sciences de la communication à l'Université Catholique du Congo jusqu'à l'obtention de sa Licence au terme de 5 ans d'études acharnées. Venant de la ville de Kindu, où il vivait chez ses grands-parents, l'auteur narre ses premières surprises, découvertes et réussites dans le processus d'intégration dans la mégalopole de Kinshasa, avec tous les défis qui s'y trouvent. Il semblerait que la ville de Kinshasa et ses nombreux bidonvilles hébergent une population de 12 millions d'habitants et cela induit des défis sociaux, environnementaux et économiques de plus en plus inextricables qui rendent cette mégalopole tout simplement ingérable. Le cinquième chapitre : « Mes années aux FACK », raconte les années d'études à l'Université catholique du Congo, la socialisation d'un enfant de la province du Maniema dans la jungle kinoise, ses multiples élections comme président de sa promotion jusqu'à devenir le vice-président des étudiants de l'Université de Kinshasa. Il raconte aussi ses talents d'orateur et sa capacité de persuasion de ses auditeurs. Cette fluidité du verbe lui donne un atout majeur dans une société où l'essentiel de la transmission de savoirs et de valeurs se passent oralement. Le sixième chapitre : « Peuple et dirigeants de mille exceptions » raconte les manipulations mentales du peuple congolais par tous les dirigeants sans vergogne de la postcolonie. En abrutissant le peuple par des danses, de la boisson et autres distractions savamment orchestrées par les classes dirigeantes du Congo « indépendant », les dirigeants ont réussi à tuer tous les rêves du peuple par des discours mensongers, soporifiques et illusoires. J'ai déjà montré comment est-ce que le chapitre VII constitue le point paroxystique de cet ouvrage courageux en localisant avec justesse les piètres performances du système éducatif congolais, tant au niveau intellectuel qu'au niveau politique.

C'est au chapitre VIII où l'auteur raconte sa rupture avec celle qui était sa fiancée, à cause justement de sa détermination intrépide à réaliser un jour le rêve de sa vie : « devenir un jour le Président de la République démocratique du Congo ». Alors qu'il était avec sa fiancée dans un restaurant pour fêter l'anniversaire de cette dernière, au fil de la conversation, cette dernière avait demandé à l'auteur quel était le plus grand rêve de sa vie. S'attendant à ce que l'auteur lui réponde que c'était le mariage, l'auteur réaffirma avec conviction que le plus grand rêve de sa vie était de devenir un jour président de la RDC. La riposte de la fiancée fut tout aussi fracassante : elle se leva, prit ses affaires et rentra chez elle. C'est justement après cette "rupture" que l'auteur s'est lancé à tout un traité de théologie de la création de la femme et qui a vraiment retenu toute mon attention. Je ne peux pas résumer les pp. 112-123 où par une série de questions et de réponses astucieusement agencées, l'auteur fait une incursion habile en théologie, montrant ainsi sa liberté de pensée sans se laisser bloquer par le fait qu'il ne soit ni prêtre, ni pasteur, ni théologien de métier. Il s'agit ici d'une auto-affirmation de la liberté et de l'audace intellectuelle sans lesquelles aucun penseur ne peut innover dans son domaine. Ne pouvant pas restituer les 12 pages d'une démonstration théologique audacieuse et risquée, je me permets juste de citer un extrait pour inciter chacun à aller découvrir les élucubrations théologiques de l'auteur qui m'ont vraiment surpris à plus d'un titre : « *...Ève arriva jusqu'à Adam et lui fit le tout premier baiser. Emporté par le baiser mouillé, le tout premier depuis que lui aussi fut créé, il va, sans se demander d'où venait-elle, déclarer : « Voici cette fois-ci celle qui est os de mes os et chair de ma chair, on l'appellera femme, parce qu'elle a* *été prise de l'homme. Comment se fait-il que lui qui était dans le sommeil au moment de la création de la femme, devina qu'Ève était tirée de son côté ? La femme est un mystère. On peut devenir fou, devin, poète, en face d'une femme. Elle nous fait révéler et dévoiler des choses cachées. Je poursuis mon analyse. Dieu permit aux deux images de manger de tout sauf du fruit de l'arbre de la vie et de la mort. Nous savons tous la suite. La femme, corrompue par le serpent, influença son homme à goûter au fruit » Et l'homme accepta sans se poser une seule question (la femme au moins avait osé résister au serpent). Comment est-il normal qu'un homme ayant tout à sa possession : animaux, oiseaux, poissons, mer, rivière... accepta de tout perdre pour obéir à son image ? La femme est un mystère. Pour la garder, on peut même perdre ce qu'on a de plus cher.* » (p. 119).

L'auteur m'a surpris à plusieurs niveaux par sa capacité à tenir en une douzaine de pages *une exégèse bien personnelle et très libre* du récit de la "déchéance ontologique inaugurale" d'Adam et Ève, nos premiers parents. C'est surtout son habileté à se poser des questions originales et à y répondre avec un souci de cohérence et de rigueur qui m'a le plus étonné, pour quelqu'un qui n'est pas un théologien de métier. La leçon à retenir pour un jeune auteur de 25 ans qui fait sa première sortie littéraire est de croire en soi-même et de faire sauter tous les interdits, car toute vraie pensée – et a fortiori toute philosophie – est *radicalement un acte de transgression.* Transgression du dieu Theût qui donna le remède de l'écriture pour guérir les hommes de l'ignorance bestiale malgré les réserves du dieu-pharaon *Thamous,* transgression du philosophe dans la République de Platon qui s'évade de la prison de l'ignorance des ombres de la caverne pour aller contempler les archétypes à partir du point de vue du soleil, et enfin, transgression du philosophe chez Hegel comparé à une « chouette de Minerve » qui prend son envol la nuit quand tout le monde dort et ronfle. Il s'agit ici d'une capacité de penser librement et d'auto-affirmation de soi sans se laisser intimider par les "Interdits" des coutumes rétrogrades, surtout dans des sociétés traditionnelles africaines, où certains atavismes ancestraux peuvent retarder le "décollage" scientifique, philosophique et politique des sociétés africaines postcoloniales : ce qui est malheureusement le cas aujourd'hui. Et il faut bien l'avouer et le mettre par écrit. Au risque de me répéter et de rallonger cette recension, je vais aller cursivement sur les chapitres qui restent. Le neuvième chapitre « Indépendance de mille exceptions » raconte la débâcle postcoloniale (dégradation des conditions de vie de la grande majorité des Congolais, accaparement des ressources économiques du "pseudo-État" par des politiciens sans éthique, abrutissement du peuple par la musique, les danses et les boissons alcoolisées et l'augmentation exponentielle du chômage, de la misère et de la débauche. Le dixième chapitre « Pays de mille discours » décrit clairement la logorrhée et les discours creux qui caractérisent la praxis démagogique au Congo, depuis les tout premiers discours des politiciens de l'indépendance qui furent tous rattrapés et neutralisés par des divisions ethno-tribales, le goût du lucre, de la luxure et les pratiques népotistes et clientélistes qui sont devenus des "normes" de l'exercice politique au Congo. C'est la principale cause de l'enlisement du Congo dans la misère intellectuelle et économique depuis son accession à la « *pseudo-indépendance* » le 30 juin 1960. Étant donné le taux élevé d'analphabétisme au Congo, il suffit de baragouiner quelques mots de français pour paraître aux yeux de la plèbe comme un homme savant et connaisseur de la langue du Blanc. Le passif de la colonisation et l'incapacité intellectuelle des politologues africains à élaborer une pensée immanente et émancipatrice ne va qu'accélérer la recrudescence de la crise sociale au Congo, mais aussi ailleurs dans la postcolonie africaine. Dans le onzième chapitre « Églises du réveil... RDC, pays de mille exceptions », l'auteur décrit astucieusement les catastrophes sociales et familiales charriées par le pillage de Jésus dans la pléthore des Églises du réveil aussi bien au Congo que dans les diasporas d'Europe et d'Amérique du Nord. L'extinction de l'usage critique de la raison couplé à un fondamentalisme obscurantiste fait de ces Églises des temples du sommeil et de l'ignorance, contrairement à leur prétention fallacieuse à réveiller des Congolais qui sont en train de dormir et de ronfler. Ces Églises constituent des dangers redoutables dans le processus de production et de promotion d'une pensée consciente de soi et du monde dans la tête de chaque Congolais. En tout cas aucune analyse politique et philosophique de la débâcle congolaise ne pourra faire l'impasse de la capacité nocive de ces Églises du sommeil, de la résignation et de la paresse intellectuelle. Le douzième chapitre « Opposition de mille exceptions » prolonge la radioscopie de la médiocrité intellectuelle et éthique de la plupart des élites politiques qu'elles soient membre de la majorité ou qu'elles fassent partie de l'opposition alimentaire et opportuniste. Le treizième chapitre « Congo, pays de mille exceptions, pays de mille événements » revient sur l'engouement populaire qui accompagne les célébrations de l'indépendance le 30 juin de chaque année avec la bombance et le flot de bières qui coule à satiété. Je dois citer ici l'auteur : « *Mais le jour où on osera fermer les robinets de brasseries et bloquer les fours de boulangeries, ce jour-là, même les personnes du quatrième âge inonderont les places publiques.* » (p. 152). Cet extrait suffit pour illustrer la "*biérocratie*", la "*biérophilie*" et la "*biérolâtrie*" qui caractérisent la socialisation quotidienne au Congo. Le quatorzième chapitre : « Pays de mille exceptions, noms de milles exceptions » revient sur l'évaluation de tous les présidents qui ont dirigé le Congo, depuis Joseph Kasabu, Joseph Désiré Mobutu, Laurent Désiré Kabila et Joseph Kabila Kabange. L'auteur relève habilement les qualités et les défauts de chacun.

Pour conclure, je redonne la parole à l'auteur en citant le premier paragraphe de sa conclusion générale : « *Debout Congolais, cet appel se fait encore ressentir 55 ans après l'indépendance de mauvaise foi. Le Congolais demeure assis, écrasé tel un moustique entre les doigts. Pour pouvoir se maintenir debout il faut avoir les pieds sur terre. Je me demande si le Congolais a toujours en activité ses membres inférieurs. Quand on se tient debout c'est pour marcher, travailler, matérialiser une idée géniale. Paralysé par la corruption et la pourriture morales, le Congolais a renoncé à tout idéal. Le Congolais ne sait pas d'où il vient, où il est, alors comment saura-t-il se lever pour aller où il ne sait pas ? Comme le fils d'un nonagénaire, le Congolais n'attend plus que la disparition du Congo de la carte géographique* ». (p. 159).

C'est avec ces paroles puissantes d'interpellation publique de chaque Congolais et de l'impératif philosophique de savoir que je recommande à toute notre communauté scientifique mondiale du Cerclecad de bien vouloir lire cet ouvrage de jeunesse, mais qui ne cache pas les ambitions politiques et intellectuelles de l'auteur. Je ne peux que l'inviter à persévérer dans l'effort, comme je lui ai déjà dit dans un précédent texte : « *La liane peut fendre un rocher à force de s'y frotter chaque jour sans relâche* ». Un ouvrage qui tombe à point nommé en cette année des élections présidentielles en République démocratique du Congo.

Benoît AWAZI MBAMBI KUNGUA

Ibou Sané et Jean-Claude Angoula, *Famille et politique en Afrique. Entre le meilleur et le pire,* L'Harmattan, Paris, 2016, ISBN : 978-2-343-09330-7, 229 pages, Prix : 25 Euros.

Ibou Sane et Jean-Claude Angoula nous offrent ici un très bon ouvrage de sociologie politique de l'entité appelée fallacieusement : « *L'État postcolonial* » en Afrique, alors qu'il s'agit en réalité des dynasties familiales ou mieux encore des *kléptocraties claniques, mangeocratiques, ethnotribalisées et sanguinaires*. Je rédige cette recension en restituant les principales articulations de cet ouvrage avant de procéder à une critique prophétique du concept « d'État » qui n'existe pas en Afrique. C'est à partir d'une posture philosophique, politique, métaphysique et théologique que j'argumenterai l'inexistence de « l'État » en Afrique, et la nécessité absolue de penser des alternatives *intellectuelles* et *bibliocratiques* pour échapper à la mort programmée des millions d'Africains exclus systématiquement des réseaux d'accumulations et de redistributions clientélistes des richesses nationales aux mains exclusives de quelques membres des dynasties familiales au pouvoir et leurs esclaves qui se prostituent avec eux. Or le prototype de toute démarche prophétique consiste à démolir *les idoles* qui usurpent la posture absolue de Dieu dans nos vies. Un seul prophète peut neutraliser 450 prophètes du *Baal* néolibéral comme cela se manifeste avec éclat dans la *théomachie* entre le grand prophète de YHWH, Élie le Tishbite de Tishbé et les 450 prophètes du *Baal* dans le premier livre des Rois, 18, 1-46.

I. Les principales scansions de cet ouvrage courageux et inspirant

Je dois d'entrée de jeu saluer le courage intellectuel, l'audace politique et la rigueur méthodologique dans le tissage scripturaire de cet ouvrage. Son point le plus puissant est son ancrage dans l'*empirie* des faits relatés qui sont minutieusement et rigoureusement établis par la méthode d'observation sociologique, la lecture critique d'autres travaux scientifiques sur les démocratures postcoloniales et l'herméneutique iconoclaste et émancipatrice des déboires et autres pratiques prédatrices des dynasties alimentaires et claniques de la postcolonie africaine. Il importe aussi de féliciter les auteurs pour leur souci obvie de mettre leurs recherches sociologiques au service de la libération de la grande majorité des Africains qui vivent au sein de leurs propres pays comme des animaux domestiques, des esclaves et des réfugiés. Et c'est au nom de ce souci commun que je partage avec les deux auteurs, de mettre l'érudition au service de la libération intégrale des couches les plus paupérisées et misérables des "dynasties claniques" et néocoloniales que portera ma critique qui consiste à nier l'existence d'un État postcolonial et à préconiser l'impératif philosophique de libération de soi-même en acquérant par l'épistémologie prophétique de la *bibliocratie/bibliophagie/bibliothérapie* des outils de déconstruction des tyrannies postcoloniales en désertant volontairement et systématiquement les lieux institutionnels, où règnent leurs pratiques nécropolitiques. La fine pointe de cette négation de l'État postcolonial consiste à outiller les individus pour qu'ils se retirent intelligemment des réseaux alimentaires et de prostitution des autocrates au service des politiques globales de prédations néolibérales. La critique de la *statologie* macabre de la postcolonie débouche sur l'irruption publique *des monades* qui vont constituer des points de *cristallisation* et d'*incarnation* des énergies iconoclastes de démolition des idoles des kléptocraties postcoloniales et françafricaines en Afrique.

Une nouvelle classe de dirigeants politiques est en train de naître, davantage reliés entre eux par les liens du sang. L'ambition de cet ouvrage n'est pas seulement de faire le bilan des systèmes politiques en Afrique. Il s'agit aussi d'imaginer les alternatives plus favorables à un ordre politique plus juste. En effet, depuis plusieurs décennies, certains États d'Afrique ne connaissent que des dirigeants issus d'une même famille biologique. Enjeu essentiel du développement des pays au sud du Sahara, le pouvoir politique peut être désormais interprété selon les successions dynastiques et le phénomène des cénacles familiaux qui sont à la mode. C'est à partir de cette observation massivement corroborée par des faits qu'il convient de nier l'État en Afrique en vue de penser des alternatives prophétiques et libératrices face à la descente des millions d'Africains dans l'enfer de la misère et de la déshumanisation quotidienne.

L'étude sur l'entourage familial dans l'espace public ne se limite pas seulement aux frontières de l'Afrique imposées par les cas mis en évidence par les deux auteurs, Ibou Sané et Jean-Claude Angoula. Elle s'oriente également vers les principes généraux de réforme politique qu'il faut engager, si on veut réellement pacifier les relations sociales et éviter la disparition de nombreuses familles pauvres au profit de quelques familles riches.

Du point de vue méthodologique, les co-auteurs s'appuient sur plusieurs années d'observation du terrain politique, quelques avis de personnes rencontrées dans les régions de Dakar et Saint-Louis du Sénégal, et font ressortir les situations que vivent les citoyens se plaignant des dirigeants entourés de leur famille. Six chapitres composent cette étude de 229 pages.

Le premier chapitre – qui s'étend sur 56 pages pour un ouvrage de 229 pages, soit près de ¼ de l'ouvrage –, intitulé « Illustration des faits », parcourt plus d'une vingtaine de pays francophones (Sénégal, Togo, Gabon, Bénin, Guinée, Burkina Faso, Tchad, RCA, RD Congo…), anglophones (Gambie, Ouganda, Kenya, Afrique du Sud, Zambie, Botswana…), lusophone (Guinée-Bissau…), hispanophone (Guinée-Équatoriale) et arabes (Tunisie, Libye, Algérie, Maroc…) en faisant remonter à la surface les exemples d'actualité impliquant les membres de l'entourage familial dans la gestion de la chose publique. Malgré les bonnes initiatives des dirigeants politiques, les populations ne sont pas toujours intégrées au pouvoir. Les décisions sont prises dans un réseau de relations dont fait partie la famille présidentielle. Ceux qui sont proches d'elle sont les grands bénéficiaires de ses actions. La politique ressemble à un jeu d'efforts de loyalisme envers une minorité d'individus trônant sur une masse de pauvres.

Le deuxième chapitre, « La partie de l'histoire », traite des traditions monarchiques historiques que les « contestations démocratiques » actuelles font disparaître dans les mémoires. Les auteurs rappellent les accointances entre les rois et leurs familles durant la période monarchique précoloniale. Ils distinguent trois modalités d'articulation entre les rois et leurs familles durant la période précoloniale : (1) Les conseils des souverains qui écartaient les membres de la famille de la chose publique, (2) Certaines méthodes associant la famille à la gestion du royaume et (3) Des cas des résistances familiales lorsque des membres n'étaient pas associés dans la gestion du pouvoir politique.

Le troisième chapitre, « La politique par la famille controversée », place le lecteur au cœur des raisons poussant les populations à s'opposer à l'influence de l'entourage familial dans les affaires de l'État. La conception de la famille, le style de pouvoir et les politiques des populations toujours précaires en sont les principaux arguments. Les auteurs se sont appuyés essentiellement sur les travaux de Bernadette Bawin-Legros et Jean-François Stassen sur *la sociologie de la famille et des liens familiaux*.

Le quatrième chapitre, « Un problème complexe », tente de relativiser la présence de la famille en politique. Il existe des avis favorables sur cette présence. On se rend aussi compte que certaines pratiques et contraintes culturelles ne sont pas de nature à donner une marge de manœuvre au dirigeant. Contre les visions condamnant la politique par la famille, il faut rappeler que les sociétés africaines ont leurs logiques propres et qu'on ne peut les penser qu'en elles-mêmes.

Dans le cinquième chapitre, « Une situation générale », il s'agit de montrer que la question politico-familiale se situe dans le cadre général du « désordre de l'État ». En effet, la difficulté à se situer par rapport au bien commun et la concentration des pouvoirs aux mains d'un seul homme n'aident pas à asseoir les changements attendus. Il faut donc réformer l'administration publique pour prétendre à l'État de droit et à l'égalité pour tous. Cette situation de la corruption endémique et systémique des élites et masses africaines favorise la prolifération des groupuscules politiques dont la seule motivation est la satisfaction des besoins alimentaires dans la stricte politique mangeocratique qui polarise toutes les sociétés africaines postcoloniales.

Le sixième et dernier chapitre de l'ouvrage, « *L'historicité de l'État* », poursuit la réflexion sur la question complexe de l'influence de l'entourage familial. Cependant, l'originalité de ce chapitre est de faire ressortir la responsabilité des centres de décision extérieurs et celle des hommes du terroir sur *l'effritement de l'État*. C'est à travers la *crise de l'État* que nous découvrons la nécessité de faire appel à cette double responsabilité. Rien n'est figé. On peut arriver à un changement politique et social en soumettant dirigeants et prétendants à des postes politiques à des mesures contraignantes. Ce sixième chapitre constitue pour moi le paroxysme incandescent de cet ouvrage prémonitoire et prophétique, car il récapitule *les crises*, *les fissures*, *les dysfonctionnements*, *les corruptions* et *la satellisation* des États-zombies de la postcolonie africaine par les pressions ethno-tribales et mangeocratiques des membres de la famille présidentielle. Pour moi au lieu d'être intitulé : « *l'historicité de l'État* » dans le sillage de la théorie africaniste de Jean-François Bayart sur la greffe de l'État en Afrique, les auteurs devraient carrément subsumer toutes leurs analyses astucieuses et rigoureuses sous l'unique titre logique de : « *l'inexistence de l'État* » en Afrique, car tous les 5 premiers chapitres n'ont consisté qu'à corroborer magistralement l'érosion achevée de l'État colonial en Afrique contemporaine.

En définitive, l'opposition au pouvoir politico-familial devient plus forte lorsque les revendications d'une catégorie de la population ne sont pas prises en compte. Cette population ne comprend plus qu'on lui parle de « crise économique » et de « mesures d'austérité », au moment où les « grandes familles » politiques au pouvoir depuis de longues dates, continuent de jouir, sans être inquiétées, des biens mal acquis. À l'avenir, les démocraties familiales vont accélérer la menace des régimes politico-familiaux et seront l'un des sujets dominants dans les rapports entre pouvoir, opposition et populations.

En politique, le mot famille n'évoque-t-il pas à la fois le meilleur et le pire ? Dans la perspective des auteurs de cet ouvrage, il résume les maux actuels de la politique africaine : individualisme, primat de l'intérêt privé sur l'intérêt général, reproduction des inégalités sociales, exclusion des classes pauvres, pauvreté des populations, corruption, intrigues au sein de la classe dirigeante, incapacité de l'État à aborder les vrais problèmes de développement des populations, longévité d'une classe politique au pouvoir, modification de la Constitution, trucage d'élections, accaparement des ressources nationales par une minorité d'individus, soutien des métropoles étrangères, etc. En ce sens, la famille devient tout un symbole, un langage que décrypte le chercheur en sciences sociales pour comprendre les rouages du système de gouvernance politique et analyser les stratégies de maintien au pouvoir.

La famille est un appel à découvrir la politique à travers les grandes manœuvres de ses dirigeants. Il faut donc la repenser et l'intégrer dans les théories générales des sciences politiques en Afrique.

II. Déconstruction métaphysique, politique et théologique de L'État-Zombie de la postcolonie décadente.

Ibou Sané et Jean-Claude Angoula nous ont offert un très bon ouvrage de sociologie politique de la postcolonie avec un ancrage empirique et une méthodologie sociologique de l'acteur social en tant que porteur des raisons, des valeurs et des motivations dans sa praxis quotidienne. L'individualisme méthodologique de Raymond Boudon a été habilement mis en œuvre dans ce travail ambitieux et inspirant.

Ma critique quitte radicalement le terrain de la positivité nécropolitique de la sociologie politique de la postcolonie, non pas pour l'esquiver, mais pour la questionner radicalement et de façon ekstatique, à partir de la hauteur de vue et d'analyse que me donne la posture prophétique, métaphysique, politique et théologique. Il s'agit donc d'irradier la même positivité sociologiquement dégagée comme accaparement de toutes les richesses économiques et symboliques des pays africains par les dynasties militaires et ethno-tribales soutenues par la Françafrique depuis le début des "pseudo-indépendances", pour déboucher logiquement sur le constat non contestable de *l'inexistence de l'État en Afrique*. Il n'y a pas eu de greffe réussie de l'État colonial en Afrique et le fait de continuer à consommer paresseusement des revues et des ouvrages écrits par les Africanistes parisiens suffit pour subjuguer les esprits de la jeunesse africaine qui sera ainsi phagocytée et lobotomisée par ces savoirs asservissants, fallacieux et soporifiques. Combattre et démolir les savoirs africanistes sur le prétendu "État greffé" constitue un impératif philosophique et prophétique pour dégager l'espace pour une révolution *bibliocratique* et *prophétique,* car ce dont il est question, *ici et maintenant*, est la nécessité de produire au préalable une pensée politique arrimée aux schèmes métaphysiques et socioculturels *des polities* africaines contemporaines. Personne ne peut nier l'échec cuisant de la greffe de l'épistémologie politique de l'Europe en Afrique et les guerres et révoltes populaires en cours partout en Afrique constituent la seule preuve empirique et irréfragable de la déconfiture totale de la chevauchée coloniale et néocoloniale.

Ma critique vise aussi frontalement la science faussement savante et ouvertement néocoloniale et esclavagiste de l'École africaniste de Paris (autour de Jean-François Bayart et de sa revue idéologique "*Politique africaine"*) qui veut nous imposer la "greffe d'un État colonial" qui n'a jamais existé, pour la simple raison que le but primordial de la colonisation de l'Afrique par l'Europe consistait à asservir et à pomper les richesses minières, naturelles et pétrolières de l'Afrique pour accélérer l'industrialisation des puissances européennes ; industrialisation qui se poursuit à travers les logiques belliqueuses et prédatrices des puissances militaro-capitalistes qui se disputent l'hégémonie scientifique et économique sur la planète.

Ibou Sané et Jean-Claude Angoula ont fait un excellent travail de sociologie politique des dynasties ethno-tribales, mangeocratiques et obscurantistes de la postcolonie décadente. Ma critique prospective consiste à les exhorter à aller de l'avant dans les conclusions logiques qui découlent de leur travail impeccable de dévoilement phénoménologique et sociologique des tyrannies postcoloniales. Continuer à postuler – comme ils le font tout au long de leur ouvrage - l'existence d'un État en postcolonie contre la gravité de l'empirie des faits qu'ils ont eux-mêmes habilement dévoilés, constitue pour moi *une grave contradiction philosophique, factuelle, politique et schizophrénique.* Un diagnostic judicieux est déjà une partie de la guérison et de la libération dans le cas qui nous concerne. L'unique conclusion de leur ouvrage courageux et solidement arrimé dans l'empirie nécropolitique de la postcolonie consiste à nier l'existence d'un État en Afrique et à promouvoir la circulation mondiale des ouvrages savants et émancipateurs, car aucune institution – fût-elle religieuse ou politique – ne pourra *jamais* empêcher un individu qui veut acquérir les savoirs savants et émancipateurs à se les réapproprier par la *bibliophagie, hic et nunc.* Oui toute érudition charrie des vertus thérapeutiques et émancipatrices pour l'esprit qui s'en imbibe et l'habilite (*empower, boost*) à trouver par lui-même les stratégies efficaces pour ne pas adorer le veau d'or et la bête immonde et idolâtrique.

Une telle *déconstruction bibliocratique, bibliophagique* et *bibliothérapeutique* des dynasties ethno-tribalistes, obscurantistes et sanguinaires de la postcolonie africaine permettra au moins d'épargner des bains de sang dans des mobilisations des masses populaires envoyées dans les rues par des politiciens opportunistes qui poussent les enfants des autres à aller affronter les dictateurs dans les rues des capitales africaines, alors que leurs enfants et leurs familles vivent et mangent goulûment (du *foufou,* du *maffé* et du *ndolé*) dans des sociétés occidentales, bien que des tendances lourdes de précarisation, de paupérisation et d'assignation dans des ghettos insalubres se généralisent dans une grande majorité des minorités visibles et "afro" en Europe et en Amérique du Nord. Des recensions des ouvrages sur le cas des pièges de l'immigration des Africains au Canada vont bientôt et puissamment circuler dans notre réseau médiatique et scientifique mondial.

Étant donné que je suis en train de rédiger un ouvrage[538] sur *l'inexistence de l'État en Afrique postcoloniale* et la nécessité politique et philosophique de promouvoir dans le monde entier *la double triade* qui propulse toute révolution prophétique (*Déconstruction/Dépassement/Reconstruction & Bibliocratie, Bibliophagie et Bibliothérapie)*, je tenais à saluer l'ancrage sociologique solide et l'utilisation habile des enquêtes sur le terrain dans le processus d'une

---

[538] Des balises de cette déconstruction *iconoclaste, métaphysique* et *théologique* de la science politique de l'École africaniste de Paris sont déjà résolument jetées dans mes publications antérieures, notamment : Benoît AWAZI MBAMBI KUNGUA., *De la Postcolonie à la Mondialisation néolibérale. Radioscopie éthique de la crise négro-africaine contemporaine,* L'Harmattan, Paris, 2011, pp. 11-68 ; Benoît AWAZI MBAMBI KUNGUA (Dir.), *Le Bilan de 50 ans des indépendances politiques africaines et les défis de l'intégration des Africains au Canada. Histoire, Enjeux éthiques et Perspectives d'avenir pour la Renaissance africaine, Afroscopie III/2013* (Revue savante et pluridisciplinaire sur l'Afrique et les communautés noires), publiée par Le Cerclecad-Harmattan, Ottawa-Paris, 2013, pp. 213-260. Lire aussi le mouvement prophétique de ma pensée dans : ID., *Déconstruction phénoménologique et théologique de la modernité occidentale : Michel Henry, Jean-Luc Marion et Hans Urs von Balthasar,* L'Harmattan, Paris, 2014, 316 pages & ID., *Le Tournant prophétique de la théologie négro-africaine de la libération. De la Performativité de la Deutérose,* L'Harmattan, Paris, 2017 (À paraître).

déconstruction politique des dynasties familiales et sanguinaires qui étranglent les sociétés africaines avec le soutien militaire et politique des puissances qui les soutiennent moyennant la prédation maximale des ressources minières, pétrolières et forestières du continent africain. J'ai prophétisé et je l'ai immortalisé et cristallisé par *des hiéroglyphes* ouvertement prophétiques et incandescents.

Benoît AWAZI MBAMBI KUNGUA

Dieudonné Zognong, ***Démocratisation et religion en Afrique noire. L'émergence de la gouvernance de ré-enchantement*****, L'Harmattan, Paris, 2016, ISBN : 978-2-343-06619-6, 181 pages, Prix : 20 Euros.**

I. La quintessence de l'ouvrage.

Face à l'effervescence religieuse et néo-pentecôtiste qui déborde dans toutes les sociétés africaines contemporaines à la faveur de la démocratisation politique enclenchée par les Conférences nationales souveraines au début des années 1990, et face au recul du sens critique et philosophique chez la plupart des entrepreneurs religieux qui s'observe partout en Afrique, Dieudonné Zognong plaide pour la promotion d'une herméneutique philosophique, ésotérique et hermétiste de la foi christique. Pour lui, seule la posture philosophique adossée à une réactivation du mysticisme ésotérique (Rose-Croix d'or, Franc maçonnerie, théosophie, hermétisme etc.) permet de mettre en échec les prétentions de clôture interprétative affichées par la version théologico-politique et césaropapiste de l'Église romaine. Il insiste toutefois sur la nécessité de purifier la Rose-Croix d'or et la Franc maçonnerie des pratiques irrationnelles et sacrificielles dans les multiples indigénisations de ces deux courants philosophiques transplantés en Afrique durant la projection coloniale des puissances européennes. Beaucoup de chefs d'État et d'élites politiques ont été initiés durant cette période par les élites coloniales, notamment Eyadema du Togo et Bongo du Gabon.

Contrairement aux stéréotypes véhiculés dans les couches populaires africaines et à la diabolisation des sectes ésotériques par les Églises afro-pentecôtistes des sociétés désintégrées de la postcolonie, l'auteur plaide du début à la fin de son ouvrage pour une réactivation de la compréhension philosophique, symbolique et hermétiste du christianisme pratiquée dans des sectes ésotériques telles que la Rose croix et la Franc-maçonnerie. Surtout qu'en Afrique, l'opinion populaire affirme qu'il n'est pas possible d'obtenir une position stable dans la société sans s'affilier à ces sectes ésotériques qui accumulent et distribuent des positions de savoirs académiques et de pouvoirs politiques dans les sociétés encore noyautées par les organes hégémoniques de la Françafrique et d'autres lobbies néocoloniaux. Il stigmatise avec vigueur les lacunes philosophiques graves et l'ignorance sédimentée dans les esprits des pasteurs et autres entrepreneurs religieux qui exploitent leurs ouailles pour des fins purement alimentaires et mangeocratiques. Les femmes constituent la grande majorité des clientes de ces entreprises religieuses en Afrique et elles en sont de facto les principales victimes. Cela se comprend dans des sociétés patriarcales et érodées par une crise économique drastique.

Sans pour autant généraliser, il importe de mettre en évidence l'accélération des religiosités pentecôtistes et charismatiques dans des sociétés sans État de la postcolonie, où les places stratégiques sont parcimonieusement attribuées par les dynasties familiales qui prolifèrent partout en Afrique. Dans cette conjoncture, la religion risque de devenir, purement et simplement, un *modus vivendi* où les actes de piété populaire sont instrumentalisés par des stratégies quotidiennes de captation des ressources alimentaires dans des sociétés érodées par la faillite de la gestion africaine de la postcolonie par les élites assujetties par les diktats néolibéraux mondialisés.

Le déferlement des Églises et pasteurs gravitant autour de la constellation pentecôtiste mondiale donne lieu à une "*débrouillardise théologique*" faisant du christianisme une religion "*opium du peuple*" dans une conjoncture d'exacerbation des conflits alimentaires et ethno-tribaux en Afrique postcoloniale. Pour faire face à cette effervescence pentecôtiste, l'auteur soumet ces pratiques chamaniques et thérapeutiques aux fourches caudines du *criticisme théologique* de provenance kantienne, en se focalisant sur l'herméneutique symbolique et mythique des grands mystères chrétiens en minimisant, voire en marginalisant ce qu'il appelle le *littéralisme bibliciste*, fidéiste et fondamentaliste en vogue dans les Églises de la prospérité et de l'abondance des miracles de Dieu dans la vie de ses élus. Je discuterai plus tard dans la deuxième partie critique de cette recension, sur les dangers théologiques réels de basculement dans la dés-historisation de l'Incarnation du Verbe de Dieu dans la chair, constituant la tentation diabolique de toute "gnose" non confessante, et donc, non christique.

Pour l'auteur, seule l'approche philosophique, humaniste, allégorique, mythique et ésotérique des mystères chrétiens permet de rejoindre la vraie orthodoxie qui se situe en contraposition par rapport à l'orthodoxie césaropapiste et théologico-politique du catholicisme romain. L'auteur veut revenir à la noblesse et à la vraie orthodoxie qu'il situe dans la *théosophie* et l'*anthroposophie* pratiquées dans des sectes ésotériques et initiatiques telles que la Franc maçonnerie et la Rose Croix d'or. Il souligne bien la diabolisation que ces sectes subissent de la part des Églises afro-pentecôtistes à la conquête du continent et qui stigmatisent les sacrifices humains et autres pratiques sexuelles anormales censées s'accomplir dans ces sectes à mystère et à secret. L'auteur revendique ouvertement et tout au long de son ouvrage que la vraie orthodoxie du christianisme réside dans les religions gnostiques et hermétistes remontant à l'antiquité grecque et dont la matrice la plus déterminante est platonicienne. Nous y trouvons aussi des cultes maçonniques tropicalisés chez certains présidents célèbres, tel que le culte Eyadema au Togo et le Grand rite équatorial gabonais fondé en 1978 par Omar Bongo Ondimba, qui entra lui-même en loge à Angoulème en 1965.

Le christianisme colonial, qui constitue pour l'auteur, une simple transplantation du césaropapisme en Afrique, subit une déconstruction caustique et est tenu responsable de la stagnation, voire de la régression multidimensionnelle du continent dans la géopolitique mondiale de ce début du XXIème siècle. Il soulève le processus de diabolisation et de paganisation des religions traditionnelles africaines durant la mission civilisatrice en situation coloniale. Le chauvinisme religieux occidental est sévèrement fustigé ainsi que la subordination des élites religieuses africaines au système de domination césaropapiste du christianisme romain. Fabien Eboussi Boulaga est cité comme le théologien africain qui est allé loin dans la déconstruction des prétentions totalitaires de la mission européenne en Afrique. L'auteur discerne dans ses écrits une bonne *teneur gnostique* et une volonté de remonter jusqu'à la spiritualité christique *originaire,* en amont des dogmes du catholicisme romain. L'auteur plaide pour la reconnaissance mutuelle entre la philosophie africaine et la philosophie européenne qui continue toujours à dénier à l'Afrique toute pensée philosophique opératoire.

C'est à juste titre qu'il a reconnu le génie philosophique du père Placide Tempels comme pionnier de la philosophie africaine.

La découverte des manuscrits de Qumrân entre 1947 et 1956 appartenant à la secte juive des Esséniens ainsi que l'exhumation des manuscrits apocryphes à Nag Hammadi, en Égypte (en grec et en copte) viennent considérablement relativiser l'orthodoxie de la gérontocratie cléricale du Vatican. L'auteur soulève la question du qualificatif "*apocryphes*" accolé à plusieurs textes du Nouveau testament par la théocratie pontificale voulant ainsi monopoliser le pouvoir d'énonciation de l'orthodoxie chrétienne dans le monde. Le rappel des époques tristes et sombres des inquisitions pratiquées durant des siècles par l'Église romaine contre les philosophes et autres libres penseurs (Giordano Bruno, Descartes, Spinoza, Galilée, Pic de la Mirandole, Teilhard de Chardin, etc.) vient renforcer l'entreprise de déconstruction de l'orthodoxie romaine par l'auteur.

L'auteur revient constamment sur la nécessité de dévoiler l'essence foncièrement ésotérique, mythique, symbolique et poétique de la Bible qui exige une vaste entreprise de réappropriation herméneutique constante du message cryptique qu'il irradie dans le monde. C'est le caractère ineffable de Dieu qui laisse un espace béant et abyssal pour les efforts d'énonciation finie du Mystère Absolu de Dieu qui nous dépasse de part en part. D'où l'analogie que fait l'auteur entre la conversion philosophique (Socrate) et la conversion christique (Jésus-Christ).

L'appel à la vigilance philosophique et criticiste s'impose face à la « débrouillardise théologique » dans des sociétés africaines qui régressent sur plusieurs niveaux de la vie économique, politique et culturelle. La situation s'aggrave en se complexifiant quand des présidents africains ouvrent des chapelles au sein même des bureaux de la présidence en s'auto-promouvant eux-mêmes comme des pasteurs. C'est ici que la science politique africaine et émancipatrice, devrait se convertir à cette phénoménalité holistique, pas pour la juger à l'aune de la laïcité et de la sécularisation de l'Occident ; mais pour la jauger dans son immanence phénoménologique, enfin de décrypter les raisons métaphysiques et traditionnelles qui expliquent ce chevauchement permanent entre le politique et le religieux en Afrique, en amont et en aval de la projection esclavagiste et coloniale de la Modernité occidentale. C'est en regardant en face et en profondeur ce télescopage entre le monde religieux et la vie politique qu'il convient de repenser avec ambition libératrice, le vivre ensemble et la gestion de la chose publique en Afrique. C'est donc à une vigilance philosophique endurante que nous convie l'auteur de cet ouvrage pour construire des sociétés de la raison, du sens de la vie et du décryptage constant de l'énigme de notre passage sur terre. L'auteur plaide pour l'usage de la raison philosophique, symbolique et hermétiste dans l'approche de Dieu en Afrique.

II. Quelques questions critiques pour poursuivre la réflexion.

I/ En insistant unilatéralement sur l'herméneutique allégorique, symbolique et mythique des textes bibliques, n'y a-t-il pas le risque d'oublier les autres sens de l'écriture, notamment le *sens littéral* (historique), le sens anagogique, le sens moral et le sens mystico-ésotérique ? Le fait de minimiser le sens littéral des textes ne risque-t-il pas de faire des événements racontés dans la Bible des pures mythologies fantasmagoriques sans aucun ancrage historique et empirique ? Signalons en passant que la tradition de la lecture biblique à quatre niveaux de sens se trouve aussi bien dans le Judaïsme (*Pshat* : littéral ; *Remez* : allusif (littéralement : allusion) ; *Drash* : allégorique (littéralement : creuser, sonder, chercher) ; *Sod (kabbale)* : mystique ou ésotérique (littéralement : secret) que dans le Christianisme (la lettre enseigne les faits, l'allégorie ce que tu dois croire, la morale ce que tu dois faire, l'anagogie ce que tu dois viser). Les quatre niveaux de sens révèlent à la fois le mouvement infini de réappropriation herméneutique des textes bibliques par un sujet radicalement marqué par la finitude facticielle et l'infinité d'horizons de sens charriés par le texte biblique. La foi est vie de l'esprit qui chemine dans un monde matériel et social où cette foi se projette en action libératrice et eschatologique de connaissance, d'amour de Dieu et du prochain.

II/ Que devient le Christianisme[539] sans la foi au Mystère de l'Incarnation, de la Passion, de la Mort et de la Résurrection du Verbe de Dieu en Jésus de Nazareth ? Comment dans ce cas échapper à la *gnose philosophique* orgueilleuse et arrogante qui nie la venue du Verbe de Dieu dans la chair et qui ne se

---

[539] Mon œuvre théologique en Afrique postcoloniale vise ultimement cette volonté de réappropriation dynamique et africaine du "Mystère de la Trinité" qui constitue l'essence Éternelle de la foi christique et la constitution même de l'Évangile. Je renvoie à mes ouvrages : Benoît Awazi Mbambi Kungua, *Le Dieu Crucifié en Afrique. Esquisse d'une Christologie négro-africaine de la libération holistique,* L'Harmattan, Paris, 2008, 330 pages ; ID., *Déconstruction phénoménologique et théologique de la modernité occidentale : Michel Henry, Jean-Luc Marion et Hans Urs von Balthasar*, L'Harmattan, Paris, 2014, 316 pages ; ID., *Le Tournant prophétique de la théologie négro-africaine de la libération. De la Performativité de la Deutérose,* L'Harmattan, Paris, 2017. Lire aussi le numéro colossal de notre revue : Benoît AWAZI MBAMBI KUNGUA (Dir.), *Dieu et l'Afrique. Une approche prophétique, émancipatrice et pluridisciplinaire, Afroscopie VI/2016*, (Revue savante et pluridisciplinaire sur l'Afrique et les communautés noires), publiée par Le Cerclecad-Harmattan, Ottawa-Paris, 2016, *659 pages.*

met pas à genoux pour adorer Dieu dont le Mystère insondable nous fait prendre conscience chaque jour de l'ampleur de notre finitude ? Si l'auteur concentre ses énergies sur la nécessité de trouver les intuitions philosophiques de la gnose comme voie savante d'approcher le "Mystère de Dieu", comment comprend-il les limites que Dieu impose absolument à toute "gnose" ; car avant la mobilisation de la connaissance finie de l'homme et qui porte sur les choses qu'il n'a pas créées, il y a toujours le Mystère du *Dieu invisible* dont la *phénoménalité* s'oppose point par point à la *phénoménalité* du monde. Une tendance actuelle de la phénoménologie française se focalise sur une opération-limite d'une phénoménologie de la phénoménalité invisible de Dieu. (Lire l'ouvrage remarquable de Ruud Welten, *Phénoménologie du Dieu invisible. Essais et études sur Emmanuel Levinas, Michel Henry et Jean-Luc Marion*, L'Harmattan, Paris, 2011).

III/ Étant donné *l'immensité* et le *caractère ineffable* du Mystère insondable de Dieu, il convient de distinguer la spécificité de chaque démarche théologique, philosophique et spirituelle dans son exploration et son énonciation. L'approche philosophique ne peut pas à elle toute seule épuiser la teneur du Mystère de Dieu. La liturgie et le culte constituent aussi des démarches légitimes du croyant qui entre en communication avec son Dieu dans une alliance de toute une vie et qui est appelée à se *métamorphoser* dans l'outre-tombe. L'engagement prophétique dans les luttes des couches les plus paupérisées et misérables pour leur dignité humaine inconditionnelle, constitue la posture énergétique de toute posture prophétique dans laquelle Jésus de Nazareth s'inscrit ouvertement sous la mouvance de son cousin Jean Baptiste, gravitant autour de la secte ésotérique de Qumrân. Les Africains ont leurs façons propres (corporelle, familiale, sociale, culturelle, traditionnelle) d'entrer en communication avec Dieu et les ancêtres fondateurs du clan qui sont déjà passés par l'alchimie purificatoire de la mort. Il importe d'appréhender l'effervescence pentecôtiste, thérapeutique et charismatique dans le continent et ses diasporas comme une *idiosyncrasie culturelle africaine* qu'il importe de structurer et de penser en profondeur pour pouvoir faire face avec dignité et responsabilité à l'impératif politique et économique de la vie sociale érodée par les crises postcoloniales et globales. La *distorsion essentielle* entre les réalités immédiatement vécues par les couches populaires africaines dans une situation d'exacerbation du désastre postcolonial et les discours théologiques produits aussi bien par les Africains que les Occidentaux explique pour une grande partie le blocage du continent dans tous les domaines. Cette distorsion lance un appel pressant aux élites africaines de se constituer *hic et nunc* en "synergies pluridisciplinaires" pour produire et disséminer une pensée capable d'alimenter la jeunesse dans des batailles émancipatrices en cours et à venir.

IV/ Je termine en citant un passage de l'Écriture qui nous invite à la vigilance théologique, exégétique et spirituelle dans ces temps tumultueux des crises, des génocides, des apocalypses nucléaires, des extrémistes religieux et des métamorphoses tentaculaires des différentes moutures de la gnose platonicienne, pharaonique et orientale.

« *Mes bien-aimés, n'ajoutez pas foi à tout esprit, mais éprouvez les esprits, pour voir s'ils sont de Dieu ; car beaucoup de prophètes de mensonge se sont répandus dans le monde. À ceci vous reconnaissez l'Esprit de Dieu : tout esprit qui confesse Jésus Christ venu dans la chair est de Dieu, et tout esprit qui divise Jésus Christ n'est pas de Dieu ; c'est l'esprit de l'antichrist, dont vous avez entendu annoncer qu'il vient, et dès maintenant il est dans le monde. Vous, mes petits enfants, qui êtes de Dieu, vous êtes vainqueurs de ces prophètes-là, parce que celui qui est au milieu de vous est plus grand que celui qui est dans le monde. Eux, ils sont du monde ; aussi parlent-ils le langage du monde, et le monde les écoute. Nous, nous sommes de Dieu. Celui qui s'ouvre à la connaissance de Dieu nous écoute. Celui qui n'est pas de Dieu ne nous écoute pas. C'est à cela que nous reconnaissons l'Esprit de la vérité et l'esprit de l'erreur.* » (I Jean, 4, 1-6).

Benoît AWAZI MBAMBI KUNGUA

Honorine Ngono, ***La place et le rôle de la femme dans l'Église. Lecture biblique et ecclésiologique,*** **L'Harmattan, Paris, 2016, ISBN : 978-2-343-08345-2, 196 pages, Prix : 21,50 Euros.**

L'ouvrage d'Honorine Ngono donne une bonne synthèse théologique sur la place de la femme dans l'Église catholique en faisant ressortir des fondements bibliques et historiques du début du christianisme jusqu'à nos jours. Qui d'autre qu'une femme peut parler avec justesse et de l'intérieur des requêtes actuelles des femmes pour leur pleine responsabilisation dans la vie ecclésiale en tenant compte des mutations décisives intervenues dans la condition de la femme durant la seconde moitié du XXème siècle ?

L'auteure tient à clarifier sa démarche en prenant clairement ses distances par rapport aux requêtes féministes et celles du genre telles qu'elles se manifestent dans les sociétés occidentales d'Europe et d'Amérique du Nord : « *Il y a une pluralité de discours sur la femme dans la société comme dans l'Église. Ce discours a un dénominateur commun qui porte le nom de féminisme. Ces temps, le féminisme a pris un certain regain qu'on appelle l'approche genre. C'est une idéologie. Il est donc important de souligner que la réflexion ici amorcée ne s'inscrit pas dans le courant dit féministe, pas plus qu'elle ne s'inscrit dans aucun autre courant idéologique. Elle est une étude théologique fondée sur le vécu de la femme dans l'Église. Cette étude vise à rendre la femme plus à même d'assumer ses responsabilités ecclésiales pour le plein épanouissement de la communauté dont elle est membre de plein droit. Ce travail est aussi une contribution au débat théologique sur la place et le rôle de la femme à la mission de l'Église.* » (p. 12 de l'introduction). L'auteure donne sans équivoque l'intentionnalité théologique et la clef herméneutique pour viser justement sa pensée dans cet ouvrage. L'autre clef qui nous permet d'entrer dans la dynamique de la pensée théologique et ecclésiale développée dans cet ouvrage est l'acceptation joyeuse de la spécificité féminine dans la famille humaine. En effet, la femme est appelée à porter, à protéger, à soigner et à donner la vie et cela se matérialise concrètement par ses menstrues et la structure de son corps prédisposé à accueillir l'autre dans la relation conjugale et l'union des sexes. Cette assomption de la féminité dans sa plénitude apparaît aussi nettement du début à la fin de l'ouvrage : « *Cependant, malgré des situations différentes vécues par les femmes à travers les siècles, une constante subsiste : toutes sont marquées par le sang. Du fait de leurs menstrues, elles se trouvent périodiquement en situation d'impureté. En effet, de nombreuses prescriptions liées au sang rendent la vie des femmes difficile. Et cette manière de penser, de vivre et de croire a favorisé l'exclusion des femmes.* » (p. 15).

Une fois dégagé ces deux clefs herméneutiques données par l'auteure elle-même, il convient maintenant de restituer succinctement les principales articulations (parties) qui constituent l'ouvrage et qui se lisent avec aisance.

Intitulée, « *Données bibliques* », la première partie parcourt toute la Bible pour faire émerger les différentes figures de femmes avec leurs grandeurs et leurs faiblesses, comme leurs partenaires masculins. Dans l'Ancien Testament, l'auteure commence avec Ève, la mère de l'humanité, créée après Adam, comme son partenaire immédiat dans la mission de la gestion commune de la création de Dieu. Adam s'écrie avec émerveillement à la vue de son épouse : « *Celle-ci, cette fois-ci, c'est l'os de mes os et la chair de ma chair* » (Gn 2, 18-23). C'est avec beaucoup d'à-propos que l'auteure souligne la naissance du *langage* – et donc de *l'humanité* – simultanément avec l'apparition de la femme. La première leçon théologique et anthropologique consiste à soutenir que l'homme et la femme sont appelés à travailler dans le *dialogue constant*, le *partenariat* et la *complémentarité.* Mais le réalisme nous recommande de reconnaître le statut d'infériorité, de marginalité et de subordination de la femme dans l'Ancien Testament. Cette solidarité dans le bien comme dans le mal se manifeste aussi dès le chapitre 3 de la Genèse, où Dieu punit les deux partenaires après la transgression de l'Interdit de manger l'arbre de la « connaissance du Bien et du Mal ». Cette marginalisation de la femme – due essentiellement à une conception matérialiste de la "pureté rituelle" dans les livres du Pentateuque et que ses menstrues mettent dans une situation d'impureté mensuelle – débouche dans son exclusion des fonctions de gouvernement politique et surtout dans le culte, mais les exceptions ne manquent pas : Myriam, Houlda, Anne (Lc) sont reconnues comme des prophétesses. Déborah est juge. Athalie usurpe pour un court moment le pouvoir royal au royaume de Juda. Dans le livre prototypique de la Genèse, il y a des matriarches qui jouent des rôles décisifs dans l'accomplissement du plan de Dieu dans l'histoire d'Israël interagissant avec le reste des peuples qui formaient le monde à cette époque archétypique. Sarah va enfanter dans sa vieillesse Isaac par qui et en qui les promesses de Dieu à la descendance d'Abraham vont se matérialiser. Rébecca, Rachel, Léa, Tamar, Myriam, La fille de Pharaon, la mère et la sœur de Moïse qui le sauvent du génocide de Pharaon, sont des femmes majeures dans l'histoire du salut. Cette enquête se poursuit dans le Nouveau Testament avec Marie qui a cru aux paroles de l'ange lui annonçant qu'elle sera la mère du Messie, Jésus-Christ. De nombreuses femmes (Marthe, Marie sa sœur, Marie Madeleine) vont être dans l'entourage immédiat de Jésus. C'est encore à une femme, Marie Magdala – accompagnée de l'autre Marie -, que Jésus Ressuscité se montra pour la première fois. Nous trouvons des diaconesses et des prophétesses ainsi que de nombreuses femmes qui subviennent aux besoins de Paul, de Pierre et des autres apôtres dans l'Église primitive. Quel est le message primordial qui ressort de cette traversée de toute la Bible et de l'Église primitive et qui s'étend sur les 100 premières pages de l'ouvrage, soit la moitié ? Il convient de reconnaître que : « *dans l'immense foule biblique, largement masculine, se dressent plusieurs figures féminines, souvent méconnues, quelquefois anonymes, tantôt humiliées et parfois glorifiées. Nous les avons rencontrées. D'Ève à Marie, en passant par les Patriarches, les*

Juges et les Prophètes. Ces personnages témoignent de la foi au Dieu unique dans une aventure faite d'embûches, de trahisons, de combats et de fidélité. Nous retenons trois messages importants. En premier lieu, la vie est au cœur de la vie de la femme. Il s'agit ici de la vie dans toutes ses dimensions. En deuxième lieu, nous notons des femmes responsables dans la vie quotidienne. Enfin, l'homme et la femme sont les partenaires de Dieu, des partenaires dans la vie et la mission de l'Église. » (p. 95).

La deuxième partie traite de la condition des « Femmes dans l'Église primitive » et elle montre les divers engagements aussi bien dans les institutions sociales qu'ecclésiales. Un accent est mis sur les femmes consacrées dans la vie religieuse et la réforme spirituelle de l'Église telle que Thérèse d'Avila. Mais le lieu primordial de l'investissement des femmes est la famille et le mariage chrétien, sans exclure les autres lieux d'engagement public : santé, éducation, œuvres caritatives.

La troisième partie traite de la condition des femmes dans l'Église d'aujourd'hui et passe en revue les différentes responsabilités qui sont les leurs. Il convient de noter que la porte aux ministères – y compris les ministères laïcs – leur est complètement fermée. L'*impossibilité* d'ordonner les femmes au sacerdoce ministériel et d'autres ministères laïcs, est définitivement scellée dans le célèbre document "*Inter Insigniores*" de la commission de la doctrine de la foi datant de 1977, sous le pontificat de Paul VI. Jean Paul II rappellera cette position traditionnelle et officielle de l'Église par rapport à l'*impossibilité* d'ordonner les femmes dans l'Église catholique dans ses encycliques : *Redemptoris Mater* (1987) et *Mulieris Dignitatem* (1988).

Nous avons aujourd'hui des femmes qui enseignent dans des universités catholiques, qui participent aux conseils diocésains et même dans les dicastères de la Curie romaine. Des femmes s'expriment au nom des autorités ecclésiales, mais la question brûlante est celle de leur exclusion du ministère sacerdotal et de la hiérarchie officielle de l'Église, encore occupée exclusivement par les hommes célibataires. C'est ici que l'auteure demande la pleine jouissance des droits et privilèges des femmes dans la marche des institutions ecclésiales en tant que baptisées dans l'Église du Christ. Nous assistons partout dans le monde à la montée des revendications des femmes pour leur ordination sacerdotale. Mais nous connaissons que le Pape Jean Paul II avait définitivement soldée cette question jusqu'à interdire tout débat, en justifiant son non catégorique par le fait que Jésus n'avait pas choisi de femmes dans le premier collège apostolique. Ses successeurs, Benoît XVI, et plus volontairement François travaillent pour une plus grande visibilité des femmes dans la production du discours théologique dans l'Église et la gestion des positions importantes au sein des institutions ecclésiales. Le pape François appelle à l'émergence d'un féminisme catholique, où la femme assume pleinement son statut de mère et d'épouse qui donne, prend soin et éduque à la vie.

La quatrième et dernière partie de l'ouvrage médite sur la femme comme figure de l'altérité. Si l'homme incarne l'autorité dans la famille, la femme est son partenaire en affichant l'altérité matérialisée par son corps façonné pour accueillir un autre être, et prendre soin et lui donner la vie en le mettant au monde. La structure de son corps est orientée vers cette donation de la vie : « *... Le principal apport de la femme est dans son corps. Le corps de l'homme et celui de la femme sont différents, non seulement dans l'anatomie des organes sexuels, mais dans chacune des cellules porteuses du chromosome masculin et féminin. En psychologie, les recherches récemment menées concordent toutes : les femmes perçoivent, vivent et communiquent les événements différemment des hommes. La différence n'est donc pas seulement culturelle, mais aussi sociale et religieuse, etc. (...) De même la paternité et la maternité nécessairement complémentaires puisqu'elles existent l'une par l'autre, ne marquent pas la personnalité de l'homme et de la femme de la même façon. Par sa capacité à accueillir et à porter l'enfant en elle, la femme ressent davantage que l'homme la valeur de la vie.* » (p. 153).

En substance, cet ouvrage apporte une contribution théologique, ecclésiale et anthropologique majeure dans la théologie féminine dans l'Église. Mon seul regret est de voir le peu d'espace – voire le pas d'espace – que l'auteure a consacré aux questions spécifiques des femmes africaines en situation postcoloniale avec les crises protéiformes qui s'y déroulent. Comment la femme africaine en général – et camerounaise d'où provient l'auteure – peut-elle prendre toute sa place dans les institutions ecclésiales et sociales en Afrique ? Comment accroître l'impact du leadership[540] intellectuel et politique des femmes africaines dans les défis de la gestion responsable des crises africaines aggravées par les logiques prédatrices des firmes néolibérales ? Quel est l'écho des recherches féministes occidentales chez les femmes intellectuelles et théologiennes du monde occidental ? Je renvoie par le fait même à la recension que j'ai faite de l'ouvrage de Joëlle Palmieri et qui a été publié à Yaoundé au Cameroun. Le titre est : *TIC, Colonialité, Patriarcat, société mondialisée, occidentalisée, excessive, accélérée... Quels impacts sur la pensée féministe ?*, Éditions Langaa, Yaoundé, 2016.

Benoît AWAZI MBAMBI KUNGUA

[540] Benoît AWAZI MBAMBI KUNGUA (Dir.), *Leadership Féminin et Action politique. Le cas des communautés africaines du Canada, Afroscopie* IV/2014, (Revue savante et pluridisciplinaire sur l'Afrique et les communautés noires), publiée par Le Cerclecad-Harmattan, Ottawa-Paris, 2014, 219 pages.

Philippe David, *Virons Dieu du débat politique*, Fauves Éditions, Paris, 2015, 87 pages, ISBN : 979-10-302-0018-8, 10 Euros.

I/ La quintessence de l'ouvrage.

L'auteur dédie cet ouvrage à toutes les victimes des extrémistes et meurtriers qui prétendent tuer les autres au nom du « *dieu* » de leurs religions. Il pose une question cruciale et brûlante qui s'aggrave partout dans le monde à la faveur des guerres d'hégémonie néolibérale et des différentes réactions extrémistes qui émergent aux quatre coins du monde.

La question se pose de façon spécifique dans une société démocratique dotée d'un État de droit et régie par le principe de laïcité qui permet de dégager un espace public d'exercice de la liberté d'expression par le déploiement maximal de la rationalité communicationnelle qui propulse le débat démocratique en France.

Après avoir rappelé les raisons territoriales, économiques et hégémoniques qui ont causé les deux grandes Guerres mondiales du XXème siècle entre les États européens, l'auteur mentionne la montée en ce début du XXIème siècle de guerres religieuses (Afghanistan, Irak, Mali, Syrie, etc.) opposant une forme belliqueuse de l'Islam aux « démocraties européennes et nord-américaines ». Il rappelle avec justesse que les guerres des religions qui se sont produites durant trois siècles en Europe (du XVIème au XVIIIème siècle) n'étaient plus qu'un lointain et douloureux souvenir. La multiplication des attentats et assassinats publics par des extrémistes se déclarant de l'Islam dans les territoires mêmes des États européens crée une nouvelle situation politique et idéologique qui rend urgente la réactivation de la laïcité dans les démocraties occidentales.

Le premier chapitre rappelle la révolution iranienne (1979) qui renversa le Shah et le retour en puissance de l'Ayatollah Khomeyni en Iran pour instaurer une théocratie coranique et la suppression des réformes de modernisations amorcées par le Shah. Mais l'expression la plus juste utilisée par l'auteur est celle de la « République islamique d'Iran » : « *Au mois de décembre de la même année, une nouvelle constitution est adoptée (elle aussi par « referendum ») consacrant la domination du religieux sur le politique. Cette constitution fait du chiisme duodécimain la religion d'État et précise que la loi iranienne doit être en accord avec la Charia. De facto, l'Iran devient une théocratie... pour le pire* » (p. 19). L'auteur souligne un processus d'islamisation de plusieurs pays du Proche et du Moyen Orient dans le monde arabo-musulman. Il rappelle la poursuite de ce processus dans des pays africains comme l'éclatement de la Libye consécutive à l'intervention franco-britannique qui assassina le colonel Khadafi avec la déstabilisation de toute la région du Sahel et du Sahara (Libye, Mali, Niger, Côte d'Ivoire, Nigeria, Nord Cameroun). Boko Haram et d'autres groupes djihadistes qui assassinent des centaines de personnes le font au nom d'un intégrisme islamiste. L'intrication entre ces groupes extrémistes et certaines monarchies du monde arabo-musulman rend encore l'analyse opaque et inextricable. Les analyses affirment que Daesh est bel et bien financé par certaines pétromonarchies du Golfe persique.

Au fil de chapitres, l'auteur revient en Occident pour mettre en évidence la situation exceptionnelle des États-Unis d'Amérique, où Dieu est omniprésent dans l'espace public depuis la fondation de cette grande puissance mondiale. Au sortir de la Deuxième Guerre mondiale, la pratique religieuse a sensiblement décliné partout en Europe au point que certains sociologues français parlent du Christianisme comme la « religion de la sortie de la religion » (Gauchet) et d'autres encore parlent du processus de l'exculturation du christianisme en Europe (D. Hervieu-Léger). Il est vrai que le processus de sécularisation et de déchristianisation s'accélère dans les sociétés vieillissantes où les rares pratiquants des sacrements sont des personnes du troisième âge en fin de leur parcours terrestre. Avant de terminer avec la situation propre de la France, l'auteur ne mâche pas ses mots et n'y va pas par quatre chemins quand il analyse la ferveur religieuse et évangéliste du président Bush : « *Inutile de dire que la religiosité bushiste rappelle douloureusement les pires moments de l'Inquisition, où ceux qui s'opposaient un tant soit peu à la volonté de Rome étaient torturés et envoyés au bûcher. Bush est ainsi le digne héritier de Torquemada et des autres inquisiteurs, tous marqués du sceau du fanatisme et de la haine répandus au nom de Dieu, et ayant les uns comme les autres des hectolitres de sang sur la conscience dont il se lavent les mains en allant se confesser de temps en temps* » (p. 37).

L'auteur met en exergue l'acquis révolutionnaire de la « *laïcité à la française* », où la religion relève strictement de la sphère privée et ne doit pas interférer dans la vie publique. L'auteur soulève la question du communautarisme musulman et les autres débats qui défraient l'actualité politique quotidienne en France (port du voile islamique, séparation des hommes et des femmes dans des piscines, régimes alimentaires spéciaux dans les écoles publiques, tensions identitaires dans des banlieues à forte concentration des individus issus de l'immigration maghrébine ou d'Afrique subsaharienne, etc.). C'est ici que le titre de l'ouvrage prend toute son amplitude politique maximale et sa gravité explosive. Étant donné que la France est régie par le principe de la laïcité entérinée par la loi de la séparation entre l'Église et l'État en 1905, il est impératif de faire appliquer ce principe dans des institutions publiques, où seule la constitution de la République devrait régir les comportements et les discours.

II/ Prolongements critiques, réflexifs et personnels

I. Je commence par féliciter l'auteur pour une liberté de ton et de pensée étonnante et nous avons absolument besoin de tels penseurs dans les sciences africanistes, où les gens continuent à publier des ouvrages apparemment savants, mais dont toute l'ossature est démentie mot à mot par les faits sociaux, politiques et économiques.

II. Au sujet de son pays, la France, il est urgent que les penseurs humanistes fassent respecter dans la théorie (discours) et la pratique quotidienne (faits sociaux) le principe de la laïcité qui constitue le principal soubassement de la République française.

III. Mais en même temps, les problèmes de la marginalisation persistante des banlieues, le basculement dans la pauvreté, le chômage chronique et l'oisiveté des couches entières de ces zones reléguées de la société française soulèvent la question lancinante des représentations et des auto-compréhensions que les immigrés non européens se font de leur situation de marginalité et de subalternité. Nous avons vu que dans les récents attentats en Belgique et en France, les terroristes provenaient des quartiers à forte concentration des populations pratiquant l'Islam ou provenant du Maghreb ou de l'Afrique noire, et cela soulève la question de l'intrication mentale entre les schèmes de perception religieuse de la réalité et la réalité de la marginalité sociale persistante. Les attentats ont montré qu'il est ontologiquement impossible d'anticiper le flux noétique des pensées qui circulent dans l'esprit humain et aucun service de sécurité ne peut absolument pas prévoir avec exactitude les attentats qui vont se produire dans les minutes qui suivent.

IV. Finalement, cet ouvrage alimente ma propre déconstruction des études africanistes sur "la greffe de l'État en Afrique", car aussi bien dans des pays du Maghreb, du Sahel ou de l'Afrique subsaharienne, la quasi-totalité des populations vivent et luttent contre des situations de mort sociale, de misère économique, des insécurités et des famines croissantes en adoptant une attitude de religiosité instrumentalisant Dieu et considérant les célébrations religieuses exubérantes comme des moments d'évasion de la misère qui constitue le lot de la majorité des populations asservies par les régimes postcoloniaux. De tels faits sociaux totaux de l'omniprésence des pratiques et rhétoriques religieuses pour expliquer et produire un semblant de "rationalité" dans la tourbe postcoloniale démentent et pulvérisent les constructions fallacieuses et mensongères de l'École africaniste de Paris au sujet d'un prétendu État africain issue de la greffe coloniale (Bayart). Non il n'y a pas d'État en Afrique et c'est maintenant aux vrais penseurs de la postcolonie de repenser en profondeur le politique, le religieux et l'économique à même les stratégies de survie quotidienne mobilisées ingénieusement par les masses populaires, hébétées et traitées comme des bêtes par des régimes nécropolotiques de la postcolonie sans État. Une analyse fallacieuse du désastre postcolonial ne fera que plonger les sociétés africaines dans les génocides ethno-tribales et les guerres sanglantes dont tous les ingrédients sont réunis dans des polities sans États de la région des grands Lacs et de l'Afrique centrale (Burundi, Rwanda, République démocratique du Congo, République populaire du Congo, République centrafricaine, Gabon, Guinée équatoriale, Tanzanie, Kenya, Angola, etc.). Quel politologue quelque peu raisonnable et sain d'esprit oserait dire qu'il existe un État dans l'un des pays susmentionnés ???

Benoît AWAZI MBAMBI KUNGUA

Jürgen Habermas, *Après l'État-Nation. La nouvelle constellation politique*, Fayard/Pluriel, Paris, 2013, 155 pages, ISBN : 978-2-818-50361-4, Prix : 7,50 Euros. (Traduit de l'allemand par Rainer Rochlitz).

Dernier représentant de l'École de Francfort, le philosophe allemand le plus écouté et lu à l'étranger, Jürgen Habermas livre ici une réflexion lumineuse et judicieuse sur les conditions de possibilité d'une « fédération européenne », où le pouvoir politique de l'entité fédérée ferait un contrepoids solide aux conséquences sociales catastrophiques des politiques néolibérales de l'Europe comme un marché qui accélère l'apparition des injustices et des frustrations sociales. Il s'agit de pallier au processus de déclin de l'État sous les coups de boutoir des politiques austéritaires du marché mondial débridé. Sa position veut dépasser l'opposition stérile entre les *eurosceptiques* (qui refusent l'ouverture des frontières) et les *euro-libéraux* qui se contentent d'un marché fonctionnant dans l'autarcie (la main invisible du marché) sans se soucier de l'augmentation exponentielle des injustices sociales dans tout l'espace de l'Union européenne.

Intitulé, « Tirer la leçon des catastrophes ? Rétrospective et diagnostic d'un siècle écourté », le premier chapitre fait une rétrospective des percées sociales des révolutions industrielles du XIXème et du XXème siècle, qui ont considérablement amélioré les conditions de vie dans les démocraties occidentales. La mécanisation de l'agriculture et de l'élevage a permis à la masse des travailleurs de migrer vers des usines de fabrication des véhicules, machines et autres outils. Les révolutions numériques en cours causent à leur tour un chômage systémique et structurel des masses urbaines qui migrent dans les entreprises offrant des services ou des produits informatiques. La mise en réseau des cerveaux et des esprits à travers le maillage de la planète par les réseaux informatiques des nouvelles technologies de la communication opère une mutation dans la production des masses en situation néolibérale. Au lieu que les masses se regroupent dans des distractions dans les rues, des cinémas ou des cirques, elles sont occupées par les flux médiatiques continus qui leur parviennent dans leurs télévisions ou leurs téléphones intelligents (Smartphone) : « *Ce qui caractérise aujourd'hui les sociétés postindustrielles, c'est un quatrième secteur d'activités fondées sur la science qui – comme les industries de haute technologie, la santé, les banques ou l'administration publique – dépendent de l'afflux d'informations nouvelles et, en dernière instance, de la recherche et de l'innovation. Cette dernière dépend à son tour d'une « révolution de l'éducation » (Talcott Parsons), qui non seulement supprime l'analphabétisme, mais conduit à une extension drastique du système d'éducation secondaire et universitaire. En même temps que la formation universitaire se démocratise, les universités deviennent souvent des foyers d'agitation politique.* » (pp. 15-16). Ce premier chapitre expose le processus de satellisation, d'effritement et d'émiettement de l'État-nation avec la disparition tous azimuts des acquis des péréquations sociales qu'il avait su engranger durant deux siècles et exige de penser des *polities* supranationales pour faire face au rouleau compresseur de la mondialisation néolibérale qui émascule considérablement les États des pays les plus riches de G7 avec des conséquences plus dévastatrices dans le Tiers-Monde, dépendant économiquement et politiquement des grandes puissances de ce monde.

Le deuxième chapitre traite de : « la constellation postnationale et l'avenir de la démocratie ». Face à l'éclipse de l'État-nation et de l'État social des révolutions politiques des deux derniers siècles sous la pression des austérités néolibérales, Habermas préconise la mise en place des fédérations supranationales (*transpolities*) capables de faire le contrepoids à l'augmentation exponentielle des firmes capitalistes mondialisées. Habermas expose avec brio la dégradation des conditions de vie économiques et sociales des populations au sein même de l'union européenne sans oublier l'aggravation exponentielle des inégalités systémiques entre les pays riches du Nord et les pays de plus en plus pauvres du Sud condamnés à la misère et à l'autodestruction par des implosions sociales et ethnotribales en cours.

Le troisième et dernier chapitre se focalise sur « les métamorphoses de l'État-nation européen sous la pression de la mondialisation néolibérale. » La réflexion consiste à promouvoir une « fédération politique européenne » capable de contrebalancer la toute-puissance des marchés financiers du capitalisme spéculatif mondialisé. Face aux catastrophes sociales, culturelles, mentales et écologiques causées par le capitalisme numérique mondialisé, quelles réformes faut-il imprimer à l'Union européenne pour qu'elle soit un pôle politique puissant dans la fixation des limites éthiques, sociales et humaines aux prétentions totalitaires des marchés boursiers internationaux ?

En guise de conclusion et de réappropriation idiosyncrasique, je dirai que cet ouvrage de Jürgen Habermas me donne des ressources réflexives et prospectives décisives pour corroborer ma thèse de *l'inexistence totale de l'État en Afrique postcoloniale* et de l'impérieuse nécessité épistémique et philosophique de penser les conditions de possibilité d'une gestion endogène, autonome et responsable du chaos postcolonial. Si même les États-Nations du monde occidental sont sensiblement érodés par le rouleau compresseur de la mondialisation militaro-capitaliste, alors qu'adviendra-t-il des "États zombies" du désastre postcolonial dans une Afrique drastiquement exploitée comme stock de matières premières pour les industries des pays du centre du capitalisme mondial ? Contrairement à Jean-François Bayart qui affirme – dans son ouvrage : « *Le gouvernement du monde. Une critique politique de la Globalisation*, Fayard, Paris, 2004 » – que : « "les États" africains sont la résultante du déploiement planétaire de la mondialisation militaro-capitaliste et hégémonique des puissances impérialistes », j'affirme avec puissance que : « la greffe de l'épistémologie étatique de l'Europe en Afrique n'a pas prise et il faut repenser urgemment des modalités opérationnelles et endogènes de la gestion des affaires publiques en mettant l'emphase sur l'impératif du respect du droit et de la justice dans les péréquations sociales. » L'indigence navrante de la science politique africaniste et africaine de la postcolonie explique l'aggravation des génocides et autres guerres sanglantes partout dans les sociétés africaines actuelles.

La focalisation pathologique sur des procédures formelles des élections prétendument « démocratiques » ne permet pas de regarder en face la détérioration accélérée des conditions de vie économique et sociales en Afrique « indépendante ». De nombreuses voix commencent à s'élever au sein même des sociétés africaines et dans plusieurs mouvements politiques de la droite française décomplexée pour une « recolonisation en bonne et due forme » des pays africains en alléguant que les conditions de vie des masses africaines étaient meilleures durant la colonisation européenne que durant la catastrophe postcoloniale. De telles revendications doivent être jaugées plus rigoureusement avant de les infirmer ou de les rejeter. C'est uniquement les ressources ostensives de la sociologie politique et de la phénoménologie qui nous permettront de comprendre les phénomènes spécifiques qui meublent l'espace africain postcolonial et scandent la temporalisation de l'historicité propre de leurs *polities.*

Une pensée politique émancipatrice et holistique de la postcolonie africaine devrait partir de cet échec cuisant de la greffe de l'épistémologie politique et philosophique de la Modernité occidentale et aussi de la sous-exploitation des ressources naturelles africaines après les indépendances. Si certains africanistes (c'est le cas de Jean-François Bayart dans son ouvrage : *L'État en Afrique. La politique du ventre,* Fayard, 2006[2]) font l'éloge de la « chicotte » pour mettre les Africains au travail durant la domination coloniale, il importe d'analyser cette affirmation attentivement et de la comprendre dans la disparition du salariat et le mépris du travail bien fait dans des dynasties familiales et ethno-tribales, où les courbettes et la prostitution institutionnalisées devant les tyrans nègres et leurs suppôts, suffisent à escalader jusqu'aux plus hautes sphères du pouvoir politique, académique, économique et diplomatique. C'est cela la triste réalité dans les dynasties familiales qui ne sont pas des États et qu'il faudrait analyser et traiter en tant que telles.

Le fait de continuer d'utiliser le concept d'État dans la science politique africaine montre l'ampleur de l'emprise intellectuelle et symbolique de la politologie africaniste et françafricaine de Paris avec toutes les conséquences théoriques et pratiques désastreuses. Je me bats énergiquement – et je le ferai jusqu'à mon dernier souffle – sur ce front dangereux, parce que des analyses fallacieuses ne sont qu'un faux diagnostic qui nous éloigne durablement *d'une étiologie ferme et prospective* du « mal africain » qui enfonce ce continent et ses diasporas alimentaires, marginalisées et asservies du monde occidental dans les nouvelles formes insidieuses d'esclavage mental, économique et scientifique. La déconstruction de la science africaniste de Paris devient la principale tâche pouvant nous conduire sur des bases solides et endogènes d'une *praxis politique* en faveur de la justice sociale et des droits inaliénables de la plus grande partie des Africains traités dans leurs propres pays comme des esclaves, des ignorants et des bêtes.

C'est d'abord une pensée politique immanente, émancipatrice et holistique qui permettra de créer des institutions arrimées aux pulsations spirituelles de l'âme africaine. Il faut donc apporter un correctif herméneutique ferme à l'affirmation du président américain Barack Obama selon laquelle : « *L'Afrique n'a pas besoin des leaders éclairés, mais plutôt des institutions fortes* ». Il serait plutôt plus cohérent de dire que : « *L'Afrique a besoin des leaders prophétiques et visionnaires qui créeront des institutions capables de phénoménaliser leurs intuitions politiques et émancipatrices. Parce que les institutions sans une pensée immanente et émancipatrice sont aveugles et corrélativement une pensée politique visionnaire sans une incarnation institutionnelle est inopérante.* »

Benoît AWAZI MBAMBI KUNGUA

Yves Antoine, ***Héros et Rebelles du monde noir. De l'Afrique aux Amériques*****, L'Harmattan, Paris, 2016, 251 pages, ISBN : 978-2-343-07241-8, 25 Euros.**

Dès l'introduction, l'auteur affirme l'intentionnalité émancipatrice qui dynamise son travail de résistance par l'écriture : « *Nous avons voulu honorer la mémoire de ces héros pour leur courage et leur caractère exceptionnel. Nous pensons que la multiplicité des insurrections, la diversité des lieux de leur manifestation contredisent le mythe de la docilité et de la soumission de l'esclave* » (p. 19). L'ouvrage est bâti en une dyade composée de l'Afrique (pp. 21-139) et des Amériques (pp. 141-236). Dans l'introduction de la première partie consacrée aux héros africains, l'auteur met en évidence l'universalité de l'esclavage dans toutes les grandes civilisations historiques (Égypte, Israël, Assyrie, Babylone, Grèce, Rome, etc.). Il se concentre ensuite sur le dévoilement de la spécificité nocive et génocidaire de l'entreprise de la traite négrière orchestrée mondialement par les grandes puissances maritimes et militaires de l'Europe (Portugal, Espagne, France, Angleterre, Hollande). Il mentionne aussi l'idéologie raciste et négrophobe de « l'infériorité des Noirs africains » dans la stratification mondiale des races telle qu'elle a été établie par les penseurs du XVIIIème siècle (le naturaliste *Buffon* qui justifie la réduction des Noirs en esclavage à cause de leur infériorité génétique) et les philosophes du XIXème siècle (*Hegel* qui leur dénie la conscience de leur ipséité et leur incapacité de faire preuve de la *raison dialectique* dans une historiographie européocentrique, impérialiste et philosophique culminant dans la *logique spéculative* de Hegel, et donc dans l'idéologie pangermaniste. Selon Hegel, les Noirs d'Afrique évoluent dans la pure immédiateté sentimentale de la bête). Husserl aussi limite sa *phénoménologie transcendantale* à la seule « humanité européenne » et relègue « l'humanité africaine » à la *pure animalité*, incapable de penser philosophiquement. Hitler n'est pas loin d'apparaître dans une telle mégalomanie hégélienne et husserlienne. Tout en reconnaissant l'implication des chefs africains qui vendaient les vaincus des affrontements ethno-tribaux aux négriers européens du XVIème au XIXème siècle, l'auteur magnifie les résistants africains qui ont opposé une résistance farouche et mortelle aux prédateurs esclavagistes. Toute cette première partie de cet ouvrage est une procession honorable à ces figures qui incarnent la résistance africaine contre les Négriers de toutes les époques. Les résistants mentionnés sont : Amador, Anna N'Zinga, Omar Tall, Joseph Cinqué, Samori Touré, Mamadou Lamine Dramé, Lat Dior, Albouri Ndiaye, Béhanzin, Ménélik II, Babemba Traoré, Nelson Mandela, Dedan Kimathi, Agostinho Neto, Amilcar Cabral, Samuel Nujoma, Samora M. Machel, Thomas Sankara.

L'introduction de la deuxième partie commence avec une remarque de précision conceptuelle concernant la "*prétendue découverte des Amériques*" par Christophe Colomb. Yves Antoine refuse catégoriquement de parler de la « découverte » des Amériques pour la *noble raison* que ce continent était déjà habité par les autochtones « Indiens » qui sont des humains à part entière. Cette incise conceptuelle m'a fait prendre conscience du poids idéologique que chaque concept porte et il n'y a pas de "neutralité axiologique" dans tout processus historiographique. Après la quasi-extermination des Indiens par les violences physiques et symboliques, Bartholomé De Las Casas avec d'autres ecclésiastiques et papes de l'époque (Nicolas V, Alexandre VI) décidèrent d'aller capturer immédiatement les Nègres d'Afrique pour les asservir au nom du *certificat d'infériorité* qui leur a été mondialement décerné par les philosophes des lumières (Hegel, Rousseau, Husserl, etc.) et autres aventuriers tels que, Arthur de Gobineau et Buffon. Ces puissances esclavagistes ont légitimé leur commerce d'êtres humains en promulguant *plusieurs codes* : « *Assimilés à des biens meubles, les esclaves n'avaient aucune qualité juridique. Ils pouvaient faire l'objet d'achat, de vente ou de location et appartenir à plus d'un propriétaire. Marqué au fer rouge, l'esclave travaillait du matin au soir. Sa progéniture tombait de facto dans la servitude. Les sévices exercés sur lui étaient courants et pouvaient aller jusqu'au meurtre* » (p. 145).

L'auteur raconte les révoltes récurrentes des esclaves aussi bien dans les ports d'embarcation en Afrique même, durant la traversée de l'Atlantique et dans les habitations et les plantations dans les Amériques, les Antilles et les Caraïbes. Les figures héroïques de Makandal, Boukman (prêtre vaudou), Toussaint Louverture, Dessalines (...) sont mentionnées comme lieux de cristallisation de cette résistance militaire et spirituelle. Le rôle matriciel de la révolution haïtienne par rapport aux autres révolutions en Amérique latine et aux États-Unis est clairement relevé. Les esclaves vont matérialiser cette résistance contre le processus de leur déshumanisation esclavagiste en se réfugiant dans les forêts et c'est ce qu'on a désigné par le concept de « *marronnage* », qui désigne *une tactique de combat*. Ainsi naquit la figure rebelle et révolutionnaire du « *Nègre marron* », prêt à combattre et à mourir, pour ne pas perdre son humanité inaliénable. Parmi les personnalités ayant organisé cette résistance des esclaves dans les Amériques, l'auteur a retenu : Yanga, Bayano, Domingo Bioho, Zumbi, Toussaint Louverture, Tula, José Leonardo Chirino, Jean-Jacques Dessalines, François Capois, Louis Delgrès, Denmark Vesey, Joseph Ignace, José Antonio Aponte, Bussa, Nat Turner, Samuel Sharpe, Charlemagne Péralte.

En conclusion, je ne peux que féliciter Yves Antoine d'avoir livré cet ouvrage à la communauté infinie des lecteurs et lectrices dans le monde, et plus spécialement, aux jeunes descendant des parents africains et afro-descendants vivant au Canada, aux États-Unis, dans les Antilles, en Europe et en Afrique même. Dois-je rappeler que l'une des missions primordiales du Cerclecad consiste justement à *produire*, à *archiver* et à *disséminer* à l'échelle planétaire des savoirs pluridisciplinaires et libérateurs, capables de former des individus et des communautés prêts à se battre – et si nécessaire – à mourir pour préserver leur « humanité inaliénable » ? Dois-je rappeler que cette histoire de la traite transatlantique et des esclavages aux Amériques est très insuffisamment enseignée en Afrique même, où les élites ont tout intérêt à maintenir les masses dans l'ignorance de l'historicité de leurs servitudes protéiformes et récurrentes ? Dois-je encore rappeler que les esclavagistes interdisaient aux esclaves capturés et asservis tout apprentissage de la lecture et de l'écriture et que l'esclavage se nourrit goulûment de l'analphabétisme ? Dois-je enfin rappeler que les débats sur la philosophie africaine – amorcés avec la publication de l'ouvrage de Placide Tempels "*La philosophie bantoue*" – sont traversés de part en part par cette mise en écriture de cette "philosophie bantoue" que le missionnaire belge a pu extraire des croyances, des pratiques culturelles quotidiennes et des visions du monde de ses paroissiens dans le Katanga, en République démocratique du Congo ? Est-il possible de faire face à la volonté de puissance de la Modernité occidentale dans le monde depuis son irruption philosophique avec le cartésianisme sans produire *des textes* et les disséminer à une large échelle ? Comment poursuivre la réflexion scientifique sur la bipolarité entre la *raison graphique* et la *raison orale* dans les débats ethnographiques, anthropologiques, sociologiques et philosophiques entre les élites occidentales et les élites africaines mondialisées ?

Merci et Bravo à Yves Antoine d'avoir donné sa part dans l'entreprise monumentale et urgente de la production des bibliothèques africaines et diasporiques au service de l'émancipation holistique des Africains et Afro-descendants dans les soubresauts des révolutions numériques de la géopolitique néolibérale à l'aube du XXIème siècle.

Benoît AWAZI MBAMBI KUNGUA

Ta-Nehisi Coates, *Une Colère noire. Lettre à mon fils*, Éditions Autrement, Paris, 2016 (Traduit de l'anglais (États-Unis) par Thomas Chaumont et Préface d'Alain Mabanckou, 205 pages, ISBN : 978-2-7467-4341-0, Prix 17 Euros).

Ce livre a reçu le National *Book Award* et a occupé la première place des ventes du *New York Times*. L'auteur de cet ouvrage, Ta-Nehisi Coates, né en 1975 à Baltimore, est un écrivain et journaliste afro-américain qui lègue à son fils sous forme épistolaire sa vie de combat intellectuelle et sociale pour la « survie » dans une société états-unienne, façonnée par des siècles d'esclavage, de racisme, de lynchages de masse et de la non reconnaissance des droits civiques des Noirs d'Amérique, dont les ancêtres sont arrivés comme esclaves dans les chaînes des Négriers. Le passé détermine pour le meilleur et pour le pire l'avenir d'un individu ou d'un peuple. Il faut toujours garder en vue l'inscription de l'espère humaine dans le règne animal et la violence qui caractérise les stratégies de captation des ressources alimentaires et vitales pour subsister dans l'être et se protéger contre les griffes des « prédateurs ». Il faut aussi rappeler que les êtres humains peuvent exercer des violences sur leurs semblables, pire que dans la jungle sauvage.

Les mots qui ouvrent la Préface écrite par Alain Mabanckou atteignent la cible avec beaucoup de justesse : « *Nous sommes semblables par la couleur de peau, mais éloignés par l'Histoire. Le premier constat est une évidence : notre couleur est ce qu'on voit de prime abord. Le second recommande en revanche une lecture plus attentive car, même si nous avons l'Afrique comme racines, le « déplacement » lugubre dont vous avez été la victime vous a obligé à forger une autre culture dans un autre territoire où, chaque jour vous deviez lutter pour être considéré comme un être humain. Oui, vous êtes un Noir d'Amérique – ceux qu'on appelle maintenant « Africain-Américain » -, je suis un Africain, je suis un « Noir de France » et je vis désormais en Amérique.* » (p. 5).

La Préface s'inscrit habilement dans le mouvement de l'ouvrage qui transmet sous forme d'une lettre les luttes, les révoltes populaires, les mobilisations pour la conquête tardive des droits civiques pour les Noirs dans les années 60 ainsi que les lynchages et autres assassinats quotidiens des Noirs par les policiers américains – dont la plupart sont de race blanche. Ta-Nehisi Coates s'adresse à son fils Samori en lui intimant la nécessité de la lutte quotidienne pour sa dignité et son humanité dans une société durablement façonnée par le racisme et des discriminations systémiques envers les Noirs. Nous sommes déjà accoutumés au racisme à tel point que nous n'avons plus l'énergie intellectuelle nécessaire pour dévoiler *son impensé* qui est en même temps *sa stupidité intrinsèque.*

Avons-nous déjà réfléchi au type de *rationalité raciale* qui sous-tend la loi de la « goutte de sang noir dans sa généalogie » (*One drop of black blood*) pour être considéré comme appartenant à la race noire quelle que soit par ailleurs le degré de la blancheur de sa peau ? Mais pour quelle raison Barack Obama est qualifié de « Noir » alors que sa maman est une américaine blanche de descendance irlandaise ? N'est-ce pas parce qu'il subsiste un « *impensé* » et un « *non-dit* » selon lesquels chaque fois qu'une goutte de sang noire se mélange au sang blanc pur, il y a une contamination de la « pureté raciale blanche » ? Les lois racistes de ***Jim Crow*** sont donc régies par cette assomption de la médiocrité biologique du sang noir, corollaire de l'infériorité raciale décernée aux Africains par la philosophie occidentale et certains représentants des hiérarchies ecclésiales et théologiques du monde occidental. Dans un colloque sur les esclavages dans les Amériques organisé en avril 2016, par le Département de Sociologie de l'Université d'Ottawa, un chercheur français ayant enseigné dans les universités au Brésil avait raconté la gravité du racisme anti-noir au Brésil qui se résume dans cette phrase énoncée lorsqu'un Noir épouse une blanche : « *Une mouche tombe dans un verre de lait* ». Il semblerait que le racisme systémique et institutionnalisé au Brésil dépasse de loin celui qui règne aux États-Unis.

L'auteur pose la question de la violence physique et symbolique exercée sur les corps noirs dans la société majoritairement blanche et esclavagiste des États-Unis d'Amérique. Il fait prendre à son fils conscience de l'existence problématique et dangereuse des Noirs dans la nation américaine et de la persistance de la question de leur égale « humanité » par rapport aux hommes de « race blanche ». Tout en transmettant des souvenirs douloureux et dangereux, l'auteur invite son fils à se mettre dans une posture de la lutte pour la survie dans une société régie ouvertement par les lois décrétées par les autorités blanches en vue de pérenniser leur hégémonie politique et économique sur les minorités noires et hispaniques. La réactivation de la question noire et afro-américaine lors des débats entre Hilary Clinton et Donald Trump en vue des élections présidentielles de novembre 2016 ne fait que révéler la persistance des séquelles des lois de ségrégation raciale dans la vie quotidienne aux États-Unis. Ici le passé rattrape le présent et nous fait prendre conscience de la nécessité de transmettre des mémoires des luttes des leaders et des communautés noires pour leur « survie » dans la société américaine jusqu'à ce jour. La transmission des luttes des esclavages pour s'affranchir – avec des répressions sanglantes et autres lynchages publics – constitue une pièce maîtresse dans le processus cathartique, thérapeutique et émancipateur. L'Histoire du peuple africain – aussi bien sur le Continent que dans les diasporas de l'Europe, des Amériques et des Caraïbes – doit être archivée par écrit et transmise durablement de génération en génération. Car la meilleure façon de maintenir un peuple dans l'esclavage est de cultiver l'amnésie de son histoire en le faisant vivre dans les distractions permanentes et les contraintes quotidiennes de la « *mangeocratie* ». La force du peuple juif a toujours été sa capacité à faire mémoire des hauts faits et des génocides vécus dans son histoire pour que cela ne se répète plus. L'intentionnalité théologique primordiale des textes du Pentateuque et de l'impressionnant corpus prophétique consiste justement à faire mémoire de l'esclavage en Égypte et de la libération décidée et rendue opérationnelle par Dieu lui-même par son prophète Moïse et ses successeurs.

Je retiens de cette lecture la dimension familiale et héréditaire de certaines vocations, notamment celui d'écrivain. Tout au long de son ouvrage d'allure testamentaire et émancipatrice, Ta-Nehisi Coates raconte à son fils l'ancrage familial de l'acquisition des connaissances et des capacités rédactionnelles comme principal modalité d'émancipation de soi-même face aux différentes forces d'asservissement et d'abrutissement de l'esprit humain, car il existe toujours une corrélation dialectique entre l'esclavage et l'ignorance exacerbée par l'analphabétisme de l'esclave. Mais aucune situation de servitude n'est irréversible, car il est impossible d'abrutir irrémédiablement l'esprit humain. Dans le *Menon,* Platon montre comment est-ce qu'un esclave arrive à trouver la formule du carré d'un triangle au terme d'une initiation mathématique laborieuse.

C'est la raison pour laquelle Ta-Nehisi Coates explique à son fils la place prépondérante des livres et de la lecture dans sa propre famille chez ses parents qui furent des activistes du mouvement de la conquête des droits civiques pour les Noirs des États-Unis. Il raconte à son fils l'omniprésence des livres sur les questions liées à l'oppression des noirs au salon et partout dans la maison de ses parents. Ses parents lui ont toujours encouragé à beaucoup lire et à apprendre à résoudre les problèmes de sa vie en s'imposant une discipline intellectuelle de l'écriture et de la réflexion écrite. Dans une société américaine, où les savoirs de plus en plus sophistiqués induisent des pouvoirs majeurs monopolisés par les élites regroupées dans des associations ésotériques, il n'y a pas d'autre moyen de lutte efficace contre les nouvelles formes insidieuses d'esclavages modernes que l'acquisition et la maîtrise des savoirs susceptibles d'accroître ses propres capacités d'auto-libération.

J'ai aimé les mots choisis par le traducteur en français pour rendre l'expression anglaise : « *Velocity of escape* » par « *Vitesse de Libération ou d'Évasion* » qui fait allusion à la Physique, où elle désigne la vitesse que doit atteindre un objet pour échapper à l'attraction d'un astre – par exemple de la Terre – et s'en éloigner indéfiniment. L'analogie avec la physique *stellaire* est tout simplement *sidérante* et donne à penser et à agir dans la direction d'une libération intégrale des Africains du continent et des diasporas, aux prises avec des formes de plus en plus insidieuses et mortelles des esclavages néolibéraux en vogue dans le monde.

Étant donné que le livre est écrit sous une forme épistolaire, je me dois de citer un extrait pour faire retentir les mots mêmes de Ta-Nehisi Coates : « *Ces questions ont commencé à me brûler de l'intérieur. Le matériau de recherche était tout autour de moi, sous la forme des livres amassés par ton grand-père. Il travaillait pour l'université Howard comme bibliothécaire au Centre de recherche Moorland-Spingarn, qui abritait l'une des plus grandes collections africaines du monde. Ton grand-père aimait les livres ; il les aime toujours. Les livres étaient partout dans la maison : des livres sur les Noirs, écrits par des Noirs pour des Noirs, qui débordaient des étagères jusqu'au salon, ou dormaient dans des cartons à la cave. Papa avait été un chef local du parti Black Panthers. J'ai lu tous ses livres sur les Panthers, ainsi que son stock de vieux journaux du parti.* » (p. 52).

Et aussi : « (…) *N'oublie jamais que nous avons été esclaves dans ce pays plus longtemps que nous n'avons été libres. N'oublie jamais que pendant deux cent cinquante ans les personnes noires naissaient enchaînées – des générations entières, suivies par d'autres générations, n'ont rien connu d'autre que les chaînes. Tu dois lutter pour vraiment te souvenir de ce passé dans toutes ses nuances, ses erreurs, son humanité. Tu dois résister au désir commun qui nous pousse à accepter l'idée réconfortante d'une loi divine ou de contes de fées fondés sur un sens implacable de la justice. Les esclaves n'ont pas été des pavés sur ta route, et leurs vies n'ont pas été des chapitres de ton histoire rédemptrice. C'étaient des gens, transformés en carburant pour alimenter la machine américaine.* » (p. 99).

Et enfin : « *Voilà ce que je voudrais que tu saches : en Amérique, la destruction du corps noir est une tradition – un héritage. L'esclavage n'a pas consisté simplement à emprunter la force de travail des Noirs : il n'est pas si facile de demander à un être humain d'engager son corps dans une activité qui va à l'encontre de son intérêt le plus élémentaire. L'esclavage doit donc être fait de violents coups de colère, de massacres perpétrés au hasard, de visages balafrés et de cerveaux qui explosent au-dessus d'une rivière alors que les corps cherchent à s'échapper. L'esclavage implique le viol, répété avec une telle régularité qu'il en devient industriel. Il n'y a pas de manière exaltante de dire ça. Je n'ai pas de chants de prière à te proposer, ni de vieux négro-spirituels. L'esprit et l'âme, ce sont le corps et le cerveau, qui ne sont pas indestructibles – c'est précisément la raison pour laquelle ils sont si précieux. Pendant l'esclavage, l'âme ne s'échappait pas. L'esprit ne filait pas non plus à tire-d'aile sur un air de gospel.* » (p. 139).

J'ai lu et j'ai restitué ma compréhension libre et critique de cet ouvrage testamentaire que beaucoup de parents africains devraient lire et faire lire à leurs fils et filles.

Benoît AWAZI MBAMBI KUNGUA

Jacques Attali, *Histoire de la Modernité. Comment l'humanité pense son avenir*, Robert Laffont, Paris, 2013, 205 pages, ISBN : 978-2-221-11689-0, Prix : 18 Euros.

Jacques Attali donne dès les premières pages le but primordial de cet ouvrage : il ne s'agit pas uniquement d'une narration des différentes figures de la modernité advenues depuis que les hommes font et écrivent l'histoire ; mais plus fondamentalement, de prévoir les nouvelles façons de penser l'avenir dans cette période de post-modernité ou d'hyper-modernité selon les écoles philosophiques en présence.

Pour les hommes *préhistoriques,* la Modernité consistait à se laisser entraîner par l'éternel retour des rythmes de la nature (le lever et le coucher du soleil chaque jour et la succession des saisons). Pour eux la Modernité était *naturiste* et *cosmique.* Mais avec le passage du nomadisme à la sédentarisation avec la maîtrise des techniques de l'agriculture et de l'élevage dans la région du Proche Orient et de la Méditerranée, la modernité a été vécue et comprise comme la culture de la nouveauté et du changement continuels dans une volonté tenace d'amélioration de la condition de l'homme dans le monde et face à la répétitivité de la nature sauvage. Ce sont donc les nomades du Proche orient et les marins de la Méditerranée qui sont les ancêtres éponymes de la praxis philosophique, politique et économique de la Modernité. Cette première irruption de la première modernité chez les nomades du Proche orient et les marins de la Méditerranée est désignée comme la *Modernité de l'Être.* Attali prend l'exemple du peuple juif dont la *nouveauté* est au cœur de sa pensée théologique basée sur la nécessité de sanctifier le Nom de YHWH et l'impératif de réparer le monde par nos mains, en vue d'accéder à l'immortalité au-dessus du Soleil. S'il n'y a rien de nouveau sous le soleil, alors le radicalement nouveau se situe *au-delà* du soleil. L'auteur distingue une autre strate de la Modernité avec la centralisation romaine du christianisme devenu la religion de l'Empire avec l'Édit de Constantin en 313. C'est ce qu'il appelle *la Modernité de la foi.* La rédemption de l'homme advient dans la résurrection des morts et la nécessité pour les chrétiens de donner leurs biens pour la cause de la mission mondiale de l'Église de Jésus-Christ. L'auteur distingue une troisième frappe de la Modernité advenue avec la révolution de la navigation, de l'imprimerie et de la philosophie rationaliste du *cogito* qui construit une science mathématique (*Mathesis Universalis*) dont il est l'unique « *dieu* ». C'est ce que l'auteur appelle avec talent comme la *Modernité de la raison.* L'auteur nous livre dès les premières pages la *triade conceptuelle* qui nous permet de cerner rigoureusement toute la pensée récapitulative et prospective qui se joue dans cet ouvrage de synthèse. Rappelons succinctement ces trois clés interprétatives : La *Modernité de l'Être* advenue avec les nomades sémites et les marins de la Méditerranée, *La Modernité de la foi* advenue avec l'arraisonnement de la secte juive qu'est le christianisme primitif et essénien par la machine impériale de Rome, et enfin, la *Modernité de la Raison* apparue par la révolution anthropocentrique et mathématique de la philosophie subjectiviste du XVIème siècle (Descartes, Galilée, la Réforme, l'Imprimerie…).

C'est cette troisième modernité qui croit au *progrès infinitésimal*, au marché et à la liberté de l'individu qui constitue la matrice à l'intérieur de laquelle se déroulent toutes les accélérations et les percées décisives de la phase actuelle de la mondialisation néolibérale propulsée par des innovations de plus en plus rapides des révolutions numériques. L'auteur rappelle à juste titre que cette mondialisation est perçue dans le monde comme un processus irréversible d'occidentalisation du monde avec toutes les guerres idéologiques, économiques et religieuses qui en découlent. Toutefois, il convient de souligner des voix philosophiques occidentales qui ont procédé à des déconstructions successives, et de plus en plus radicales, de cette modernité du progrès infini de la raison sous la férule du nihilisme (Nietzsche) ou au nom de l'oubli de la question de l'Être (*Seinsfrage*) par toute l'histoire de la métaphysique occidentale (Heidegger) ou encore au nom de la *différance* de la temporalité qui retarde la présence immédiate du sens dans le signe (Derrida) ou encore la déconstruction théologique de l'aveuglement du monde moderne face à la manifestation de la figure du Christ (*Gestalt*) dans le christianisme (Balthasar).

Ces allusions cursives aux déconstructions philosophiques et théologiques de la Modernité occidentale sont approfondies dans mon ouvrage : *Déconstruction phénoménologique et théologique de la Modernité occidentale.* Je ne veux pas m'y attarder et je passe directement à la partie critique et idiosyncrasique de cette recension en prolongeant le constat de l'occidentalisation du monde rigoureusement établi par Attali, à partir d'un *ancrage phénoménologique afrocentré* :

1/ Je dirai tout d'abord que tout en reconnaissant des améliorations majeures aux niveaux de la vie économique, technologique, scientifique et sanitaire, il convient de nuancer l'*unilatéralité* de cette mondialisation de la Modernité scientifique et technologique en prenant acte de l'augmentation exponentielle des inégalités entre les pays industrialisés de l'hémisphère Nord et les pays périphériques du Sud. L'aggravation de ces inégalités, les affrontements idéologiques qui en découlent et les flux migratoires en direction de l'Europe, du Canada et des États-Unis, constituent autant des feux rouges qui montrent l'*unidimensionnalité* de cette rédemption scientifique et technologique de l'être humain, en quête du sens de sa vie.

2/ La prolifération des Églises du réveil, des mouvements charismatiques et des sectes extrémistes dans les autres parties du globe (Afrique, Asie et Amérique du Sud) avec leurs dérivés dans les diasporas de ces peuples vivant au cœur du monde occidental, nous exige la prise en compte du paramètre religieux – et donc philosophique et théologique – dans nos analyses prospectives sur les différentes figures que prendra l'avenir de l'humanité à court, moyen et long terme.

3/ Ma recension de l'ouvrage de Yves Antoine (Haïti) et celui de Ta-Nehisi Coates (États-Unis) m'a fait prendre conscience de la mondialisation de la *question noire* (L'Atlantique noir) et la nécessité épistémique et politique de penser les métamorphoses de la question noire de façon *dialectique, réticulaire*, *transversale* et *pluridisciplinaire*.

4/ En ce qui concerne notre colloque mondial sur *l'inexistence de l'État en Afrique*, c'est bien sûr au niveau de cette profondeur philosophique qu'il faudra repenser des institutions justes et opérationnelles de la gestion des affaires politiques et économiques en Afrique postcoloniale. L'accélération de l'implosion sanglante des « États-zombies » hérités de la colonisation européenne impose l'élaboration d'une pensée politique complexe immergée dans les profondeurs métaphysiques des cultures holistiques africaines et accouchant des *polities* ajustées aux requêtes de justice sociale et de dignité humaine des masses africaines exploitées par les élites corrompues à la solde des tentacules criminelles du mastodonte néolibéral. Les crises politiques en cours partout en Afrique s'expliquent justement par la *césure abyssale* entre les institutions politiques noyautées par les dynasties familiales, suppôts des puissances militaro-capitalistes, et les valeurs intrinsèques des cultures africaines aux prises avec la violence matérielle et symbolique de la mondialisation néolibérale, un avatar de la *Modernité de la raison*.

Il ne s'agit pas de rejeter l'impératif philosophique et politique inscrit au cœur même de la *Modernité de la raison*, mais bien au contraire, de mettre la primauté sur la réduction des injustices sociales dans les pays périphériques du Sud et au sein même des sociétés du monde occidental travaillées par l'apparition des ghettos et la paupérisation continuelle des plusieurs couches marginales et subalternes des sociétés occidentales. L'homme ne vit pas seulement du pain, mais aussi de toute pensée et de toute Parole qui sort de la bouche d'un autre homme, et ultimement de Dieu. Ce qui est visé dans ma déconstruction pluridisciplinaire de la modernité de la mondialisation néolibérale est donc son *unidimensionnalité, sa rationalité technoscientifique, son nihilisme* et sa *superficialité*.

Benoît AWAZI MBAMBI KUNGUA

Serge Banyongen, ***Rôle et Responsabilité des acteurs africains dans les relations sino-africaines. Ethnographie et sociogenèse de réceptivité,*** **L'Harmattan, Paris, 2013, 398 pages, ISBN : 978-2-343-01022-9, Prix : 39, 50 Euros.**

L'ouvrage est issu de la thèse de doctorat en sciences politiques que Serge Banyongen a soutenue à l'Université d'Ottawa. Il s'agit d'un ouvrage qui se situe à la confluence entre les théories des relations internationales (R.I) et la politique comparée. L'auteur déterritorialise les théories des relations internationales massivement cantonnées dans une posture *occidentalocentrique* pour ouvrir de nouveaux espaces épistémiques susceptibles de faire voir à nouveaux frais le faisceau de relations qui apparaissent dans les transactions bilatérales entre l'Afrique et la Chine. Il quitte une approche matérialiste et mécaniste des Relations internationales et adopte résolument une phénoménologie politique des stratégies de réceptivité et d'instrumentalisation de la coopération chinoise mobilisées par les dirigeants africains de la postcolonie. En mettant résolument son curseur sur l'Afrique comme une actrice à part entière dans la géopolitique mondiale, il permet de redonner une marge de manœuvre considérable aux sociétés africaines face à l'irruption de la Chine comme grande puissance boulimique du capitalisme néolibéral. Pour ramasser cette recherche documentée et faisant preuve d'un usage habile des principales théories des relations internationales, l'auteur expose la question axiale qui la sous-tend et consistant à statuer sur l'usage que les régimes africains font de la coopération chinoise. La réponse est sans équivoque : « *Les apports économiques chinois sont instrumentalisés à des fins politiques par les régimes étudiés et la finalité politique assignée à la gestion de cette coopération n'offre pas l'opportunité de créer une valeur ajoutée à l'économie de ces pays et d'avoir des répercussions positives sur leurs populations.* » (p. 333). C'est à partir de cette thèse ouvertement soutenue qu'il va exposer, critiquer et dépasser les théories dominantes dans les Relations internationales qui sont : la tendance descriptive, l'approche explicative, le courant comparatif et l'école normative. Je peux baptiser la démarche de l'auteur comme une démarche de sociologie de l'acteur social, rationnel et agissant appliquée à la coopération entre l'Afrique et la Chine. Je propose la clé de lecture de tout l'ouvrage à partir d'une structure chiasmatique où une partie épistémologique (Chapitres I, II, III, pp. 19-116) expose rigoureusement les catégories réflexives et critiques à partir desquelles peut se lire toute la partie empirique auscultée (Chapitres IV, V, VI, VII, VIII, IX, pp.117-340). Ce diptyque est régi par la dialectique heuristique entre un appareillage gnoséologique qui projette des lumières interprétatives et un magma empirique qui est rigoureusement irradié par ce faisceau cognitif.

D'entrée de jeu, l'auteur prend une position originale et audacieuse qui sort des sentiers battus de l'épistémologie positiviste, quantitative, macroéconomique et statistique qui sous-tend la doxa néolibérale décadente. En effet, selon cette épistémologie néolibérale et « occidentocentrique », la Chine serait en train de coloniser allégrement les pauvres enfants africains et il faudrait que les grandes puissances occidentales stoppent les velléités impérialistes de la Chine dans leurs anciennes colonies d'Afrique. La percée de cette thèse consiste justement à aller à rebours des poncifs afro-pessimistes en affirmant avec force que : « les Africains ne restent pas passifs face aux stratégies économiques déployées par la Chine en Afrique. » Bien au contraire, l'auteur adopte une méthodologie *microsociologique* qui considère les Africains comme des acteurs conscients, rationnels, politiques, sociaux et économiques qui cherchent à capter des ressources économiques et symboliques générées par l'irruption des capitaux chinois en Afrique. Du président de la République au plus humble paysan, chaque acteur mobilise des stratégies informelles en deçà des institutions déliquescentes des États postcoloniaux pour assouvir ses besoins élémentaires quotidiens.

Les présidents des deux pays étudiés (le Gabon et le Sénégal) instrumentalisent et accaparent les ressources financières de la coopération bilatérale avec la Chine pour reproduire leur système autocratique, corrompu, néopatrimonial et prédateur. L'auteur fait ressortir soigneusement *la différence spécifique* entre ces deux pays : d'une part, du point de vue politique, le Sénégal connaît un pluralisme politique depuis 1974 avec des élections se déroulant sans trop de heurts, alors que le Gabon est dirigé par une autocratie de la dynastie Bongo sans aucune chance de l'alternance ; d'autre part, du point de vue économique, le Gabon dispose d'énormes ressources naturelles, forestières et pétrolières contrairement au Sénégal dont l'essentiel de l'économie est basée sur l'agriculture (arachide, coton) et l'industrie des services et du tourisme. La configuration politico-économique de chaque pays en présence induit des stratégies propres d'*instrumentalisation* de la coopération chinoise.

À son tour, la Chine pompe allégrement les matières premières (bois, pétrole, manganèse, etc.) nécessaires pour son essor économique dans une conjoncture mondiale de concurrence âpre avec les EUA et l'Union européenne. Au lieu de considérer les États africains comme des entités homogènes, anhistoriques et monolithiques, cette recherche va en profondeur et décrypte les forces centrifuges qui fragmentent « l'État africain postcolonial » en faisant apparaître des acteurs microsociologiques qui promeuvent des stratégies idiosyncrasiques de captation des ressources économiques pour subvenir aux besoins élémentaires dans des sociétés, où l'État a démissionné vis-à-vis de ses citoyens.

L'autre point fort de cette recherche est sa longue immersion dans le terrain au Sénégal et au Gabon, qui lui a permis de cerner avec moult minuties les spécificités géopolitiques, institutionnelles, minières et culturelles de chaque pays. Pays sahélien, n'ayant presque pas de ressources minières et pétrolières, le Sénégal jouit par contre de solides institutions et pratiques démocratiques, avec une société civile mûre et expérimentée ; tandis que le Gabon, bien que doté d'énormes ressources pétrolières, minières et forestières manque d'une culture politique de mobilisation de la société civile. Ce qui explique une dépolitisation avancée de la société civile gabonaise par rapport à celle du Sénégal. Ces deux points forts gravitent autour d'une catégorie herméneutique de « pouvoir discursif » qui permet d'effilocher sensiblement les lieux communs d'une montée en puissance irréversible de la Chine qui lui permettrait de devancer les puissances coloniales telle que la France et la Grande Bretagne. Dois-je signaler que ces deux pays (le Sénégal et le Gabon) font partie des « colonies financières » de la France qui exerce toujours l'hégémonie sur leur monnaie, le Franc CFA ? Où est l'indépendance économique d'un pays qui ne frappe pas sa propre monnaie ? Étant donné que le pouvoir discursif intervient en amont du processus cognitif, dans la mesure où il (im)pose *a priori* les catégories intellectuelles de perception et d'interprétation du réel africain postcolonial, il importe de minimiser les thèses d'une emprise grandissante de la Chine en Afrique, en mettant en évidence sa présence récente dans les schèmes intellectuels et imaginaires des élites et des couches populaires en Afrique postcoloniale.

Cette posture phénoménologique et herméneutique permet à l'auteur de considérer les processus microsociologiques et les stratégies infinitésimales des acteurs individuels qui permettent d'échapper et de déconstruire la rhétorique africaniste monolithique sur la prétendue « greffe de l'État en Afrique » (Bayart), alors que les mutations politiques et religieuses en cours dans les sociétés africaines postcoloniales corroborent l'échec cuisant et massif de la greffe de « l'État colonial-occidental » en Afrique. Ces fissures accélérées de L'État postcolonial témoignent de l'aggravation du processus de sa désintégration et de la sortie des couches populaires africaines des institutions décadentes et extraverties de l'État moribond. Je vise ici les pistes heuristiques et audacieuses que cette thèse fouillée ouvre aux chercheurs sur les sociétés africaines postcoloniales en validant la réalité de l'échec de la thèse fallacieuse de la greffe de l'État en Afrique (Bayart et des disciples). Une lecture attentive de cet ouvrage montre que l'auteur a pris acte de l'accélération du processus de fragmentation et d'érosion de l'État postcolonial, et cette prise de conscience lui a permis d'appliquer astucieusement la sociologie politique de l'acteur social dans les interactions entre la Chine et deux pays africains sélectionnés dans cette recherche.

L'auteur vise ainsi le coefficient d'imprévisibilité de l'action politique des « subjectivités humaines conscientes d'elles-mêmes » et ouvre ainsi de larges marges de liberté et de manœuvre, où les Africains comme la Chine pourraient tirer d'énormes dividendes de leur coopération économique. La thèse adopte de bout en bout une posture d'ouverture à l'avenir, qui, par principe, échappe à une prévision *algorithmique* en pariant sur de larges espaces de liberté et de négociation où les deux acteurs (l'Afrique et la Chine) peuvent gagner des possibilités d'enrichissement matériel et symbolique.

Cette thèse a donc pris une approche *Afrique*-Chine à rebours de l'approche courante dans les Relations Internationales qui privilégient l'axe *Chine*-Afrique. L'auteur est tout de même conscient des limites spatiales de son étude limitée à deux États ; et cela empêche des généralisations hâtives. Il est aussi conscient de la vacuité des États étudiés (Sénégal et Gabon) et cette situation fragmentaire pourrait amoindrir sensiblement les chances pour les acteurs africains de maximaliser les dividendes dans cette nouvelle configuration économique et politique. Étant donné l'érosion avancée des États postcoloniaux, les pays africains sont incapables d'imposer au mastodonte chinois leurs intérêts nationaux, pour la simple raison qu'ils *ne sont pas* des nations, mais un agrégat hétéroclite et explosif d'entités ethno-tribales happées et paralysées au quotidien par des luttes âpres dans l'arène mangeocratique habilement entrenue par les dynasties tyranniques et obscurantistes qui y pullulent.

Benoît AWAZI MBAMBI KUNGUA

Kashimoto Ngoy, *L'Afrique de la tyrannie régnante : Étiologie de la régression, 2006*, Ottawa, Muhoka Ottawa, 275 p.

L'Afrique rend fou, disait le célèbre journaliste français Vincent Hugueux dans son ouvrage, *Les sorciers blancs. Enquête sur les faux amis français de l'Afrique*. Combien d'études, de rencontres, de colloques et de symposiums lui ont été consacrés ? Cinquante années se sont déjà écoulées depuis l'indépendance de la plupart des pays d'Afrique mais les changements ne sont toujours pas au rendez-vous. Les explications fusent de toute part. Pour certains, ce sont les traditions et les cultures africaines ; pour d'autres, ce sont les institutions internationales, la nature, le ciel ou la terre. Ce livre de Khashimoto Ngoy sort des sentiers battus et ouvre de nouveaux horizons. La cause première de la régression de l'Afriques selon l'auteur, c'est la tyrannie de ses régimes politiques. C'est le concept central de cet ouvrage qu'il analyse et décortique.

Il réfute d'entrée de jeu les arguments victimaires qui font remonter les difficultés de l'Afrique à la traite négrière, à l'esclavage ou au colonialisme. Leur commémoration n'est pas une mauvaise chose selon l'auteur. Mais remonter à ces évènements pour expliquer la régression de l'Afrique est une plaisanterie d'un mauvais goût. Dans la tyrannie, l'exercice du pouvoir *« se conçoit comme un tour de rôles, de jouissances des fonctions et des privilèges par les uns et les autres. Jouir ou se réjouir signifie qu'un individu et ses copains s'approprient les richesses du pays »*. (p.15).

Le règne de la tyrannie est marqué par la prise de décisions irréfléchies. Il en est ainsi lorsque l'équipe au pouvoir au Malawi s'apprête à dépenser 800 000 dollars américains pour le nouveau portrait officiel du président pendant que la moitié de la population est menacée de famine. Au Burundi, on a trouvé une formule d'alternance présidentielle de deux ethnies pour une durée de deux ans. Mais les membres de chaque équipe sortante reçoivent une indemnité de 5 000 dollars américains pendant cinq ans. Au Kenya, les parlementaires réclament des voitures et un salaire de 5 000 dollars. Or pour toute l'année 2004, ce parlement n'a siégé que pendant 57 jours, c'est-à-dire moins de deux mois. Pourtant, les députés ont touché douze mois de salaires. Partout en Afrique ou presque, les mêmes décisions irréfléchies se prennent sans débat ni discussion.

Au même moment, les questions de développement et le bien-être des populations sont occultées. Combien de fois, n'a-t-on pas entendu une tyrannie africaine nier la famine qui décime sa population. Il faudra attendre un braquage des médias internationaux sur le pays pour que les autorités reconnaissent la gravité de la situation. Peut-il en être autrement car ils ne sont concernés ni de près ni de loin par les véritables problèmes de la population. Pour une petite grippe, ils sont évacués en urgence par un avion spécial en Occident pour le traitement. Les systèmes éducatifs s'écroulent, ils n'en ont cure parce que leurs progénitures ne fréquentent pas ces écoles. La mort anonyme d'Omar Bongo dans une clinique de Barcelone a été une honte pour l'Afrique et son pays. Président pendant plus de quatre décennies sur un pays producteur de pétrole avec une population qui avoisine à peine le million, il n'a pu construire pendant tout son long règne une seule structure de santé correcte dans son pays, où il puisse se soigner. Il en est de même de l'ex-président Mobutu du Zaïre qui est mort et enterré au Maroc après de longs soins médicaux en Suisse.

Selon l'auteur, sans l'action et la fermeté, la dictature continuera à tromper le monde et à défier l'humanité. Mais la communauté internationale est un adepte de la politique des doubles standards. Elle sait être molle quand c'est nécessaire et sourde/muette quand cela l'arrange. Les exemples abondent : l'Afrique du Sud pendant l'Apartheid, l'Angola, le Mozambique jusqu'à la Libye et la Côte d'Ivoire actuelle.

Mais les processus de démocratisation des années 1990 ont désemparé les dictatures. Lors de ce grand moment que certains auteurs ont appelé le printemps africain ou la deuxième décolonisation, l'on a fait à travers les conférences nationales le procès public des régimes dictatoriaux. Certains y ont laissé leurs plumes d'autres y ont survécu en ravalant leur façade d'un vernis démocratique et se sont mis à nouer de nouvelles alliances et à trouver d'autres refuges comme le religieux. Partout, les Africains se redécouvrent une nouvelle spiritualité, les masses prient, chantent et dansent à longueur de journée. Mais selon l'auteur, cette frénésie est plus un phénomène de crise qu'un regain de la foi. « *Loin d'être une innovation, le refuge de la dictature dans la religion entre dans le cadre de l'interpénétration, vieille comme le temps, du politique et du religieux. Aujourd'hui les deux baignent dans un flou artistique. L'un est dans l'autre et vice versa* » (p.162).

L'Afrique a toujours été présentée comme un continent à part, complexe et singulier. Selon Kashimoto Ngoy, ce continent n'est ni une énigme, ni une complexité. Puisqu'il se compose des sociétés humaines, les sciences humaines sont suffisamment outillées pour expliquer ses réalités et relever ses défis en matière de démocratie et de développement. (p.191). Toutefois prévient l'auteur, l'avenir se bâtit. L'éducation, la formation et le vouloir de s'affranchir en sont le cadre. Mais l'auteur ne pense pas seulement à l'éducation classique. Car l'école conventionnelle a beau avoir ses programmes, mais elle ne peut pas assurer toute la formation requise pour le développement et l'ouverture des esprits. « *La formation emprunte plusieurs voies. Elle peut être diffuse. Elle peut aussi provenir d'un grand ensemble d'organismes tels que les salons discursifs, les académies, et les lycées basés sur les modèles platoniciens et aristotéliciens* » (p.215).

Ce livre de Kashimoto Ngoy est iconoclaste (contre les traditions) et éclectiques (ouvert sur plusieurs tendances). À part le chapitre premier consacré aux écrits philosophiques et littéraires contre la dictature, c'est un livre qui se lit assez facilement. Il peut intéresser à la fois les spécialistes comme les simples amateurs désireux de savoir davantage sur l'Afrique sous un regard rigoureux, fouillé et bien documenté. Puisque écrire est *un acte testamentaire*, Kashimoto Ngoy a laissé ce testament à l'humanité. À titre posthume, que la terre te soit légère et que Dieu t'accueille dans son paradis.

Papa Samba Ndiaye, Ph.D
(Maître-assistant associé, Université Gaston Berger, Saint-Louis, au Sénégal)

Benoît Awazi Mbambi Kungua, *De la Postcolonie à la Mondialisation néo-libérale. Radioscopie éthique de la crise négro-africaine contemporaine*, L'Harmattan, Paris, 2011, 204 pages, ISBN : 978-2-296-54944-9, Prix : 20,50 Euros.

Le livre de Benoît Awazi n'est pas un livre de plus s'intéressant au devenir de l'Afrique. Il renouvelle les études africaines. Il enrichit ce champ par une perspective diachronique et théorique innovante. Le concept central du livre est celui du leadership éthique et réticulaire que l'auteur définit comme « un nouveau type de leadership basé sur la probité intellectuelle, l'exigence éthique, la responsabilité politique, la dignité humaine et la mise en synergie de différents cercles de réflexion partageant les mêmes valeurs émancipatrices de l'autonomie politique ». Pour en arriver à cette proposition forte, l'auteur procède à une radioscopie de la crise africaine, à la déconstruction de certains mythes pour en arriver à des stratégies de sortie de crise. Il consacre plus de soixante-dix pages à la critique épistémologique de l'africanisme parisien. Ce sont des auteurs, des journalistes et des chercheurs français qui travaillent sur l'Afrique. Toutefois, au lieu de se limiter à un regard d'appoint, l'africanisme a voulu « anthropologiser les Africains » et ne les a pas laissés se réinventer en générant leurs propres savoirs. L'africanisme de Paris n'a pas su aussi remettre en cause la politique foccartienne de la France en Afrique qui continue toujours même malgré le discours de rupture promis par Nicolas Sarkozy. La critique épistémologique culmine avec l'ouvrage de Stephen Smith, *Négrologie. Pourquoi l'Afrique meurt* ? Selon le professeur Awazi, cet ouvrage haineux est l'apothéose de la littérature raciste et afro-pessimiste du 20ème siècle, d'autant qu'il a été couronné par le prix des télévisions françaises comme meilleur ouvrage de l'année 2003 (p. 25). Ensuite, l'auteur diagnostique la crise africaine et la situe au téléscopage de deux logiques historiques que sont la période postcoloniale et la mondialisation néolibérale. L'Afrique postcoloniale a été marquée par des régimes prédateurs et nécropolitiques dont la République démocratique du Congo – à laquelle l'auteur consacre de larges développements – est l'exemple le plus achevé. Quant à la mondialisation néolibérale et sa logique mortifère du tout marché, elle a appauvri plus qu'elle n'a enrichi les Africains. Comme la nature a horreur du vide et face au chaos ambiant, les populations vulnérables et les laissés-pour-compte du marché global sont portés à bout de bras par les organisations non-gouvernementales et communautaires. Les « fonctionnaires du sacré » quant à eux profitent du vide pour asseoir leurs hégémonies avec les Églises du réveil et les mouvements religieux musulmans du renouveau. La conjonction de ces deux facteurs – à savoir l'échec de l'Afrique dirigeante postcoloniale et les effets néfastes de la mondialisation – font que les « *couches populaires et paupérisées des sociétés africaines vivent et interprètent la situation misérable et chaotique dans laquelle elles sont jetées comme une situation d'exploitation et de persécution par les forces occultes et malfaisantes de la sorcellerie manipulées par les autorités politiques* » (p. 59). Et le comble du drame c'est que cette situation est vécue de la même manière ou presque tant en Afrique que parmi les diasporas africaines disséminées dans le monde. Par ailleurs, l'auteur applique la théorie bourdieusienne de la reproduction sociale et culturelle des inégalités à l'immigration africaine en France. En effet, avec le durcissement des politiques migratoires en Europe, les Africains intègrent la société française par le bas à travers de petits boulots de domestiques, de personnels de gériatrie, de la restauration, d'éboueurs, de travailleurs de bâtiment, etc. Dans ce contexte de grande précarité, le risque d'exploitation des immigrés surtout illégaux est grand à travers les réseaux internationaux de la drogue, de la prostitution et du proxénétisme. Selon l'auteur, « *le traitement des Africains qui vivent aujourd'hui en Europe n'est pas qualitativement différent du traitement qui a été infligé à leurs ancêtres pendant la traite, l'esclavage et la colonisation.* » (p. 25). Mais le professeur Benoît Awazi ne nourrit pas une haine viscérale vis-à-vis de l'Occident. En tant que chercheur critique, il pose avec lucidité et courage la question du *NOUS* dans le *TOUT*, autrement dit la responsabilité des Africains dans leur propre malheur. L'exemple des immigrés africains qui retournent pour des vacances dans leurs pays d'origine et qui colportent des mensonges sur leurs vraies vies en Occident lui sert de trame de fond pour poser ce débat. En effet, en cachant volontairement et systématiquement les humiliations quotidiennes qu'ils vivent, les tracasseries administratives et policières, les discriminations à l'embauche, ces immigrés africains sont responsables de leur paupérisation grandissante et de l'augmentation du nombre des demandeurs d'asile dans les pays industrialisés.

L'auteur le fait en utilisant une approche phénoménologique (qui s'intéresse à l'apparition d'un phénomène et sa temporalité). Ensuite, il procède à une déconstruction de la mondialisation. Enfin, l'auteur propose des stratégies de sortie de crise avec le concept de leadership éthique et réticulaire. Et c'est là où j'ai quelques problèmes parce que l'auteur est en contradiction théorique avec lui-même. En effet, l'approche de la déconstruction qui est issue des courants postmodernes n'a pas pour objectif de reconstruire. Donc en proposant des stratégies de sortie de crise, l'auteur n'est-il pas en contradiction avec ce courant théorique dont il s'appuie. Un autre problème, c'est comment articuler les réflexions des centres de recherche (Think Tank) qu'il propose et l'action des acteurs/organisations qui sont sur le terrain ? Enfin, comment changer la structure du monde globalisé où sept pays (G7) décident pour les 193 États des Nations-Unies, où l'Afrique ne contrôle ni les paramètres, ni les repères mais les subit quotidiennement ? Malgré tout, l'auteur n'a pas déçu et nous a livré un très bon livre qui, malgré quelques développements théoriques assez poussés, se lit facilement et peut intéresser à la fois les spécialistes de l'Afrique et un public plus large de non-initiés qui veulent en savoir davantage sur les causes de la crise africaine.

Papa Samba Ndiaye, Ph.D,
(Maître-assistant associé, Université Gaston Berger, Saint-Louis (Sénégal)

Papa Samba Ndiaye, ***Les organisations internationales africaines et le maintien de la paix. L'exemple de la CEDEAO : Libéria, Sierra Leone, Guinée-Bissau, Côte d'Ivoire,*** **L'Harmattan, Paris, 2014, 331 pages, ISBN : 978-2-336-29367-7, Prix : 35 Euros.**

Ayant moi-même été présent à sa soutenance en juin 2012, je puis témoigner de la pertinence scientifique et géopolitique de cette recherche dans la compréhension des difficultés liées à la gouvernance en Afrique de l'Ouest, mais de façon générale, en Afrique postcoloniale. Les mois de recherche sur le terrain dans plusieurs pays de l'Afrique de l'Ouest et l'analyse multidimensionnelle des données observées et recueillies donnent à cette recherche un poids scientifique décisif dans le traitement des difficultés et conflits politiques et économiques en Afrique postcoloniale. Je suis convaincu que cette étude ouvre de nouvelles perspectives méthodologiques et épistémologiques dans le traitement du « contentieux postcolonial » dans la géopolitique africaine et mondiale actuelle. L'ouvrage met l'emphase sur une compréhension pratique de la théorie ou une théorie de la pratique politique sur le terrain en dévoilant les limites matérielles que l'opacité de la réalité du terrain impose à la théorie pure. Ce travail a donc l'insigne mérite de maintenir la tension épistémique inépuisable entre la théorie et la pratique en montrant les limites inhérentes à toute théorie *a priori* qui prétend à la clôture et à la totalisation du sens des faits empiriques sur le terrain.

La question centrale autour de laquelle gravite cet ouvrage peut se formuler en ces termes : « *Comment expliquer les difficultés des organisations internationales intergouvernementales régionales Africaines dans le domaine du maintien de la paix ?* »

Il s'agit ici de la Communauté économique des États de l'Afrique de l'Ouest (CEDEAO) qui avait pour mission la coopération et l'intégration économique. Mais à partir des années 1990, elle commença à s'occuper de la résolution des conflits parce que d'après les décideurs Ouest Africains, il ne peut y avoir de développement économique sans stabilité politique. Ainsi, d'un organisme de coopération, la CEDEAO est devenue un acteur de la paix. Seulement de ses quatre interventions (au Libéria, en Sierra Leone, en Guinée Bissau et en Côte d'Ivoire) l'auteur a retenu le cas ivoirien pour deux raisons : d'abord, parce qu'il n'y a pas encore eu un travail de ce genre sur le sujet à ma connaissance, d'où ce besoin de combler un vide ; ensuite, c'est dans le cadre du conflit ivoirien que la CEDEAO testera pour la première fois son mécanisme pour la prévention, la gestion et le règlement des conflits, le maintien de la paix et de la sécurité ; d'où cet intérêt de mesurer le résultat par rapport au passé et comprendre les processus d'apprentissages.

Pour y parvenir, l'auteur a fourni une revue de la littérature en Relations internationales et au maintien de la paix en testant 5 hypothèses opératoires :

1) les difficultés intrinsèques des organisations internationales ;

2) les difficultés d'apprentissage de ces mêmes organisations dans le domaine du maintien de la paix ;

3) les jeux de puissances et d'intérêt entre États membres de l'organisation internationale ;

4) la confiscation incomplète des Relations internationales Ouest Africaines par des acteurs, des enjeux et des intérêts étrangers ;

5) enfin, il y a la difficulté de la coordination des actions entre les différents acteurs impliqués dans les processus de résolution des crises.

Au plan de la contribution de la thèse aux connaissances, elle peut être située au niveau théorique et empirique :

1. contribution théorique : L'auteur a utilisé le concept de gouvernance multi-niveau pour nuancer les arguments réalistes surtout dans les pays du Sud. Il s'est agi aussi de tester ce concept de gouvernance multi-niveau non pas dans le domaine économique (comme ça se fait jusqu'à présent notamment dans le cadre de l'intégration Européenne et de l'Accord de Libre Échange Nord Américain-ALENA) mais politique aux pays en développement, notamment à l'Afrique subsaharienne (et non aux pays du Nord où les analyses se focalisent) et dans un contexte non pas pacifique comme en Amérique du Nord ou en Europe mais dans un contexte belliqueux (Afrique de l'Ouest) et voir comment on peut insérer l'Afrique dans les débats en Relations internationales touchant les questions de gouvernance en général et de gouvernance multi-niveau en particulier ;

2. contribution empirique : L'auteur a traité son sujet par le moyen d'une étude de cas (l'intervention de la CEDEAO dans le conflit ivoirien) mais dans une perspective comparative avec les autres interventions de la CEDEAO au Libéria, en Sierra Leone et en Guinée Bissau pour, d'une part, permettre des comparaisons et, d'autre part, démontrer l'hypothèse concernant l'apprentissage et voir les possibilités de généralisations pour l'utilisation de cette étude par d'autres théoriciens et praticiens.

En effet, le concept de gouvernance peut parfois prendre le visage d'une série de préceptes reposant sur le culte de l'efficacité, qui n'est pas sans rappeler certaines dimensions du libéralisme économique le plus radical. En outre, le fait de traiter certaines questions au détriment d'autres questions est un choix éminemment politique car il n'est pas possible d'évacuer la domination dans les relations internationales. L'auteur reconnaît lui-même quelques limites à son travail, notamment, celle qui est liée au statut épistémologique des données recueillies sur le terrain et, par extension, du savoir produit à partir de cette moisson des données empiriques. Comme le rappelle Alain Blanchet, l'entrevue prend place dans un espace-temps spécifique alors que chercheur et interviewé sont dans leur « ici et maintenant » comme individus et comme dyade, cette dernière étant limitée dans le temps et dans ses objectifs.

Blanchet suggère alors de considérer les propos que la personne tient comme une manifestation unique et irrévocable, c'est-à-dire que l'expérience de la personne dépasse largement son discours sur celle-ci. Il conseille donc de se garder de réifier les idées et de camper de façon définitive l'interlocuteur dans le portrait qu'il a donné de sa réalité au cours de l'entrevue. Il y a aussi la crédibilité des informations données lors de l'entrevue. En effet, la personne peut parfois être mue par le désir de rendre service ou d'être bien vue par le chercheur. D'où l'intérêt de recourir à des formes de triangulation. C'est la raison pour laquelle l'auteur a utilisé assez souvent de la littérature secondaire issue de chercheurs plus expérimentés ayant une meilleure connaissance des enquêtes de terrain pour compléter ses propres analyses.

En substance, la contribution majeure de la thèse aux problèmes étudiés est plutôt empirique. Car les enquêtes de terrain vont au-delà des études habituelles en Relations internationales qui ont trop tendance à mettre de côté l'importance des études de terrain. En effet, cette recherche en bout de ligne montre les limites de toutes les théories qui ont été présentées et donc la nécessité de faire ce type « d'anthropologie politique » pour mieux comprendre la politique des organisations internationales. Il y a un décalage entre certains des arguments dans leurs dimensions abstraites et la réalité telle qu'observée sur le terrain. En fait, le terrain laisse voir une réalité moins spectaculaire et tranchée que les débats théoriques ne le laissent penser. Dit autrement, ce que l'auteur a trouvé sur le terrain lui semble plus important que ce qu'il espérait y trouver. De même, si la CEDEAO est très institutionnelle et formaliste avec des chartes, des protocoles et des traités, il y a aussi tout un ensemble de réseaux informels, de parentés, de cousinage, d'intérêts et de rivalités personnelles entre les élites dirigeantes des États qui constituent en fait un système parallèle au formalisme de la CEDEAO. Cette étude de la CEDEAO pourrait servir de modèle pour les autres organisations internationales sous-régionales et l'Union Africaine en matière de résolution des conflits.

Papa Samba Ndiaye nous livre ici un ouvrage de référence, patiemment élaboré à partir des enquêtes sur le terrain et apportant ainsi des correctifs à la fois théoriques et empiriques aux théories dominantes dans les Relations internationales (les analyses fonctionnalistes, réalistes, marxistes et la théorie de la gouvernance à paliers multiples). L'auteur a le mérite de faire apparaître la spécificité de l'Afrique de l'Ouest comme « objet d'étude spécifique » dans les Relations internationales, au cœur de la géopolitique mondiale polarisée autour des guerres hégémoniques entre les grandes puissances militaires et économiques. Il nous rappelle ainsi la nécessité de faire émerger l'ancrage à la fois local, régional et international des crises africaines et l'impératif de nuancer les théories trop générales en tenant compte de l'opacité et de l'ambivalence des faits sur le terrain. Dans une période post Guerre froide, l'Afrique subsaharienne est le foyer des guerres intraétatiques et interétatiques impliquant plusieurs acteurs et institutions qui procèdent à la sous-traitance en se télescopant.

Je me permets de citer l'appréciation élogieuse du préfacier, le professeur Cédric Jourde, qui a aussi été le directeur de la thèse de doctorat de l'auteur : « *Cette étude est donc le fruit d'observations empiriques de premier ordre. Ensuite, il y a la solidité théorique de l'ouvrage. Les lecteurs et lectrices francophones ont ici le privilège de lire une étude qui fait le pont et la synthèse des littératures francophone et anglophone en Relations internationales et sociologie politique comparée. Formé dans une université entièrement bilingue, qui exige une parfaite maîtrise des littératures scientifiques dans les deux langues officielles du Canada (le français et l'anglais), Papa Samba Ndiaye présente aux lecteurs et lectrices (évoluant dans le monde universitaire ou professionnel) le tour d'horizon complet des travaux de recherche anglophones et francophones, qu'il vulgarise ensuite pour mieux éclairer le cas particulier des conflits ouest-africains.* » (p. 24 de la Préface).

Je souhaite du courage, de la persévérance et de la jubilation intellectuelle à notre membre actif et engagé du Cerclecad, Papa Samba Ndiaye.

Benoît AWAZI MBAMBI KUNGUA

L. Esu-Bwana Kibwenge, *Crise, Immigration et Culture de l'Altérité*, Éditions Universitaires européennes, Saasbrücken/Allemagne, 2013, 223 pages, ISBN : 978-613-1-57157-2

Le titre de l'ouvrage ramasse efficacement le mouvement interne de la pensée interdisciplinaire qui s'y déroule aux interstices de la psychologie de la personnalité et des émotions, de la psychanalyse, de l'ethnopsychiatrie, de la sociologie des migrations, de la sociologie des cultures, de la sociologie de la mondialisation, de la littérature *diasporique* (*exilique*) et des Études postcoloniales. La méthodologie utilisée est caractérisée par le ternaire : analyse, interprétation et explication théorique du phénomène de la migration. Elle se déploie donc comme une phénoménologie herméneutique[541]. Je dois tout de suite souligner l'excellente qualité de l'écriture de cet ouvrage : soutenue, fluide, dense, précise, perspicace, nuancée, dynamique et entraînante. Quelle délectation intellectuelle que la lecture de ce travail qui restitue des années de pratique de médiation interculturelle sur le terrain à Mons (Belgique), où vit le professeur Esu-Bwana Kibwenge et l'abondante littérature lue sur cette question capitale dans la compréhension de l'histoire des hommes depuis qu'ils vivent sur la terre. Mais les flux migratoires sont exacerbés aujourd'hui à la faveur de l'invasion planétaire des logiques prédatrices, militaires et discriminatoires qui propulsent le processus de mondialisation néolibérale. En effet, des millions de personnes sont obligées de quitter leurs pays d'origine pour aller chercher sous d'autres cieux un bonheur aléatoire et problématique, qui tourne souvent aux catastrophes humaines. Nous connaissons tous les drames, les catastrophes et les tensions sociales récurrentes causés par l'irruption des hordes de réfugiés dans les sociétés industrialisées et « développées » du monde occidental.

L'ouvrage pose frontalement la question de l'intégration harmonieuse des populations étrangères dans les sociétés occidentales qui contrôlent l'essentiel des flux financiers, les nouvelles technologies de l'information et de la communication, l'industrie de l'armement, ainsi que les principaux rouages du commerce international. Comment intégrer les populations venues des pays du Sud – communément appelés du « Tiers-Monde » - qui ont eu à subir près d'un siècle des colonisations militaires directes des puissances européennes dans leurs territoires respectifs ? Comment arriver à la promotion tous azimuts d'une « Culture de l'Altérité » comme condition de possibilité philosophique et politique de l'émergence des sociétés où « l'autre » n'est plus seulement un danger, un mendiant, un apatride, un terroriste et un trouble-fête mais, bien au

[541] Pour approfondir les fondements philosophiques de la phénoménologie herméneutique, je renvoie à mon ouvrage : **Benoît AWAZI MBAMBI KUNGUA**, *Donation, Saturation et Compréhension. Phénoménologie de la Donation et Phénoménologie Herméneutique : Une alternative ?,* L'Harmattan, Paris, 2005, 310 pages, **ISBN : 2-7475-8743-6, Prix : 25,5 Euros.** (« Collection "Ouverture Philosophique" »).

contraire, une chance que la vie offre pour que ceux qui accueillent et ceux qui sont accueillis grandissent ensemble dans leur « *commune humanité* », alors que des mouvements xénophobes apparaissent dans des sociétés industrialisées connaissant un processus continu du vieillissement de leurs populations. L'auteur met en évidence dès l'introduction de son ouvrage la finitude de l'homme comme un être essentiellement inachevé et ouvert à l'altérité d'autrui, mais aussi à celle de la transcendance de Dieu, son Créateur.

La catégorie énergétique et thérapeutique de cette quête d'une identité pluridimensionnelle réside dans l'expression de « *Culture de l'Altérité* ». L. Esu-Bwana Kibwenge s'appuie sur l'éthique du visage d'autrui dans la phénoménologie de l'altérité élaborée par le philosophe franco-lituanien, Emmanuel Levinas. Faut-il rappeler que tout le mouvement de pensée de Levinas consiste à déconstruire à la racine et à dépasser radicalement la primauté de « la question de l'Être (*Seinsfrage*) » (ontologie fondamentale) chez Martin Heidegger, en vue de mettre au premier plan de la pensée philosophique, l'éthique de l'interdit du meurtre du visage d'autrui qui se phénoménalise en disant : « *tu ne me tueras pas* ». Faut-il rappeler la justesse du choix philosophique de l'auteur étant donné que l'Europe a connu deux guerres mondiales sanglantes et que la pensée de Heidegger – quoi qu'ayant eu une influence majeure dans la philosophie et la théologie occidentales du XXème siècle – est dénoncée par plusieurs auteurs à cause de ses accointances avec le Nazisme d'Adolf Hitler et de ses suppôts. Je signale en passant deux ouvrages qui ramassent le dossier de l'implication de Heidegger dans la philosophie hégémonique, pangermaniste et raciale du Nazisme : Victor Farias, *Heidegger et le Nazisme*, Éditions Verdier, Paris, 1987 et Pierre Bourdieu, *L'ontologie politique de Martin Heidegger*, Les Éditions de Minuit, Paris, 1988. Ces deux références sont données pour montrer l'actualité politique de la gestion des identités, des différences, des racismes et des altérités dans les sociétés européennes qui ne se sont pas du tout remises des déflagrations qu'ont été les deux Guerres mondiales du XXème siècle. Et selon moi, les fissures actuelles que nous observons dans les démocraties européennes, l'échec de la construction d'une Union européenne néolibérale sans tenir compte des spécificités culturelles et sociales, et la montée en puissance des mouvements xénophobes d'Etrême-Droite corroborent ma thèse de la non résolution des crises identitaires et politiques issues de ces deux catastrophes mondiales qui ont désintégré les puissances européennes durant le XXème siècle.

L'auteur mentionne plusieurs témoignages des immigrés d'origine africaine qui ont obtenu la nationalité de leur pays d'accueil, ont fait des grandes études dans des prestigieuses universités, mais qui se plaignent de ne pas trouver un emploi au niveau de leurs qualifications académiques comme le reste de leurs collègues de souche européenne. Écoutons Winnie, une jeune diplômée, parlant de sa condition d'immigrée : « *J'ai obtenu mon diplôme ici en Belgique. Tous les camarades autochtones de ma promotion ont déjà trouvé un job consistant, qui paie bien. Je demeure l'une des rares si pas la seule à patauger dans la merde jusqu'à ce jour. Ce que l'on me propose tout le temps, ce sont des formations, alors n'importe lesquelles, sans se soucier un seul instant de mon profil singulier. Au total, cela n'aboutit à rien. J'ai fini par comprendre que c'est la condition de l'immigré (e), car même après une naturalisation, on n'est pas considéré comme faisant partie intégrante de la société. Pour moi, l'immigration c'est la Bohème : une rude école de l'humilité, et même davantage, de l'humiliation et donc de servitude. Mais aussi de persévérance et de détermination. Adieu ! Diplômes en terre d'exil...* » (pp. 85-86).

L'auteur mentionne aussi des immigrés qui ont été assassinés dans la rue par des extrémistes ainsi que des récits d'autres qui vivent des discriminations récurrentes sur le marché de l'emploi. Il mentionne le : « *cas de Semira Adamu, une jeune d'origine nigérienne, morte étouffée par un gendarme lors de son expulsion le 22 septembre 1998 et cet autre d'Aminata, nounou malienne assassinée par l'extrémiste Hans Van Themsche à Anvers en mai 2006. On ne peut oublier à cette occasion la haine nourrie des extrémistes néo-nazis de tout bord et particulièrement du norvégien Anders Breivik qui a attenté à la vie de nombreux jeunes. Je pense aussi à toutes ces guerres qui se mènent au nom de la démocratie alors qu'une analyse minutieuse révèlerait une volonté des puissances établies pour exproprier les pays en révolution de leurs ressources naturelles et surtout de leur indépendance. Au lieu d'accompagner et d'aider les factions belligérantes à se mettre autour d'une table et à dialoguer, les pays à haute technologie semblent souvent privilégier la pire des solutions qu'est la guerre afin de tester et d'affirmer leur toute puissance aussi bien militaire, logistique que technologique* » (note infrapaginale n^0 3, pp. 7-8).

Il mentionne aussi des stéréotypes qui se sont sédimentés dans les esprits et les mentalités des citoyens de souche européenne sur les figures d'immigrés regroupés dans des banlieues et se reproduisant dans un régime d'extériorité par rapport aux couches élitistes qui accumulent la totalité des réseaux de production des savoirs, des pouvoirs et des lois qui régissent les différents secteurs de la vie publique. Je ne peux qu'applaudir la dimension autobiographique et engageante que l'auteur imprime à la pensée qui se déroule avec conviction dans cet ouvrage important en parlant de « *l'écriture de soi* » qui est aussi « *une écriture de résistance* ». Ces deux écritures charrient des énergies thérapeutiques et cathartiques comme l'auteur lui-même le dit : « *Ainsi, l'activité créatrice aurait une fonction abréactive, autothérapeutique et réhumanisante. Elle serait en définitive une forme métabolisée et sublimée du dit traumatisme* » (p. 9).

La gravité locale et mondiale des questions surgies de l'irruption des populations du Tiers-Monde dans les sociétés occidentales d'Europe et d'Amérique du Nord ne peuvent laisser aucun « penseur » et « écrivain » indifférent, au risque d'être classé au rang des complices et des lâches qui veulent assurer le bonheur « *mangeocratique* » éphémère et se laver allègrement les mains comme Ponce Pilate le fit devant le prophète subversif, Jésus de Nazareth, Roi des Juifs. Mais nous savons tous que le pratiquant de la « politique de l'autruche » finit par se retrouver tôt ou tard, sans sa tête (décapité), et meurt comme les autres victimes des pratiques politiques totalitaires, génocidaires et sanguinaires.

Après avoir soigneusement restitué le décor social, politique et économique dans lequel les immigrés négocient avec les couches dominantes des sociétés qui les accueillent, l'auteur recourt à un faisceau de disciplines scientifiques pour comprendre en profondeur l'étiologie et les manifestations des crises majeures surgissant dans les trajectoires migratoires. La psychologie lui permet de penser les mutations de la personnalité advenues dans la traversée des crises inévitables surgissant dans les transactions de la vie quotidienne, la sociologie de la culture lui permet de restituer la dialectique entre les identités et les différences constitutives de toute quête *mouvante* de soi. La phénoménologie de l'Ipséité de Paul Ricœur lui permet de penser *le soi-même comme un autre*. Et cette intrication inévitable entre le même (*L'Identité*) et l'autre (*La Différence*) permet à l'auteur de mettre en place la notion énergétique, thérapeutique et inclusive de « *la Culture de l'Altérité* » consistant à exhorter chaque citoyen à se convertir aux métamorphoses que l'interaction quotidienne avec autrui dans sa différence irréductible (son altérité) induit. Nous sommes ici au paroxysme de cette pensée interdisciplinaire, dynamique et thérapeutique sur la gestion des crises inhérentes à toute aventure migratoire. C'est le point le plus *incandescent* et le plus *cathartique* de cet ouvrage de synthèse qui draine dans une dialectique subtile les récits des trajectoires migratoires des immigrés dans les sociétés européennes et affiche une volonté manifeste de produire des savoirs pertinents, interdisciplinaires, thérapeutiques et opérationnels pour oser espérer une intégration dynamique et harmonieuse de toutes les strates ethniques, raciales et culturelles qui meublent les espaces publics des démocraties occidentales. Nous aurons ainsi un « *Kaléidoscope* » des identités, des différences, des cultures et des races apprenant au quotidien à s'accepter comme différentes et complémentaires.

Bravo à l'auteur pour la cristallisation écrite de ces savoirs interdisciplinaires et multidimensionnels qui accroissent des capacités d'auto-émancipation des nouvelles formes de colonialité et d'esclavage des puissances du système-monde. Je recommande avec conviction et joie cet ouvrage aux personnes qui agissent dans des institutions qui soulagent la misère humaine, les dépressions, les suicides, voire les résignations des immigrés, fatigués de lutter pour leur survie quotidienne. Nous restons convaincus dans le Cerclecad qu'il n'existe aucune libération qui peut se produire dans *l'ignorance totale* des causes de la servitude et de l'aliénation. Il existe une étroite corrélation entre l'*esclavage* et l'*ignorance*. Tous nos efforts de publication et de dissémination mondiale des savoirs savants et émancipateurs ne poursuivent que cette noble entreprise de réhumanisation des politiques néolibérales, matérialistes et nihilistes. Personne ne peut acquérir des connaissances à la place d'un autre et à un certain moment c'est chaque individu (esprit, idiosyncrasie) qui doit traverser par lui-même et pour lui-même la structure émancipatrice de l'épistémologie prophétique dont les trois moments sont : *bibliocratie*, *bibliophagie* et *bibliothérapie*.

À bon lecteur, salut !

Benoît AWAZI MBAMBI KUNGUA

François Kibwenge El-Esu, *Dieu te dit : Choisis le bonheur. Créés pour être heureux, Éditions Foi Rayonnante*, Ottawa, 2016, 235 pages, Prix non indiqué.

L'ouvrage du père François Kibwenge m'a donné des *palpitations prophétiques* du début à la fin de la lecture. La force interne de cet ouvrage testamentaire impose une lecture d'*une seule traite.* Je signale en passant que le philosophe Malebranche avait eu les mêmes *palpitations philosophiques* en lisant le traité des passions de l'homme de Descartes. Les palpitations caractérisent tout processus de *métamorphose philosophique* ou *théologique* d'une personnalité. La structure, l'intentionnalité théologique et autobiographique de cet ouvrage d'exhortation spirituelle a causé en moi beaucoup d'appels à la conversion dans ma propre façon de vivre ma relation d'alliance avec le Dieu de Jésus-Christ, dans ma vie quotidienne.

J'ai tout de suite palpé la théologie *deutéronomiste* et *prophétique*[542] qui sous-tend cette architecture littéraire, où l'auteur a su garder un style simple, accessible par un large public ; mais tout en laissant jaillir astucieusement des questions décisives du discernement des pensées, des esprits et des récits qui constituent notre propre *autobiographie théologique.* L'auteur a restitué avec brio la puissance de nos pensées et de nos paroles qui orientent les choix de nos vies. Il a répété avec justesse que notre vie est constituée, voire tissée par des choix que chacun fait au quotidien et il n'y a personne d'autre à blâmer quand nos vies prennent la direction de la malédiction, de l'échec et de la mort qui s'en suit. Tout en mettant au centre de sa méditation la Parole Éternelle et Vivante de Dieu, François subsume en quatre faisceaux les dynamiques qui animent nos trajectoires biographiques : (1) La capacité de choisir qui constitue le pouvoir extraordinaire et divin que Dieu a mis dans le cœur de l'homme ; (2) L'impératif philosophique et théologique de nourrir et de soigner sa pensée par des énergies positives en écartant des énergies négatives ; (3) Le soin du cœur qui est le siège des émotions motrices de l'être humain duquel il faut extirper les racines amères (colère, haines, jalousies des réussites des autres…) et (4) La prise de conscience de la puissance créatrice de la parole de l'homme qui peut faire surgir le bien (vie) comme le mal (mort).

L'auteur a gardé du début à la fin de son ouvrage la posture d'un prêtre qui témoigne des merveilles accomplies par Dieu dans sa vie et l'exhortation à ses lecteurs de prendre en mains leurs vies d'alliance avec Dieu en choisissant volontairement la bénédiction que Dieu accorde à toute personne qui veut ef-

542 Les explications théologiques approfondies de cette théologie deutéronomiste et prophétique sont données dans mes deux ouvrages : *Déconstruction phénoménologique et théologique de la modernité occidentale : Michel Henry, Jean-Luc Marion et Hans Urs von Balthasar*, L'Harmattan, P aris, 2014, 316 pages, **ISBN : 978-2-343-03719-6, Prix : 33 Euros ; ID.**, *Le Tournant prophétique de la théologie négro-africaine de la libération. De la Performativité de la Deutérose,* L'Harmattan, Paris, 2017 (À paraître).

fectivement et librement la recevoir. L'auteur restitue avec puissance la capacité de choix comme la caractéristique primordiale qui définit l'homme devant la Face de son Créateur. Et c'est à juste titre qu'il intitule son livre : « *Dieu te dit : choisis le bonheur.* » Il s'agit effectivement des paroles de Dieu lui-même dans le Deutéronome : « *J'en prends à témoin aujourd'hui contre vous le ciel et la terre : C'est la vie et la mort que j'ai mises devant vous, c'est la bénédiction et la malédiction. Tu choisiras la vie pour que tu vives, toi et ta descendance, en aimant le Seigneur ton Dieu, en écoutant sa voix et en t'attachant à lui. C'est ainsi que tu vivras et que tu prolongeras tes jours, en habitant sur la terre que le Seigneur a juré de donner à tes pères Abraham, Isaac et Jacob.* » (Deutéronome 30, 19-20).

Tout cet ouvrage de témoignage, d'exhortation spirituelle et d'édification intérieure est tissé par un appel constant à faire de bons choix qui augmentent notre force vitale en nous permettant de recevoir les bénédictions et les grâces divines. J'ai été saisi par la constance avec laquelle l'auteur met son curseur sur la nécessité de se donner une discipline de vie et de travail pour atteindre l'excellence et réussir sa vie. Nous sommes ici à des *années-lumière* de la nonchalance et de la paresse intellectuelle du *Deus ex machina* de nos amis des « Églises du réveil » qui s'illusionnent vainement en croyant que Dieu viendra faire des choix décisifs et le travail nécessaire pour *transmuter* leurs vies en y imprimant ses bénédictions ainsi que les fruits durables qui en résultent. François Kibwenge répète avec force et tout au long de son ouvrage qu'il faut absolument *une discipline austère de travail* qui permet de *transmuter* les bénédictions divines en fruits qui accroissent la force vitale.

Je situe ici l'acmé de cet ouvrage pour la simple raison que dans beaucoup de pays africains les gens prient du matin au soir, mais les conditions de vie ne font que se détériorer à vive allure et la misère économique, intellectuelle et humaine ne fait que s'exacerber. Il s'agit ici d'une puissante interpellation prophétique pour les chrétiens africains qui s'enlisent dans une posture zombifiante de la « *religion opium du peuple* » et du Dieu magicien qui fait les choses à la place des Africains. Il me semble que l'une des raisons de l'accélération de la débâcle postcoloniale réside dans la dévalorisation du travail et des compétences des individus au profit des logiques ethno-tribalistes et clientélistes des masses asservies dans leurs propres pays par des dynasties familiales, tyranniques et obscurantistes. D'ailleurs une critique de la période postcoloniale doit nécessairement se focaliser sur les politiques salariales durant la colonisation et pendant les indépendances. Plusieurs analystes diagnostiquent avec justesse la disparition du salariat au profit des pratiques de corruption et de prostitution des masses devant les élites corrompues de la postcolonie.

L'autre point culminant de cet ouvrage autobiographique et parénétique est atteint quand François Kibwenge raconte la maladie qui a failli l'emporter en 2013 et il interprète son retour à la vie comme une décision souveraine de Dieu qui a encore besoin de sa personne pour poursuivre la dissémination de sa Parole dans les cœurs et les esprits de ses enfants pérégrinant dans le monde. Cet extrait de gratitude devant Dieu mérite d'être cité : « *Il y a trois ans j'étais hospitalisé suite au dépistage d'un cancer de la prostate. Il fallait que je sois opéré le plus vite possible. L'intervention chirurgicale s'est bien déroulée. Cependant, alors que le médecin prévoyait me libérer de l'hôpital, une infection très agressive affecta mon sang. Les médecins n'arrivaient plus à juguler mon problème et mon état de santé ne faisait qu'empirer, en dépit de tous les soins qu'on administrait. Je pouvais lire dans les yeux des différents médecins qui venaient m'examiner, un réel sentiment d'impuissance et de désespoir. Après des semaines de combat, tout semblait finir ce jour-là, un certain mercredi et que mon heure de partir était arrivée. J'ai alors pensé à la façon dont j'avais mené ma vie : toujours occupé à travailler et gardant peu de temps pour prendre soin de moi. J'ai réalisé d'une manière particulière que j'étais éphémère et que la vie allait continuer pour les autres ; qu'on trouverait quelqu'un d'autre pour me remplacer. J'ai pris conscience de ma fragilité. J'ai pensé en moi-même : si Dieu me donnait une autre chance, peut-être que je prendrai du temps pour moi. J'ai demandé aux gens qui m'entouraient de prier pour moi, car la force me quittait. Puis, semble-t-il, j'ai commencé à délirer. Mais Dieu n'avait pas encore dit son dernier mot. Le lendemain, contrairement à toute attente, j'ai ouvert les yeux et quand j'ai vu les premiers rayons de soleil envahir ma chambre, c'est comme si Dieu venait me visiter pour m'inviter à la vie et me donner une nouvelle chance afin que je mette de l'ordre dans ma vie (Mal 3, 20).* » (pp. 42-43).

Oui, François, ton témoignage est vraiment palpitant, émouvant et édifiant. Les fruits spirituels de ton École d'évangélisation « *Étoile de Bethléem* » (www.francoiskibwenge.com) dans l'archidiocèse d'Ottawa et aussi dans celui de Gatineau sont abondants au vu de la joie de vivre, du goût de la prière et des conversions à l'Amour inconditionnel de Dieu qui se vivent dans les vies des personnes qui fréquentent cette École d'évangélisation par la lecture approfondie de la Parole de Dieu et la pratique de l'oraison au quotidien. N'est-ce pas là deux "*armes redoutables*" qui équipent les disciples du Christ dans les combats quotidiens contre les tentations et les mensonges du *Baal néolibéral* ou du *Diable* qui continue de semer sa mauvaise semence dans les cœurs des individus perdus dans les idéologies matérialistes, athées, consuméristes et nihilistes qui font accroire au monde que Dieu n'existe pas ? N'est-ce pas par l'amour de Dieu et l'amour du prochain fécondés par la méditation quotidienne de la Parole de Dieu et la régularité dans l'oraison quotidienne qui constituent des "*armes incandescentes*" du Saint Esprit qui nous envoie dans les déserts du monde pour être *témoins de la Puissance de Dieu qui n'est arrêtée par rien, vraiment par aucune autre puissance diabolique de ce monde ?* N'est-ce pas par ce renouveau dans et de l'Esprit Saint que le Seigneur est en train de faire lever *des moissons abondantes* pour son Royaume Éternel de Justice, de Paix et d'Amour, sans aucune discrimination entre ses fils et filles en pèlerinage dans ce monde qui passe ?

J'ai aussi apprécié l'accent que tu as mis sur *une grande ambition* dans la vision des merveilles et de la Puissance de Dieu. Oui, Dieu *n'est absolument pas* limité par aucune autre force de ce monde, et c'est uniquement notre manque de foi qui l'étonne, comme ce fut le cas lorsque Jésus était confronté aux montagnes d'incrédulité chez ses contemporains. Merci aussi pour avoir mis – avec puissance – le curseur sur une vision ambitieuse et maximaliste du croyant qui espère en Dieu, tout en s'imposant une discipline austère de travail de toute une vie. L'emphase mise sur l'immense foi du prophète Élie le Tishbite de Tishbé qui a fait tomber la pluie du ciel après trois ans de sécheresse décrétée par sa parole (I Rois 18, 1-46) et surtout, *l'ambition débordante* de son disciple Élisée qui demande à son maître de lui laisser une double part de son Esprit, avant d'être enlevé au Ciel par Dieu dans la tempête à travers une escorte impressionnante d'un char de feu et des chevaux de feu. Oui, toute vraie foi prophétique n'impose aucune limite à Dieu comme le fait le *minimalisme blasphématoire* de la fameuse méthode historico-critique avec la fermeture des Églises et la désertion des paroisses partout en Occident. Oui *toute prophétie est maximaliste* parce que Dieu sature et déborde toujours nos attentes humaines limitées et étroites. Ton incursion magistrale, habile et fulgurante dans le Cycle d'Élie et d'Élisée dans le livre des Rois m'a fait tressaillir de joie avec une accélération des *palpitations prophétiques*. Elle dévoile ton talent théologique dont tu as déjà fait preuve dans des publications précédentes (*Les enfants sorciers en Afrique. Perspectives théologiques*, L'Harmattan, Paris, 2008, ouvrage que j'ai recensé dans la *Nouvelle Revue Théologique*, 132/3 (2010), p. 492).

Oui Élisée a affiché une grande ambition pour la Gloire de Dieu, car la Gloire de Dieu, c'est l'homme vivant et debout. Commentant le récit sidérant de l'enlèvement d'Élie dans la tempête dans I Rois 2, 1-18, tu écris pertinemment ceci : « *Ce texte met en lumière la vision macroscopique d'Élisée. Il voyait grand – remarquez que ce n'est pas un péché, l'ambition n'étant nullement de l'orgueil. Lorsqu'il formule sa demande, il désire obtenir la double portion de l'onction qui habitait son maître (Élie). Penser double, c'est entrer dans la vision de la grandeur et de l'excellence. C'est la caractéristique des personnes qui se distinguent. Elles passent de gloire en gloire et de témoignage en témoignage.* » (p. 180).

Alors, animé de cette foi immense en ce Dieu dont tu ne cesses de témoigner la Puissance infinie et l'Amour Éternel pour l'humanité, poursuis ta route François dans la joie de vivre pour Dieu en aimant les hommes et les femmes qu'il met sur tes routes quotidiennes. Car au soir de notre vie, nous ne serons uniquement jugés qu'à l'aune de l'étalon sans mesure de l'amour, de la générosité et de la solidarité avec les plus meurtris par les souffrances et les violences infligées par les puissances qui prétendent diriger le monde et nier l'existence de Dieu, l'unique créateur et sauveur.

Bonne continuation de ton ministère sacerdotal et de tes recherches théologiques pour la plus Grande Gloire de Dieu et la libération holistique des plus pauvres et des petits d'entre nos frères et sœurs. Comme tu l'as toi-même écrit, *Dieu t'a ramené de ce côté-ci du réel car il n'a pas encore fini avec toi François*. Alors avance en "eaux profondes" et jette tes filets pour la pêche du Royaume. Les surprises jubilatoires et prophétiques t'attendent dans l'avenir et uniquement pour la plus Grande Gloire de Dieu et la consolation holistique des plus pauvres et des petits de notre monde qui prétend écarter Dieu de ses affaires des gens émancipés, civilisés et modernes.

Benoît AWAZI MBAMBI KUNGUA

Tidiane N'DIAYE, *Le jaune et le noir. Enquête historique*, Gallimard, « Collections Continents noirs », Paris, 2013, 183 pages, ISBN : 978-2-07-014166-1, Prix : 18,50 Euros.

Tidiane N'Diaye nous livre ici un ouvrage minutieusement construit aussi bien dans l'empiricité des pratiques de la coopération entre la Chine et l'Afrique que dans la mise en évidence des raisons qui permettent d'avoir une vue globale de cette coopération économique entre les deux entités inégales en présence. Sur la quatrième page de couverture, l'auteur mentionne avec justesse : « un jeu de stratégie chinois aux règles très subtiles, où les joueurs placent leurs pions noirs et blancs sur un damier de 361 intersections et dont le principe consiste à conquérir et à contrôler un maximum de territoires ». Je trouve ici *une clé interprétative intéressante* pour saisir la quintessence de cet ouvrage qui analyse la chevauchée chinoise en Afrique comme une colonisation qui avance à grands pas à la faveur de la désintégration des légitimités institutionnelles et politiques de la colonisation européenne. Une observation attentive des actions et réalisations des Chinois en Afrique, montre clairement que les acteurs chinois obéissent à une stratégie rigoureusement (*mathématiquement*) pensée et savamment orchestrée sur le terrain ; tandis que les acteurs africains brillent comme toujours par leur nonchalance, leur naïveté, leur manque de discipline et leur passivité face à la volonté de puissance économique de la Chine dans leur continent. L'auteur a raison de voir dans le passif colonial occidental le cheval de Troie qui permet au dragon chinois de s'octroyer de larges portions dans la gâteau africain exposé aux prédations étrangères depuis l'Antiquité jusqu'à ce jour.

L'auteur remonte jusqu'à l'an 206 av. J.-C. pour identifier les premières relations entre la Chine et l'Afrique avec plusieurs contacts entre les empereurs chinois et quelques empires africains côtiers. Mais l'ouvrage porte sur les pratiques et les raisons politiques qui permettent de comprendre la répartition des pouvoirs entre l'Empire du Milieu et les pays africains qui se comportent sans une vraie stratégie rigoureusement pensée et se contentent des travaux de construction et de télécommunication mal réalisés et sans aucun transfert effectif de savoirs et de technologies y afférentes. Combien de fois les citoyens africains se plaignent de la qualité médiocre des produits chinois (médicaments, téléphones portables, ordinateurs, véhicules) ? Comment expliquer la banalisation de la contrefaçon, dont les Chinois sont devenus des maîtres au niveau mondial ? Dans la plupart des pays africains, où les entreprises chinoises travaillent, les ouvriers africains se plaignent de leurs conditions de travail qui ressemblent à celles des esclaves devant l'inertie des régimes africains faillis.

Du côté africain, les stratégies des acteurs ne sont pas différentes de celles qu'ils ont affichées lors de l'irruption militaire et coloniale des puissances européennes sur le Continent après la Conférence de Berlin en 1885. Nous en savons tous les conséquences catastrophiques qui en ont résulté et qui charpentent la configuration subalterne et servile de l'Afrique dans la géopolitique mondiale à l'aube de ce XXIème siècle.

Dès l'arrivée au pouvoir du Parti communiste de Mao Tsé-toung en 1949, la rhétorique des autorités chinoises va consister à condamner les « méchants esclavagistes et colonisateurs européens » et à vanter « le pacifisme » de la Chine envers les pauvres africains depuis les premiers contacts dans l'Antiquité. La conférence afro-asiatique de Bandung, en Indonésie, du 18 au 24 avril 1955, sera un moment de coalition des pays non alignés face aux deux blocs hégémoniques de l'époque, l'URSS et les États-Unis. Aussi bien durant les guerres de libération du joug colonial qu'après les « indépendances vides », la Chine a fourni une aide militaire, financière, technique, agricole et sanitaire aux pays africains nouvellement "affranchis". Pour le Grand Timonier, le monde était constitué de trois strates de pays selon le degré de leur puissance politique, militaire et économique : (1) Le Premier monde constitué de deux superpuissances impérialistes (Les États-Unis et l'URSS), (2) Le Deuxième monde constitué par les pays développés d'Europe occidentale, le Japon, le Canada et l'Australie et enfin, (3) le troisième monde formé par les pays sous-développés d'Asie, d'Afrique et d'Amérique latine.

Cette troisième strate de pays appelés du « Tiers-Monde ou sous-développés » subissaient l'oppression politique, la violence militaire et l'exploitation économique des deux premiers mondes plus puissants. La Chine envoyait des vagues de médecins et d'ingénieurs agronomes pour accélérer la coopération entre les pays du Tiers-Monde et constituer progressivement une base anti-impérialiste contre l'hégémonie néocoloniale des puissances occidentales. L'auteur mentionne que les trois inventions majeures qui ont permis à l'Occident de se projeter et de coloniser le reste du monde sont : la boussole, la poudre et l'imprimerie. Mais ces trois découvertes ayant sous-tendu la chevauchée coloniale de l'Europe en Afrique émanent bien du *génie chinois*.

L'auteur appuie ses analyses sur des réalisations exécutées par la Chine dans la majorité des pays africains en contrepartie du pompage des matières premières pour accroître sa puissance économique parmi les grandes puissances qui pilotent la mondialisation marchande en cours. Profitant d'une « *proie africaine en agonie* », le dragon chinois n'hésite pas à l'étrangler progressivement jusqu'à sa mort.

Si les Chinois sont généralement bien accueillis en Afrique, le contraire n'est pas du tout vrai, car à l'unanimité, les Africains vivant ou ayant séjourné en Chine, se plaignent constamment d'un racisme populaire envers les Noirs qui tend presqu'à se normaliser et à se banaliser. Il y a des étudiants chinois qui se révoltent contre l'invasion des étudiants africains dans leurs pays sans compter les insultes les plus couramment utilisées : « *diable noir* » ou « *chien noir* ». Dans les transports publics, des gens se bouchent fréquemment le nez à la vue d'un diable noir qui fait irruption dans le bus. Des témoignages récurrents aussi bien des auteurs africains qu'occidentaux attestent l'omniprésence du racisme envers les Noirs en Chine, aussi bien dans les villes que les campagnes. Les lois régissant l'entrée et surtout le séjour des Africains en Chine sont draconiennes : « *Pour les commerçants noirs, vivre en Chine n'est pas vraiment une sinécure. Il suffit d'écouter Vincent, Nigérian installé dans le pays depuis cinq ans, pour s'en convaincre : « Même si c'est pire en Indonésie ou en Malaisie, on entend toujours des insultes fuser, comme "diable noir". Dans les transports en commun, les gens se bouchent le nez et parfois, dans la rue, les enfants fuient à mon approche. Il faut vivre avec.* » » (pp. 81-82).

Je rejoins l'auteur dans son exhortation adressée aux Africains pour qu'ils quittent leur statut victimaire d'esclaves en se dotant de ressources intellectuelles, politiques et économiques pour imposer aux Chinois une coopération juste, équitable et respectueuse. Ce qui est loin d'être le cas dans des pays – comme c'est le cas de la RDC – où des patrons chinois fouettent leurs "serviteurs" lents à obéir. À qui la faute si les Africains peuvent se faire fouetter encore aujourd'hui dans leurs pays respectifs par des étrangers comme durant l'occupation coloniale ? Quand est-ce que les leçons des quatre derniers siècles de l'histoire tragique et servile de ce continent serviront de catalyseur pour un *éveil individuel et collectif* en vue de la reconquête de la liberté de penser et d'agir selon les valeurs de l'autonomie et de la responsabilité dans un monde hypercompétitif qui ne fera aucun cadeau aux paresseux, aux indisciplinés et aux rêveurs ?

J'ai été nourri par la rigueur descriptive des faits analysés ainsi que par la lecture perspicace qui en est faite aux niveaux politique, économique et géostratégique. Un ouvrage à lire pour accroître notre outillage cognitif et analytique des méandres de la Chine-Afrique. Je termine cette recension en donnant la parole à l'auteur dans la conclusion de son ouvrage : « *Le fait chinois d'aujourd'hui est une donnée qui conditionnera ou non l'avenir de l'Afrique. Le continent noir doit considérer la Chine comme un partenaire à l'égal des autres et harmoniser ses différentes coopérations, asiatique, européenne, américaine, afin de maximiser les résultats de ces synergies. Ainsi, seulement, il obligera la Chine à prendre conscience que la pérennité de sa présence en Afrique ne pourra être assurée qu'en améliorant les conditions. Les Chinois doivent comprendre qu'en Afrique le travail n'est pas un instrument de mesure de la production et de la rentabilité, mais un facteur de créativité, de convivialité et de construction du lien social. Leurs entreprises seront par conséquent incitées à prendre leurs responsabilités sociales. Les Africains de leur côté doivent retenir les leçons de l'Histoire et, sortant du colonialisme occidental, ne pas se jeter pieds et poings liés dans les pièges tendus par le néocolonialisme d'un prédateur sans scrupule. Car si pour les Chinois « le Jaune englobe le Blanc, c'est naturel », qu'en sera-t-il d'une faible proie noire entre les dents d'un dragon jaune impitoyable et affamé ?* » (pp. 152-153).

Il n'y avait pas de meilleure façon de *clore* cette recension que cette citation perspicace, dense et visionnaire de l'auteur. Bravo pour cet ouvrage qui donne à penser et agir.

Benoît AWAZI MBAMBI KUNGUA

Jean-Joseph Boillot & Stanislas Dembinski, *Chindiafrique. La Chine, l'Inde et l'Afrique feront le monde demain*, Odile Jacob, Paris, 2014, 422 pages, ISBN : 978-2-7381-3168-3, Prix : 10,90 Euros.

Il s'agit d'un ouvrage de prospective économique et politique, où les auteurs se projettent jusqu'à l'an 2030, et identifient les principaux acteurs de la mondialisation des savoirs, des nouvelles technologies de la communication et des marchandises. La Chine, l'Inde et l'Afrique vont avoir la *supériorité démographique* et une puissance économique suffisante pour imposer de facto une nouvelle redistribution des pouvoirs dans la configuration géopolitique de la planète. La question centrale autour de laquelle est construit cet ouvrage est celle de savoir si la majorité démocratique – plus de la moitié de la population mondiale aux environs de 4,5 milliards d'êtres humains – de ces 3 puissances émergentes suffira à inverser la maîtrise des savoirs, des sciences et des technologies dans le monde. Comment est-ce que l'Europe vieillissante, mais contrôlant l'essentiel des sciences et des technologies, négociera-t-elle cette nouvelle donne démographique et économique. Il importe aussi de souligner que dans cette alliance à trois, l'Afrique subsaharienne notamment, accuse aujourd'hui un retard énorme au niveau de la formation universitaire et technique de ses jeunes populations et, à ce titre, sa situation subalterne ne changera pas même à l'horizon 2030. Quel pôle mondial contrôlera la grande partie du pouvoir de la connaissance (*Brain power* ou *knowledge power*) à l'horizon de l'année 2030 ? Ce livre réfléchit sur ce basculement du monde à l'horizon de 2030 autour de la Chindiafrique et les recompositions des rapports de forces parmi les grands acteurs de ce soulèvement démographique des puissances jusqu'ici périphériques. Il faudra aussi soulever avec insistance la lancinante question de la *soutenabilité écologique* d'une planète qui sera habitée – l'horizon de 2030 – par près de 10 milliards d'habitants avec les luttes pour l'accaparement des matières premières et des ressources alimentaires entre les grandes puissances militaro-capitalistes qui font la globalisation marchande.

Les auteurs invitent le monde occidental à prendre acte de nouveaux tournants inévitables dans la mondialisation néolibérale et aux nécessaires reconfigurations des pouvoirs scientifiques et techniques dans le monde. Trois thèses principales sous-tendent la prospection économique et politique qui se déroule dans cet ouvrage :

(1) Le vrai coup d'envoi de l'accélération de la globalisation se situe à la charnière des années 1970-1980 avec l'irruption de la Chine (1979) et de l'Inde (1981) qui ont injecté dans le marché mondial plus de 2 milliards d'êtres humains.

(2) Les trois grands ensembles continentaux que sont la Chine, l'Inde et l'Afrique avec leurs masses humaines vont jouer un rôle déterminant à l'horizon 2030 et totaliseront ensemble 4,5 milliards d'habitants, soit 1,5 milliards pour chaque pôle. C'est près de la moitié de l'humanité avec tous les pouvoirs qui en découlent. L'Europe concentrera près de 15 % de la population mondiale avec une moyenne d'âge élevée.

(3) Ce basculement du monde avec des nouvelles relations entre les principaux acteurs de la mondialisation est inéluctable et se produira aux environs de 2030-2050.

L'ouvrage entre ensuite dans les détails et part de l'attestation de l'hégémonie actuelle de l'Occident (Europe et Amérique du Nord) dans les domaines scientifique, militaire, technologique et économique. Les pays de la Chindiafrique n'ont pas encore la maîtrise scientifique nécessaire pour renverser complètement la suprématie mondiale des puissances occidentales bien qu'il faille prendre acte du fait de l'irréversibilité de cette mutation globale des rapports de force entre les principaux acteurs mondiaux de la fracture entre les pays du Nord et ceux du Sud. La faiblesse majeure de l'Europe réside dans sa démographie marquée par un processus de vieillissement accéléré. L'Europe a de la peine à trouver de la main d'œuvre pour ces industries et éprouve d'énormes difficultés à financer les pensions pour ces retraités. La faiblesse majeure de l'Inde est sa pauvreté de masse tandis que la pauvreté de l'Afrique consiste dans sa fragmentation en 53 pays sans États et ses faibles performances universitaires dans l'éducation de sa jeunesse. Le chômage des jeunes, leur éducation insuffisante et l'accaparement des ressources économiques par des dynasties familiales, sanguinaires et obscurantistes constituent des facteurs de régression grave pour le continent africain. La Chine connaîtra aussi un phénomène progressif du vieillissement de sa population. Mais prises ensemble, ces trois entités continentales (Chine, Inde et Afrique) vont sensiblement inverser les rapports de force sur la surface de la géopolitique mondiale à l'horizon des années 2030-2050.

Je suis content de voir que les deux auteurs ont bien perçu l'inexistence d'États-nations en Afrique, pour la simple raison que ce sont les organisations *familiales, communautaires* et *diasporiques* qui pallient à cette absence d'États fonctionnels par des transferts réguliers et substantiels des fonds pour leurs familles restées en Afrique. Faut-il rappeler que ce sont les diasporas africaines vivant en Occident qui supportent l'essentiel de la subsistance économique de leurs familles ? Voici les propos des auteurs sur cette question de l'inexistence flagrante de l'État en Afrique qui est l'objet de notre colloque mondial du 9 décembre 2017 à Ottawa : « *Cette mondialisation du « tiers-monde », comme on disait à l'époque, puis du « second monde » communiste, a vite rendu l'Occident schizophrène. D'un côté, ses entreprises et ses consommateurs jouent la carte du made in China. On délocalise les usines mais aussi les bureaux (en Inde) et l'on importe des biens de consommation, des services ou des ressources naturelles (l'Afrique entre dans la danse) à des prix cassés, comme pour l'or noir d'avant les chocs pétroliers. De l'autre, on entre dans une ère de chômage structurel et d'accroissement formidable des inégalités. C'est vrai en Occident où le Welfare State tente de colmater les brèches mais au prix d'un endettement qui atteint désormais ses limites. C'est également vrai dans les pays émergents, à la différence que ce sont les structures familiales et communautaires qui remplacent un État providence quasi inexistant. Comment s'étonner, dès lors, que la planète soit de plus en plus lourde de violence, à l'instar de la « Grande transformation » chère au grand historien Karl Polanyi ?* » (pp. 8-9).

Je mentionne cette citation pour mobiliser intellectuellement nos cohortes de chercheurs dans le monde entier afin que nous livrions un numéro d'Afroscopie qui sera imposant, colossal et exhaustif sur la question brûlante de la déliquescence accélérée des légitimités politiques et étatiques issues de la colonisation européenne.

Les auteurs nomment cette nouvelle ère géologique par le concept « *d'anthropocène* » désignant la primauté des activités humaines dans l'avenir immédiat de la planète. La concentration de plus de la moitié de la population mondiale dans la Chindiafrique avec une majorité de jeunes induit forcément des ressources intellectuelles et économiques, tandis que l'accélération du processus du vieillissement dans les puissances occidentales aura nécessairement des incidences dans leurs capacités de projection hégémonique dans le monde. La démographie constitue donc un atout majeur entre les mains des nouveaux acteurs de la Chindiafrique pourvu que les autorités de ces trois entités politiques offrent une formation scientifique et technique solide et capable d'inverser les rapports de force actuels qui jouent en faveur de la pérennisation de l'hégémonie occidentale dans le monde. Il faudra que les pays de cet ensemble émergeant réunissent et opérationnalisent des atouts démographiques, économiques, technologiques, énergétiques et politiques pour constituer un contrepoids irréversible à la suprématie de la Modernité occidentale dans le monde depuis le XVIème siècle.

Le principal défi soulevé par les auteurs de cet ouvrage bien charpenté est celui de la nécessité d'accroître et de monopoliser l'essentiel du pouvoir scientifique et technologique (*brain power* ou *knowledge power*) qui constitue la condition de possibilité de l'hégémonie politique, économique et militaire dans un monde agité par des mutations démographiques, idéologiques et culturelles. La démographie galopante sans une maîtrise durable des connaissances indispensables dans l'acquisition des pouvoirs déterminants dans la marche du monde n'est pas un atout pour la Chindiafrique dans son ambition d'inverser les rapports de force à l'horizon de l'année 2030.

Benoît AWAZI MBAMBI KUNGUA

Lieve Joris, *Sur les ailes du dragon. Voyages entre l'Afrique et la Chine*, Actes Sud, Paris, 2014, 401 pages, ISBN : 978-2-330-03473-3, Prix : 23,80 Euros. (Traduit du néerlandais par Arlette Ounanian).

De nationalité belge et auteure d'une œuvre internationale, Lieve Joris écrit beaucoup sur ses fréquents voyages sur les routes de la mondialisation pour faire voir de nouvelles alliances politiques et économiques consécutives à la colonisation européenne d'une partie de l'humanité. Dans cet ouvrage, elle raconte ses nombreux va- et-vient entre Dubaï, la Chine (Guangzhou, Beijing), l'Afrique du Sud, Lagos et le Congo, en observant minutieusement les transactions entre les Africains et les Chinois. Elle observe les nouveaux rapports de force qui émergent de ces transactions commerciales et comment ils permettent d'appréhender globalement les nouvelles pratiques politiques, culturelles et économiques qui apparaissent dans les sociétés africaines contemporaines.

L'ouvrage raconte les péripéties, les anecdotes, les récits, les aventures et mésaventures et se présente de part en part comme un long récit charriant plusieurs intrigues narratives. Mais l'essentiel rejoint les autres ouvrages que j'ai longuement recensés sur la Chine-Afrique, à savoir : la présence d'une stratégie rigoureusement pensée par les acteurs chinois face aux improvisations *sentimentalistes* et dansantes des Africains, les actes récurrents de racismes envers les Africains vivant en Chine, l'habileté des acteurs chinois à se tailler *la part du dragon* dans le stock de ressources minières, pétrolières et forestières dont regorge le continent africain, la porosité des sociétés africaines qui permet aux Chinois de se comporter en Afrique comme dans des territoires conquis – ce qui est le cas sur le terrain, ainsi qu'un complexe de supériorité clairement affichée par la Chine en Afrique.

L'auteure a relevé à plusieurs reprises les jugements mitigés que les Africains se font face à l'irruption de la Chine dans leurs pays respectifs : d'une part, ils acceptent la coopération chinoise qui ne se mêle pas des affaires de politique interne des Africains, et d'autre part, ils sont conscients d'être exploités par les Chinois. À travers la lecture de cette panoplie de récits de voyage, j'ai été interpellé par la place prépondérante occupée par les migrations – aussi bien des Chinois que des Africains – mais avec l'image des diasporas africaines paupérisées, divisées et pas très disciplinées en Chine, et aussi, en Occident.

Je clos cette recension en citant cet extrait qui révèle les problèmes que rencontrent les Africains en Chine ainsi que les perceptions péjoratives qu'une partie des Chinois ont des immigrés africains dans leur pays : « *Deux enfants africains, leur cartable sur le dos, attendent au feu rouge. Une bonne chinoise les chaperonne. Je suis le trio du regard, mais Étienne marche comme un zombie à mes côtés. Nous essayons d'arrêter un taxi. Ils continuent tous leur chemin alors que certains sont vides. "Ça arrive souvent ?" Étienne hausse les épaules. "Il y a des Africains qui sont montés un jour dans un taxi et ont refusé de payer à la fin de la course – on en subit tous les conséquences." Les Chinois sont racistes, je l'ai souvent entendu dire quand je préparais mon voyage, ils méprisent les Africains, les traitent de* **hei gui (diables noirs),** *Étienne rit. Les Japonais ne s'en sortent pas mieux. Ce sont des* **Riben gui (diables japonais**). *"Les Chinois qui nous appellent diables noirs sont des ignorants. Ils pensent que tous les Africains vivent en brousse. Ils ne connaissent pas nos villes, ils ont vu des films sur l'esclavage, c'est tout leur savoir." Certains Chinois trouvent que les Africains puent, alors qu'eux-mêmes ne se lavent pas en hiver. Et là, dans le bus, ça sent fort le bouc.* » (pp. 73-74).

Benoît AWAZI MBAMBI KUNGUA

Kentey Pini-Pini Nsasay, *Croisade de l'Europe christianisée contre l'Afrique ancestrale. Pour comprendre l'effroyable, interminable et cruelle mise-à-mort du peuple Kongo-Katiopa (RDC). Procès du christianisme meurtrier.* À paraître aux Éditions AfricaAvenir/Exchange & Dialogue, Douala-Berlin-Wien.

Postface du Professeur Benoît Awazi Mbambi Kungua

C'est avec joie et liberté intellectuelle totale que j'amorce la rédaction de la Postface à cet ouvrage explosif et réactif de Monsieur Kentey Pini-Pini Nsasay intitulé : « *Croisade de l'Europe christianisée contre l'Afrique ancestrale. Pour comprendre l'effroyable, interminable et cruelle mise-à-mort du peuple Kongo-Katiopa (RDC). Procès du christianisme meurtrier* ». Je fais d'emblée un renvoi inaugural à son premier ouvrage qui a suscité beaucoup de débats, de polémiques et de controverses dans les médias occidentaux et africains, et plus particulièrement, dans le diocèse de Namur (Belgique), où Monsieur Kentey Pini-Pini Nsasay a exercé le ministère sacerdotal durant dix ans jusqu'à la sortie de cet ouvrage qui marqua la fin brusque de son ministère ecclésial en Belgique.

Dans les remerciements du présent ouvrage, Pini-Pini remercie sincèrement ses paroissiens de la commune de Sainte-Ode qui l'ont soutenu matériellement et affectivement quand l'évêché de Namur mit fin brusquement à son ministère, avec les conséquences financières décapantes qui s'en suivent : « *C'est tout à votre honneur donc, mes chers amis de la commune de Sainte-Ode et de la Belgique. Soyez-en remerciés tous et chacun pour cette marque de fraternité. Ce faisant vous avez prouvé que la justice est cette divinité universelle que n'ont pu terrasser des minables ambitieux d'hier et que ne pourront terrasser ceux d'aujourd'hui.* » Dans les illustrations à la fin de cet ouvrage solidement charpenté, il y a des photos des chrétiens de Sainte-Ode – y compris de tout jeunes enfants – qui font le siège devant l'évêché de Namur. Je salue cette marque de gratitude et de reconnaissance publique de l'auteur envers ses ouailles qui l'ont aidé à traverser dans la dignité, la fierté et la lucidité intellectuelle ce moment douloureux de sa trajectoire sacerdotale à Namur. Cela montre que l'amour et la justice sont des valeurs qui transcendent nos ancrages raciaux, sociaux et culturels. Cela me permet de préciser que les concepts "Europe" et "Afrique" utilisés dans cet ouvrage de combat n'englobent pas les populations civiles innocentes de ces deux continents, mais uniquement, les élites politiques et religieuses qui ont orchestré l'esclavage, la colonisation et la domination néocoloniale de l'Afrique. Cela permet d'être précis, juste et honnête, et ainsi, d'éviter des antagonismes injustes étant donné que ce sont des chrétiens européens (belges) qui se sont mobilisés avec détermination, pour soutenir leur curé, Pini-Pini, lorsqu'il fut viré de son travail par l'évêque de Namur.

Le titre du premier ouvrage qui causa le mécontentement de l'évêché de Namur, recelait des allures d'un réquisitoire sans concession adressé à toute l'entreprise de la mission chrétienne au Congo, est : « *La mission civilisatrice au Congo. Réduire des espaces de vie en prison et en enfer*[543] ». La proximité textuelle, discursive et politique de ces deux ouvrages induit une postface sous forme de corrélation dialectique d'une pensée déconstructrice, corrosive et explosive qui sous-tend ces deux ouvrages inséparables. Le deuxième *opus magnum* achève avec fracas le processus de déconstruction corrosive amorcé avec une certaine véhémence prophétique dans le premier ouvrage susmentionné. L'adjectif corrosif doit être entendu ici comme synonyme d'explosif, d'incandescent, d'incendiaire et de volcanique. Oui, de bout en bout, j'ai eu à faire face aux flammes de ce feu déconstructeur à tel point qu'avant d'amorcer l'écriture de ma Postface, j'ai envoyé un courriel à l'auteur en lui disant ceci : « Tu m'as envoyé *un texte de feu et de guerre*, et je ne sais vraiment pas par où commencer et comment ne pas me faire brûler par ce torrent incandescent des laves de feu jaillissant du volcan du *Kongo-Katiopa*. Mais je suis prêt à me lancer dans ces flammes de feu exactement comme le prophète Daniel éprouvé par le pouvoir royal perse. Tant pis si j'y laisse quelques poils en le traversant avec philosophie, verve prophétique et honnêteté intellectuelle. Cela fait partie de la passion de la pensée. »

La conclusion de cet ouvrage de combat et de feu est intitulé : « Appel à l'autodissolution du christianisme romain prétentieux, destructeur et meurtrier. » Nous avons ici une clé de lecture qui nous permet de parcourir tout l'ouvrage en ayant dans l'esprit la volonté de l'auteur d'en finir – *une bonne fois pour toutes* – avec le christianisme missionnaire, colonial et esclavagiste, en vue de redonner aux peuples africains leur capacité de réappropriation responsable et libératrice des traditions culturelles et religieuses de leurs ancêtres. Pini-Pini veut revenir aux sources originaires des cultures africaines qu'il situe – à la suite des Égyptologues comme Cheikh Anta Diop et Théophile Obanga – dans les religions solaires, polythéistes, totémiques et matriarcales de

[543] Éditions AfricaAvenir/Exchange & Dialogue, Douala-Berlin-Wien, 2013, 340 pages, Prix : 24,90 Euros, ISBN : 978-3-939313-22-9. Ouvrage que j'ai recensé dans : Benoît AWAZI MBAMBI KUNGUA (Dir.), *Dieu et l'Afrique. Une approche prophétique, émancipatrice et pluridisciplinaire, Afroscopie VI/2016*, (Revue savante et pluridisciplinaire sur l'Afrique et les communautés noires), publiée par Le Cerclecad-Harmattan, Ottawa-Paris, 2016, *659 pages*, ISBN : 978-2-343-08467-1, Prix : 54 Euros, pp. 608-613. Il faudra aussi lire l'article de l'auteur dans la même revue, « Et si le dieu des missionnaires ne l'était pas ? Réflexion sur la prétention civilisatrice missionnaire au Congo », in : *Dieu et l'Afrique. Une approche prophétique, émancipatrice et pluridisciplinaire, Afroscopie VI/2016, op. cit.*, pp. 317-352. L'auteur publiera aussi un autre article intitulé : « Le pouvoir papal de lier et de délier et son impact sur la Chine-Afrique. *Réflexion sur la coopération dite innovante entre la Chine et les pays africains.* », in : LA CHINE ET L'INDE EN AFRIQUE. UNE APPROCHE PLURIDISCIPLINAIRE ET POSTCOLONIALE. SUIVI DE PLUSIEURS ARTICLES EN THÉOLOGIE, PHILOSOPHIE ET SCIENCES SOCIALES ET POLITIQUES, (Revue savante et pluridisciplinaire sur l'Afrique et les communautés noires), publiée par Le Cerclecad-Harmattan, Ottawa-Paris, 2017.

l'Égypte pharaonique, et dont la base arrière se trouve dans la région de l'actuel Kongo qu'il désigne par le syntagme de « *Kongo-dya-Ntotila* » et « *Kongo Katiopa* ».

L'ouvrage dont j'écris la Postface est constitué de deux grandes parties : (1) Genèse de la croisade européenne contre l'Afrique et (2) La croisade contre l'Afrique ancestrale. La première partie remonte aux origines de la secte juive qu'est le christianisme – en restituant le *Kaléidoscope* de groupuscules religieuses qui se disputaient l'orthodoxie théologique juive à l'époque de Jésus – jusqu'à son arraisonnement par la méga-machine impériale de Rome autour du Césaro-papisme de l'Empereur Constantin. Je dois passer vite sur cette partie parce qu'elle a déjà été minutieusement exposée dans le premier ouvrage de l'auteur. Il importe tout de même de signaler que dans ce second ouvrage d'accomplissement, l'auteur glisse du *Césaro-papisme* à la *Théocratie pontificale* des *dictatae papae* de Grégoire VII qui culmine avec Innocent III qui affirmait autoritairement que : « *Dieu a confié le monde à Pierre et à ses successeurs en leur confiant le dominium mundi sur tous les peuples gravitant autour du globe terrestre* ». C'est en partant de la Théocratie pontificale (XIème siècle) jusqu'à la conférence de Berlin (1885) que Pini-Pini situe les bases *étiologiques* et *idéologiques* qui justifient – aux yeux des puissances européennes de l'époque – le droit des races supérieures de coloniser les races inférieures. Et c'est au cœur de la théocratie pontificale, et donc, de la plus haute hiérarchie de l'Église catholique romaine et apostolique que l'auteur domicilie les raisons politiques, théologiques et idéologiques de la projection coloniale et missionnaire des puissances européennes en Afrique. Il importe de souligner l'ancrage universitaire, philosophique et scientifique (Gobineau) de la mythologie de la supériorité de la race « blanche » sur les autres races – et dont les Noirs constituent la plus basse échelle de l'humanité jouxtant l'animalité. L'auteur parle à juste titre des célèbres zoos humains où des Noirs étaient exposés en Europe et observés comme du bétail, jusqu'à tout récemment. Des photos se trouvent à la fin de son ouvrage. Faut-il citer les noms des philosophes des Lumières (Rousseau, Hegel, Montesquieu, Voltaire) qui limitaient l'humanité à la seule race blanche et cautionnaient rationnellement la réduction en esclavage et la colonisation des Noirs ? Faut-il rappeler que cette science de la stratification des races et du devoir des races supérieures de coloniser et de civiliser les races inférieures était communément enseignée partout dans les institutions académiques et ecclésiales des nations européennes du XVIème au XXème siècle ? Faut-il remonter jusqu'aux bulles des Pontifes romains (Nicolas V, Alexandre VI) qui ont cautionné la réduction des Noirs en esclavage sur fond d'une effroyable théologie de la malédiction des descendants de Cham, l'éternel esclave de ses frères ?

La deuxième partie commence avec la Conférence de Berlin (Novembre 1884-Février 1885) qui a opéré le partage de l'Afrique entre les Grandes puissances impérialistes de l'époque jusqu'aux « indépendances vides » et au désastre postcolonial qui s'en est suivi. Pour l'auteur, les États et les Églises issus de la projection coloniale, militaire et missionnaire de l'Europe en Afrique sont illégitimes et doivent s'auto-dissoudre. La raison de cette autodestruction est leur opposition frontale et philosophique à l'Afrique ancestrale, matriarcale, holistique et fédérale. L'auteur souligne avec des faits précis l'imposture des États et des Églises occidentales en Afrique. Que d'exemples sur la misère humaine, la servilité, la mendicité, le tribalisme, l'autoritarisme, l'ignorance monumentale des traditions ancestrales, la persistance de l'épistémologie politique et religieuse de la colonisation dans les imaginaires des élites et des peuples dans l'Afrique contemporaine ?

L'auteur qui a travaillé durant 10 ans comme curé et vicaire dans le diocèse de Namur dans la commune de Sainte-Ode (Belgique) signale la désertion des Églises par les Européens et la présence massive des prêtres africains en Europe[544] pour faire tourner des structures ecclésiales qui fermeraient sans leur présence pas toujours désirée partout. Il signale aussi les nombreuses lettres émanant du Vatican et des évêques européens sur l'invasion des prêtres africains dans leurs sociétés, où ils échapperaient à l'aggravation de la misère en Afrique, non sans citer les tares qui leur sont reprochées (femmes, boissons, refus de rentrer chez eux, en Afrique croupir dans la misère économique). Il signale aussi la misère intellectuelle, sociale et économique qui font de la plupart des diocèses de l'Afrique – et de la République démocratique du Congo – des lieux où des luttes ethno-tribalistes pour la captation des ressources financières, matérielles et symboliques émanant de la charité ecclésiale, constituent le principal ethos politique des évêques, du clergé et des religieuses. Il signale ainsi la médiocrité intellectuelle et éthique qui caractérise aussi bien les élites politiques que les élites ecclésiales. Dans la conclusion de cet ouvrage de démolition et de destruction radicale du christianisme occidental en Afrique, Pini-Pini écrit ceci : « (...) *D'où l'affrontement meurtrier qui a toujours tourné en faveur du christianisme d'autant qu'il est de loin plus facile de détruire que de construire. Le christianisme ne construit rien mais détruit tout. Il a détruit toutes les plus grandes et brillantes civilisations du monde à commencer par la civilisation de notre Égypte ancestrale, civilisation qui a pris naissance au sein de la confédération éthiopienne de la vallée du Nil, le*

[544] Plusieurs Instructions des autorités vaticanes et ecclésiales d'Europe ont été publiées dans le sens de la restriction drastique de l'accès des prêtres africains en Europe. La plus connue est « l'Instruction de la Congrégation pour l'évangélisation des peuples », publiée en juin 2001, voulant stopper *l'afflux irresponsable des prêtres du Sud dans les pays riches*, mais déchristianisés du Nord. Je renvoie à : Bruno Chenu, « Des prêtres africains en France », *La Croix* du 17 septembre 2002 ; Stephen Smith, « Au Congo-Kinshasa, L'Église sert de filière d'évasion », *Le Monde* du jeudi 10 mai 2001, p. 3 ; Enquête sur : « Les prêtres étrangers. Témoins de l'universalité de l'Église », La Croix du vendredi 19 octobre 2001, pp. 12-13 ; Jean Mpisi, *Prêtres africains en Occident. Leur ministère et restrictions vaticanes sur leur séjour*, L'Harmattan, Paris, 2008 et l'ouvrage caustique de Sergé Bilé & Audifac Ignace, *Et si Dieu n'aimait pas les Noirs ? Enquête sur le racisme aujourd'hui au Vatican,* Pascal Galodé Éditeurs, Saint-Malo, 2008.

Kongo-Katiopa. » Avec ces propos, l'auteur signe et assume sa sortie volontaire du système théologique, idéologique et politique du christianisme tout court et retourne à sa « religion ancestrale de l'Égypte pharaonique[545] », d'où est issue sa culture traditionnelle de *Kongo-dya-Ntotila* ou *Kongo-Katiopa.*

Je dois mettre fin à cette Postface en soulevant quelques questions théologiques, philosophiques et politiques brûlantes charriées par ce fleuve de laves provenant de la région de Bandundu – et en extension, du Grand Royaume de Kongo-dya-Ntotila ou Kongo-Katiopa. Ma conclusion se déploiera résolument sous forme d'un faisceau de questions que l'auteur doit absolument clarifier en vue de donner plus de cohérence à son impressionnante et corrosive entreprise de déconstruction épistémique et politique de toute l'entreprise de projection coloniale et impérialiste de l'Occident en Afrique, depuis la période de l'Égypte pharaonique dont la civilisation fut détruite par la méga-machine impériale de la *théocratie pontificale* :

1/ La question de l'instrumentalisation du message de Jésus-Christ par l'Église catholique – et les autres Églises aujourd'hui (notamment celles du Réveil en RDC, en Afrique et dans les diasporas occidentales) – est *incontestable.* Ne faudrait-il pas pour autant dissocier ces instrumentalisations humaines du message révolutionnaire et prophétique de Jésus de Nazareth, Vrai Dieu et Vrai Homme ? La sentence lapidaire d'Alfred Loisy me revient dans la mémoire : « *Jésus a annoncé le Royaume, mais c'est l'Église qui est venue* ». Que les autorités de l'Église catholique romaine aient excommunié Loisy jusqu'à le chasser de son poste de professeur d'Exégèse biblique à l'Institut Catholique de Paris, cela relève de l'extravagance théologique totalitaire, pour la simple raison que l'Église catholique *n'est pas théologiquement le Royaume de Dieu*. Prétendre le contraire relève tout simplement de la démence. Je le dis, je l'écris et je l'assume. Les inquisitions, les croisades, les censures du Saint Office ne relèvent surtout pas du Royaume de Dieu et cela même le Diable le sait très bien.

2/ Ma position théologique personnelle – en tant que théologien prophétique de la libération holistique – est que le Dieu YHWH de la Bible est le même que celui de nos religions traditionnelles africaines (Mungu, Nzambé, Imana, Nzakomba, etc.) ; mais la nouveauté absolue de l'évangélisation de l'Afrique – qu'il faudra situer dès le premier siècle avec le baptême de l'eunuque de Candace par l'apôtre Philippe dans les Actes des Apôtres – est la confession de la filiation divine de Jésus de Nazareth en tant qu'incarnation dans la chair de Dieu le Fils, dans le mystère de la Trinité[546]. Pour nous les

---

[545] J'émets quelques réflexions critiques et prospectives sur le courant philosophique d'Égyptologie pharaonique dans mon : *Panorama de la Théologie africaine contemporaine*, L'Harmattan, Paris, 2002, pp. 162 – 172.

[546] L'essentiel de la *partie théologique* de mon *œuvre pluridisciplinaire* gravite autour d'une entreprise colossale de réappropriation personnelle, théologique, mystique, politique et prophétique du *Mystère de la Trinité, l'unique socle inexpugnable du christianisme,* en amont de ses

chrétiens, Le Verbe de Dieu s'est effectivement fait chair pour sauver tous les hommes, sans aucune exception raciale, sociale, ecclésiale ni culturelle. Comment l'auteur – qui a été ordonné prêtre catholique et a exercé son ministère durant au moins 25 ans – se situe-t-il face à la personne vivante du Christ, dont il a été le représentant liturgique selon la théologie catholique (*in persona Christi*) ? Faut-il jeter le bébé et l'eau dans le même geste sans aucun discernement théologique approprié vu la gravité des enjeux sotériologiques et eschatologiques ? Cette question renvoie l'auteur à une auto-compréhension personnelle dans une mouvance autobiographique, historico-critique, et donc, diachronique du discernement spirituel des esprits *coram Deo*.

3/ J'ai déjà posé cette même question à un autre prêtre congolais que l'auteur cite souvent dans son ouvrage et qui m'avait demandé de m'investir dans la théologie de la religion khamite de l'Égypte pharaonique dans la basse vallée du Nil[547]. Malheureusement, dès que je lui ai posé frontalement la question, il a arrêté immédiatement la correspondance avec moi. Voici la question frontale, radicale et prophétique que je lui ai posée : « Monsieur l'abbé, quand tu as été ordonné prêtre au Kasaï, tu priais publiquement dans l'Église en concluant toutes tes prières par la *doxologie* suivante adressée à Dieu le Père : « Nous te le demandons Seigneur notre Dieu, par Jésus-Christ, Ton Fils, Notre Seigneur et Notre Dieu, qui vit et règne avec toi et le Saint Esprit, Dieu pour les siècles des siècles, Amen. » Maintenant que tu es devenu théologien khamite de la Basse vallée du Nil, à quels dieux adresses-tu maintenant tes prières quotidiennes ? Pourrais-tu me l'écrire dans ce courriel pour que nous avancions dans le dialogue fraternel et panafricain ? ». Jusqu'à présent, je n'ai encore rien reçu comme réponse. Mon Cher frère Pini-Pini, pourriez-vous me dire si effectivement le couple *Isis et Osiris* sont des dieux vivants, et dans ce cas, comment est-ce qu'on s'adresse à ces dieux dans les religions traditionnelles khamites de l'Égypte pharaonique ? Connaissant votre honnêteté intellectuelle et votre audace prophétique, je suis sûr que vous donnerez une suite

---

multiples instrumentalisations idéologiques et capitalistes tout au long de l'histoire de l'humanité. Lire mes ouvrages de synthèse : **(Consacré au Fils)*ID**., *Le Dieu Crucifié en Afrique. Esquisse d'une Christologie négro-africaine de la libération holistique,* L'Harmattan, Paris, 2008, 330 pages, **ISBN : 978-2-296-05864-4, Prix : 31 Euros. (Collection Églises d'Afrique) ; (Consacré au Père) *ID.,** *Déconstruction phénoménologique et théologique de la modernité occidentale : Michel Henry, Jean-Luc Marion et Hans Urs von Balthasar*, L'Harmattan, Paris, 2014, 316 pages, **ISBN : 978-2-343-03719-6, Prix : 33 Euros (Consacré au Saint-Esprit)*ID.,** *Le Tournant prophétique de la théologie négro-africaine de la libération. De la Performativité de la Deutérose,* L'Harmattan, Paris, 2017.

[547] Je renvoie ici à mon éditorial plus détaillé et plus systématique intitulé : « Dieu et l'Afrique. Une approche prophétique, émancipatrice et pluridisciplinaire », in : Benoît AWAZI MBAMBI KUNGUA (Dir.), *Dieu et l'Afrique. Une approche prophétique, émancipatrice et pluridisciplinaire, Afroscopie VI/2016*, (Revue savante et pluridisciplinaire sur l'Afrique et les communautés noires), publiée par Le Cerclecad-Harmattan, Ottawa-Paris, 2016, *659 pages*, ISBN : 978-2-343-08467-1, Prix : 54 Euros, **pp. 11-30**.

écrite, libre et personnelle à toutes les questions que je pose – et surtout à celle-ci liée intrinsèquement à l'adoration due à Dieu seul. Combien de fois ai-je lu dans plusieurs sources autorisées, que le couple *Isis/Osiris* ne constitue pas des entités historiques, mais des « divinités mythologiques » qui ont été déconstruites lors de l'affrontement entre le Dieu YHWH et les magiciens de Pharaon (le dieu solaire) dans les livres de l'Exode ? Comment l'auteur se situe-t-il face au *monothéisme intransigeant* qui structure et propulse de fond en comble toute la théologie prophétique et deutéronomique ? Comment l'auteur interprète-t-il cette confession de foi radicale dans le Deutéronome : « *Écoute, Israël ! Le Seigneur notre Dieu est le Seigneur UN. Tu aimeras le Seigneur ton Dieu de tout ton cœur, de tout ton être, de toute ta force. Les paroles des commandements que je te donne aujourd'hui seront présentes à ton cœur ; tu les répéteras à tes fils ; tu les leur diras quand tu resteras chez toi et quand tu marcheras sur ta route, quand tu seras couché et quand tu seras debout ; tu en feras un signe attaché à ta main, une marque placé entre tes yeux ; tu les inscriras sur les montants de porte de ta maison et à l'entrée de ta ville.* » (*Deutéronome 6, 4-9*).

4/ En partant de l'auto-référentialité phénoménologique de Dieu dans la *tautologie prophétique* dont le point absolu est atteint dans les chapitres 43 et 44 du Deutéro-Isaïe : « *Mes témoins à moi, c'est vous – oracle du Seigneur – mon serviteur, c'est vous que j'ai choisis afin que vous puissiez comprendre, avoir foi en moi et discerner que je suis bien tel : avant moi ne fut formé aucun dieu et après moi il n'en existera pas. C'est moi, c'est moi qui suis le Seigneur, en dehors de moi, pas de sauveur. C'est moi qui ai annoncé et donné le salut, moi qui l'ai laissé entendre, et non pas chez vous, un dieu étranger. Ainsi vous êtes mes témoins – oracle du Seigneur – et moi, je suis Dieu. Oui, désormais je suis tel : personne ne délivre de ma main ; ce que je réalise, qui pourrait le renverser ? Ainsi parle le Seigneur, celui qui vous rachète, le Saint d'Israël : À cause de vous je lance une expédition à Babylone, je les fais tous descendre en fugitifs, oui, les Chaldéens, sur ces navires où retentissaient leurs acclamations. Je suis le Seigneur, votre Saint, celui qui a créé Israël, votre Roi.* » (Esaïe 43, 10-15) et en partant de la prière prophétique de Jésus dans l'Évangile de Jean dans laquelle le Christ dit ceci : « *Après avoir ainsi parlé, Jésus leva les yeux au ciel et dit : « Père, l'heure est venue, glorifie ton Fils, afin que ton Fils te glorifie et que, selon le pouvoir sur toute chair que tu lui as donné, il donne la vie éternelle à tous ceux que tu lui as donnés. Or la vie éternelle, c'est qu'ils te connaissent, toi, le seul vrai Dieu, et celui que tu as envoyé, Jésus Christ. Je t'ai glorifié sur la terre, j'ai achevé l'œuvre que tu m'as donnée à faire. Et maintenant, Père, glorifie-moi auprès de toi de cette gloire que j'avais auprès de toi avant que le monde fût (...) Je prie pour eux ; je ne prie pas pour le monde, mais pour ceux que tu m'as donnés : ils sont à toi, et tout ce qui est à moi est à toi comme tout ce qui est à toi est à moi, et j'ai été glorifié en eux. Désormais je ne suis plus dans le monde ; eux restent dans le monde, tandis que moi je vais à toi. Père saint, garde-les en ton Nom que tu m'as donné, pour qu'ils soient un comme nous sommes un (...) Père, je veux que là où je suis, ceux que tu m'as donnés soient eux aussi avec moi, et qu'ils contemplent la Gloire que tu m'as donnée, car tu m'as aimé dès avant la fondation du monde.* » (Jean 17, 1-5 ; 9-11 ; 24 (TOB)), comment l'auteur se situe-t-il aujourd'hui par rapport aux auto-affirmations publiques de Jésus comme le Chemin, la Vérité et la Vie qui conduit à la Vie Éternelle de Dieu ?

5/ Sans entrer dans les débats internes aux Égyptologues – dont je n'ai pas la compétence – j'ose quand même poser la question suivante, parce que tous les Égyptologues ne sont pas d'accord sur la thèse de la provenance des religions traditionnelles africaines de l'Égypte pharaonique. Étant donné qu'il y a aujourd'hui des millions de chrétiens en Afrique et dans le monde qui n'accepteront jamais les religions solaires, totémistes et polythéistes d'Isis et d'Osiris, comment pensez-vous proposer la renaissance politique et culturelle africaine à ces chrétiens qui ne feront aucune concession sur leurs convictions théologiques et religieuses ?

6/ Dans une conférence donnée à Paris en 2001 – et à laquelle j'ai personnellement assisté – par Jean Charles Gomez Coovi, un « Égyptologue » très actif sur Internet et très populaire auprès des Africains, des Antillais et d'autres afro-descendants qui l'adulent dans ses conférences Vidéo, il déclarait publiquement ceci : « *Les Africains et tous les autres Noirs du monde entier doivent quitter définitivement le christianisme qui n'est qu'une religion des Blancs pour les Blancs et revenir aux religions solaires, polythéistes et totémistes de la Basse vallée du Nil, pour enfin déboucher dans le Vaudou béninois. Il revendiquait l'instauration des loges maçonniques pharaoniques et vaudouesques partout en Afrique et dans les diasporas du monde occidental.* » J'aimerais savoir la position personnelle de l'auteur de cet ouvrage, Pini-Pini Nsasay, face à cette affirmation théologique publique de Jean Charles Gomez Coovi et qui se retrouve aussi dans plusieurs sites khamites dans You Tube et sur Internet.

J'ai posé des questions similaires à votre éditeur des Éditions AfricAvenir, le professeur Kum'a Ndumbe III, dans ma recension de son ouvrage ambitieux : *L'Afrique s'annonce au rendez-vous, la tête haute*[548] ! Il avait posé dans cet ouvrage des questions frontales et radicales aux théologiens africains chrétiens sur le rapport entre les vivants et les morts et les conditions d'accès au salut éternel du *dieu égyptien Osiris*. J'ai répondu à mon propre compte dans

---

548 AfricaAvenir/Exchange & Dialogue, Douala, Berlin, Wien, 20123 (3ème Édition, revue et augmentée, Postface du Pasteur Simon Bolivar Njami-Nwandi). Recension faite dans : Benoît AWAZI MBAMBI KUNGUA (Dir.), *Dieu et l'Afrique. Une approche prophétique, émancipatrice et pluridisciplinaire, Afroscopie VI/2016*, (Revue savante et pluridisciplinaire sur l'Afrique et les communautés noires), publiée par Le Cerclecad-Harmattan, Ottawa-Paris, 2016, *659 pages*, ISBN : 978-2-343-08467-1, Prix : 54 Euros **pp. 634-641.**

cette recension et j'attends toujours *ses réactions écrites* à mes questions pour poursuivre le dialogue fraternel, panafricain et théologique ainsi amorcé. Que cette Postface soit un rappel et une réactivation de mes attentes à ses réponses.

Je ne peux que féliciter l'auteur pour son honnêteté intellectuelle dans la déconstruction radicale et caustique du christianisme missionnaire et occidental, en vue de renouer avec les pratiques religieuses, thérapeutiques et divinatoires des religions ancestrales[549] du Kongo-Katiopa et dont il fait remonter la source vive dans les cultes initiatiques de l'Égypte pharaonique. Que mes questions soient des catalyseurs pour qu'il propose des modalités proprement endogènes et opérationnelles de gérer le politique, le religieux et le social, selon les canons ancestraux et hors de tout l'héritage occidental, colonial et missionnaire qu'il rejette catégoriquement en bloc. Le simple fait d'avoir écrit cet ouvrage de feu et de combat montre la détermination intellectuelle de l'auteur de poursuivre sa réflexion en restant ouvert aux inévitables questions et clarifications qui surgissent et surgiront nécessairement.

Je rejoins l'auteur dans sa déconstruction radicale des États africains issus de la projection coloniale de la mission civilisatrice. Leur déliquescence totale n'est plus à prouver, et c'est pourquoi j'ai convoqué un colloque mondial, le 9 décembre 2017, à l'Université d'Ottawa, dans le cadre de la « mission scientifique et prophétique » mondiale du Cerclecad, et dont le but est de repenser de fond en comble « la question politique en Afrique contemporaine » en sortant définitivement des États-zombies, vides de toute substance vitale. Le thème de ce colloque est : « L'INEXISTENCE DE L'ÉTAT EN AFRIQUE ET L'OPÉRATIONNALISATION DES ALTERNATIVES POLITIQUES ÉMANCIPATRICES ».

Mon Cher frère Pini-Pini, je vous remercie sincèrement pour la confiance que vous me faites en me demandant d'écrire la Postface à cet *ouvrage de feu et de combat*, et je vous souhaite beaucoup d'endurance et d'intrépidité dans le combat intellectuel et politique pour la libération holistique, la renaissance et la reconstruction de l'Afrique ancestrale. Que le Dieu de nos valeureux ancêtres vous protège des griffes des puissances du mal qui sèment la terreur, l'esclavage et les guerres militaro-capitalistes en Afrique depuis des siècles. J'ai dit et je l'ai écrit.

Benoît AWAZI MBAMBI KUNGUA

[549] Pour une évaluation critique entre le *monothéisme trinitaire du Christianisme* et les *religions traditionnelles d'Afrique de l'Ouest* (Ghana, Nigéria, Bénin, Togo), je renvoie à ma recension de l'ouvrage du théologien spiritain nigérian : Elochukwu Eugene Uzukwu, *God, Spirit, and Human Wholeness. Appropriating Faith and Culture in West African Style*, Pickwick Publications, Eugene, Oregon, 2012, ISBN : 978-1-61097-190-4, 267 pages, Prix : $ 25. Recension effectuée dans : Benoît AWAZI MBAMBI KUNGUA (Dir.), *Dieu et l'Afrique. Une approche prophétique, émancipatrice et pluridisciplinaire, Afroscopie VI/2016*, (Revue savante et pluridisciplinaire sur l'Afrique et les communautés noires), publiée par Le Cerclecad-Harmattan, Ottawa-Paris, 2016, *659 pages*, ISBN : 978-2-343-08467-1, Prix : 54 Euros, **pp 552-564.**

Pini-Pini Nsasay, ***Croisade de l'Europe christianisée contre l'Afrique ancestrale. Pour comprendre l'effroyable, interminable et cruelle mise-à-mort du peuple Kongo-Katiopa. Procès du christianisme meurtrier.*** **Postface du Professeur Benoît Awazi Mbambi Kungua,**

Ma réponse aux questions posées

Mon bien cher frère/Mpangi Benoît,

1. Permets-moi de te dire avant tout, tout grand merci pour cette postface historique. J'étais persuadé en te demandant de l'écrire que tu sortirais un texte poignant qui rendra toute sa portée à mon ouvrage de feu comme tu l'appelles. Ton écrit me fait énormément plaisir et c'est avec joie que je vais essayer de répondre aux nombreuses questions que mon ouvrage suscite en toi et certainement aussi à mes futurs lecteurs.

2. Il va sans dire qu'en écrivant cet ouvrage je savais le risque que j'encourais en tant qu'Africain et ancien prêtre. Mais je ne tremble pas pour autant, au contraire je suis serein car je suis certain que cet ouvrage est nécessaire. La question qui est à la base de cet écrit et qui le traverse est celle de la compréhension de la tragédie congolaise qui n'a que trop duré et qui prend des proportions hallucinantes avec les tueries inédites actuelles ou les viols massifs des filles et des femmes. Comment comprendre cela ? Pour beaucoup – et j'espère que tu n'es pas de ceux-là – ce sont des Noirs, c'est bien normal ; il n'y a rien à y faire, circulez ! Je trouve cette explication trop facile, elle est d'ailleurs insultante pour l'humanité en tant que telle. Au contraire, moi j'interroge l'histoire tant il est connu que l'histoire explique le présent et que celui-ci n'est que sa conséquence. C'est dans la recherche de compréhension du phénomène que je suis tombé sur tout ce qui apparait dans l'écrit, notamment les génocides successifs dont le christianisme romain est coupable en commençant par le tout premier, celui commis contre le peuple égyptien ; mais également la guerre des investitures, l'inquisition, les massacres de masse, la traite, l'esclavage, la colonisation, etc. Mais j'ai découvert, sidéré, que la fondation de tout ceci c'est l'impunité absolue dont bénéficie les Européens coupables de tous ces méfaits. Et c'est vraiment effrayant. D'où la question comment expliquer une telle constance du mal ?

3. Cela m'a conduit à l'origine même du christianisme romain comme œuvre de Constantin amplifié par Grégoire VII. Ce christianisme-là se base sur l'usurpation du pouvoir et s'oppose catégoriquement à tout héritage culturel ancien. Le prétexte est que Jésus serait fils de dieu, né de dieu, au-dessus de tout et de tous ; rien n'a pu être véritablement sans lui et tout ce qui l'a été ainsi est indigne. Voilà qui nous amène à la question de Jésus, celle que tu poses. Et c'est là que je situe la grossière prétention du christianisme romain.

Figure-toi un seul instant que tous les efforts inlassables que tu déploies depuis des années pour publier notre revue Afroscopie, tout ce que d'autres font de semblable ou de plus encore dans différents domaines au prix de multiples efforts, parfois surhumains ; et essaie un peu d'imaginer que dans quelques années, quelques siècles, quelqu'un apparaisse qui déclassifie tout cela de l'ordre du travail humain au motif qu'il serait le seul qualifié à la production réellement humaine puisque fils de dieu. Pourrais-tu franchement avaler cela ? Or c'est ce que le christianisme fait au nom de Jésus. Tout l'acquis humain antérieur depuis l'Egypte jusqu'à nos ancêtres récents, tout cela est tout simplement déconsidéré, rejeté. Je trouve que c'est injuste et même immoral. Pour moi tout travail humain et particulièrement l'héritage culturel de quelque groupe humain doit être pris en compte. Jésus ne peut pas être considéré comme le commencement du monde, cela n'est pas possible. Ce qui a été fait est une imposture.

4. Concernant le personnage de Jésus, puisque tu me poses la question. Le problème fondamental est qu'il n'a rien écrit. Ce que l'on dit être écrit de lui est un ensemble d'écrits postérieurs des auteurs qui ne l'ont pas connu, y compris Saul de Tarse. Comment vérifier la véracité de ce qu'ils disent dans ce cas ? D'autant qu'il y a une multitude d'écrits souvent contradictoires. Les écrits dits canoniques contenus dans la Bible sont des écrits d'autorité consignés par des personnes autoritaires qui n'hésitaient pas à tuer les opposants. Et il y en a eu. Contrairement à Jésus, en ce qui concerne la tradition égyptienne, les preuves sont là : il y a des momies par exemple, des hiéroglyphes multiples etc.

5. Ceci m'amène à parler de l'Egyptologie et essayer de répondre à ta question là-dessus. Premièrement l'Egyptologie n'est pas une invention des Africains. C'est une science qui a été mise au point des Européens paradoxalement. Et c'est curieux, car ils n'ont pas voulu étudier en profondeur la Grèce à travers la grécologie ou l'Empire romain à travers la romanologie, mais bien l'Egypte. Cela veut dire que de ces trois civilisations, l'égyptienne est la plus importante. Et c'est vrai que les deux autres découlent d'elle. Le problème est qu'ils ont voulu monter cette science contre les Africains en général en les détachant de l'héritage égyptien. Les Egyptiens anciens seraient sortis de nulle part et auraient tout simplement disparu, et quand aux Africains ils n'auraient jamais eu d'ancêtres sérieux, intelligents. Cheik Anta Diop et les autres Africains à sa suite ont tout simplement rétabli la vérité historique en rendant l'Egypte à l'Afrique ancestrale et en révélant aux Africains que les Egyptiens sont leurs ancêtres.

6. La question d'Osiris et d'Isis comme dieux vivants ou morts par rapport à Jésus qui serait tout vivant est en effet discuté en Egyptologie. Il s'avère que de nombreuses caractéristiques attribuées à Jésus comme la mort sur la

croix, l'ensevelissement, la résurrection, l'eucharistie, le groupe des apôtres, etc., tout cela sont des caractéristiques attribuées à Osiris depuis des millénaires. Dans ce cas qui serait plus vivant que l'autre. Dans la conception africaine ancestrale c'est à travers les enfants qui naissent que les ancêtres reviennent à la vie. La science moderne a confirmé cette croyance ancestrale à travers la découverte de l'ADN. Ce qui fait que tout homme vivant est relié à l'origine de l'humanité, chacun de nous remonte donc en ligne directe de tous premiers hommes qui ont apparu sur la terre. La vie sur la terre est continue. C'est pour cela que la notion des sous-hommes est tout simplement idiote. Toujours en ce qui concerne Jésus beaucoup de textes ou de préceptes le concernant ont été soit conçus soit ajoutés au cours des siècles pour des besoins spécifiques du pouvoir papal notamment à partir du XIème siècle avec la fameuse réforme grégorienne.

7. Quant à mes convictions personnelles, je n'ai jamais menti. Quand je me disais "Leke ya Yezu" c'était sincère. Je croyais vraiment en ce Jésus-là et je tâchai d'identifier ma vie à la sienne que je croyais vraie et véridique. Mais la rédaction de cet ouvrage a jeté un sérieux doute sur mes convictions au point que j'y ai renoncé. Et je crois qu'il n'y a aucune honte à cela. Je me suis trompé ou mieux encore j'ai été trompé. Maintenant j'ai résolu de reprendre ma vie en main en dehors de ce monde de montage de mensonges grossiers. Qu'il y ait des Africains qui ne voudront rester à jamais chrétiens, libres à eux de le faire. Le problème est de savoir si le dieu Jésus auquel ils croient croire est bien celui que conçoit le christianisme romain ainsi que je me suis posé la question dans l'article sur les missionnaires auquel tu as fait allusion ? L'autre problème est qu'en Europe où le christianisme devait être au firmament, non seulement qu'il bat de l'aile sur tous les plans, mais plus encore très peu de gens y accordent quelque crédit. Nous sommes ici dans le même cas de figure que la fameuse monnaie française CFA, créée par les Français et qu'ils ont abandonnée mais à laquelle les Africains restent attachées. C'est aussi le cas avec les "Etats-zombie" ou les diocèses-zombies auxquels ils continuent à croire. Ils sont libres de le faire, mais cela ne peut en aucun cas leur assurer le salut, que du contraire, ils vont à leur perte, c'est-à-dire qu'ils hypothèquent l'avenir même de l'Afrique. Moi j'ai essayé d'apporter ma petite pierre, mais je ne me pose pas en donneur de leçons ni en conducteur éclairé des autres. Chacun agit comme sa conscience le lui indique. Je ne pratique pas la religion traditionnelle africaine, je ne la connais pas, je n'ai jamais été initié. Je voudrais tant la connaître.

Voilà ma réponse à tes nombreuses questions. Je ne sais pas si j'ai su donner les réponses que tu attends. Mais tu connais bien plus que moi, tu sauras t'éclairer toi-même.

Avec toute mon admiration
Machelen, 04 novembre 2016

Yaya Piva

Espérance-François BULAYUMI, Qu'est-ce qui nous manque ? Esquisse sur les béatitudes politiciennes en République Démocratique du Congo, 2016, Vienne, aa-infohaus, 218 pages

Cette année 2016 a été prolifique en moisson littéraire pour notre pays le Congo. Beaucoup de livres déjà publiés expriment un engagement résolu en faveur de notre pays meurtri. Le livre du professeur Bulayumi en fait partie. L'auteur dit haut et fort que le Congo est occupé et que le régime en place est un régime d'occupation soutenu par des lobbys du capitalisme léonin et par des politiciens cupides adeptes des per diem. C'est pour cela qu'à la question de savoir "Qu'est ce qui nous manque pour nous libérer ? La réponse se trouve du côté des béatitudes politiciennes. Les politiciens congolais sont irresponsables et méprisent le peuple congolais. Ils préfèrent des discours politiques se basant sur des dialogues pour le partage du pouvoir contre le peuple. Face à cela que faut-il faire ? L'auteur propose un catalogue des stratégies en vue de sortir des pièges des politiciens véreux.

Ce livre se veut une auto-accusation patriotique. Il comporte sept chapitres qui se succèdent comme des épisodes d'un film à sensation ne laissant aucun répit au lecteur appelé à s'engager tout de suite. Dans le premier chapitre, "*Le Roi est mort, vive son ombre. La genèse des héritiers belligérants*", il est question de l'époque postcoloniale qui équivaut à l'époque mobutienne, laquelle commence le 14 septembre 1960 et se poursuit jusqu'à présent. Cela veut dire que les treize parlementaires, la CNS, le règne des deux Kabila en font partie. Le Roi est mort, vive son ombre, c'est l'occupation coloniale sous une forme radicale consolidée par des mobutistes, nègres au service de l'occupation (p. 33).

Le deuxième chapitre "*Pongi ya ba bébés – La descente aux enfers*" parle surtout d'Etienne Tshisekedi, figure emblématique de la politique congolaise. Membre de la confrérie mobutienne, il est omniprésent sur la scène politique du Congo depuis 1960 jusqu'à ce jour. C'est un personnage ambitieux ne rêvant que de sa succession au sommet de l'impérium qu'il considère comme son droit naturel. Autant Antoine Gizenga a trahi son idéal lumumbiste pour devenir premier ministre de Joseph Kabila autant Etienne Tshisekedi a trahi sa parole donnée aux Congolais durant trois décennies de conscientisation démocratique en RDC avec le verdict « Bolala pongi ya ba bébés » qui est une vraie incitation au sommeil afin que des antivaleurs restent voilées (p. 56).

Le troisième chapitre est intitulé "*De la genèse de la quête d'une présidence à vie aux apologies de l'Ordre des charniers*". Ici il est surtout question de Joseph Kabila, de son vrai nom Hippolyte Kanambe, une sangsue toxique. Non seulement que ce monsieur n'est pas un démocrate, mais il est en plus un usurpateur de la nationalité congolaise. Il ne rêve que d'une seule chose, la présidence à vie tant il est sûr de ses appuis extérieurs, ceux-là même qui l'ont intronisé président de la République Démocratique du Congo. Des charniers émergent tous les jours sur le territoire congolais à cause de l'occupation étrangère qu'il incarne et qui est soutenue par des institutions internationales du capitalisme léonin, et des cupides acolytes politiciens intérieurs, Apologistes de l'Ordre des Charniers comme Léon Kengo Wa Dondo (p. 85). C'est pour cette raison que le prétendu Joseph Kabila doit être déclassifié de la liste des présidents du Congo et être considéré comme le chef des occupants, un de plus.

Dans le quatrième chapitre "*Religion et religiosité des politiciens congolais : Foi, Occultisme et Voyance*" il est question de cette classe des acolytes politiciens, prêtres de l'Ordre des Charniers, dont la grande majorité est constituée des anciens élèves des missionnaires et qui se livrent à l'occultisme et sont au service des puissances maléfiques qui les poussent à exploiter la RDC au détriment de sa population. Ils ont réussi la prouesse de transformer le pays en une succession des charniers et ont transformé la ville de Kinshasa en une pompe funèbre à ciel ouvert et en lieu symbolique des sacrifices humains. Ils sont les alliés inconditionnels des Églises de réveil qui sont en croisade contre la Constitution et alignent des mensonges faisant des pratiques religieuses un opium pour le peuple. Quant à l'Église catholique, moteur de la colonisation elle a perdu toute crédibilité (p. 110).

Chapitre cinq : "*De zaïrois de l'étranger à la diaspora congolaise : La RDC à l'aube d'une nouvelle force politique*". Dans cet imbroglio désespérant il ne reste qu'une seule bouée de sauvetage pour le malheureux peuple congolais c'est sa diaspora. Estimée à 913 900 en 2010 par la Banque mondiale, mais en réalité beaucoup plus, cette nouvelle diaspora s'est mise debout pour défendre la cause de la patrie et contrer la stratégie de l'occupation. Elle est avertie, très forte, intransigeante même envers Etienne Tshisekedi (p. 124). Elle fait peur au pouvoir d'occupation en place et à ses mentors étrangers notamment les organismes mondiaux, car elle intervient pour 9 milliards de dollars dans l'économie congolaise et en faveur des ménages des Congolais (p. 140). La diaspora congolaise est capable de défier le pouvoir d'occupation et de lui refuser le droit de diriger la nation congolaise (p. 131).

Chapitre VI : "*Aliénation et dépendance, fardeaux lourds sur des épaules faibles*". Ce chapitre stigmatise la paupérisation de la population suite aux méfaits du pouvoir d'occupation. La dépravation se décline en gangs des rues, dislocation des familles, paupérisation aiguë, chômage, exacerbation sexuelle, étalage des violences, inégalités criantes, obsession pécuniaire, marchandage religieux (p. 166). Les Congolais sont soumis à un régime de dépendance alimentaire effrayant ; ils sont expropriés de leurs terres, les femmes et les jeunes filles subissent des violences sadiques (p. 156). Leur culture est dépréciée, ils sont qualifiés de BMW (Beer-Music-Women), donc des gens sans valeur (p. 160).

Chapitre VII : "*Plaidoyer pour un retour à la décrue : Et pourquoi pas par le biais d'un soulèvement populaire ?*" Dans ce chapitre Bulayumi revisite encore l'ensemble de ce qu'on peut appeler la classe politique congolaise d'hier, d'aujourd'hui et même de demain, et il constate avec amertume qu'elle est constituée des nègres de service, des anciens élèves des missionnaires formés par la pérennité de la colonisation. Ce sont des citoyens de la République de la Gombe, des politiciens cupides pour qui les émoluments sont plus importants que le bien-être de la population congolaise (p. 176). C'est pour cela qu'il faut une véritable révolution du palais pour les chasser tous. Il préconise un catalogue explicatif des stratégies pour atteindre cet objectif. 1° *L'animation sociopolitique*, c'est-à-dire l'encadrement politique, idéologique, intellectuel et civique des Congolais tel que cela se fait sur les réseaux sociaux, mais plus ordonné et mieux encadré à l'exemple de l'APARECO ; 2° *Le soulèvement populaire* d'un maximum de trente jours consécutifs, l'objectif prioritaire étant la libération du Congo occupé ; 3° *réaliser un putsch du palais*, c'est-à-dire libérer totalement le pays en étouffant le système installé à Kinshasa par la « communauté internationale » et téléguidé par l'Ethnarque rwandais Paul Kagame ; 4° *mettre en place une information et une diplomatie secrète* pour investir les chancelleries, parcourir les médias étrangers officiels, animer des débats partout en Occident pour dénoncer le régime d'occupation et le projet machiavélique d'une Ethnarcie Tutsi ; 5° *Décréter une année blanche pour le transfert d'argent en RDC*, c'est-à-dire suspendre toute activité commerciale lucrative vers le Congo par les Congolais de la diaspora et boycotter les compagnies aériennes occidentales, propriétés des multinationales complices de l'occupation. Dans cette perspective les dialogues sont inopportuns, ce sont des béatitudes politiciennes pour pérenniser le système.

Ce livre est un chef-d'œuvre conçu comme un ordo, un *vade mecum* du combattant pour la libération de notre pays occupé ; une fierté pour la diaspora congolaise, pour notre pays et pour son élite responsable. Car notre pays n'en manque pas. Que du contraire. Elle se manifeste, elle s'engage d'une façon responsable pour la libération rapide et attendue du pays. Car il n'y a pas d'autre choix que de le libérer. Espérance-François Bulayumi présente ici une arme fatale pour abattre le régime d'imposture installé à Kinshasa au grand mépris de notre peuple. C'est une arme intelligente du combat. Ce livre est recommandé à tout Congolais qui aime son pays. Il serait de le partager quand on l'a lu.

Pini-Pini Nsasay

Jean-Paul de LAGRAVE, *Comment a disparu la civilisation de l'Egypte ancienne ?*, MdV Éditeur, Paris, 2014, 106 pages

Depuis de nombreux siècles un nombre considérable de personnes ont écrit sur l'histoire de l'Égypte ancestrale, dite aussi Égypte ancienne. Les écrits des anciens Grecs particulièrement sont nombreux. Depuis l'expédition militaire de Napoléon à la fin du 18ème siècle des nouveaux écrits se sont ajoutés aux anciens et le flux n'a cessé de se répandre. Mais la disparition de la brillante civilisation égyptienne est toujours restée une énigme quasi mystérieuse, en tout cas pour bien d'amateurs de cette fabuleuse histoire comme moi-même. Nous sommes nombreux à vouloir en savoir davantage sur nos ancêtres de l'Égypte. Comme bien d'autres j'ai lu beaucoup de livres, mais il n'y en a peu qui m'ont captivé comme celui-ci à cause de l'ampleur des informations que j'y ai rencontrées. L'ouvrage n'est pas volumineux, mais son contenu est d'une rare densité. Il apprend que le christianisme était peu redoutable lorsqu'il s'introduisit dans la communauté juive d'Alexandrie. Pourtant, ce que n'avaient pu cent trente ans de domination perse et six cents ans d'occupation grecque et romaine, le christianisme le réalisa en un siècle, à savoir la destruction systématique de l'Égypte ancestrale (p. 17). Le christianisme, l'avènement de cette idéologie nouvelle et étonnante, voilà la clé pour comprendre la ruine totale de l'Égypte africaine.

Pourquoi le christianisme s'en est-il pris à l'Égypte ancestrale ? C'est qu'en ce 4ème siècle de l'expansion du christianisme, relate De Lagrave, la vitalité de la religion traditionnelle est restée intacte. L'immense majorité de la population continue à parler la langue égyptienne. Ils suivent le principe de la *Maât*, vertu de l'équilibre harmonieux entre tous ; institution de libération de l'homme de la main de l'homme, sentiment d'accord avec la divinité et le monde. C'est sa philosophie de vie (p. 52). Ce principe de vie est célébré à travers le culte rendu à Isis, devenue la déesse universelle dans tout l'Empire romain. D'innombrables temples lui sont dédiés. Elle a des lieux de culte dans tous les pays. Sur les bas-reliefs des sanctuaires égyptiens, son image demeure inchangée : figure svelte, revêtue d'une robe collante avec un large collier ; la coiffe en forme de vautour est posée sur sa lourde perruque, surmontée de la couronne hathorique ou le siège hiéroglyphique (p. 56). Elle est la Grande déesse, la mère du dieu, la source de la vie, la dame de Philae (p. 61). Son culte s'accompagne de celui d'Osiris. À Alexandrie un temple prestigieux leur est dédié, c'est le grand temple d'Isis et d'Osiris (Sérapis). Il n'y avait dans tout l'Empire que le Capitole pour égaler ce temple magnifique (p. 16).

Le Serapéum d'Alexandrie se dressait sur une hauteur dans le vieux quartier égyptien de Rhakôtis. C'était le plus prestigieux temple isiaque de l'Empire romain. Il renfermait la Grande bibliothèque qui contenait des milliers d'ouvrages, l'ensemble du savoir remontant aux temps les plus anciens. Alexandrie était considérée comme la cité des idées où régnait la liberté d'expression. Mais pour le christianisme montant, il fallait en faire la capitale chrétienne à travers la destruction systématique de l'ordre ancien, le culte d'Isis (p. 47). Pour accélérer le retour annoncé de leur sauveur appelé Jésus, les nouveaux convertis s'en prennent au paganisme et plus intensément à l'Égypte où se maintient la plus ancienne religion traditionnelle. La Bible ne recommande-t-elle pas de lapider, de tuer quiconque sert un autre dieu, même sa propre femme, ses propres enfants, frères, sœurs ou amis ? (p. 44). Ainsi donc les chrétiens ont-ils fait de l'Egypte un champ de ruines. La chute de l'île de Philae à l'extrême sud du pays, dernier refuge de la religion traditionnelle, a été le point final du génocide ; la plupart des derniers résistants avaient péri. Ainsi des monuments qui avaient échappé à des siècles d'invasions furent tous détruits au nom d'un dieu nouveau, impitoyable et jaloux. En même temps que des temples étaient incendiés, les écoles et les bibliothèques détruites, les savants prêtres et des milliers de fidèles étaient tués et dispersés. La langue sacrée était rayée, au point que pendant quatorze siècles le sens des hiéroglyphes fut entièrement perdu (p. 57).

« *C'est trop peu de dire que tous les temples qui étaient à Alexandrie, voués à quelque démon que ce soit, furent détruits, presque colonne par colonne, affirme Rufin un haut dignitaire chrétien. Mais dans toutes les villes d'Egypte, dans les postes fortifiés, dans les villages, dans toute la campagne, le long des rives du fleuve et même dans le désert, tous les sanctuaires qu'on avait pu découvrir furent, grâce au zèle de chaque évêque, renversés et rasés* » (p. 17). Tous les génocides que rapporte l'Histoire sont effroyables, dit J-P. de Lagrave, mais l'un des plus terribles est sûrement celui des anciens Égyptiens, hécatombe qui jusqu'ici n'avait pas été envisagée comme telle. C'est par rapport à cet apport nouveau que ce livre est unique. Systématiquement, en moins d'un siècle, le christianisme avait détruit une civilisation plus que trois fois millénaire en organisant le massacre de milliers d'hommes, de femmes et d'enfants fidèles à leur religion traditionnelle et à leur culture. Pour vaincre le paganisme dans l'Empire chrétien, il fallait que cesse de battre le cœur de l'Égypte d'Isis et d'Osiris.

À compter de 391, les empereurs chrétiens donnèrent toute latitude aux patriarches-archevêques d'Alexandrie, surnommés les « pharaons » ecclésiastiques, d'ordonner la tuerie des prêtres, des prêtresses, des scribes, des savants, des médecins, des enseignants, enfin de toute l'élite couronnant cette société. On pourchassa aussi les autres résistants les plus humbles qui devaient faire le choix entre le baptême ou la mort. Les temples et les chapelles furent incendiés. Partout des ruines et des cris de rage. Entre 391 et 451, l'Égypte connut une impitoyable chasse aux païens. Il est impossible de déterminer le nombre de victimes. Mais il fut considérable, car en moins d'un siècle la mémoire de cette civilisation prestigieuse s'était éteinte. Il ne restait même pas un seul scribe pour lire les hiéroglyphes, ni un seul sculpteur de statues sacrées. Le génocide des Egyptiens fut le signal pour le christianisme d'en finir avec les religions « païennes » ailleurs dans l'Empire. (p. 91).

L'occasion de ce tout premier génocide de la triste histoire du christianisme fut la promulgation de l'édit de l'empereur chrétien Théodose, édit fatal. Cet édit signé le 16 juin 391 visait uniquement et directement l'Égypte. Il ordonnait la suppression de la religion traditionnelle dans l'ensemble du pays des anciens pharaons. Rien ne devait donc subsister. Dès la réception de l'édit, le patriarche-archevêque d'Alexandrie, Théophile, mit la capitale à feu et à sang. Le 8 novembre 392, à la tête d'une colonne des chrétiens radicalisés, il se lança à l'assaut du Sérapéum et de sa bibliothèque. La gigantesque statue de Sérapis (Osiris) et toutes les autres sculptures furent démolies à la hache (p. 16). Ces chrétiens fanatiques étaient des moines du désert qui formaient la nouvelle armée de l'Église, formée pour massacrer la nation la plus vieille du monde. C'est donc l'hécatombe de cette civilisation-source qui a facilité la christianisation de Rome et d'Athènes (p. 71).

Malgré le génocide de son peuple d'initiés, l'âme de la civilisation de l'Égypte était d'une telle puissance qu'elle a survécu. Soudain les pharaons sortirent de leur sommeil de mille ans. Leurs momies, à l'abri des pillards, finirent par rendre témoignage de la grandeur de leur civilisation éternelle (p. 93). Cela grâce aux grands-prêtres d'Amon-Rê qui les avaient mises dans deux cachettes des parages du temple jubilaire de la pharaonne Hatchepsout. Ce sont les chercheurs, archéologues, Emile Brugsch et Victor Loret, qui les ont découvertes et les ont révélées au monde entier médusé devant la majesté de ces momies (p. 79). Car après le christianisme, son frère dans l'art de la destruction, l'Islam avait repris le flambeau car dans le Coran il est écrit qu'il faut détruire les ouvrages et les édifices de Pharaon et de son peuple. À la suite du christianisme, l'islam poursuivit le travail de sape de l'ancienne Égypte. Des générations d'iconoclastes s'attaquèrent d'abord aux figures des statues et des bas-reliefs ; c'est alors que le Sphinx fut mutilé (p. 77). C'est en 640 que Cyrus, patriarche-archevêque d'Alexandrie, offrit la capitulation à l'émir Amrou ben Al-As à la tête de 4 000 « cavaliers d'Allah ». Obéissant au Coran, l'émir Amrou ben Al-As entreprit l'œuvre de destruction. Il fallut six mois pour tout brûler (p. 78).

Que dire de cet ouvrage. C'est un livre magnifique, un témoignage rare puisque franc en faveur de l'Afrique agressée. C'est un ouvrage sincère voire militant. Ce faisant Jean-Paul de Lagrave se montre bien en dehors du cercle fermé d'une certaine élite européenne si opposée à l'Afrique. Il est vrai qu'il ne cite pas le Maître Cheik Anta Diop dans son ouvrage, il aurait pu car il mène le même combat en faveur de l'Égypte ancestrale. Qu'à cela ne tienne, il cite tout le même Théophile Obenga. Et c'est déjà cela. Ce livre a le mérite de dévoiler les véritables causes non du déclin de la civilisation égyptienne, mais de sa disparition complète. Car cela est inexplicable quelque soit ce qui pouvait subvenir. Ici le lecteur apprend en détail les véritables causes de cette mise-à-mort de notre civilisation ancestrale. À y voir de près le récit rapporté dans ce livre ressemble beaucoup à l'autre hécatombe vécue par nos ancêtres des siècles après le génocide de l'Égypte. Ici aussi ce sont des chrétiens qui ont provoqué, précipité, et anéanti la civilisation ancestrale dans tous les coins de l'Afrique. C'est donc un livre à lire si on veut bien comprendre l'histoire tragique de notre terre ancestrale sous l'ère vulgaire du christianisme (p. 58).

Pini-Pini Nsasay

Richard Ngub'Usim Mpey-Nka (Dir), ***Unité et fondamentaux socioculturels du peuple Yansi*****, Tome I., Éditions U-Psycom, Kinshasa, 2015 302 pages**

Quand on vit hors du pays comme c'est mon cas et qu'on reçoit la nouvelle de la publication d'un ouvrage comme celui-ci, on ne peut qu'en être ravi. Car bien souvent ce sont des nouvelles bien tristes qui font l'actualité de notre pays malheureusement. Cet ouvrage important ouvre une ère nouvelle dans le paysage littéraire de notre pays. Il est collectif, écrit par une vingtaine de personnes de culture ou d'obédience d'un même peuple, le peuple Yansi. D'après le professeur Ngub'Usim Mpey Nka qui l'a coordonné, cet ouvrage veut redonner vie à la culture ancestrale Yansi en péril. Il répond aussi au souci ontologique de "re-questionnement identitaire des Yansi d'autant que leur langue est parmi les plus menacées et les plus vouées à une disparition certaine et inexorable (p. 11). Au-delà de ce souci, l'autre préoccupation est de constituer une encyclopédie des textes sur la culture Yansi car contrairement à la tradition orale, les écrits constituent un héritage certain pour les générations futures. Il est également formulé le souhait que cet essai encyclopédique serve d'émulation à d'autres tribus du Kongo ancestral afin de combler la lacune concernant la connaissance de notre immense richesse culturelle (p. 295). Ambition noble qui honore les initiateurs du projet.

L'ouvrage se situe résolument dans le sillage des écrits ethnologiques des anciens missionnaires et d'autres pionniers prêtres congolais qui ont étudié nos différents peuples dont le peuple Yansi. C'est pour cela que des textes d'anciens missionnaires ont été repris particulièrement ceux de Pierre Swartenbroeckx, célébré ici comme un véritable héros. En effet plusieurs auteurs de cet ouvrage se réfèrent à ce prêtre jésuite qui parlait kiyansi. C'est l'un de ses écrits, présenté comme pièce fossile sur les Yansi (p. 38), paru en 1948, qui ouvre le livre. Dans cet écrit, qui est un recueil des témoignages, intitulé "*Quand l'Ubangi vint au Kwango : Bayansi ou Babangi*" (pp. 21-38), Swartenbroeckx tente de situer l'origine des Bayansi qu'il appelle « peuplade ». Ils auraient séjourné dans la région du Pool (Kinshasa actuelle) et auraient connu la mer du Kongo, l'océan atlantique, qu'ils appellent "Nzyal a Bubwankuy" (p. 31). Mais leur provenance originaire serait du côté du Soudan d'où ils auraient transité par le Tchad, le Cameroun, puis le Gabon avant d'arriver au Kongo. L'appellation "Bayey" dont se réclament les Yansi témoigne de cette origine soudanaise car Yey serait une rivière se situant au Soudan, Yei affluent du Nil blanc (p. 22). Dans tout ce périple les Yansi se déplaçaient seuls rencontrant divers autres peuples contre qui ils livraient souvent bataille. Ce qui est une thèse coloniale bien connue ; il tâche d'ailleurs de dédouaner les « Blancs » comme négriers (p. 32). Cette thèse des batailles récurrentes est démentie par d'autres écrits qui témoignent de la cohabitation pacifique entre les Yansi et leurs voisins même si cela n'est pas dit explicitement. Alice Tabala Mukarisay (pp. 61-66) fait une étude comparative entre les Mbun et les

Yansi du point de vue des clans et totems ; ce qui suppose une vie séculaire harmonieuse entre les deux peuples voisins. C'est la même vie harmonieuse qui est mise en exergue par Désiré Muwala Bol Makob dans son article intitulé "*La cohabitation Yansi-Mbala et consorts dans le territoire de Masi-Manimba*" (pp. 67-80). Le professeur Ngub'Usim Mpey Nka, dans son article intitulé "*Dispersion géographique dans le Kwilu-Kwango et traits socio-culturels communs des yansi*", reprend l'argumentaire de Swartenbroeckx et parle des vagues migratoires et de quasi nomadisme qui auraient caractérisé les Yansi – qu'il appelle aussi peuplade - entre le 12ème et le 16ème siècle à partir du Sud-Soudan dans la contrée de yey ; c'est à cette époque qu'il situe la sédentarisation des yansi (p. 39). Lui aussi parle de la relation forte qui lie les Yansi avec d'autres "peuplades" qu'il appelle coterriens, Teke, Humbu, Boma, Djing, Nkhan, etc. (p. 45).

Un autre article de Pierre Swartenbroeckx datant aussi de 1948 est repris dans ce même ouvrage. Il est intitulé "*Mbo et Mpya : la vénération des jumeaux chez les Yansi*" (pp. 99-108). Ici il relate le système clanique Yansi basé sur la relation privilégiée du grand-père et de la grand-mère avec leurs petits-enfants, et du système matrimonial Yansi basé sur le mariage appelé « Kétyul », celui de la petite fille avec le neveu de son grand-père maternel ou mariage préférentiel ; il y est également question du rituel ancestral lié à la naissance des jumeaux. Tous les rites et prescriptions autour de la double naissance servent à assurer une vie harmonieuse aux deux enfants qui viennent d'un coup agrandir le clan. Plusieurs autres articles de l'ouvrage reprennent également le propos de Swartenbroeckx notamment celui de Matadi Lefang w'Inkie sur les fiançailles et la stabilité matrimoniale Yansi (131-142). Dans cet article, publié en 1974 qui est aussi une reprise, Matadi Lefang met l'accent sur le caractère exogamique du mariage Yansi. Il revient en détail sur le mariage préférentiel Yansi, Kétiul. "*Il y a kétiul lorsque le grand-père maternel de la fille est en même temps oncle maternel du garçon*" (p. 138). Ce système de mariage comme l'a dit Swartenbroeckx régule la société Yansi en une société fraternelle composée des frères et des sœurs. Chacun étant et se comportant à différents niveaux comme étant frère ou sœur de l'autre. Mais parmi les enfants, les filles ont une place de choix, elles sont l'avenir, la souche, la pépinière du clan (p. 139). Ce même thème de mariage préférentiel, kétiul (kitwil), est repris ailleurs dans le livre notamment par Abdon Mumbal'Ikie N.M. et Bernadette Bilwanday B. qui l'analysent dans le contexte actuel et ressortent les modalités de son application chez les différentes ethnies Yansi. Ils mettent l'accent sur la situation actuelle particulièrement celle des villes coloniales actuelles où il n'y a plus d'homogénéité ancestrale, mais également la situation changeante des villages secoués par les échanges monétaires et leur lot de problèmes notamment la pauvreté résultant de la fluctuation monétaire permanente et de sa rareté. Dans ce cas le montant de la dot exigée par le clan du grand-père maternel de la fille peut flamber et atteindre des milliers de dollars américains (p. 151). Ici les Yansi se servent de leur tradition pour essayer de se tirer d'affaire dans une situation économique désastreuse.

D'autres articles de l'ouvrage reprennent diverses caractéristiques Yansi comme le recours au nombre 9 et la référence symbolique à ce nombre comme preuve intangible de la pensée érudite des Yansi (p. 110). Le professeur Ngub'Usim qui a écrit un article à ce propos – "*Le nombre 9 dans la mythologie et la mystique Yansi*" - se demande "*comment des peuplades enfermées dans la tradition orale, dans l'analphabétisme et l'acalculie que sont les Yansi ont-elles été inspirées à exprimer et à organiser leur vécu rituel autour du nombre 9 ?*" La réponse est que le nombre 9 a une valeur qualitative. C'est le nombre parfait, le nombre de la perfection, de la finition, de la finitude et de la félicité. C'est pour cela qu'il est omniprésent dans l'organisation socio-politique Yansi (p. 111). Donc à défaut d'être des mathématiciens et des alphabétisés à l'occidentale, les ancêtres Yansi n'étaient pas moins philosophes, savants ou mystiques conclut le professeur Ngub'Usim (p. 122). D'autres auteurs ont écrit sur d'autres caractéristiques reconnues comme propres aux Yansi. Dans un autre article écrit avec le professeur Kuyunsa Bidum, intitulé "*Le temps de travail et la semaine traditionnelle chez les Yansi*", Ngub'Usim parle de la division du temps chez les Yansi, notamment celle de la semaine traditionnelle qui compte 4 jours : Uway ou Mpie (1er jour) ; ondja (2ème jour ; Ngwon (3ème jour) et Onkhil (4ème jour). Dans son article intitulé "*La croyance Yansi aux esprits et à l'Etre suprême*", Jean Makaya Masweka dit que le terme "Nziam, Nziampwu" ne fait pas référence au Dieu créateur des chrétiens ; ce terme désigne généralement quelque chose d'extraordinaire qui sort hors du commun. Plusieurs autres termes sont liés à la notion de la divinité comme Ngwilmpwu, Nkier, Kalun, ayant beaucoup d'attributs (p. 196). Luxène Kibwenge-Esu-Bwana et Ferdinand Kikasa Lukala scrutent davantage le terme nkier (nkirt) ou les esprits qui s'incarnent aussi bien dans l'homme que dans l'animal, le végétal ou le minéral. Ils sont à l'origine de l'ordre ou du désordre (p. 209). Jacques Nkiene et Jacques Sima présentent l'instrument de musique Yansi appelé "Mfung" ainsi que toute l'orchestration qui l'accompagne, une sorte de fanfare super entraînante à laquelle personne ne résiste (p. 248). Les Yansi dit Jacques Nkiene Musinga sont reconnus par une autre spécificité alimentaire, à savoir la chikwangue. Appelée Nsoo, Kimbaam, Kyab, etc., la chikwangue est répandue sur l'ensemble du territoire Yansi et bien au-delà. La chikwangue qui a des vertus de longue durée, ne pose pas de problème de moisissure ni de fermentation. Son invention relève d'une civilisation techniquement très avancée (pp. 268-269).

Que dire de cet ouvrage ? Il est certes remarquable par la qualité des écrits proposés et comme je l'ai dit au début par le panel impressionnant des chercheurs et auteurs. C'est un magnifique travail dont devront se servir les jeunes qui veulent apprendre la justesse des connaissances de leurs ancêtres dans différents aspects de la vie. Cette initiative est louable et à encourager. Il y a cependant certains ajustements à faire concernant certains domaines, la sédentarisation par exemple. Car celle-ci qui est liée à la pratique de l'agriculture et aux sciences qu'elle sous-tend dont l'astronomie à laquelle se réfère la division des jours en semaine, mois et année, est à l'opposé du nomadisme. Nos ancêtres ne pouvaient pas être en même temps nomades et sédentaires. Leur arrivée sur le territoire actuel qu'occupent les Yansi procède d'un peuplement lent et progressif, et non des guerres impitoyables et répétitives, encore moins d'une évolution du monadisme à la sédentarisation. Ils ne pouvaient pas venir aussi nombreux qu'ils le sont actuellement. C'est sur leur territoire actuel qu'ils se sont multipliés et sont devenus nombreux.

D'autre part l'origine des Yansi qui en ferait un peuple à part ayant cheminé tout seul est difficilement soutenable. Les Yansi sont un peuple bantu faisant partie du grand groupe Kongo-dya-Ntotila. C'est au sein de ce groupe qu'il a cheminé et c'est avec lui qu'il vit dans son lieu de peuplement actuel. Je pense l'avoir bien montré dans mon ouvrage *"La mission civilisatrice au Congo. Réduire les espaces de vie en prison et en enfer"*, paru en 2013 aux Éditions AfricAvenir/Exchange & Dialogue. Il faut aussi dire que l'allusion des anciens au centre de l'Afrique comme lieu originel de provenance n'est pas anodin car tous les autres peuples africains y recourent également. Ni le matriarcat, ni le mariage préférentiel (système Kétwul), ni le système fédéral du pouvoir, ni la fabrication de la chikwangue ne sont spécifiques aux Yansi. C'est toute la ceinture bantu qui s'est étendue de la côte Ouest à la côte Est africaine qui partage ces mêmes valeurs, y compris les Égyptiens anciens. J'ai rencontré un aliment qui ressemble beaucoup à la chikwangue Yansi au nord du Burkina Faso. Le village de naissance de Thomas Sankara s'appelle Yako, une appellation très répandue chez les Yansi. Il y a donc des similitudes avec d'autres peuples Africains témoignant d'une origine commune et non d'un nomadisme des Yansi qui les auraient conduits partout en l'Afrique.

La plupart des auteurs qui ont écrit dans cet ouvrage parlent de la dispersion des Yansi dans quatre territoires que sont Bagata, Bulungu, Idiofa et Masi-Manimba. Or ces quatre territoires relèvent de la répartition territoriale coloniale belge très récente et non de celle de nos ancêtres. Non seulement qu'ils sont propriétaires des terres qu'ils occupent, mais ils sont premiers et les seuls, à moins que les fouilles archéologiques prochaines révèlent le contraire. Ce qui reste à vérifier. Concernant les Yansi, le territoire qu'ils occupent n'est pas dispersé, au contraire, il est homogène et bien délimité. Il part du bas de la rivière Kwango jusqu'à son embouchure avec le Kasaï en évitant les marécages et remonte jusqu'au commencement des vallées et montagnes vers le Sud, où se sont installés les autres peuples. Le territoire des Yansi est arrosé par plusieurs rivières, toutes navigables (Kasaï, Kamutsha, Lubwe, Kwilu, Inzia (Nsay), Lukula, Wamba, Kwango). Il contient des grandes savanes boisées et des forêts denses. On ne peut pas dire donc qu'il est dispersé, compartimenté. Au contraire il est régulier. Je le dis pour l'avoir déjà parcouru presque de part en part, sauf la région des Djinga. Partout à Fasila, à Mpiey, à

Lolak, à Kitoy, à Beya, à Nkara ou à Mabenga, j'ai trouvé les mêmes caractéristiques territoriales exactement comme dans mon propre village, We/Kébalwil chez les Nsal'Bamban, appelé dans cet ouvrage les Yansi de Bagata. En réalité, ces Yansi-là n'existent pas. Pas plus ceux de Bulungu ou de Masi-Manimba. Il y a plusieurs ethnies chez les Yansi mais qui ne se réfèrent pas à ces lieux qui sont coloniaux. S'il y a des Mpur et des Djing, il y a également des Nsal'Bamban ou des Mbiem, et d'autres au sein du grand peuple Yansi.

J'encourage les auteurs repris ici d'approfondir leur connaissance du territoire Yansi dans son ensemble. Ils se rendront compte que certaines spécificités qu'ils croient très localisées sont bel et bien générales aux Yansi. Quoi qu'il y ait un deuxième tome annoncé il aurait été souhaitable de faire allusion à la danse Yom grâce à laquelle Rochereau Tabu Ley et Ndombe Opetun sont devenus si populaires et qu'ils ont vulgarisé dans le monde. Il serait aussi souhaitable que les travaux du Centre d'Études Ethnologiques de Bandundu (CEEBA), aujourd'hui CESBA (Centre d'Etudes Ethno-sociologiques de Bandundu) soient considérés dans une prochaine production. Ce centre initié par les missionnaires du Verbe Divin a produit beaucoup d'ouvrages sur les Yansi.

Étant donné la préoccupation de la pérennisation de la culture Yansi bien ressortie ici, ne serait-il pas possible de penser à envisager la création des écoles en langue Yansi pour les enfants Yansi habitant les milieux urbains (Kinshasa, Kikwit, Bandundu, Bulungu, Masi-Manimba, Idiofa) ? Beaucoup d'autres peuples le font de par le monde. Et aussi penser à l'organisation des universités et des hautes écoles dans des milieux Yansi où l'enseignement se passerait en langue Yansi ? C'est peut-être la façon la meilleure de promouvoir et de revaloriser la culture et les connaissances Yansi. Ainsi le peuple Yansi ne disparaîtra jamais car c'est à travers les jeunes que la tradition se transmet. Et c'est un devoir pour les adultes de transmettre la tradition reçue des anciens. Ce qui est loin d'être le cas actuellement. Les adultes d'aujourd'hui, dits intellectuels, ne peuvent pas se soustraire à ce devoir ancestral. Se plaindre ne suffit pas.

Une autre piste de réflexion serait peut-être d'envisager une organisation territoriale nouvelle dans notre pays qui se baserait sur des entités culturelles que sont nos différents peuples dont le peuple Yansi. Pourquoi ne penserait-on pas à des provinces suivant les limites culturelles du genre province Yansi, province Mbund, province Pende, etc. en lieu et place de la présente province hydraulique du Kwilu ? Il serait peut-être temps de mener une réflexion de rupture avec la lourde et inopérante administration coloniale en faveur d'une administration plus adaptée et attendue. Ce souhait non exprimé semble habiter cet ouvrage.

Pini-Pini Nsasay

Kashimoto Ngoy[550], *L'Afrique de la tyrannie régnante : Étiologie de la régression*, Muhoka, 2006, 267 pages, ISBN : 2-923201-09-4

> ***« Un roi ignorant est la ruine de son peuple,***
> ***Une cité est fondée sur l'intelligence de ses princes. »***
> Si 10,3 [TOB]

Nous sommes en 2016 : 10 ans après la publication de ce livre, et six ans après le décès de l'auteur. Ce livre n'a pas vieilli d'une ride. Il est d'actualité plus que jamais. C'est à vous, lecteur, d'ajouter des exemples que vous avez vus ou vécus vous-mêmes dans le passé pour compléter ce tableau peint par un Congolais au cœur brisé à la vue de son pays en déclin. Nous avons passé le cap des 50 ans des indépendances en Afrique et nous entendons toujours les mêmes rengaines. Les pays d'Occident nous ont fait du tort et ils nous sont redevables. La pauvreté et tous les maux de l'Afrique sont attribués à l'esclavagisme, au colonialisme et à l'Occident qui, d'après certains, s'enrichit aux dépens des peuples africains et sans demander la permission. Pour l'auteur, ce ne sont que des distractions pour ne pas voir la cause véritable, la tyrannie.

Kashimoto Ngoy réagit fortement à ces attitudes simplistes et mensongères qui servent les dictateurs africains et leur maintien au pouvoir. Il fait une analyse serrée et réfléchie sur la dictature en Afrique, sa tyrannie et l'effet à long terme sur les citoyens africains. Aucun citoyen n'est épargné. Ceux qui se croient protégés parce qu'ils sont près du tyran gouverneur se leurrent à eux-mêmes. Le tyran n'a pas d'ami[551]. Pourquoi certains pays en Afrique ne se développent-ils pas et même reculent ? Pourquoi la population déjà appauvrie continue-t-elle à s'appauvrir ? Pourquoi l'analphabétisme ? Pourquoi un système de santé inexistant où les hôpitaux manquent de tout – même de lits pour les personnes opérées. C'est ce que l'auteur explique avec brio dans *L'Afrique de la tyrannie régnante : Étiologie de la régression.*

L'auteur est un de ceux qui croient que la responsabilité de changer les choses revient à l'Africain lui-même et que personne d'autre ne le fera à sa place. C'est ainsi que d'entrée de jeu il affirme que sa « *réflexion est un engagement qui ne nous permet pas de laisser ces questions de développement et de démocratie en Afrique aux autres, très nombreux aujourd'hui à se dire spécialistes des affaires africaines* » (p. 9). Il est temps de parler de reconstruction non seulement des infrastructures mais aussi de la pensée pour avoir

---

[550] Diplômé en philosophie et lettres (anglaises), l'auteur a été chercheur en développement international. Il a contribué à plusieurs articles scientifiques et comptes rendus de livres publiés dans la Revue savante Histoire & Anthropologie. Il a été Conseiller aux Ambassades du Zaïre à Téhéran, à Ottawa et Assistant de recherche au Centre international de sémiologie de la Faculté des lettres de Lubumbashi. Il fut un membre très actif et un chercheur de haute volée du CERCLECAD à Ottawa, où il est enterré. Paix à son âme.

[551] L'auteur développe d'une façon nette les raisons pour lesquelles un tyran n'a pas d'ami. Pages 57 à 62.

un « autre regard du monde ». Ce livre est un terrain sur lequel il pourrait rassembler philosophes, politologues, sociologues, enseignants, économistes et toutes les autres sciences humaines pour réfléchir sur les possibilités de la démocratie et du développement en Afrique.

La cause de la déchéance de l'Afrique est la tyrannie dont les acteurs principaux en sont les tyrans gouverneurs. L'auteur dresse un portrait réaliste du tyran gouverneur africain et nous fournit multiples exemples de leurs agissements et en analyse leurs causes et conséquences. Aussi longtemps que la tyrannie règnera, aucun développement ne pourra se produire, car le développement et la dictature sont incompatibles. L'auteur compare et contraste, d'une façon intéressante, démocratie/développement et dictature. Un tableau à la fin de la recension liste quelques caractéristiques de chacun mises en opposition.

Ngoy fait appel aux philosophes penseurs qui seraient capables de déconstruire le discours des tyrans gouverneurs. Attention ! Nous devons distinguer les penseurs authentiques aux prétendus intellectuels alliés des tyrans gouverneurs. Il dénonce la tyrannie qui manipule les esprits et les garde dans l'ignorance pour son propre intérêt.

L'auteur déconstruit le discours des tyrans gouverneurs et remonte à la cause principale du recul de l'Afrique et de la dégradation de l'éducation. Les tyrans gouverneurs blâment le colonialisme, l'esclavagisme et même la communauté internationale ; ils disent que les cultures et traditions africaines font obstacles au développement ou que les problèmes sont complexes. En fait, ils ne font que détourner l'attention du problème réel de la tyrannie, une idéologie victimaire et une récusation de sa propre responsabilité.

L'auteur décrit, déconstruit et trouve la cause des situations désastreuses de la gouvernance, entre autres choses, la santé et l'éducation.

Tout au long du livre, il rejette l'idée que la tyrannie est l'affaire des cultures et des traditions africaines pour deux raisons : i) la tyrannie se retrouve dans tous les temps et toutes les civilisations, et ii) les dictateurs africains ne sont pas différents des autres dictateurs dans le monde.

Il est donc essentiel de « *comprendre le régime tyrannique, son mode de fonctionnement et l'état d'esprit de son maître pour ne pas compter sur lui en ce qui a trait à la progression vers la démocratie et le développement dans tous les pays d'Afrique* » (p. 140).

La tyrannie peut montrer un visage d'hommes beaux et bons, magnanimes et bienfaiteurs, hommes forts et providentiels, comme de bons pères de famille, ils se font appeler pères de nation. La tyrannie favorise le paternalisme, régime qui ne fait qu'infantiliser la population et qui ne permet pas le développement individuel et collectif.

Ngoy met en garde contre un langage paternaliste de la part des tyrans qui infantilise les citoyens. Tous les termes empruntés au domaine de la famille sont à abandonner. Les tyrans aiment se faire appeler « papa ». Papa Doc en Haïti, papa Maréchal au Zaïre, papa Kabila au Congo, papa Bok en République Centrafricaine sont des exemples. Il est vrai que dans la culture africaine, il n'y a pas que le père naturel qui se fait appeler « papa ». Cependant, la relation entre dirigeant et citoyen est d'un tout autre ordre. Le tyran se fait appeler « papa » et traite ses citoyens comme des enfants qui doivent obéissance, respect et reconnaissance à ses parents (c'est-à-dire au tyran) pour leur générosité envers ses enfants. Les devoirs d'un président envers la population deviennent les actes de sa sollicitude paternelle. Les tyrans encouragent un tel paternalisme. Ils contraignent la population à la mendicité. Ces dons présidentiels obtenus dans la mendicité deviennent des symboles de prestige et de promotion sociale de ceux qui les ont reçus et qui parfois ont été obtenus dans l'indignité totale. « *Les Africains ne sont pas à l'heure de chercher à se faire aimer par leurs dictateurs mais à l'heure de trouver des dirigeants conscients de leurs responsabilités* » (p. 194). Ce ne sont pas des dons que la population doit revendiquer. C'est la mise en œuvre de la distribution juste et équitable envers la santé, l'éducation et la sécurité publique. En fait, le paternalisme est un défi au développement.

L'amitié fait partie du discours des tyrans dans leur rapport avec l'extérieur. Ils se disent hommes des Américains, Anglais, Français ou Belges. Ces termes sont vides de sens. Du point de vue philosophique, l'amitié établit des liens entre amis/frères avec les vertus et la justice, la raison morale et la raison politique. Que se passe-t-il en réalité entre les tyrans et leurs prétendus amis. Il n'y a ni vertu ni justice, ni raison morale ni raison politique, ni égalité ni estime. Il n'y a rien de commun entre la tyrannie et la démocratie. Les tyrans se disent « hommes de ». Le terme est révélateur de la région où se rassemblent tous les étants que la philosophie désigne comme des êtres-choses. L'auteur argue que les tyrans « *ne savent pas qu'ils prouvent ainsi leur état d'objets possédés, de figurants ou d'exécutants fidèles des ordres venant de l'étranger. Ils ne sont pas conscients de leurs responsabilités... Il est donc évident qu'à la tête de certains pays, on a eu ou on a encore des objets fiers d'être possédés et manipulés. Parler d'Américains, Français, Anglais ou Belges, c'est faire une collectivisation à outrance. Ces objets dirigeants sont possédés et manipulés par quelques individus.* » Peut-on laisser l'avenir d'un pays au tyran qui se met dans l'état d'un objet qui n'a aucune souveraineté ? D'ailleurs l'histoire a démontré que les prétendues amitiés entre les dirigeants des pays démocratiques et les tyrans d'Afrique ou d'ailleurs n'ont rapporté qu'amertume et regrets à ces derniers et n'ont jamais servi le pays.

L'auteur nous montre par maints exemples que la tyrannie est la source de la régression de l'Afrique. La complexité est engendrée par les mensonges et les mythes entretenus par la tyrannie où les causes et les conséquences sont entremêlées et confondues. « *Or, rien n'est si complexe. Rien ne dépasse l'entendement ni l'intelligence humaine dans les affaires africaines en général et la démocratie ou le développement en particulier. Les crises que connaissent les pays africains ont des causes que l'on peut expliquer et des origines que l'on peut aussi retracer. Elles ont pratiquement commencé par les anciens caporaux qui ont fait des coups d'État pour devenir des généraux et présidents de leurs pays* » (p. 84).

Quel est ce personnage qu'est le tyran gouverneur ?

Le tyran gouverneur

Le tyran gouverneur ne pense qu'à s'enrichir et garder le pouvoir le plus longtemps possible. Il s'accapare des richesses de son pays sans arrière-pensée. Il pense que tout lui revient. La population est à son service et ses esclaves ; l'auteur nous en fournit multiples exemples : creuseurs de diamants, chercheurs du coltan, les domestiques, les agriculteurs qui cultivent pour leur propre survie et sans moyens mécanisés, les enseignants. Tous se font payer des salaires minables qui ne suffisent pas à nourrir leur famille.

Étant incapable d'accepter la critique, il fera disparaître celui qui parlera un peu trop fort. Inapte au dialogue et à la gestion, il ne peut travailler avec les autres. C'est à cause de son ignorance et son inaptitude au dialogue qu'il refuse de débattre ses politiques et de discuter de ses incohérences.

Le tyran gouverneur nomme ses marionnettes dans des postes clés mais n'attend rien d'eux. Ces derniers ne font qu'émuler le tyran gouverneur. Par ailleurs, ils acceptent de prendre le poste de gouvernement pour leurs gains personnels mais n'ont aucune idée des responsabilités. C'est ainsi que le développement et l'éducation prennent de plus en plus de recul parce que ceux qui se prétendent au pouvoir ne se soucient guère de l'éducation.

Préoccupé par ses propres gains, il ne se soucie pas du lendemain. Il est sans stratégie de développement parce qu'il ne peut pas en créer une. Ngoy offre l'exemple du Malawi où l'équipe au pouvoir a dépensé 800 000 dollars américains pour le nouveau portrait officiel du président pendant que la moitié de la population était menacée de famine, que le sida faisait des ravages, que l'économie était en crise. On se souciait davantage du prestige du président que des crises dans le pays. Lorsque les populations se soulèvent, ce sont les symboles du pouvoir qui se font détruire en premier.

Il est inutile de compter sur les dirigeants/tyrans dans l'œuvre de démocratie et développement.

« L'Afrique s'appauvrit. » Une déclaration paradoxale dans un continent où les ressources naturelles abondent. Oui, l'Afrique est pauvre. Ce n'est pas parce que l'Afrique est pauvre que tout se détériore. C'est parce qu'elle s'appauvrit. Qu'est-ce qui cause l'appauvrissement de l'Afrique ? La tyrannie.

Les tyrans gouverneurs n'ont d'yeux que pour leurs propres richesses. Les ententes qu'ils prennent ne profitent qu'à certains privilégiés. La fortune qui aurait dû être mise dans les coffres du pays est détournée vers les pays étrangers. « *Certains d'entre eux sont morts laissant leurs pays endettés jusqu'au cou, mais les fortunes qu'ils ont amassées dans les banques étrangères se volatilisent. Ils affichent une indifférence face au délabrement de toutes les infrastructures et à la détérioration de l'état des soins médicaux dans leurs pays pour se faire soigner, eux, ainsi que les membres de leurs familles, de toutes les maladies, dont l'embonpoint et la chirurgie esthétique, en Occident* » (p. 128).

Dès lors, aucun investissement dans l'éducation, aucun investissement pour créer des petites entreprises. Aucun plan pour développer le pays à court ou moyen terme.

Malgré la tyrannie régnante en Afrique, on doit parler des questions de développement et de responsabilité sociale. Les tyrans gouverneurs seront incapables d'amener l'Afrique à se développer et ce n'est pas une question de culture. « *La démocratie, le développement, durable ou non, la responsabilité sociale des entreprises, l'économie de marché, la libéralisation, la redistribution du revenu national, etc., sont des concepts. Si ces concepts ne sont pas compris, ce sont les dictateurs qui sont impénétrables. A vrai dire, l'ethnologie montre qu'ils ne sont pas tout à fait nouveau aux Africains, comme d'aucuns nous l'ont fait croire. Dans bien des cultures et traditions africaines, les concepts de développement socio-économique s'expriment dans des proverbes qui tournent autour des activités agricoles et pastorales. Autrement dit, l'Afrique n'est pas étrangère aux idées du développement durable, de la diversification de l'économie ni à la redistribution du revenu. Elle a une longue histoire des échanges commerciaux intéressants entre divers groupes sociaux* » (p. 186).

Comment un pays peut-il se développer sans démocratie ?

Démocratie, développement, État

La démocratie implique la bonne gestion des biens publics, la libre expression individuelle, collective et de la presse, la justice sociale et distributive, la recherche du bien-être pour chacun des citoyens, etc.

Dans la démocratie et le développement, en principe, tout le monde doit être traité de la même façon, égale et non arbitraire. Cette justice évite la règle de deux poids deux mesures ; elle exige la redistribution égale des avantages sociaux. Le développement exige la liberté d'esprit, un esprit qui refuse de se laisser assujettir, qui est capable de réfléchir et de faire la part des choses.[552] La tyrannie ne favorise ni la liberté d'esprit ni la curiosité.

[552] Kashimoto Ngoy s'est beaucoup inspiré du sociologue et philosophe français Edgar Morin. La liberté de l'esprit est un impératif à la démocratie et au développement. Voici ce que l'auteur en dit : « L'une de ces exigences du développement est la liberté de l'esprit. Celle-ci, d'après Morin, commence à partir du moment où on refuse de se laisser assujettir aux ordres, aux mythes et aux croyances imposées pour devenir des sujets interrogateurs. Pour Morin, la liberté de l'esprit s'entretient et se fortifie par la curiosité et l'ouverture vers les au-delà (de ce qui est dit, connu, enseigné, reçu) par la capacité d'apprendre par soi-même et l'aptitude à problématique, par la pratique des stratégies cognitives et la possibilité de vérifier ou d'éliminer l'erreur, par l'invention et la création, par la conscience réflexive ou la capacité de l'esprit de s'auto-examiner, de s'auto-connaître, de s'auto-penser, de s'auto-juger, et par la conscience morale. » (pp. 208-209).

La tyrannie montre constamment sa vraie nature violente et fait la chasse à l'intelligence, à la recherche et au savoir pour garder intacte la complexité des questions africaines et tâcher de les expliquer par le mythique et le mystique. Les autorités ont expliqué des glissements de terrain dans un quartier de Kinshasa par la colère des ancêtres de la ville alors que les glissements de terrain étaient causés par les constructions désorganisées des maisons et des fosses septiques sur un sol sablonneux, sans canalisation des eaux. Tenus dans l'ignorance, la plupart des habitants de la capitale y ont cru. À cause de l'ignorance et faute d'éducation, les erreurs se perpétuent.

Que dire de l'autorité politique ? En supposant un pays démocratique, « *la notion d'autorité politique comporte un certain nombre d'exigences. Une autorité politique se fait reconnaître par son jugement bon et équilibré face aux défis à relever dans le cadre de ses fonctions et par sa capacité de tenir compte des intérêts du public* » (p. 207). Peut-on parler d'autorité politique en Afrique alors que la tyrannie est un pouvoir qui s'exerce sans exigences ni responsabilités vis-à-vis du public ? Ils vont même jusqu'à dire qu'ils agissent conformément aux coutumes et traditions africaines. Pourtant l'auteur, dans sa recherche de la culture luba du Kasaï, a « *trouvé l'idée de la complémentarité chef/peuple, comme l'équivalent de la notion d'autorité politique en philosophie politique* » (p. 207). Là où l'autorité soit disant politique ne fait pas preuve de bon jugement, le développement du pays est en péril.

Quels sont les voies et moyens d'inculquer la notion d'autorité politique ? C'est par la formation des populations, notamment des jeunes. Plus les populations seront avisées, plus les dirigeants sauront de quelle manière ils devront se comporter devant les collectivités du savoir, une population conscientisée et informée.

« *Or, le chemin vers la démocratie et le développement n'est ni dans la légende ni dans la magie. Il est plutôt le chemin tracé depuis le siècle des Lumières. Il est le chemin de la rationalisation, de la renaissance du sens philosophique et de l'expression scientifique du monde. Pour la démocratie, le développement et la liberté, levons-nous. Disons NON à la dictature pour refuser l'appauvrissement, l'enfermement, l'ignorance, la guerre, la misère, la mythification, la souffrance et la violence en Afrique* » (p. 23). Cela ne peut se faire sans l'aide de penseurs capables de sortir des sentiers battus pour arriver à sortir la population du marasme dans lequel elle se trouve.

Il faut d'abord réfléchir à ce qu'est un État et quels sont les rôles que l'État a à jouer dans une société politique. Un État a des responsabilités envers ses citoyens. Son devoir est de voir au bien-être de ses habitants. Peut-on même parler d'État dans un système dictatorial ? « *De la philosophie politique à la science politique, nous savons qu'un État a des rôles productifs à jouer. Le tout premier de ces rôles est la protection de ses citoyens et de leurs biens. Nous avons là toutes les raisons de remettre en question l'existence même de l'État dans le système dictatorial en Afrique. L'État est une notion qui n'y est pas intériorisée. Nous avons aussi toutes les raisons de remettre en question l'existence de gouvernement dans ce système qui n'en comprend pas non plus les rôles. Dans plusieurs pays africains, l'État est passé de l'appropriation par un individu à la décrépitude et à l'inexistence pure et simple. Paraphrasant Nietzsche dans sa métaphore Dieu est mort, nous osons dire, en général : « L'État est mort » en Afrique.* » (p. 49).

Les tyrans gouverneurs et leurs ministres marionnettes qui n'ont aucune idée comment fonctionne un gouvernement n'ont aucun désir de donner leur place à ceux qui pourraient amener l'Afrique à se développer. Savent-ils même gérer un pays ? Ont-ils démontré qu'ils savent développer des stratégies et des perspectives de développement politique, économique, agricole, industriel, social, environnemental, rural et urbain ? Gérer un pays est aussi administrer l'exploitation judicieuse de ses ressources en prévision de la construction d'un lendemain meilleur.

On ne peut pas appeler l'équipe au pouvoir comme un pouvoir public ou gouvernement parce qu'il n'y a pas de services au public (peu importe le domaine : éducation, santé, sécurité publique, protection des individus et de la jeunesse). Ceux à qui on confie des postes clés ne voient que leurs avantages et n'ont aucune idée du devoir et des responsabilités qui leur incombent.

Que penser du système de santé ? Les tyrans gouverneurs et sa suite vont se faire soigner à l'étranger pendant que les hôpitaux sont dilapidés par l'âge et le manque d'entretien. Aucun investissement ne vient des fonds publics. Ils ne se sentent même pas gênés d'avoir manqué de confiance à leurs compatriotes médecins ni d'avoir encouru de meilleurs soins à l'étranger pendant que les concitoyens n'avaient aucun autre choix que d'utiliser les hôpitaux locaux qui sont dans un état de délabrement. Les tyrans préfèrent laisser les citoyens croire que la cause de toute mort est la sorcellerie alors qu'on peut expliquer la cause par les conditions de santé telles que l'hypertension artérielle, le diabète, etc. À qui revient la responsabilité de la santé publique si ce n'est au gouvernement ?

Le développement des pays africains est le devoir des citoyens d'Afrique et des gouvernements responsables que ces citoyens sauront se donner. Un des buts du développement est d'aider la multitude à penser correctement de soi-même, de la politique, de l'économie et de la société. Rejeter l'infantilisation commencée par les colonisateurs et poursuivie par les tyrans gouverneurs et assumer ses responsabilités donneront des possibilités de maturation du pays vers un demain meilleur. Un atout du citoyen engagé est l'information, qui vient entre autres des médias.

La liberté d'expression de la pensée et des opinions est un préalable à la démocratie et au développement. « *Cette liberté est un droit qui s'arrache* » (p. 231). La liberté de presse fait partie de ce débat de société qui contribue à concevoir le monde dans lequel il est possible de se développer de s'épanouir. Nelson Mandela disait que « la presse libre est le seul moyen de calmer l'appétit de tout gouvernement d'exercer le pouvoir absolu aux dépens des citoyens ». Cette pensée de Mandela répond à un impératif de développement.

Il est compris que, dans un pays démocratique, les élections font aussi partie de ce débat de société.

Cependant, dans bien des pays où la tyrannie règne, les élections ne sont que le moyen que les tyrans se donnent de légitimer leur pouvoir aux yeux de l'Occident. Les élections se tiennent, non pas au terme d'une campagne où les enjeux politiques, économiques et sociaux ont été débattus mais après quelques jours d'agitation et d'intimidation des candidats ; aucun projet de société, aucun programme politique et social ne sont discutés. Aucune mention des autres aspects de la démocratie tels que la bonne gestion de la chose publique, la responsabilisation, le contrôle, la liberté d'expression, la transparence, etc. Les élections ne démontrent aucunement l'existence de la démocratie du pays. Le nouvel arrivé se rend compte que l'Afrique est différente et que la démocratie ne s'applique pas à ce continent. C'est ainsi que les tyrans gouverneurs se succèdent. Le nouveau hérite du tyran précédent et l'histoire se répète.

Les événements des 19, 20 et 21 septembre 2016 à Kinshasa nous démontrent encore aujourd'hui les « agitations et intimidations » autour des élections. D'après le quotidien *Le Monde Afrique*, la seule manifestation du 19 septembre dirigée contre le président a fait 17 morts, 14 civils et trois policiers. Les manifestants criaient « Kabila dégage ». Des élections auraient dû être organisées en République Démocratique du Congo pour novembre 2016. Pour toutes sortes de raisons les élections ont été remises à plus tard, le président (qui a fait ses deux mandats[553]) et son équipe préférant parler de dialogue. Un accord a été conclu le 18 octobre 2016 qui reporte les élections en 2018. Loin de faire l'unanimité, cet accord a été remis en question par certains partis d'opposition et leurs partisans. Jusqu'à maintenant il n'y a pas eu de débats de fond sur les enjeux politiques, économiques et sociaux du pays. C'est très bien de vouloir les élections. Mais qui, en ce moment, prend la parole pour cette population affaiblie par la misère quotidienne ? Qui propose des programmes pour améliorer les services de santé et scolaires ou pour créer de meilleures conditions de travail ?

Les vidéos des événements de septembre 2016 nous montrent des jeunes gens qui manifestent leur mécontentement. Mais sont-ils vraiment outillés pour faire face à ces conflits ? L'acquisition de ces outils passera par la connaissance et l'éducation.

L'éducation

La société est prise en otage par l'équipe élue.

Comme cette équipe ne rend compte à personne et qu'elle ne se soucie que pour elle-même, l'éducation est loin d'être favorisée. Les enseignants ne se

[553] En RDC, la constitution stipule que le nombre maximum de mandats pour un président est deux.

font pas payer, ou se font payer des salaires dérisoires. Par conséquent, la qualité de l'enseignement diminue avec le temps.

Comment montrer à la jeunesse que l'éducation est importante lorsque les dirigeants et les seigneurs de guerre eux-mêmes arrivent au pouvoir sans éducation et n'en connaissent pas la valeur ?

Les mythes et le mysticisme sont véhiculés même dans les écoles. « *On entend dire que les magiciens possèdent des stylos magiques et qu'un étudiant qui s'en sert réussit facilement à ses examens. Pour nous, il est impossible d'avoir du succès aux examens quand on ne les a pas préparés, quand on n'a pas étudié ses matières. La raison scientifique et le sens philosophique ne nous permettent donc pas de comprendre ces pratiques occultes ni ce monde des forces surnaturelles. La tyrannie aime y entraîner les esprits faibles* » (p. 139).

Les tyrans gouverneurs se sentent menacer par ceux qui en savent plus qu'eux et ont peur de perdre le pouvoir d'où viennent les disparitions et, pour ceux qui survivent, l'émigration dans des pays accueillants. Beaucoup d'écrivains sont persécutés et meurent dans la misère. La tyrannie combat la littérature et la philosophie, les sciences humaines et sociales. C'est ce que l'auteur appelle la chasse plutôt que la fuite des cerveaux. Des statistiques compilées par l'*Association of University Teachers* et *Natfhe*, syndicats des professeurs d'université en Angleterre, démontrent que 30 % des professionnels africains et plus de 50 000 Africains détenteurs de doctorats vivent et travaillent à l'extérieur de leur continent. La situation était suffisamment alarmante pour que ces deux syndicats décident d'organiser une conférence en mars 2006 pour débattre de la question.

Malgré tout cela, l'avenir reste avec la jeunesse. « *Ces jeunes, l'avenir même de ce continent, ont un regard hagard sur le monde. Ils restent sans comprendre les sens, la place et les rôles qu'ils peuvent y jouer* » (p. 96). Par l'éducation, il reviendra à l'éducateur de former cette jeunesse aux responsabilités et défis qu'ils doivent relever.

L'auteur parle de trois mondes : l'Afrique du passé qui, sans l'idéaliser demeure intéressant ; l'Afrique du présent, plutôt médiocre ; l'Afrique de demain.

Ce présent se caractérise par la baisse du niveau de connaissances, le délabrement des infrastructures scolaires, le dénuement des populations, l'adversité et la précarité de leur vie, la démotivation des enseignants : bref tout ce qui ne va pas. L'Afrique de demain sera bâtie par les jeunes d'aujourd'hui. Cependant, l'éducation de la population en général et les jeunes en particulier est essentielle pour l'avenir de l'Afrique.

La tyrannie pose obstacle à l'éducation par peur de perdre sa position et ses privilèges. Elle cherchera à garder la population dans l'ignorance pour empêcher les citoyens de comprendre les concepts indispensables à leur développement. L'éducation n'étant pas sa priorité, elle laisse les infrastructures scolaires s'écrouler, les universités en état de délabrement, les équipements inexistants. En d'autres mots, le meilleur moyen de garder la population sous son pouvoir est de la garder sans culture, ignorante et sans éducation.

La tyrannie utilise la force parce qu'elle est incapable de persuader car elle ne possède ni l'art ni la capacité de dialoguer. La rhétorique est une arme contre les mensonges en politique, arme qu'une population bien informée pourrait utiliser à bon escient. Il faut comprendre que les mensonges ne sont pas la conséquence d'un débat mais découlent de la peur du débat.

Avoir une population avisée et informée demande l'éducation. Dans des pays où les dirigeants sont parvenus par la voie de la guerre et du sang, où ils sont passés de leurs vêtements militaires à leurs costumes trois pièces, ces dirigeants n'ont pas la moindre connaissance des concepts liés aux politiques publiques et toutes autres notions liées à la démocratie et au développement. Ils arrivent au pouvoir en jouissant de l'immunité, sans devoir rendre compte ni de leur passé maquisard ni de leur gestion de la chose publique.

Ces esprits se font passer pour des modèles à suivre. Ce pouvoir fascine la délinquance et la rue, les aventuriers et les ambitions mal placées. L'éducation et la formation paraissent pour bien des personnes comme un long chemin qui ne mène nulle part.

L'éducation, la formation et la volonté de s'affranchir forment toutefois le cadre d'un avenir à bâtir. Cette voie passera par la jeunesse qui n'est pas à laisser aux mains des tyrans sanguinaires qui en font simplement des enfants-soldats. Le développement de l'Afrique dépendra de l'acquisition du savoir et de la capacité de réfléchir par la jeunesse. En plus de l'école conventionnelle, l'auteur suggère des moyens tels que des Académies et Lycées où la jeunesse peut entendre parler les gens du savoir, des salons discursifs pour être avisée et informée de ses responsabilités actuelles et futures, des temps de réflexion caractérisée par une pluralité des points de vue où toutes les idées peuvent être débattues, où la compétition, la concurrence, l'antagonisme, les conceptions et les visions du monde sont permis, là où les conflits d'idées ne changent pas en conflits armés. « *C'est justement là que se joue le rôle de l'enseignant animateur dans le modèle de l'enseignement de l'interactivité et enseignement des habiletés. Les jeunes qui évoluent dans une ambiance de débats et d'échanges d'idées sauront faire la démocratie par la dialectique à laquelle ils ont été initiés* » (p. 230).

Cependant ce qui précède pourra se réaliser que si la bataille est gagnée contre la tyrannie, car le savoir et la dictature ne peuvent cohabiter.

L'auteur utilise l'exemple du Canada comme modèle en éducation. C'est une des rares fois dans ce livre où il parle de lui-même lorsqu'il était aux services de l'ambassade du Zaïre à Ottawa (Canada). « *Si l'Afrique a l'avantage de profiter des expériences connues par d'autres pays, comme l'a dit Mandela, le Canada est l'un des pays qui seraient les modèles en matière de démocratie, de développement et d'économie basée sur le savoir ou d'exploitation des ressources naturelles. Dans le domaine de l'éducation, dès l'école primaire, les enfants canadiens apprennent le respect mutuel, la manière de s'écouter et de défendre leurs idées sans recourir à la violence discursive ou physique. L'école se présente comme le centre de diffusion des valeurs démocratiques assimilées ainsi dès le bas âge. Il faut être audacieux pour parler des pays modèles dans un système dictatorial. Il y a plus de vingt ans, alors aux services à l'ambassade, nous avons osé le dire à certains ambassadeurs africains. Représentants des tyrans, ils en étaient indignés, alors que le Canada demeure effectivement ce modèle pour tant de pays africains, dont le Zaïre. Au royaume des ténèbres, il s'est avéré que l'éclaireur souffre. Il voit ce que les autres n'ont pas la capacité de voir. Rejetée du revers de la main par les autorités compétentes, notre idée a toutefois fini par faire son chemin. Elle se défend. On la voit soutenue par le dernier ambassadeur du Zaïre à Ottawa, Sampassa Kaweta Milombe*[554] *; et par Jennifer Welsh, professeur à Oxford*[555]. » (pp. 218-219).

Il faut préparer la jeunesse afin qu'elle puisse relever les défis de son temps c'est-à-dire à assumer ses responsabilités en lui offrant une bonne éducation, une sensibilisation aux valeurs démocratiques et aux devoirs citoyens. Le devoir des adultes d'aujourd'hui est de leur fournir les outils nécessaires pour qu'elle puisse jouer son rôle demain.

Il est nécessaire de préparer les jeunes à leurs devoirs et responsabilités futures. Mais quels modèles ont-ils ? Il est impératif de leur donner un cadre d'épanouissement et du savoir. « *La jeunesse africaine ne s'en sortira pas, le continent ne se développera pas sans la dissémination du savoir* » (p. 234).

La transformation profonde de la société africaine

Toute cette misère transforme l'Afrique.

« *Dans la société qu'elle domine, la dictature crée l'agnosie* » (p. 90). La population n'est plus capable de reconnaître la réalité de son environnement car les individus ne peuvent plus voir ou entendre avec leur intelligence critique.

Les cultures et les traditions africaines n'ont rien à voir avec la décrépitude des pays subsahariens. Le système de la tyrannie bloque les voies par lesquelles pourrait émerger une opinion publique informée qui dénoncerait les injustices sociales. La tyrannie marginalise les écrivains, les penseurs et les journalistes (qui osent faire une analyse juste d'injustices) pour étouffer la critique avant qu'elle ne parvienne sur la place publique. Contrairement à ce que les tyrans veulent faire croire, la critique fait partie de la culture africaine elle s'exprime sous forme de proverbes, devinettes et autres schèmes narratifs propres à ce monde.

---

[554] Lire à ce sujet l'ouvrage de Sampassa, Kaweta Milombe, G.-M., *Conscience et politique au Congo-Kinshasa. De l'engagement aux responsabilités,* L'Harmattan, 2003.

[555] Welsh, Jennifer, At Home in the World. Canada's Global Vision for the 21st Century, Harper Collins, 2004.

Les soudards qui ne reçoivent pas leur paie, vont piller la population déjà démunie.

Le bénévolat est reçu avec méfiance parce qu'on pense qu'il y a toujours un motif caché.

Il suffit de prendre les armes, de créer une petite guerre, se déclarer seigneur de guerre pour s'enrichir. Ces petits voyous qui n'ont aucune éducation démontrent que l'éducation est inutile pour parvenir à la richesse et le pouvoir. L'éducation est donc une valeur qui se perd.

Bien des personnes veulent poursuivre leur carrière en obéissant et flattant le tyran gouverneur. Ils reçoivent un bon cachet et font montre de complaisance face à la dictature. « *La relativisation du mal de la dictature en Afrique fait partie d'un ensemble de phénomènes qui forment les valeurs nouvelles. Ces valeurs font sauter les canons d'un certain nombre de vertus, dont la solidarité qui était vantée par les Africains pour se distinguer des Européens. Aujourd'hui, sous la dictature, la solidarité africaine n'est qu'un mythe* » (p. 108).

Le respect des morts, une valeur fondamentale, n'existe plus. Pour faire peur aux populations, les dictateurs laissent traîner les corps des victimes à l'extérieur. D'autres corps jonchent les rues et sont enjambés par les passants qui vaquent à leurs occupations.

Un nouveau terme a été créé – 'Zondomiser' qui signifie éliminer un ennemi politique de la manière dont Zondomio est mort. Président du parlement au temps de Mobutu, il a été empoisonné pour avoir dit des réalités politiques, économiques et sociales du pays à des personnes qui ne voulaient pas entendre.

Les mythes et le mysticisme changent la société dans plusieurs domaines dont l'éducation comme on a vu précédemment avec l'histoire du stylo magique. Il faut recourir à la réalité et la réflexion.

La notion de travail change. Le travail est perçu comme une activité des miséreux. À l'image des colonialistes et des mieux nantis, le tyran gouverneur et sa suite se prévalent des services de domestiques qu'ils paient très peu, une maigre pitance qui ne suffit pas pour survenir aux besoins de la famille. C'est ainsi qu'à la demande des parents, les enfants descendent dans la rue pour mendier ou travailler, Dieu sait quel travail.

La domesticité est un autre défi au développement en Afrique. Les étrangers et les potentats africains engagent de nombreux domestiques qui travaillent fort et beaucoup et ne coûtent presque rien en salaires, sans droits ni avantages sociaux. La domesticité maintient une partie importante de la population dans la misère et la pauvreté.

La domesticité est le reflet d'une organisation sociale. Ici elle forme le groupe des défavorisés. « *De plus, elle est à la base de la mentalité qui se renforce et se répand, mentalité selon laquelle le travail est à faire faire aux autres, comme on a vu les anciens colonisateurs faire travailler les indigènes à la production des cultures de rente. Ainsi, les uns et les autres considèrent le travail comme une contrainte ou une corvée. À tort ou à raison, il se dégage une attitude négative et une forme de résistance à tout travail* » (p. 223).

En admettant que le travail, dont l'agriculture fait partie, se fait dans des conditions lamentables, sans équipement adéquat, sans aucun investissement, sans aucun moyen technique disponible, on peut comprendre la perception négative du travail, dur labeur, corvée réservée à la basse classe et la paysannerie. Pour que l'Afrique se développe il faut changer la mentalité et les perceptions concernant la notion de travail. L'amélioration des conditions de travail et de la productivité est un pré-requis pour le développement.

La communauté internationale

L'auteur nous fait comprendre que c'est une erreur d'associer la dictature à la recherche de solution aux problèmes que les dictateurs créent eux-mêmes.

Plusieurs arrivent à la conclusion que l'Afrique ne se développe pas parce que l'Occident la freine. C'est une conclusion hâtive qui innocente les tyrans africains. C'est à croire que les potentats n'y sont pour rien et qu'ils sont *victimes innocentes de la cupidité des vautours étrangers*. Des conclusions hâtivement tirées sont un piège dangereux engendrant la victimisation et le fatalisme. La population africaine a cette perception d'un monde où se trament des complots contre leur continent. Cette perception crée un sentiment de défaitisme et d'impuissance. Les tyrans arrivent même à faire croire à leurs citoyens que leurs pays sont maudits parce qu'ils regorgent de ressources naturelles convoitées et pillées par les puissances étrangères.

Qui pille et pour quelles raisons ? Ce sont les dictateurs qui organisent les pillages et sont les plus grands prédateurs de leurs propres pays. Tout se négocie et se réalise au terme des accords signés au préalable. Que les négociations aient été faites au grand jour ou en privé dans une chambre d'hôtel, les équipes au pouvoir sont toujours au courant. Elles collaborent volontiers, font des offres et demandent des commissions sur les contrats. Les premiers bénéficiaires de ces commissions sont les tyrans gouverneurs eux-mêmes.

Le souci du lendemain, du développement et de l'amélioration des conditions d'existence d'aujourd'hui « *se nourrit de l'apport de la coopération internationale... Si cet apport est négatif, la raison est à trouver quelque part. Elle est dans l'incompréhension des deux partenaires qui ne parlent pas le même langage et dans l'incompatibilité des structures appelées à faire fonctionner la coopération* » (p. 104). Du côté occidental, on a les devoirs, les responsabilités et les rôles productifs de l'État, et du côté africain, les intérêts personnels d'un tyran gouverneur et quelques membres de son entourage : objectifs et intérêts irréconciliables.

L'intérêt de l'Occident pour le développement de l'Afrique est authentique. Les conférences et sommets qui s'organisent partout dans le monde le montrent bien. La conférence organisée par les deux syndicats de professeurs d'université en Angleterre est un exemple.

Ngoy dénonce les accusations de l'Occident de s'être montré indifférent. Pour lui, il est temps que le voile soit levé. Les dictateurs privent leurs pays et citoyens de moyens et ressources qui auraient dû aller au développement. Les accusations fausses de la part des dictateurs ne font que détourner le regard de la population ailleurs pour leur donner le champ libre pour continuer à faire ce qu'ils font le mieux, piller leurs propres concitoyens.

La pression est exercée sur les représentants des gouvernements des pays donateurs et des organisations non gouvernementales qui ont travaillé dans certains pays d'Afrique pour détourner les projets des lieux et des objectifs initialement convenus pour leur réalisation vers les patelins des potentats. Si les dictateurs ne trouvaient pas leur compte dans les projets, ils créaient tellement de tracasseries administratives que le projet échouait.

Le devoir moral que nous impose le développement nous oblige à poser des actes pour les futures générations. Le développement vise le long terme et le public. Lorsque le dictateur n'est concerné que par son bonheur immédiat, rien ne se développe.

On accuse l'Occident de tous les maux et entre-temps la tyrannie au pouvoir et la rébellion ne font qu'offrir des distractions et s'affairent à piller le pays. Effectivement, leurs malheurs viennent de l'intérieur.

« *Aux dires des uns et des autres, les Occidentaux ont tout refusé à leurs anciennes colonies, y compris l'indépendance économique. Ils ne sont là qu'à tramer des complots de déstabilisation des pays africains. Dans une telle accusation, il y a lieu de s'interroger sur le sens même de la notion d'indépendance économique. Aucun sens. Voilà la fabulation. Au Congo, par exemple, la fabulation frôle la pathologie. Une personne se lève le matin et informe ceux et celles qui l'écoutent du plan de balkanisation du pays conçu dans une capitale occidentale. La nouvelle se propage très vite. Tout le monde en parle. Chacun y ajoute son sel et son poivre. Entre-temps, la tyrannie au pouvoir et la rébellion s'affairent à piller le pays. Elles n'ont aucun intérêt à avoir une population formée et informée qui soit capable de rationaliser les faits. Faute d'informations, les faux bruits et les rumeurs deviennent les nouvelles qui retiennent l'attention du public* » (pp. 80-81).

Nous ne pouvons nier la présence et l'influence de l'Occident en Afrique. L'indépendance économique est d'abord un état d'esprit. C'est aux dirigeants au pouvoir de relever le défi et de prendre les intérêts de leur population à cœur. Personne d'autre ne le fera à leur place.

Conclusion

Je suis d'accord avec l'auteur que l'espoir de la démocratie et du développement en Afrique passera par la jeunesse. Il ne faudra pas compter sur la dictature pour offrir une stratégie pour une meilleure éducation. Ngoy d'une façon juste dit que la dictature et le savoir sont dans un duel permanent. Ce n'est que lorsque la dictature sera vaincue qu'il y aura possibilité de démocratie et développement et conséquemment l'amélioration du savoir et de l'éducation.

Le colonialisme a laissé place au mouvement d'indépendance des années 60, période postcoloniale marquée par une volonté de trouver un avenir meilleur pour certains pays. Mais pour d'autres, les équipes au pouvoir n'ont eu que des vues pour leurs poches. Aucune vision à long terme pour les populations qui y habitent. En conséquence, les colonisateurs, peu importe le titre qu'ils se donnent, ont eu beau jeu pour rester là où leurs intérêts économiques étaient en question. Oui, la fin du colonialisme et la période postcoloniale. Mais pourtant ! Les pays occidentaux resteront aussi longtemps que les autres puissances émergentes les laisseront occuper l'Afrique.

« *[L]e combat mené contre ce système abject s'est avéré un exercice en perpétuel recommencement pour se limiter aux déclarations fracassantes qui n'étonnent personne. Les gens qui se disaient opposants farouches à la tyrannie ont fini leur course dans l'idolâtrie à la cour des tyrans. Combattre la tyrannie au pouvoir, c'est avoir la constance dans sa prise de position, c'est avoir des solutions de rechange, c'est montrer la volonté de mieux faire, c'est avoir l'ingéniosité et reformer les modes d'organisation et les méthodes de travail pour résorber les crises qui trouvent leur pérennité dans l'illogique de la complexification et dans le nihilisme mortifère des tyrans* » (p. 45)

Les Africains doivent sortir de leur torpeur. À moins que les équipes au pouvoir prennent au sérieux la démocratie et le développement, à moins qu'elles désirent la justice et l'équité pour tous, à moins qu'elles veuillent former une jeunesse capable d'innover, de débattre des idées et d'éthique, à moins qu'elles n'enseignent à cette jeunesse la valeur du savoir[556], à moins que les équipes au pouvoir ne changent drastiquement, l'Afrique continuera à voir se succéder de nouveaux colonisateurs parce que la nouvelle équipe dirigeante ne sera que l'ancienne équipe émulée. À qui le tour ? Sera-t-il à celle qui, à ce qu'on dit, est présente partout dans le monde : la Chine ?

L'auteur a identifié la tyrannie comme étant la cause profonde des maux en Afrique. Le tyran s'accroche au pouvoir et ne voit qu'à ses intérêts en ignorant le bien commun. La tendance à passer le pouvoir d'une génération à l'autre dans une même famille est un différent volet de cette même volonté de rester au pouvoir pour des fins autres que celles de la démocratie et du développement. Ngoy est convaincu que tant que la tyrannie régnera, la démocratie et le développement n'existeront pas. Le manque de volonté de maintenir la sécurité publique, de protéger les citoyens et leurs biens, de les éduquer, de promouvoir la santé sont des signes d'un État inexistant selon l'auteur. Je me

---

[556] N.V. de LATÉNA disait que « l'homme sensé écoute les conseils ; les sots le dédaignent pour se montrer indépendants. Plus qu'on est ignorant, moins qu'on s'en aperçoit. » dans *Étude de l'homme*, Tome 1, Michel Lévy Frères (Éditeurs), Paris, 1863

pose quelques questions au sujet du concept de l'État. Comment peut-on définir l'État ? Peut-on dire qu'un pays, où les équipes au pouvoir ont signé des accords avec d'autres pays, n'est pas un État ? Pourquoi l'Organisation des Nations Unies considère, par exemple, la RDC come « État membre » si elle n'était pas un État ? Par le biais des élections, les électeurs donnent l'autorité aux élus d'agir au nom des citoyens. Est-ce par le biais des élections qu'on légitime un État ?

Pour terminer, je citerai Denis Diderot, un philosophe, écrivain et encyclopédiste français du XVIIIe siècle dans son article intitulé « Autorité politique »[557] où il défend l'idée que l'autorité appartient au peuple et que la puissance usurpée (c.-à-d. obtenue par la violence) ne dure « *qu'autant que la force de celui qui commande l'emporte sur celle de ceux qui obéissent : en sorte que, si ces derniers deviennent à leur tour les plus forts, et qu'ils secouent le joug, ils le font avec autant de droit et de justice que l'autre qui le leur avait imposé.* ». Diderot continue en disant que « *la puissance, qui vient du consentement des peuples suppose nécessairement des conditions qui en rendent l'usage légitime, utile à la société, avantageux à la république, et qui la fixent et la restreignent entre des limites ; car l'homme ne doit ni ne peut se donner entièrement sans réserve à un autre homme, parce qu'il a un maître supérieur au-dessus de tout, à qui seul il appartient tout entier. C'est Dieu… Il permet pour le bien commun et pour le maintien de la société que les hommes établissent entre eux un ordre de subordination, qu'ils obéissent à l'un d'eux ; mais il veut que ce soit par raison et avec mesure, et non pas aveuglément et sans réserve afin que la créature [ne] s'arroge pas les droit du créateur. Toute autre soumission est le véritable crime de l'idolâtrie.* » Que celui qui peut lire comprenne.

DÉVELOPPEMENT/DÉMOCRATIE ET DICTATURE MIS EN OPPOSITION

Dans son troisième chapitre, Obstacles et incompatibilités entre le développement et la dictature, l'auteur met en opposition le développement/démocratie et la dictature en relevant les caractéristiques de chacun. Le tableau démontre assez clairement que le développement et la dictature ne peuvent coexister.

557 http://www.lescorriges.com/article-2667--article__autorite_politique_diderot.php

Développement/Démocratie	Dictature
Inclusif : le développement est pour tous.	Exclusive : la dictature fait des laissés-pour-compte appelés à admirer un individu au pouvoir.
S'efforce d'éliminer la pauvreté.	Se sert de la pauvreté comme un moyen de contrôle de la population.
Vise l'avenir et le développement durable.	Vise le présent et le court terme d'un individu.
Lutte contre l'analphabétisme.	Favorise l'analphabétisme.
Le savoir affranchit les citoyens.	Conserve et cache l'information. Fait la chasse à l'intelligence, au savoir et à la recherche. Laisse les infrastructures scolaires s'écrouler. Récupère les enfants pour en faire des enfants-soldats ou des milices. Crée des mythes.
La démocratie et le développement (les D&D) responsabilisent les populations.	Déresponsabilise.
Les D&D cherchent l'autonomie des citoyens.	Infantilise.
Les D&D cherchent la liberté compétence, créativité des citoyens pour accomplir leurs tâches en tant que sujets pensants et agissants.	Crée un climat de peur, de terreur et de paralysie.
Bénéficie de la recherche et des débats des milieux académiques et scientifiques	Fait la chasse à la recherche, au savoir et la science qui a comme conséquence l'appauvrissement du pays.
Maximise les moyens selon le principe du moindre coût pour le plus grand bénéfice de tous.	Ne tient pas compte du coût de ses opérations qui visent la satisfaction des besoins ou des intérêts du tyran.
Évalue les résultats des programmes pour améliorer leur efficacité.	Aucune évaluation ou examen de ses dépenses n'est admis. C'est ainsi que les mêmes décisions absurdes et irréfléchies, se répètent et produisent les mêmes catastrophes.
Favorise l'acquisition du savoir par le raisonnement de cause à effet.	Compte sur l'ignorance et la foi de la population pour assurer sa pérennité.
Le pays se construit par la participation de tous.	Mène un individu à se croire unique expert, incarnation et dépositaire de toutes les sciences.
Il n'y a pas de développement sans soins médicaux de qualité ni prévention.	Le domaine de la santé demeure dans le mythique et le mystique. Les maladies et la mort s'expliquent par la sorcellerie.
Favorise le savoir par l'éducation.	Combat la littérature et la philosophie

La tyrannie et ses œuvres ne favorisent ni la démocratie, ni le développement, ni la liberté, ni l'affranchissement.

Isabelle Frappier
Fonctionnaire retraitée et membre du Cerclecad

Jean-Bruno Mukanya Kaninda-Muana, *Église catholique et Pouvoir au Congo/Zaïre. Enjeux, options et négociations du changement social à Kinshasa, 1945-1997*, L'Harmattan, Paris, 2008, 492 pages, ISBN : 978-2-296-05577-3, Prix : 43 Euros

Je dois dévoiler la situation herméneutico-existentielle (*Sitz im leben*) dans laquelle je suis en train d'écrire cette recension : d'une part, j'amorce cette rédaction juste après avoir rédigé une postface étoffée, palpitante, fulgurante, prémonitoire, visionnaire et décapante à l'ouvrage de Kentey Pini-Pini Nsasay, *Croisade de l'Europe christianisée contre l'Afrique ancestrale. Pour comprendre l'effroyable, interminable et cruelle mise-à-mort du peuple Kongo-Katiopa (RDC). Procès du christianisme meurtrier*, et dans lequel l'auteur concluait par l'auto-dissolution du christianisme missionnaire en Afrique pour revenir aux modes de vie ancestraux ; et d'autre part, dans ma *lectio divina* de ce matin, je lisais le récit dramatique et belliqueux qui opposait le roi Akhab au prophète Élie le Tishbite de Tishbé – le champion de la religion austère et désertique du Yahvisme intransigeant dans le livre de I Rois 21, 1-29, et dans lequel Élie avait annoncé au roi sa mort atroce ainsi que celle de la reine Jézabel – avec les chiens qui mangeront leurs dépouilles – parce qu'ils avaient fait assassiner Naboth d'Izréel en vue de s'emparer de sa vigne léguée par ses ancêtres. Naboth dit à Akhab : « *Que le Seigneur m'ait en abomination si je te cède l'héritage de mes pères.* » (I Rois, 21,3). L'occupation coloniale et militaire des territoires africains depuis la Conférence de Berlin (1885) se rapproche curieusement avec ce récit du meurtre de Naboth d'Izréel par le roi Akhab. En transposant dans le contexte colonial et postcolonial, Akhab est successivement incarné par les colonisateurs belges et par le régime sanguinaire, déshumanisant et donc, diabolique de Mobutu. Et Élie est incarné successivement par les prophètes africains qui ont lutté contre la colonisation européenne (Kimbangu, Matsoua, Lumumba, William Harris, etc.), mais de façon plus explicite par le Cardinal Joseph Albert Malula dans son corps à corps acharné contre le dictateur Mobutu.

Le rapprochement se fait logiquement après avoir lu l'ouvrage bien charpenté de Jean-Bruno Mukanya Kaninda-Muana, car le mouvement global de la pensée historico-politique et prophétique qui s'y déploie atteint son paroxysme dans l'affrontement violent entre le cardinal Joseph Albert Malula et le président Joseph-Désiré Mobutu Sese Seko Kuku Ngbendu Wa Zabanga, dans les années 1970-1980. Si dans l'ouvrage de Pini-Pini, l'auteur conclut à la dissolution pure et simple de l'héritage de la colonisation et de la mission chrétienne, Jean-Bruno Mukanya Kaninda-Muana appelle à une réappropriation prophétique et politique de l'Évangile de Jésus-Christ pour catalyser les transformations sociales au Congo/Zaïre, après 60 ans du désastre postcolonial, l'un des pays les plus pauvres de la planète selon le classement de l'indice du développement humain, en dépit de ses impressionnantes ressources humaines, minières et naturelles. C'est la conclusion de cet ouvrage qui nous donne la clé de lecture qui permet de lire tout l'ouvrage comme un impératif de *réappropriation prophétique, populaire, sociale, mystique et politique* de l'héritage missionnaire en République démocratique du Congo, avec une concentration énergétique sur l'Église catholique qui est à Kinshasa, centre de gravité politique et religieux de l'une des plus grandes Églises d'Afrique contemporaine : « *Certains choix d'évangélisation en profondeur semblaient séparer les prophétismes catholiques, se voulant pragmatiques, de la ligne officielle jugée dogmatique, intellectualisante, sur au moins deux points principaux : pour ces groupes, la pastorale ne pourrait jamais rencontrer les besoins profonds des gens, la modernité sociale ne pourrait jamais décoller tant que les questions englobées dans les paradigmes de « sorcellerie » et de « thérapie » seraient traitées à l'aune d'un positivisme exclusiviste occidental du 19e siècle. Le pragmatisme pastoral serait d'intégrer les autres champs de conscience et de faire une approche de ces questions-là aux profondeurs où les gens les vivent, où les relations sociales en rendent compte, soulignaient les messages des prophétismes catholiques.* » (p. 449).

Je ne peux que saluer avec joie la justesse théologique du discernement sociopolitique de l'auteur qui rejoint ainsi les pratiques thérapeutiques et prophétiques[558] des messianismes politiques de la période coloniale (Kimbanguisme, Kitawala, Matsouanisme) qui vivaient les oppressions et humiliations coloniales comme une entreprise de possession par les mauvais esprits dont il fallait s'en libérer. Les débordements des pratiques thérapeutiques dans les mouvements du renouveau charismatique catholique, dans les Églises du réveil et dans les Églises afro-chrétiennes (Kimbanguisme, Matsouanisme, Harrisme, Christianisme céleste, etc.) sont à lire comme des modalités autonomes de réappropriation dynamique du message libérateur du prophète Jésus de Nazareth par les couches populaires en dehors des rigidités dogmatiques et scolastiques des Églises missionnaires. Oui, l'auteur a raison de mettre en évidence le fait obvie selon lequel les crises coloniale, postcoloniale et celle de la mondialisation marchande sont vécues par les masses populaires dans le langage politique et symbolique de la sorcellerie et de la possession par les mauvais esprits, et c'est ici – *et ici seulement* – que se joue aujourd'hui l'avenir de la foi chrétienne en Afrique, et dans les diasporas d'Europe, d'Amérique du Nord et des Antilles, et nulle part ailleurs. Aujourd'hui et demain, je prophétise que : « l'avenir du christianisme en Afrique – et dans les diasporas africaines en Occident – va se jouer essentiellement et quasi-exclusivement

---

[558] Ces questions sont approfondies dans mes ouvrages suivants : Benoît Awazi Mbambi Kungua, *Le Dieu Crucifié en Afrique. Esquisse d'une Christologie négro-africaine de la libération holistique,* L'Harmattan, Paris, 2008, 330 pages ; **ID.**, *De la Postcolonie à la Mondialisation néolibérale. Radioscopie éthique de la crise négro-africaine contemporaine,* L'Harmattan, Paris, 2011, 204 pages; **ID.,** *Déconstruction phénoménologique et théologique de la modernité occidentale : Michel Henry, Jean-Luc Marion et Hans Urs von Balthasar*, L'Harmattan, Paris, 2014, 316 pages ;***ID.,** *Le Tournant prophétique de la théologie négro-africaine de la libération. De la Performativité de la Deutérose,* L'Harmattan, Paris, 2017.

sur les questions pathologiques de la « *sorcellerie* » et de la « *possession par les mauvais esprits* » ». Il ne s'agit pas de les prendre naïvement pour des faits bruts et réifiés dans la nature, mais bien au contraire, de mobiliser avec conviction théologique et audace prophétique, des expertises métaphysiques, thérapeutiques et philosophiques pour attaquer ce taureau de la sorcellerie par ses cornes. Quelle pauvreté intellectuelle dans les discours théologiques et philosophiques sur ces phénomènes – à quelques rares exceptions du père Hebga et de Mgr Emmanuel Milingo – qui saturent l'horizon de visibilité et du déploiement de la force vitale dans les sociétés africaines contemporaines ? Comment voulez-vous reconstruire l'Afrique et travailler à sa résurrection si ces pathologies de la sorcellerie et des manipulations spirituelles ne sont pas soldées en mobilisant des savoirs philosophiques et théologiques opérationnels et énergétiques ? Comment œuvrer à la renaissance et à la reconstruction de l'Afrique si les sujets africains sont prostrés, paralysés, tétanisés, zombifiés, agonisants et immobilisés par ces peurs ancestrales, ataviques et persistantes ? Comment construire une société avec des sujets gravement malades dans leurs imaginaires et leurs esprits ?

L'ouvrage – issu de la thèse de doctorat d'histoire de l'auteur à l'Université de Genève – est écrit dans un style soutenu du début à la fin et procure une délectation intellectuelle en le lisant. L'auteur étaie rigoureusement par d'abondantes références bibliographiques et historiques chaque étape de sa narration des changements sociaux qui ont précédé et suivi la période coloniale. L'appareil critique est bien garni et la documentation minutieusement exposée. La force de cet ouvrage bien étoffé réside dans la *minutie* de ses analyses politiques et le souci constant de leur donner un ancrage sociohistorique permanent. Au sortir de la Deuxième Guerre mondiale, les puissances colonisatrices, affaiblies par cette guerre suicidaire et sanglante et devant la volonté des États-Unis et de l'ONU de mettre fin à l'occupation militaire des territoires africains, n'ont pas pu anticiper les soulèvements populaires des Africains voulant s'affranchir de la servitude coloniale. Même les hiérarchies ecclésiales n'ont pas préparé le clergé et les chrétiens africains à assumer pleinement leurs responsabilités sociales et politiques dans la société congolaise à bâtir.

Les rares élites et évolués ainsi que les premiers prêtres autochtones de Léopoldville ont commencé à afficher les revendications nationalistes et indépendantistes. Albert Malula, Tharcisse Tshibangu, Patrice Emery Lumumba, Joseph Kasavubu et Mobut Sese Seko vont jouer des destins contrastés au plus haut niveau du pouvoir politique et religieux au Congo/Zaïre. Après avoir assassiné Lumumba et neutralisé le président Kasavubu et son gouvernement lors de son coup d'état militaire du 24 novembre 1965, Mobutu va très vite installer une dictature militaire et sanguinaire basée sur le culte idolâtrique de sa personne, la prostitution généralisée des élites et la décérébration du peuple congolais par des slogans stupides et des danses lascives en l'honneur du guide de la révolution. Sa politique du recours (ou du retour) à l'authenticité congolaise n'était qu'un stratagème pour la façade nationale et internationale afin de mieux occulter la misère économique et sociale qui s'est très vite installée au Congo. Voulant empêcher à l'Église de jouer son rôle prophétique de formation et d'éveil des consciences, de promotion de la justice distributive, de renforcement du système éducatif aux niveaux primaire, scolaire et universitaire, Mobutu va entrer en conflit musclé avec le cardinal Joseph Albert Malula jusqu'à le chasser du pays pour l'envoyer en exil à Rome, en 1972.

Après les négociations de la diplomatie vaticane auprès de Mobutu, il accorda son "pardon" au Cardinal Malula qui retourna à Kinshasa bien affaibli par les admonestations du Vatican. Mais cela ne l'empêcha pas de poursuivre sa mission prophétique et contestataire face à la tentation idolâtrique du culte de la personnalité du dictateur Mobutu à vouloir se faire adorer comme *un dieu* par les masses congolaises paupérisées, abruties, déshumanisées, décérébrées, zombifiées et anémiées par les slogans stupides de sa propagande appelée : Mobilisation, Propagande et Animation politique (MOPAP). Il ne m'est pas possible de résumer un ouvrage dense de 500 pages d'histoire politique des rapports conflictuels entre l'Église et l'État dans la période coloniale et postcoloniale au Congo/Zaïre. Le rôle joué par l'archidiocèse de Kinshasa avec la figure charismatique du Cardinal Malula servait de catalyseur pour les autres diocèses de l'intérieur.

Il convient tout de même de souligner – avec l'auteur – qu'une bonne partie de l'épiscopat zaïrois était de connivence avec le dictateur Mobutu, à tel point que ce dernier pouvait avoir en temps réel les procès-verbaux des réunions de la conférence épiscopale du Zaïre qui se tenaient toutes dans la capitale Kinshasa. Il importe aussi de signaler les difficultés que le Cardinal Malula a dû endurer face à l'intransigeance de la Curie romaine qui considère toujours les Églises d'Afrique comme des satellites périphériques et subalternes. Je dois enfin signaler que le discours théologique de l'inculturation de l'École théologique de Kinshasa en déclin[559] avec l'exubérance du rite zaïrois de la messe étaient complètement inoffensifs face au pouvoir nocif, sanguinaire et macabre de Mobutu. Les mêmes danses lors des rassemblements en hommage au guide de la révolution zaïroise (Mobutu) étaient exécutées dans des messes

---

559 Juste en me référant au critère des publications scientifiques internationales, *la Revue de théologie africaine (RTA)* publiée, jadis, par l'École théologique de Kinshasa – *berceau de la théologie africaine* – ne paraît plus depuis 10 ans. Je ne connais pas les raisons intrinsèques, mais les observateurs crédibles allèguent les raisons de la mangeocratie, du tribalisme, de la paresse intellectuelle, de la nonchalance et de la servitude scolastique par rapport aux diktats et aumônes romains. Quel désastre de la pensée et quelle ruine intellectuelle ? D'autres observateurs vivant sur place à Kinshasa et qui sont des prêtres reconnaissent humblement le manque d'ambition théologique mondiale et l'arraisonnement des théologiens congolais – dans leur plus grande majorité - par les contraintes quotidiennes de la « ***mangeocratie*** » et du mépris du savoir qui en résulte. La Conférence épiscopale du Congo (CENCO) elle-même n'affiche aucune ambition théologique crédible et se contente des stratégies ouvertement alimentaires, politiciennes, clientélistes et commerciales ***difficilement contestables***.

interminables du rite congolais de la messe. Une théologie de la danse et de la pure oralité qui minimise l'impérieuse nécessité d'une formation théologique et intellectuelle solide pour les prêtres, les religieuses et les laïcs ne peut que nous conduire dans la ruine intellectuelle qui paralyse ce géant aux pieds d'argile qu'est devenue la République démocratique du Congo. La paresse intellectuelle et l'ignorance qui est son corollaire se paient cash, *hic et nunc*.

La percée décisive de cet ouvrage solidement charpenté et écrit dans une langue soutenue de bout en bout a été d'avoir narré les péripéties sociales, politiques et intellectuelles qui ont précédé et suivi l'indépendance de façade en procédant à une relecture théologique et prophétique de cette période chaotique de l'histoire moderne de la République démocratique du Congo. L'Église du Congo ne pourra plus se réfugier dans une théologie de l'inculturation *inoffensive*, *dansante* et *indifférente* à la misère sordide dans laquelle sont plongés les Congolais dans leur vie quotidienne ; mais elle doit s'engager sans distinctions hiérarchiques et dogmatiques aux batailles dangereuses qui se profilent dans un avenir proche.

L'urgence d'une réappropriation prophétique, politique, thérapeutique et transformatrice de l'Évangile de Jésus-Christ devient la condition de possibilité des communautés chrétiennes de vie et de construction d'une nouvelle société démocratique et viable. Car avant d'être une institution de projection impériale, le message primordial de Jésus de Nazareth – *le Dieu Crucifié et Ressuscité* pour le salut éternel des multitudes – est d'abord *une prophétie* en cours de réalisation de l'irruption du Royaume eschatologique de Dieu dans le monde et les cœurs des croyants. Avant d'être une institution hiérarchique, inquisitoriale, européocentrique et dogmatique, le christianisme est tout d'abord, et essentiellement, *une prophétie théocentrique, et donc eschatologique*, et par conséquent, l'Esprit de Dieu qui souffle où il veut et quand il veut, sans aucune possibilité d'anticiper ses motions inattendues, subversives, volcaniques, sismiques, prophétiques, émancipatrices, visionnaires et thérapeutiques : « *L'Esprit du Seigneur est sur moi parce qu'il m'a conféré l'onction pour annoncer la Bonne Nouvelle aux pauvres. Il m'a envoyé proclamer aux captifs la libération et aux aveugles le retour à la vue, renvoyer les opprimés en liberté, proclamer une année d'accueil par le Seigneur. Il roula le livre, le rendit au servant et s'assit ; tous dans la synagogue avaient les yeux fixés sur lui. Alors il commença à leur dire : « Aujourd'hui, cette écriture est accomplie pour vous qui l'entendez. » »* (Luc 4, 18-20).

Benoît AWAZI MBAMBI KUNGUA

Kä Mana, *Pour l'Économie du bonheur partagé. Construire une société heureuse*, Les Éditions du Cerdaf, Kinshasa, 2014, 324 pages, ISBN : VI 3.01404-57128, Prix non indiqué. (Préface du Professeur Omer Tshiunza Mbiye)

Le Préfacier donne déjà une première clé interprétative en écrivant dès les premiers mots qu'il s'agit d'une démarche *d'Anthropologie économique*, où l'humain et ses exigences d'une vie à la hauteur de sa *transcendance* et de sa *démiurgie*, sont au cœur même du système économique. La pensée de Kä Mana dans cet ouvrage, à la fois évaluatif, rétrospectif et prospectif consiste dans la nécessité d'une transmutation radicale de l'imaginaire des sociétés africaines en vue de promouvoir collectivement des récits de créativité de soi, d'invention de soi, de libération de soi, d'auto-guérison de soi, aux antipodes des récits de servitude, de résignation et de démission devant la violence matérielle et symbolique du traitement de l'Africain comme une bête et un esclave par les élites de la postcolonie.

Fidèle à son intuition philosophique et théologique majeure d'une transformation fondamentale et énergétique de *l'imaginaire* et de *l'imagination* en Afrique, Kä Mana dévoile avec brio la persistance des récits de défaite, de servitude, de la déshumanisation, de la banalisation et de la normalisation du mal et de la mort dans les sociétés déliquescentes de la postcolonie. C'est à juste titre – et cela montre son sens d'autocritique de soi et de son propre mouvement de pensée pluridisciplinaire depuis bientôt trois décennies – qu'il s'interroge sur la contamination de notre propre pensée par l'*osmose* des récits de la violence, de la corruption, de l'institutionnalisation du mal, de la sorcellerie et du mépris de l'humain dans les sociétés africaines postcoloniales.

La gravité de ces propos concernant la tragédie de la ruine intellectuelle, politique et économique de la République démocratique du Congo – qui pourrait éventuellement jouer un rôle architectonique, catalyseur et émancipateur dans la grande entreprise de la renaissance et de la reconstruction de l'Afrique subsaharienne à cette aube du XXIème siècle, mérite d'être soulignée : « *Un peuple, c'est le « Récit » qu'il se construit concernant sa propre destinée. Jusqu'ici, notre « Récit » congolais est celui de la descente aux enfers : l'enfer léopoldien, l'enfer colonial belge, l'enfer mobutiste, l'enfer de la transition et l'enfer d'une troisième République tétanisée par les risques de balkanisation et anémiée par son manque d'intelligence stratégique et de moyens pour une grande politique internationale. Nuit et jour, nous ressassons ce « Récit » dans une véritable obsession traumatique. Ce « Récit » hante notre rêve. Il tue nos énergies d'initiative. Il nous condamne à étouffer dans les affres notre impuissance. Quand je relis moi-même aujourd'hui toute mon œuvre de réflexion sur la situation de notre pays, je me rends compte du poids de ce « Récit » sur mon propre inconscient et sur ma propre conscience et j'imagine toute la dynamique destructrice qu'il représente aujourd'hui dans l'inconscient collectif et dans la conscience du peuple congolais.* » (pp. 284-285).

On se croirait en face des premiers ouvrages majeurs de l'auteur : *L'Afrique va-t-elle mourir ? Bousculer l'imaginaire africain, Essai d'éthique politique*[560] et *Théologie africaine pour temps de crise. Christianisme et Reconstruction de l'Afrique*[561]. Il y a certainement une réminiscence de la narrativité théologique dans la mémoire du théologien de la reconstruction, Kä Mana. Et je dois souligner la nécessité théologique vitale d'investir aujourd'hui en Afrique dans des théologies narratives, prophétiques, thérapeutiques et populaires, pour la simple raison que le chevauchement entre les trois échecs massifs (colonisation, postcolonie et mondialisation) impose le diagnostic des crises africaines comme une pathologie de la raison, du sens et de l'humain dans sa profondeur. C'est le père Engelbert Mveng – l'un des pères inoubliables de la théologie africaine de la libération historique et politique – qui me revient à l'esprit avec ses catégories théologico-philosophiques de « paupérisation anthropologique » et « d'annihilation ontologique » de l'Africain dans ses défaites récurrentes face à la volonté de puissance de la Modernité occidentale avec sa logique militaire et économiste (*Matheis Universalis*). Son œuvre et celle de son collègue Jean-Marc Ela continuent de scintiller au firmament de la *théosphère* africaine contemporaine. Il importe aussi de réactiver la *narrativité* dans la théologie africaine pour des raisons intrinsèques aux textes bibliques eux-mêmes tels que nous les lisons aujourd'hui : « *C'est en effet le récit qui, dans la Bible, essentiellement révèle – mais aussi protège – les attributs divins dans leur articulation singulière. L'identité du Dieu biblique est, pour le dire avec Paul Ricœur une identité narrative ; elle se déploie tout entière, ainsi qu'on le verra, autour d'un algorithme de part en part narratif : « Je serai qui Je serai » (Ex 3,14)* » (Pierre Sonnet, « Justice et Miséricorde. Les attributs de Dieu dans la dynamique narrative du Pentateuque », in : *Nouvelle Revue Théologique*, 138/1 (2016), p. 4.)

Il y a une constance dans le mouvement de pensée de Kä Mana : la dénonciation prophétique et caustique des pathologies récurrentes du mal africain – et congolais en particulier – est toujours résolument articulée à un impératif *philosophique, thérapeutique* et *politique* de refonte de l'imaginaire pathologique de la sorcellerie et de la défaite africaine en direction d'une création des récits de *grandeur, d'auto-libération*, de la *reconstruction* d'une société basée sur le droit et la justice, de la mobilisation de toutes les énergies vitales dans le chantier de la reconstruction d'un futur qui se distancie radicalement du passé de défaites, de servitudes et de résignations, par la force de la volonté et d'une pensée holistique et libératrice de soi-même et de la société dans laquelle le sujet déploie son historicité politique.

Dans cet ouvrage, il s'appuie sur des auteurs occidentaux qui critiquent radicalement les dérives déshumanisantes et asservissantes de l'idolâtrie du

[560] Cerf, Paris, 1991, Karthala, Paris, 1993.
[561] Karthala, Paris, 1993.

marché néolibéral. L'auteur s'inscrit d'entrée de jeu dans la mouvance déconstructrice de l'ultracapitalisme meurtrier, asservissant et déshumanisant en puisant son arsenal déconstructeur, successivement chez : Patrick Viveret qui propose *un tournant anthropologique* de la mondialisation marchande en vue de l'épanouissement holistique de l'être humain (*La cause humaine, Du bon usage de la fin d'un mon*de, Paris, LLL, 2012) ; Tomas Sedlacek qui remonte jusqu'à l'épopée de Gilgamesh – l'œuvre littéraire la plus ancienne de l'humanité, datant de plus de quatre mille ans et produite par la civilisation sumérienne, en Mésopotamie ancienne – en vue de corroborer l'historicité occidentale de l'économie néolibérale mondialisée (*L'économie du bien et du mal*, Eyrolles, Paris, 2012) ; John Quiggin qui dévoile les mécanismes macrosociologiques qui produisent de façon exponentielle des *hommes-robots, des hommes-objets* et des *hommes-zombies* dans les accélérations numériques et militaires de l'économisme capitaliste actuel (*Économie Zombie, Pourquoi les mauvaises idées ont la vie dure*, Saint-Simon, Paris, 2012) ; et enfin, Jacques Attali qui récapitule le processus d'occidentalisation du monde à travers la mondialisation néolibérale en cours ; tout en restituant habilement les trois sortes de modernité qui constituent la *tessiture* de la civilisation occidentale et judéo-chrétienne : la mondialisation de l'*Être*, la mondialisation de la *foi* et la mondialisation de la *raison* (dans sa phase accélérée des révolutions numériques dans toutes les sphères de la vie sociale et politique).

Je recommande cet ouvrage et je suis content de voir qu'il a été publié sur place à Kinshasa et qu'il peut facilement circuler dans le territoire de la République démocratique du Congo. Soyons intellectuellement honnêtes et reconnaissons les percées positives de la révolution informatique et communicationnelle en cours. Aujourd'hui, n'importe où qu'un livre est publié, il est techniquement possible de l'acquérir – soit en version papier, soit en version électronique dans les minutes qui suivent. Ce qui manque en Afrique aujourd'hui, ce ne sont pas des penseurs d'envergure et avant-gardiste, mais uniquement la volonté politique des Africains conscients pour faire circuler les idées-forces et visionnaires permettant d'opérationnaliser les mutations indispensables pour la Renaissance, la Libération holistique et la Reconstruction des sociétés africaines contemporaines. Le Cerclecad – avec la cohorte de chercheurs ambitieux qui gravitent autour de son orbite gnoséologique, politique et métaphysique – donne toute l'amplitude de sa contribution. Et il le fait avec beaucoup de fierté, de dignité, de détermination intellectuelle, d'ambition philosophique et de hauteur métaphysique. Voilà un livre qui rejoint astucieusement notre mission scientifique et prophétique mondiale.

Benoît AWAZI MBAMBI KUNGUA

Université Saint Augustin de Kinshasa, *Gouvernance et Défis écologiques en Afrique aujourd'hui*, Actes des Dix-Neuvièmes Journées Scientifiques organisées du 16 au 19 décembre 2015, avec le concours financier de Missio, Aachen e.v (Allemagne), *Pensée agissante*, Vol. 24, N°44

Je diffuse l'information dans notre réseau mondial du Cerclecad pour qu'elle soit exploitée au maximum par nos chercheurs disséminés dans les quatre coins du monde. Aujourd'hui, le 7 novembre 2016, il y a eu l'ouverture de la 22ème Conférence des Nations Unies sur les changements climatiques, à Marrakech, au Maroc. C'est juste pour montrer l'actualité, la gravité et l'omniprésence des défis écologiques dans un monde, où les interdépendances entres les pays riches et les pays pauvres ne font que s'intensifier.

J'en profite pour remercier sincèrement et publiquement le Recteur de l'Université Saint Augustin de Kinshasa, le père Denis Bosomi (ofmcap) ainsi que le Vice-Recteur, le père Faustin Diatezulwa (Cssp) qui m'ont accueilli avec joie dans leur prestigieuse université le lundi 9 mai 2016, pour donner une conférence intitulée : « *Le tournant prophétique et phénoménologique de la théologie africaine. Une lecture afrocentrée de la théologie deutéronomiste* ». Je dois aussi signaler que cette visite à Kinshasa s'inscrit dans *mes pérégrinations prophétiques* annuelles autour du globe pour prendre la parole *in situ* en Afrique, en Europe et aux Antilles, là où je suis invité. Il me revient de restituer tout l'ancrage autobiographique et existentiel qui préside à l'élaboration de ma pensée pluridisciplinaire avant sa cristallisation dans des textes. Cela permet de viser le mouvement oscillatoire et originaire de son déploiement à cheval entre l'Afrique et l'Occident – intellectuellement et géographiquement.

<u>Les dernières interventions prophétiques ont eu lieu</u> :

(1) <u>En Guadeloupe</u>, durant le mois de juin 2013, où j'ai été invité chez mes frères Marc Masumbuko Mabilo, Sylvestre Kavungu et Mamy Riley Francelise. Ce séjour m'a permis de donner des conférences publiques aux Club Rotary de Basse-Terre et de Pointe-à-Pitre (Doyen) ainsi que dans plusieurs mairies (Les Abymes, La Trinité) et centres d'Études africaines et diasporiques. Que mes amis de la Guadeloupe soient vivement remerciés pour leur hospitalité et leur générosité inoubliables ;

(2) <u>En France</u>, chaque mois de janvier à la Maison d'Afrique (L'Harmattan) et à l'Espace l'Harmattan ainsi que dans les communautés africaines à Liège et Bruxelles ;

(3) <u>Au Sénégal</u>, où j'ai été invité et accueilli chaleureusement du 1er au 31 mai 2015, par le père Jean-Claude Angoula, alors supérieur des Spiritains dans la région. Il m'a offert à deux reprises l'occasion de donner deux conférences sur mon œuvre aux étudiants du Centre Saint Augustin de Dakar, dont il est le directeur. Pourvu que les choses soient suffisamment planifiées, je suis prêt à venir proposer ma vision des choses déjà archivée dans mes ouvrages et notre revue savante et pluridisciplinaire, « Afroscopie ». La vérité vient aussi du dialogue direct et de vive voix. La tension *textualité/oralité* doit être maintenue dans la dialectique de la connaissance philosophique et théologique.

La revue « *Pensée agissante* » que je présente à nos lecteurs et lectrices d'*Afroscopie* est constituée de plusieurs approches transversales et combinatoires sur l'aggravation de la crise écologique à l'échelle planétaire. Il s'agit d'un faisceau d'approches pluridisciplinaires (Métaphysique, Théologie, Anthropologie, Cosmologie, Agronomie, Biologie, Pédologie, Sociologie, Psychologie, Économie, Gouvernance nationale, Gouvernance mondiale, Prospective, Démographie, Sciences sociales et politiques, etc.) mobilisées pour trouver des solutions viables et durables à la crise écologique planétaire. Une telle approche multidimensionnelle fait apparaître la complexité, la causticité et l'interdépendance des crises sociales, économiques, environnementales, démographiques, sanitaires et psychologiques charriées par la question écologique mondialisée.

À la suite de la philosophie éthique de Hans Jonas qui intime à l'humanité l'obligation de maintenir des conditions écologiques et sociales pour la survie de l'humanité dans le futur, toutes les contributions sont focalisées sur la promotion des pistes théoriques, pratiques, philosophiques et politiques pour faire face à la crise écologique – aussi bien au niveau national qu'au niveau global. À titre de rappel, l'impératif éthique et philosophique de Hans Jonas s'énonce en ces termes : « *Agis de telle sorte que les effets de ton action soient compatibles avec la permanence d'une vie authentiquement humaine sur la terre* ». Ce sont les prouesses de la technoscience et la colonisation de tout l'écosystème par les logiques prédatrices, destructrices et déshumanisantes de la religion totalitaire marchande qui suscitent la réactivation tous azimuts de la pensée éthique et écologique. L'Encyclique du Pape François (*Laudato Si*) – qui est abondamment étudiée dans les différentes contributions de ce colloque – a l'insigne mérite de proposer une lecture holistique de la crise écologique tout en mobilisant les éclairages de la philosophie, de la théologie, de la prospective écologique, des spiritualités autochtones, et des déconstructions politique et éthique de l'idéologie technoscientifique. La déconstruction de l'anthropocentrisme, du mercantilisme, du nihilisme et des procédures manipulatoires et instrumentales qui sous-tendent la technoscience permet de décentrer l'être humain et de l'inscrire dans l'immensité de l'écosystème dont sa survie quotidienne dépend. Le simple fait de respirer constitue une réalité qui dévoile au grand jour cette vulnérabilité et dépendance totale de l'homme face à la totalité de la biosphère. L'arrêt de la respiration fait basculer l'être humain au statut d'un vulgaire cadavre, et l'oubli de cette finitude ontologique est à la base de toutes les folies, les génocides, les réchauffements climatiques, les dérégulations des saisons et des rythmes naturels de régénération des ressources vitales. Sans eau, aucune vie n'est possible, et pourtant la pollution de l'air et des réserves aquifères ne fait que s'accélérer drastiquement face aux instrumentalisations de la boulimie néolibérale.

Je conclus cette présentation cursive de la revue avec ces propos du professeur Denis Bosomi Limbaya dont la contribution était orientée dans la promotion d'un nouvel humanisme écologique : « *Il faut une conscience des limites de la technoscience. Cela doit nous aider à apercevoir que la science et la technologie ne sont pas toutes puissantes. Il y a des limites surtout quand il s'agit de déterminer la valeur, la signification et la finalité des réalisations technoscientifiques. Dans ce sens, il y a encore beaucoup à faire. Avec tout cela, le but essentiel serait de parvenir à un nouvel humanisme écologique qui consiste à aiguiser la conscience de tous les habitants de la terre que la survie de l'humanité se mesure par rapport à notre action sur le monde qui devra être rationnelle, éthique en faveur d'une humanité renouvelée. C'est en ces termes que l'avenir du monde et de l'humanité peut être possible, parce que nous avons tous le devoir de pérenniser aussi bien notre vie que celle du monde et de l'humanité* » (p. 85).

Benoît AWAZI MBAMBI KUNGUA

Présentation des Cahiers de l'IREA (Revue de l'Institut de recherche et d'études africaines) publiés chez l'Harmattan.

Sous la direction des Éditions l'Harmattan, plusieurs professeurs et chercheurs travaillant dans des universités africaines, publient leurs articles, pour produire des connaissances transformatrices des sociétés africaines postcoloniales et aussi, pour faire avancer leurs carrières universitaires. Nous connaissons tous l'adage universitaire : « *Publish or Perish*, Publie ou Meurs ». Il s'agit d'une initiative stimulante que je salue et qui cadre bien avec l'épistémologie pluridisciplinaire, réticulaire, synergique et transversale qui propulse la mission scientifique et prophétique du Cerclecad dans le monde. La mise en relation systémique des recherches sur les questions africaines et diasporiques en vue de faire bouger les mentalités, les pratiques sociales, les idéologies et les idées scientifiques sur les sociétés africaines contemporaines constitue notre raison primordiale de pensée et d'action politique.

C'est donc avec une grande joie et beaucoup de motivation scientifique que je présente succinctement le contenu des Cahiers de l'IREA, publiés tous les deux mois par l'Institut de recherche et d'études africaines (IREA). Le comité scientifique et le comité de lecture sont majoritairement constitués par des professeurs et chercheurs travaillant directement dans des universités africaines et qui abordent les sujets, les problèmes et les questions de recherche avec un solide arrimage empirique sur les réalités sociales et quotidiennes qu'ils analysent. Nous y trouvons des articles perspicaces et excellents sur certains sujets, notamment les graves pathologies qui minent de l'intérieur les universités africaines qui deviennent des institutions qui produisent des individus malades, frustrés, névrosés et inefficaces face à la misère sociale, économique et intellectuelle qui ruine les sociétés africaines contemporaines. L'autoritarisme des autorités académiques n'a rien à envier à leurs homologues des États-zombies qui les instituent comme gestionnaires des universités malades et agonisantes. La prolifération des sectes ésotériques et maçonniques, le clientélisme, le clanisme, le tribalisme et les copinages constituent désormais les voies "normalisées" pour espérer une trajectoire universitaire moins traumatisante. Je félicite les auteurs des articles iconoclastes et justes sur les pathologies morales, spirituelles et intellectuelles qui bloquent de l'intérieur les universités africaines. Une telle audace autocritique chez des professeurs qui enseignent encore dans des universités africaines est tellement rare que je dois féliciter ces intellectuels épris de dignité, de noblesse et du sens de l'honneur, et prêts à faire face aux représailles inévitables dans des dynasties familiales et obscurantistes qui mènent les sociétés africaines vers des implosions inévitables.

Chaque lecteur ne trouve dans un texte que certaines problématiques qui sont déjà dans la pré-compréhension initiale qu'il a d'une problématique, et le procès de la lecture va fournir des éclairages et d'autres perspectives sur la question traitée. Avant de dépouiller le contenu des six premiers cahiers de l'IREA de l'année 2016, je tiens à mentionner deux articles qui fournissent des outils, des arguments et des méthodologies efficaces pour préparer notre colloque scientifique mondial du Cerclecad sur : « L'INEXISTENCE DE L'ÉTAT EN AFRIQUE ET L'OPÉRATIONNALISATION DES ALTERNATIVES POLITIQUES ÉMANCIPATRICES. DATE : LE SAMEDI 9 DÉCEMBRE 2017, DE 9H00 À 16H00. LIEU : SALLE DU SÉNAT (TABARET 083) DE L'UNIVERSITÉ D'OTTAWA. »

Je signale deux excellents articles qui brillent par la rigueur méthodologique, la force argumentative et la justesse visionnaire dans leur déconstruction complète de l'hégémonie postcoloniale de l'École africaniste de Paris autour de Jean-François Bayart et de ses disciples (Béatrice Hibou, Stephen Ellis, Peter Geschiere, Piet Konings et Achille Mbembe) mentionnés dans l'article ambitieux et habilement orchestré de Lucien Ayissi, « La corruption africaine dans la paradigmologie dominante » publié dans les Cahiers de l'IREA 2/2016. J'ai vraiment ressenti des palpitations en lisant cet article qui confirme mes propres raisons philosophiques et politiques dans mon entreprise inexpugnable de déconstruction radicale de la science africaniste, fallacieuse et néocoloniale de Bayart qui empoisonne les esprits des jeunes africains voulant se libérer des "États-greffés" et de la nocivité des idéologies néocoloniales et africanistes qui les font exister.

Lucien Ayissi souligne avec justesse le culturalisme, la supercherie et l'imposture néocoloniale des thèses fallacieuses et erronées de Bayart qui rejoint la même idéologie de domination idéologique des ajustements structurels imposés aux "pays africains" par les institutions de Bretton Woods (FMI, BM, OMC). Je persiste dans ce travail de démolition caustique de la fausse hégémonie idéologique de la science africaniste et néocoloniale de Paris, justement parce qu'elle désoriente les jeunes chercheurs des alternatives intellectuelles et endogènes à l'explosion des États-zombies hérités de la colonisation. Une pensée savante et émancipatrice contient en elle-même des capacités de libération et d'auto-prise en charge des individus aux prises avec les nouvelles pratiques de déshumanisation et d'abrutissement en vogue dans les dynasties militaires et corrompues de l'Afrique postcoloniale.

L'article d'Ayissi devrait être lu par les chercheurs impliqués dans notre colloque scientifique mondial sur l'existence de l'État en Afrique, justement à cause de la puissance de dévoilement de l'idéologie néocoloniale de Bayart et son biais culturel et ethnocentrique qui rapatrie les causes de l'érosion des institutions coloniales à l'ethos de la manducation, censé régir ontologiquement les sociétés africaines. Voici quelques extraits qui montrent la puissance iconoclaste de l'auteur et sa capacité de nous mettre sur des alternatives endogènes et opérationnelles au désastre des États-zombies : « *La grille d'intelligibilité de l'École Bayart, dans laquelle émergent conceptuellement des penseurs comme Béatrice Hibou, Stephen Ellis, Peter Geschiere, Piet Konings ou Achille Mbembe, entretient un certain rapport d'homologie avec ce qu'il est convenable d'appeler l'équation de Pierre Péan. L'équation de l'auteur de* l'Argent noir *consiste à établir une relation de parfaite permutabilité entre la corruption et le sous-développement : les pays sous-développés sont des pays corrompus et les pays corrompus sont les pays sous-développés. Il apparaît, suivant cette équation, que la corruption est le propre ou l'essence des pays sous-développés en général et africaine en particulier. Péan explique la corruption qui sévit dans les pays africains par l'argument du déterminisme anthropologique : le poids des traditions semble si déterminant dans la psychologie des Africains que ceux-ci se résignent parfois à pratiquer la corruption par conformisme social* » (p. 67). Et aussi un autre extrait sur le prisme idéologique, néocolonial et ethnocentrique de cette École Bayart : « *Le prisme idéologique à travers lequel Bayart conçoit l'État postcolonial d'Afrique est donc occidentaliste, puisque le modèle occidental est, selon lui, la fin vers laquelle doit tendre tout État politiquement inachevé. Dans cette dialectique, l'État africain ne peut, au plan politique, atteindre la plénitude de son être que dans sa dilution dans l'être de l'autre. Sans cette dilution salvatrice au cours de laquelle l'être dilué perd son individualité et donc, la cause de son immaturité, c'est la perte inévitable de soi dans le néant politique. Car, la « kléptocratie » n'est pas la politique, mais la dictature des prédateurs enclins à la privatisation du bien public ou à l'appropriation exclusive de l'État. La « kléptocratie » dont les modes d'être sont la « politique du ventre », la manducation ou la prédation, ne peut cesser d'exister en Afrique subsaharienne que grâce au parrainage politique de l'Occident, tel qu'il s'illustre à travers par exemple, les Programmes d'Ajustement structurel* » (p. 74). Bravo à l'auteur pour la justesse de son analyse politique, son audace intellectuelle et sa capacité à dévoiler avec brio le prisme ethnocentrique, racial et néocolonial de la *statologie africaniste* et *chimérique* de Bayart et de ses disciples. J'invite tous nos chercheurs dans le monde entier à lire par eux-mêmes cet article qui donne des ressources intellectuelles et argumentatives décisives dans la préparation de notre colloque scientifique mondial sur l'inexistence de l'État en Afrique et cela passe par une entreprise colossale et ambitieuse de déconstruction[562] corrosive de l'hégémonie idéologique que Bayart a exercée durant toute la période postcoloniale chez quelques politologues et africanistes de la postcolonie. Mais le glas de cette hégémonie a bien sonné. Rira bien qui rira le dernier !

---

[562] J'ai moi-même déjà posé quelques jalons solides dans l'entreprise de déconstruction de l'École Bayart dans mes travaux antérieurs : *De la Postcolonie à la Mondialisation néolibérale. Radioscopie éthique de la crise négro-africaine contemporaine,* L'Harmattan, Paris, 2011, pp. 11- 21 ; 23-95 & Benoît Awazi Mbambi Kungua (Dir.), *Le Bilan de 50 ans des indépendances politiques africaines et les défis de l'intégration des Africains au Canada. Histoire, Enjeux éthiques et Perspectives d'avenir pour la Renaissance africaine, Afroscopie III/2013* (Revue savante et pluridisciplinaire sur l'Afrique et les communautés noires), publiée par Le Cerclecad-Harmattan, Ottawa-Paris, 2013. Lire mes recensions des ouvrages de Bayart et d'Amselle aux pages 213-222. Le travail d'achèvement de cette déconstruction de l'hégémonie idéologique de l'École Bayart se poursuit patiemment mais sûrement.

L'autre article qui donne des outils efficaces et des perspectives émancipatrices par rapport à l'hégémonie idéologique de l'École Bayart est celui de Alain Roger Boulla Meva'a, « Les maladies de l'excellence : étiologie et analyse des traumas de l'enseignement supérieur au Cameroun », in : Cahiers de l'IREA 3/2016, pp. 11-35. Je me contente juste de citer cet extrait de la conclusion de l'article : « *Les acteurs principaux du système universitaire public camerounais sont généralement frustrés lors de leur parcours universitaire, au point de ne pas être capables de s'épanouir individuellement et, ainsi, de contribuer socialement au développement du Cameroun et de l'Afrique. Afin de renverser la logique négativiste actuelle et par conséquent de gommer ou alors d'atténuer les traumatismes qui en découlent, les autorités camerounaises devraient veiller au respect de l'orthodoxie des normes et des textes réglementaires régissant le fonctionnement de l'institution universitaire. De plus, il faudra les adapter en permanence aux évolutions universelles en la matière. Ainsi, en corrigeant, sans faiblesses, les trop multiples écarts aux normes universitaires, en restaurant les principes du management et de la gouvernance partagés, en donnant les moyens financiers suffisants pour accompagner le développement permanent de l'institution, en redéfinissant le sens des missions assignées à l'université, il redeviendra alors possible d'atténuer les traumatismes qui handicapent la productivité des individus et les performances du système universitaire public camerounais* » (pp. 32-33).

Étant donné que la plupart des membres du comité scientifique et du comité de lecture des Cahiers de l'Institut de recherche et d'études africaines (IREA) travaillent *in situ* en Afrique, j'ose espérer qu'ils sont activement impliqués dans une large diffusion de leurs excellents articles dans la grande population de leurs pays respectifs. Aussi bien en Afrique qu'en Occident, les alternatives intellectuelles et politiques majeures viendront certainement des personnalités à l'intérieur et à l'extérieur des institutions politiques et universitaires qui se réapproprieront librement et avec esprit critique les publications savantes et émancipatrices. C'est ce leadership réticulaire, prophétique et synergique qui anime de l'intérieur les actions intellectuelles et politiques archivées dans les publications scientifiques du Cerclecad. Nous osons affirmer que la sortie complète des institutions moribondes de la colonisation dont l'agonie se prolonge durant les 60 ans du désastre postcolonial en cours, passera nécessairement par la réappropriation dynamique et émancipatrice des savoirs ambitieux, en mettant en pratique l'épistémologie prophétique de la *bibliocratie,* de la *bibliophagie* et de la *bibliothérapie*. C'est donc toute une « révolution intellectuelle » qui doit être mise en branle pour extirper les mentalités attentistes, démissionnaires et serviles en vogue dans les dynasties familiales d'Afrique postcoloniale.

Je termine cette présentation cursive des Cahiers de l'IREA en mentionnant les sujets traités par les cahiers de l'année 2016 :

Cahiers de l'IREA 1/2016, *Autour du Politique*, L'Harmattan, Paris, 2016, 229 pages, ISBN : 978-2-343-08570-8, Prix : 24 Euros.

Cahiers de l'IREA 2/2016, *Parlons Économie-Développement*, L'Harmattan, Paris, 2016, 222 pages, ISBN : 978-2-343-08799-3, Prix : 20 Euros.

Cahiers de l'IREA 3/2016, *Éducation et Enseignement*, L'Harmattan, Paris, 2016, 201 pages, ISBN : 978-2-343-09520-2, Prix : 20 Euros.

Cahiers de l'IREA 4/2016, *Débat théologique et religieux*, L'Harmattan, Paris, 2016, 212 pages, ISBN : 978-2-343-09752-7, Prix : 22,50 Euros.

Cahiers de l'IREA 5/2016, *Philosophie et Histoire*, L'Harmattan, Paris, 2016, 199 pages, ISBN : 978-2-343-10187-3, Prix : 20,50 Euros.

Benoît AWAZI MBAMBI KUNGUA

Judith Cardin, *Politique de l'immigration choisie au Canada. Traité d'indignation d'une Afro-Canadienne,* L'Harmattan, Paris, 2016, 212 pages, ISBN : 978-2-343-10212-2, 22 euros.

Membre fondatrice du Cerclecad et auteure chez l'Harmattan d'un ouvrage sur : « *Les administrations publiques africaines. Sortir de l'inefficacité. Le cas du Bénin,* L'Harmattan, Paris, 2008 », et aussi, de plusieurs articles dans notre revue savante et pluridisciplinaire « *Afroscopie »,* Judith vient d'offrir au monde scientifique un ouvrage écrit dans un langage soutenu, clair, précis et solidement documenté sur des faits, des événements, des auteurs et des théories sociologiques et politiques qui sont habilement agencés tout au long de sa réflexion pluridisciplinaire avec beaucoup de justesse herméneutique, de réalisme sociologique et de finesse politique. L'ouvrage tombe à point nommé dans cette constellation planétaire des flux migratoires des populations à la recherche des cieux plus cléments. Mais étant donné que les crises structurelles et récurrentes du capitalisme néolibéral frappent tous les pays de la planète, le mythe de l'*eldorado* ou du *paradis terrestre* que seraient les sociétés occidentales, tourne vite au fiasco, voire à la catastrophe mentale et sociale pour la plupart des immigrants. Un tel ouvrage sert de boîte à outils réflexifs aussi bien pour les immigrants que pour les autorités politiques des pays d'accueil afin de faire ressortir les principaux problèmes qui empêchent une intégration épanouissante des immigrants d'origine africaine avec des catastrophes sanitaires, familiales et des morts précoces récurrentes que nous connaissons chaque jour.

Je commence par faire ressortir *l'ancrage autobiographique* de cet ouvrage qui soulève avec beaucoup de justesse, de perspicacité et de capacité de projection de soi dans le futur les questions spécifiques et récurrentes des trajectoires migratoires des Africains au Québec et au Canada. Dans la page des remerciements qui se trouve à la fin de l'ouvrage, l'auteure remercie son conjoint Raymond Cardin, le président du Cerclecad, Benoît Awazi, et ses chers parents Edwige et Maxime Houedjissin. Je ne peux pas résister à la nécessité éthique de montrer en quels termes Judith évoque la noblesse de l'éducation reçue dans sa famille. Parlant de son père, voici ce qu'elle dit : « *À mon père Maxime HOUEDJISSIN, un homme courageux, d'une grande noblesse qui a tout appris à ses enfants et qui a aussi servi son pays avec amour et dévouement. Il nous a montré par l'exemple que le courage d'agir, l'honnêteté, l'intégrité, la justice, la persévérance, le travail et le partage étaient les seules voies possibles pour un vivre-ensemble harmonieux. Ces valeurs sont en effet essentielles pour naviguer dans notre monde aux contours flous et impitoyables.* » (p. 207). Cette citation montre clairement comment la trajectoire biographique d'un être humain est fortement marquée par les valeurs fondamentales acquises sous le toit familial. *Oui la noblesse appelle la noblesse* et elle ne peut en aucune façon s'improviser. Même – et surtout – en situation diasporique, chaque personne doit montrer quel est le cachet ou mieux l'esprit de la famille dont elle est issue et les défis vitaux à relever dans la nouvelle société ne peuvent s'opérationnaliser sans un faisceau de valeurs intellectuelles, spirituelles et éthiques qui constituent la boussole de chaque immigrant. Bravo Judith d'avoir reconnu publiquement l'héritage de ta famille, car chaque ipséité est toujours solidement arrimée à ses racines familiales, culturelles et ancestrales. Et il n'y a pas de génération spontanée ni de météore dans le domaine de l'éducation et des valeurs.

Oui la noblesse appelle la noblesse. Elle est une question d'être et d'exister selon une certaine hauteur de vue et une grandeur d'âme dans toute circonstance de la vie.

D'entrée de jeu, je dois dire que du début à la fin de cet ouvrage de percée, j'ai été littéralement captivé par la puissance évocatrice, l'audace intellectuelle, la rigueur analytique, le sens politique et l'impératif philosophico-éthique d'humanisation des rapports sociaux entre les classes dirigeantes de provenance européenne et les populations issues de l'immigration africaine (noire) vivant au Canada en général, et au Québec, en particulier.

Ma joie est d'autant plus grande de voir qu'après plusieurs années de recherches fouillées, de conférences de conscientisation dans le cadre du Cerclecad que je coordonne, un ouvrage comme celui-ci problématise avec puissance analytique, audace intellectuelle et perspicacité politique les crises, les impasses sociales, les stéréotypes récurrents sur les Noirs et les logiques socio-médiatiques qui accélèrent le basculement de la grande majorité des immigrants africains dans des situations durables de pauvreté économique, d'emplois subalternes en décalage avec leurs qualifications universitaires de départ ; le tout dans une situation de persistance et de recrudescence des actes de discrimination raciale envers les populations de race noire. Les faits évoqués par Madame Judith Houedjissin-Cardin sont connus par les autorités politiques, médiatiques et économiques de la société canadienne et québécoise, et le fait de les nommer dans une démarche étiologique, analytique, compréhensive, dynamique et prospective constitue une percée décisive au niveau de la pensée pluridisciplinaire et critique, sans laquelle aucune transformation sociale durable des mentalités et des pratiques ne peut advenir.

L'auteure ne se limite pas à la *microsociologie des impasses, des blocages et des crises inhérentes à l'immigration incertaine des Noirs de provenance africaine au Québec et au Canada ;* mais elle fait des propositions courageuses allant dans le sens de la reconnaissance de la diversité de "races", "d'ethnies" et de "cultures" comme une richesse pour le bien-être commun. L'auteure en appelle à l'impératif du respect inconditionnel de l'humanité en tout homme quelle que soit la couleur de sa peau, et surtout, à la déconstruction philosophique et politique des logiques prédatrices et mercantilistes de la mondialisation néolibérale qui fait des ravages partout dans le monde en créant des conditions de l'éclosion de guerres idéologiques et économiques partout sur la planète. Ce sont ces déstabilisations des pays entiers par les logiques militaires des puissances néolibérales qui mettent des millions d'êtres humains sur les routes incertaines de l'exil et de l'émigration. Les fortunes sont diverses, mais l'aggravation des crises explosives du capitalisme crée les conditions de fermeture des frontières aux hordes d'immigrés qui viennent perturber le bien-être des sociétés industrialisées et censées développées du Nord.

L'auteure n'est pas naïve par rapport à la violence animale qui peut embraser les êtres humains comme cela se produit partout dans le monde dans l'actualité macabre récente, mais elle clame son droit au rêve et sa foi en l'humain, qui est capable du pire, mais aussi du meilleur. Comme elle le dit à la fin de son ouvrage : « *quand on rêve seul, ce n'est qu'un rêve ; mais quand on rêve ensemble, le rêve peut se transmuter en réalité* ».

N'est-ce pas ce que la lecture des ouvrages savants et patiemment élaborés permet à l'esprit de tout lecteur de reconfigurer le monde social et politique dans lequel il vit ? N'est-ce pas que toute lecture d'un ouvrage ouvre de nouvelles possibilités de *faire monde*, de *faire l'expérience de la liberté de l'homme (être-au-monde)* et d'accroître sa capacité de se transcender et de repousser constamment ses limites, sa finitude ?

Travaillant depuis 10 ans comme Président du Cerclecad, auteur et éditeur de notre revue savante et pluridisciplinaire, "*Afroscopie*", chaque manuscrit que je recommande chez l'Harmattan, après une lecture minutieuse, constitue pour moi une pépite d'or qui vient s'agréger avec éclat dans la longue chaîne des productions savantes et pluridisciplinaires (*mines d'or*) que nous archivons pour l'éternité des mortels (*l'écriture*), comme contributions textuelles (mégatextualité globale) pour la résolution des principaux défis qui se posent à l'humanité tout entière à l'aube du XXIème siècle. Plus les crises du néolibéralisme et les conséquences collatérales vont s'exacerber au niveau planétaire, plus il faudra de plus en plus travailler d'arrache-pied à la production et à la dissémination tous azimuts d'une pensée complexe, systémique, pluridisciplinaire, savante et émancipatrice. Je suis en train de poser en filigrane la question politique de la circulation mondiale d'ouvrages d'envergure où les intellectuels africains du continent et des diasporas pensent de façon réticulaire, symbiotique et ambitieuse, les conditions de l'émancipation mentale de leurs populations, sans laquelle tous les replâtrages électoraux et institutionnels n'auront aucun effet dans la nécessaire transformation des mentalités requise par les révolutions sociales en cours en Afrique et ailleurs dans le monde.

À ce titre, cet ouvrage constitue une contribution perspicace, approfondi et courageux, où l'auteure lance un appel poignant pour l'éveil du sens moral et de l'humanité aussi bien chez les « élites dirigeantes » que chez les « masses » qui sont souvent manipulées par *le zapping* des médias de la massification et de la simplification à outrance, surfant constamment sur « les lieux populaires » de distractions accrues par la « révolution numérique » du réseau Internet.

Nous allons donc continuer au sein de notre réseau scientifique et médiatique mondial du Cerclecad à publier des ouvrages patiemment élaborés, et dont la puissance *cathartique*, *émancipatrice* et *motrice* constitue un rempart imprenable contre les idées asservissantes de la doxa néolibérale à la base des politiques oppressives dans les milieux académiques, socioprofessionnels et médiatiques. L'auteure a inventorié systématiquement tous les lieux (universités, médias, partis politiques, écoles, fonction publique, entreprises et autres milieux professionnels), où les immigrants d'origine africaine sont aux prises avec des pratiques ouvertement discriminatoires qui les précipitent vers les niveaux les plus subalternes et invisibles de la stratification sociale de savoirs et de pouvoirs.

Ma joie est donc immense de voir cet excellent ouvrage publié par les Éditions l'Harmattan avec une ferme volonté de lui donner une puissante répercussion intellectuelle dans notre revue savante « *Afroscopie VII/2017* » qui continue d'agréger partout dans le monde des élites africaines et occidentales éprises du sens de la justice, de la fraternité, de la solidarité et de la compassion avec les plus pauvres et les plus affaiblis par les logiques néolibérales à l'assaut du monde et de l'humanité en ce début du XXIème siècle.

Je clos cette recension en donnant la parole à l'auteure dans cet extrait saisissant :

« *En ce qui a trait à l'intégration professionnelle, je sais qu'il y a plusieurs programmes d'aide à l'emploi qui sont implantés un peu partout dans la province ; que les organismes communautaires aident la population immigrante à se frayer un chemin de l'emploi ; que des programmes de lancement d'entreprises existent aussi ; que des agences de placement se paient la tête des immigrés à prix d'or auprès des employeurs. En effet, il est vrai que tous ces programmes d'insertion professionnelle existent. Mais quels sont les résultats obtenus concrètement ? Quels sont les faits ? Des années d'études de haut niveau chèrement acquises avec au moins deux diplômes universitaires arrachés à la sueur de leur front compte tenu des discriminations révélées en milieu universitaire, mais toujours sans travail adéquat ou sans travail tout court. Des éternels chômeurs ou au mieux des travailleurs de centre d'appels au risque de leur santé mentale. C'est cela la réalité de la plupart des Africains du Québec et du Canada et les chiffres le démontrent clairement. Les immigrants ont-ils vraiment toute l'attention qu'ils méritent qu'on leur accorde et veut-on les intégrer à leur juste valeur ? Les entreprises, les cadres de l'État québécois ou canadiens, les acteurs politiques leur font-ils suffisamment confiance et leur offrent-ils réellement la chance de prouver leur capacité de se rendre utiles à la société d'accueil ? Le chômage chez les jeunes issus de minorités visibles mérite aussi qu'on s'attarde un peu plus à des questions de fond et des réflexions sérieuses doivent être faites pour déterminer le sort qu'on leur réserve. Car tant est que les jeunes sont l'avenir, il faudrait qu'ils soient déjà fonctionnels dans le présent pour arriver à bâtir le lendemain. Or, suicide, découragement, décrochage scolaire, précarité, difficultés à fonder une famille sont les maux qui représentent aujourd'hui la jeunesse canadienne. Cette précarité, ce gouffre injuste dans lesquels sont enfoncés les jeunes de tous les horizons et surtout ceux issus de l'immigration requièrent de grandes remises en question* ». (pp. 198-199).

C'est avec une grande joie et beaucoup de conviction intellectuelle que je recommande à toute la communauté mondiale du Cerclecad de bien vouloir acheter et lire cet ouvrage, et qu'il soit amplement débattu aussi bien en Afrique que dans les diasporas occidentales, où souvent manquent des lieux de réflexion critique et autobiographique des trajectoires migratoires des Africains. Quelle que soit l'ampleur d'une crise ou d'un problème à résoudre, la production des savoirs étiologiques, perspicaces et thérapeutiques constitue déjà une étape majeure vers des solutions appropriées. Je suis en train de soulever en filigrane l'incontournable nécessité d'une *dimension gnoséologique* dans tout processus de résolution d'un problème qui se pose, donc de guérison holistique.

L'habileté intellectuelle, la conscience politique et la densité sociale avec lesquelles Judith Cardin soulève les problèmes apparaissant dans les trajectoires migratoires des Africains au Québec et au Canada constituent des percées décisives de cet ouvrage. Qu'il soit amplement lu au Canada, en Afrique et ailleurs dans le monde, où des populations africaines sont aux prises avec des défis protéiformes de leurs expériences diasporiques. Bon succès à l'auteure et à son ouvrage que je recommande avec insistance.

Benoît AWAZI MBAMBI KUNGUA

RÉSUMÉS DE DEUX LIVRES DE Sidonie ALEXIS-SALABANZI
***Les drames du silence*, Éditions dhArt**
***Le viol-une tragédie planétaire*, Éditions dhArt, 2016, 244 pages**

Sidonie ALEXIS-SALABANZI est canadienne d'origine congolaise (Congo - Brazzaville), Diplomate de carrière et ancien haut fonctionnaire international à la Banque de Développement des États de l'Afrique Centrale (BDEAC). Elle détient un Baccalauréat en éducation, une Maîtrise en Administration éducationnelle de l'Université d'Ottawa (Canada) et un Diplôme d'Études Supérieures en Relations Internationales (DES) (Kiev, Ukraine).

Grâce aux Éditions DH ART, l'auteure a réalisé son rêve, celui de donner un message fort sur tout ce qui mine le continent africain en écrivant « Les drames du silence » et « Le viol-une tragédie planétaire » pour dénoncer la violence conjugale, le viol, l'inceste et bien d'autres abus.

Les drames du silence

Comme il est indiqué à la quatrième de couverture, « les drames du silence est une anthologie des conflits sociopolitiques et en particulier des politicides et des génocides sur le continent africain. Ce sont tous ces homicides et injustices qui ébranlent la vie, sapent l'espoir et la dignité d'une majorité. Timorée, réduite ainsi à l'impuissance complice. Ce sont les lacérations lancinantes sans répit du corps et de l'âme d'un continent meurtri par la déshumanisation des crimes crapuleux résultant de la gestion autocratique du pouvoir et l'exploitation économicide néoimpérialiste des enjeux géopolitiques et de la mondialisation ».

Une voix s'élève, celle de cette brave auteure. Cette dernière dénonce « les dérives et les marasmes des anti démocraties ainsi que les terreurs des politiques africaines, en criant son désarroi mais aussi sa foi et son espoir en une prise de conscience immanente ».

Dans ce livre, Madame Sidonie Alexis-Salabanzi « restitue lucidement et courageusement la mémoire historique sociopolitique tragique » du Congo-Brazzaville, mais aussi celle de toute l'Afrique subsaharienne et du Maghreb ».

Elle relève bien : « démocratie et non « démons cratie », unité et non désunion, paix et non guerre, résument ses propos afin de restituer au continent son passé glorieux, illustré de grands royaumes et d'empires fondés stoïquement sur des bases juridiques et politiques fortes ».

« Systématiquement, elle exprime les faits, donne les descriptions exhaustives des événements passés et contemporains fondamentalement significatifs ainsi que les références disponibles dont elle pense, susciteront non seulement l'émoi et l'empathie, mais le retour à une humanité plus constructive ! »

Par ailleurs, « les voix qui résonnent de ces pages, les larmes et le sang qui en dégoulinent, proviennent des expériences et des profondeurs de l'âme et des origines des ancêtres de Sidonie Alexis Salabanzi. C'est aussi un témoignage authentique, éloquent et intime d'une femme qui a vécu plusieurs de ces drames dont il est question » dans les drames du silence.

« Ce livre est un cri de cœur qui choque autant par la sincérité et la simplicité du message de multiples drames qui y transpirent. Le message : c'est uniquement par une prise de conscience et un acte de volonté collective du peuple que l'Afrique sera en mesure de transformer et de dépasser son héritage de malheurs passés sous silence ».

« En exposant ce qu'elle a vu, lu et surtout digéré de cinquante ans d'histoire africaine récente, l'auteure fait une synthèse qui, à chaque page, offre des encouragements et des solutions ». Elle décrit les trois pouvoirs (exécutif, judiciaire et législatif) ainsi que leur rapport. Elle décrit la politique africaine et l'ethnicité, le pillage des richesses naturelles et la corruption, une politique sociale du développement, la résolution pacifique des conflits en Afrique, la construction d'une société démocratique, la jeunesse du Maghreb

« Son commentaire détaillé et pertinent nous interpelle. Elle examine les causes de ces drames et n'hésite pas à exposer les implications des maîtres coloniaux et néocoloniaux dans l'évolution de ces tragédies ainsi que celles bien documentées des chefs d'État irresponsables et égoïstes ».

Ce livre est aussi une étude sur la bonne gouvernance à la portée de tous. Dans ce livre, l'auteure décrit « une souffrance palpable ».

L'auteure souhaiterait que les Africains se réapproprient leur histoire, une histoire commune en vue de la plus grande renaissance africaine. Elle stigmatise l'inefficacité de l'Union Africaine semblable à un club d'amis et de dictateurs. De toute façon, l'Union Africaine n'est qu'un instrument impérialiste à travers les tyrans africains au service des intérêts occidentaux. Oui, *les loups ne se mangent pas entre eux, mais se protègent mutuellement pour se maintenir au pouvoir.* En ce moment, tout est permis au nom de l'État et c'est ce scénario que nous avons au Burundi et au Congo-Brazzaville, deux États massacrant les innocents, ruinant ainsi leurs pays respectifs. Ils affichent les images du pouvoir absolus.

En évoquant le rôle de la femme africaine tout en lui dédiant une ode aux pages 290-294 *des drames du silence*, Sidonie Alexis-Salabanzi relève que la femme doit sa valeur et sa dignité pour tout ce qu'elle est comme toute personne humaine et non seulement pour sa beauté ou son charme à manipuler ou à être manipulée. Souvent, la femme est violée et réduite en esclave sexuelle. Le rôle de la femme africaine est bien souligné dans l'article 16 de la Charte de 1236.

L'auteure clame haut et fort de redonner la place de la femme dans la prise des décisions, et non être figurative.

Aussi, elle met à la disposition des lecteurs la Charte de 1236. Ceci est un document historique mis à la disposition de tous. En plus, c'est déjà un patrimoine immatériel de l'Unesco depuis 2009[563]. La Charte du Mandén a été proclamée à Kouroukan Fouga-patrimoine, contigu à la vaste clairière Kouroukan Fouga, de nos jours au Mali, près de la frontière de la Guinée-Conakry. Que chaque lecteur s'y inspire afin de comprendre que le continent africain est bien organisé avant son contact avec l'Occident et cela tant au niveau social, politique que religieux. Que les Africains complexés puissent aller à la source des traditions africaines pour puiser ce dont ils ont besoin pour trouver leur place sous le soleil devant l'impérialiste qui veut tout leur dicter. D'où la nécessité d'actualiser les lois coutumières rétrogrades, dans l'épilogue des drames du silence, p. 369. Les actualiser, c'est arriver à l'égalité ou la parité de la dignité humaine sans aucune discrimination pour éviter tous ces drames. Donc, « il est important de rétablir les libertés civiles, pour en finir avec la torture et la politique de l'arbitraire… Les valeurs morales, juridiques et culturelles sont des acquis prouvés. Les acquis mémoriels vestiges d'un passé présent, doivent forger les caractères, développer la fraternité et prôner l'égalité entre les peuples ». C'est dans ce contexte que l'évocation de la Charte de 1236 est très appréciée même si certains articles sont à mettre dans leur contexte en vue d'une adaptation dynamique. Pour arranger une palabre, *on n'apporte point un couteau qui tranche mais une aiguille pour raccommoder une déchirure* en guise de réparation et de réconciliation. (Proverbe Kongo).

L'auteure insiste sur la pertinence de la politique tenant compte de l'histoire africaine écrite par les Africains eux-mêmes car, un peuple sans mémoire est celui qui ne sera point libre et libéré. Aussi, l'Afrique étant tellement hospitalière, les géants en profitent pour la détruire. Et, cette hospitalité africaine n'est pas seulement un slogan légendaire, mais une réalité même au niveau scientifique et démocratique. Tous les savants, philosophes grecs qui font la fierté occidentale comme fameux pères fondateurs de la démocratie ont été des élèves en Afrique, en Égypte. Même si on nous casse les oreilles que la démocratie est grecque, c'est de la propagande du complexe d'infériorité ou de supériorité.

En conclusion, Sidonie Alexis-Salabanzi « valorise le combat d'une frange vulnérable de la population, ignorée, constamment abusée mais résiliente, en appelant à leur mobilisation intercontinentale ». Il est très important et urgent de rendre la grandeur d'antan à l'Afrique. Faisons une diplomatie de lobbying auprès des décideurs impérialistes pour la libération de l'Afrique devenue leur proie avec la complicité des Africains avares et irresponsables. Elle stigmatise honnêtement l'hypocrisie du silence des décideurs planétaires. Réappro-

---

563 Voir la référence suivante : UNESCO « Culture » « Patrimoine immatériel » à la page web http://www.unesco.org/culture/ich/fr/RL/la-charte-du-manden-proclamee-a-kouroukan-fouga-00290?RL=00290

prions-nous notre histoire commune en vue de la renaissance africaine. Bravons toutes les dictatures et les vendeurs d'armes en Afrique ainsi que les faux donneurs de leçons sans sagesse.

Le viol- une tragédie planétaire

Cet essai-documentaire exploite de nombreuses archives, des reportages, des vidéos et les faits actuels bien traumatisants au XXIe siècle. Que de témoignages bouleversants et méprisables. Que de femmes, d'enfants, d'adolescents et d'adolescentes complètement fragilisés cherchant « à renaître des cendres torrides de la violence et du viol quasi déshumanisants. Se réhabiliter dans leur esprit et dans leur chair, en vue de redevenir elles-mêmes ou eux-mêmes, est leur combat ultime. Réapprendre à vivre encore dans la jungle de la violence et de l'injustice du monde moderne ».

L'auteure de cet ouvrage le « dédie à toutes les héroïnes victime du viol de masse ou collectif en temps de conflits armés à travers la planète… Et, à toute celles qui endurent le viol en temps de paix, fut-il à travers l'inceste et la violence conjugale ».

Elle s'adresse « à tous ceux et celles qui défendent et exercent le droit à la liberté d'expression, un droit reconnu et respecté dans les véritables démocraties. En tout temps, dénonçons le recours à la violence sous toutes ses formes ! »

À travers ces pages, elle rend hommage à John KoKo Lipambala qui avait suggéré à l'auteure d'écrire cet ouvrage après un cours sur le sujet qu'elle donna à l'université d'Ottawa en sa présence. Malheureusement, ce jeune homme, excellent époux et père de famille est mort dans la fleur de l'âge en laissant une mère, trois enfants et une épouse courageuse. John Koko Lipambala fut un membre très engagé et bosseur dans le Cerclecad. Il est décédé juste après avoir déposé sa thèse de doctorat en sciences politiques, à l'université d'Ottawa, mais qu'il n'a malheureusement pas soutenu. Qu'il repose dans la paix de Dieu.

« Haine délibérée contre la femme, l'enfant, l'adolescent(e), due aux obscurantismes culturels et religieux, aux frustrations mal contenues, aux appétits sexuels inconscients ou instinctifs, aux abus mêmes indéfinissables, s'extériorisant à travers la violence conjugale, le harcèlement sexuel, l'inceste, le meurtre, le viol… ; des contre-humanités qui sont l'expression des désirs instinctifs par l'assouvissement de la libido aberrée. Elles constituent des tragédies planétaires qui amputent de plus en plus l'humanité d'une grande partie de son espoir, les femmes et en ensevelissant si précocement et hideusement la vie d'adolescent(e)s ».

« Tout autant dans les zones de guerre que dans les moments de répit, la terreur de la violence sexuelle sème des victimes – des mortes, et des mortes vivantes dont la majorité, aussi étouffée par la peur, la crainte de la dénonciation de leurs bourreaux, est psychologiquement et pathologiquement affectée !

Ces bourreaux portent plusieurs masques et embrassent sans distinction toutes les couches sociales ».

« La violence conjugale, l'inceste, le harcèlement sexuel et le viol, des thèmes qui s'enchevêtrent et qui décrivent les calvaires et les malaises de la femme, la chosifient et la relèguent à une sous-créature, dans un monde où la misogynie semble être toujours une normalité malgré l'avancée des connaissances. Des pensées, des désirs instinctifs méphistophéliques d'assouvissement de passions pulsionnelles conclus par des actes factieux qui blessent, traumatisent et tuent dans le silence contre toute raison humaine ! »

« Cet essai-documentaire, exploite de nombreux documents d'archives et faits récents, avec une analyse empreinte de témoignages à la fois poignants et révoltants, de femmes, d'enfants, d'adolescents complètement fragilisés qui cherchent à renaître des cendres torrides de la violence et du viol quasi déshumanisants. Se réhabiliter dans leur esprit et dans leur chair, en vue de devenir des actrices du développement, est leur combat ultime ! Réapprendre à vivre encore dans la jungle de la violence du monde moderne ! »

Il vient à point apporter une lumière de plus sur ces crimes contre l'Humanité qui ont pris place dans la culture incivique des groupes armés surtout dans nos pays…Congo-Brazzaville, République Démocratique du Congo, au Rwanda, en République Centrafricaine et ailleurs. Aujourd'hui 31 Octobre 2016 se clôture le seizième anniversaire de la Résolution 1325 du Conseil de Sécurité de l'ONU portant l'implication des femmes, entre autres, dans la prévention des conflits ou la résolution des situations post-conflits.

« Cette œuvre fait des rappels et suggère des pistes de solutions préventives, juridiques et psychothérapeutiques, donne des conseils aux victimes et interpelle la conscience profonde des femmes pour leur mobilisation planétaire en vue de vaincre ce fléau instinctuel, voire bestial ! »

« Au-delà, c'est la conscience de l'humanité qui est suppliée d'engager de véritables actions de justice et d'aide psychothérapeutique pour toutes les victimes, sans distinction de race, de religion ni d'origine, et de lutter afin de mettre fin à toutes formes d'infanticides et de *féminicides* ».

Grosso modo, Sidonie Alexis-Salabanzi « fait des rappels et suggère des pistes de solutions préventives, juridiques et psychothérapeutiques, donne en toute compassion des conseils aux victimes et interpelle la conscience profonde des femmes, de toutes les opprimées, des sans voix pour leur mobilisation planétaire en vue de vaincre ce fléau instinctuel, voire bestial ! … Au-delà, c'est la conscience de l'humanité qui est suppliée d'engager de véritables actions de justice et d'aide psychothérapeutique pour toutes les victimes, sans distinction de race ni de religion, et de lutter afin de mettre fin à toutes formes d'infanticides et de féminicides ».

Sidonie ALEXIS-SALABANZI
Membre du CERCLECAD

L'HARMATTAN ITALIA
Via Degli Artisti 15; 10124 Torino
harmattan.italia@gmail.com

L'HARMATTAN HONGRIE
Könyvesbolt ; Kossuth L. u. 14-16
1053 Budapest

L'HARMATTAN KINSHASA
185, avenue Nyangwe
Commune de Lingwala
Kinshasa, R.D. Congo
(00243) 998697603 ou (00243) 999229662

L'HARMATTAN CONGO
67, av. E. P. Lumumba
Bât. – Congo Pharmacie (Bib. Nat.)
BP2874 Brazzaville
harmattan.congo@yahoo.fr

L'HARMATTAN GUINÉE
Almamya Rue KA 028, en face
du restaurant Le Cèdre
OKB agency BP 3470 Conakry
(00224) 657 20 85 08 / 664 28 91 96
harmattanguinee@yahoo.fr

L'HARMATTAN MALI
Rue 73, Porte 536, Niamakoro,
Cité Unicef, Bamako
Tél. 00 (223) 20205724 / +(223) 76378082
poudiougopaul@yahoo.fr
pp.harmattan@gmail.com

L'HARMATTAN CAMEROUN
TSINGA/FECAFOOT
BP 11486 Yaoundé
699198028/675441949
harmattancam@yahoo.com

L'HARMATTAN CÔTE D'IVOIRE
Résidence Karl / cité des arts
Abidjan-Cocody 03 BP 1588 Abidjan 03
(00225) 05 77 87 31
etien_nda@yahoo.fr

L'HARMATTAN BURKINA
Penou Achille Some
Ouagadougou
(+226) 70 26 88 27

L'HARMATTAN SÉNÉGAL
10 VDN en face Mermoz, après le pont de Fann
BP 45034 Dakar Fann
33 825 98 58 / 33 860 9858
senharmattan@gmail.com / senlibraire@gmail.com
www.harmattansenegal.com

Québec, Canada